THE ETHICS OF LIBERTY

정의,
자유의 기초가 되다

자유의 윤리

Murray N. Rothbard 저 | 전용덕·김이석·이승모 역

pnc publishing and culture
피앤씨미디어

“이성이 우리에게 알려주듯이, 우리 모두는 자연적으로 동등하게 태어난다. 즉, 우리 모두는 자신의 인신(人身)에 대해 그리고 마찬가지로 그들의 보존물에 대해 동등한 권리를 가지고 태어난다. … 그리고 모든 이는 자신의 인신에 대한 재산권을 가지기 때문에 그의 신체의 노동과 그의 손의 작품도 정당하게 그의 것이며, 그것에 대해서는 그를 제외한 그 누구도 권리를 가지지 못한다. 따라서 이로부터 다음 사실을 추론할 수 있다. 그것은 그가 자연이 제공하고 남겨둔 상태로부터 어떤 것을 떼어내어 그가 자신의 노동을 그것에 혼합한 것이고, 자연에 그의 소유인 어떤 것을 결합한 것으로서 그는 그렇게 함으로써 그것을 그의 재산으로 만든다. … 따라서 모든 사람은 그의 인신과 그 자신의 행동들과 노동 — 우리가 재산이라고 부르는 것 — 에 대한 자연권을 가지기 때문에(혹은 그것들의 소유자이기 때문에) 이로부터 확실하게 다음 사실을 추론할 수 있다. 아무도 다른 사람의 인신이나 재산에 대한 권리를 가질 수 없다. 그리고 만약 모든 사람이 각자의 인신과 재산에 대한 권리를 가진다면, 그는 또한 그것들을 방어할 권리도 가진다. … 아울러 그의 인신과 재산에 대한 모든 공격을 벌할 권리도 가진다.”

엘리샤 윌리암스 목사(Elisha Williams)
(1744)

소개의 글

지적 분업이 지나치게 세분화되고 있는 오늘날 머레이 N. 라스바드(Murray N. Rothbard)는 실로 거대한 시스템 건축가였다. 직업상 경제학자였지만, 라스바드는 경제학과 윤리학을 주춧돌로 삼아 사회철학과 정치철학 시스템을 창조했다. 수세기 동안 경제학과 윤리학(정치철학)은 공통된 기원에도 불구하고 겉으로는 상관없는 지적 작업으로 보일 정도로 멀어져 갔다. 경제학은 가치중립적인 '실증' 과학이었으며, 윤리학은 (만약 그것이 조금이라도 과학이라면) '규범' 과학이었다. 이 분리의 결과, 재산(property)이라는 개념은 두 학문에서 점차 사라져갔다. 재산은 경제학자들에게는 너무 규범적으로 들렸으며, 정치학자들에게는 세속적 경제학의 냄새가 나는 개념이었다. 라스바드의 독특한 공헌은 경제학과 정치철학 양자 모두의 공통된 기초로서 재산과 재산권을 재발견하고, 현대적 한계주의 경제학과 자연법 정치철학을 하나의 통합된 도덕과학 — 리버테리어니즘 — 으로 체계적으로 재구축하고 개념적으로 통합한 데 있다.

그의 존경하는 스승이자 멘토였던 루트비히 폰 미제스(Ludwig von Mises), 그리고 미제스의 두 스승인 뵘바베르크와 칼 멩거, 그리고 스페인 후기 스콜라철학과 그 이전으로 거슬러 올라가는 지적 전통을 따랐던 라스바드의 경제학은 단순하고도 부인할 수 없는 사실과 경험으로부터 출발했다. 그것은 바로 인간이 행동한다는 사실, 즉 인류는 언제나 변함없이 그들이 희소한 수단들(재화들)을 가지고 가장 높게 평가한 목적들(목표들)부터 추구한다는 사실을 말한다. 몇 가지 경험적 가정들(예를 들어, 노동은 비효용을 시사한다와 같은 가정)과 결합되어, 모든 경제이론이 이러한 논쟁의 여지가 없는 출발점으로부터 추론될 수 있다. 그렇게 함으로써 가설적 제안들은 선험적(apodictic), 정확한(exact) 혹은 **선험적**으로 진정한 경험적 법칙들(a priori true empirical laws)로 격상되고, 행동의 논리학(logic of action)으로서의 경제학(**인간행동학**praxeology)으로 확립된다. 라스바드는 그의 **첫 번째 대작** 『인간·경제·국가』[1]를 미제스의 기념비적 대작, 『인간행동』[2]을 모델로 해서 썼다. 『인간·경제·국가』에서 라스바드는 효용이론과 한계효용의 법칙으로부터 화폐이론과 경기변동이론에 이르기까지 — 모든 유형의 수량적–경험적 수리경제학을 비판하고 논리적으로 반박하고 또 미제스 시스템 속에 잔존하는 (예를 들어, 미제스의 독점가격이론, 정부이론, 정부의 치안생산이론 등과 같은) 불일치를 수선하면서 — 경제이론의 전체 체계를 인간행동학의 전통 속에서 발전시켰다. 라스바드는 순수시장경제(pure–market economy) 혹은 사적재산 **무정부주의**(private–property anarchism)를 언제나 그리고 필연적으로 사회 효용을 최적화하는 체제로서 완전하게 옹호한 최초의 학자였다. 이어서 『권력과 시장』[3]에서 라스바드는 분류 체계를 발전시키고 시장에서의 정부의 모든 상정 가능한 형태의 간섭에 대해 그 경제적 효과를 분석했다. 그동안 (『권력과 시장』을 『인간·경제·국가』의 제3권으로 포함한) 『인간·경제·국가』는 현대의 고전이 되었으며, 오스트리아학파 경제학의 우뚝 솟은 업적으로 미제스의 『인간행동』에 비견되었다.

윤리학, 혹은 더 구체적으로 정치철학은 라스바드 시스템의 두 번째 기둥이다. 이 윤리학은 현재까지 엄격하게 경제학으로부터 구별되어 왔지만, 경제학과 마찬가지로 인간의 행동하는 본성에 기초를 두고 있으며, 이성주의 사회철학의 통합된 체계를 형성함으로써 경제학을 보완한다. 원래 1982년 출판된 『자유의 윤리』(*The Ethics of Liberty*)는 라스바드의 두 번째 **대작**이었다. 그 속에서 그는 재산이라는 (경제학과 윤리학이) 공유하는 개념을 통해서 경제학과 윤리학의 통합을 설명하고 있다. 그리고 재산이라는 개념에 근거하고 몇 가지 소수의 일반적인 경험적 (생물학적 그리고 물리적) 관찰들과 가정들을 결합해서 라스바드는 리버테리언 법체계, 즉 전용(轉用)의 법(the law of appropriation)에서부터 계약법과 형법까지를 도출해낸다.

미제스의 『인간행동』을 포함한 경제학 최고의 수작들 속에서조차, 재산이라는 개념은 별 관심을 끌지 못했는데, 라스바드가 『인간·경제·국가』를 가

1) Murray N. Rothbard, *Man, Economy and State* (Princeton, N.J.: D. Van Nospand, 1962).
2) Ludwig von Mises, *Human Action* (New Haven, Conn.: Yale University Press, 1949).
3) Murray N. Rothbard, *Power and Market*, 2nd ed. (Kansas City: Sheed Andrews and McMeel, 1977).

지고 당시 지적 풍토에 혜성처럼 등장하면서 이런 상황이 달라졌다. 라스바드가 지적하듯이, 침략, 침해, 범죄, 사기뿐만 아니라 직접교환, 간접교환, 시장과 시장가격과 같은 흔한 경제용어도, 재산이론이 선행되지 않으면, 정의되거나 이해될 수 없다. 재산과 재산권이라는 재산이론으로부터 도출되는 개념이 없이는 이런 현상들과 관련된 익숙한 경제학적 정리들도 확립될 수 없다. 재산의 정의와 재산 이론의 확립이 여타 모든 경제용어들과 정리들의 정의와 확립에 선행돼야 한다.[4]

라스바드가 재산의 개념을 경제학의 중심위치로 되돌려놓을 무렵, 다른 경제학자들, 대표적으로는 로널드 코즈(Ronald Coase), 해럴드 뎀세츠, 그리고 아르멘 알치언도 학계의 관심을 재산과 재산권으로 돌리기 시작했다. 재산 개념의 핵심적 중요성을 한편에서는 라스바드가, 다른 한편에서는 코즈와 뎀세츠 그리고 알치언이 동시에 재발견했지만, 이에 대한 반응과 이로부터 도출된 교훈은 범주적으로 완전히 달랐다.

영향력 있는 시카고학파 법경제학(law and economoics)의 여타 멤버들뿐만 아니라 위의 세 사람도 철학 일반에 특히 정치철학에 흥미가 없었으며 익숙하지 않았다. 그들은 이성적 윤리학(rational ethics)과 같은 것은 결코 가능하지 않다는 지배적인 실증주의 도그마를 확고하게 수용했다. 이들에게 윤리학은 과학이 아니었으며, 과학이 될 수도 없었다. 경제학은 오직 '실증주의' 경제학일 때에만 그리고 그런 한에 있어서만 과학이고 또 과학일 수 있었다. 그래서 이들에게는 경제 분석을 위해 재산 개념의 불가결한 역할의 재발견은 오로지 재산이란 용어로부터 일상적인 '비(非)과학적' 논의에서 그 용어에 붙이는 모든 규범적 암시들을 털어내야 한다는 것을 의미했다. 희소성이 존재하는 한, 즉 희소성으로 인해 개인들 사이의 잠재적 갈등이 존재하는 한, 모든 사회는 잘 정의된 재산권 배분 체계를 필요로 한다. 그러나 재산권들의 묶음을 정의하거나 고안하는 아무런 절대적으로—보편적이고 영원하게—정확하고 적절한 방법은 (혹은 잘못되고 부적절한 방법도) 존재하지 않는다. 그리고 절대적 권리 혹은 절대적 범죄와 같은 것도 존재하지 않으며 단지 서로 다른 활동들을 옳다고 혹은 잘못이라고 묘사해줄 재산권 배분의 대안적인 시스템들만이 존재

4) Rothbard, *Man, Economy, and State*, 2장, 특히 pp.78~80를 보라.

할 뿐이다. 그 어떤 절대적인 윤리 기준들이 결여되다 보니, 대안적인 재산권 배분 시스템들 중에서의 선택은 공리주의적 고려들과 계산들에 근거해서 **이루어질** 것이다. 그리고 개인들 간의 갈등이 있을 때는 그 선택(대안적인 재산권 배분시스템들 중에서의 선택, 역자주)이 그런 고려들과 계산들에 따라 정부의 판사들에 의해 **이루어진다**. 다시 말해, 재산권이 공리주의적 고려들과 계산들에 의해 배분되고 재배분될 것이고 그 결과 생산된 산출물의 화폐적 가치가 극대화될 것이고, 모든 충돌하는 권리 주장들에 있어서 정부의 판사들이 그렇게 되게 재산권들을 배분**해야** 한다.

철학과 사상의 역사에 깊은 관심을 지녔고 또 정통했던 라스바드는 이런 경제학자들의 반응이 출발점에서부터 오래전부터 내려오는 자기모순적인 윤리적 상대주의(ehtical relativism)의 또 다른 변형임을 인식하였다. 윤리적 질문들이 과학의 영역의 바깥에 있다고 주장하고 그래서 재산권이 공리주의적 비용-혜택 고려들에 따라 배분될 것이라고 예측하거나 정부의 판사들에 의해 그렇게 배분되어야 한다고 주장하는 것은 여타 규범의 제안과 마찬가지로 하나의 윤리를 제안하는 것이기 때문이다. 그것은 다음 두 가지 중 하나 혹은 양자 모두의 형태를 띤 국가주의 윤리(ethic of statism)이다. 그 한 가지 형태는 오래 지탱된 현존하는 규칙들, 규범들, 법들, 제도들이 효율적임에 틀림없다는 ―그렇지 않았다면 이미 폐기되었을 것이라는― 근거에서 **현재 상태**(the status quo)를 옹호하는 데 해당한다. 다른 한 형태는 그러한 공리주의적 계산에 따라 국가의 판사들에 의해 (재산권) 갈등들이 해결되고 재산권이 배분되어야만 한다는 제안에 해당한다.

라스바드는 재산권이 물론 다양한 방법으로 배분되고 있고 역사적으로 그랬다는 사실을 부정하지 않았다. 그는 재산권이 배정되고 재배정되는 상이한 방식이 분명히 상이한 경제적 결과를 낳는다는 사실도 부정하지 않았다. 사실 그의 『권력과 시장』은 아마도 서로 다른 대안적인 재산권 배분 방식들에 대한 가장 포괄적인 경제 분석일 것이다. 그는 또한 화폐적 계산의 가능성 혹은 중요성, 그리고 화폐 단위로 대안적인 재산권 배분을 평가할 가능성과 그 중요성에 대해서도 다투지 않았다. 사회주의에 대한 공개적인 비판가로서 그리고 화폐이론가로서, 어떻게 그가 그 점을 부인할 수 있겠는가? 라스바드가 반대했던 것은, 코즈와 시카고학파 법경제학자들이 이성적 윤리가 불가능하다는 실증주의 도그마(그리고 그 시사점에 따른 그들의 국가주의)를 논증적으로 검토해보지도 않은 채 그 도그마를 그대로 수용했다는 점이다. 또한 재산이라는 개념이—사실 규범적 성격을 결코 뿌리 뽑을 수 없을 정도로—규범적인 개념이고 바로 그 규범적 개념이 가치중립적인 경제학과 규범적 윤리학을 체계적으로 재통합하는 개념적 기초가 될 가능성이 있지만 시카고학파 법경제학자들은 이런 가능성을 고려해보는 것조차 꺼렸다. 라스바드는 바로 시카고 법경제학자들의 이런 태도에 대해 반대했다.

라스바드는 그와 같은 가능성을 지지하기 위해 자신이 기댈 만한 것을 현대의 동시대 정치철학에서는 거의 발견할 수 없었다. 사상의 흐름에 있어 실증주의 신조가 지배적이었던 덕분에, '과학'으로서의 윤리학과 정치철학은 오래전 사라졌거나 그렇지 않으면 규범적 개념들과 논의의 어의론(semantics)을 분석하는 것으로 퇴조하고 말았다. 존 롤즈와 그의 『정의론』[5]에 뒤이어 마침내 정치철학이 1970년대 초 재등장했을 때에도 희소성을 기초적인 인간 조건으로 인식하고 사적재산과 사적재산권을 희소성에 의해 제약을 받는 개인들의 행동들을 조정하는 도구로 보는 인식 자체가 현저하게 부족하였다. 롤즈의 『정의론』에 붙어 있는 공 들인 색인 속에는 '평등'과 관련해서는 수십 개의 항목들이 있는 반면, '재산'이나 '희소성'(scarcity)이라는 항목은 아예 등장하지도 않는다.

철학계는 그동안 롤즈에게 우리 시대의 최고의 윤리학자의 지위를 부여했지만, 사실 롤즈는 인간 윤리학이 무엇을 성취해야 할 것인지에 대해 전혀 관심이 없었던 최고의 사례였다. 인간 윤리학의 과제란, 인간이 처한 다음과 같은 조건 아래에서 바로 지금 여기에서 내가 할 수 있도록 나에게 허용된 것이 무엇인가라는 질문에 대답하는 것이다. 그 조건이란 내가 살아있고 깨어있는 한 행동하지 않을 수 없고, 또 그렇게 살아있고 깨어있기 위해 고용하지 않으면 안 될 수단 혹은 재화는 언제나 희소하기 때문에 그 수단의 사용과 관련해 개인들 사이에 갈등이 있을 수 있다는 것과 같은 것이다. 롤즈는 이 질문에 대답하지는 않으면서 완전히 다른 질문을 다루었다. 어떤 규칙들일 때 '무지의

5) John Rawls, *A Theory of Justice* (Cambridge, Mass.: Harvard University Press, 1971).

장막 아래 있는 사람들'이 '정의롭다' 혹은 '공정하다'고 그 규칙들에 동의할 것인가? 명백히 이 질문에 대한 대답은 '무지의 장막 뒤의 사람들'의 '원초적 입장'(original position)에 대한 묘사에 결정적으로 달려 있다. 그렇다면 어떻게 이 상황이 정의되었는가? 롤즈에 따르면, 무지의 장막 뒤에서 "아무도 자신의 사회적 위치, 즉, 사회에서의 계급적 지위나 사회적 위상을 알 수 없다. 그는 자연 자산(natural assets)과 능력의 분포에서의 그의 운명에 대해서도, 그의 지력과 육체적 힘 등에 대해서도 알 수 없다. … 그러나 그들은 인간 사회에 대한 일반적 사실들에 대해서는 알고 있다고 간주된다. 그들은 정치적 사건들과 경제이론의 원리들을 이해한다. 그들은 사회 조직의 기초와 인간 심리의 법칙들을 알고 있다."[6]

사람들은 희소성이 사회와 경제이론의 일반적 사실들 가운데서 윗자리를 차지할 것이라고 생각할 것이지만, 희소성**에 대해** 아마도 알고 있다고 가정되었을 롤즈 책 속에서 합의에 참여한 당사자들 자신은 이상할 정도로 이 조건에 의해 영향을 받지 않았다. '원초적 입장'이라는 가상적 상황을 구축하면서, 희소성이 이런 상황에서도 존재한다고 가정해야 하지만, 롤스에게는 그런 인식이 전혀 없었다. 무지의 장막 뒤에서 숙고할 때조차도 당사자들은 여전히 희소한 수단들 — 적어도 그 사람의 육체와 그 육체가 서 있는 공간, 즉, 노동과 토지 — 을 활용하여야 한다. 그래서 그 어떤 윤리적 숙고를 시작하기 이전에 노동과 토지를 이용 가능하게 만들기 위해 신체에 대한 사적 혹은 배타적 재산과 그 육체가 서 있는 자리의 사적 혹은 배타적 전용(轉用)에 대한 원리가 이미 전제되어야 한다. 인간 본성에 대한 이런 일반적 사실과는 너무나 대조적으로, 롤스의 도덕적 '당사자들'은 어떤 종류의 희소성에도 제약을 받지 않는다. 따라서 이들은 실제 인간이라기보다는 자유로이 떠돌아다니는 유령 혹은 육신에서 분리된 몽유병자와 같은 존재이다. 롤스는 이렇게 결론을 내렸다. 그와 같은 존재들은 "(모든 자원들의) 동등한 분배를 요구하는 원리가 정의의 첫째 원리임을 인정하지 않을 수 없다. 정말, 이 원리는 너무나 명백해서 우리는 이 원리가 누구에게나 즉각 떠오를 것으로 예상할 것이다."[7] 옳다. 만약 '도

6) Ibid., p.137.
7) Ibid., pp.150~51.

덕적 당사자들'이 행동하는 인간이 아니라 육체에서 분리된 존재들이라고 가정된다면, 사적재산의 개념이 정말 이상하게 보일 것이 틀림없기 때문이다. 롤스가 매혹적인 솔직함으로 인정했듯이, 그는 단지 "원초적 입장을 정의 내렸고 그 결과 우리가 원하는 결과를 얻는다."[8] 롤스의 가상의 당사자들은 인간 존재들과 그 어떤 유사성도 없는 인식론적 유령들이었다. 따라서 그의 사회주의-평등주의적 정의 이론은 인간의 윤리학으로서 자격이 없고 단지 전적으로 인간의 윤리학이 아닌 어떤 것일 뿐이다.

만약 일반적으로는 현대 정치철학에서, 특별히 롤스의 정치철학에서 유용한 그 어떤 것이 발견될 수 있다면, 그것은 단지 칸트의 정언명령(Kantian Categorical Imperative)뿐만 아니라 소위 황금률(Golden Rule) 속에 담긴 아주 오래된 보편화의 원칙을 이 정치철학에서도 계속 인식했다는 것이다. 보편화의 원리란, 정의로운 규칙의 지위에 오르길 열망하는 모든 규칙들은 반드시 모든 사람들에게 예외 없이 적용 가능하고 유효한 일반적 규칙들이어야 한다는 것을 말한다.

라스바드는 이성적 윤리의 가능성과 사적재산의 개념에 기초하여 윤리학과 경제학을 재통합할 가능성에 대한 그의 주장을 지지해줄 논거를 찾아 나섰으며, 그 논거를 후기 스콜라학파의 저술들에서, 아울러 후기 스콜라학파의 발자취를 따른 그로티우스(Grotius), 푸펜도르프(Pufendorf), 로크(Locke)와 같은 '현대' 자연권 이론가들의 저술들 속에서 발견했다. 그들의 저술 위에 쌓아올림으로써 『자유의 윤리』에서 라스바드는 "내가 지금 여기에서 무엇을 하는 게 정당화되는가"라는 질문에 다음과 같은 대답을 제시한다. "모든 사람은 그 자신의 육체적 신체를 소유할 뿐만 아니라, 다른 사람이 이용하기 전에 그의 신체의 도움을 받아 이용할 자연이 준 모든 재화들도 또한 소유한다. 이 소유권은 이 자원들을 그가 적합하다고 생각하는 대로 사용할 그의 권리를 시사한다. 물론 그렇게 고용함으로써 다른 사람의 재산의 물리적 통합성을 예기치 않게 변경시키거나 그의 동의 없이 그의 재산에 대한 통제력을 제한하지만 않는다면 말이다." 특히, 어떤 재화가 거기에 (로크의 표현처럼) '자신의 노동을 섞음으로써' 처음으로 전용되거나 '홈스테드'(homesteaded)되고 난 후에는, 그 재화의 소유권은 오로지 예전 소유자로부터 새로운 소유자로 그 재산권리증서(property

8) Ibid., p.141.

title)의 자발적인 (계약적) 이전의 방법으로만 획득될 수 있다. 이 권리들은 절대적이다. 이 권리들에 대한 그 어떤 침해도 그 침해의 희생자 혹은 대리인이 합법적 기소를 할 수 있고, 그 침해는 무과실 책임(strict liability) 원칙과 처벌의 비례성(proportionality of punishment) 원칙에 따라 소송이 가능하다.

바로 위에서 언급한 원전들로부터 단서를 얻어서 라스바드는 이제 이 규칙들이 정의로운 규칙들이라는 궁극적 증명을 제시하였다. 만약 어떤 사람 A가 그의 육체의 소유자가 아니라고 한다면, 그리고 원래 전용하고, 생산하고 그에 의해 자발적으로 획득된 모든 재화들의 소유자가 아니라면, 오로지 다음 두 가지 대안만 존재할 것이다. 첫 번째 대안은 다른 사람 B가 A의 소유자이자 A에 의해 전용되고 생산되거나 계약에 의해 획득된 재화들의 소유자로 간주되어야 한다는 것이다. 그게 아니라면 나머지 대안은 두 당사자 A와 B가 두 사람의 육체와 재화들의 동등한 공동 소유자로 간주되어야 한다는 것이다.

첫 번째 경우에, A는 B의 노예일 것이며 착취 상태에 있다. B는 A와 A에 의해 최초로 전용되고 생산되고 획득된 재화들을 소유할 것이다. 그러나 A는 B를 소유하지 않을 것이고 B에 의해 홈스테드 되고, 생산되거나 획득된 재화들도 소유하지 않을 것이다. 이 규칙을 가지고 두 개의 명확하게 구분되는 사람들의 집단들 — 즉, 착취자들(B) 그리고 피착취자들 (A) — 이 만들어질 것이며 각 집단에는 서로 다른 '법'이 적용될 것이다. 따라서 이 규칙은 '보편화 테스트'(universalization test)를 통과할 수 없고 출발에서부터 잠재적인 인간윤리로서의 자격조차 갖추지 못한다. 왜냐하면 하나의 규칙이 (정당한) '법'이 된다고 주장할 수 있기 위해서는, 그와 같은 규칙이 보편적으로 — 동등하게 — 모든 이에게 유효해야 하는 것이 필수적이기 때문이다.

보편적 공동소유권(universal co-ownership)이라는 두 번째 경우, 모든 사람의 동등한 권리에 대한 요구는 명백하게 충족된다. 그러나 이 대안에는 다른 치명적 결함이 있다. 왜냐하면 어떤 한 사람의 각각의 활동은 희소한 재화들, 적어도 그의 신체와 그 신체가 서 있을 자리의 사용을 필요로 한다. 그러나 만약 모든 재화들이 모든 사람의 집합적 재산이라면, 그래서 아무도 그가 하고자 하는 것에 대해 모든 다른 공동소유자들의 사전 허가를 받지 않는 한, 그 어떤 순간에도 그 어떤 장소에서도 누구도 그 어떤 것을 가지고 그 어떤 일도 결코 할 수 없을 것이다. 그리고 그 어떤 이도 그 자신의 육체, 심지어 성대마저도 유일한 소유자가 아니라면 어떻게 그런 허가가 가능할 것인가? 만약 우리가 총체적으로 집합적 소유권의 규칙을 따랐다면 인류는 즉각 사멸했을 것이다. 이런 규칙이란 게 있다고 해도, 인간의 윤리는 될 수 없다.

그래서 우리에겐 오직 자기소유권(self–ownership)과 처음 사용자가 처음 소유(first–use–first–own)하는 원리인 최초 원리(initial principle) — 즉, 최초의 전용, 홈스테딩만 남게 된다. 이 원리들은 보편화 테스트를 통과한다. 즉, 그 원리들은 모든 사람에게 똑같이 효력을 가진다. 그리고 그 원리들은 동시에 인류의 생존을 보장한다. 그러므로 이 원리들, 그리고 오로지 이 원리들만이 비가설적으로(non–hypothetically) 혹은 절대적으로 진정한 윤리 규칙들이며 인간의 권리이다.

물론 라스바드는 정의로운 행위 혹은 적절한 행동의 이 근본적인 원리들이 새로운 것이라거나 스스로 발견한 것이라고 주장하지 않는다. 인간 과학들의 거의 전 분야에 걸친 백과사전적인 지식으로 무장한 그였기에 적어도 사회과학들에 관한 한, 태양 아래 새로운 것은 거의 없다는 것을 알고 있었다. 라스바드 시스템의 중추를 이루고 또 비가설적인 진실들과 관계가 있는, 특히 윤리학과 경제학 분야에서는 우리 지식의 대부분이 '오래되고' 오래전 발견된 통찰들로 구성되어 있을 것으로 예상할 수밖에 없다. 비록 불가능하지는 않다고 할지라도, 비가설적 진실들이 새로이 발견된다는 것은 매우 드문 지적 사건일 것으로 예상해야 한다. 혹시 새로운 것이 등장해도 진실성에 대한 의구심은 더 클 것이다. 대부분의 비가설적인 진실들은 이미 발견되었거나 오래전 배웠던 것이지만 단지 모든 후세대에 의해 재발견되고 재학습될 필요만 있을 것으로 예상해야 한다. 그리고 비가설적 명제들과 관련성들을 다루는 철학, 논리학, 그리고 수학과 같은 여타 학문에서와 마찬가지로, 윤리학과 경제학에서의 과학적 진보는 보통 엄청나게 느리고 고통스러울 것이라고 또한 예상해야 한다. 이 학문들에서의 위험은 신세대 지식인들이 새롭거나 더 나은 것을 과거로부터 내려오는 지식의 저장고에 더 보태지 못하는 데 있다기보다는 오히려 그 대신 이미 존재하는 지식을 다시 배우지 못하거나 단지 불완전하게만 배우고 과거에 범했던 오류 속으로 빠지는 데 있을 것이다.

따라서 라스바드는 자신을 경제학자뿐 아니라 정치철학자로서의 역할에서도 본질적으로 오래되고 물려받은 진실들의 보존자 그리고 수호자로 보았다. 그래서 자신의 독창성에 대해서는 그는, 미제스의 경우에서처럼, 극도로 겸손한 사람 중 하나였다. 미제스처럼, 라스바드의 업적은 오래전 확립된 통찰들을 붙잡고서 재서술하고 근본적으로 완전한 지적 건축물 내부에 존재하는 소수의 오류들을 수선하는 것이었다. 그러나 라스바드가 잘 알고 있었듯이, 이것은 사실 가장 드물고 가장 높은 지적 업적이었다. 미제스가 경제학에 관해 언젠가 언급했고 윤리학에 대해서도 마찬가지로 유효하게 적용되듯이, "경제학에 본질적인 어떤 것을 기여했던 저술을 쓴 사람이 20명 이상이 동시대에 살지 않았기" 때문이다.[9] 라스바드는 경제학뿐 아니라 윤리학에도 기여했던 그런 드문 인물들 가운데 한 사람이었다.

이것은 『자유의 윤리』에 잘 드러나 있다. 라스바드의 사적재산 윤리(private-property ethic)의 모든 요소들과 원리들—즉, 모든 개념, 분석적 도구, 논리적 절차 등—은 공인된 오래되고 익숙한 것이다. 심지어 원시인들과 아이들조차도 자기소유와 최초 전용 원리의 도덕적 유효성을 직관적으로 이해한다. 정말 놀랍게도 라스바드가 인정한 지적 선구자들의 목록은 고대까지 거슬러 올라간다. 그런데도 라스바드보다 쉽고 명확하게 이론을 언급한 사람을 찾기는 어렵다. 더 중요하게는, 행동학적, 공리-연역적(axiomatic-deductive) 방법에 정통한 친숙함으로부터 도출된 날카로운 방법론적 각성 덕분에, 라스바드는 궁극적인 윤리적 원리들로서 혹은 '공리들'로서의 자기소유권과 원초적 전용의 도덕적 통찰들에 대해 더욱 엄밀한 증명을 제공할 수 있었고, 그 이전의 누구보다 체계적이고 포괄적이며 일관된 도덕 원리 혹은 법규체계(law code)를 전개할 수 있었다. 따라서 『자유의 윤리』는 인류에게 윤리를 제공한다는 이성주의 철학의 고래로부터의 **절실한 요구**를 가장 근접하게 실현한 것이다. 그 윤리란 바로 휴고 그로티우스가 300여 년 전에 요청했듯이, '전능한 존재의 의지조차도 변화시킬 수 없고 폐지할 수 없는' 그리고 "우리가 **비록 불가능하더라도** 신이 없다거나 신이 인간사에 관심을 두지 않는다고 가정한다고 해도 그 객관적 유효성을 유지할" 수 있는 것이다.

9) Mises, *Human Action*, p.873.

『자유의 윤리』가 1982년에 출판되었을 때, 책은 초기에는 학계에서 단지 약간의 주목만 끌었을 뿐이다. 학계의 무관심은 두 가지 요인 때문이었다. 첫째, 정부라는 기구 — 국가(the state) — 가 정의의 근본적 원리들과 양립 가능하지 않다는 라스바드 이론과 주장 속에 **무정부적인** 시사점들이 있었다. 라스바드에 의해 정의된 것처럼, 국가는

> 다음 성격들 가운데 하나 혹은 두 가지 모두를 가지고 있는 — 실제 사실로 볼 때 대개 두 가지 모두 가진 — 조직이다. (a) 국가는 그 수입을 물리적 강제(조세 부과)를 행사하여 획득한다. 그리고 (b) 국가는 물리적 힘의 강제적 독점과 주어진 영토 내부에서의 궁극적 의사결정 권력의 강제적 독점을 달성한다. 국가의 이 본질적 활동들은 모두 필연적으로 그 국민들의 (자기소유를 포함한) 사적재산의 정의로운 권리들에 대한 범죄적 침해와 약탈에 해당한다. 첫째가 거대 규모의 도적질(theft on a grand scale)이 되며 그것을 확립한다. 이에 반해 둘째는 주어진 영토 내부에서 치안(defense)과 의사결정 기관들 사이의 자유경쟁을 금지하는 것, 즉 치안과 사법 서비스의 자발적인 구매와 판매를 금지하는 것이다. (pp.209~10)

라스바드는, 성 아우구스투스가 그에 앞서 내린 것처럼, 이렇게 결론을 내린다. "정의가 없이는 국가는 한 무리 강도 집단에 불과하다."

라스바드의 무정부주의는 그의 스승이자 멘토인 미제스가 구제할 수 없을 정도로 순진해서 거부했었던 그런 종류의 무정부주의가 물론 아니었다. 미제스는 이렇게 썼다. '무정부주의자들은'

> 아무도 다른 동료 시민들의 희생 아래 특권을 누리지 않는 하나의 사회질서가 사회에 위해한(detrimental) 행동의 방지를 위한 아무런 강요와 강제가 없이도 존재할 수 있다고 주장한다. … 무정부주의자들은 일부 사람들이 너무 편협하거나 혹은 너무 약해서 그들 자신이 사회적 삶의 조건들에 자생적으로 적응시키지 못한다는 명백한 사실을 간과한다. 무정부적 사회는 모든 개인의 자비에 노출될 것이다. 만약 다수가 폭력적 행동의 적용 혹은 위협으로 사회질서를 파괴하려는 소수를 방지하려고 하지 않는 한, 사회는 존재할 수 없다.[10)]

라스바드는 이런 미제스의 견해에 정말 전적으로 동의했다. 그는 강요에

---

10) Ibid., p.149.

의존하지 않고는 사회의 존재가 위험해질 것이라는 미제스의 견해에 전적으로 동의했으며, 그리고 평화로운 인간 협동을 확실히 하기 위해 필수적인 행위 규칙들의 준수를 위해 이런 행위 규칙들 뒤에 이를 강제하려는 위협이 버티고 있어야 한다는 의견, 그리고 그런 위협이 존재해야 사회라는 전체 건축물이 그 구성원 중 한 사람의 자비 아래 놓이지 않게 된다는 미제스의 의견에 전적으로 동의했다. 우리는 다른 사람들의 삶, 건강, 개인적 자유, 사적재산 등을 존중하지 않는 사람을 사회에서의 삶의 규칙들에 순응하도록 강제할 수 있는 위치에 있어야 한다.[11)]

라스바드는 특히 19세기 미국 무정부주의 정치이론가들인 리잔더 스푸너(Lysander Spooner)와 벤자민 터커(Benjamin Tucker)와 벨기에 경제학자 구스타프 드 몰리나리(Gustave de Molinari)로부터 영감을 받았다. 그런 까닭에 라스바드의 무정부주의는 출발점에서부터 언제나 살인자들, 도둑들, 폭력배, 사기꾼 등이 있다는 것과 만약 그들이 물리력에 의해 처벌을 받지 않는다면 사회에서의 삶이 불가능할 것이라는 점을 기정사실로 받아들였다. 이런 그의 사적재산에 근거한 무정부주의의 근본적인 현실주의 — 반(反)이상향주의(anti-utopianism) — 의 반영으로서 라스바드는, 대부분의 동시대 정치철학자들과는 달리, 처벌의 주제에 핵심적 중요성을 부여했다. 그에게 있어서, 사적재산과 물리적 방어의 권리는 불가분의 것이었다. 만약 어떤 사람에게 자신의 재산을 침해하는 사람이나 그런 침해에 대해 자신의 재산을 지키기 위하여 물리적 폭력이 허용되지 않는다면 아무도 어떤 것의 소유자라고 말할 수 없다. 라스바드는 이렇게 질문을 던졌다. "'자신의 손으로 법을 집행하는 것이' 누구에게나 허용되어야 할까? 희생자 혹은 희생자의 친구가 범죄자에 대해 개인적으로 정의를 실행하는 것이 허용되어야 할 것인가?" 그는 대답했다. "물론 대답은 예이다. 왜냐하면 처벌과 관련한 모든 권리는 피해자의 자기방어권으로부터 유도되기 때문이다."(p.109) 따라서 그 질문은 악과 침해가 존재하는지 여부에 대한 것이 아니라, 이런 존재에 대해 어떻게 정의롭고 효과적으로 다룰 것인지에 대한 것이다. 라스바드가 무정부주의자로 불릴 자격을 얻게 하는 결론들에 도달하게 하는 것이야말로 오로지 이 질문에 대한 라스

11) Ludwig von Mises, *Liberalism* (Kansas City: Sheed Andrews and McMeel, 1978) p.37.

바드의 대답 속에 있다.

미국의 **독립선언**으로부터 미제스에 이르기까지, 고전적인 자유주의자의 대답은 생명, 자유, 재산 등을 보호하는 불가결한 임무를 정부의 유일한 기능으로서 정부에 맡기는 것이었다. 라스바드는 (**만약** 정부가 조세를 부과할 힘과 궁극적 의사결정을 할 힘[지배영역에 대한 사법독점]으로 **정의되었다면**) 고전적 자유주의자의 결론을 **불합리한 추론**이라며 거부했다. 최초의 전용 또는 생산 또는 예전 소유자로부터 나중 소유자로의 교환과 같은 행동의 결과로서의 사적재산 소유는 소유자의 그의 재산에 관한 배타적 지배(exclusive jurisdiction) 권리를 시사한다. 사실상, 배타적 지배라는 물리적으로 분할된 영역을 확립하려는 것이 바로 사적재산의 목적이다. (그렇게 해서 희소한 자원들에 대한 잠재적인 충돌들을 회피하기 위해). 어떤 사적재산의 소유자도, 그가 그의 재산을 팔거나 다른 방법으로 이전하지 않는 한, 그의 재산에 대한 궁극적 지배 권리와 물리적 방어권을 다른 사람에게 도저히 넘겨줄 수 없다. (남에게 이전한 경우에는 그 사람이 그 재산에 대한 배타적 지배를 할 것이다.) 즉, 어떤 것이 버려진 게 아니라면, 그 소유자는 당연히 이 권리들을 가지고 있다고 상정되어야 한다. 그의 다른 사람들과의 관계에 관한 한, 모든 재산소유자는 더욱 멀리 분업의 이익을 누릴 수 있고, 다른 소유자들과 그들의 재산과의 협력을 통해 그의 불변의 권리들을 더 잘 그리고 더 개선된 형태로 보호할 수 있다. 모든 재산 소유자는 보충적인 재산보호와 '안전' 상품들과 서비스들에 관해 다른 사람으로부터 구매하거나, 다른 사람에게 팔거나, 그렇지 않으면 다른 사람과 계약을 맺을 수 있다. 그러나 모든 재산 소유자는 또한 언제든 다른 사람들과의 그러한 협력을 일방적으로 중단하거나 그의 소속을 변경할 수 있다. 따라서 사적재산 소유자들 사이의 보호와 안전에 대한 수요를 충족시키기 위해, 보호, 보험 중재서비스 등을 자발적으로 구매하거나 구매하지 않는 고객들에게 수수료를 받고 제공하는 전문화된 기업들이나 대리인들이 허용될 수 있고 또 가능할 것이다. 그러나 그런 기업이나 대리인이 그 누구를 보호하기 위해 자신에게 배타적으로 서비스를 받게 강제하거나 다른 대리인들을 비슷한 보호 서비스를 제공하지 못하게 막는 것은 허용될 수 없다. 즉, 그 어떤 보호 대리인도 조세로 재정을 조달할 수 없거나 경쟁으로부터 면제될 수 없다('자유로운 진입').

이와 분명하게 대조적으로 보호와 사법의 영역적 독점 — 국가 — 은 출발에서부터 몰수(expropriation)라는 허용될 수 없는 행동에 기초해 있다. 그리고 그 영역적 독점은 그 독점자와 그의 대리인에게 추가적 몰수(조세 부과)를 할 수 있는 면허를 제공한다. 이는 모든 재산 소유자가 그의 소위 보호자와의 협력을 중단하는 것이 금지됨을 의미하며, 독점자를 제외하고는 누구도 그 자신의 재산에 대한 궁극적 사법을 행사할 수 없음을 의미한다. 그래서 (독점자를 제외한) 모든 이는 국가에 의한 잠재적 침해에 대항하는 물리적 보호와 방어에 대한 자신의 권리를 상실했다. 그래서 그 자신의 소위 보호자의 행동들에 직면해서 무방비상태가 된 것이다. 결과적으로 정의와 보호를 위한 가격은 지속적으로 상승할 것이고, 정의와 보호의 질은 지속적으로 하락할 것이다. 세금으로 충당되는 보호 대리인 — 즉, 침략적 보호자(an invasive protector) — 은 용어상 모순(형용모순)이다. 이 보호자는 허용되기만 하면, 지속적으로 더 많은 조세를 거두어 가고, 보호는 늘 더 적게 제공할 것이다. 마찬가지로, 사법 독점의 존재는 정의의 지속적 타락으로 이끌어갈 것이다. 만약 국가와 그 법정과 재판관들을 제외한 누구에게도 정의의 심판을 청구할 수 없다면, 정의는 끊임없이 국가에 유리한 쪽으로 왜곡되어 마침내 변경될 수 없는 인간행위의 법(immutable laws of human conduct)이라는 개념은 궁극적으로 사라지고 국가가 만든 실증적인 입법(positive state-made legislation)이라는 법의 개념으로 대체된다.

이 분석에 기초해서, 라스바드는 보호라는 근본적인 인간 문제에 대한 고전적 자유주의 해결책 — 즉, 최소국가 혹은 야경국가 혹은 그렇지 않고는 '헌법적으로 제한된' 정부 — 을 절망적일 정도로 혼동되고 순진한 생각이라고 간주했다. **모든** 최소국가는 최대국가가 되려는 내재적 성향을 가지고 있다. 대리인이 얼마나 작든 혹은 어떤 목적을 위해서든 일단 **그 어떤** 조세라도 이를 거둘 권리가 용납되면, 자연히 언제나 지금의 조세수입을 사용해서 같은 목적의 조세 그리고/혹은 다른 목적의 조세를 더 거두고자 하는 성향을 가질 것이기 때문이다. 마찬가지로, 일단 대리인이 특정 부분에 **그 어떤** 사법적 독점을 하게 되면, 자연스럽게 그 특혜적 지위를 이용해 사법의 범위를 팽창시키려는 성향을 가질 것이다. 헌법은, 결국, 국가-헌법(state-constitutions)[궁극적으로는 헌법이 국가를 위한 것이지 국민 또는 개인을 위한 것이 아니라는 점을 강조한 것, 역자주]이다. 그 속에 어떤 제약들을 둔다고 해도 헌법이 포함할 수 있는 것 — 무엇이 헌법적이고 무엇이 아닌지 — 은 국가 법정과 국가 재판관에 의해 결정된다. 따라서 국가를 완전히 배제하고 정의와 경제학의 원리에 맞게 보호와 안전 서비스의 자유시장을 확립하는 것 말고는 국가의 권력을 제한할 실행 가능한 방법이 존재하지 않는다.

자연히 라스바드의 무정부주의는 모든 국가주의자에게 위협적으로 비쳤으며, 특히 그의 우익(右翼) — 즉, 사유재산 — **무정부주의**는 모든 유형의 사회주의자들을 자극하지 않을 수 없었다. 그러나 그의 무정부주의라는 결론은 학계가 왜 『자유의 윤리』를 경시했는지를 설명하는 데 충분하지 못했다. 라스바드의 첫 번째 불리함은 더 중대한 불리함으로 인해 심화되었다. 그는 비정통적 결론에 이르렀을 뿐만 아니라, 더 불리하게도, 그는 그 결론에 현대 이전의(pre-modern) 지적 수단을 통해 도달했다. 현대적 방법에 따라 특정 이론을 제안하거나, 이를 가설화하거나, 숙고하거나, 수수께끼를 풀 듯한 것이 아니라, 라스바드는 공리-연역적 주장들과 증명들을 제시했다. 민주적 평등주의의 시대와 윤리적 상대주의의 시대에 이는 궁극적인 학문적 과실(過失) — 즉, 지적 절대주의(intellectual absolutism), 극단주의(extremism), 그리고 불관용(intolerance) — 이었다.

이 두 번째 방법론적 요인의 중요성은 라스바드의 『자유의 윤리』와 로버트 노직(Robert Nozick)의 『무정부, 국가, 그리고 유토피아』가 받은 대접을 대조해보면 알 수 있다.[12] 노직의 책은 롤스의 『정의론』이 출간된 지 3년 후인 1974년에 출판되었다. 거의 하룻밤 새 노직은 국제적으로 유명해졌고 오늘날까지 정치철학에서 『무정부, 국가, 그리고 유토피아』는 학계의 인지도 면에서 아마도 오직 롤스의 책에만 뒤질 것이다. 그러나 롤스는 사회주의자였던 반면, 노직은 리버테리언이었다. 사실, 노직은 라스바드로부터 깊은 영향을 받았다. 그는 라스바드의 『인간·경제·국가』, 『권력과 시장』, 『새로운 자유를 위하여』를 읽었다.[13] 그는 자신의 책 감사의 글에서 "약 6년 전 머레이 라스바드와 나눈 오랜 대화야말로 개인주의 무정부이론에 대한 내 관심을 자극했다"고 썼

12) Robert Nozick, *Anarchy, State, and Utopia* (New York: Basic Books, 1974).
13) Murray N. Rothbard, *For A New Liberty,* rev ed. (New York: Macmillan, 1978).

다. 확실히 노직이 도달한 결론은 라스바드가 제안한 것보다 덜 급진적이었다. 무정부주의라는 결론에 이르기보다는 노직의

> 국가에 대한 주요 결론은 최소국가, 완력, 절도, 사기를 방지하고 계약의 이행을 보장하는 등의 좁은 기능에 한정된 최소국가가 정당화된다는 것이다. 그리고 그 결론은 최소국가보다 조금이라도 더 나아간 국가는 어떤 것들을 하도록 강제되지 않을 사람들의 권리를 위반할 것이고 정당화될 수 없다는 것이다. 그리고 그 결론은 최소국가는 옳을 뿐 아니라 영감을 준다는 것이다.[14)]

그럼에도, "국가가 그 강제적 기구를 일부 시민들로 하여금 다른 사람들을 돕게 하는 데 사용하지 않을지 모르고, 혹은 국가가 사람들에게 그들 자신의 재화나 보호를 위한 활동을 금지하기 위해 강제력을 사용하지 않을지 모른다"[15)]고 주장하면서, 심지어 노직의 결론들조차도 그를 정치철학계의 주류에서 훨씬 먼 외곽에다 갖다 놓았다. 왜, 그렇다면, 라스바드의 리버테리언 『자유의 윤리』가 오랫동안 간과된 것과 명백히 대조되게, 노직의 리버테리언 『무정부, 국가, 그리고 유토피아』는 엄청난 학문적 성공을 거두었는가? 그 대답은 방법과 스타일에 있다.

라스바드는 무엇보다 체계적 사상가이다. 그는 가장 기초적인 인간 상황과 문제 — 크루소 윤리(Crusoe-ethics) — 로부터 출발해 공들여 더욱더 복잡하고 얽혀 있는 상황들과 문제들로 나아가면서 각 단계와 주장을 정당화하고 증명했다. 게다가, 그의 어투는 적수가 없을 정도로 명료하다는 특색을 지녔다. 이와 분명하게 대조적으로, 노직은 현대의 비체계적 사상가이거나 연상주의(associationist) 사상가이거나 심지어 인상주의(impressionistic) 사상가이다. 그의 어투는 어렵고 불분명했다. 노직은 그 자신의 방법에 대해 명시적이었다. 그는 다음과 같이 썼다. 그의 저술은

> 인식론과 형이상학에서 많은 동시대 철학적 저술에서의 방식을 따른 것이었다. 정교한 주장들, 일어날 것 같지 않은 반대사례에 의해 논박당한 주장들, 놀라운 논지들, 수수께끼들, 추상적인 구조적 조건들, 정해진 범위의 사례들에 들어맞는

14) Nozick, *Anarchy, State, and Utopia*, p.ix.
15) Ibid.

다른 이론을 찾으려는 도전들, 반전에 해당하는 결론 등등이 있다. (중략) 어떻게 철학 책을 쓸 것인가에 관한 하나의 견해는, 저자는 그가 제시하는 견해의 모든 세부사항들과 그 견해와 관련한 문제들에 대해 생각을 끝내고 그의 견해를 갈고 닦아서 세상에 완성되고 완전하고 우아한 전체를 제시해야 한다는 것이다. **이는 나의 견해가 아니다.** 아무튼 나는 우리의 끊임없이 이어지는 지적 삶에서, 덜 완전한 작품도 차지할 자리와 기능이 또한 있다고 믿는데, 그 작품에는 주요 주장의 줄기뿐만 아니라 완성되지 못한 이론들, 추론들, 아직 답을 찾지 못한 의문들과 문제들, 실마리들(leads), 부차적 연결들(side connections)도 또한 포함되어야 한다. 결론을 제외하고도 주제들에 대해 말할 여지가 있다.[16]

방법론적으로 노직과 라스바드는 양 극단이었다. 그러나 **왜** 그들의 결론이 크게 보면 일치하는 것 같은데도 노직의 비체계적인 윤리적 '지적 탐구'가 라스바드의 체계적인 윤리학 저술보다, 학계에 그렇게 큰 반향을 일으켰는가? 노직은 그의 방법이 '지적 흥미와 흥분을 일으키기를'[17] 바라는 희망을 포현했을 때 그 속에 해답이 숨어 있다. 그러나 이것은 기껏해야 해답의 절반밖에 되지 않았다. 라스바드의 『자유의 윤리』도 또한 정말 흥미롭고 흥분을 일으키는 책이다. 그리고 그 책은 풍부한 사례들, 경우들, 시나리오들 등으로 넘친다. 그것들은 모든 범위의 일상생활의 사례로부터 시작해서 극단적인 — 구명정(life-boat) — 상황들에까지 이르며 많은 놀라운 결론들로 양념을 치고 있고, 무엇보다도 문제들과 퍼즐들에 대해 단순한 제안이 아니라 해결책을 제시했다.

노직의 방법은 다소 특정 종류의 흥미와 흥분을 위한 것이다. 라스바드의 『자유의 윤리』는 본질적으로 하나의 연속적이고 체계적으로 도출되고 상세히 설명된 주장으로 이루어졌고 그래서 독자에게 오래 지속된 집중을 요구한다. 그러나 라스바드 책의 독자는 아마도 너무나 흥분되어 끝낼 때까지 책을 내려놓기를 원치 않을 것이다. 『무정부, 국가, 그리고 유토피아』가 야기하는 흥분은 매우 다른 종류의 것이다. 그 책은 수십 개의 이질적인 혹은 느슨하게 연결된 주장들, 추론들, 퍼즐들, 반례(counterexample)들, 실험들, 패러독스들, 놀라운 반전과 뒤틈, 지적 반짝임, 철학적 교란(philosophical razzle-dazzle) 등으로 가득 차 있다. 그래서 그 책은 오로지 독자에게 짧고도 간헐적인 집중만을 요구했다.

16) Ibid., pp.x~xii, 강조 추가됨.
17) Ibid., p.x.

동시에 노직의 책의 독자들이라면 누구라도 그 책을 그대로 죽 다 읽어내려 가려는 충동을 느끼는 사람은 별로 없을 것이다. 그 대신 노직의 책을 읽는 것은 대개 한 조각씩 비체계적이고 간헐적으로 이루어진다. 노직의 책이 일으키는 흥분은 강렬하고, 짧고, 빨리 지나간다. 『무정부, 국가, 그리고 유토피아』의 성공은 언제나, 특히 민주적 조건 아래에서는, 참을성이 있고 원칙을 지닌 사상가들보다 매우 높은 시간선호를 가진 지식인들, 즉 지적 스릴을 추구하는 사람들이 훨씬 더 많다는 사실에 기인했다.[18)]

정치적으로 약지 못한 결론들에도 불구하고 노직의 리버테리어니즘은 학계의 다수에 의해 존중 받을 만한 것으로 간주되었고 무수한 논평들과 반응들을 이끌어냈다. 노직의 리버테리어니즘은 방법론적으로 애매했기 때문이다. 즉, 노직은 그의 리버테리언 결론들이 어떤 것을 **증명했다고** 주장하지 않았다. 비록 어떤 사람이 윤리학이 현저하게 실질적이고 지적 주제라고—주제여야

18) 그의 후속작, 『철학적 설명』(Oxford; Oxford University Press, 1981)에서 노직은 이런 판단을 더욱 확인해주었다. 거기에서 그는 이렇게 썼다.

> 나 또한 읽기 어려운 책을 추구한다. 자극을 받아 흥분한 상태에서 해결해야 할 시급한 사고들이 넘치고, 다른 것에 의해 성격이 완전히 바뀌거나 변할 폭로들이 있고, 끝까지 죽 읽어내려 갈 수 없는 책, 심지어 읽기를 멈추게 하는 책. 나는 그런 책을 발견하지 못했고 또 그것을 시도하지 못했다. 그러나 나는 이 책이 그 빛을 누릴 것이라는 희망에서 여전히 그런 책을 의식하며 글을 썼다. … 어디에서든 [독자는] 그 어떤 것도 받아들이도록 압박을 받지 않는다. 독자는 자신의 생각과 저자의 생각을 탐험하며 부드럽게 진행해나간다. 그는 저자와 함께 모험에 나서서 오로지 그가 준비가 된 곳에서만 저자와 함께 나아간다. 그리고선 그는 멈춘다. 아마도 나중에 그것을 숙고해 보거나 두 번째 독서 때 그는 더 나아갈 것이다. … 나는 나의 독자들에게 집중에 대한 극도의 의무를 부과하지 않는다. 나는 그 대신 읽어가는 사람들에 내가 하듯이, 그들이 이 책으로부터 배울 수 있는 것을 찾고, 그들의 목적에 맞게 활용하고 변형시키길 기대한다. … 이 책은 매우 잠정적인 기분으로 설명을 해나갔다. 나는 당신이 그 설명이 옳다고 믿기를 요청하지 않을 뿐 아니라, 내가 그 설명들이 옳다고 믿는 것이 중요하다고 생각하지도 않는다. 그렇지만 나는 당신이 이 책에 제시된 설명들이 어둡던 것을 밝혀주고, 고려할 가치가 있다고, 그리고 획기적인 가치를 가진다고, 발견하기를 믿고 있고 희망한다. 그리고 또한 설명을 추구하고 더 자세히 서술하는 과정, 새로운 가능성, 새로운 경탄과 방랑, 자유로운 탐험에 열려 있다는 것은 그 자체로 커다란 기쁨이다. 그 어떤 즐거움도 새로운 아이디어와 새로운 질문의 즐거움에 비할 수 있겠는가? 물론 섹스 경험이 있긴 하다. 자체적인 장난기와 가능성들, 그리고 집중된 자유, 깊이, 날카로운 즐거움과 부드러운 즐거움, 그리고 엑스터시에 있어 두 경험은 별로 다르지 않다. 마음의 흥분과 관능성이란 무엇인가? 오르가즘이란 무엇인가? 그 무엇이든, 그것은 불행하게도 사람들을 확장시키고 그들에게 기쁨을 가져올지라도(두 가지 청교도주의는 공통된 뿌리를 공유하고 있는가?), 마음의 금욕주의자들을 놀라게 하고 그들의 기분을 상하게 할 것이다 (pp.1, 7, 8, 24).

한다고 — 생각하더라도, 노직은 그의 윤리적 '탐구들'이 그 어떤 실질적 시사점들을 가졌다고 주장하지 않았다. 그 탐구들은 매력적이거나, 재미있게 하거나, 시사적인 지적 놀이 이상을 의미하지는 않았다. 그 자체로, 리버테리어니즘은 지배적인 사회민주주의 지식인 계층에 아무런 위협이 되지 않았다. 그의 비체계적 방법 — 그의 철학적 다원론(philosophical pluralism) — 으로 인해, 노직은 (그의 결론은 기성학자들의 것과 대치되었음에도 불구하고) 지적 기성세력에 대해 '관대했다'. 그는 그의 리버테리언 결론들이 옳다고 고집하지 않았다. 예를 들어 그는 사회주의자의 결론이 틀렸으며 따라서 실제로 사회주의를 당장 철폐할 (즉, 공공 세금으로 재정이 마련되는 모든 교육과 리서치를 포함해서, 사회민주주의 복지국가를 즉각 철폐할) 것을 요구하지 않았다. 오히려 노직의 리버테리어니즘은 단지 흥미로운 사상이었고 그렇게 주장되었다. 그는 자신의 사회주의 적수의 아이디어에 어떤 진정한 해를 가할 마음이 없었다. 그는 단지 민주주의적으로 개방적인 지적 토론에 하나의 흥미로운 아이디어를 던지길 원했을 뿐이다. 그래서 실재적이고, 유형의, 물리적인 모든 것은 변하지 않은 채 남아 있을 수 있었고 모두는 예전처럼 똑같은 삶과 생각을 가진 채 살아갈 수 있었다.

『무정부, 국가, 그리고 유토피아』의 출간에 이어 노직은 그의 '관대한 자'로서의 명성을 확립할 추가적 조처들조차 취했다. 그는, 이 책의 29장에 있는 라스바드의 비판을 포함해서 그의 책에 대한 무수한 코멘트들과 비판들에 대해 결코 답변하지 않았다. 이것은 그가 자신이 내린 결론에 헌신하지 않는 방법론을 진지하게 수용하고 있음을 확인해주었다. 만약 그가 처음부터 자신의 견해의 정확성에 대해 헌신하지 않는 애매모호한 방법론을 가지고 있다면, 그는 정말 자신의 비판가에게 답변해야 할 이유가 없다. 게다가 그의 후속 저술 『철학적 설명』에서 노직은 (그가 그럴 것으로 상정되던) 비극단주의적 관대성에 대한 남아 있던 모든 의구심을 제거했다. 그는 단지 그의 비헌신적 방법론에 대한 헌신을 재천명하는 것을 넘어 한술 더 떴다.

> 그래서 여기에서 녹다운 주장들 속에는 무언가 잘못된 것이 있다는 녹다운 주장, 즉 모든 녹다운 주장들을 끝장낼 녹다운 주장을 찾으려 하지 말라. 심지어 특정한 주장을 제시하는 총 횟수를 줄이기 위한 목적일지라도 (녹다운) 주장을 통해 당신

> 을 특정 결론들로 몰아가서는 안 될 것이다. 내가 녹다운 주장을 가지고 있지만 그것을 제시하지 않을 것이라는 힌트를 주는 것도 허용되지 않는다.[19]

정말로 놀랍게 비틀어서 노직은 녹다운 주장의 사용이 심지어 강제에 해당하며 따라서 더 나아가 도덕적으로 모욕적이라고까지 말하고 있다.

> 철학 저술의 용어는 강제적이다. 주장들이 제압적일(녹다운 주장일) 때, 그 주장들은 강력하고 최선이다. 그 주장들은 당신을 강제로 결론으로 몰고 간다. 만약 당신이 그 주장의 전제들을 믿는다면 그 주장의 결론도 반드시 믿어야 한다. 물론 일부 주장들은 당신을 녹다운시킬 정도의 펀치력이 없기도 하겠고 여타 다른 점들도 언급될 수 있겠지만 말이다. 철학적 주장은, 어떤 이가 원하든 그렇지 않든 상관없이, 그로 하여금 어떤 것을 믿게 만들려는 시도이다. 성공적인 철학적 주장, 즉 강력한 주장은 사람들을 특정한 믿음으로 강제로 끌고 간다. … 왜 철학자들은 다른 이들로 하여금 어떤 것들을 믿도록 강제하려고 하는가? 그것이 다른 이에게 잘하는 행동일까? 나는 우리가 그런 식으로 사람들을 개선시킬 수 없다고 생각한다. … 철학적 주장, 즉 어떤 이로 하여금 어떤 것을 그가 원하든 그렇지 않든 믿도록 시도하는 것이 다른 이를 향한 좋은 행동이 아니라고 나는 주장했다. 마찬가지로 그런 행동은 또한 철학을 공부하고 입문하게 된 원래의 동기와 어울리지 않는다. 철학 입문 동기는 어리둥절함, 호기심, 이해하려는 욕구이지 믿음의 동일성을 생산하려는 욕구가 아니다. 대개의 사람들은 사상 경찰(thought police)이 되려고 하지 않는다. 증명보다는 설명이라는 철학적 목표가 도덕적으로 더 나을 뿐 아니라, 사람들의 철학적 동기와도 더 조화롭다. 또한 그것은 누군가가 철학적으로 진행해나가는 방식을 변화시킨다. 거시적 수준에서 … 그것은 철학 타워를 구축하는 것에서 멀어지게 한다. 미시적 수준에서 그것은 어떤 철학적 "운동들"이 다양한 논점들에서 타당한지를 변화시킨다.[20]

놀랍게도 체계적인 공리-연역적 추론을 '강제'(coercion)라고 다시 정의한 노직은 그의 리버테리어니즘에서 마지막 이빨을 빼버렸다. 만약 사회민주주의가 윤리적으로 용납될 수 없으며 정의롭지 못하다는 것을 **증명하려는(보여주려는)** 시도조차도 '나쁜' 행위가 된다면, 리버테리어니즘은 본질적으로 무장해제 당한다. 그리고 이는 기존 질서와 그 학문적 보디가드들이 지적으로 무적

---

19) Ibid., p.5.
20) Ibid., pp.4, 5, 13.

이 되게 했다. 어떤 사람이 노직과 같이 점잖은 누군가에게 점잖지 않게 대할 수 있겠는가? 기성 반(反)리버테리언 지식인 집단이 노직의 리버테리어즘만큼 부드럽고 친절하게 리버테리어니즘을 대해주고 노직을 리버테리어니즘 최고봉의 철학자로 높인 것은 전혀 놀랄 일이 아니다.[21)]

라스바드의 리버테리어니즘과 『자유의 윤리』가 자극했던 관심과 그것이 행사한 영향력은 노직과는 많이 달랐다. 그것은 천천히, 점차 강해졌고, 지속적이었다. 또 (학계가 그것을 찾아낸 것이 아니었으며, 상아탑으로부터 '아래로' 비학문적 대중에게로 소통되었다기보다는) 외부로부터 학계에 도달했고 영향을 미쳤다.

이 책을 읽은 독자라면 누구나 알아챘겠지만, ('우리를 경악케 하는' 노직의 강제의 정의에 따르자면) 라스바드는 '강제적인 철학자'의 전형이다. 그는 잠정적 설명, 추정, 미결 문제들보다는 증명과 엄밀하고 완전한 대답들을 요구했고 제시했다. 『무정부, 국가, 그리고 유토피아』에 관해 노직은 "어떤 이는 윤리학과 정치철학에 대한 진리가 너무나 심각하고 중요해서 그런 '겉모양뿐인' 도구들에 의해 획득될 수 없다고 느낄 것"이라고 썼다.[22)] 이것은 분명히 라스바드의 확신이었다. 인간은 그가 살아 있는 동안 행동하지 **않는 게** 가능하지 않기 때문에, 그리고 그가 그렇게 하기 위해 희소한 자원을 써야 하기 때문에 그는 또한 옳은 행동과 틀린 행동 사이에서 영속적으로 선택해야만 한다. 윤리학의 근본적 질문 — 내가 지금 여기에서 해도 되게끔 정당하게 허용된 것은 무엇이며 그렇지 않은 것은 무엇인가 — 은 그래서 인간이 직면한 가장 영구적이고,

---

21) 이 비체계적인 사고방식에 어울리게 노직의 철학적 관심은 하나의 주제에서 또 다른 주제로 표류를 계속했다. 그의 『철학적 설명』에서 이미 그는 이렇게 고백했다. "나는 서로 다른 철학들이 (순차적으로) 사람의 마음을 끌고 호소력이 있고, 강력하고 인상적이며, 솔깃하고 멋지다는 것을 발견했다." (p.20) 리버테리어니즘 — 윤리 — 은 노직의 철학에서 아무런 특별한 중요성 혹은 독특한 중요성도 지니지 못했다. 그것은 "탐구"를 위해 집어 들었거나 호기심의 요구에 따라 던져버린, 무수한 주제들 가운데 하나의 흥미로운 주제일 뿐이었다.

그렇다면, 그를 유명하게 만들어준 바로 그 책의 출간 후 몇 해도 지나지 않아서 노직이 그의 친절하고 부드러운 리버테리어니즘조차도 거의 전부 버린 것이 점차 분명해졌는데 이는 전혀 놀랄 일이 아니었다. 그리고 그가 마침내 (삶의 의미에 대한 신-불교주의 사색의 책인 『검토된 삶』*The Examined Life*에서) 더 이상 리버테리언이 아니며 공동체적 사회민주주의 communitarian social democracy로 전향했다고 공개적으로 인정했을 때 그는 여전히 그가 마음을 바꾼 이유들을 제시하고 그의 예전의 윤리적 견해들이 왜 틀렸는지 설명해야 할 아무런 의무감도 느끼지 않았다. 흥미롭게도 이런 변화가 최고의 리버테리언 철학서로서의 『무정부, 국가, 그리고 유토피아』의 위상에는 거의 영향을 주지 못한 것 같다.

22) Ibid., p.x.

중요하고, 절박한 지적 관심사이다. 사람이 행동할 때는 언제나 어디서나 행위자는 애매하지 않게 즉각 옳은 것을 옳지 않은 것으로부터 구별하고 결정할 수 있어야 한다. 그래서 소금의 가치를 가진 그 어떤 윤리도—인간행동학적으로—'강제적'이어야 한다. 왜냐하면 오로지 증명들과 압도적인 주장들만이 사람들에게 필요한 것에 대해 그와 같은 확실한 대답을 제공할 수 있기 때문이다. 인간은 행동하기를 일시적으로 중지할 수가 없다. 따라서 잠정적 추론들과 미결 문제들은 그저 인간 윤리의 과제에는 자격미달일 뿐이다.

라스바드의 '강제적' 철학하기(philosophizing)—그는 윤리학이 공리 연역적 체계여야 한다고, 즉 기하학적인 윤리학이어야 한다고 강조했다—는 물론 전혀 새롭거나 비정상적인 게 아니다. 이미 밝혔듯이 라스바드는 윤리학의 본질에 대한 이런 견해를 이성주의 철학 전통 전체와 공유하고 있었다. 그의 견해는 크리스천 이성주의(Christian rationalism)와 계몽주의(Enlightenment)의 지배적 견해였다. 라스바드는 그의 윤리학에 관해 무오류성을 주장하지 않았다. 이성주의 철학의 전통에 일관되게 그는 단지 공리 연역적 주장들이 오로지 똑같은 논리적 지위를 가진 여타 주장들에 의해서만 공격을 받을 수 있고 반박될 수 있다고 주장했다(마치 논리학자와 수학자가 자신의 무(無)오류성을 주장하지 않으면서도 논리적 혹은 수학적 증명이 오로지 다른 논리적 혹은 수학적 주장들에 의해서만 공격을 받을 수 있다고 주장할 수 있는 것과 마찬가지로 그는 윤리학에서도 똑같이 주장될 수 있다고 보았다).

그러나 민주 사회주의의 시대에 그와 같은 고전적 방식의 주장들은—윤리학의 분야에 그런 주장이 이루어지고 더구나 그 윤리가 리버테리언 윤리라면 확실히—학계에서 깊이 생각되지 못한 채 일반적으로 거부당하고 해체되었다. 현대적인 노직과는 달리 라스바드는 그가 리버테리어니즘—**사적재산 무정부주의**—이 도덕적으로 정당하고 옳으며 모든 국가주의자와 사회주의자들이 그저 명백히 틀렸음을 증명했다고 확신했다. 따라서 그는 즉각적이고 지속적인 행동을 공개적으로 지지했다. 라스바드는 다음과 같이 썼다. '리버테리어니즘은'

정책을 추구하는 철학이다. … 리버테리언은 정의를 위한 열정을 가져야 한다. 그

> 열정이란 자연적 정의(natural justice)가 요구하는 것에 대한 그의 합리적 직관으로부터 유도되고 이끌린 감정이다. 자유가 성취되려면, 그저 약한 갈대와 같은 효용이 아니라 정의가 동기를 부여하는 추진력이 되어야 한다. … (그리고) 이것은 리버테리언이 '폐지론자(abolitionist)'가 되어야 함을 의미한다. 즉 그는 자유라는 목표를 가능한 한 빠르게 달성할 수 있도록 염원해야 한다. … [그는] 할 수만 있다면 자유에 대한 모든 침해를 즉각적으로 폐지하는 폐지론자가 되어야 한다. (pp.310~11)

세금을 보조 받는 지식인 계층과 특히 기성 학계는 라스바드가 극단주의자로밖에는 보이지 않았다. 그들로서는 주요 학술토론에서 그를 무시하고 배제하는 게 최선일 것이다.[23)]

라스바드의 '친절하지 않고' '관용을 보이지 않는' 리버테리어니즘은 처음에는 비(非)학계 대중 — 즉, 전문가들, 사업가들, 모든 배경을 가진 교육받은 비전문가들 등 — 사이에 자리를 잡았다. 노직의 '부드러운' 리버테리어니즘이 학계의 벽을 결코 넘어 대중에게 다가가지 못했던 데 비해 라스바드와 그의 '극단적' 리버테리어니즘은 이념적 운동의 근원이 되고 이론적 하드코어가 되었다. 라스바드는, 고전적 자유주의를 근본주의적으로 계승한 현대 미국 리버테리어니즘의 창시자가 되었다. 그런데 그 리버테리어니즘은 한줌도 안 되는 주창자들에서 시작해 약 30년이 지나오면서 진정한 정치적, 지적 운동으로 성장했다. 자연히 이런 발전과 변형 과정에서 라스바드와 그의 리버테리어니즘은 도전을 받지 않은 채 남아 있을 수 없었고 논쟁을 불러오기도 했다. 라스바드의 기성 제도 속의 경력에도 부침이 있었다. 즉, 그는 기성 제도 속에서 잘

---

23) 기성 철학계가 라스바드 대 노직을 대접한 것과 기성 경제학계가 미제스 대 하이에크를 대접하는 것에는 흥미로운 유사성이 존재한다. 비록 미제스의 결론들이 하이에크의 것보다 훨씬 더 급진적이었다고 하더라도 두 사람은 — 정치적으로 '약지 못한' — 크게 보아 유사한 자유시장이란 결론에 도달했다. 그 결론들의 유사성에 근거해서는 미제스와 하이에크 양자 모두 오스트리아학파 경제학자로 간주되었다. 그렇지만 그들이 그들의 결론을 이끌어낸 방법은 근본적으로 달랐다. 미제스는 철학적 이성주의자였다. 저술가로서 그는 체계적이고, 논증하고 설명하며, 명쾌했다. 이에 비해, 하이에크는 철학적 회의주의자였다. 저술가로서 그는 비체계적이고, 방법론적으로 절충적이었고, 잠정적이고 찾는 자세를 견지했으며, 덜 명쾌했다. 결과적으로 학계에서의 하이에크에 대한 대접은, 미제스에 대해 했던 대접에 비하면 훨씬 더 우호적이었다. 그러나 또한 그 영향력이 더 강렬하고 지속적이며 그 저술이 이념적 운동의 형성으로 이끈 것은 현대적인 '중도적 오스트리언'인 하이에크가 아니라 전근대적인 '극단적 오스트리언'인 미제스였다.

지내다가도 다시 자신의 위치를 찾아 나서야 했다. 그러나 그의 서거 때까지 라스바드는 의심의 여지없이 전체 리버테리언 운동 안에서 가장 중요하고 존경 받는 도덕적 권위자였다. 그리고 그의 이성주의 (공리 연역적 혹은 인간행동학적 혹은 '오스트리언') 리버테리어니즘은 오늘날까지 지적 벤치마크가 되고 있다. 즉, 리버테리어니즘 속의 모든 사람과 모든 것이 이 벤치마크에 대조되어 정의되고 위치가 지어진다.

학계에서 수용될 수 없었던 것 — 라스바드의 전근대적인 공리 연역적 추론과 시스템 빌딩 — 이 많은 일반 사람들 속에서는 여전히 반향이 있었다. 비록 현대 학계가 그들의 행위들에 대한 실제적 정당화를 제공해야 할 의무에서 벗어나서, 비체계적이고 끝없이 이어지는 '대화'에 몰두할 수 있을지언정, 실제 사람들과 특히 성공적인 사람들은 체계적이고 질서정연하게 생각하고 행동해야 하며, 그와 같이 계획하고 미래지향적인 낮은 시간 선호를 가진 사람들도 역시 그들 자신의 실제적이고 도덕적인 관심사들에 대한 체계적이고 질서정연한 대답들 이외의 그 어떤 것에도 만족될 수 없었을 것이다.

라스바드의 명시적인 정치적 근본주의(radicalism)는 이처럼 성공적이고 독립적인 심성을 가진 사람들 사이에서는 심각한 수용의 문제를 일으키지 않았다. 비록 점차 주변부로 밀려났을지라도, 근본적 리버테리어니즘이라는 원래 미국적 전통의 중요한 잔재들이 여전히 교육 받은 대중 사이에 남아 있었기 때문이다. 사실, 미국혁명(American Revolution)은 리버테어리언, 급진적 로크식 아이디어에 의해 크게 영감을 받았다. 미국독립선언과 특히 이를 쓴 토머스 제퍼슨(Thomas Jefferson)은 (라스바드와 그의 정치철학을 또한 특징지은) 계몽주의와 심지어 더 오랜 자연법 전통이 지닌 똑같은 이성주의 정신을 반영하고 표현했다.

> 우리는 이 진리들이 자명하다고 믿는다. 즉, 모든 사람은 동등하게 창조되었고, 그들은 조물주로부터 양도할 수 없는 권리들을 부여 받았으며, 이 권리들 가운데 생명, 자유, 행복의 추구가 포함된다는 진리 말이다. 그리고 이들 권리를 보장할 목적으로 인민에 의하여 정부가 세워지며, 정부의 정당한 권력은 피통치자의 동의에 의해서 생긴다는 진리, 그리고 어떤 형태의 통치 행위라도 이 목적을 저해하는 경우에는 언제라도 그런 정부를 교체하거나 해체하고, 가장 인민의 안전과 행

> 복을 가져올 것 같은 원칙들 위에 기초하고 정부의 권력들을 그런 형태로 조직하는, 그런 새로운 정부를 세우는 것은 인민의 권리라는 진리 말이다. 정말로 신중을 기하려면 수립된 지 오래된 정부를 사소하고 일시적인 이유로 바꿀 수는 없다. 따라서 모든 경험으로 볼 때 인류는 악폐일지라도 그것을 견딜 만한 동안은 이미 익숙해진 (정부) 형태를 철폐하여 이 악폐를 시정하기보다는 이를 견디려는 성향이 있다. 그러나 오랜 세월의 부조리와 심각한 권리침해가, 변함없이 동일한 목적을 추구하면서, 인민을 절대적인 전제정치 아래 두려고 기획한다면, 그런 정부를 전복해버리고 인민의 미래 안전을 지킬 새로운 경비들을 두는 것은 인민의 권리이고 또 의무이다.

라스바드는 경제학자 그리고 정치 철학자로서의 이론적 연구와는 별개로 또한 뛰어난 역사학자였다. 그의 4권으로 된 식민지 시대 미국의 역사서인, 『자유에서 잉태된 나라』(*Conceived in Liberty*)에서 그는 초기 미국에서 리버테리언 사상의 압도적 우위를 자세하게 설명하고 있다.[24] 그리고 미국 역사의 결정적 에피소드들에 관한 많은 에세이에서 그는 원래의 미국 리버테리언 정신의 중요성을 여러 번 상기시키고 있다. 확실히, 미국혁명과 **독립선언**으로 이끌었던 최초의 근본적 리버테리언 추동력은 후일 하나씩 뒷걸음치면서 계속 위축되어 갔다. 한걸음씩 뒷걸음치게 한 사례들로는, 반(反)연방주의자들(anti-Federalists)에 대한 연방주의자들의 승리, 원래의 연방(Confederacy)에서 합중국(Union)으로의 전환, 에이브러험 링컨에 의한 분리주의 남부 연합의 붕괴의 결과로서 합중국 헌법(Union Constitution)의 실질적 폐기, 진보주의(Progressivism)의 시작, 플랭클린 D. 루즈벨트의 뉴딜의 시작, 린든 존슨의 위대한 사회 프로그램, 그리고 닉슨, 카터, 레이건, 부시, 클린턴 시절에 나온 기타 사건 등이 있다. 그러나 비록 재삼 패퇴되더라도, 급진적 개인주의 리버테리어니즘은 미국 대중의 의식에서 근절될 수는 없다. 명시적으로 제퍼슨과 제퍼슨 전통을 상기시키면서 라스바드는 비록 여전히 수면상태에 있지만 널리 퍼져 있는 활동가들과 비전문 지식인 집단에 다가갔다. 그의 저술들의 명쾌성, 논리적 엄밀성, 체계적이고 포괄적인 특징, 열정 등으로 인해 그는 거의 혼자서 그들의 감정을 재충전시키고, 급진화시키고, 일정한 방향으로 흐르게 하여 통일된 정치철학 운동으로 일으

---

24) Murray N. Rothbard, *Conceived in Liberty* (New York: Arlington House, 1975).

켜 세우는 데 성공했다.

라스바드와 『자유의 윤리』가 상당한 시간적 지체가 있었지만 더 이상 학계에서 무시당하지 않을 수 있었던 것은 오로지 리버테리언 운동의 발흥과 진전 그리고 그 운동에서 라스바드가 했던 핵심적 역할과 같은 '외부적' 사건들이 뿜어내는 광채 덕분이었다. 의외가 아니지만 심지어 그 때마저도 일반적인 반응은 좋았다. 확실히 라스바드의 정치철학을 매우 존경하면서 이해하는 학계의 연구도 또한 그 수가 상당히 많았으며 점차 꾸준히 증대했다.[25] 그리고 1977년에 라스바드가 설립했으며 타계할 때까지 편집장으로 봉사했던 학제적인 학술지 『리버테리언 연구 저널』(*Journal of Libertarian Studies*)을 중심으로 라스바드는 가공할 만한 숫자의 제자들을 끌어모았다. 그러나 라스바드와 그의 리버테리어니즘에 대한 학계의 일반적 반응은 몰이해 혹은 오해, 혹은 분개를 동반한 거부반응 혹은 심지어 순전한 적개심 중 하나였다.

부분적으로, 이것은 명백히 라스바드가 변명조가 아닌 방식으로 자연권(natural rights)과 관련한 용어들을 사용했기 때문이다. 이것은 **독립선언서**의 언어였다. 그와 동일한 자연권 언어가 크리스천과 특히 가톨릭교회 내부에 현재까지 보존되고 있었다. 그리고 그 언어를 소수의 현대 철학자들도 또한 채택했었다.[26] 그러나 현대 학계는 대부분 '자연권'에 기초한 주장은 제레미 벤덤의 말을 빌리자면, '과장된 헛소리'에 불과한 것으로 취급했다. 사실 더 중요한 점은 자연권이 절대적인 국가 권력과 양립할 수 없다는 것과 자연권은 민주주의나 사회주의와도 잘 어울리지 않았다는 것이다. 따라서 지난 100년 간 서구세계가 귀족제(aristocratic system) 혹은 군주제(monarchial system)로부터 현대의 대중 민주주의로 변모하는 과정에서 자연권의 가르침은 공식적으로 승인된 철학 커리큘럼에서 지속적으로 배제되었고, 현대의 실증주의적 원리들로 대체되었다. 매우 익숙하지 않은 언어에 직면해서 심지어 좋은 의도를 지닌 많은 철학자들마저도 라스바드의 저술을 접하고서 그저 어리둥절해지고 짜증이 났

25) 예를 들어 다음 저서를 보라. Norman P. Barry, *On Classical Liberalism and Libertarianism* (London: Macmillan, 1986).

26) 예를 들어 다음 저서들을 보라. Leo Strauss, *Natural Right and History* (Chicago: University of Chicago Press, 1970); Henry Veatch, *Human Rights: Fact or Fancy?* (Baton Rouge: Louisiana State University Press, 1985).

다. 게다가 라스바드는 심지어 고전적 자연권 이론과 자신의 이론의 일치성을 과장했는지도 모르고, 미제스의 인간행동학의 방법을 윤리학에 도입하고 응용한 그 자신의 분명한 공헌을 충분히 강조하지 않았을지도 모른다. 그래서 의도하지 않았겠지만 이미 존재하는 문제를 악화시켰다.

예를 들어 피터 D. 맥클랜드와 같은 사람들의 반응이 전형적이면서도 동시에 교훈적이다. 그는 경제정의에 관한 자신의 책 가운데 '시장 방어되다: 권리에 대한 혼동'(The Market Defended: Confusions of the Right)이란 제목의 장에서 이렇게 썼다. '머레이 라스바드는'

> 당대의 리버테리언들 중에서 인정된 지적 리더 중 한 사람이다. 그 리버테리언들은 미국 기준으로 극우에 위치하는 집단이다. 그의 견해는 여기에서의 논의의 목적으로 볼 때 두 가지 이유에서 흥미롭다. 첫째, 그는 소득 수령자들의 미덕들에 대해 전혀 언급하지 않은 채 시장에 의해 발생하는 소득 분포에 대해 세밀하게 추론된 변호를 하고 있다. 둘째, 그 변호가 소수의 전제들로부터 출발해서 결론으로 이어지는데, 특정 경제시스템이 정의로운지 여부가 걸려 있는 그 어떤 상황에도 이 결론이 보편적으로 적용될 수 있다고 상정되고 있다. 라스바드의 변호는 그 자체로서 경제정의에 대해 어떻게 추론하지 말아야 할 것인지를 보여주는 고전적 실례가 되고 있다. 두 번째 논점을 두 번째 방식으로 표현하자면, 라스바드의 접근방식은 이 책의 이전의 장들에서 했던 핵심적 논점들에 직면해서 정면 돌파를 하지 못하고 도망치고 있다. 경제정의의 문제들에서 우리는 존중되어야 할 여러 가치들을 제시했었다. 이 가치들은 서로 충돌할 수 있고 충돌한다. 이런 충돌이 발생할 때 이 경쟁하는 가치들 사이에서 절충(tradeoffs)이 이루어져야 한다. 그와 같은 절충을 위한 일반적 규칙들은 공식화하기 어렵다. 그래서 경제정의에 부합하는지 판단하는 것은 그런 판단이 이루어져야 할 (구체적) 상황이라는 배경을 감안하지 않은 채 이로부터 독립적으로 내리기 어렵다. 혹은 더 간단하게 말해서, 어떤 구체적인 상황에서 경제정의에 관한 결정에 도달하는 데 있어서 우리는 "올바른" 혹은 "정당한" 선택인가를 결정하는 데 있어서 일반적으로 보편적 규칙들에 의존하지 않는다.[27)]

전체적으로, 맥클랜드는 라스바드의 주장들이 '얼마쯤 이상하다'—'토머

27) Peter D. McClelland, *The American Search for Economic Justice* (Oxford: Basil Blackwell, 1990), p.74.

스 아퀴나스에서 신학을 뺀 것' — 는 것을 발견하고 난 다음, 라스바드의 주장을 다음과 같은 근거에서 즉각 묵살한다.

> 대다수 미국인들에게, 많은 [라스바드의] 논점들은 극단적이거나 단순하거나 혹은 극단적이면서 단순하다. 전체적으로 그의 주장은 설득력이 있다기보다는 진기하다고 할 수 있다. 그 최선의 사례가 미국 정치에서 리버테리언 정당(Libertarian Party)의 무시해도 될 정도의 중요성이다. … [라스바드는 도덕적 딜레마를 하나 혹은 소수의 기본적 원리들로 '환원'하고 있는데] 그런 환원은 그 자체로 동의하기 어렵다. 왜냐하면 정확하게 중요한 많은 것들을 — 혹은 최소한 미국의 거대 다수에게 중요한 많은 것들을 — 무시함으로써만 그런 환원이 가능하기 때문이다.[28)]

이 구절을 읽는 즉시 몇 가지 반론들과 의문들이 떠오른다. 그런 반론 중 최소의 것이 아닌 반론으로는 우리의 저자(맥클랜드, 역자주)가 많은 사람들이 p를 믿지 않는다는 경험적 사실이 p가 진실인지, 유효한지 혹은 정당화될 수 있는지 여부에 영향을 준다고 명백히 믿고 있다는 정말 이상한 사실이다. 그는 대부분의 사람들이 수학적 혹은 논리적 증명들을 파악할 수 없다는 근거로 그런 증명들에 대해서도 반대할 것인가? 게다가 "이런 충돌이 발생할 때 경쟁하는 가치들 사이의 절충이 이루어져야 한다"고 양보하더라도, 다음과 같은 결정적 질문이 제기된다. 누가 이 절충이 어떠해야 하는가를 결정할 것인가? 충돌하는 가치들은 언제나 어떤 희소한 자원들의 사용에 관한 적어도 두 행동하는 사람들 사이의 양립할 수 없는 — 상호배타적인 — 견해들을 포함하고 있다. 명백히 이 쌍방은 어떻게 절충되어야 할지 결정할 수 없고 (아무튼, 쌍방의 가치들은 양립할 수 없다), 단지 한 측이나 또 다른 측에서 결정해야 한다. 그러나 어떻게 재산의 이론을 가지고 있지 않은 상태에서 (그것을 결정할) 다른 측이 아니라 한 측을 선별할 수 있는가? 그리고 만약 우리가 "일반적으로 '올바른' 혹은 '정당한' 결정을 내리는 데 보편적 규칙에 의지할 수 없다"면, 그리고 모든 것이 '당시 상황의 맥락'에 달려 있다면, 어떻게 우리의 비판가[맥클랜드, 역자주]는 어떤 사람이 **사전적으로**, 어떤 행동을 취하기 전에 그 행동이 정당하다는 자격을 가지는지 여부를 알 수 있다고 생각하는가? 혹은 그는 정의가

28) Ibid., pp.75~76, 80~81.

오로지 **사후적으로만** 결정될 수 있다고 믿는 것인가?

그러나 이 모든 관심을 제쳐 놓을 수 있다고 하더라도, 맥클랜드가 라스바드의 '환원주의'(reductionist) 방법, 즉 공리-연역적 방법이 '존중받아야 할 다수의 가치들'의 존재에 "직면해서 도망치고 있다"고 주장할 때, 맥클랜드의 비판에 내재한 궁극적 오류는—그리고 이와는 대조적으로 라스바드의 윤리학에의 독특한 공헌은—논리적으로 그 이전 단계에서 발생한다.

맥클랜드는 왜 이것이 그래야 하는지 설명하지 않는다. 설사 그가 설명을 시도했더라도 그는 성공할 수 없었을 것이다. 첫째로, 확실히 라스바드는 충돌하는 가치들이 무수히 존재한다는 사실을 인식하지 못했을 리 없다. 정말로 이 사실을 인식하지 못하는 그 어떤 사람도 상상하기 어렵다. 그러나 이 관찰은 윤리학과 도덕적 추론의 출발점 이상도 이하도 아니다. 만약 충돌하는 가치들이 아무것도 존재하지 않는다면, 정의상, 그러면 모든 행동들은 서로 완벽하게 조화를 이룰 것이다. 모든 사람은 언제나 모든 다른 사람이 그가 행동해야 한다고 생각했던 것과 같은 방식으로 행동할 것이다. 그와 같이 모든 이해관계들이 사전에 안정화된 조화의 세계에서는 윤리가 필요하지 않을 것이고 그 어떤 윤리도 결코 등장하지 않을 것이다. 따라서 충돌하는 가치들의 존재는 로드버드의 윤리학에 아무런 문제가 되지 않는다(사실 그 점에 있어서는 그 어떤 다른 윤리학에도 마찬가지로 문제가 되지 않는다). 차라리 그것은 출발에서부터 그렇다고 간주된 것이고 윤리학은 이런 보편적이고 영원한 인간의 딜레마에 대한 바로 그 반응이다. 게다가 충돌들이 존재한다면, 그리고 이 충돌들이 어떻게든 해소될 수 있다면, 그와 같은 해결책은 '환원주의' 방법을 사용하는 것 이외에는 아무리해도 발견될 수 없을 것이다. 즉 구체적인 사례들 혹은 충돌 상황들을 일반적이고 추상적인 규칙들 혹은 원리들 아래에 조명되도록 하는 것 이외에는 방법이 없을 것이다. 이 점에 관해 라스바드의 견해는 대부분의 여타 정치 철학자들 혹은 도덕 철학자들의 다음과 같은 견해와 본질적으로 다르지 않다. 즉 윤리학은, 만약 그게 아무튼 가능하다면, '환원주의'여야 하고 그 이외의 어떤 것도 결코 될 수 없다.

논의를 위해 이 지점까지 아무런 의견 불일치가 없다고 가정한다면, 맥클랜드의 공격은 단지 다음의 논점을 의미할 수 있을 뿐이다. 즉, 비록 우리가 그와 같은 환원주의 전략을 따른다고 하더라도, 그것이 모든 충돌의 경우들을 포괄하고 해결하는 유일한 원리(혹은 내적으로 일관된 원리들의 유일한 집합)를 만들어내지 않을 것이라는 점이다. 다시 말해, 비록 일부 의견 불일치가 점점 더 일반적이고 추상적인 규칙들과 원리들을 참조함으로써 해결될 수 있다고 하더라도 (많은) 다른 의견 불일치들은 풀 수 없는 상태로 남아 있을 수 있다는 것이다. 왜냐하면 경험적 사실의 문제로서 추상적 규칙들과 원리들의 수준에서조차도 의견 불일치는 지속되고 비일관성과 양립불가능성으로 불가피하게 귀결되고 (의견 불일치는 일종의 도덕적 회의주의로 이끌고) 있기 때문이다. 이런 계열의 추론은 정말 (롤즈를 포함해서) 넓은 집단의 정치 철학자들의 특징이다. 이들은 어느 정도의 충돌이 이런 방식으로 해결될 수 있는지 혹은 없는지에 관해 그들 사이에서도 의견 불일치를 보이고 있지만, 모두가 윤리적 원리들이 개인들의 의견의 일치 혹은 계약의 결과라고 생각한다.

근본적 오류가 자리하는 곳이 바로 이 지점이다. 윤리학에 대한 라스바드의 독창적 공헌이 작동하기 시작하는 곳도 바로 이 지점이다. 명백히 윤리학—자기소유권과 최초의 전용(轉用)이라는 원리의 타당성—은 합의나 계약에 의존하거나 그 여부에 달려 있는 게 아니다. 그리고 라스바드의 리버테리어니즘과 연계된 보편화 주장은 도덕을 토론하는 자가 언제나 합의나 계약에 이를 수 있든 없든 그 여부에 조금도 영향을 받지 않는다. 윤리학은 합의나 계약의 결과가 아니라 논리적-인간행동학적 **전제**(presupposition)이다. 윤리학은 칸트의 용어로는 **개연성의 전제조건**(die Bedingung der Moeglichkeit)이다. 자기소유권과 최초의 전용이라는 원리들이 (합의나 계약을 하지 않는 것을 포함해서) 합의와 계약을 가능하게 만든다. 갈등을 보편적으로 경험함으로써 추동(推動)되고 자극되어 출발한 도덕에 대한 논의와 주장은 자기 소유권과 최초 전용의 원리들을 발견하고, 재구축하고, 설명하고, 공식화할 수 있다. 그러나 그 공식화의 타당성은 결코 현실에서 실제로 그런지에 달려 있지 않으며, 만약 타당하다면 이 공식화들에 대해 사람들이 보편적으로 동의하는지에 달려 있지 않다.

라스바드가 자연권 전통에 기여한 탁월한 공헌은 이렇게 정리된다. 그 공헌이란 자기소유원리와 최초 전용의 원리를 논증(argumentation)의 인간행동학적 **전제조건**—Bedingung der Moeglichkeit—으로 재구축한 것이다. 그리고 그 공헌은 일단 논증을 가능하게 하려면 반드시 타당하다고 전제되어야 하는 것은 그것이 무엇이든 그에 대해 실질적 자기모순에 빠지지 않고 나중에 그 진위를 논쟁적으로 다툴 수 없다는 점을 인식했다는 것이다.29)

로스바드는『자유의 윤리』에서 불행하게도 짧지만 핵심적으로 중요한 구절에서 이렇게 설명했다.

> 어떤 명제는 그 명제를 부정하는 사람이 가상적으로 이를 반박하는 바로 그 과정에서 그 명제를 사용하고 있음을 보여줄 수 있을 때 공리의 위치로 격상된다. 이제, 가치들에 대한 논의를 포함해서 그 어떤 종류의 논의에서든지 이 논의에 참여하는 **그 누구도** 그런 참여로 인해 살아 있고 삶을 긍정하고 있다. 만약 그가 **정말** 삶에 반대한다면, 그는 그와 같은 논의를 할 이유가 없을 것이고, 정말 그는 계속 살아있을 이유가 없을 것이기 때문이다. 따라서 삶에 대한 가상적 반대자는 그가 논의하는 바로 그 과정을 통해 정말 삶을 긍정하고 있는 것이다. 그래서 자신의 삶의 보존과 발전은 반박할 수 없는 공리(incontestable axiom)의 위상을 갖는다 (p.38).

자기소유권과 최초의 전용이라는 원리의 윤리적 공리로서의 지위에 대한 이 통찰력의 즉각적인 시사점으로서 라스바드는 '동물의 권리'(animal rights)에 대한 모든 개념을 난센스라며 거부했다. 동물들은 인간들과 제안을 통한 교환에 참여할 능력이 없다. 정말 동물들을 비이성적으로 규정짓고 동물들을 이성적 동물로서의 인간과 범주적으로 구별케 하는 것이야말로 바로 이런 능력의 부재이다. 의사소통을 할 수 없고 이성을 가지지 않았으므로, 동물들은 그들의 본성상 어떤 권리들도 인식하거나 소유할 수 없다. 라스바드는 이렇게 썼다.

> "우리는 동물들이 권리를 청원할 때는 언제나 그 권리를 인정할 것이다"라는 잘 알려진 재담(才談)에는 거칠지만 옳은 부분이 있다. 동물은 명백히 그들의 '권리'를 청원할 능력이 없다는 사실은 그들 본성의 일부이고 왜 그들이 인간과 동등하지 않으며 인간의 권리를 가지지 않는지를 설명하는 이유의 일부이다(p.192).

---

29) 이 점과 라스바드가 대표적인 주창자인 윤리학에서 (그리고 경제학에서) 공리-연역적 증명과 추론에 대해 깊숙이 영향을 미친 철학적 탐구들에 대해서는 특히 다음을 보라. Hans-Hermann Hoppe, *The Economics and Ethics of Private Property*(Boston: Kluwer Academic Publishers, 1993); 또한 N. Stephan Kinsella, "*New Rationalist Directions in Libertarian Rights Theory*," *Journal of Libertarian Studies* 12, no. 2 (1996). (pdf 자료를 이용할 수 있다.)

동물들은 정당한 도덕적 행위자라기보다는 있음직한 인간 통제와 전용의 대상이다. 그래서 라스바드는 인간이 바다, 땅 위, 하늘 등의 모든 생명체에 대한 **지배권**을 부여 받았다는 성경의 선언을 확증했다.

학계가 무엇보다 먼저 라스바드가 정치철학적 대중운동을 창출하고 만들어내는 데 성공한 것과 아무런 관계가 없듯이, 학계의 뒤늦은 가장 부정적인 반응도 대중 철학자로서의 라스바드의 높아가는 위상을 별로 바꾸지 못했다. 오히려 반대였다. 역사적 사건들의 진행과정 — 소련과 동구에서의 1989~91년에 걸친 '거대한 사회주의 실험'의 엄청난 붕괴와 서구 복지국가의 점차 명백해지는 위기 — 이 근본적인 리버테리언 통찰력에 어느 때보다 많은 지지를 보냈다. 그의 스승 미제스를 제외하고는 누구도 라스바드보다 사회주의와 사회민주주의의 경제적 비효율성에 대해 더 정확한 설명을 제공하지 않았고, 누구도 라스바드보다 사회주의와 사회민주주의에 의해 창출된 도덕적 해이와 왜곡을 더 분명하게 설명하지 않았다. 동구에서의 사건들과 복지국가의 경제적 도덕적 위기 — 실질소득의 정체 혹은 하락, 공공부채의 비약적 증가, 파산을 앞둔 사회보장 시스템, 가족과 사회의 해체, 점증하는 반(反)문명, 도덕적 타락, 범죄 등 — 는 사회민주주의 성향의 기성학자들을 명백히 당혹케 하는 일이자 지적 붕괴였다.[30] 동구에서의 사건들과 복지국가의 경제적 도덕적 위기는 라스바드와 그의 이론적 저술의 극적인 경험적 확증을 제공했다. 이런 상황에서, 리버테리어니즘과 특히 라스바드의 영향력은 오로지 커질 수 있었고 높은 인지도를 획득해나갈 수 있었다. 1990년대 중반, 꾸준히 성장해가고 점차 '위협적'이 되고 있는 리버테리언 운동의 **정신적 지주**로서의 라스바드의 역할은 주류 미디어에서조차 인정되었다.[31]

학계의 거부가 라스바드나 리버테리언 이론의 추가적 발전에 두드러진

---

30) 예를 들어 좌익-리버럴 케인스주의 노벨상 수상 경제학자이자 전 세계에서 가장 많이 팔린 경제학 교과서를 쓴 폴 사무엘슨은 1989년판에 이르기까지 소련을 매우 고귀하고 성공적인 실험이라고 규정하였다! (소련은 이듬 해 붕괴했다, 역자주)

31) 따라서, 1994년 하원의원 선거 동안 우익 '공화당 혁명'에 뒤이어 워싱턴포스트지는 라스바드를 이 사건의 배후에 있는 핵심적 지적 인물로 확인했다. 아마도 마지막이었을 언론을 통한 발표에서 라스바드는 새로이 공화당 하원 대변인으로 선출된 뉴트 깅그리치(Newt Gingrich)를 반(反)리버테리언 복지-국가주의 변절자로 맹렬히 비난하는 기회로 삼았다.

영향을 주지도 않았다. 『자유의 윤리』는 라스바드의 경력에서 상황이 좋지 않을 때 출판되었다. 비록 「케이토 연구소」(Cato Institute)의 공동설립자의 한 사람이었지만, 라스바드는 최고 재정후원자에 의해 너무 '극단적'이고 '비타협적'이란 이유로 축출 당했다. 그와 같은 비우호적인 외부환경과 제도권의 후원 없이도 그 책은 스스로 리버테리언 이론에서 가장 권위 있고 포괄적인 저술로 빠르게 자리 잡았다. 미국에서 그 책이 절판된 지 오래 지난 후에도, 프랑스어, 스페인어, 이탈리어, 독일어 등으로 번역되었으며, 정치철학의 내구성 있는 고전으로서의 지위를 더욱 공고하게 만들어왔다. 역설적이게도 1982년은 또한 「루트비히 폰 미제스 연구소」(Ludwig von Mises Institute)가 설립된 해였다. 그 연구소에서 그는 학문 분야의 장(長)으로 서거할 때까지 봉사했다. 라스베가스(Las Vegas)에 있는 네바다 대학교 교수직과 함께, 이런 일들은 이 시기가 라스바드가 전문가로서 최대의 성공을 거둔 시기였음을 말해주고 있다.

『자유의 윤리』가 최초로 출판된 이후 1995년 영면할 때까지, 라스바드는 경제학과 정치사상의 포괄적이고 모든 것을 아우르는 역사에 대해 연구했다. 3권을 목표로 했던 미완성 프로젝트 중 두 권의 방대한 분량의 책이 사후인 1995년에 『아담 스미스와 고전학파 경제학 이전의 경제사상』(*Economic Thought Before Adam Smith and Classical Economics*)이란 제목으로 출판되었다.[32] 이 책 이전의 이론적 저술들—즉, 개념적 틀을 제공하는 오스트리아학파의 자유시장 경제학과 리버테리언 정치철학 저술들—에 기초해서 라스바드는 이 두 권에서, 고대 그리스에서부터 19세기 말 무렵까지 경제학과 정치철학 사상의 역사에 대해 포괄적으로 서술적 설명을 하였다. 오스트리아학파와 리버테리언의 추상적인 순수이론은 역사적 사례들과 예시적 설명들을 통해 분명히 설명되었고, 이와 동시에 방법론과 주제에 있어 통일되고 통합된 지성사와 정치사는 하나의 체계적이고 종합적인 주제로 제시되었다. 라스바드는 여기에서 종전에는 보지 못했던 전망들과 놀랍거나 심지어 소스라치게 하는 많은 재해석과 재평가들이 담겨 있는, 서구 문명 전체 역사의 전경(全景)을 개봉했다. 역사는 진실과 거짓 사이, 그리고 선(정의)과 악 사이의 영원한 투쟁으로서—일을 망친 자들과 악한들, 그리고 오류들, 도착(倒錯), 쇠퇴뿐만 아니라 크고 작은 지적(知

32) (Brookfield, Vt.: Edward Elgar, 1995).

的) 정치적 영웅들의 투쟁과 경제적 정치적 돌파(突破)들과 진보의 투쟁으로서 — 설명되었으며, 인간 역사의 문명적 흥망과 성쇠는 올바른 사상 혹은 거짓 사상의 결과로서 그리고 대중의 의식에서 이념들의 분포와 강도(强度)의 결과로서 설명되었다. 역사를 경제이론과 정치이론으로 보완함으로써 라스바드는 오스트로-리버테리언(Austro-libertarian) 운동에 거대한 역사적 관점, 사회학적 이해, 전략적 비전 등을 부여했다. 그 결과 라스바드는 리버테리어니즘이 대중에 뿌리를 내리고 사회학적 기지를 가지게 하는 데 있어 그 깊이를 더하고 그 범위를 확장시켰다.

그러나 그의 경제와 정치사상의 역사에 관한 주요 저술 이외에도 라스바드는 또한 정치이론으로 되풀이하여 회귀했다. 점증하는 환경론자들의 정치운동과 그것의 변형된 형태인 반(反)인간, 친(親)동물 운동에 대한 반응으로 라스바드는 물리적 침해(physical invasion), 불법행위(tort), 인과, 위험, 입증책임(burden of proof), 책임(liability) 등의 개념을 좀 더 해명한 「법, 재산권, 그리고 공기오염」(*Law, Property Rights, and Air Pollution*)을 썼다.[33] 소련 제국과 미국의 다문화주의와 강제적인 '비-차별주의'(non-discrimination)의 와중에서 민족주의와 분리주의의 발흥에 대응하여, 10년 후에 「동의에 의한 국가: 민족 국가 해부」(*Nations by Consent: Decomposing the Nation State*)라는 논문에서[34] 그는 국가, 국경, 이민, 분리, 분리 독립(secession) 등의 문제들에 대한 리버테리언 대답들을 더 정교하게 다듬었다. 프랑스어 판 『자유의 윤리』 서문에서 그는 리버테리언 이론에 대한 몇 가지 널리 알려진 공헌들에 대해 요약적으로 논평했고 — 그의 입장은 노직의 관점, 즉 공리주의와 계약주의적 리버테리어니즘, 그리고 자연권에 기초한 최소국가론(natural-rights minarchism)과 달랐으며 — 그는 이 모든 입장들을 궁극적으로 혼동에 빠져 있고 일관되지 못하다는 점에서 거부했다. 미제스 연구소에서 출간하는 월간 『자유시장』(*Free Market*)에서 그는 널리 알려진 사건

---

33) *Cato Journal* (Spring 1982), pp.55~99.

34) *Journal of Libertarian Studies* 11, no. 1 (Fall 1994), 그의 만년에 출판된 추가적인 그의 학문적 정치학 논문들은 다음과 같다. "Bureaucracy and the United States," *Journal of Libertarian Studies* 11, no.2 (Summer 1995), pp.3~75; "Origins of the Welfare State in America," *Journal of Libertarian Studies* 12, no. 2 (Fall 1996), pp.193~230; "Egalitarianism and the Elites," *Review of Austrian Economics* 8, no. 2, pp.39~60, (PDF로 이용할 수 있다.) "The End of Socialism and the Calculation Debate Revisited," *Review of Austrian Economics* 2, pp.51~76.

들에 대한 정치적 그리고 경제적 분석을 기고했는데 이 일은 1982년에 시작해서 1995년까지 이어졌다. 이에 더해 그는 1989년 월간 『라스바드-록웰 보고서』(*Rothbard-Rockwell Report*)를 창간했는데, 이 보고서는 라스바드의 정치적 사회학적 문화적 종교적 논평들이 나오는 주요 통로였다. 그는 많은 논문들을 기고했으며, 이 논문들에서 그는 인간 세상의 사건들과 경험들 전체를 아우르는 문제들 — 전쟁과 범죄자 처벌에서부터 상공(上空)과 주파수의 할당, 협박, 소수자 보호(affirmative action), 입양 등등에 이르기까지 — 에 리버테리언 원리들을 적용했다. 그 결과 리버테리언 이론의 보편적 적용가능성과 타당성을 끊임없이 설명했고 반복해서 보여주었다.

그러나 이 후기 저술들 어느 것도 『자유의 윤리』에 비교해 보아, 원리에 대한 것이든 아니면 이로부터 도출된 멀리 떨어진 결론들에 있어서든, 아무런 체계상의 변화를 가져오지 않았다. 상이하고 새로운 문제의 측면들이 분석되고 강조되었지만, 그 본질들은 이미 그의 이전 논문에 그 내용이 담겨 있었다. 노직과는 분명하게 대조되게도 라스바드는 본질적 질문들에 대해 그의 마음을 바꾸지 않았다. 정말 그의 전체 경력을 돌아다보면, 그가 후일의 라스바디언 시스템(Rothbardian system)에 처음으로 도달했던 1950년대 후반부터 그의 생명이 다할 때까지, 라스바드는 경제 이론 혹은 정치 이론의 근본적 문제들에 대해 흔들리지 않았다. 그렇지만 경제와 정치사상의 역사에 관한 그의 오랜 집중적인 작업 덕분에 그의 후기 저술들, 특히 그의 생애 최후의 수년 동안 기고했던 수백 편의 논문에서 두드러지게 주제적 강조점이 달라졌다. 경제와 정치에 관한 관심과는 별개로 라스바드는 점차 그의 관심을 리버테리어니즘의 사회학적 전제 조건으로서 문화의 중요성에 집중했으며 또 강조했다.

『자유의 윤리』에 전개된 리버테리어니즘은 정치철학 그 이상도 이하도 아니었다. 그 책은 어떤 행동들이 합법적이며 따라서 정당하게 물리적 폭력에 의해 위협을 받지 않을 수 있는지, 그리고 어떤 행동들이 불법적이며 그렇게 처벌받을 수 있는지, 그런 질문에 대한 대답을 제공한다. 이 책은 더 이상의 질문, 즉 모든 합법적 행동들이 동등하게 관용되어야 하는지, 혹은 사회적 비난, 외면(왕따), 배제하기(exclusion), 제명(expulsion) 등과 같은 물리적 폭력의 위협이 아닌 (그리고 물리적 폭력의 위협이란 문턱 아래의) 수단들에 의해 처벌하는 게 가능한지에 대해서는 아무 말도 하지 않았다.

명시적으로 제한된 범위를 감안하더라도, 『자유의 윤리』는 두드러지게 고풍적 풍미를 가지고 있었고 근본적으로 보수적 원리로서의 리버테리어니즘을 드러냈다. 이에 대한 가장 명백한 지표가 그가 재산에 대한 필수적 보완물로서 처벌의 중요성에 대해 강조했다는 사실인데 이 점은 이미 우리가 주목했었다. 더 구체적으로 라스바드는 처벌에 있어서의 **렉스 탈이오니스**(lex talionis) — 즉, 눈에는 눈(an eye for an eye)이라는 동해(同害)형법(刑法)의 원리, 혹은 그가 더 정확하게 설명했듯이 한쪽 눈에는 양(兩) 눈(two eyes for an eye)이라는 원리 — 에 담긴 전통적인 비례의 원리에 대한 엄격한 현대적 변호를 제시했다. 그는 처벌의 억지이론(deterrence theory of punishment)과 처벌의 갱생이론(rehabilitation theory of punishment)을 사적재산권과 양립하지 않는 이론이라고 거부했다. 그 대신 그는 희생자의 권리 개념과 반환(보상)의 개념 그리고/혹은 응징(retribution)개념이 정의에 본질적이라는 사상을 옹호했다. 그는 유죄 선고된 범죄자의 강제 노역과 도제 형태의 노역(indentured servitude), 채무자 감옥(debtor's prisons)과 같은 구식 제도들을 찬성하는 주장을 펼쳤다. 그리고 인과관계와 법적 책임, 입증책임, 위험의 적절한 부담 등에 대한 그의 분석은 언제나 엄격한 개인 책임과 해명 책임(accountability)이라는 기본적이고도 확고한 도덕적 보수주의를 드러내었다.

이것과 라스바드 자신의 평생에 걸친 문화적 보수주의에도 불구하고, 1960년대 말 초창기와 리버테리언 정당이 1971년 설립될 때부터, 리버테리언 운동은 미국에서 베트남전쟁에 대한 반대로 성장한 반(反)문화적 좌익 다수에게 크게 매력적이었다. 국가의 부당성과 불가침 공리(non-aggression axiom)는 모든 사람이 그것이 무엇이든 바로 그 자신의 불가침 생활방식을 선택할 자유가 있음을 의미하지 않는가?

라스바드의 만년의 저술 중 다수는 문화적 문제의 중요성을 더 강조하는 한편, 리버테리어니즘의 이러한 (반문화적 좌파식) 전개를 수정하고 좌익 다문화·반문화 리버테리어니즘(multi-counter-cultural libertarianism)이란 개념 속에 내재한 오류와 방종(放縱)주의(libertinism)의 변종으로서의 리버테리어니즘 개념 속에 내재한 오류를 설명하려는 의도로 쓰였다. 리버테리어니즘이 평등주의적

다문화주의와 결합될 수 있고, 결합되어야 한다는 것은 — 규범적으로도 또 경험적으로도 — 틀린 것이었다. 이 양자는 모두 사실상 사회학적으로 양립 불가능하고, 리버테리어니즘은 오로지 전통적인 서구 부르주아 문화 — 즉, 자발적으로 승인된 사회적 권위에 대해 서열적으로 구조화되고 가족에 기초를 두고 있는 사회라는 구식의 이상 — 와 결합될 수 있고, 결합되어야 한다.

경험적으로, 라스바드는 좌익-리버테리언들이 사적재산권과 자유방임(laissez-faire) 경제학의 회복이 사회적 '차별'(discrimination)의 급격하고도 엄청난 증가를 의미한다는 것을 인식하는 데 실패했다고 지칠 줄 모르고 설명하였다. 사적재산은 배제할 권리를 의미한다. 현대 사회민주주의 복지국가는 사적재산 소유자에게서 그의 배제할 권리를 계속 박탈해갔다.

이와는 명백히 대조적으로, 배제할 권리가 완전히 사적재산의 소유자에게 회복된 리버테리언 사회는 매우 불평등한(unegalitarian) 사회이다. 확실히 사적재산은 또한 소유자가 배제할 권리와 함께 자신의 재산에 접근하는 것을 개방하고 용이하게 할 권리를 가지고 있음을 의미한다. 그리고 모든 사적재산 소유자가 그렇게 하는 것이 그의 재산의 가치를 증대할 것으로 기대하는 한에 있어서는 (배제하기보다는) 포함하려는 경제적 유인에도 직면한다.

『자유의 윤리』의 '아동과 권리'에 관한 장 — 보수주의자들로서는 가장 수용하기 힘든 — 은 그래서 다르게 보인다. 이 장에서 라스바드는 어머니의 '그녀 자신의 신체에 대한 절대적 권리와 따라서 낙태를 실행할 절대적 권리'를 찬성하는 주장을 펼쳤다. 그가 '생명에 대한 권리'(right to life) 주장을 거부한 것은 태아가 생명이 아니라는 논거에서가 아니었고(사실, 그는 회임의 순간부터 태아는 인간 생명이라는 가톨릭의 입장에 동의했다), 보편적인 '생명에 대한 권리'와 같은 것은 존재하지 않으며 오로지 보편적인 '독립적이고 분리된 삶을 살 권리'만이 적정하게 존재할 수 있다는 (그리고 태아는, 분명히 인간의 생명이지만, 탄생의 순간에 이르기까지 독립적인 생명체가 아니라, 생물학적으로 말하면, "기생적" 생명체이며, 따라서 어머니를 적대하는 권리 주장을 할 수 없다는) 더 근본적인 논거에서였다. 게다가, 출산의 순간 아이의 모친은 (그리고 그녀의 동의가 있다면 양친이 결합적으로)

> 그녀의 아이들에 대해 수탁인 소유권(trustee–ownership)을 가질 것이다. 이 소유권은 오로지 아이들의 인신에 대한 공격이라는 불법성에 의해서만 그리고 아이들이 언제든 도망가거나 집을 떠날 절대적 권리에 의해서만 제한을 받는다. 부모는 아이들에 대한 그들의 수탁인 권리들(trustee–rights)을 상호 합의한다면 어떤 가격에라도 그 권리를 사고자 하는 누구에게든 팔 수 있을 것이다(p.127).

아동들이 집을 떠나지 않는 한, 부모는

> 그의 자녀를 공격할 권리를 가지지 않고 또한 그 부모는 그의 자녀들을 먹이고 입히거나 교육시킬 법적인 의무도 지지 말아야 한다. 왜냐하면 그와 같은 의무들은 그 부모에게 강제된 적극적 행동을 수반하고 그 부모에게서 그들의 권리를 박탈할 것이기 때문이다. 따라서 부모는 그의 자녀를 살해하거나 불구로 만들 수 없다. … 그러나 그 부모는 그의 자녀를 먹이지 않을 법적 권리를 가져야 한다. 즉, 자녀가 죽도록 놓아둘 권리를 가져야 한다(p.121).

그 어떤 오해도 피하기 위해, 그 다음 문장에서 라스바드는 그의 독자에게 정치철학에 관한 그의 저서의 엄격하게 묘사된 범위를 상기시키고서 “부모가 그의 자녀가 살아 있도록 유지하는 것은 법적으로 강제할 의무가 아니라 **도덕적** 의무를 가지는지 여부는 완전히 별개의 문제이다”라고 강조했다. 그러나 이 명시적 단서와 『자유의 윤리』의 일반적 취지에도 불구하고, 라스바드의 이런 언급들은 보수주의 서클들이 당대의 미국 보수주의에 리버테리언의 영향력이 침투하여 미국 보수주의를 근본주의적으로 변화시키는 것을 막으려는 시도에서 악용되었다. 물론 보수주의 정치이론은 용어 사용상 모순이었다. 보수주의는 본질적으로 그 어떤 추상적 이론과 엄격한 논리적 주장을 가지지 않고 심지어 거부하는 것을 의미했다. (보수주의의 본질을 감안할 때) 라스바드가 러셀 커크(Russell Kirk) — 라스바드는 커크의 ‘이론적’ 저술이 분석적이지 못하고 논쟁적 엄밀성이 부족하다고 생각했다 — 와 같은 보수주의 비판가들로부터 너무나 아무런 감명도 받지 못한 것은 놀랄 일이 아니다. 결과적으로 라스바드는 그의 원래 결론들을 포기할 아무런 이유도 찾지 못했다. 그의 삶이 끝날 때까지 그는 낙태와 소아방치(child neglect)의 문제에 대해서 꿈쩍도 하지 않았고 모친의 낙태와 자신의 아이가 죽게 내버려둘 절대적 법적(합법적) 권리를 주장했다. 사실, 만약 여성이 그런 권리들을 가지지 않았고 그 대신 처벌받을 수 있는 범죄를 저질렀다면(즉 여성이 낙태를 하는 것, 역자주) 그들의 범죄는 그러면 살인에 해당하는 것으로 보인다. 따라서 낙태가 사형이라는 처벌로 위협을 받아야 하며 낙태를 한 죄가 입증된 어머니들이 처형되어야 하는가? 그러나 태아의 어머니를 제외하고 누가 그녀의 태아와 자녀에 대한 권리를 과연 주장할 수 있고 그 결과 그녀의 행동에 의해 피해를 본 정당한 권리를 가진 희생자로 간주될 수 있단 말인가? 누가 부당한 죽음에 대해 그녀를 피고로 소송을 할 수 있는가? 확실히 국가는 아니다. 특히 보수주의자에게는 가족의 자율성에 대한 국가의 그 어떤 간섭도 배척대상이 되어야 한다. 그러나 정말 누가 있다면 (그 어머니 외에) 다른 누가 있는가?

그렇지만 라스바드가 아동과 부모의 권리에 대한 그의 결론을 변함없이 고수했던 반면, 도덕적·문화적 문제들과 사적재산권의 배제적 측면에 대해 종전보다 더 강조한 그의 후기 저술들은 이 결론들을 좀 더 넓은(그리고 특징적으로 보수적인) 사회적 맥락 안에 두었다. 따라서 여성이 낙태를 할 권리에 호의적인 반면에, 라스바드는 그렇지만 **뢰 대 웨이드**(Roe v. Wade)사건에서 그와 같은 권리를 인정했던 미국 대법원의 결정에는 절대적으로 반대했다. 이것은 그가 낙태의 적법성에 관한 법정의 판결이 틀렸다고 믿었기 때문이 아니라 미국 대법원이 그 문제에 대한 사법권을 가지고 있지 않으며 그런 사법권을 맡음으로써 대법원이 국가 권력의 체계적인 중앙집권화를 야기한다는 더 근본적인 근거 때문이었다.

낙태를 할 권리라는 것이 아무 곳에서나 낙태를 할 수 있다는 것을 의미하지는 않는다. 사실, 사적 소유자나 그 연합체가 물리적 처벌 이외의 모든 수단들을 통해 낙태주의자들(abortionists)을 차별하고 처벌하는 것을 허용하지 않게 할 것은 전혀 없다. 모든 가정과 재산 소유자는 자신의 영역에서 낙태를 자유롭게 금지할 수 있고 동일한 목적을 위해 다른 소유자들과 구속적 계약을 맺을 수도 있다. 게다가 모든 소유자와 모든 소유자들의 연합체는 낙태주의자를 자유롭게 해고하거나 고용하지 않을 수 있고, 낙태주의자와는 그 어떤 거래를 하는 것도 거절할 수 있다. 문명화된 장소는 어디에서도 낙태를 할 수 없고 낙태를 하기 위해서는 악명 높은 '뒷골목'으로 숨어들어가야 하는 경우가 정말로 있을 수 있다. 그와 같은 상황에 잘못된 것은 전혀 없을 뿐 아니라, 그것은 무책임한 성행위의 비용을 높이고 낙태의 수를 줄이는 데 도움을 준다는 점에서 긍정적으로 도덕적일 수 있다. 이와 명백하게 대조적으로, 대법원의 결정은 주정부와 지방정부를 희생하여 자신의 관할권, 즉 연방정부의 관할권을 확장하기 때문에 불법적이었을 뿐 아니라 궁극적으로는 모든 사적재산 소유자의 자신의 재산에 관한 정당한 관할권을 희생하여 대법원의, 즉 연방정부의 관할권을 확장하기 때문에 불법적이었고 그 결정은 낙태를 하는 곳을 만들어 내고 가능성을 촉진한다는 점에서도 또한 절대적으로 비도덕적이다.

라스바드는 이런 맥락에서 리버테리언들이 — 전통적인 보수주의자들이 그런 것처럼 (그러나 사회민주주의자, 신보수주의자(neo-conservatives), 좌익-리버테리언들과는 달리) — 심지어 그리고 특히 그와 같은 중앙집권화가 (낙태가 적법하여야 한다거나 조세가 철폐되어야 한다는 것과 같은) 정확한 판결을 포함하고 있다고 하더라도 그 어떤 그리고 모든 국가권력의 중앙집권화에 대해서도 원론적 논거에서 반대해야 한다고 강조했다. 예를 들어, 휴스턴의 택시독점을 해체시키라고 명령을 내려달라고 유엔에 항소하거나 유타(Utah) 주(洲)가 교사에 대해 주에서 정한 자격증을 요구하는 것을 철폐하도록 명령을 내리라고 미국 연방정부에 호소하는 것은 반(反)리버테리언적이다. 그 까닭은 그렇게 함으로써 이 국가 기구들에게 그들이 분명히 소유하지 않은 (다른 사람들이 소유한) 재산에 대해 그 관할권을 부당하게 부여하는 것이기 때문이다. 이는 휴스턴(Houston) 혹은 유타뿐만 아니라 이 세계의 모든 도시와 미국의 모든 주에 해당된다. 크고 작은 모든 주는 사적재산 소유자의 권리를 침해하기에 두려워하고 정부를 상대로 싸워야 하지만 큰 중앙정부들은 더 많은 사람들의 권리를 침해하므로 훨씬 더 두려워해야 한다. 거대한 중앙정부들은 처음부터 존재한 게 아니라 원래 무수하게 독립적인 작은 지방정부들 간의 배제적인 경쟁의 과정을 통해 자라난 산물이다. 중앙정부들, 그리고 궁극적으로 하나의 세계 정부는 국가 권력, 즉 악(惡)의 성공적인 팽창과 집중화를 대변하고, 그에 맞게 특별히 위험한 것으로 간주되어야 한다.

따라서 리버테리언은 그의 차선의 해결책으로 언제나 중앙정부에 반대하고 지방정부를 지지하는 차별을 해야 한다. 그리고 그는 지방수준의 불의(local injustice)를 시정하기 위해 더 높은 수준의 (더 집중화된) 정부에 권력을 주기보다는 그런 불의가 발생한 정부 수준과 장소에서 불의를 시정하려고 언제나 노력해야 한다.

사실, 리버테리어니즘의 사회학적 전제조건으로서 문화적 보수주의의 중요성에 대해 계속 더 크게 강조한 결과, 라스바드는 그의 인생의 최후 10년 동안 리버테리언 운동을 근본적으로 재설정하는 데 성공했다. 이런 방향의 변화를 보여주는 상징적 사건이 1989년 라스바드의 리버테리언 정당으로부터의 탈퇴였다. 라스바드의 행동은, 일부 저명한 좌익-리버테리언들이 당시 허망하게 선언한 것처럼, 그가 리버테리어니즘과의 유대를 종식하거나 리버테리언 운동의 지도적 스타로서의 역할을 종식하는 것을 표시하는 게 아니었다. 오히려 그것은 미국의 '심장부'에 리버테리언의 접근을 가능하게 하고 거기에서 복지-전쟁 국가주의(welfare-warfare statism)와 연방정부의 정책들에 의해 만들어지고 촉진된 사회해체(social disintegration) 현상에 신물이 난 '중산층 미국인들' 사이에 급성장하는 그리고 빠르게 근본주의로 변화하는 대중적 운동을 조성하기 위한 체계적인 이념적 재정비의 시작을 의미했다. 냉전의 결정적 종말시기에 미국정치에서 반(反)중앙정부 움직임은, 라스바드에 의해 비전이 만들어지고 그 모양이 갖춰진 보수주의-리버테리언 풀뿌리 운동의 피어나는 힘을 보여주는 오해의 여지가 없는 첫 번째 징표였다.[35)]

학문적 수준에서, 라스바드의 평생에 걸친 자유 연구의 업적인 이 저술은

35) 라스바디언 학문적 전통을 위한 역사적 순간이 마침내 도달했고, 그의 정치적 운동은 그 거리에 있어서 확실히 아주 멀리 떨어져 있지 않다. 라스바드는 언제나 낙관주의자였는데, 인간이 이성적이라는 사실에 근거해서, 그리고 인간은 도덕 법칙과 경제 법칙을 대가를 치르지 않고는 어길 수 없고, 또 한 번의 법칙 위반이 국가 행동의 '논리'에 따라 치러야 할 대가가 견딜 수 없을 수준으로 될 때까지 더 많은 위반으로 이어지게 된다는 미제스 라스바드 방식의 통찰력에 의해 더욱더 강화되어서 말이다. 따라서 사회주의의 윤리적 그리고 경제적 약탈은 마침내 엄청난 붕괴로 종식되었다. 마찬가지로, 미국과 서구에서 거의 100년의 사회민주주의 복지국가주의(social-democratic welfare statism) 이후, 과거로부터 물려받은 도덕적·경제적 '비축 기금'은 눈에 띄게 고갈되었고 그 기금은 사회를 조직하는 대리인으로서 중앙정부에 대한 신뢰와 신의의 광범위한 상실뿐만 아니라 정체하거나 하락하는 생활수준과 사회적 해체와 같은 명백한 경제적·도덕적 위기로 이끌었다. 사회주의와 사회민주주의가 도덕적·경제적으로 명백히 파산한 이런 상황과 훨씬 더 강하게 느껴지고 있는 이에 대한 설명과 원리적 대안의 필요성에서 라스바드의 『자유의 윤리』가 고전으로 계속 남을 뿐만 아니라 점차 명성을 얻을 것이라고 예상해도 틀림없을 것이다.

기다리고 기다린 끝에 마침내 예전의 (초창기 기본적인 리버테리언 입장의 발전에 영향을 미쳤던) 고전적 자유주의 운동의 현대적 계승자들을 위한 기초적인 이론적 건축물로서 봉사하게 되었다. 오늘날, 이 운동은 그 범위에 있어 진정으로 국제적이며, 전 세계에 걸쳐 무수한 일반 지식인들과 전문적인 학자들을 포함하고 있다. 이들 중 대다수는 라스바드가 평생에 걸쳐 써 내려간 엄청난 분량의 글들을, 원칙이 있는 정치학적·경제학적 사고의 모델과 이상으로 간주하고 있다.[36] 그의 서거 이후 리버테리언 정치이론과 오스트리아학파 경제학의 지도자로서의 그의 명성은 열광적 지지자뿐 아니라 비판자에게도 똑같이 점차 명백해지고 있으며, 심지어 부인할 수 없게 되었다. 그의 독창적인 『자유의 윤리』가 다시 한 번 출판된 것은 이런 그의 지위를 더욱 공고하게 할 것이다.

1998년 1월
네바다 대학교, 라스베가스
한스-헤르만 홉페

36) *Journal des Economistes et des Etudes Humanines* 6, no.2 (March 1995); Murray N. Rothbard: *In Memoriam* (Auburn, Ala.: Ludwig von Mises Institute, 1995).

감사의 글

이 책은 만드는 데 말 그대로 평생이 걸렸다. 리버테리어니즘에 대한 나의 생생한 관심은 아동기에 시작되었고, 그 후 계속 심화되었기 때문이다. 그래서 내가 배웠거나 깊이 감사를 드려야 할 사람이나 영향을 모두 언급한다는 것은 아예 불가능하다. 특히 나는 사려 깊고 학문적인 리버테리언들과 무수한 토론들, 의견교환, 서신교환을 하면서 혜택을 받는 행운을 누렸다. 이들은 나의 아이디어를 형성하고 나아가 이 책을 만드는 데에도 도움을 주었다. 이렇게 말하는 것을 이들 각자의 이름을 언급하지 못하는 데 대한 나의 사과로 여겨주길 바란다. 나는 구체적으로 이 책에 국한해서 나를 도와준 분들에 대한 감사로 한정시킬 수밖에 없다. 이런 규칙의 예외로서 나는 나의 아버지 데이비드 라스바드(David Rothbard)께 감사를 표시하고 싶다. 20세가 될 때까지 나에게는 그가 이 세상에 유일한 또 한 사람의 리버테리언이었다. 그리고 나는 아버지께서 나를 격려하고 한없이 인내하고, 또 내게 열광해준 데 대해 특별히 감사드린다. 나는 그로부터 자유의 근간들에 대해 처음으로 배웠다. 그리고 내가 어엿하고 일관된 리버테리언이 된 후, 1949~50년 겨울에 아버지는 나의 교리를 받아들인 첫 번째 개종자가 되었다.

이 책 자체로 돌아와서, 이 책을 만드는 데 참으로 오랜 시간이 걸렸고 전반적 수정도 여러 차례 했었다. 1960년대 초 캘리포니아 주 버링검(Burlingame)에 있는 윌리엄 볼커 펀드(William Volker Fund)의 이반 R. 비에리(Ivan R. Bierly) 박사와 다음의 아이디어, 즉 리버테리언들에게 자연권의 개념을 제시하고, 보수주의자들에게는 자유의 개념을 제시하는 책에 대해 논의하면서 이 책이 시작되었다. 그러나 그런 내용을 담은 책을 내려던 생각은 이미 아주 오래전 기각되었고, 더 대담한 과제인 자유의 윤리에 대한 체계적인 이론을 전개하는 것으로 변했다. 이 멀고도 험한 길에서 플로이드 아서 하퍼(Floyd Arthur

('Baldy') Harper)와 케네스 S. 템플턴 주니어(Kenneth S. Templeton, Jr.) — 둘 다 처음에는 윌리엄 볼커 펀드에 있다가 나중에는 캘리포니아 먼로파크에 있는 「인문학연구소」(Institute of Humane Studies)로 옮겨갔다 — 이 두 분의 인내심과 격려는 결코 줄어든 적이 없었다.

나는 뉴욕시 리버테리언 스칼라 컨퍼런스를 조직한 분들과 그 컨퍼런스에서 이 책의 부분들에 대해 코멘트 해준 분들께 감사한다. 나는 랜디 E. 바넷(Randy E. Barnett)과 존 헤이글 3세(John Hagel, III)가 비례적 형벌에 대한 나의 옹호를 그들의 책, 『범죄자 분석』(*Assessing the Criminal*)에 포함시킨 데 대해 감사드린다. 그리고 저널 「질서」(***Ordo***)가 하이에크의 강제 개념에 대한 나의 비판을 게재해 주었다는 점도 언급되어야겠다.

스탠포드 대학교 정치학과의 윌리엄 M. 에버스(Williamson M. Evers)는 1975년 내가 캘리포니아 팔로 알토에서 이 책을 작업하고 있을 때 너무나 많은 도움을 주었다. 나는 그가 리버테리언 이론에 대해 지적으로 자극하는 유익한 토론들을 해주고 문헌학적 박식과 함께 무수한 제안들로 나를 도와준 데 대해 감사드린다. 옥스퍼드 대학교의 「지저스 칼리지」(Jesus College, Oxford)의 정치학자 존 N. 그레이(John N. Gray)와 포담 대학교(Fordham University) 철학과의 제임스 A. 새도스키(James A. Sadowsky)는 각자 전체 원고를 모두 읽어주었고 그들의 친절한 논평들은 나의 사기를 충천케 해서 이 책을 끝마칠 수 있게 해주었다. 로스엔젤레스, 「리버테리언 연구센터」(the Center for Libertarian Studies)의 데이비드 고든(David Gordon) 박사는 전체 원고를 읽고 매우 세밀하고도 엄청나게 도움을 준 제안들을 해주었다. 그의 해박함과 날카로운 철학적 통찰력은 그를 아는 모든 사람들에게 영감을 준다. 먼로파크에 있는 「인문학연구소」의 회장인 레오나드 P. 리지오(Leonard P. Liggio)가 보여준 이 집필 작업에 대한 헌신과 열광은 이 책이 최종적으로 출판되는 데 불가결한 것이었다. 나는 또한 동 연구소 명예회장인 루이스 M. 스패다로(Louis M. Spadaro) 박사와 코크 재단(Koch Foundation)의 조지 피어슨(George Pearson) 씨에게도 감사드리고 싶다. 나는 볼커 펀드와 「인문학연구소」에 반복해서 연구기금을 준 것에 대해 감사드린다.

나는 캔자스 주 위키타(Wichita)의 찰스 G. 코크(Charles G. Koch)에게 그의 이 작업과 자유의 이상에 대한 헌신에 대해, 그리고 내가 1974~1975년 학기에 수업에서 벗어나 이 책에 전념할 수 있도록 해준 데 대해 특별히 감사를 드린다.

내가 리버테리어니즘을 개발하고 자유의 명분을 드높이기 위해 치렀던 길고도 외로운 투쟁에서 만난 친구들과 동료들에 대한 엄청난 감사에도 불구하고, 거의 30년간 지칠 줄 모르면서 나를 지원하고 나에게 열광해 주고, 통찰력을 주고 행복을 준 나의 아내 조이에게 진 빚은 그런 감사에 비할 바 아니다.

1980년 5월
뉴욕에서
머레이 N. 라스바드

서 문

나의 모든 저술은 인간의 자유라는 핵심 질문을 중심으로 도는 것이었다. 각 학문은 자체적인 독립성과 통합성을 가지고 있지만, 최종적으로 볼 때에는 인간 행동에 관한 모든 과학들과 학문들이 연관되어 있으며 개인의 자유에 관한 '과학' 혹은 학문으로 통합될 수 있다는 것이 나의 신념이기 때문이다. 특히 나의 『인간·경제·국가』는 자유시장 경제에 대해 포괄적인 분석을 했다. 그 분석은 인간행동학적이고 가치중립적이었고, 아무런 정치적 결론들을 직접 내세우지 않았지만, 자유시장의 최대의 미덕은, 그리고 시장에 대한 강제적 간섭의 악덕은 분별력 있는 독자에게는 분명하였다. 그 저술의 후속작인 『권력과 시장』은 『인간·경제·국가』의 분석을 다음 몇 가지 방식으로 확장하였다. (a) 정부의 경제 간섭의 유형에 대한 체계적 분석은 그런 간섭의 무수한 불행한 결과들을 명확하게 보여준다. (b) 현대 정치경제 문헌에서는 처음으로 완전히 정부가 없고 따라서 순전하게 자유로운 (무정부적) 시장경제가 성공적으로 작동할 수 있는 모델의 윤곽을 보여주었다. 그리고 (c) 자유시장에 대한 윤리적 공격들에 대해 그 공격이 그 의미와 일관성이 없다는 인간행동학적이고 따라서 가치중립적인 비판을 가했다. 후반부에서 순수경제학에서 윤리적 비판으로 넘어갔지만 그것은 어디까지나 가치중립적인 범위를 벗어나지 않았으며 개인 자유를 위한 적극적인 윤리이론을 시도하지 않았다. 그러나 나는 그런 윤리이론이 거의 필사적으로 제시될 필요가 있다는 것을 의식하였다. 이 저술에서 보게 되겠지만 나는 자유의 옹호를 확립하는 데 가치중립적 분석 혹은 경제학 혹은 (경제학자들의 표준적인 사회철학인) 공리주의로 충분하다고 느낀 적이 없기 때문이다. 경제학은 리버테리언적 입장을 위한 많은 자료를 공급하는 데 도움을 줄 수 있다. 그렇지만 경제학은 정치철학 자체를 확립하지는 못한다. 정치적 판단들은 필연적으로 가치 판단들이다. 정치철학은 따라서 필연적으로

윤리적이며, 결과적으로 개인적 자유를 찬성하는 경우를 확립하려면 적극적인 윤리적 시스템이 제시되어야 한다.

더구나 이런 시급한 필요성을 채우는 일에 매진하는 사람이 아무도 없다는 게 내게 분명했다. 우선 이 세기의 아주 최근까지 리버테리언 정치 철학자들이 실질적으로 없었다. 그리고 훨씬 더 리버테리언적인 19세기에조차 단지 허버트 스펜서(Herbert Spencer)의 위대한 『사회정학』[*Social Statics*(1851)]만이 철저하고 체계적인 자유의 이론을 제시했을 뿐이다. 『새로운 자유를 위하여』에서 나는 처음으로 나의 자유의 이론의 적어도 간략한 윤곽을 내어놓을 수 있었고 『권력과 시장』에서보다 훨씬 더 많이 '**아나코자본주의**'(anarchocapitalist, 민간이 정부의 기능, 즉 치안, 국방 등을 수행하는 자본주의를 말함, 역자주) 정치 신조를 설명하고 옹호할 수 있었다. 그러나 『새로운 자유를 위하여』는 학문적이라기보다는 대중적이었고, 주로 리버테리언 신조의 미국 사회에서 중요한 사회경제적 문제 영역에 적용하는 데 집중했다. 자유를 위한 체계적인 이론에 대한 엄청난 필요성은 여전히 충족되지 못했다.

이 책이 바로 자유를 위한 체계적인 윤리이론을 제시하여 그런 간극을 메우려는 시도이다. 그러나 이 책은 윤리학 **자체**를 다룬 저술은 아니며, 단지 정치철학에 헌신하는 윤리학의 부분집합에 속할 뿐이다. 그러므로 이 책은 자연법의 윤리학 혹은 자연법의 존재론을 증명하거나 확립하려고 시도하지 않는다. 그런데 이 자연법은 이 책에 제시된 정치이론의 기초공사에 해당하는 것을 제공한다. 자연법은 윤리 철학자들에 의해 다른 곳에서 유능하게 설명되고 옹호되고 있다. 그래서 제I부에서는 자연법 이론 전체에 대한 설명에 나서지 않은 채 단지 자연법의 윤곽을 설명하고 있으며, 이를 통해 이 저술 전체에 활기를 불어넣고 있다.

제II부는 이 저술의 내용 자체로서 나의 자유를 위한 이론을 제시한다. 최선의 경제학 저술들이 그렇게 했듯이 제II부는 '크루소' 세계로부터 출발한다. 다만 경제학 저술과 달리 경제개념을 확립하기 위해서가 아니라 자연권, 자연도덕, 특히 재산과 소유의 자연적 영역의 개념, 자유의 기초 개념을 확립하기 위해 크루소의 조건과 행동을 분석한다는 점만 다르다. 크루소 모델은 우리로 하여금 인간들 사이의 관계들이라는 복잡한 현상을 고려하기 이전에 인간의 행동과 그를 둘러싼 외부 세계를 대조해서 분석할 수 있게 한다.

자유를 위한 이론의 핵심은 오로지 각 개인의 재산권이 분석되고 확립되어야 비로소 각 개인의 정당화된 자유로운 행동의 영역에 대한 사적재산권의 확립이 설명될 수 있다는 사실이다. 그렇게 되면, '범죄'는 (자신의 인격에 대한 재산을 포함한) 다른 개인의 정당한 재산에 대한 폭력적 침해 혹은 침략으로 정의되고 적절하게 분석될 수 있다. 자유에 대한 적극적 이론은 **무엇이** 재산권으로 간주될 수 있는지, 그리고 따라서 **무엇이** 범죄로 간주될 수 있는지에 대해 분석한다. 그렇게 하면, 아동의 권리, 재산권리증서의 이전(transfer)으로서의 타당한 계약이론, 집행과 처벌에 관한 까다로운 질문들 등등, 어렵지만 결정적으로 중요한 다양한 문제들이 분해될 수 있다. 재산과 범죄에 대한 질문들은 본질적으로 **법적** 질문들이므로, 우리의 자유의 이론은 법이 구체적으로 **어때야** 하는지에 대한 윤리이론을 필연적으로 제시한다. 한마디로, 자연법 이론이 마땅히 그래야 하듯이, 규범적 법 이론을 제시하는데, 그것이 우리의 경우에는 '리버테리언 법'이론이다. 이 책이 리버테리언 법 시스템의 윤곽을 확립하고 있지만 그것은 어디까지나 윤곽, 즉 내가 장차 미래의 리버테리언 법 조문으로 발전되기를 기대하는 하나의 서론이다. 리버테리언 법률가들과 이론가들이 등장해서 더 자세하게 리버테리언 법의 시스템을 정제해내길 기대한다. 그와 같은 법조문은 우리가 희구하는 미래의 리버테리언 사회가 진정으로 성공적으로 기능하는 데 필요할 것이기 때문이다.

이 저술의 초점은 자유를 위한 적극적 윤리이론과 리버테리언 법의 윤곽에 맞춰져 있다. 그와 같은 논의를 위해 국가에 대한 자세한 분석과 비판은 필요하지 않다. 제III부는 자유와 정말로 진정한 법의 내재적인 적(敵)인 국가에 대한 나의 견해를 간략하게 진술했다. 제IV부는 자유의 정치철학을 확립하려고 시도하는 가장 중요한 현대 이론들, 특히 미제스, 하이에크, 벌린(Berlin), 그리고 노직의 이론들을 다룬다. 나는 그들의 이론을 자세히 논평하고자 하지 않고 왜 내가 그들의 이론이 자유를 위한 이념을 확립하는 과제에 실패했다고 생각하는지에 집중한다. 마지막으로 제V부는 현재의 시스템으로부터 어떻게 자유의 세계로 옮겨갈 것인지에 대한 전략 이론을 제시하는, 사실상의 선구적 과제를 시작한 시도이다. 아울러 여기에서 내가 왜 리버테리언 사회라는 고상한 이상(理想)을 특히 미국에서 성취하는 데 대한 장기적 전망과 심지어 단기적 전망에 있어 매우 낙관적인지 그 이유들을 제시한다.

목 차

제 Ⅲ 부 국가 대 자유

제 Ⅳ 부 자유를 위한 현대의 대안적 이론들

제 Ⅴ 부 자유를 위한 전략 이론을 향하여

제 I 부

서론:
자연법

제 1 장 자연법과 이성

자신을 '과학적'이라고 간주하는 지식인들에게, '인간의 본성'이라는 구절은 마치 황소에게 붉은 깃발을 흔드는 것과 같은 효과를 불러오기 쉽다. "인간은 아무런 본성도 가지고 있지 않다"는 것이 현대의 슬로건이다. 그리고 오늘날 정치철학자들의 전형적인 정서는 미국정치학회의 회합에서 저명한 정치이론가의 다음과 같은 단언에 잘 드러나 있다. "'인간의 본성'은 모든 과학적 논의에서 추방되어야 할 순전히 신학(神學)적인 개념이다."[1)]

인간의 본성에 대한 논쟁에서, 그리고 이보다 더 넓고 더 논쟁적인 개념인 '자연법'(natural law)에 대한 논쟁에서 논쟁 양측은 반복적으로 이렇게 선언했다. 자연법과 신학은 풀 수 없을 정도로 얽혀 있다. 그 결과, 과학자 혹은 철학자 서클에서 많은 자연법의 대변자들은 이성적이고 철학적인 방법들만으로는 그와 같은 법을 확립할 수 없다고, 즉 자연법 개념을 유지하려면 신학적 믿음이 필요하다고 암시함으로써 자신들의 주장의 위력을 스스로 크게 훼손시켰다. 다른 한편, 자연법의 반대자들은 그 의견에 환호하며 동의했다. 자연법에 대한 신념을 가지려면 초자연적 존재에 대한 믿음이 필요하다고 여긴다면, 자연법 개념은 과학적, 세속적 토론의 장에서 추방되어 신성(神聖) 연구라는 신비의 영역에 맡겨야 한다. 결과적으로, 이성과 이성적 탐구에 기초한 자연법이라는 개념은 실질적으로는 사라지고 말았다.[2)]

---

1) 그 정치이론가는 고(故) 한나 아렌트(Hannah Arendt)이다. 법실증주의자가 자연법에 대해 가하는 전형적인 비판으로는 다음을 보라. Hans Kelsen, *General Theory of Law and State* (New York: Russell and Russell, 1961), pp.8ff.

2) 그런데 블랙(Black)의 법 사전(*Law Dictionary*)은 자연법을 순전히 이성적으로 그리고 비신학적으로 정의하고 있다:

주스 나투랄레(*Jus Naturale*), 자연법 혹은 자연의 법(law of nature); 자연의 혹은 추상적 추론의 조명에 의해 발견될 수 있다고 가정된, 혹은 그 본성상 모든 민족들과 사람들에게 똑같이 가르쳐질 수 있다고 가정된 법 혹은 법적 원칙들. 혹은 자연의 상태에서 사람들과 민족들을 지배하는 것으로 가정된 법. 즉, 조직화된 정부나 제정된 법 이전의 법. (3rd ed., p.1044).

패터슨 교수는 자연법을 힘있고 간결하게 다음과 같이 정의한다.[*Jurisprudence: Men and Ideas of the Law* (Brooklyn: Foundation Press, 1953), p.333]:

인간 본성의 기본적 성향들로부터 '이성'에 의해 발견될 수 있는 인간행동의 원리들. 절대적이고, 변경될 수 없고, 그리고 모든 시공에서 보편적 타당성을 가진 인간행동의 원리. 이것은 이성에 의해 확립된 자연법을 신봉하는 사람들은, 그래서, 양 진영 모두로부터 적의(敵意)에 직면했다. 한 진영은 이들의 입장에서 종교를 향한 적대감을 감지했다. 또 다른 진영은 신(神)과 신비주의를 뒷문으로 몰래 들여오는 게 아닌지 의심했다. 첫 번째 진영에 대해서는 그 진영의 사람들이 극단적인 아우구스투스적인 입장을 드러내고 있음을 지적할 수 있다. 아우구스투스적인 입장이란 이성이 아니라 신앙이 인간의 본성과 인간의 적절한 목적들을 탐구하는 데 유일하게 적절한 도구라는 입장을 말한다. 한마디로 이러한 신앙지상주의 입장에서는 신학이 철학을 완벽하게 대체하였다고 본다.[3] 토미즘(Thomist) 전통은 이와 정반대이다. 철학의 신학으로부터의 독립성을 인정하고, 인간의 이성이, 물리적 분야에서건 윤리적 분야에서건, 자연적 질서의 법칙들을 이해하고 그 법칙들에 도달하는 능력을 가지고 있음을 선언한다. 만약 인간의 이성에 의해 발견될 수 있는 자연법(칙)의 체계적인 질서가 존재한다는 믿음 **그 자체를** 반(反)종교적이라고 한다면, 반종교적이기는 독실한 프로테스탄트 법률가 휴고 그로티우스뿐만 아니라 성 토마스와 후기 스콜라학파도 마찬가지이다. 한마디로, 자연법 질서가 존재한다는 언급은 신이 그 질서를 창조했는지 여부는 묻지 않는다. 그리고 인간의 이성이 자연(적) 질서를 발견할 수 있는 능력(viability)이 있다는 단언은 그 이성이 신에 의해 인간에게 주어졌는지 여부도 묻지 않는다. 이성에 의해 발견될 수 있는 자연법의 질서가 있다는 단언은 그 자체로는 친(親)종교적이지도 반(反)종교적이지도 않다.[4]

이 입장은 오늘날 대부분의 사람들을 놀라게 할 것이기 때문에 이 토미즘적 입장에 대해 더 알아보자. 성(聖) 토마스 자신은 신의 존재에 관한 질문

스콜라학파 자연법과 대부분의 자연법 철학자들의 기본 개념이다.

3) 신학적 윤리학의 지지자들은 오늘날 자연법 개념을 강력하게 반대한다. 신정통파 프로테스탄트 신학자 칼 바트(Karl Barth)가 **결의법(casuistry: 궤변으로 도덕적·법률적 문제를 해결하는 방식)**을 논의한 다음을 보라. *Church Dogmatics* 3, 4 (Edinburgh: T. and T. Clark, 1961), pp.7ff.

4) 아퀴나스의 철학에서 이성의 역할에 대한 논의는 다음을 보라. Etienne Gilson, *The Christian Philosophy of St. Thomas Aquinas* (New York: Random House, 1956). 토미스트 자연법 이론을 다룬 중요한 연구로는 다음을 보라. Germain Grisez, "The First Principle of Practical Reason," in Anthony ed., *Aquinas: A Collection of Critical Essays* (New York: Anchor Books, 1969), pp.340~82. 중세 자연법 역사에 대해서는 다음을 보라. Odon Lottin, *Psychologie et morale aux xiie et xiiie siècles*, 6 vols. (Louvain, 1942~1960).

으로부터 자연법이 절대적으로 독립되어 있다고 직설적으로 단언하지 않고 암시적으로만 표현하였다. 그러나 토미즘의 무수한 시사점들처럼 그 입장은 수아레즈(Suarez)와 16세기 후반의 뛰어난 스페인 스콜라학파들에 의해 드러내졌다. 제수이트 수아레즈와 여타 뛰어난 많은 스콜라학파가 윤리학의 자연법, 즉 사람들에게 무엇이 좋고 나쁜 것인지에 관한 법칙이 신의 의지에 의존하는 것이 아님을 지적했다. 정말, 스콜라학파 일부는 다음과 같이 말할 정도였다.

> 설사 신이 존재하지 않았더라도, 혹은 설사 신이 그의 이성을 활용하지 않았더라도, 혹은 설사 신이 사물들을 올바로 심판하지 않았더라도, 만약 사람 속에 그를 인도해 줄 올바른 이성의 명령이 있다면, 그 이성이 현재 사람들이 가진 자연법과 동일한 자연법을 가지게 했을 것이다.[5)]

혹은 현대의 토미즘 철학자가 선언하듯이,

> 만약 '자연적'이라는 용어가 어떤 의미라도 가지고 있다면, 그 의미는 인간의 본성을 지칭한다. '법'이라는 말과 함께 사용될 때, '자연'은 그 어떤 것도 아닌 인간 본성의 성향들에 드러난 질서를 말하는 것임에 틀림없다. 그러므로 그 자체로 보면, 아퀴나스의 '자연법'에는 그 어떤 종교적인 것도 신학적인 것도 없다.[6)]

네덜란드의 프로테스탄트 법률가 휴고 그로티우스는 그의 책, *De Iure Belli ac Pacis*(1625)에서 이렇게 선언했다:

> 비록 우리가 신이 존재하지 않는다고 정말 최고의 사악함이 없이는 양보될 수 없는 것을 양보해야 할지라도, 우리가 지금까지 말한 것은 어느 정도 타당하다.

---

5) Franciscus Suarez, *De Legibus ac Deo Legislatore* (1619), lib. 11, Cap. vi.에서 인용. 수아레즈는 또한 많은 스콜라학파가 "자연법이 신의 의지에 의존하지 않기 때문에 자연법이 입법자(lawgiver)로서의 신으로부터 나오지 않는다는 것을 논리적으로 인정하는 것 같다"고 주석을 붙였다. 이는 다음에서 인용했다. A.P. dlEntreves, *Natural Law* (London: Hutchinson University Library, 1951), p.71.

6) Thomas E. Davitt, S.J., "St. Thomas Aquinas and the Natural Law," in Arthur L. Hading, ed., *Origins of the Natural Law Tradition* (Dallas, Tex.: Southern Methodist University Press, 1954), p.39. 또한 다음의 글을 보라. Brendan F. Brown, ed., *The Natural Law Reader* (New York: Oceana Pubs., 1960), pp.101~4.

그리고 다시,

> 신의 능력이 측량할 길 없다고 하더라도, 그 능력이 더 이상 확장될 수 없는 어떤 것들이 존재한다고 말할 수 있다. … 신조차도 2 곱하기 2가 반드시 4가 되지 않게 할 수 없듯이, 신도 내재적으로 사악한 것을 사악하지 않게 하지 못한다.[7)]

당트리브(D'ntritves)는 이렇게 결론을 내리고 있다:

> [그로티우스의] 자연법 정의는 전혀 혁명적인 게 아니다. 그로티우스는 자연법이 인간이 그의 이성을 사용해서 발견할 수 있는 한 묶음의 규칙들이라는 견해를 견지하고 있었는데, 이는 단지 윤리학의 이성적 기초에 관한 스콜라학파의 개념을 재천명한 것일 뿐이다. 진정으로, 그의 목표는 프로테스탄트의 일부 사상적 흐름에 의해 상처받은 그 [자연법] 개념을 회복시키는 것이었다. 그가 이 규칙들이 그 자체로 타당하며, 신이 그것들이 있게 하려는 의지를 가졌다는 것과는 독립적이라고 선언했을 때, 그는 일부 스콜라학파가 이미 천명한 것을 재천명한 것이었다.[8)]

당트리브는 이렇게 덧붙였다. 그로티우스의 목표는 "신학적 논쟁이 점차 확신을 주는 위력을 상실해가는 시대에, 그런 확신을 주는 법들의 체계를 구축하는 것이었다." 그로티우스와 그의 법학 후계자들인 푸펜도르프, 부르라마키(Burlamaqui), 그리고 바텔(Vattel)은 더 나아가 순전히 세속적 맥락에서 독립적인 자연법들 묶음을 그들의 특정한 관심사에 부합하게 상술하였다. 그런데 그들의 관심사는 당시 스콜라학파와는 대조적으로 기본적으로 신학적인 것이 아니었다.[9)] 많은 점에서 스콜라학파를 반대하는 데 헌신했던 18세기 이성주의자들조차 정말 스콜라학파의 전통으로부터 그들의 이성주의를 형성하는 데 심

---

7) 다음에서 인용 D'Entritves, *Natural Law*, pp.52~53. 또한 다음을 보라. Otto Gierke, *Natural Law and the Theory of Society, 1500 to 1800* (Boston: Beacon Press, 1957), pp.98~99.

8) D'Entritves, *Natural Law.*, pp.51~52. 또한 다음을 보라. A.H. Chroust "Hugo Grotius and the Scholastic Natural Law Tradition," The *New Scholasticism* (1943), 그리고 Frederick C. Copleston, S.J., *A History of Philosophy* (Westminster, Md.: Newman Press, 1959), 2, pp. 330f. 스페인 스콜라철학자 수아레즈가 현대 철학자들에 미친 간과된 영향력에 대해서는 다음을 보라. Jose Ferrater Mora, "Suarez and Modern Philosophy," *Journal of the History of Ideas* (October 1953), pp.528~47.

9) 다음을 보라. Gierke, *Natural Law and the Theory of Society*, p.289. 또한 다음의 것도 보라. Herbert Spencer, *An Autobiography* (New York: D. Appleton, 1904), vol. 1, p.415.

오한 영향을 받았다.[10)]

그래서 실수가 없도록 하자. 토미즘의 전통에서는 자연법은 물리 법칙일 뿐 아니라 윤리 법칙이다. 그리고 사람들이 그와 같은 법칙을 이해하는 도구는 그의 이성이지 신앙도 직관력도 은총도 계시도 혹은 다른 그 어떤 것도 아니다.[11)] 자연법과 이성을 날카롭게 양분하는 현재의 분위기에서는 — 특히 '보수적인' 사상의 반(反)이성주의적 정서 속에서는 — 이 사실이 제대로 이해되지 못할 때가 정말 많다.

그래서 저명한 철학사가 코플레스턴(Copleston) 신부의 말에 따르면, 성 토마스 아퀴나스는 "도덕적 행위에서 이성의 위치와 기능을 강조하였다. 그[아퀴나스]는 인간을 동물로부터 구별하는 것과 인간을 의식적으로 이해된 목적의 관점에서 의도적으로 행동하게 하고 인간을 순전히 본능적인 행위의 수준을 넘어서게 고양시키는 것이야말로 이성의 보유라는 견해를 아리스토텔레스와 공유했다."[12)]

그래서 아퀴나스가 깨달은 것은 인간이 항상 목적 지향적으로 행동하며, 또 여기에서 한 걸음 더 나아가 특정한 목적들이 인간에게 객관적으로 좋은지 혹은 나쁜지 이성에 의해 이해될 수 있다는 사실이다. 코플레스턴의 말에 의하면, 아퀴나스로서는 "그러므로 인간의 객관적 선(善)을 달성하는 방향으로 인간의 행동들을 이끄는 '올바른 이성'이란 개념이 성립할 여지가 존재한다." 도덕적 행위는 따라서 올바른 이성과 조화를 이루는 행위이다. "만약 도덕적 행위가 이성적 행위라고 한다면, 그 의미는 올바른 이성 — 인간에게 객관적으

---

10) 그래서 다음을 보라. Carl L. Becker, *The Heavenly City of the Eighteenth-Century Philosophers* (New Haven, Conn.: Yale University Press, 1957), p.8.

11) 고(故) 현실주의 철학자 존 와일드(John Wild)는 그의 중요한 논문, "Natural Law and Modern Ethical Theory," *Ethics* (October 1952)에서 이렇게 말한다:
실재적(Realistic) [자연법] 윤리학은 이제 그 성격이 신학적이고 권위주의적이란 이유로 배척될 때가 많다. 플라톤과 아리스토텔레스로부터 그로티우스에 이르기까지, 자연법 윤리학의 가장 유능한 대변자들은 초자연적인 권위에 전혀 기대지 않으면서 경험적 증거에 기초해서 자연법 윤리학을 방어했다. (p.2, 그리고 pp.1~13).
그리고 가톨릭 사회철학자 오레스테스 브라운슨(Orestes Brownson)은 '기독교 모자와 신발'이 없는 것과 마찬가지로 '기독교 철학'의 존재를 부정했다. 이에 대해서는 다음을 참고. Thomas T. McAvoy, C.S.C., "Orestes A. Brownson and Archbishop John Hughes in 1860," *Review of Politics* (January 1962), p.29.

12) Frederick C. Copleston, S.J., *Aquinas* (London: Penguin Books, 1955), p.204.

로 좋은 것을 이해하고 그 달성의 수단들을 명령하는 이성 — 과 조화를 이루는 행동이다."[13]

현대 후기 흄 철학(post-Humean philosophy)에서는 이성이 그저 열정의 노예에 불과하며, 따라서 그 기능이 자의적으로 선택된 목적들에 대한 수단을 빠르게 발견해 내는 정도로 제한적일 수밖에 없지만, 자연법 철학에서는 그렇지 않다. 자연법 철학에서는 목적 자체가 이성의 사용에 의해 선택되고 '올바른 이성'이 사람에게 목적의 달성 수단에 대해서뿐만 아니라 적절한 목적을 알려주기 때문이다. 토미즘 혹은 자연법 이론가에게 있어, 사람들의 일반적 도덕률이란 세상의 모든 개체들을 지배하는 자연법 체계의 하나의 특별한 경우에 해당한다(각 개체는 자신의 본성과 목적을 가지고 있다). "그에게 도덕률은 … 모든 유한한 것들이 그들의 잠재성의 개화에 의해 그들의 목적들을 향하여 움직이는 일반적 원리의 특별한 경우이다."[14] 그리고 여기에서 우리는 인간 자신과 무생물체 혹은 인간이 아닌 생명체들 사이의 결정적 차이점에 도달한다. 무생물체와 인간이 아닌 생명체들은 그들의 본성에 의해 진행하도록 강제되고 있는 데 반해, '이성적 동물'인 인간은 그와 같은 목적들을 발견하고 선택하는 자유의지를 지니고 있다.[15]

자연법 혹은 그 비판 중, 어느 원리가 진정으로 이성적인 것으로 간주되어야 하는가? 이에 대한 대답은, 고(故) 레오 스트라우스(Leo Straws)가 아놀드 브레히트(Arnold Brecht) 교수의 정치이론에 내재한 가치상대주의를 혹독하게

13) Ibid., pp.204~05.

14) Ibid., p.212.

15) 그래서 코플레스턴은 이렇게 말한다: "무생물체는 특정한 방식으로 행동하는데 이는 정확하게 그것들이 바로 그것들인 것이기 때문이다. 그리고 그 무생물체들은 다르게 행동할 수 없다. 그것들은 그것들의 본성에 반대되는 행동을 수행할 수 없다. 그리고 동물들은 본능에 의해 지배된다. 결국, 인간 이하의 모든 피조물들은 무의식적으로 영구적 법칙에 참여한다. 이 영구적 법칙은 그들의 자연적 성향에 반영되어 있다. 그리고 그것들은 이 법칙과 양립할 수 없는 방식으로 행동하기 위해 필요한 자유를 소지하지 않고 있다. 그래서 그가[인간이] 그 자신에 관한 한 영구적 법칙을 알아야 한다는 것은 본질적이다. 그러나 어떻게 그가 그것을 알 수 있단 말인가? 말하자면, 그는 신의 마음을 읽을 줄 모른다. … [그러나] 그는 근본적 성향과 그의 본성의 필요들은 구별할 줄 알며, 그리고 그 성향들과 필요들에 대해 성찰함으로써 그는 자연적 도덕법칙의 지식에 도달한다. … 모든 사람은 … 이성의 빛을 소유하고 있으며, 그것으로 그는 자연법을 성찰할 수 있고 그 자연법을 스스로에게 선포할 수 있다. 이 자연법은 보편적 계율, 즉 추구해야 할 선과 끊어버려야 할 악에 관해 올바른 이성이 내릴 명령 전체이다(Ibid., pp.213~14).

비판하는 과정에서 간결하게 제시되었다. 자연법과는 대조적으로

> 실증주의 사회과학은 … 이성의 포기로 혹은 이성으로부터의 도피로 특징지어지기 때문이다. …
>
> 오늘날의 사회과학을 지배하는 상대주의의 실증주의적 해석에 따르면 … 이성은 어떤 목적들에 어떤 수단들이 효과적인지 우리에게 말해줄 수 있다. 그러나 이성은 어떤 달성 가능한 목적이 여타 달성 가능한 목적들보다 선호되어야 하는지에 대해서는 우리에게 말해주지 않는다. 이성은 우리에게 달성 가능한 목적들을 선택해야 한다고 말해줄 수 있다. 만약 어떤 사람이 '불가능한 것을 욕구하는 그를 사랑한다면' 이성은 그에게 그가 비이성적으로 행동하고 있다고 말해줄 수 있다. 그러나 이성은 그가 이성적으로 행동해야 한다고 알려줄 수 없다. 혹은 이성은 그가 비이성적으로 행동하는 것이 나쁘게 혹은 천하게 행동하고 있는지 말해줄 수 없다. 만약 이성적 행위가 올바른 목적들에 대한 올바른 수단을 선택하는 것으로 구성되어 있다면, 상대주의는 결과적으로 이성적 행위가 불가능하다고 가르치고 있다.[16]

마지막으로, 자연법 철학에서 이성이 차지하는 특별한 위상은 현대 토미즘 철학자 고(故) 존 투히(John Toohey) 신부가 확인시켜주고 있다. 투히는 건전한 철학을 다음과 같이 정의했다. "철학은 — 스콜라주의가 여타 철학들과는 대조적으로 그 (철학이라는) 용어를 썼을 때 — (신(神)의) 도움을 받지 않은 인간의 이성이 사물의 본성에 대해 근본적 설명을 해보려는 시도이다."[17]

---

16) Leo Strauss, "Relativism," in H. Schoeck and J.W. Wiggins, eds., *Relativism and the Study of Man* (Princeton, N.J.:D. Van Nostrand, 1961), pp.144~45. 혹은 상대주의적인 정치과학자들이 '가치중립적인' 자유를 옹호하는 주장을 제시하려는 데 대한 통렬한 비판과 사람의 자기발전에 대해서는 다음을 보라. Walter Berns, "The Behavioral Sciences and the Study of Political Things: The Case of Christian Bay's *The Structure of Freedom*," *American Political Science Review* (September 1961), pp.550~59.

17) 투히는 이렇게 추가적으로 말하고 있다. "스콜라철학은 감각 경험, 증언, 성찰(reflection), 그리고 추론의 방법으로 획득된 인간 지식의 확신을 가르치는 철학이다." John J. Toohey, S.J., *Notes on Epistemology* (Washington, D.C.: Georgetown University, 1952), pp.111~12.

제2장 '과학'으로서의 자연법

많은 현대 철학자들이 '자연'이란 용어를 신비주의와 초자연적 존재의 주입으로 간주하고 그 용어를 경시하는 것은 참으로 터무니없는 일이다. 사과는, 떨어지게 그냥 두면, 땅바닥에 닿을 것이다. 이것을 우리 모두가 관찰하고 (세상 일반뿐만 아니라) 그 사과의 **본성에** 속한다고 인정한다. 수소 원자 2개와 산소 원자 1개가 결합해서 물 분자 1개를 만들어낼 것이다. 이것은 수소, 산소, 물의 본성에 특유한 성질이다. 그와 같은 관찰에 비밀스럽고 신비한 것은 전혀 없다. 그렇다면 왜 '자연'이란 개념에 트집을 잡는가? 세상은, 사실, 무수히 많은 관찰 가능한 **사물들** 혹은 **개체들**(entities)로 구성되어 있다. 이것도 분명 관찰 가능한 사실이다. 세상은 하나의 동질적인 사물 혹은 개체로만 구성된 것이 아니므로, 이 상이한 사물들 각각은 상이한 **속성들**(attributes)을 가진다고 추론할 수 있다. 그렇지 않다면 그것들은 모두 동일한 사물일 것이다. 그러나 만약 A, B, C 등이 상이한 속성들을 가지고 있다면, 각각 상이한 **본성들**(natures)을 가지고 있다는 추론이 곧바로 이어진다.[1] [2] 여기에서 또한 추론될

---

1) Henry B. Veatch는 그의 책 *For an Ontology of Morals: A Critique of Contemporary Ethical Theory* (Evanston, Ill.: Northwestern University Press, 1971), p.7에서 이렇게 언급한다.

> 현대 과학자들과 과학철학자들 사이에 이제 유행하게 된 개념보다는 더 오래된 개념에 의지해야 한다. … 인간으로서 그리고 우리의 과학적 세련화의 모든 것을 위해, 우리는 살고 움직이고 우리의 존재를 가지기를 멈출 수 없는 상식적 존재의 일상 세계에서는 확실히 우리가 더 오래된 그리고 심지어 더 결정적으로 상식적 의미의 '자연'과 '자연법' 개념을 끊임없이 불러내는 우리 자신을 보게 된다. 왜냐하면 우리 모두는 장미가 가지와 다르다는 것을, 그리고 인간이 쥐와 다르고, 수소가 망간과 다르다는 것을 인식하고 있지 않은가? 사물에서의 그와 같은 차이를 인식한다는 것은 그것들이 다르게 움직인다는 것을 확실히 인식하는 것이다: 우리는 쥐로부터 기대하는 것과 정말로 같은 것을 인간으로부터 기대하지 않으며, **그 반대도 마찬가지다**. 게다가 이렇게 서로 다른 유형의 사물들과 개체들이 무엇을 할 것인지, 혹은 그것들이 어떻게 행동하고 반응할 것인지에 대해 우리의 기대가 다른 이유는 단순히 그것들이 정말로 다른 종류의 사물이기 때문이다. 우리가 옛날 방식의 용어를 사용하자면, 그것들은 서로 다른 '본성들'을 가지고 있다.

레오 스트라우스는 이렇게 추가하고 있다(*Natural Right and History* [Chicago: University of Chicago Press, 1953]).

> 소크라테스는 모든 것의 과학을 식별함으로서, 즉, 존재들 각각이 무엇인지 이해하고자 함으로써, 그의 전임자들로부터 벗어났다. 왜냐하면 '존재한다'는 것은 '무엇이다'는 것을 의미하고, 따라서 '다른 어떤 것'인 사물들과 다르다는 것을 의미하기 때문이다. 따라서 '존재한

수 있는 사실은 이 다양한 사물들이 만나고 상호작용할 때, (아무 결과나 나오는 것이 아니라) 구체적으로 제한가능하고 정의 가능한 **결과**가 발생할 것이라는 점이다. 한마디로 구체적, 제한 가능한 **원인들**(causes)은 구체적, 제한 가능한 **효과들**(effects)을 만들어낼 것이다.[3] 이 개체들 각각의 관찰 가능한 성질은 그것들의 본성의 법칙이고, 이 법칙은 그 상호작용의 결과로서 발생하는 것을 포함한다. 우리가 이 법칙들로부터 구축할 수 있는 복합체는 **자연법**의 구조(structure of natural law)라고 불릴 수 있을 것이다. 그것에 무슨 '신비한' 게 있다는 것인가?[4]

순수 물리 법칙들의 분야에서는 이 자연법 개념은 보통 현대 실증주의 용어와 단지 고도의 철학적 수준들 위에서만 다를 것이다. 사람에 적용되면, 그러나, 그 개념은 훨씬 더 논쟁적이다. 그럼에도 만약 사과들, 돌들, 장미들 각각이 구체적 본성들을 가지고 있다면, 사람은 그런 본성을 가질 수 없는 유일한 개체, 유일한 존재인가? 만약 인간이 본성을 가지고 있다면, 왜 이런 본성도 역시 이성적 관찰과 성찰의 대상이 될 수 없단 말인가? 만약 모든 사물들이 본성을 가지고 있다면 확실히 인간의 본성도 조사 대상이다. 그러므로 오늘날과 같이 인간 본성이란 개념을 성급하게 기각하는 것은 자의적이고 **선험적**(a priori)이다.

자연법 반대자들의 하나의 공통적인, 약삭빠른 비판은 이런 식이다. **누가** 소위 인간에 관한 진실들을 확립할 것인가? 그에 대한 대답은 이렇다. **누가**가 아니라 **무엇이** 진실을 확립하는지 질문해야 하며 그것은 바로 인간의 이성이다. 인간의 이성은 **객관적**이다. 즉, 인간의 이성은 모든 사람들에 의해 세상에 관한 진실들을 생산하기 위해 고용될 수 있다. 인간의 본성이 **무엇이냐**고 질문하는 것은 그 대답을 구하는 것이다. 그대여 나가서 연구하고 찾아내라! 그

다'는 것은 '일부이다'는 것을 의미한다(p.122).

2) 자연 개념의 옹호로는 다음을 보라. Alvin Plantinga, *The Nature of Necessity* (Oxford: Clarendon Press, 1974), pp.71~81.

3) 다음을 보라. H.W.B. Joseph, An *Introduction* to *Logic*, 2nd rev. ed (Oxford: Clarendon Press, 1916), pp.407~9. 인과율이 독립적 개체들 사이의 필수적 관계를 말해준다는 견해에 대한 직설적인 옹호로는 다음을 보라. R. Harre and E.H. Madden, Causal Powers: A *Theory of Natural Necessity* (Totowa, N.J.: Rowman and Littlefield, 1975).

4) 다음을 보라. Murray N. Rothbard, *Individualism and the Philosophy of the Social Sciences* (San Francisco: Cato Institute, 1979), p.5.

것은 마치 한 사람이 구리의 본성이 이성적 탐구의 대상이라고 단언하고 한 비판가가 그 사람에게 그 자리에서 구리에 대해 발견된 모든 법칙들을 제시함으로써 즉각 구리의 본성을 '증명'하기를 요구하는 것과 진배없다.

또 다른 통상적인 비판은 자연법 이론가들이 서로 다르다는 것과, 따라서 모든 자연법 이론들이 폐기되어야 한다는 것이다. 이 비판은 보통 공리주의 경제학자들로부터 나오지만 이들은 이런 비판을 할 때 특이하게 주저한다. 왜냐하면 경제학은 악명 높게 논쟁이 많은 과학이지만 그렇기 때문에 모든 경제학을 폐기하라고 주장하는 사람은 드물기 때문이다. 게다가 의견의 상이성은 분쟁 속에 들게 된 모든 측면을 폐기하라는 구실이 될 수 없다. 책임감 있는 사람은 그의 이성을 논쟁 중인 다양한 주장들을 검토하는 데 사용하고 스스로 결심하는 사람이다.[5] 그는 그저 **선험적으로** '모든 너의 집들에 전염병이 내리길!' 하면서 좌절감 속에서 저주하지 않는다. 인간이 이성을 지니고 있다는 사실이 오류가 불가능하다는 것을 의미하지 않는다. 물리학과 화학과 같은 '경성' 과학들('hard' sciences)조차 오류들과 치열한 논쟁의 역사를 가지고 있다.[6] 전지하거나 오류가 없는 사람은 없다. 이 사실 자체가, 아무튼, 인간 본성에 대한 법칙이다.

자연법(적) 윤리학은 모든 살아있는 것들을 위해서 '선'(goodness)이란 그 유형의 피조물을 위하여 최선의 것을 달성하는 것이라고 판결을 내린다. 그러므로 '선'이란 그 피조물의 속성에 달린 것이다. 따라서 크롭시(Cropsey) 교수는 이렇게 쓰고 있다.

---

5) 그리고 또 하나의 논점이 있다. 의견 차이의 존재 그 자체가 의견 불일치를 발생시킨 객관적인 어떤 것이 존재한다는 것을 암시하는 것 같다. 왜냐하면 그렇지 않다면, 서로 다른 '의견들' 속에 아무런 모순도 없을 것이고 이런 갈등들에 대해 아무런 걱정이 없을 것이기 때문이다. 도덕적 주관주의를 반박한 것으로 이와 유사한 주장을 한 것으로는 다음을 보라. G.E. Moore, *Ethics* (Oxford, 1963 [1912]), pp.63ff.

6) 심리학자 레오나드 카르미카엘(Leonard Carmichael)은 이렇게 썼다. ["Absolutes, Relativism and the Scientific Psychology of Human Nature," in H. Schoeck and J. Wiggins, eds., *Relativism and the Study of Man* (Princeton, N.J.: D. Van Nostrand, 1961), p.16]: 우리는 천문에 대해 모르는 것이 너무 많다고 해서 혹은 우리가 한때 알고 있다고 생각했던 너무 많은 것들이 이제 더 이상 진실로 간주되지 않는다고 해서 언제든지 천문학에 대해 우리가 아는 것으로부터 벗어나지 않는다. 동일한 주장이 윤리적 그리고 심미적 판단들에 관한 우리의 사고에 있어서 수용되면 안 되는가?

> 고전적 [자연법] 원리는 이것이다. 각 사물은 그 종(種)에 자연적으로 부여된 것들을 할 수 있는 정도만큼 뛰어나다. … 왜 자연적 선인가? … [왜냐하면] 예를 들어 우리 자신들로 하여금 쓸모 없는 야수(野獸)와 쓸모 있는 야수를 구별하는 것을 막을 방법도 이유도 없기 때문이다. 그리고 … 쓸모 있음을 결정하는 가장 경험적이고 … 이성적인 기준은 혹은 사물의 활동의 한계는 그 본성에 의해 정해진다. 우리는 코끼리가 자연적이기 때문에 혹은 본성이 도덕적으로 좋기 때문에 — 도덕적으로 좋다는 것이 무엇을 의미하건 — 코끼리가 좋다고 판단하지 않는다. 우리는 다음의 사실에 비추어 특정 코끼리를 좋다고 판단한다. 즉, 코끼리 본성이 코끼리로 하여금 할 수 있게 하는 것과 어떤 것이 되게 하는 것에 비추어 볼 때 특정 코끼리가 좋다고 판단한다.[7)]

인간의 경우에, 자연법(적) 윤리학은 인간의 본성에 있어 최선의 것을 달성하는지 혹은 좌절시키는지에 의해 선악이 결정될 수 있다고 천명한다.[8)]

자연법은, 그래서, 인간에게 무엇이 최선인지 자세히 밝힌다. 무슨 목적들을 인간이 추구해야 하는지, 인간의 본성과 가장 조화로운 목적들이 무엇인지, 그리고 인간의 본성을 충족시킬 최선의 성향을 지닌 목적들이 무엇인지 자세히 밝힌다. 그래서 중대한 의미에서, 자연법은 인간에게 '행복의 과학'(science of happiness)을, 그의 진정한 행복으로 이끌 길들을 제공한다. 이와 대조적으로, 인간행동학 혹은 경제학은 — 그리고 이들 과학들과 긴밀하게 연대를 맺은 공리주의 철학도 — '행복'을 다루지만, 사람들이 — 그 어떤 이유에서건 — 우발적으로 가지게 된 자신의 가치 저울에서 높은 자리를 차지하는 그런 목적의

---

7) Joseph Cropsey "A Reply to Rothman," *American Political Science Review* (June 1962), p.355. 헨리 비치(Henry Veatch)가 썼듯이 [*For an Ontology of Morals*, pp.7~8]

> 게다가 어떤 사물이 그것이 실제 하고 있는 방식으로 행동하고 행위하는 것은 사물의 본성(자연) 덕분이다. 즉, 그것이 특정 종류의 사물이기 때문이다. 우리가 우리 스스로를 그 사물이 그 무엇일 거라고 혹은 무엇일 수 있다고 판단할 수 있다고 (아마도 아니지만) 생각하는 것은 사물의 본성 덕분이 아닌가? 예를 들어, 식물은 덜 성장했거나 성장에 장애를 받은 것으로 보일 수 있다. 날개를 다친 새는 거의 명백하게 같은 종의 다른 새들만큼 잘 날 수 없을 것이다. … 그리고 어떤 한 사물의 속성(자연)이란 바로 그 속성 덕분에 그 사물이 실제로 그 속성이 가리키는 방식으로 행동하고 행위한다고 우리가 생각할 뿐만 아니라, 그 속성을 일종의 기준으로 삼아 그 사물의 행동이나 행위가 그랬을 것이거나 그럴 수 있었다고 판단하는 그런 것이다.

8) 선(善)의 의미에 대한 이와 유사한 접근으로는 다음을 보라. Peter Geach, "Good and Evil," in Philippa R. Foot, ed., *Theories of Ethics* (London: Oxford University Press, 1967), pp.74~82.

달성이라고 순전히 형식적 의미로만 다룬다. 이 목적의 충족은 인간에게 그의 '효용' 혹은 그의 '만족' 혹은 그의 '행복'을 가져다준다.[9] 가치평가 혹은 효용이라는 의미의 가치는 순전히 주관적이고 각 개인에 의해 결정된다. 이런 방법적 절차는 인간행동학 혹은 경제이론과 같은 형식적 과학에서는 완벽하게 적절하다. 그러나 다른 학문분야에서는 반드시 그런 것은 아니다. 왜냐하면 자연법(적) 윤리학에서는 (특정한) 목적들이 인간에게 어느 정도로 좋은 것인지 혹은 나쁜 것인지 논증되기 때문이다. 여기에서 가치는 **객관적**이다. 가치는 인간이라는 존재를 위한 자연법에 의해 결정되고 여기에서 인간을 위한 '행복'은 상식적인, **내용상의**(contentual) 의미에서 고려된다. 키닐리(Kenealy) 신부의 표현처럼,

> 이 철학은 인간 지성의 범위 안에 **객관적인 도덕적 질서**(objective moral order)가 사실상 존재한다고 견지한다. 그 도덕적 질서에 인간 사회들이 양심상 따르게 될 것이고 그 도덕 질서 위에 개인적, 국민적, 국제적 삶의 평화와 행복이 달려 있다.[10]

그리고 저명한 영국 법률가 윌리엄 블랙스톤 경(Sir William Blackstone)은 자연법과 인간 행복과의 관계를 다음과 같이 요약했다.

> 이것이 우리가 윤리학 혹은 자연법이라고 부르는 것의 기초이다. … 윤리학 혹은 자연법은 이 행동 혹은 저 행동이 인간을 진정한 행복으로 향하게 한다는 것을 논증하고, 따라서 그 행동의 실천이 자연법의 일부라고 매우 정당하게도 결론짓는다. 혹은, 다른 한편, 이 행동 혹은 저 행동이 인간의 진정한 행복을 파괴하고, 따라서 자연법이 그 행동을 금지한다고 매우 정당하게 결론짓는다.[11]

---

9) 이것을 존 와일드(John Wild)가 한 다음의 말과 대조해보라. "실재적 윤리학(Realistic ethics)은, 한편으로는 인간의 필요와 다른 한편으로는 비판받지 않은 인간의 욕구 혹은 쾌락이라는 기본적 구분에 기초해 있다. 이런 구분은 현대 공리주의에서는 발견되지 않는다. 소위 '자연주의'(naturalistic) 이론의 기본 개념들은 심리학적인 반면 실재적 개념들은 실존주의적(existential)이고 존재론적(ontological)이다." ["Natural Law and Modem Ethical Theory," *Ethics* (October 1952), p.2]

10) William J. Kenealy, S.J., "The Majesty of the Law," *Loyola Law Review* (1949~50), pp.112~13. Brendan F. Brown, ed., *The Natural Law Reader* (New York: Oceana, 1960), p.123에 재수록되어 있다.

11) Blackstone, *Commentaries on the Laws of England*, Book 1. Brown, *Natural Law Reader*, p.106에 인용되어 있다.

자연법의 용어를 사용하지 않으면서, 심리학자 레오나드 카르미카엘(Leonard Carmichael)은 어떻게 인간을 위한 객관적이고, 절대적인 윤리가 생물학적, 심리학적 탐구에 근거한 과학적 방법 위에서 확립될 수 있는지 이렇게 암시했다.

> 인간은 변하지 않은 채 오랜 시대를 거치면서 유전자적으로 결정된 해부학적, 생리학적, 심리학적 기질을 가지고 있기 때문에, 개별 인간들이 많은 사회에서 수천 년 동안 함께 살아오면서 인간이 좋거나 나쁘다고 인식하는 '가치들' 가운데 적어도 일부는 발견되었거나 출현해 왔다고 믿을 이유가 있다. 이 가치들이, 일단 확인되고 테스트를 거치고 나면, 본질적으로 고정되거나 변하지 않는다고 간주할 수 없는 어떤 이유가 있는가? 예를 들어, 한 성인 남자가 순전히 그 사람의 개인적 오락을 위해 다른 성인 남자를 고의적으로 살인한다고 해보자. 일단 그런 살인이 일반적 악으로 인식되면, 항상 그렇게 인식될 가능성이 높다. 그와 같은 살인은 개인적으로 그리고 사회적으로 불리한 효과를 만들어낸다. 혹은 미학(美學)으로부터 더 부드러운 사례를 들자면, 인간은 항상 특별한 방식으로 두 보색(補色)의 균형을 인지할 가능성이 높은데 이는 그가 특별하게 구성된 인간의 눈을 가지고 태어났기 때문이다.[12]

자연법 윤리학에 대한 하나의 공통된 철학적 반대는 이 윤리학이 **사실**(fact)과 **가치**(value)라는 실재를 혼동하거나 동일시한다는 것이다. 우리의 간략한 논의 목적을 위해서 이 비판에 대한 존 와일드의 대응을 살펴보는 것으로 충분할 것이다.

> 대답에서 우리는 그들의 [자연법 윤리학 대변자들의] 관점은 가치를 그것의 존재 여부가 아니라 오히려 존재하는 개체의 구조에 의해 결정되는 경향성들의 완성 여부로 확인한다는 사실을 지적할 수 있다. 게다가 자연법 윤리학의 관점은, 어떤 것의 부재(non-existence)를 나쁨으로 보는 게 아니라, 오히려 자연적 경향성들이 시들거나 실현되지 못한 존재 양태를 나쁘다고 본다. … 빛이 부족해서 잎이 시들어가는 어린 식물은 존재하지 않는 게 아니다. 그것은 존재한다. 그러나 건강하지 못한 채 결핍된 양태로 존재하는 것이다. 불구의 인간은 존재하지 않는 것이 아니다. 그는 존재한다. 그러나 자연적 능력이 부분적으로 실현되지 못한 상태로 존재한다. … 이 형이상학적 반대는 존재는 완전히 끝났거나 완전하다는 공통적인 가

12) Carmichael, "Absolutes," p.9.

정 위에 기초해 있다. … [그러나] 좋은 것은 존재의 완성이다.[13)]

윤리학은, 어떤 다른 개체에서와 마찬가지로 사람에게 있어, 그 존재의 증명 가능한 현존하는 경향성들을 조사함으로써 결정된다고 언급한 다음, 와일드는 모든 비(非)신학적 윤리학에 있어 결정적인 질문을 던진다. "왜 나에게 그와 같은 원리들이 구속력이 있다고 느껴지는가?" 어떻게 인간본성의 그와 같은 보편적 경향성들이 한 사람의 주관적 가치 척도에 통합되는가?

> [왜냐하면] 전 과정에 걸쳐 깔려 있는 실제적 필요들(factual needs)이 인류에게 공통된 것이기 때문이다. 그런 실제적 필요들에 기초한 가치들은 보편적이다. 따라서 만약 내가 인간 본성의 경향적 분석에서 실수를 범하지 않았다면, 그리고 만약 내가 나 자신을 이해한다면, 나는 그 경향을 대변하고 있음에 틀림없고 그 경향을 행동에 대한 불가항력적인 충동으로 주관적으로 느낄 것임에 틀림없다.[14)]

---

13) Wild, "Natural Law," pp.4~5. 와일드는 11페이지에 이렇게 계속한다. 존재는 … 하나의 속성(property)이 아니라 구조화된 활동(structuralized activity)이다. 그와 같은 활동은 일종의 사실이다. 활동은 진실이거나 거짓인 판단에 의해 관찰되고 묘사될 수 있다. 인간의 삶은 물질적 인공물들을 필요로 한다. 기술적 노력들은 이성의 안내를 필요로 한다. 아이는 교육을 필요로 하는 인지적 능력을 타고 난다. 가치 언명(value statements)은 직접 확인 가능한 경향성 혹은 필요라는 사실에 근거하고 있다. 가치 혹은 실현이 우리에 의해서뿐만 아니라 그것의 완성을 향한 실존하는 경향성에 의해서도 요청되고 있다. 주어진 경향성에 대한 건전한 묘사 혹은 분석으로부터 우리는 그 위에 기초하고 있는 가치를 추론할 수 있다. 이것이 왜 우리가 도덕 원리들이 사실의 단순한 언명이라고 말하지 않고 그것이 사실들 위에 '근거하고 있다'고 말하는 이유이다.

2~4 페이지에서 와일드는 이렇게 말한다. "자연법 윤리학은 … 처방적(prescriptive) 도덕률을 인식하지만 이 도덕률은 묘사될 수 있는 경향적 사실들 위에 근거하고 있다고 단언한다. '좋은 것'은 … 자연적 경향성의 실현이라는 존재론적 양식(existential mode)으로서 동태적으로 인식되어야 한다. 이 견해로 보면, 세상은 미리 결정된 확정적 구조로만 구성되어 있지 않으며 존재하는 행위 속의 확정적 구조들로 구성되어 있다. 이 확정적 구조들이 나중의 적절히 존재하는 행동을 결정한다. … 활성화된 경향성들을 결정하지 않고서는 그 어떤 확정적 구조도 존재할 수 없다. 그와 같은 경향성이 자연법에 조화롭게 충족된다면, 그 개체는 안정적이거나, 건강하거나, 건전한 상태에 있다고 말해지는데 안정적, 건강한, 건전한 등은 가치의 형용사들이다. 그것이 진로를 방해받거나 왜곡되면, 그 개체는 불안정하거나, 병들거나, 불건전한 조건에 놓여 있다고 말해지는데, 불안정적인, 병든, 불건전한 등은 부정적 가치(disvalue)의 형용사들이다. 좋은 것과 나쁜 것은 그 존재론적 의미에서 추상적 구조의 양상이 아니라 차라리 존재의 방식이다. 즉, 그와 같은 구조들에 의해 결정된 존재론적 경향성이 달성되거나 아니면 박탈되고 왜곡된 상태에서 겨우 지탱하고 있는 방법들이다.

14) Ibid., p.12. 자연법 윤리학에 대한 추가적인 옹호에 대해서는 다음을 보라. John Wild, *Pluto's Modern Enemies and the Theory of Natural Law* (Chicago: University of Chicago Press, 1953); Henry Veatch, *Rational Man: A Modem Interpretation of Aristotelian Ethics* (Bloomington: University of Indiana Press, 1962); and Veatch, *For An Ontology of Morals.*

데이비드 흄(David Hume)은 현대 철학자들에게 자연법을 실질적으로 붕괴시킨 철학자로 간주되고 있다. 흄이 만든 '붕괴'는 두 갈래였다. 우선 소위 '사실-가치' 이분법을 고양시켜 결과적으로 사실로부터 가치를 추론하는 것을 금지시켰다.[15] 이성은 열정(passion)의 노예이며 오로지 그럴 수밖에 없다는 그의 견해가 두 번째 갈래였다. 한마디로, 인간의 이성이 인간이 추구해야 할 적절한 목적들을 발견할 수 있다는 자연법의 견해와는 대조적으로 흄은 감정(emotions)만이 인간의 목적들을 궁극적으로 정할 수 있고, 이성의 자리는 그 감정들에 봉사하는 기술자이자 하녀라는 견해를 가지고 있었다(이 점에서 막스 베버 이후로 현대 사회과학자들은 흄을 따르고 있다). 이 견해에 의하면, 사람들의 감정이 중심적이며 분석할 수 없는 주어진 것으로 가정된다.

그러나 헤셀버그(Hesselberg) 교수는 흄이 그 자신의 논의 과정에서 자연법 개념을 자신의 사회철학과 특히 그의 정의 이론에 재도입하지 않을 수 없었음을 보여주었다. 그렇게 함으로써 그는 에티엔느 길슨(Etienne Gilson)의 다음과 같은 조롱 섞인 말의 실례를 보여주었다. "자연법은 언제나 (자연법을 파묻으러 온) 청부업자를 땅속에 파묻는다." 왜냐하면 흄은, 헤셀버그의 말로 표현하자면, "사회질서가 인간의 복지와 행복에 필수불가결한 전제조건이라는 점, 그리고 이것이 사실을 말한 것이란 점을 인식했고 수용했기" 때문이다. 그래서 사회질서는 인간에 의해 **반드시** 유지**되어야** 한다. 헤셀버그는 이어서 이렇게 말하고 있다.

> 그러나 하나의 사회질서가 가능하려면 인간이 그것이 무엇인지, 그리고 그 장점들이 무엇인지, 그리고 또한 사회질서의 확립과 보존에 필수적인 행위 규범들(즉, 다른 사람과 그의 정당한 소유물에 대해 존중하는 것)을 마음속에 품을 수 있어야 한다. 그런데 다른 사람과 그의 정당한 소유물에 대한 존중이 정의의 내용

15) 사실상 흄은 가치들이 사실들로부터 도출될 수 없다는 것을 증명하는 데 실패했다. 흔히 다음과 같이 단언되곤 한다. 즉, 어떤 주장의 결론에는 전제들 중 어느 하나의 전제 속에 존재하지 않았던 것은 아무것도 없으며, 따라서 '하여야 한다'는 (규범적) 결론이 (사실들에 대한) 서술적 전제들로부터 도출될 수 없다는 것이다. 그러나 하나의 결론은 동반되는 모든 전제들로부터 도출되는 것이다. 그 결론이 유효하게 도출되었다면, '하여야 한다'는 규범적 내용이 그 전제들 중 하나에 반드시 들어 있을 필요는 없다. 그렇게 도출될 수 없다고 말하는 것은 단지 의문을 불러올 뿐이다. 다음을 보라. Philippa R. Foot, *Virtues and Vices* (Berkeley: University of California Press, 1978), pp.99~105.

> (substance)이다. … 그러나 정의는 이성의 산물이지 열정의 산물이 아니다. 그리고 정의는 사회질서의 필수적 지주(支柱)이고, 사회질서는 인간의 복지와 행복에 필수적이다. 사정이 그렇다면, 정의의 규범들이 열정을 통제하고 규제해야 한다. 그 **반대가** 아니다.[16]

헤셀버그는 이렇게 결론짓는다. "따라서 흄의 본래의 '열정의 지배적 우위'라는 명제는 그의 사회이론과 정치이론으로서 전혀 옹호될 수 없다는 것이 드러났다. 그리고 … 흄은 인간의 사회적 관계들에 있어서 인지적·규범적(cognitive–normative) 요소로서 이성을 재도입하지 않을 수 없었다."[17]

정말로, 정의와 사적재산권의 중요성을 논의하면서 흄은 이성이 그와 같은 사회 윤리를 확립할 수 있다고 쓰지 않을 수 없었다. "본성은 감정에 있어서의 불규칙성과 편협함을 보충할 판단과 이해라는 치료제를 제공한다."— 한마디로 이성이 열정보다 더 우월할 수 있다.[18]

우리의 앞에서의 논의로부터 자연법의 원칙 — 객관적 윤리학이 이성을 통해 확립될 수 있다는 견해 — 이 현대 세계에서 두 집단의 강력한 적수에 직면해왔음을 보았다. 두 집단 모두가 인간 이성이 그의 운명을 결정할 힘을 훼손하려고 안달한다. 이 집단들은 윤리학은 단지 초자연적 계시를 통해서만 인간에게 주어질 수 있다고 믿는 신앙지상주의자들(fideists)과 인간은 윤리학을 자의적 변덕 혹은 감정으로부터 취해야 한다고 믿는 회의론자들이다. 우리는 당대의 기이한 동맹에 대해 그랜트(Grant) 교수의 신랄하지만 통찰력 있는 견

---

16) A. Kenneth Hesselberg, "Hume, Natural Law and Justice," *Duquesne Review* (Spring 1961), pp.46~47.

17) Ibid.

18) David Hume, A *Treatise of Human Nature*, 다음의 글에 인용되어 있다. Hesselberg, "Hume, Natural Law, and Justice," p.61. 헤셀버그는 예리하게 이렇게 덧붙이고 있다. 흄의 앞의 책의 앞쪽 장들에 나오는 규범 대(對) 존재 사이의 날카로운 이분법은 그가 '이성'의 의미를 쾌락–고통(pleasure–pain) 대상들을 찾는 것으로 그리고 그것들을 달성할 수단을 결정하는 것으로 한정시키는 데서 나왔다. 그러나 정의를 다룬 책의 후반의 장들에서는 그 개념의 바로 그 본질이 흄으로 하여금 이성에 세 번째 역할, 즉 인간의 사회적 본성에 얼마나 적합한지 혹은 일치하거나 불일치하는지를 기준으로 행동들에 대해 판단하는 힘을 배정하게 하였다. 따라서 자연법 개념의 정의로 회귀할 길을 닦았다." Ibid., pp.61~62.

흄 자신이 사실–가치(fact–value) 이분법을 단언하고자 의도했는지 여부에 대해서도 의구심이 제기되고 있는데 이에 대해서는 다음을 보라. A.C. MacIntyre, "Hume on 'Is' and 'Ought'," in W.D. Hudson, ed., *The Is–Ought Question* (London: Macmillan, 1969), pp.35~50.

해로서 우리의 논의를 요약할 수 있다.

> 그 동맹이란 (아마도 그 기원에서는 과학적인) 회의주의라는 이름으로 인간 이성의 능력을 의심하는 사람들과 인간의 그런 능력을 계시종교의 이름으로 훼손하는 사람들 사이의 이상한 당대의 동맹이다. 이 이상한 동맹이 얼마나 고대로부터 있었던 것인지는 오캄(Ockham)의 사상을 연구하기만 하면 된다. 왜냐하면 오캄의 저술에서 (실제적 확실성이라는 의문에 직면할 수 없는) 철학적 유명론(nominalism)이 어떻게 계시라는 자의적 가설로서 실제적 확실성의 문제를 푸는지 우리가 볼 수 있기 때문이다. 지성으로부터 분리된 의지(意志)가 — 유명론에서는 그렇게 분리되어야 하듯이 — 오로지 그런 자의적 가설들을 통해서만 확실성을 추구할 수 있다. …
>
> 역사적으로 흥미로운 사실은 이 두 가지 반(反)이성주의 전통들 — 즉, 리버럴 회의주의 전통과 프로테스탄트 계시주의 전통 — 은 틀림없이 원래 인간에 대한 두 가지 상반된 견해들로부터 도출되었을 것이라는 점이다. 프로테스탄트가 계시에 의존하는 것은 인간 본성에 대한 커다란 비관주의로부터 기원했다. … 리버럴의 즉각적으로 파악되는 가치들은 (인간 본성에 대한) 커다란 낙관주의로부터 기원한다. 그렇지만 … 아무튼, 북미에서 지배적 전통은 실용적 기술과 리버럴의 열망에 의해 변형된 프로테스탄트주의가 아니던가?[19]

---

19) George P. Grant, "Plato and Popper," *The Canadian Journal of Economics and Political Science* (May 1954): 191~92.

제 3 장 자연법 대 실정법

만약, 자연법이 이성에 의해, "절대적인, 불변의, 그리고 모든 시점과 장소들에 보편적 유효성을 가진, 인간 본성의 기본적 성향들"로부터 발견된다면, … 이로부터 자연법은 객관적인 윤리적 규범들의 집합을 제공한다는 사실이 뒤따른다. 그 규범들의 집합이 그 어떤 시점과 장소에서의 인간 행동들이라도 평가할 것이다.[1] 자연법은 본질적으로 정말 깊숙하게 '근본적'(radical) 윤리이다. 자연법은 — 자연법을 크게 침범했을 수 있는 — 현존하는 기득권을 사정없고 양보 없는 이성의 빛에다 비추어 보기 때문이다. 정치학 혹은 국가의 영역에서는, 자연법은 인간에게 국가에 의해 부과된 기존의 **실정**법(positive law)에 대해 근본적으로 비판적일 가능성을 가진 규범들의 집합을 제시한다. 이성에 의해 발견될 자연법의 존재 자체가 기득권층에게는 잠재적으로 강력한 위협이며, 맹목적으로 전통적인 관습에 대해서나 혹은 국가 기구의 자의적 의지에 대한 상시적인 비판이 된다. 우리는 여기에서 단지 이 점을 강조하기만 하면 된다.

사실 어떤 사회의 법적 원리들도 다음의 세 가지 대안적 방식으로 확립될 수 있다. (a) 부족과 공동체의 전통적 관습을 따름으로써, 혹은 (b) 국가기구를 지배하는 사람들의 자의적 의지에 복종함으로써, 혹은 (c) 자연법을 발견하는 사람의 이성의 사용을 통해. 이 세 가지 방식을 한마디로 표현하면, 관습에의 예종적 복종, 자의적인 변덕, 그리고 인간 이성의 사용이다. 이 세 가지 방법은 본질적으로 실정법을 확립하는 데 가능한 유일한 방법들이다. 오로지 마지막 방법이 가장 고상하고 완전히 인간적인 사람에게 가장 적합할 뿐 아니라 이와 동시에 그 어떤 현재 상태에 대해서도 가장 '혁명적' 잠재력을 가지고 있다.

오늘날의 세기에는, 자연법의 존재 그 자체에 대한 무지와 이에 대한 널리 퍼진 경멸로 인해 사람들은 사회의 법적 원리의 가능한 대안들에 대해 (a)나 (b) 혹은 이 두 방식의 다양한 조합으로 제한하고 있다. 이 사실은 개인적

1) Edwin W. Patterson, *Jurisprudence: Men and Ideas of the Law* (Brooklyn, N.Y.: Foundation Press, 1953), p.333.

자유의 정책을 따르려는 사람들에게도 적용된다. 그래서 관습법에 내재한 많은 반(反)리버테리언적 결함들에도 불구하고 무비판적으로 관습법을 채택하려는 리버테리언들도 존재한다. 헨리 해즐릿(Henry Hazlitt)처럼, 여타의 사람들은 오로지 입법에 의해 표현되는 다수의 의지에 의지하기 위해 정부에 대한 모든 헌법적 제약들을 허물고자 한다. 두 집단 모두가 현존하는 실정법을 형성하고 또 내용을 재형성하는 이정표(里程標)로서의 이성적인 자연법의 구조라는 개념을 이해하지 못하는 것 같다.[2)]

자연법 이론이 정치적 기득권의 옹호를 위해 잘못 사용될 때도 많았지만, 위대한 가톨릭 리버테리언 역사가인 액턴 경(Lord Acton)은 그 이론의 근본적, '혁명적' 시사점들을 정말 뛰어나게 이해하고 있었다. 액턴은 고대 그리스인들 — 그리고 후세의 추종자들 — 의 자연법 정치철학의 깊숙한 결함이 정치와 도덕을 동일시하고 나아가 최고의 사회적 도덕주체를 국가에 위치시킨 것임을 명확하게 인식하고 있었다. 플라톤과 아리스토텔레스로부터, 고대 그리스인들은 "도덕은 종교로부터 구분되지 않으며, 정치는 도덕으로부터 구분되지 않는다. 종교, 도덕, 정치에서 오로지 유일한 입법자와 권위가 존재한다"는 견해를 가지고 있었는데, 그들이 선언한 국가의 최고권위는 바로 이런 견해에 바탕을 둔 것이었다.[3)]

액턴은 스토아학파가 올바른 비(非)국가(non-State) 자연법 정치철학 원리들을 발전시켰음을 추가적으로 지적했다. 그에 의하면 이 스토아학파의 자연법 정치철학원리가 현대에 와서 그로티우스와 그의 추종자들에 의해 부활했

2) 그 어떤 자유시장 경제에도 본질적인 법적 규범들에 대한 나의 간략한 논의[*Man, Economy, and State: A Treatise on Economic Principles* (Princeton, N.J.: D. Van Nostrand, 1962)]에 대한 해즐릿의 반응은 묘한 것이었다. 다른 저술가의 관습법에 대한 맹목적 집착에 비판적이었던 반면, 해즐릿은 나의 접근법에 대해서는 단지 얼떨떨하게 반응했다. 그는 나의 접근법을 '추상적인 교조적 논리'(abstract doctrinaire logic) 그리고 '극단적 선험주의'(extreme a priorism)라고 부르며 그는 내가 "인간 경험의 여러 세대를 거쳐 구축된 보통법(common law) 원리들을 자신의 즉각적인 법학으로 대체하려고 한다"고 나를 공격했다. 해즐릿이 보통법이 자의적인 다수의 의지보다 열등하다고 느끼면서 그러나 그것이 인간의 이성보다는 더 '우월하다!'고 느끼는 것은 특이하다. Henry Hazlitt, "The Economics of Freedom," *National Review* (September 25, 1962), p.232.

3) John Edward Emerich Dalberg-Acton, *Essays on Freedom and Power* (Glencoe, Ill.: Free Press, 1948), p.45. Also see Gertrude Himmelfarb, *Lord Acton: A Study in Conscience and Politics* (Chicago: University of Chicago Press, 1962), p.135.

다. "그 때부터 정치를 원리와 양심의 문제로 만드는 것이 가능해졌다." 이런 이론의 등장에 대한 국가의 반응은 공포였다.

> 쿰버란트(Cumberland)와 푸펜도르프가 [그로티우스의] 원리의 진정한 중요성을 풀어내자, 모든 정착된 권위, 모든 승리를 구가하던 이해관계는 경악하며 움츠러들었다. … 정치과학이 힘과 편의의 문제가 아니라 양심의 문제임을 배우게 된 사람들은 모두 원칙이 없는 사람을 그들의 적(敵)으로 간주해야 한다는 것이 분명해졌다.[4]

액턴은 어떤 집합의 객관적 도덕 원리들도 인간의 본성(자연)에 뿌리를 두고 있으며 필연적으로 관습과 실정법과 충돌하게 된다는 것을 명확하게 인식하고 있었다. 액턴에게 있어, 그와 같은 억누를 수 없는 충돌은 고전적 자유주의(classical liberalism)의 본질적 속성이었다. "자유주의는 지금 어떻다는 것(what is)과 상관없이 어떠해야 한다는 것(what ought to be)을 원한다."[5] 힘멜파브(Himmelfarb)가 액턴의 철학에 대해 쓴 것처럼,

> 마침 그 과거가 도덕에 일치했던 시기를 제외하고는 그 어떤 권위도 과거에게 허용되지 않았다. 액턴이 인정했듯이, 이러한 역사에 대한 자유주의 이론을 진지하게 받아들이는 것은, 즉 "존재해야 할 것"에 대해 "존재하는 것"보다 더 우선권을 주는 것은 실질적으로 "영구적인 혁명"을 장착하는 셈이었다.[6]

그래서 액턴으로서는 자연법 도덕 원리들로 무장한 개인은 현존하는 체제와 제도들을 비판하는 굳건한 위치에 있게 되며, 체제들과 제도들을 이성이라는 강하고도 냉정한 불빛으로 들여다본다. 심지어 훨씬 덜 정치지향적인 존 와일드조차 예리하게 자연법 이론의 근본적 성격을 다음과 같이 묘사했다.

> 자연법 철학은 인간 개인의 이성적 존엄성을 옹호하며, 아울러 오로지 개인의 지력으로만 이해될 수 있는 보편적 도덕 원리들의 용어로 그 어떤 현존하는 제도나

4) Acton, *Essays*, p.74. 힘멜파브는 정확하게 이렇게 지적했다. "액턴에게는 정치는 과학, 즉 도덕 원리들의 적용이었다." Gertrude Himmelfarb, "Introduction," ibid., p.xxxvii.

5) Himmelfarb, *Lord Acton*, p.204. 이 힘멜파브의 지적을 19세기 독일의 대표적 보수주의자, 아담 뮐러(Adam Muller)의 다음과 같은 당혹감과 공포의 외침과 대조해보라: "실정법과 다른 자연법!" 이에 대해서는 다음을 보라. Robert W. Lougee, "German Romanticism and Political Thought,"" *Review of Politics* (October 1959), p.637.

6) Himmelfarb, *Lord Acton*, p.205.

사회 구조를 비판할 인간 개인의 권리와 의무를 옹호한다.[7)]

만약 자연법 개념 자체가 본질적으로 '근본적'이고 또 현존하는 정치 제도들에 대해 깊숙하게 비판적이라면, 어떻게 자연법이 일반적으로 '보수적'이라고 분류되게 되었는가? 파르테모스(Parthemos) 교수는 자연법의 원칙이 보편적이고, 고정되어 있고, 불변이기 때문에, 그래서 정의의 '절대적' 원리들이기 때문에 '보수적'이라고 간주한다.[8)] 자연법에 대한 묘사는 정말 옳지만 어떻게 원리의 고정성이 '보수주의'를 암시한다는 것인가? 보수주의와는 정반대로, 자연법 이론가들이 인간의 본성 자체로부터 시공을 초월한, 습관과 독립된, 혹은 권위나 집단규범으로부터 독립된 고정된 법 구조를 도출한다는 사실은 그렇게 도출된 법이 근본적 변혁을 위한 굉장히 강력한 힘이 되게 한다. 그 유일한 예외가 혹시라도 있다면 실정법이 모든 측면에서 인간의 이성에 의해 변별된 자연법과 우연히 일치하는 정말 희귀한 경우일 것이다.[9)]

---

7) John Wild, *Pluto's Modern Enemies and the Theory of Natural Law* (Chicago: University of Chicago Press, 1953), p.176. 보수주의자 오토 기에르케(Otto Gierke)가 행한 유사한 평가에 관해서는 다음을 보라. Otto Gierke, *Natural Law and the Theory of Society*, 1500 to 1800 (Boston: Beacon Press, 1957), pp.35~36. 그는 그 이유로 자연법에 적대적이었다.
"아직 보수적 경향을 계속 보이고 있는 실증법학에 반대하여, 자연법의 국가이론은 국가의 존재의 핵심에 관해 근본주의적이다. … 그것은 또한 … 과거에 관한 과학적 설명이란 목적을 지향하는 게 아니라 … 앞으로 존재하게끔 요청될 새로운 미래에 대한 설명과 정당화란 목적을 지향하였다."

8) George S. Parthemos, "Contemporary Juristic Theory, Civil Rights, and American Politics," *Annals of the American Academy of Political and Social Science* (November 1962), pp.101~2.

9) 보주주의 정치과학자 사무엘 헌팅턴(Samuel Huntington)은 이런 경우의 희귀성을 인식하고 있다. 그 어떤 관념적인 이론도 현존하는 제도들을 만족스럽게 방어하는 데 사용될 수 없다. 심지어 그 제도들이 일반적으로 그 이념의 가치들을 반영하고 있은 경우에도 마찬가지이다. 그 이념의 이상의 완벽한 속성과 그 제도들의 불완전한 속성과 불가피한 변형은 이 둘 사이에 갭을 만들어낸다. 이상은 제도를 비판하는 기준이 되고, 이는 그 이상을 믿지만 여전히 그 제도들을 방어하고자 하는 사람들에게는 당혹감을 안겨준다.
헌팅턴은 각주에 다음을 추가했다. "그래서 초월적이고 보편적인 도덕 원리들로서의 그 어떤 자연법 이론도 내재적으로 비(非)보수적이다. … 자연법에 대한 반대는 … 보수주의의 식별표지에 해당하는 특징이다." Samuel P. Huntington "Conservatism as an Ideology," *American Political Science Review* (June 1957). pp.458~59. 또한 다음을 보라. Murray N. Rothbard, "Huntington on Conservatism: A Comment," *American Political Science Review* (September 1957). pp.784~87.

제 4 장 자연법과 자연권

우리가 앞에서 밝혀냈듯이 자연법 이론의 최대 실패는 — 플라톤과 아리스토텔레스로부터 토미스트, 그리고 레오 스트라우스와 오늘날의 스트라우스 추종자에 이르기까지 — 개인주의가 아니라 깊숙하게 국가주의였다는 점이다. 이 '고전적' 자연법 이론은 선하고 도덕적인 행동을 국가에 귀속시키고, 개인들은 엄격하게 국가 행동 아래 복속시켰다. 그래서 인간의 본성이 사회적 협동에 가장 적합하다는, 즉 사람은 '사회적 동물'이라는 아리스토텔레스의 격언으로부터, 고전주의자들은 '사회'와 '국가'를 실질적으로 동일시하고, 그래서 부적절하게도 국가가 도덕적 행동의 주요 현장이라고 논리적 비약을 범했다.[1) 이와 반대로, 수평파들(the Levellers)과 특히 17세기 영국의 존 로크(John Locke)야말로 자연법을 방법론적, 따라서 정치적 개인주의에 입각한 이론으로 전환시켰다. 행동의 단위로서의 개인, 생각하고 느끼고 선택하고 행동하는 주체로서의 개인에 대한 로크의 강조로부터, 정치학에서 각 개인의 자연권을 확립하는 그의 자연법 개념이 나왔다. 후세의 미국 혁명가들에게 이 혁명적으로 새로운 국가인 미국에서의 리버테리언 정치사상의 지배적 전통에 깊숙하게 영향을 미친 것은 바로 로크의 개인주의 전통이었다. 이런 자연권 리버테리어니즘의 전통이야말로 이 책이 구축하고자 하는 것이다.

로크의 저명한 '정부에 관한 제2논문'(흔히 『정부론』으로 알려진 글, 역자주)은 확실히 최초의 리버테리언, 개인주의적, 자연법 이론의 체계적 설명 중 하나이다. 정말 로크의 견해와 아래에 펼쳐진 이론 사이의 유사성은 다음 페이지에서 명백해질 것이다.

> [모든] 사람은 그 자신의 **인신**(person)이라는 **재산**을 소유한다. 신체와 재산에 대해 그 자신 이외에는 아무도 권리를 가지지 않는다. 우리는 이렇게 말할 수 있다.

---

1) 현대 토미스트가 범한 그와 같은 전형적 혼동에 대한 비판으로는 다음을 참고. Murray N. Rothbard, *Power and Market*, 2nd ed. (Kansas City: Sheed Andrews and McMeel, 1977), pp.237~38. 레오 스트라우스의 고전적 자연법 방어와 그의 개인주의적 자연권 이론에 대한 공격은 다음의 그의 책을 참고. Leo Strauss, *Natural Rights and History* (Chicago: University of Chicago Press, 1953).

그의 신체의 노동과 그의 손의 **작품**은 온전히 그의 것이라고. 그래서 그가 자연이 제공해준 상태로부터 제거하고 자연에 남겨둔 그 무엇이든, 그가 그의 노동을 거기에 혼합하였고, 그 자신의 것인 어떤 것을 자연에 결합했고 그렇게 결합함으로써 그것을 그의 **재산**으로 만든다. 그가 그것을 자연이 제공한 공통의 상태로부터 제거했기 때문에, 그것은 이 **노동**으로 인해 그것에 더 보태진 어떤 것을 가지고 있다. 그 어떤 보태진 이 노동이 그 노동자의 의문의 여지없는 재산이므로 이 사람을 제외한 그 누구도 한 때 결합되어 있던 권리를 가질 수 없다. …

떡갈나무 아래에서 주은 도토리로 혹은 숲속 나무로부터 채집한 사과로 영양을 섭취하는 사람은, 분명 그것들을 자신에게 전용했다. 아무도 그 섭취가 그의 것임을 부인할 수 없다. 그렇다면 나는 묻는다. 언제 그것들이 그의 것이 되기 시작했는가? … 그 대답은 명백하다. 만약 첫 번째 채집이 그것들을 그의 것으로 만들지 않았다면 그 외의 어떤 것도 그렇게 할 수 없다. 그 노동이 그것들과 공통의 것을 구분했다. 그 **노동**이 그것들(도토리와 사과)에게 모두의 어머니인 자연이 한 것 이상으로 어떤 것을 보탰다. 그렇게 그것들은 그의 사적 권리가 되었다. 그가 모든 인류로부터 그 도토리와 사과들을 그의 것으로 삼아도 좋다는 동의를 얻지 못했기 때문에 그가 이렇게 거둔 도토리들과 사과들에 대해 아무런 권리가 없다고 어떻게 말할 수 있겠는가? … 만약 그와 같은 동의가 필요했다면, 신이 그에게 내린 풍성함에도 불구하고 인간은 굶주렸을 것이다. 우리는 [협약(compact)에 의해 그런 상태로 남아있는] **공동소유**(commons)에서 알게 되는 사실은, 공동의 것으로부터 일부를 취하는 것, 그리고 그 일부를 자연이 남겨둔 상태로부터 제거하는 것이 **재산의 시작**이라는 점이다. 재산이 없이는 공동소유는 아무 소용이 없다.[2)]

로크의 자연권 이론이, 정치사상사 연구자들이 보여준 것처럼, 모순과 불일치로 가득하다고 해서 전혀 놀랄 일이 아니다. 어떤 학문에서든 선구자들은 불일치와 결함들을 지니게 마련이며, 이런 불일치와 결함들은 후세의 사람들에 의해 교정될 것이다. 건설적인 정치철학을 실질적으로 철폐한 채 그 대신 과거 저술들에 대한 고고학적 흥미만 추구하는 그런 불행한 현대적 유행에 물든 사람들에게만 나의 이 책이 로크의 저술과 다른 점들에 놀랄 것이다. 사실 로크 이후 리버테리언 자연권 이론은 지속적으로 확장되고 순수화되어 19세기 허버

2) John Locke, *An Essay Concerning the True Origin, Extent, and End of Civil Government*, V. pp.27~28, in *Two Treatises of Government*, P. Laslett, ed. (Cambridge: Cambridge University Press, 1960), pp.305~7.

트 스펜서와 리잔더 스푸너의 저술에서 절정을 이루었다.[3)]

로크 이후(post-Locke) 그리고 후기 수평파(post-Leveller)의 자연권 이론가들은 이 권리들이 인간과 그를 둘러싼 세상의 본성으로부터 나온다는 그들의 견해를 분명히 했다. 몇 가지 눈길을 끄는 방식으로 표현된 사례들은 다음과 같다. 19세기 독일-미국 이론가 프란시스 리이버(Francis Lieber)는 그의 초기의 상대적으로 더 리버테리언 사상에 충실한 저서에서 이렇게 썼다. "자연의 법, 즉, 자연법은 … 인간의 본질적 속성으로부터 도출되는 법, 권리들의 묶음이다." 그리고 저명한 19세기 미국의 유니테리언(Unitarian) 목사, 윌리엄 엘러리 찬닝(William Ellery Channing)은 이렇게 말했다. "모든 사람은 동일한 이성적 본성과 동일한 양심의 힘을 가지고 있다. 그리고 모두는 이런 신(神)적 능력들을 한없이 개선할 수 있게, 또 그런 능력들을 덕성 있게 사용해서 행복할 수 있도록 똑같이 만들어졌다." 그리고 데어도어 우즐리(Theodore Woolsey)는 19세기 미국의 체계적인 자연권 이론가들 중 한 사람이었는데, 그는 이렇게 말했다. "자연권들은 … 인간의 현재의 물리적, 도덕적, 사회적, 종교적 특성들로부터의 공정한 연역에 의해 인간이 그의 본성이 그에게 요구하는 목적들을 달성하기 위해 … 그가 갖추고 있어야 할 권리들이다."[4)]

우리가 살펴보았듯이 만약 자연법이 본질적으로 혁명적 이론이라면, 한층 더 강력한 이유로, 자연법 중에서 개인주의, 자연권 분파들도 그럴 것이다. 19세기 미국의 자연권 이론가 엘리샤 헐버트(Elisha P. Hurlbut)는 이렇게 표현했다.

> 법들은 단지 자연적 옳음(natural rights)과 자연적 잘못(natural wrongs)의 진술이어야 할 뿐이다. 그리고 … 본성의 법칙들에 무관한 것들은 인간의 입법에 의해 발

---

3) 마르크스주의자로부터 스트라우스주의자에 이르기까지 현대의 학자들은 로크보다는 토머스 홉스를 체계적인 개인주의 자연권이론의 기초자로 간주한다. 이런 견해에 대한 반박과 홉스의 초기 견해가 국가주의와 전체주의임을 입증한 것은 다음을 보라. Williamson M. Evers, "Hobbes and Liberalism," *The Libertarian Forum* (May 1975), pp.4~6; Evers, "Social Contract: A Critique," *The Journal of Libertarian Studies 1* (Summer 1977), pp.187~88. 홉스주의적 독일 정치이론가에 의한 홉스의 절대주의에 대한 강조로는 다음을 보라. Carl Schmitt, *Der Leviathan in der Staatslehre Thomas Hobbes* (Hamburg, 1938). 슈미트는 한동안 나치에 찬동한 이론가였다.

4) Francis Lieber, *Manual of Political Ethics* (1838); Theodore Woolsey, *Political Science* (1877); cited *in* Benjamin F. Wright, Jr., *American Interpretations of Natural Law* (Cambridge, Mass.: Harvard University Press, 1931), pp.26lff., 255ff., 276ff. William Ellery Channing, *Works* (Boston: American Unitarian Association, 1895), p.693.

견되지 않은 채 남아 있어야 할 것이다. … 그리고 이런 간단한 원리로부터 일탈하는 순간 법적 독재가 등장한다.[5)]

자연권 이론을 혁명적으로 이용한 현저한 사례는 물론 미국혁명이다. 미국혁명은 18세기 동안 이루어진 로크이론의 근본적으로 혁명적인 발전에 기초를 두고 있었다.[6)] 독립선언서의 유명한 말들은, 제퍼슨 자신이 명확하게 했듯이, 새로운 것을 밝힌 것은 전혀 없으며, 단지 당시 미국인들이 가진 견해를 멋지게 압축했을 뿐이다.

> 우리는 이 진리들이 자명하다고 믿는다. 즉, 모든 사람이 동등하게 창조되었고, 그들은 조물주로부터 양도할 수 없는 권리를 부여 받았으며, 이 권리 가운데 생명, 자유, 행복의 추구가 포함된다는 진리 말이다. [당시 가장 흔한 3조(triad)는 '생명, 자유, 그리고 재산'이었다.] 이들 권리를 보장할 목적으로 인민에 의해 정부가 세워지며, 정부의 정당한 권력은 피통치자의 동의에 의해서 생긴다는 진리, 그리고 어떤 형태의 정부라도 이 목적을 저해하는 경우에는 언제라도 그런 정부를 교체하거나 해체하는 것은 인민의 권리라는 진리 말이다.

특별히 두드러진 글은 위대한 폐지주의자(abolitionist) 윌리엄 로이드 개리슨(William Lloyd Garrison)의 불꽃 같은 산문이다. 그는 자연권 이론을 혁명적 방식으로 노예제 문제에 적용했다.

> 자유를 누릴 권리는 양도할 수 없다. … 모든 사람은 자기 자신의 신체에 대한 권리를 가진다. 그는 그의 노동의 생산물에 대한 권리도, 법적 보호에 대한 권리도 가진다. … 그래서 노예제(의 권리)를 인정하는 지금 실행중인 모든 법들은, 신 앞에서는, 극도로 가치 없는 무효일 뿐이다 … 그래서 즉각 폐지되어야 한다.[7)]

이 저술 전체를 통해 우리는 '권리들'을 말할 것이다. 특히 개인들이 자신들의 신체와 물질적 대상들로 구성된 재산에 대해 가지는 권리들을 말할 것이

---

5) Elisha P. Hurlbut, *Essays on Human Rights and Their Political Guarantees* (1845), 다음의 저술에서 인용되고 있다. Wright, *American Interpretations*, pp.257ff.

6) 다음을 보라. Bernard Bailyn, *The ideological Origins of the American Revolution* (Cambridge, Mass.: Belknap Press of Harvard University Press, 1967).

7) William Lloyd Garrison, "Declaration of Sentiments of the American Anti-Slavery Convention" (December 1833). 다음의 저술에서 인용되고 있다. W. and J. Pease, eds., *The Antislavery Argument* (Indianapolis: Bobbs-Merrill, 1965).

다. 그러나 우리는 '권리들'을 어떻게 정의하는가? '권리'는 사도프스키(Sadowsky) 교수에 의해 다음과 같이 강력하고도 예리하게 정의되고 있다.

> 우리가 어떤 사람이 특정한 어떤 것을 할 권리를 가진다고 말할 때, 우리는 다음의 것을, 오로지 다음의 것만을 의미한다. 즉, 다른 사람들이, 혼자서 혹은 여럿이서, 물리력을 사용해서 혹은 물리력을 사용하겠다고 협박해서, 그로 하여금 그것을 하지 못하게 하는 게 부도덕하다는 의미이다. 우리는 어떤 사람이 정해진 한도 안에서 그의 재산을 어떻게 사용하든 그 사용이 필연적으로 **도덕적** 사용이라는 의미는 **아니다**.[8]

사도프스키의 정의(定義)는 이 책 전체를 통해 우리가 인간의 **권리**와 그 권리 행사의 도덕성 혹은 부도덕성 간에 내릴 결정적 구분을 특별히 강조하고 있다. 우리는 어떤 사람이 그의 인신(人身)에 대해 그가 원하는 그 어떤 것도 할 권리가 있다고 주장할 것이다. 그 권리를 행사하는 데 있어 괴롭힘을 당하거나 폭력에 의해 방해를 받지 않는 것은 그의 권리이다. 그러나 무엇이 그 권리를 도덕적 혹은 비도덕적 방식으로 사용하는 것인가? 이는 정치철학이 아닌 개인 윤리의 문제이다. 정치철학은 오로지 권리의 문제에만, 인간관계에 있어서 적절한 혹은 부적절한 물리적 폭력의 사용에 관한 문제에만 관심을 가진다. 이 결정적 구분의 중요성은 아무리 강조해도 부족하다. 혹은 엘리샤 헐버트(Elisha Hurlbut)가 간결하게 표현했듯이, "[한 개인에 의한] 어떤 타고난 능력의 행사는 정치철학의 유일한 사용처이다. 그 능력을 행사하는 **방식은** 도덕적 질문을 내포하는 하나의 문제이다. 그 능력의 행사에 대한 **권리**가 있는지는 전혀 다른 문제이다."[9]

---

8) James A. Sadowsky, S.J., "Private Property and Collective Ownership," in Tibor Machan, ed., *The Libertarian Alternative* (Chicago: Nelson-Hall, 1974), pp.120~21.

9) Hurlbut, 다음의 글에 재인용됨. Wright, *American Interpretations*, pp.257ff.

제 5 장 정치철학의 과제

자연법 철학을 자세히 해설하거나 옹호하는 것, 혹은 인간의 개인적 도덕성을 위해 자연법 윤리를 상술하는 것은 이 책의 의도가 아니다. 이 책의 의도는 자유를 위한 사회 윤리를 제시하는 것, 즉, 자연법 중에서 자연권의 개념을 개발하고 '정치학'의 본래의 분야 — 즉, 개인 간 관계의 양식으로서 폭력과 비폭력 — 를 다루는 자연법의 일부를 상술하는 것이다.

우리의 견해로는 '정치과학'(political science)의 혹은 더 적절하게 말하자면 '정치철학'의 주요 과제는 정치 상황에 타당한 자연법이라는 건축물을 구축하는 것이다. 이 과제가 금세기 정치학자들에 의해 거의 완전히 무시되었음은 너무나 명백하다. 정치학은 물리학의 방법과 내용을 헛되이 모방하느라 실증적 그리고 과학적으로 보이는 '모델 구축'을 추구했거나 순전히 경험적인 사실의 수집에 몰두했다. 요즘 정치학자는 그가 도덕적 판단의 필요성을 회피할 수 있다고 믿으며, 어떤 윤리적 입장에 서지 않으면서도 공공 정책의 틀을 만드는 것을 도울 수 있다고 믿는다. 그런데 어떤 사람이 **그 어떤** 정책이라도 이를 제안하는 순간, 그 정책이 얼마나 좁거나 제한적이든 상관없이 — 건전한 혹은 불건전한 — 윤리적 판단이 싫든 좋든 이루어진다.[1] 정치과학자와 정치철학자 간의 차이는 '정치과학자'의 도덕적 판단들의 경우에는 그것이 겉으로 드러나지 않게 은밀하고 암시적이기 때문에 그의 도덕적 판단이 자세한 검토를 받지 않는다는 것이고, 그래서 정치과학자의 판단이 (정치철학자의 판단에 비해) 불건전하기가 더 쉽다는 것이다. 게다가 명시적인 윤리적 판단의 회피는 정치과학자들을 암묵적으로 최우선시 하는 하나의 가치판단으로 이끈다. 즉, 어떤 주어진 사회에서이든 정치적 기득권에 유리한 가치가 지배적이 되게 그들을 이끈다. 그렇게 적극적으로 기득권에 유리하게 하지 않는 경우에도 최소한 체계적인 정치 윤리학(political ethics)의 결여는 그 정치과학자로 하여금 기득권의 상태로부터 변화를 제안할 때 그 변화의 가치를 누구에게도 설득할 필요가 없게 만든다.

1) Cf. W. Zajdlic, "The Limitations of Social Sciences," *Kyklos* 9 (1956), pp.68~71.

더 나아가, 그 사이에 오늘날의 정치철학자들은 또한 일반적으로 그들의 과제를, 가치중립의 방식으로, 오래전 죽은 정치철학자들의 견해들을 훈고학적으로 묘사하고 주해하는 것으로 제한시킨다. 그렇게 함으로써 그들은 정치철학의 주요 과제, 즉 토머스 토슨(Thomas Thorson)의 용어로 '정치학과 관련된 가치 입장의 철학적 정당화'[2)]를 외면하고 있다.

따라서 공공정책을 주창하기 위해서는 사회적 혹은 정치적 윤리 체계가 반드시 구축되어야 한다. 이전 세기들에서는 이것이 정치철학의 핵심 과제였다. 그러나 오늘날의 세계에서는, 정치이론이, 가짜 '과학'이라는 이름으로, 윤리철학을 몰아냈다. 그리고 정치이론은 호기심 많은 시민들에게 안내자의 역할을 하기에는 스스로 불모지가 되고 말았다. 사회과학 학문들과 철학도 각각 자연법의 방법들을 폐기함으로써 이와 동일한 경로를 밟았다. 이제 가치중립성(Wertfreiheit), 실증주의, 과학주의라는 말썽쟁이 요정을 몰아내야 한다. 자의적인 기득권의 고압적 요구들을 무시하고, 자연법과 자연권 기준을 — 진부한 문구이긴 하지만 — 끝까지 머리를 짜내 의견일치를 볼 때까지 생각해보자. 후일 현명하고 정직한 이들이 우리가 생각해낸 그 기준을 더 좋게 수선(修繕)할 것이다. 구체적으로 자유의 정치철학 그리고 법, 재산권, 국가의 적정 영역에 대한 정치철학의 확립을 추구하자.

---

2) 따라서 토슨이 지적하듯이, 실증주의적 분석 철학뿐만 아니라 "정치이론"과는 대조적으로, 정치철학은 윤리철학의 한 분과이다. 다음을 보라. Thomas Landon Thorson, "Political Values and Analytic Philosophy" *Journal of Politics* (November 1961), p.712n. 아마도 홀턴(Holton) 교수의 다음 말은 맞을 것이다. "정치철학의 쇠퇴는 일반적 쇠퇴의 한 부분이다." 즉, 그것은 "이성과 개념 그 자체의 지위에서의 쇠퇴뿐만 아니라 철학 자체의 쇠퇴의 한 부분이다." 홀턴은 이어서 이렇게 추가한다. 최근 수십 년간 진정한 정치철학에 대한 두 가지 진짜 도전은 역사주의(historicism) — 모든 개념과 진실은 특정한 역사적 조건들에 관련된, 상대적인 것이라는 생각 — 와 과학주의(scientism), 즉 물리과학들의 모방이었다. James Holton, "Is Political Philosophy Dead?" *Western Political Quarterly* (September 1961), pp.75ff.

제 II 부

자유를 위한 이론

제 6 장 크루소 사회철학

고전경제이론의 구조물 중에서 가장 자주 조롱을 받는 것 중 하나가 '크루소 경제학,' 즉 자연과 일대일로 대면하는 격리된 인간에 대한 분석이다. 그럼에도 불구하고 '비현실적으로' 보이는 이 모델은, 내가 다른 곳에서 보여주려고 애썼듯이, 매우 중요하면서도 심지어 불가결한 용도가 있다.[1] 이 모델은 사람을 자연과 직면한 인간으로 격리하는 데 도움을 주고, 따라서 시작 단계에서 개인 간의 관계(interpersonal relation)를 제거함으로써 명료성을 얻게 해준다. 나중에 이 '인간/자연' 분석은 '실제 세계'로 확장될 수 있고, '실제 세계'에 적용될 수 있다. 철저하게 로빈슨 크루소의 격리를 분석하고 난 후에 "프라이데이(Friday)" 혹은 더 많은 수의 사람들을 불러들임으로써, 다른 사람들의 존재가 더해지면 우리의 논의에 어떤 영향을 주는지 살펴볼 수 있다. 이 결론들은 이제 현재의 세계에도 또한 적용될 수 있다. 그래서 어떤 섬에서 상호작용을 하는 소수의 사람들을 분석하는 추상화는 인간관계들에 대한 기본적 진실들에 대한 분명한 인식을 가능하게 해준다. 이 인간관계들에 관한 진실들은, 처음부터 오로지 전체로서 그리고 하나의 조각으로서만 현재의 세계를 보기를 고집하면 잘 드러나지 않는다.

만약 크루소 경제학이 경제학과 인간행동학 — 인간행동의 광범위한, 형식적 분석 — 의 전체 구조에 불가결한 기초공사를 해줄 수 있고 그리고 실제로 한다면, 유사한 절차가 분명히 사회철학에서도 똑같은 일을 해줄 것이다. 즉, 자신뿐만 아니라 다른 사람도 그 품속에서 태어난 자연과 **이에 대비된** 인간본성에 관한 근본적 진실에 대한 분석에 있어서 똑같은 서비스를 해줄 것이다. 구체적으로, 크루소 사회철학은 자유, 재산, 그리고 폭력(violence)의 본질과 역할과 같은 정치철학의 문제들을 푸는 데 큰 도움을 줄 수 있다.[2]

1) 다음을 보라. Murray N. Rothbard, *Man, Economy, and State* (Princeton, N.J.: D. Van Nostrand, 1962), vol. 1, chaps. 1 and 2.

2) '자연상태' 혹은 '사회계약'과 같은 17세기 구축물들과 18세기 구축물들은 그와 같은 논리적 분석을 구축하기에는 전적으로 성공한 시도는 아니었다. 그와 같은 시도들은 이런 개념들을 발전시키면서 하게 된 실제 역사에 관한 그 어떤 단언들보다 훨씬 더 중요했다.

무인도에 상륙한 크루소를 상상해보자. 상황을 단순화시키기 위해 그가 건성 기억상실증에 빠졌다고 해보자. 크루소는 어떤 피할 수 없는 사실들에 봉착할까? 그는 먼저 자신이 그의 의식(意識)과 자신의 신체라는 최초의 사실에 직면하고 있음을 깨닫는다. 그는 다음으로 자기 주변의 자연 세계를 발견한다. 이 주어진 주거지와 자원이란 자연세계를 경제학은 '토지'라는 용어로 요약한다.[3] 그는 또한 동물들과의 대조를 통해 자신이 자신의 필요와 욕구의 만족을 위해 적절한 길로 자신을 몰아붙이는 타고난 본능적 지식을 가지고 있지 않음을 발견한다. 사실, 그는 문자 그대로 아무것도 모르면서 이 세상에서 그의 삶을 시작했다. 모든 지식은 자신에 의해 **학습되어야** 한다. 그는 무수한 목적들을 가지고 있음을 알게 된다. 이 목적들은 그가 달성하려는 의도들인데 그중 많은 것들은 의식주, 기타 등등으로서 그의 생명을 유지하기 위해 **반드시** 달성되어야 한다. 기초적 필요들이 충족되고 나면, 그는 목표로 삼을 더 '향상된' 욕구들을 발견한다. 그는 이 욕구들이 그에게 가지는 각각의 중요도에 따라 이 욕구들을 평가하는데, 크루소는 이 욕구들 가운데 어떤 일부분 혹은 모두를 만족시키기 위해, **어떻게** 그 욕구들을 달성할 것인지 학습해야 한다. 한마디로 그는 '기술적 지식' 혹은 '레시피'를 획득해야 한다.

그래서 크루소는 충족시키려는 여러 겹의 욕구들, 달성하고자 애쓰는 목적들을 가지고 있다. 이 목적들 중 일부는 그가 약간만 노력해도 쉽게 달성할 수 있다. 만약 그 섬이 그가 덤불 근처에서 식용 딸기들을 딸 수 있게끔 되어 있다면 그는 그렇게 할 수 있을 것이다. 그런 경우 그의 재화 혹은 서비스의 '소비'는 빨리 그리고 거의 순간적으로 이루어질 것이다. 그러나 그는 그의 욕구들 중 거의 대부분의 경우에는, 주변의 자연세계가 그 욕구들을 즉시 그리고 순간적으로 충족시켜주지 않음을 알게 된다. 한마디로 그는 에덴 동산에 와 있지 않다. 목적을 달성하기 위해, 그는 반드시 가능한 한 가장 빨리, 그리고 가능한 한 가장 생산적으로, 자연이 준 자원들을 취해서 이것을 — 그가 그의 욕구들을 충족시킬 수 있게끔 — 그에게 가장 쓸모 있는 물건으로, 모양으

3) 이 경제적 '토지'는 모든 자연이 준 자원들을 포함하며 반드시 통상적인 '토지'를 의미하는 것은 아니다. 왜냐하면 이 토지에 바다의 일부, 즉 어획을 할 수 있는 바다의 일부는 포함되지만, 지상에 인간이 만들어 개량한 것들은 제외되기 때문이다.

로, 그리고 가장 쓸모 있는 장소에 있도록 **변형시켜야** 한다.

한마디로, 그는 (a) 자신의 목표들을 선택해야 하고, (b) 어떻게 자연이 준 자원을 사용하여 그 목표들을 이룰 수 있는지 배워야 하며, (c) 그의 노동 에너지를 지출하여 이 자원들을 더 유용한 모양이 되게, 그리고 더 유용한 장소에 있도록 해야 한다. 즉, '자본재'(capital goods)로 만들고 마침내 그가 직접 소비할 수 있는 '소비재'(consumer goods)로 만들어야 한다. 그래서 크루소는 주어진 천연 원료로부터 도끼(자본재)를 만들어 그것을 가지고 나무를 찍어내려 오두막(소비재)을 지을 것이다. 혹은 그는 그물(자본재)을 짜서 그것을 가지고 물고기(소비재)를 잡을 것이다. 각각의 경우에 그는 그가 학습한 기술 지식을 써서 그의 노동 에너지를 지출하여 토지를 자본재로 바꾸고 궁극적으로는 소비재로 바꾼다. 이런 토지 자원의 변형 과정이 그의 '생산'활동이다. 한마디로 크루소는 소비할 수 있기 이전에 그리고 그렇게 **소비할** 수 있으려면 반드시 **생산해야** 한다. 그리고 이 생산 과정, 변형 과정에 의해 인간은, 그저 환경에 의해 결정되는 동물과는 달리, 자신의 목적에 맞게 천부의 환경을 특정한 모양으로 만들고 변형시킨다.

인간은 그의 적절한 목적에 대해 혹은 그 목적을 달성할 수 있는 수단에 대해 태생적으로, 본능적으로, 자동적으로 획득된 지식을 가지고 있지 않다. 그래서 반드시 목적들과 수단들에 대해 배워야 한다. 인간은 이것을 배우기 위해 관찰, 추상, 사고의 능력을 발휘해야 한다. 한마디로 그의 이성을 발휘해야 한다. 이성은 인간에게 지식의 수단이며, 생존의 수단이다. 그의 마음의 사용과 확장, 무엇이 자신에게 최선인지 그리고 어떻게 그것을 달성할 수 있는지에 대한 지식의 획득, 이는 전형적으로 **인간적인** 생존과 목적 달성의 방법이다. 그리고 이것은 전형적으로 인간의 본성이다. 아리스토텔레스가 지적했듯이 인간은 이성적 동물이다. 혹은 좀 더 정확하게 표현하자면, 이성적 존재이다. 개별 인간은 이성을 통해 외부 세계의 사실과 방식을 관찰하며, 아울러 자기 자신의 의식에 대한 사실들을 관찰한다. 관찰하는 자신의 의식 속에는 자신의 감정도 포함된다. 한마디로 그는 관찰을 자신의 외부로 확장하는 한편(외연), 동시에 자신의 내부로도 들어간다(성찰).

우리가 앞에서 말했듯이, 크루소는 그의 목적들에 대해 그리고 그것을 달성하는 방법에 대해 학습한다. 그러나 그와 같은 지식을 획득하는 과정에서 그의 학습 능력, 즉 그의 이성이 구체적으로 무엇을 하는가? 이성은 세상에서 사물들이 작동하는 방식에 대해 배운다. 즉, 인간이 그 존재를 알게 된 다양한 구체적 개체들의 **본성들**, 혹은 개체들의 집단이 지닌 **본성들**에 대해 배운다. 한마디로 그는 사물들이 세상에서 행동하는 방법의 **자연법칙**(natural laws)을 배운다. 그는 활시위를 떠난 화살이 사슴을 쓰러트린다는 것을 배우고, 그물이 많은 물고기를 한꺼번에 잡게 해준다는 것을 배운다. 더 나아가 그는 자기 **자신의** 본성에 대해서도 배운다. 그를 행복하게 혹은 불행하게 하는 종류의 사건들과 행동들의 종류에 대해 배운다. 한마디로 그는 그가 달성할 필요가 있는 목적들이 무엇이고 회피해야 할 목적들이 무엇인지 배운다.

이 과정, 인간의 지상에서의 생존과 번영에 필요한 이 방법은 지나치게 혹은 전적으로 '물질적'이라고 자주 조롱을 받았다. 그러나 인간의 본성에 적절한 이 활동 속에 벌어진 것은 '정신'과 물질의 융합이라는 점은 명확하다. 인간의 마음은 배운 개념들을 이용해서 그의 욕구들과 그의 삶을 유지하고 전진시키게끔 사물들을 변형시키고 모양을 바꾸는 일에 그의 에너지를 향하게 한다. 모든 '생산된' 재화의 뒤, 천연자원의 모든 인위적 변형 뒤에는 그 노력을 지시한 **아이디어**, 즉 인간 정신의 발현이 존재한다.

개별 인간은 자기 자신을 의식한다는 사실을 성찰하면서 그의 자유라는 최초의 자연적 사실을 또한 발견한다. 즉 그 자유란 선택할 자유, 어떤 주어진 주제에 대해 자신의 이성을 사용할 것인지 여부에 대한 자유이다. 한마디로 그의 '자유의지'라는 자연적 사실을 발견한다. 그는 그의 마음이 자신의 신체와 그 행동을 지배한다는 자연적 사실도 또한 발견한다. 다시 말해, 그의 자기에 대한 자연스런 **소유권을** 발견한다.

크루소는 이제 그의 신체를 소유한다. 그의 마음은 자유롭게 원하는 목적을 채택하고, 그가 선택해야 할 목적을 발견하기 위해 그의 이성을 발휘하며, 그 목적을 달성하도록 곧 수단을 사용하기 위해 레시피(기술)를 배운다. 정말 인간의 생존과 진보에 필요한 지식이 태생적으로 주어지거나 외부적 사건들에 의해 결정되는 게 아니라는 바로 그 사실, 그가 이 지식을 배우기 위해 그의 마음을 사용해야 한다는 바로 그 사실이 그가 그 본성에 의해 자유롭게 그 이성을 사용하거나 사용하지 않을 수 있다는 것, 즉 그가 자유 의지를 가지고 있다는 것을 **보여준다**.[4] 확실히, 사람이 돌, 나무, 그리고 심지어 동물과 다르고 위에 열거한 점들이 그것들 간의 결정적 차이점이라는 것은 상식을 벗어나거나 신비한 게 전혀 없는 사실이다. 인간에 대한 그리고 그가 생존하기 위해 살아야 할 방식에 대한 결정적이고 특별한 사실 — 즉, 그의 의식, 그의 자유의지와 자유선택, 이성적 능력, 외부세계와 그 자신에 대한 자연법칙을 학습할 필요성, 자기소유권, 천부적 자원을 소비 가능한 형태로 변형시킴으로써 '생산할' 필요성 — 이 모든 게 인간의 본성 속에 그리고 인간의 생존과 번영의 방식 속에 집약되어 있다. 이제 크루소가 음식으로 딸기를 딸지 아니면 버섯을 딸지 선택에 직면해 있다고 가정해 보자. 그리고 그가 기쁘게 버섯을 맛보려고 하는 찰라, 갑자기 크루소 이전에 난파한 주민이 크루소에게 다가와 이렇게 외친다. "그렇게 하지마! 그 버섯들은 독이 있어." 그 후 크루소가 버섯 대신 딸기로 변경한다면 이는 전혀 신비로울 게 없다. 여기에 무슨 일이 벌어졌는가? 두 사람은 너무나 강력하기에 암묵적인 가정 위에서 행동했다. 즉, 독은 **나쁘다**는, 즉 건강에 그리고 심지어 인간 생체의 생존에 나쁘다는 가정 위에서 행동했다. 한마디로, 독이 인간 삶의 지속과 질에 나쁘다는 암묵적 가정 위에서 행동했다. 인간에게는 삶과 건강이 가치가 있고 고통과 죽음이 나쁘다는 이런 암묵적 동의에서, 현실과 인간 생체의 자연 법칙 위에 근거하고 있는 어떤 윤리의 기초에 분명히 도달했다.

만약 크루소가 독의 효과를 알지 못한 채 버섯을 먹었다면, 그의 결정은 **올바르지 못했다** — 아마도 이것은 인간이 결코 자동적으로 언제나 올바른 결정에 이를 수 있는 게 아니라는 사실에 기초하고 있는 비극적인 실수였을 것이다. 따라서 그는 전지하지 않고 잘못된 결정을 내리기도 한다. 다른 한편, 만약 크루소가 독에 대해 알면서도 아무튼 그 버섯을 먹었다면 — 아마도 '스

---

4) 다음을 보라. Murray N. Rothbard, *Individualism and the Philosophy of the Social Sciences* (San Francisco: Cato Institute, 1979), pp.5~10. 첫째, 사람은 그가 판단을 내리고 있다고 믿으면서 동시에 그가 그렇게 하게 하는 외래적 원인에 의해 결정되고 있다고 믿는 것은 일관된 것일 수 없다. 그게 사실이라면, 그가 결정되고 있다는 판단의 지위는 무엇인가? 이런 논증은 이마누엘 칸트가 사용했다. Immanuel Kant, *Groundwork of the Metaphysics of Morals*, trans. H. J. Paton (New York: Harper and Row, 1964), pp.115f.

릴을 맛보려고' 혹은 현재에 대한 선호가 너무 높았기 때문에 — 그의 결정은 객관적으로 **부도덕하다**. 그의 결정은 그의 삶과 건강에 반(反)하게끔 의도적으로 이루어졌다. 왜 삶이 반드시 객관적인 궁극적 가치**여야 하는지** 의문이 제기될 수도 있다. 왜 사람은 (길이와 질에서) 더 길고 더 나은 삶을 선택해야 하는가?[5] 그 대답으로, 우리는, 어떤 한 제안(proposition)에 대해 이를 부정하는 **그 누구도** 그 제안을 반박하는 바로 그 과정에서 그 제안을 사용하고 있음을 보여줄 수 있을 때, 그 제안이 **공리**의 위치로 격상됨을 지적할 수 있다.[6] 이제, 가치에 관한 논의를 포함해서 그 어떤 종류의 논의에서든, 논의의 참여자는 그렇게 참여하는 덕택에 살아있고 삶을 확인하고 있다. 만약 그가 **정말** 삶에 반대한다면, 그는 그와 같은 논의를 할 이유가 없을 것이다. 정말 그는 계속 살아있을 이유가 없다. 그래서 **소위** 삶에 대한 반대자**라고 지칭된 사람**은 그가 논의를 하는 바로 그 과정을 통해 실은 진정으로 삶을 긍정하고 있다. 그래서 자신의 삶의 보존과 발전은 반박할 수 없는 공리의 위상을 갖게 된다.

우리는 그 어떤 사람의 경우에서처럼 크루소가 자유의지를, 즉 그의 삶과 행동의 과정을 선택할 자유를 가진다는 걸 보았다. 일부 비판가는 사람은 자연법에 의해 제약을 받을 뿐이기 때문에 자유가 환상일 뿐이라고 공격했다. 그러나 이것은 잘못된 설명으로서 줄기차게 이어져온 **자유**(freedom)와 **힘**(power)을 혼동한 무수한 사례들 가운데 하나일 뿐이다. 사람은 가치들을 자유롭게 채택할 수 있고, 자유롭게 그의 행동을 선택할 수 있다. 그러나 이것은 그가 아무런 위험 없이 자연법을 어길 수 있다는 것을 의미하는 게 전혀 아니다. 예를 들어, 이는 그가 한 번 뛰어올라 대양을 건널 수 있다는 의미가 아니다. 한마디로, 우리가 "인간은 '자유롭게' 대양을 건널 수 없다"고 말할 때 우리가 그의 자유의 결여를 논의하는 게 아니라, 그의 본성과 세계의 본질의 법칙들이 주어져 있을 때, 대양을 건널 그의 능력의 부재를 말하고 있는 것이다. 아이디

5) 삶이 행복의 하나로 인지되는지 여부와는 상관없는 삶의 가치에 관해서는 다음을 보라. Philippa R. Foot, *Virtues and Vices* (Berkeley: University of California Press, 1978), p.41.

6) 다른 곳에서 나는 이렇게 썼다: "만약 한 사람이 그 부정을 하지 않고서는 어떤 제안을 단언할 수 없다면, 그는 빠져나올 수 없는 자기모순에 걸려들었을 뿐 아니라; 그는 그 부정에 공리의 지위를 부여하지 않을 수 없다." **Rothbard**, *Individualism*, p.8. 다음 저술도 보라. R.P. Phillips, *Modern Thomistic Philosophy* (Westminster, Md.: Newman Bookshop, 1934~35), vol. 2, pp.36~37.

어들을 채택하고, 목적을 선택할 크루소의 자유는 침해할 수 없고 양도할 수 없다. 다른 한편, 전지하지 않을 뿐 아니라 **전능하지** 않은 인간은 그의 **능력**이 자신이 하고 싶은 모든 일을 실천하기에는 한계가 있음을 언제나 발견한다. 한마디로 그의 능력은 필연적으로 자연법에 의해 제약되어 있지만 그의 의지의 자유는 그렇지 않다. 이것을 다른 방식으로 표현하면, 어떤 개체의 '자유'를 그 본성상 불가능한 행동을 수행할 능력으로 정의하는 것은 명백한 모순이다![7]

어떤 사람이 아이디어들과 가치들을 선택할 그의 자유의지가 양도 가능하지 않다고 하더라도, 그의 **행동의 자유**는 그런 운 좋은 조건 아래 있지 않다. 여기에서 행동의 자유란 그런 아이디어들을 실제로 결실을 맺게 할 자유를 말한다. 다시 한 번 말하지만, 지금 우리가 말하고 있는 자유란 인간 자신의 본성에 관한 법칙과 다른 개체들의 본성에 관한 법칙들 속에 내재된 인간 능력의 한계에 관련된 것이 아니다. 우리가 지금 말하는 것은 다른 사람들에 의한 그의 행동 영역에 대한 간섭이다 — 그러나 여기에서 우리는 로빈슨 크루소와 그와 관련한 논의를 약간 앞서가고 있다. 지금 여기에서는 **사회적** 자유의 의미에서는 — 즉 자유가 **다른 사람들에 의한 폭력의 부재**라는 의미에서는 — 크루소가 **절대적으로** 자유롭다고 말하는 것으로 충분하지만 그러나 한 명 이상의 사람들로 이루어진 세계를 말하려면 더 깊은 탐구가 필요하다.

이 책에서 우리는 본래 의미의 철학에 대해서보다는 사회철학과 정치철학에 관심을 가지고 있다. 그래서 우리는 '자유'란 용어는 의지의 자유라는 의미에서보다는 의지의 자유의 사회적 혹은 사람들 사이에서의 의미에서 관심을 둘 것이다.[8]

이제 자연법칙들의 이해를 통해 크루소가 천부의 주어진 조건들을 의도적으로 변형하는 데 대한 분석으로 돌아가자. 크루소는 섬에서 아직 사용되지

---

7) 다음을 보라. Rothbard, *Individualism*, p.8, and F. A. Hayek, *The Road to Serfdom* (Chicago: University of Chicago Press, 1944), p.26.

8) 아마도 'freedom'이란 동의어에 대비한 'liberty'란 용어의 커다란 장점은 liberty가 **오로지** 사회적 자유에서만 일반적으로 사용되며, 순전히 철학적인 자유의지(free will)의 의미로는 사용되지 않는다는 점이다. 자유의지에 관한 훌륭한 논의로는 다음을 보라. J. R. Lucas, *The Freedom of the Will* (Oxford: Clarendon Press, 1970).

않은 처녀지(virgin land)를 발견한다. 한마디로 크루소는 누구에 의해서도 사용된 적이 없고 통제된 적이 없던 토지, 그래서 누구에 의해서도 **소유된 적이 없던** 토지를 발견한다. 토지 자원을 발견함으로써, 그것을 어떻게 사용할지 배움으로써, 특히 그것을 더 유용한 모양으로 실제로 **변형시킴으로써**, 크루소는 존 로크의 유명한 문구로 표현하자면, "그의 노동을 토양에 혼합하였다"(mixed his labor with the soil). 그렇게 함으로써 그의 개성과 에너지를 토지에 각인시키고, 그는 자연스럽게 그 토지와 그 과실을 그의 **재산**으로 전환했다. 따라서 그 격리된 사람은 그가 사용하고 **변형시킨** 것을 소유한다. 그 결과 그의 경우에는 무엇이 B의 재산이 아니라 A의 재산이 **되어야 하는가**의 문제는 전혀 존재하지 않는다. 그 어떤 사람의 재산은 **실질적으로**(ipso facto) 그가 생산한 것, 즉 그가 자신의 노력으로 사용할 수 있게 변형한 것이다. 그의 토지와 자본재 재산은 여러 생산 단계들을 거쳐 내려가고 마침내 크루소는 그가 생산한 소비재를 **소유**하게 되고 최종적으로는 그가 그 소비재를 소비함으로써 그 소비재는 사라진다.

개인이 사회와 떨어져 있는 한, 그의 재산 — 그의 소유권 — 이 얼마나 멀리 확장되는지는 아무런 문제가 되지 않는다. 자유의지를 가진 이성적 존재로서 소유권이 자신의 신체에 미치고, 소유권은 더 나아가 그가 그의 노동으로 변형시킨 물질적 재화에 미친다. 크루소가 작은 섬이 아니라 사람이 밟은 적이 없는 새로운 처녀지 신대륙에 내렸다고 상상해보자. 그리고 해안가에 서서 그가 자신이 최초로 발견했다는 이유로 신대륙 전체에 대한 '소유권'을 주장했다고 해보자. 다른 그 누구도 그 신대륙에 오지 않는 한, 이런 선언은 순전히 공허한 허세에 불과할 것이다. 그의 진정한 재산 — 즉, 그의 물질적 재화에 대한 **실질적 통제력** — 은 그의 실제 노동이 생산에 동원될 수 있는 한도까지만 확장되는 것이 **자연적 사실**이기 때문이다. 그의 진정한 소유는 자신이 도달할 수 있는 힘을 넘어서까지 확장될 수 없다.[9] 마찬가지로 크루소가 그가 생산한 것 중 일부 혹은 전부를 '정말' 소유하지 않고 있다고 자랑스럽게 외친다고 해

9) 나중에, 다른 사람들이 그 신대륙에 도착할 때, 그들도, 자연스러운 사실로 그들의 노동으로 변형시킨 토지를 소유할 것이다. 첫 번째 사람은 단지 침략적 힘을 사용함으로써 혹은 새로 도착한 사람들로부터 자발적인 선물 혹은 교환을 통해 그것들을 받음으로써 그것들의 소유권을 획득할 수 있었을 것이다.

도 이는 공허하고 의미가 없을 것이다. (이런 크루소가 있다면 아마도 그는 재산 개념에 대한 낭만적인 반대자인 셈이다.) 실제 사용과 **이에 따른** 소유권이 이미 그의 것이었기 때문이다. 자연스런 사실에 있어, 크루소는 자기 자신을 소유하고 그 자기 자신을 물리적 세계로 확장한 것들을 소유한다. 그 이상도 이하도 아니다.

제 7 장　개인 간의 관계: 자발적 교환

이제 우리의 분석을 개인 간 관계로 확장시키기 위해 로빈슨의 전원(田園)에 다른 사람을 불러들여보자. 우리의 분석을 위한 문제는 더 많은 사람이 전혀 아니다. 결국 우리는 백만 개의 섬들에 백만 명의 크루소가 존재하는 세계를 단순히 상정할 수 있겠지만 그렇게 해서는 우리의 분석은 티끌만큼도 확장될 필요가 없을 것이다. 문제는 이 사람들 사이의 **상호작용**을 분석하는 것이다. 예컨대, 프라이데이가 그 섬의 다른 쪽에 들어와 크루소와 접촉을 할 수 있거나 그가 다른 섬에 내려 나중에 다른 섬으로 갈 수 있는 보트를 만들었을 수도 있다.

경제학은 인간 상호작용의 자연법칙에 대해 하나의 위대한 진리를 밝혔다. 즉, **생산**은 인간의 번영과 생존에 본질적일 뿐 아니라 교환도 또한 그렇다는 것이다. 한마디로 크루소와 프라이데이, 둘 모두가 물고기도 잡고 밀도 재배하는 대신, 프라이데이는 섬에서 밀을 재배하고 크루소는 그 섬 혹은 그 섬의 일부에서 물고기를 잡을 수 있을 것이다. 크루소의 물고기의 일부를 프라이데이의 밀의 일부와 교환함으로써, 두 사람은 모두가 즐길 수 있는 물고기와 빵의 수량을 크게 늘릴 수 있다.[1] 두 사람의 이런 커다란 이득은 자연의 두 가지 최초의 사실들 — 자연법칙 — 때문에 가능한데, 모든 경제이론이 이 두 가지 사실에 기초해 있다. 즉 (a) 개인들 사이의 능력과 관심사의 엄청난 다양성 그리고 (b) 지리상의 토지 영역에서의 천연자원의 다양성. 만약 모든 사람이 똑같은 능력과 모든 일들에 똑같은 관심사를 가지고 있다면, **그리고** 만약 모든 토지가 모든 다른 토지와 마찬가지로 동질적이라면, 어떤 교환의 여지도 존재하지 않을 것이다. 그러나 우리가 사는 세계에는 토지와 사람들이 최선의 용도로 전문화할 기회가 존재하며 이 전문화는 교환에 참여하는 **모든 이**의 생산성과 생활수준(욕구의 충족)을 광범위하게 그리고 무한하게 배가시킬 교환을 가능하게 한다.

---

1) 이 모든 경제 분석에 관해서는 다음을 보라. Murray N. Rothbard, *Man, Economy, and State*, (Princeton, N.J.: D. Van Nostrand, 1962), chap. 2.

만약 우리가 얼마나 교환 과정의 덕을 보고 있는지 파악하고 싶다면, 현대 세계에서 모든 사람이 갑자기 다른 사람과 그 어떤 것도 교환하지 못하게 한다면 어떤 일이 벌어질지 상상해보면 된다. 각자는 모든 재화와 서비스를 스스로 생산하지 않으면 안 될 것이다. 극도의 혼란, 인류 대부분의 총체적 기아 상태, 살아남게 된 소수 사람들의 원시적 생존으로의 후퇴 등이 쉽게 상상될 수 있을 것이다.

인간행동의 또 하나의 두드러진 사실은 A와 B 중 어느 한 사람이 다른 사람보다 심지어 두 생산업종 모두에서 우월하다고 **하더라도** A와 B 각자가 서로의 이익을 위해 전문화하고 교환할 수 있다는 것이다. 그래서 크루소가 프라이데이보다 물고기 잡이와 밀 생산에서 모두 우월하다고 해보자. 이 경우에도 만약 크루소가 상대적으로 잘하는 일에 집중하는 것이 크루소에게 이득이 된다. 예컨대, 크루소가 프라이데이보다 훨씬 더 나은 어부지만 농부로서는 조금 더 나은 정도라면, 크루소는 어업에 전념해 그가 생산한 물고기를 프라이데이의 밀과 교환하는 것이 물고기와 빵 모두를 더 많이 얻게 해준다. 혹은 발달된 교환경제로부터의 사례를 이용하자면, 비록 어떤 의사가 타이핑, 파일정리 등을 잘한다고 하더라도 훨씬 더 생산적인 일(진료)을 하기 위한 시간을 더 많이 가지지 위해 그 일을 할 비서를 채용하는 것이 그 의사에게도 좋다. 이 교환의 혜택에 대한 통찰은 데이비드 리카도(David Ricardo)가 그의 비교우위의 법칙(Law of Comparative Advantage)에서 발견했는데 이는 자발적 교환을 하는 자유시장에서 흔히 '강자'가 '약자'를 먹어치우거나 깔아뭉개는 약육강식이 벌어진다는 자유시장 경제의 본질에 관한 통상적인 가정들과는 대조적으로 그런 일이 발생하지 않는다는 의미이다. 이런 통상적 가정과는 반대로 자유시장에서야말로 틀림없이 '약자'가 생산성의 이득을 누릴 수 있다. 자유시장은 '강자'가 약자와 교환함으로써 강자에게 이익을 주기 때문이다.

교환 과정은 인간에게 원시적 격리로부터 문명으로 올라설 수 있게 해준다. 교환 과정은 인간에게 기회들과 물품에 대한 시장을 엄청나게 넓힌다. 교환 과정은 인간이 기계와 여타 '고차 자본재'(high-order capital goods)에 투자할 수 있게 해준다. 교환과정은 교환의 패턴 — 자유시장 — 을 형성한다. 그런데 자유시장은 인간으로 하여금 매우 복잡한 생산 방법들과 생산의 총계들의 혜택과 비용을 경제적으로 계산할 수 있게 해준다.

그러나 경제학자들은 자유시장의 결정적 중요성과 영광에 대해 심사숙고할 때 정확하게 **무엇이** 교환되고 있는지를 너무 자주 망각한다. 사과가 버터와 교환되거나, 금이 말과 교환되고 있는 게 전혀 아니기 때문이다. 정말 교환되고 있는 것은 상품들 자체가 아니라 그 상품의 소유권이다. 스미스가 사과 한 바구니를 존스의 버터 한 파운드와 교환할 때, 그가 실제로는 그 사과에 대한 소유권을 버터에 대한 소유권을 받는 대가로 넘겨주는 것이다. 이제 존스가 아니라 스미스가 버터의 절대적 통제자이다. 스미스야말로 자기 의지대로 그것을 먹거나 먹지 않을 수 있다. 존스는 이제 버터의 처분에 대해서는 아무런 발언권이 없고, 그 대신 이제 사과의 절대적 소유자이다.

이제 크루소와 프라이데이로 돌아와서 더 많은 사람들, C, D, E … 가 그 섬에 사는 크루소와 프라이데이와 합류한다고 해보자. 각자는 서로 다른 생산물에 전문화를 한다. 점차 하나의 특정한 생산물이 — 높은 가치, 지속적인 수요, 분할의 용이성과 같은 특질로 인해 — 교환**수단**(medium of exchange)으로 등장할 것이다. 교환수단의 사용이 교환의 범위와 시장에서 충족 가능한 욕구를 엄청나게 확장시킨다는 것을 사람들이 알게 될 것이기 때문이다. 따라서 작가나 경제학 교사는 그의 저술 서비스나 경제학 강의를 빵 한 조각, 라디오의 일부, 옷 한 조각 등으로 교환하기는 어려울 것이다. 일반적으로 수용되는 교환수단은 그 어떤 광범위한 교환 네트워크와 따라서 문명화된 경제를 위해서 불가결하다.

그와 같이 일반적으로 수용되는 교환수단을 화폐(money)라고 정의한다. 자유시장에서는 화폐로서 사용된 최선의 상품들이 귀금속, 즉 금과 은이었던 것으로 일반적으로 밝혀지고 있다. 교환 순서는 이제 다음과 같이 나타난다. 그의 신체와 노동을 소유하는 A가 토지를 발견하고 그것을 변형시키고 물고기를 생산한다. 그 물고기는 그가 소유한다. B도 유사하게 그의 노동을 사용해 밀을 생산하고 그것을 소유한다. 금이 묻힌 토지를 발견한 C는 그 토지를 변형시켜 금을 생산해서 소유한다. C는 그 금을 다른 서비스들, 예컨대 A의 물고기와 교환한다. A는 그 금을 B의 밀 등과 교환한다. 한마디로, 금이 '유통된다.' 즉, 금이 교환의 일반적 수단으로 사용되고 그 소유권이 개인에게서 개인에게로 이전된다. 각각의 경우에 교환자들은 소유권을 이전하며, 각각의 경우에 소유권이 두 가지 방식으로 그리고 오로지 다음 두 가지 방식으로만 획득된다. 즉 (a) 자원을 발견하고 변형시킴으로써('생산함'으로써) 그리고 (b) 자신의 생산물을 다른 사람의 생산물 — 여기에는 교환수단 혹은 '화폐'상품이 포함된다. — 과 교환함으로써. 그리고 방법 (b)가 논리적으로 (a)로 환원된다는 것은 명백하다. 한 사람이 교환에서 어떤 것을 획득할 유일한 방법이 그 자신의 생산물을 포기하는 것이기 때문이다. 한마디로, 재화의 소유에는 유일하게 하나의 길, 즉 생산과 교환(production and exchange)만 존재한다. 만약 스미스가 존스의 것 — 존스도 이전의 교환에서 획득한 것 — 을 교환으로 얻기 위해서 생산물을 포기한다면, 그렇다면 누군가는 — 존스가 그 생산물을 구입했던 사람 혹은 구매순서의 줄에서 그 아래에 있던 사람은 — 그 자원의 최초의 발견자·변형자(finder-and-transformer)임에 틀림없다.

그러면 어떤 사람이 '부' — 유용한 자본재 혹은 소비재 스톡 — 를 획득할 수 있는 길은 스스로 그것을 '생산하든지' 혹은 그 부의 생산자에게 어떤 다른 생산물을 주고 그 대가로 그것을 받는 교환을 함으로써 가능하다. 그 교환 과정은 논리적으로 최초의 생산(original production)으로 회귀한다. 그와 같은 생산은 사람이 '토양에 그의 노동을 혼합하는' 과정이다. 즉, 토지 자원을 발견해서 전환시키는 과정이거나 교사나 작가의 경우에는 자기 자신의 노동 서비스를 직접 생산하거나 파는 과정이다. 다른 말로 표현하면, 모든 자본재 생산은 궁극적으로 토지와 노동이라는 본원적 생산요소로 환원되기 때문에, 모든 생산은 노동 서비스로 환원되거나 새로운 처녀지를 발견하고 노동 에너지를 수단으로 삼아 그 토지를 생산에 투입하는 것으로 환원된다.[2)]

어떤 사람은 또한 부를 다른 자발적 방식, 즉 선물을 통해 획득할지 모른다. 그래서 크루소는 섬의 다른 쪽 끝에 사는 프라이데이와 우연히 만나 그에게 생명유지에 필요한 것들을 좀 줄 수 있다. 그와 같은 경우에 주는 자는 받는 자로부터 양도 가능한 재화나 서비스를 받는 게 아니라 받는 자에게 어떤

2) 자본재는 본원적 생산요소들로서의 토지와 노동으로 환원된다는 사실은 오스트리아학파의 근본적 통찰이다. 특히 다음을 보라. Eugen von Böhm-Bawerk, *The Positive Theory of Capital*, vol. 2 of *Capital and Interest* (South Holland, Ill.: Libertarian Press, 1959).

일을 해줬다는 심리적(psychic) 만족감을 얻는다. 선물의 경우에도 또한 획득의 과정은 생산과 교환으로 환원된다. 그리고 다시 궁극적으로 생산 자체로 환원된다. 왜냐하면 선물은 반드시 생산이 선행되어야 하기 때문이다. 이 경우에서처럼 직접적이 아니라고 하더라도 그 이전 어떤 시점에 반드시 생산되어야 한다.

우리는 지금까지 여러 소비재의 다수의 교환과정을 분석했다. 우리는 이제 생산구조(structure of production)에 따른 교환도 분석함으로써 현실세계에 대한 우리의 그림을 완성해야 한다. 발전된 경제에서 소비재들의 교환은 '수평적'일 뿐만 아니라 '수직적'이기 때문이다. 즉, 교환은 토지의 최초의 변형으로부터, 다양한 유형의 자본재들을 통과해서 내려오고, 마침내 최종적 소비상태에 다다른다.

교환경제에서 발생하는 단순한 수직적 패턴을 고려해보자. 스미스가 토지자원을 변형시켜 도끼를 만든다. 그 도끼를 다른 생산물을 만드는 데 쓰기보다는, 방대한 교환 경제에서 전문가로서의 스미스는 그의 도끼를 금(화폐)을 받고 판매한다. 도끼 생산자인 스미스는 그의 소유권을 존스에게 넘기고 존스로부터 금 일정량을 받는다. 정확한 금의 수량은 두 당사자에 의해 자발적으로 합의된다. 존스는 이제 그 도끼를 받아 나무를 벌목해서 목재를 만들어 그 목지를 존슨에게 금을 받고 판다. 존슨은 이제 그 목재를 부동산개발자 로빈스에게 금을 받고 판다. 로빈스는 이제 금을 받고 자신의 고객 벤턴에게 집을 지어준다. (교환을 위한 수단의 이용 없이는 이 수직적 교환 네트워크가 발생할 수 없을 것임은 분명하다.)

시장경제의 그림을 완성하기 위해, 존스가 벌목을 해서 그의 목재를 만들었는데 그 목재를 존슨에게 이전하기 위해 강 하류로 선박으로 실어 날라야 한다고 해보자. 이제 존스는 또 다른 중간 매개자인 폴크에게 목재를 팔았다. 폴크는 X, Y, Z의 노동 서비스를 **고용해서** 그 목재를 존슨에게 운송한다. 여기에서 무슨 일이 벌어졌고 또 왜 목재로 변형시켜 그 목재를 더 유용한 장소로 운반하는 데 있어 X, Y, Z의 노동의 사용이 X, Y, Z에게 그 목재의 소유권을 부여하지 않는가?

여기에서 벌어진 일은 이것이다. X, Y, Z가 목재를 운반하는 노동 서비스를 폴크에게 파는 대가로 폴크가 약간의 금을 X, Y, Z에게 이전한다. 폴크는 이 사람들에게 돈을 받고 목재를 팔지 않았다. 대신에 그는 X, Y, Z가 그의 목재에 노동 서비스를 제공하는 데 대한 교환으로 그들에게 화폐를 "팔았다." 한마디로 폴크는 금 40온스에 그 목재를 존스로부터 구매했고, X, Y, Z에게 각각 금 20온스를 지불하고 그 목재를 옮기게 했다. 그리고 존슨에게 금 110온스를 받고 그 목재를 팔았다. 따라서 폴크는 전체 거래를 통해 금 10온스의 순 수익을 건졌다. 만약 원한다면, X, Y, Z가 그 목재를 존스로부터 금 40온스를 주고 구매**할 수 있었다**. 그러고 나서 스스로 그 목재를 운반해서 존슨에게 금 110온스를 받고 팔아서 금 10온스를 더 누릴 수 있었다. 왜 그들은 그렇게 하지 않았는가? 그 까닭은 (a) 그들은 **자본**을 가지고 있지 않았다. 한마디로 그들은 그들의 종전 소비를 소득 이하로 충분히 줄여 40온스를 축적할 정도로 필요한 돈을 저축하지 못했다. 그리고/혹은 (b) 그들은 그들이 **일하는 동안** 돈을 지급받기를 원했으며, 그 목재가 배로 운송되고 팔릴 때까지 여러 달 기다릴 용의가 없었다. 그리고/혹은 (c) 그들은 그 목재가 정말 110온스에 팔리지 못할지 모를 위험에 갇혀 있기를 원하지 않았다. 그래서 폴크, 우리의 시장경제 예시에서 **자본가**의 불가결하면서 엄청나게 중요한 기능은 노동자들에게 소비를 줄이고 자본을 스스로 저축할 필요성으로부터 구해주고, 또 그 생산물이 (희망적으로) 생산의 연결망에서 아래 쪽에서 이윤을 얻으면서 팔릴 동안 그들의 급여를 기다릴 필요성으로부터 노동자들을 구해주는 것이다. 따라서 노동자에게 생산물에 대한 그의 정당한 소유를 어떤 방식으로든 박탈하는 것과는 전혀 다르게, 자본가는 노동자에게 그 생산물의 판매에 상당히 앞서 **미리** 지불을 받을 수 있게 한다. 게다가 예측가 혹은 **기업가**의 능력을 발휘하는 자본가는 그 생산물이 이윤을 얻으면서 팔릴지 혹은 심지어 손실을 입을지 알 수 없는 데 따른 위험으로부터 노동자를 구제해 준다.

그래서 자본가는 노동을 했고 그의 노동으로부터 저축을 했던, 즉 자신의 소비를 제한한 사람이다. 그리고 그는 일련의 자발적 거래들에서 (a) 자본재에 대한 소유권을 구매하고 (b) 노동자들에게 그 자본재를 소비되는 마지막 생산 단계에 더 가깝게 변형시키는 노동 서비스에 대해 지불하는 사람이다. 다시 한 번 주목할 사실은 아무도 노동자들에게 스스로 저축하고, 자본재를 그 소유자들로부터 구매해서 자신의 자본재를 가지고 일하며, 마지막으로 생산물을 팔아서 이윤을 얻는 것을 금지하지 않는다는 점이다. 사실, 자본가는 현대경제에서 복잡한 수직적 교환의 전체 네트워크를 가능하게 해서 이 노동자들에게 커다란 혜택을 준다. 자본가는 자본재를 사는 데 필요한 돈을 저축하고 소비재를 향해 '생산하기' 위해 노동자들에게 판매에 앞서 미리 (임금을) 지불하기 때문이다.[3)]

그 도정의 각 단계에서 사람은 그의 노동을 유형의 재화들에 쏟아 부음으로써 생산을 한다. 만약 이 재화가 이전에 사용되지 않았고 소유되지 않았다면, 그의 노동은 자동적으로 그 재화를 그의 통제 아래 두게 한다. 즉, 그가 '소유권'을 가진다. 만약 그 재화가 이미 다른 사람에 의해 소유되고 있다면, 그리고 그 소유자가 우리의 노동자에게 돈을 받고 팔았다면, 그 이후 그의 노동은 그 재화에 가해진다. 혹은 종전 소유자가 다음 단계로 그 재화를 생산하기 위해 노동 서비스를 돈으로 구매하고 다음 구매자에게 생산물을 팔 수 있다. 이 과정도 역시 미(未)사용 자원과 노동으로 환원된다. 왜냐하면 그 자본가—우리의 사례에서 종전 소유자—는 궁극적으로 그의 소유권을 최초의 생산(original production), 자발적 교환, 그리고 화폐의 저축으로부터 도출했다. 그래서 자유 시장에서 모든 소유권은 궁극적으로 다음으로 환원된다. (a) 각자의 자기 인신과 노동에 대한 소유권, (b) 각자가 미(未)사용 토지를 발견해서 자신의 노동으로 변형시킨 토지에 대한 소유권, 그리고 (c) (a)와 (b)의 혼합으로 이루어진 생산물을 가지고 이와 유사하게 생산된 다른 사람의 산출물과 시장에서의 교환.

동일한 법칙이 시장에서 화폐 상품(money commodity)의 모든 소유권에 대해 적용된다. 우리가 살펴보았듯이, 화폐는 다음 둘 중 하나에 해당한다. (1)

---

3) 기술적 경제 용어상 노동자들은 생산물의 판매에 앞서 미리 지급을 받기로 선택함으로써, 그들 노동에 대해 '할인한계가치생산'(discounted marginal value product)을 번다. 여기에서 할인이 된 것은 노동자가 그들의 돈을 나중이 아니라 지금 받기 때문에 발생한다. 자본가는, 돈을 지금 미리 지출하고 노동자들에게 나중까지 기다리는 부담을 덜어줌으로써, '시간선호'(time preference)에 대한 할인(이자율)을 번다; 멀리 내다보는 사람들은 또한 불확실한 조건에 있는 미래를 더 잘 예측한 데 대한 보상도 '순수 이윤'(pure profits)의 형태로 번다. 더 멀리 내다보지 못한 기업가들은 불확실성 아래 의사결정을 잘하지 못한 데 따른 손실을 입는다. 다음을 보라. Rothbard, *Man, Economy, and State*, passim.

화폐는 본원적 자원들에 자신의 노동으로 변형시킴으로써 생산되거나(즉, 금의 채굴); 혹은 (2) 화폐는 다른 사람이 소유하는 금과의 교환으로 자신의 생산물을 판매함으로써 — 혹은 자신의 생산물 판매대금을 주고 종전에 구매한 재화를 판매함으로써 — 획득된다. 다시, 앞 구절의 (c)가 논리적으로 (a)와 (b) 생산으로 환원되는 것처럼, — 여기에서 (2)는 궁극적으로 논리적으로 (1)로 환원된다.

자유사회에서 모든 소유권은 각자의 자연적으로 주어진 자신에 대한 소유권, 그리고 인간이 변형시키고 생산에 투입하는 토지 자원의 소유권으로 궁극적으로 환원된다. **자유시장**은 자발적이고 결과적으로 소유권의 전문화된 생산자들간의 호혜적인 교환들로 이루어진 사회이다. 시장경제가 노동이 '상품처럼 취급된다는', 사악한 원리 위에 기초하고 있다는 비판이 자주 제기되곤 한다. 그러나 자연적 사실은 노동 서비스가 정말 하나의 상품이란 것이다. 유형의 재산의 경우에서와 마찬가지로 자기 자신의 노동은 양도할 수 있고 다른 재화나 서비스와 교환될 수 있기 때문이다. 한 사람의 노동 서비스는 양도가 능하다. 그러나 그의 **의지**(will)는 **그렇지 않다**. 게다가 인류에게는 노동서비스가 양도가능하다는 것이 가장 운이 좋은 것이다. 이런 양도가능성은 (1) 교사, 의사, 혹은 어떤 전문직도 자신의 노동 서비스를 돈을 받고 팔 수 있고, (2) 근로자들이 재화를 변형함에 있어서 노동 서비스를 자본가에게 돈을 받고 팔 수 있다는 의미이기 때문이다. 만약 그렇게 할 수 없었더라면, 문명을 위해 필요한 자본구조는 발전될 수 없었을 것이고, 그 누구의 결정적인 노동 서비스도 그의 동료들에 의해 구입될 수 없었을 것이다.

인간의 양도 가능한 노동 서비스와 양도가 불가능한 의지의 구분을 좀 더 설명할 필요가 있다. 인간은 그의 노동 서비스를 양도할 수 있다. 그러나 그는 그 서비스의 자본화된 미래 가치(capitalized future value)를 팔 수 없다. 한마디로 그는 어디에도 그 자신을 노예로 팔 수 없고, 판매하도록 강제당할 수 없다. — 이는 자신의 인신에 대한 미래의 의지가 미리 반납되었음을 의미하기 때문이다. 한마디로 사람은 자연적으로 그의 노동을 다른 사람의 혜택을 위해 지금 지출할 수 있다. 그러나 그는 자신을, 혹시 그가 원했더라도, 다른 사람의 영원한 자본재로 변환시킬 수 없다. 그는 자신에게서 자신의 의지 — 그 의지는 미래의 어떤 시점에 바뀔 수 있고 현재의 (노예) 계약을 거부할지 모른다 — 를 제거할 수 없기 때문이다. '자발적 노예'(voluntary slavery) 개념은 정말 모순이다. 왜냐하면 노동자가 완전히 그의 주인의 의지에 자발적으로 복종하는 한, 그는 아직 노예가 아니기 때문이다. 그의 복종이 자발적이기 때문이다. 이에 반해 만약 그가 나중에 그의 마음을 바꾸었다면, 그리고 그 주인이 그의 노예상태를 폭력으로 유지하고자 한다면, 그 노예상태는 이제 자발적일 수 없다. 그러나 강제에 대해서는 나중에 더 다룬다.

이 절에서 묘사하고 있는 사회 — 자유롭고 자발적인 교환의 사회 — 는 '자유사회'(free society) 혹은 '순수 자유'(pure liberty)의 사회라고 부를 수 있다. 이 저술의 대부분은 그와 같은 체제의 시사점들을 자세히 설명하는 데 바쳐질 것이다. '자유시장'이란 용어는 매우 중요한 자유롭고 자발적인 교환들의 네트워크를 적절하게 드러내는 반면, 좁은 경제학적 혹은 행동학적 분야를 벗어나면 충분하지 못하다. 왜냐하면 자유시장이 재산에 대한 권리증서의 교환이고, 따라서 자유시장은 필연적으로 (재산권과 소유권 권리증서의 일정한 패턴이 지닌) 더 큰 자유사회에 내장되어 있음을 깨닫는 것이 결정적으로 중요하기 때문이다. 우리는 자유사회란 재산권리증서가 인간의 기초적인 자연적 사실들 위에 구축되어 있는 사회라고 묘사해왔다. 그 자연적 사실이란 각 개인은 그의 에고가 그 자신의 인신과 노동에 대한 소유권을 가지고, 그가 발견하고 변형시킨 토지 자원에 대한 소유권을 가지는 것을 말한다. 인간의 노동 서비스뿐만 아니라 유형 재산의 자연적 양도가능성은 소유권 권리증서의 자유로운 교환 네트워크를 가능하게 한다.

순수 자유의 체제 — 리버테리언 사회 — 는 그 어떤 소유권 권리증서도 '분배되지 않는' 사회로 묘사될 수 있다. 그곳에서는 한마디로 어떤 사람도 그의 인신과 유형재산에 대한 재산권이 다른 이에 의해 방해되거나, 위반되거나, 간섭받지 않는다. 그러나 이것은 사회적 의미에서 절대적 자유가, 사회에서 격리된 크루소뿐만 아니라 그 어떤 사회 속에서든, 즉 아무리 복잡하고 아무리 발전된 사회든 상관없이 모든 사람에 의해 향유될 수 있음을 의미한다. 왜냐하면 만약 크루소처럼, 그의 '자연적으로' 소유된 (그의 인격과 유형물들에 대한) 재산이 침해나 방해(molestation)를 받지 않는다면, 모든 사람이 절대적 자유 — 순

수 자유 — 를 향유하기 때문이다. 그리고 물론 자발적 교환의 사회 속에 있기 때문에 각 개인은 크루소식으로 격리된 상황에서와는 달리 문명, 조화, 사회성, 그리고 크루소식 격리에서는 상상할 수 없는 엄청난 고(高)생산성의 환경 속에서 절대적 자유를 향유한다. 이런 높은 생산성은 동료 인간과 그의 재산의 교환을 통해 실현된다. 절대적 자유는 그래서 문명의 도래에 따라 지불해야 할 가격으로서 상실될 필요가 없다. 인간은 자유롭게 태어나고 결코 사슬에 메일 필요가 없다. 인간은 자유와 풍요, 자유와 문명을 성취할 수 있다.

만약 우리가 'freedom' 혹은 'liberty'를 힘과 계속 혼동한다면, 이 진실은 흐려질 것이다. 인간이 자연의 법칙을 벗어날 힘을 가지고 있지 않기 때문에, 즉 그는 단번에 대양을 가로질러 건널 수 없기 때문에, 인간은 자유의지를 가지고 있지 않다고 말하는 것이 불합리함을 알았다. 이와 마찬가지로 자유 사회에서는 '자유롭게' 다른 사람을 공격하거나 그의 재산을 침범할 수 없다는 이유로 그가 '진정으로' 자유로운 게 아니라고 말하는 것은 모순이다. 여기에서도 다시 이 비판가는 정말로 자유를 다룬 게 아니라 힘을 다루고 있는 것이다. 자유사회에서, 다른 사람의 재산을 침해하는 것이 허용되지 않는다. (혹은 아무도 자신이 침해되도록 내버려 두지 않는다.) 이것은 그의 행동의 힘이 한정되어 있음을 의미한다. 인간의 힘은 언제나 그의 본성에 의해 제한되어 있다. 이는 그의 자유의 감축을 의미하지 **않는다**. 만약 우리가 다시 자유를 어떤 사람의 인신 혹은 재산에 대한 다른 사람의 **침해의 부재**(absence of invasion)로 정의한다면, 자유와 힘에 대한 치명적인 혼동은 마침내 평정될 것이다.[4] 그래서 우리는 소위 '훔치거나 괴롭힐 자유'(freedom to steal or assault) — 한마디로, 침해할 자유 — 가 전혀 자유의 상태가 아님을 분명히 알게 된다. 왜냐하면 침해의 자유란 공격의 피해자인 어떤 이로 하여금 그의 인격과 재산에 대한 권리를 박탈당하게 할 것이기 때문인데 — 한마디로 그의 자유가 침해당할 것이기 때문이다.[5] 각자의 힘은 그래서 언제나 필연적으로 인간의 조건, 즉 인간과 그의 세

---

4) 우리는 나중에 freedom 혹은 liberty의 정의가 '어떤 한 인간의 **정의로운** 재산에 대한 방해의 부재'(absence of molestation of a man's *just* property)로 읽히도록 분명하게 해야 한다. 여기에서 정의란 다시 한 번 자기 자신에 대한 소유권 권리증서, 자기가 변형시킨 재산에 대한 소유권 권리증서, 이 권리증서 위에 이루어진 자발적 교환의 열매에 대한 소유권 권리증서를 의미한다.

계가 지닌 본성에 의해 제한되지 않을 수 없다. 그러나 인간의 조건의 영광스런 측면 가운데 하나야말로 복잡한 상호작용과 교환의 세계 속에서도 각자가 절대적으로 자유로울 **수 있다는** 것이다. 게다가 어떤 개인의 행동하고 활동하고 소비할 힘은 원시적 사회 혹은 크루소 사회에 비해 그와 같은 복잡한 상호작용의 세계에서 엄청나게 더 크다.

결정적 포인트는 이것이다. 만약 우리가 인간을 위한 윤리학(우리의 경우, 폭력을 다루는 윤리학의 하위집합)을 구축하려고 시도한다면, 유효한 윤리학이 되기 위해서는 그 이론이 그 시간과 장소에 있어 어디에 있는 사람이건 모두에게 적용될 수 있어야 한다.[6] 시간 혹은 공간과 상관없이 모든 사람에 대한 적용가능성, 이것은 자연법의 현저한 특성들 가운데 하나이다. 따라서 윤리적 자연법은 물리적 혹은 '과학적' 자연법들과 함께 나란히 자리를 차지한다. 그러나 자유사회는 시공을 초월하여 이 동일한 기본적 규칙을 모든 사람에게 적용할 수 있는 **유일한** 사회이다. 이 점이 이성이 다른 경쟁이론이 아니라 어떤한 자연법 이론을 선택할 수 있는 여러 방법들 가운데 하나이다. — 이는 이성이 많은 경제이론 혹은 경쟁하는 여타 이론들 사이에서 선택할 수 있는 것과 꼭 마찬가지다. 그래서 만약 어떤 이가 호헨졸렌가(家) 혹은 부르봉왕가가 모든 다른 사람을 통치할 '자연적 권리'를 가지고 있다고 주장한다면, 여기에는 모든 이에게 적용될 똑같은 윤리가 존재하지 않는다는 사실을 단순히 지적함으로써 우리는 손쉽게 이런 종류의 주장을 논박할 수 있다. 윤리적 순서에서의 어떤 이의 지위가 호헨졸렌 가문 소속 여부와 같은 우연적 사실에 달려있다. 마찬가지로, 만약 누군가 모든 이는 하루 세끼 식사에 대한 '자연권'을 가지고 있다고 말한다면, 이것이 잘못된 자연법 혹은 자연권 이론임은 너무나 명백하다. 왜냐하면 모든 이에게, 심지어 대부분의 사람들에게, 하루 세끼 식사를 제공하는 것이 물리적으로 불가능했던 무수히 많은 시간과 장소가 있기

---

5) 소위 리버테리언 입장에 반(反)하는 '훔치거나 괴롭힐 자유'(freedom to steal or assault)에 대한 비판으로는 다음을 참조하라. Murray N. Rothbard, *Power and Market*, 2nd ed. (Kansas City: Sheed Andrews and McMeel, 1977), p.242.

6) 윤리적 법들이 보편적으로 적용될 수 있어야 한다는 전제조건에 대해서는 다음을 참조하라. R.M. Hare, *The Language of Morals* (Oxford: Clarendon Press, 1952), p.162; Marcus Singer, *Generalization in Ethics* (New York: Knopf, 1961), pp.13~33.

때문이다. 따라서 이것은 일종의 '자연권'으로 성립될 수 없다. 다른 한편, 자유를 위한 윤리의 보편적 지위, 그리고 그런 자유의 윤리 아래에서 획득되는 인신과 재산에 대한 자연권을 생각해보라. 어떤 시간 혹은 공간에 있는 모든 사람에게는 다음의 기본 규칙들이 적용될 수 있을 것이다. 자기 자신에 대한 소유권, 그가 점유하고 변형시킨 이전에는 사용되지 않은 자원의 소유권, 그리고 이 기본적 소유권으로부터 도출되는—자발적 교환 혹은 자발적 선물에 의한—모든 타이틀들의 소유. (우리가 '자연적 소유권의 규칙들'이라고 부를 만한) 이 규칙들은 분명하게 적용될 수 있고, 그와 같은 소유권은 시간과 장소에 상관없이, 그리고 그 사회의 경제적 성취들과 상관없이 방어될 수 있다. 그 어떤 다른 사회 체제가 보편적 자연법으로서 자격을 갖추는 것은 불가능하다. 만약 한 사람이나 한 집단이 다른 사람이나 다른 집단에 대한 우위를 두는 어떤 강제적 규칙이 존재한다면 (그래서 모든 규칙이 그런 헤게모니의 성격을 띤다면) 동일한 규칙을 모두에게 적용하는 것이 불가능하기 때문이다. 오직 지배자가 없는 순수한 리버테리언 세계만이 자연권과 자연법에 대한 자격을 충족시킬 수 있다. 혹은 더 중요하게 그런 세계만이 모든 인류의 보편적 윤리의 조건들을 충족시킬 수 있다.

제 8 장 개인 간의 관계: 소유권과 침해

우리는 지금까지 자유사회, 즉, 평화로운 협동과 자발적인 인간관계의 사회를 논의했다. 그러나 이와 다른 그리고 대조적인 유형의 개인 간의 관계가 존재한다. 즉, 한 사람이 다른 사람에게 공격적 폭력을 행사하는 유형 말이다. 그와 같은 공격적 폭력이 의미하는 바는 어떤 한 사람이 그 희생자의 동의 없이 다른 이의 재산을 침해하는 것이다. 그런 침해는 (신체적 폭행의 경우처럼) 그의 인격에 대한 재산권에 반(反)하며 (강도나 무단침입처럼) 유형의 재화에 대한 재산권에 반하는 것이다. 두 경우 모두, 침해자는 다른 사람의 자연적 재산에 대해 그의 의지를 강요한다. 즉, 그는 다른 사람에게서 행동의 자유와 자연적 자기소유권의 완전한 행사를 박탈한다.

기본적으로는 마찬가지이지만 더 복잡한 경우인 유형재산의 경우를 잠시 접어두고 그의 신체에 대한 소유권의 문제에 집중하자. 여기에 두 가지 대안이 존재한다. 우리는 각자의 자신의 신체에 대한 완전한 소유권을 허용하는 (즉, 권리를 가지는) 규칙을 가질 수도 있고, 아니면 우리는 그와 같은 완전한 소유권을 허용하지 않는 규칙을 가질 수도 있다. 만약 그가 완전한 소유를 한다면, 우리는 위에서 다루었던 자유사회를 위한 리버테리언 자연법을 가지고 있다. 그러나 혹시 그가 완전한 소유를 하지 못한다면, 혹시 각자가 완전한 100퍼센트 자기소유를 할 권리를 가지지 못한다면, 이것이 의미하는 바는 무엇인가? 이는 다음 두 조건 가운데 하나를 의미한다. (1) 보편적이고 동등한 타자소유권(Equal Other-ownership)이라는 '공산주의' 조건 혹은 (2) 각 집단의 다른 집단에 대한 부분적 소유, 즉 한 계급이 다른 계급에 대해 지배하는 시스템. 이 두 가지가 모든 이의 100퍼센트 자기소유권에 대한 유일한 논리적 대안들이다.[1)]

대안 (2)를 검토해보자. 여기에서 한 사람이나 집단 G가 그들 자신뿐만 아

1) 미시간대학교 철학과의 조지 마프로데스(George Mavrodes)는 "아무도 그 누구를 소유하지 않는, 즉 그 자신이나 그 어떤 타인도 소유하지 않는 또 다른 논리적 대안이 존재한다"고 주장한다. 그러나 소유는 통제의 범위를 의미하기 때문에 이는 아무도 어떤 것도 할 수 없다는 것을 의미하며, 인류는 빠르게 멸망할 것이다.

니라 사회의 나머지 사람들, R을 소유할 권리를 가지고 있다. 그러나 이런 종류의 시스템에 내재한 많은 여타 문제들과 별개로 이 시스템에서 우리는 모든 인류를 위한 보편적 윤리 혹은 자연법 윤리를 가질 수 없다. 우리는 호헨졸렌가 사람은 그 본성상 비(非)호헨졸렌가 사람들을 지배할 권리를 타고났다는 식의 단지 부분적이고 자의적인 윤리를 가질 수 있을 뿐이다. 정말 계급 G가 계급 R을 다스리게끔 타고났다고 말하는 윤리는, 후자 R이 G가 향유하는 자기소유권에 완전한 인간으로서 참여할 권리를 가지지 못하는 인간 이하의 종족임을 시사한다. 물론 이것은 우리가 인간 자체로서의 존재에 대한 윤리를 확립하고자 하는 초기의 가정을 위반한다.

그렇다면 대안 (1)은 어떤가? 이것은 개인 A, B, C … 를 고려하면서 아무도 그 자신에 대해 100% 소유권을 가지고 있지 않다는 견해이다. 그 대신 A의 신체에 대한 소유권의 동등한 부분이 B, C … 에게 있다는 것이고, 똑 같은 사실이 모든 다른 사람 각자에 대해 성립할 것이다. 이 견해는 최소한 그 사회의 모든 사람에게 적용된다는 보편적 규칙이라는 장점을 가지지만 헤아릴 수 없는 여타 애로점들로 문제를 일으킨다.

먼저 실제에 있어, 만약 그 사회가 극소수의 사람보다 더 많은 숫자의 사람들로 이루어져 있다면, 이 대안은 무너지고, 일부에 의한 다른 사람들에 대한 부분적 지배(partial rule by some over others)라는 대안 (2)로 환원된다. 그 까닭은 모든 사람 각자가 다른 이에 대해 계속 알아보고, 그 결과 다른 모든 이에 대한 자신의 동등한 소유권을 행사하는 것 자체가 물리적으로 불가능하기 때문이다. 실제로는 '보편적인 동등한 타인소유권'이라는 개념은 유토피아적이며 불가능하다. 그래서 다른 이들에 대한 감독과 소유권은 지배 계급의 특화된 활동으로 변질된다. 따라서 모든 이가 완전한 자기소유권을 가지지 못한 사회는 그 어느 것도 보편적 윤리를 향유할 수 없다. 이런 이유 하나만으로도 모든 이의 100% 자기소유권은 인류를 위한 유일한 지속가능한 정치적 윤리이다.

그러나 순전히 논의를 위해 이 유토피아가 지속될 수 있다고 가정해보자. 그래서 어떻게 되는 걸까? 첫째, 아무도 자기를 소유할 자격이 없다고 하면서 여전히 바로 이 사람들 각자가 모든 다른 사람의 일부를 소유할 자격이 있다고 한다는 것은 확실히 터무니없다! 그러나 거기에 더해, 우리의 유토피아가 소망스런 것일까? 우리는 **아무도** 사회의 **모든 다른 이**의 사전적 승인이 없이는 **아무런** 행동도 취할 수 없는 세계를 그릴 수 있을까? 그런 세계에서는 명백히 아무도 그 어떤 것도 할 수 없을 것이고 인류는 빠르게 멸망하고 말 것이다. 그러나 만약 제로(zero) 혹은 제로에 가까운 자기소유권이 인류에게 죽음의 저주를 내린다면, 그 방향으로 가는 그 어떤 발걸음도 지구에서의 인간과 그의 삶에 최선인 (자연)법에 또한 저촉되는 것이다. 그리고 우리가 살펴보았듯이, 하나의 집단에게 다른 집단에 대한 완전한 소유권이 주어지는 그 어떤 윤리도 모든 윤리에 있어야 할 가장 기초적인 규칙, 즉 모든 이에게 적용되어야 한다는 규칙을 침해한다. 어떤 부분적 윤리, 즉 완전한 자기소유권을 인정하지 않는 그 어떤 윤리도 '모든 권력을 호헨촐렌가에' 주는 이론에 비해 표면적으로는 그럴듯해 보이지만 더 나을 게 없다.

이와 대조적으로 모든 이가 절대적 자기소유권을 가지는 사회는 모든 이에 의한 자연적 자기소유권이라는 태고로부터의 사실에 근거하고 있다. 그리고 그 사회는 각자가 오로지 그의 선택의 자연적 자유를 행사해서, 가치들을 채택하고, 오로지 그것들을 어떻게 달성할지 배움으로써 살 수 있고 번영한다는 사실에 근거한다. 인간이라는 사실 덕분에, 그는 그의 마음을 목적들과 수단들을 채택하는 데 사용해야 한다. 만약 어떤 이가 그가 자유롭게 선택한 코스를 변경하도록 그를 침해한다면, 이것은 그의 본성을 거스르는 것이다. 이것은 그가 반드시 기능해야 할 방식을 침해하는 것이다. 한마디로, 침략자는 한 인간의 자유롭게 채택한 아이디어와 가치들의 자연적 과정을 막기 위해, 그리고 그와 같은 가치들에 근거한 그의 행동들을 막기 위해, 폭력을 동원하고 있다.

우리는 우리의 논의를 유형재산으로 확장하지 않고서는 재산의 자연법과 폭력의 자연법을 충분하게 설명할 수 없다. 사람은 떠다니는 유령이 아니기 때문이다. 사람은 물질적 대상들을 붙잡고 이를 변형시켜야 오직 생존할 수 있는 존재이다. 크루소와 프라이데이가 사는 섬의 상황으로 돌아가 보자. 처음에는 격리되었던 크루소는 그의 욕구들과 가치들을 배우고, 자연이 준 자원들을 그의 노동과 '혼합'함으로써 그 욕구들과 가치들을 충족시킬 방법을 배우기 위해 그의 자유의지와 자기소유권을 사용했다. 그는 그렇게 해서 재산을 생산하고 창출했다. 이제 프라이데이가 그 섬의 다른 편에 상륙했다고 가정해보자. 그는 행동의 두 가지 가능한 진로에 직면한다. 그는 크루소와 마찬가지로 생산자가 되어, 미사용 토지를 그의 노동으로 변형시키고 그의 생산물을 다른 사람의 생산물과 교환할 가능성이 높다. 한마디로, 그는 생산과 교환, 그리고 또한 재산을 창출하는 데 참여할 것이다. 혹은, 그는 다른 행동 과정을 택하기로 결정할지도 모른다. 즉, 그는 생산과 교환의 노력을 줄이고, 섬 반대편으로 넘어가 크루소 노동의 과실을 폭력으로 강탈하려고 할지도 모른다. 그는 생산자를 공격할지도 모른다.

만약 프라이데이가 노동과 생산의 길을 택한다면, 그는 자연스런 사실에서 크루소의 경우와 마찬가지로 그가 개척하고 사용한 토지의 구역과 그 생산물이란 과실을 소유할 것이다. 그러나 우리가 위에서 살펴본 것처럼, 크루소가 그의 자연적 정도의 소유보다 더 많은 것을 자기 것이라고 주장하기로 결정하고, 단지 가장 먼저 상륙했다는 것을 내세워, 비록 그가 그것을 종전에 전혀 사용하지 않았다고 하더라도, 그가 섬 전체를 '진짜로' 소유하고 있다고 주장한다고 해보자. 만약 그가 그렇게 한다면, 우리의 견해에서 보면, 그는 부당하게 그의 재산권 주장을 그의 홈스테딩-자연법 경계를 넘어 과도하게 주장하는 것이다. 그리고 만약 그가 그 주장을 프라이데이를 힘으로 밀어내는 데 사용한다면, 그는 두 번째 홈스테더(homesteader)의 인격과 재산을 부당하게 침해하는 것이다.

일부 이론가들은 우리가 '콜럼버스 콤플렉스'(Columbus complex)라고 부를 만한 입장을 견지했다. 즉, 새로운, 미사용의 섬 혹은 육지의 최초 발견자가 단순히 그의 권리를 단언함으로써 정당하게 전 영역을 소유할 수 있다는 것이다. (그 경우, 콜럼버스는, 만약 사실상 그가 미국 대륙에 실제로 상륙했다면 — 그리고 만약 거기에 인디언들이 전혀 살고 있지 않았다면 — 전체 대륙에 대한 그의 사적 '소유권'을 정당하게 단언할 수 있었을 것이다.) 그러나 자연스런 사실이지만, 콜럼버스는 오직 실질적으로 그 대륙의 조그만 일부만을 사용하고 '그의 노동을 혼합할' 수 있기 때문에 대륙의 나머지는 다음 홈스테더들이 도착해서 그 대륙의 일부에 그들의 정당한 재산임을 새겨 넣을 때까지 소유되지 않은 채 적절

히 유지될 것이다.[2)]

크루소와 프라이데이의 사례에서 벗어나 진흙과 여타 물질들에 변형을 가함으로써 방금 조각 작품을 만들어낸 조각가의 문제를 고려해 보자. (그리고 진흙과 조각도구들에 대한 재산권 문제는 잠시 유보해두자.) 이제 질문은 이렇게 된다. 조각가의 손놀림에서 출발해 출현하는 이 예술품을 누가 소유하는 게 적절한가? 다시 한 번, 사람들의 신체에 대한 소유권의 경우와 마찬가지로, 오로지 다음 세 가지 논리적 입장이 존재할 수 있다. (1) 그 조각가, 즉 예술품의 '창조자'가 그의 창조에 대한 재산권을 가지는 것, (2) 또 다른 사람이나 그룹이 그 창조물에 대한 권리를 가지는 것, 즉 그 조각가의 동의 없이 폭력으로 그것을 약탈하는 것, 혹은 (3) '공산주의' 해결법 — 즉, 이 세상 모든 개인이 그 조각품에 대한 소유권을 공유하여 이에 대한 동등한, 하나의 쿼터적 권리를 가지는 것.

이런 식으로 극명하게 놓고 보면, 집단 혹은 세계 공동체가 그 조각품에 대한 소유권을 차지하는 데 내재하는 괴물 같은 부정의(injustice)를 부인할 사람은 거의 없을 것이다. 그 조각가가 이 예술품을 사실상 '창조'했기 때문이다 — 물론 그가 물질을 창출했다는 의미에서가 아니라, 그가 자신의 아이디어와 그 자신의 노동과 에너지로 자연이 준 물질(진흙)을 그의 아이디어와 그 자신의 노동과 에너지로 변형시킴으로써 그 조각품을 생산했다는 의미에서 그는 그 조각품을 '창조'했다. 확실히, 만약 모든 인간이 그 자신의 신체를 소유할 권리를 가진다면, 그리고 만약 그가 생존하기 위해 물질적인 자연적 대상물을 사용하고 변형해야 한다면, 그는 자신이 그의 에너지와 노력으로, 그 자신의 인격의 진정한 확장이 되게 만든 생산물을 소유할 권리를 가진다. 그와 같은 것이, 그의 원료에다가 자신의 인격의 표지(標識)를 남긴, 즉 진흙에다 '노동을 혼합한' 조각가의 경우이다. 그러나 만약 그 조각가가 그렇게 했다면, 자연의 대상물을 '홈스테딩'하거나 그의 노동을 혼합하는 모든 생산자가 그렇

2) 이 '콜럼버스 콤플렉스'의 수정된 변형은 이렇다. 새로운 섬이나 대륙의 첫 번째 발견자가 스스로 그 섬을 걸어 돌아다님으로써(혹은 다른 사람들을 고용해 그렇게 하도록 함으로써) 그 지역의 경계를 지으면서 섬 전체에 대한 권리를 정당하게 주장할 수 있다. 그러나 우리의 견해로는 그들의 권리 주장은 여전히 경계 그 자체에 대한 것에 불과하며, 아직 그 경계 안에 있는 토지에 대한 것은 아니다. 왜냐하면 오직 그 경계만이 인간에 의해 변형되었기 때문이다.

게 한 것이다.

그 조각가의 작품을 약탈했던 그 어떤 집단도 명백히 침략적이고 기생적으로(parasitical) 이득을 취하는 것이다. 즉, 약탈당한 자를 희생시켜서 이득을 취하는 것이다. 대부분의 사람들이 동의하듯이, 그들은 명백히 조각가 자신의 생산물, 즉 자신의 인격의 확장물에 대한 권리를 침해하고 있다. 그리고 이것은 그 집단 혹은 '세계 코뮨'(world commune)이 약탈했는지 여부와 상관없이 진실일 것이다 — 인신에 대한 공동체 소유의 경우에서는 예외이지만 말이다. (실제로, 이 약탈은 '세계 공동체'의 이름으로 한 집단의 사람들에 의해 행해지지 않을 수 없을 것이다.) 그러나 우리가 보여주었듯이, 만약 그 조각가가 그 자신의 생산물에 대한 권리를 가지고 있다면, 즉, 그가 자연의 물질을 변형시켰다면, 다른 생산자들도 마찬가지일 것이다. 땅에서 진흙을 캐내어 그것을 조각가에게 판매한 사람도 그런 권리를 가질 것이고, 그 조각가가 진흙에 작업할 때 쓴 도구를 생산한 사람도 마찬가지일 것이다. 이 사람들도 역시 생산자들이었기 때문이다. 그들도 또한 그들의 아이디어와 기술적 노하우를 자연이 준 토양에 혼합해서 가치있는 생산물을 생산했다. 그들도 역시 그 토양에 자신의 노동과 에너지를 혼합시켰다. 그래서 그들도 역시 자신이 생산했던 재화들에 대한 소유권을 주장할 자격을 지닌다.[3)]

만약 모든 사람이 그의 인신을 소유할 권리를 가지고, 따라서 자신의 노동을 소유할 권리를 가진다면, 그리고 만약 그 소유권의 확장에 의해 그가 예전에 미사용, 미소유 상태의 자연으로부터 그가 '창조한' 혹은 수집한 그 어떤 재산도 소유한다면, 지구 자체를 소유하거나 통제할 권리는 누가 가지고 있는가? 한마디로, 만약 채집자가 그가 줍거나 따는 도토리나 딸기를 소유할 권리를 가진다면, 혹은 농부가 그의 작물인 밀을 소유할 권리를 가진다면, 누가 이런 활동들이 일어난 그 토지를 소유할 권리를 가지는가? 다시 한 번, 대지(ground land)의 소유권에 대한 정당화는 여타 재산권의 정당화와 똑같다. 아무도 실제로 물질을 결코 '창조'한 적이 없기 때문이다. 그가 한 것은 자연이 준 물질을 취하고 그의 아이디어와 노동 에너지를 수단으로 써서 그것을 변형시키는 것이다. 그러나 이것은 정확하게 그 선구자-홈스테더가 미사용 처녀지

3) Cf. John Locke, *Two Treatises on Government*, pp.307~8.

에 길을 내고 사용하여 토지를 자신의 사적 소유권으로 전환할 때 한 일이다. 조각가나 광물을 캐는 사람과 마찬가지로 그 홈스테더도 자연이 준 토지를 그의 노동과 인격에 의해 변형시켰다. 그 홈스테더는 여타 사람들과 마찬가지로 '생산자'이며 따라서 그의 재산에 대한 정당한 소유자이다. 조각가의 경우와 마찬가지로, 여타 다른 집단의 사람들이 그 홈스테더의 생산물과 노동을 약탈할 때 그 약탈의 도덕성을 찾기는 어렵다. (그리고 다른 경우와 마찬가지로, '세계공산주의' 해법은 실제로는 지배집단으로 귀결된다.)

게다가, 세계인구 전체가 그 토지를 공동으로 소유한다고 주장하는 토지공동체주의자(land communalists)는 홈스테더 이전에는 아무도 그 토지를 진정으로 사용했고 통제하지 않았으며 따라서 그 토지를 소유하지 않았다는 자연적 사실에 맞닥뜨리게 된다. 선구자 혹은 홈스테더는 가치 없는 미사용 자연물을 처음으로 생산과 사용에 밀어 넣은 사람이다.

그래서 인간이 재산과 부를 획득하는 데는 오로지 생산 혹은 강제적 약탈, 이 두 가지 길이 존재할 뿐이다. 혹은 위대한 독일 사회학자, 프란츠 오펜하이머(Franz Oppenheimer)가 직관력 있게 표현했듯이, 부를 획득하는 데는 오로지 두 가지 수단만이 존재한다. 하나는 생산하는 방법인데, 보통은 그런 생산물들의 자발적 교환이 뒤따른다. 이것은 오펜하이머가 **경제적 수단**(the economic means)이라고 불렀던 것이다. 다른 방법은 다른 이가 생산한 생산물의 일방적 약탈이다. 즉, 폭력으로 다른 이의 재산을 약탈하는 것이다. 부를 얻는 이런 약탈적 방법을 오펜하이머는 적절하게도 **정치적 수단**(the political means)이라고 이름 붙였다.[4)]

이제 다른 이의 재산을 강탈한 사람은 인간으로서의 그의 본성과 기본적 모순 속에 살고 있다. 왜냐하면 인간은 그 자신의 생산과 생산물의 교환에 의

---

4) 프란츠 오펜하이머(Franz Oppenheimer)는 그의 책, *The State* (New York: Free Life Editions, 1975) 12페이지에서 이렇게 말했다.

생존이 필요한 인간이 생존을 얻는 두 가지 근본적으로 상반되는 방법이 존재한다. 그 방법을 사용해 인간은 그의 욕구들을 충족시킬 수단들을 획득하도록 추동될 수밖에 없다. 이 두 가지란 일과 강도, 즉 자기 자신의 노동과 다른 이의 노동을 강제로 약탈하는 것이다. … 나는 자신의 노동과 자신의 노동과 상응하는 교환을 할 수 있는 다른 사람의 노동을 필요의 충족을 위한 '경제적 수단'이라고 부르고, 이에 반해 다른 사람의 노동을 무상으로 약탈하는 것을 '정치적 수단'이라고 … 부르길 제안한다.

해서만 **오로지** 살 수 있고 번영할 수 있다는 것을 알았기 때문이다. 다른 한편 침략자는 전혀 생산자가 아니고 약탈자이다. 그는 다른 사람들의 노동과 생산물을 뜯어 먹으며 **기생한다**. 따라서 침략자는 인간의 본성에 따라 사는 게 아니라 다른 이의 노동과 에너지를 일방적으로 착취하는 기생충이다. 여기에 어떤 종류의 보편적 윤리를 완전히 위반하는 것이 분명히 있다. 왜냐하면 **인간은** 명백히 기생충으로 살아갈 수 없기 때문이다. 기생충은 빨아먹을 비(非)기생충들인 생산자들을 가지고 있어야 한다. 기생충은 재화와 서비스의 사회적 총량을 추가하는 데 실패할 뿐만 아니라, 그는 숙주의 생산에 완전히 의존한다. 그럼에도 불구하고 강제적 기생주의(parasitism)의 증가는 바로 그 사실에 의하여 생산자들의 수와 생산물을 감소시키며 마침내는 생산자들이 사멸하면, 기생충도 재빨리 그 뒤를 따를 것이다.

그래서 기생주의는 보편적 윤리가 될 수 없고, 사실상 기생주의의 성장은 숙주와 기생충의 생존에 필요한 생산을 공격하고 감축시킨다. 강제 약탈 혹은 기생주의는 사회의 모든 이를 위한 생산과정을 손상시킨다. 어떤 식으로 고려되든, 기생적 약탈과 강탈은 자신과 생산물이 약탈당한 희생자의 본성을 위배할 **뿐만 아니라**, 다른 이의 노동과 생산물의 기생적 약탈 방식을 채택하기 위해 자연스런 생산 방식 — 그의 마음을 자연을 변형시키는 데 써서 다른 생산자들과 교환하는 방식 — 을 포기한 침략자 자신의 본성도 위배한다. 더 깊은 의미에서, 침략자는 그의 불행한 희생양뿐만 아니라 그 자신에게도 손상을 입힌다. 이것은 섬에 사는 크루소와 프라이데이에게 있어 진실이듯이, 복잡한 현대 사회에서도 그 진실성은 조금도 변하지 않는다.

제 9 장 재산과 범죄성

우리는 다른 이의 인격과 생산된 재산을 침해하는 사람을 **범죄자**라고 정의할 수 있다. 범죄자는 다른 사람과 그의 재산에 폭력을 시작하는(initiate) 자이다. 재화와 서비스의 획득을 위해 강제적인 '정치적 수단'을 사용하는 사람은 누구나 범죄자이다.[1)]

그러나 이제 결정적인 문제들이 발생한다. 우리는 이제 정말 사회에서 자유, 재산, 폭력이라는 전체 문제의 바로 핵심에 있다. 중대한 질문 — 그리고 불행하게도 리버테리언 이론가들에 의해 거의 완전히 무시된 질문 — 은 다음 예시로 설명될 수 있을 것이다.

우리가 도시의 거리를 걸어 내려가다가 A가 B의 손목을 잡아채서 그의 손목시계를 탈취하는 장면을 목격했다고 해보자. 여기에서 A가 B의 인신과 재산 모두를 침해하고 있음에는 의문의 여지가 없다. 우리가 이 장면으로부터 A가 범죄적 가해자이고 B는 결백한 희생자라고 단순히 추론할 수 있을까?

명백히 아니다. 우리는 단순히 이 장면의 관찰로부터 A가 정말 도둑인지, 아니면 A가 단지 B가 자신으로부터 훔친 시계를 회수하는 것인지 **알 수 없기** 때문이다. 한마디로, A가 공격한 순간까지 그 시계가 의심의 여지없이 B의 재산이었으나, 우리는 A가 그 시점 이전에 정당한 소유자였으며 B에 의해 탈취당했는지 여부를 알 수 없다. 따라서 우리는 두 사람 중 누가 **합법적**(legitimate) 혹은 **정당한**(just) 재산 소유자인지 아직 알 수 없다. 우리는 오로지 특정 사안에 대해 구체적 자료를 조사함으로써, 즉 '역사적' 탐구를 통해서만 그 답을 찾

---

1) 우리는 여기에서 '범죄'와 '범죄자'를 기술적, 법적 의미에서라기보다는 통상적 언어로서 사용하고 있다. 법적 용어 사용법에서는 개인들에 대한 위반(offense)이나 침해(aggressions)는 범죄가 아니고 **불법행위**로 불리며, 불법행위를 범한 사람은 **불법행위자**(tortfeasors)로 불린다. 범죄의 법적 개념은 국가나 공동체(Community)에 대한 위반으로 국한된다. 아래에서 우리는 후자의 개념을 완전히 부정할 것이다. 모든 법적으로 처벌 가능한 위반은 다른 개인의 인격과 재산에 대한 침해로 국한된다. 한 마디로 리버테리언 개념에서는, 고대 불법행위법의 경우에서처럼 배상(redress)이나 처벌이 화폐적 지불로 한정되어야 할 특별한 이유는 없다고 하더라도, '범죄'(crime)는 법적으로 지정된 '불법행위'에 상응한다. 이에 관해서는 다음을 보라. Sir Henry Maine, *Ancient Law* (New York: E.P. Dutton, 1917), pp.217ff.

을 수 있다.

그래서 우리는 리버테리언 사회의 위대한 자명한 법칙은 재산권의 보호이고 이게 **끝**이라고 그저 말**할 수는 없다**. 범죄자는 그가 훔친 재산의 보유에 관한 한, 그 어떤 자연적 권리도 가지고 있지 않기 때문이다. 침해자는 침해를 통해 획득한 재산에 대해 아무런 권리도 가지지 않는다. 따라서 우리는 리버테리언 사회의 기본 규칙을 반드시 다음과 같이 수정하거나 명료하게 말해야 한다. "아무도 다른 사람의 **합법적** 혹은 **정당한** 재산을 침해할 권리는 없다."

한마디로 우리는 그저 '재산권' 혹은 '사유재산' 자체의 옹호를 말할 수는 없다. 만약 그렇게 하면, 우리는 범죄적 침략자의 '재산권'을 옹호하는 중대한 위험에 처하게 되기 때문이다. 사실 우리는 논리적으로 그렇게 해야 한다. 따라서 우리는 오로지 정당한 재산 혹은 합법적 개산 혹은 어쩌면 '자연적 재산'(natural property)을 말할 수 있다. 그리고 이것은 구체적 경우마다 하나의 특정한 폭력 행위가 침략적인지 방어적인지, 즉 그것이 범죄자가 희생양을 강탈하는 경우인지 아니면 희생자가 그의 재산을 되찾는 경우인지 결정해야 한다는 것을 의미한다.

이런 식으로 세상을 바라보는 방법의 다른 결정적 시사점은 이 방법이 재산권과 그 결과 자유시장을 바라보는 공리주의적 방법을 완전히 무효화한다는 것이다. 정의의 이론은커녕 정의의 **개념 자체가 전혀 없는** 공리주의자는, 어떤 시공에서 현존하는 사유재산에 대한 모든 권리증서는 유효하며 또 침해에 대해 방어할 가치가 있다고 간주되어야 한다는 실용주의적, 임기응변식 관점에 의지할 수밖에 없기 때문이다.[2)] 이는 사실상 공리주의 자유시장 경제학자들이 변함없이 재산권 문제를 다루는 방식이다. 그러나 공리주의자가 그의 논의 속에 아직 제대로 검토되지 않은 윤리를 슬쩍 들여오고 있음을 주목하라. 즉 (논의가 진행되는 시간과 공간에서의) 사유재산으로 간주되는 '지금의' 모

2) 공리주의에 대한 이런 점에서의 비판은 다음을 참고. John Rawls, *A Theory of Justice* (Cambridge, Mass.: Harvard University Press, 1971), pp.26~27, 83~84. 공리주의는 다음 저서에서 더 일반적 관점에서 공격당하고 있다. Peter Geach, *The Virtues* (Cambridge: Cambridge University Press, 1977), pp.91ff., 103ff. 기치(Geach)는 '최대 다수의 최대 행복'이라는 공식의 반(反)직관적 성격에 대해 지적하고 있다. 기존 재산권리증서에 대한 공리주의 입장의 옹호로는 다음을 참고. Ludwig von Mises, *Socialism* (New Haven, Conn.: Yale University Press, 1951), pp.45~47.

든 재화들은 사유재산으로 수용되고 옹호되어야 한다는 윤리를 슬쩍 들여오고 있다. 실제로 이것은 그 어떤 현존 **정부**에 의해 (현재 모든 곳에서 정부가 재산권 권리증서를 정의하는 일의 독점권을 쥐고 있다.) 지정된 모든 사유재산권리증서가 그렇게 인정되어야 한다는 것을 의미한다. 이것은 정의에 대한 모든 관심사를 깨닫지 못하는 윤리이다. 논리적 결론까지 밀고 나가면, 이것은 용케 재산을 약탈한 모든 범죄자까지도 또한 옹호하지 않을 수 없게 된다. 공리주의자가 **모든 현존** 재산권리증서에 기초해서 자유시장을 단순히 찬양하는 것은 유효하지 않으며 윤리적으로 허무주의적이라고 우리는 결론짓는다.[3)]

그러나 나는 우리 시대의 사회적, 정치적 변혁의 진정한 추진력은 잉여가치라는 잘못된 이론에서 발생하는 도덕적 분노라고 확신하고 있다. 즉 이 잉여가치 이론이란 자본가들이 노동자들의 정당한 재산을 훔쳤고 따라서 축적된 자본에 대한 기존 권리증서들은 정의롭지 못하다는 것이다. 이 가설을 받아들이면, 마르크스주의(Marxism)나 아나코조합주의(anarcho-syndicalism)를 향한 추동력의 나머지는 지극히 논리적으로 뒤따르게 된다. 괴물스러운 부정의(injustice)로 보이는 것을 이해하는 일로부터 '착취자들을 착취하자'는 요구가 흘러나온다. 그리고 마르크스주의와 아나코조합주의 양자의 경우 모두, 어떤 형태로든 재산의 소유권과 통제를 근로자들에게로 '원상복구'하자는 요구가 나온다.[4)] 그 주장들은 공리주의 경제학 혹은 철학의 주관적 실천원칙들로(maxims)는 성공적으로 반격될 수 없다. 그런 반격은 오로지 단도직입적으로 도덕적 문제, 즉 재산에 대한 다양한 청구권들이 정의로운지 아니면 정의롭지 못한지에 대한 문제를 다룰 때 비로소 가능해진다.

마르크스주의 관점들이 '사회적 평화'라는 미덕에 대한 공리주의자들의 찬가에 의해 논파되는 것도 아니다. 사회적 평화는 모두 좋다고는 하지만 진정한 평화는 본질적으로 자신의 합법적 재산의 조용하고도 방해받지 않는 향유이다. 그리고 만약 사회체제가 괴물과도 같은, 부당한 재산권리증서들 위에

3) 정부의 역할과 현존하는 재산권리증서에 대해 더 자세한 것은 아래를 보라. 더 자세한 공리주의 경제학에 대한 비판은 이 책 pp.243~60를 보라.

4) 이런 의미에서 마르크스주의 이상(理想)의 유일하게 적합한 실천이 유고슬로비아에서 부분적으로 발생했다. 유고슬라비아에서는 공산당 정권이 사회화된 생산 영역을, 각각의 특정 공장의 근로자들에게 통제권을 넘겼다. 즉, 노동자들에게 사실상의 소유권을 넘겼다.

기초해 있다면, 그 권리증서들을 방해받지 않게 두는 것은 평화가 아니라 영구적 침해를 소중히 다루고 정착시키는 것이다. 마르크스주의자에게 그들이 전복을 위해 폭력적 방법을 사용한다고 지적해보았자 논박되지 않는다. 어떤 한 사람에 의해 다른 사람에 대해, 심지어 희생자에 의해 범죄자에 대해서조차 폭력이 결코 사용되지 말아야 한다는 것 — 비록 내가 공유하지는 않지만 — 은 확실히 일관된 신조이다. 그러나 이 톨스토이·간디 유형의 도덕적 입장은 정말 여기에서는 관련이 없다. 문제가 되는 점은 희생자가 자신의 신체와 재산을 범죄적 공격으로부터 방어하기 위해 혹은 그 범죄자로부터 재산을 회수하는 데 있어 폭력을 사용할 도덕적 권리를 가지는가 하는 것이기 때문이다. 톨스토이주의자는 그 희생자가 그런 권리를 가지고 있다고 인정할지도 모르지만 더 높은 도덕성의 이름으로 그 권리를 행사하지 않도록 그를 설득하고자 시도할지 모른다. 그러나 이것은 우리를 우리의 논의로부터 윤리철학이라는 더 넓은 분야로 길을 잃게 할 수 있다. 나는 오직 여기에서 폭력에 대한 그와 같은 완전한 반대자는 그래서 일관성을 틀림없이 유지하겠지만 그렇게 함으로써 그 어떤 범죄자도 폭력적 수단의 사용에 의해 처벌을 받지 말아야 한다고 주창하는 셈임을 첨언한다. 그리고 우리가 주목할 점은 이것이 사형(capital punishment, 死刑)을 하지 말아야 함은 물론 그 어떤 처벌도 하지 말 것을 시사한다는 사실이다. 이것은 정말 침해자를 다치게 할 가능성이 있는 모든 폭력적 방어의 방법들을 쓰지 말 것을 시사한다. 한마디로 가끔 반복해서 인용할 기회가 있을 가공스런 비유를 쓰자면, 톨스토이주의자는 자기 누이를 강간하려는 어떤 이를 막기 위해 물리력을 쓸 수 없다.

여기에서의 논점은 오로지 톨스토이주의자만이 단단히 자리 잡은 범죄집단의 폭력적 전복에 반대할 자격이 있을 뿐이라는 것이다. 톨스토이주의자가 아닌 모든 사람은 범죄적 침해에 대해 이를 방어하고 또 처벌하기 위해 물리력과 폭력의 사용을 선호하기 때문이다. 그래서 그는 단단히 자리 잡은 범죄행위를 전복시키기 위해 물리력을 사용하는 것의 현명함은 아니라 하더라도 도덕성을 선호해야 한다. 그렇다면, 우리는 정말 중요한 다음의 질문으로 즉각 되돌아간다. **누가** 범죄자이며, 그래서 **누가** 침해자인가? 혹은 다시 말해, **누구를** 대상으로 폭력을 사용하는 것이 합법적인가? 그리고 만약 우리가 자본가의 재산은 도덕적으로 합법적이지 못하다고 양보한다면, 그러면 우리는 노동자들이 그 재산을 차지하기 위해 필요할 그 어떤 폭력도 사용할 권리를 부정할 수 없다. 이는 마치 위의 사례에서 만약 B가 A의 시계를 훔쳤다면, A가 물리력을 사용해 그의 시계를 되찾는 게 그가 가진 권리 속에 들어 있는 것과 마찬가지다.

그래서 혁명을 찬성하는 마르크스주의자의 주장에 대한 유일한 진짜 논박은 자본가의 재산이 부정의한 것이 아니라 정당한 것이고 따라서 근로자들 혹은 여타 그 누구에 의한 자본가 재산의 몰수는 그 자체로 부당하고 범죄라는 점이다. 이것은 우리가 재산 권리의 정당성에 대한 질문으로 **들어가야 함을** 의미한다. 그리고 이것은 더욱이 우리가 어떤 그리고 모든 기존의 재산권리증서에 '정의'의 망토를 임의적으로 덮어줌으로써 혁명적 주장을 논박할 수 있는 값싼 사치를 누릴 수 있는 처지가 아님을 의미한다. 그와 같은 행동은 그들과 다른 이들이 심하게 억압받고 영구적으로 침해를 당하고 있다고 믿는 사람들을 확신시키기는 매우 어렵다. 그러나 이것은 **또한** 우리가 기존의 재산권리증서 자체가 부당하며 범죄적이기 때문에 이에 대한 폭력적 탈취가 도덕적으로 정당화될 경우를 발견하기 위하여 준비가 되어 있어야 한다는 것을 의미하기도 한다.

우리의 주제를 명확하게 할 예제를 다시 한 번 사용하자. 감정을 제거하기 위해 루트비히 폰 미제스가 훌륭하게 활용했듯이, 우리도 '루리타니아'라는 가상적 국가를 상상해보자. 루리타니아는 사람들의 권리와 개인들의 합법적 재산을 심각하게 침해하여 그들의 재산을 규제하고 마침내는 탈취한 왕에 의해 다스려지고 있다. 루리타니아에서 리버테리언 운동이 전개되었고, 그 운동 덕분에 인구의 대부분에게 현재의 범죄적 시스템이 각자의 인신과 그가 발견하고 창출한 재산에 대한 개인의 권리가 완전하게 존중되는 진정한 리버테리언 사회로 대체되어야 한다는 것을 마침내 설득하게 되었다고 해보자. 반란이 곧 성공하기 직전임을 알게 된 루리타니아 왕이 이제 교활한 책략을 쓴다. 그는 그의 정부가 해체되었음을 선포하지만, 그는 그렇게 하기 직전 제멋대로 그의 왕국의 전체 영토를 자신과 그의 친척들의 '소유권'으로 분배한다. 그런 다음 그는 리버테리언 반란자들(libertarian rebels)에게 이렇게 말한다. "좋다. 나는 당신들의 소망을 허락하겠다. 그리고 나의 통치를 끝내겠다. 이제 사적재산에 대한 더 이상의 폭력적 개입은 없다. 그러나 나와 나의 11명의 친척들이 이제 각자 루리타니아의 12분의 1을 **소유**한다. 만약 이 소유에 대해 어떤 식으로든 우리를 방해한다면, 너는 당신이 고백한 바로 그 핵심적인 원리, 즉 **사적** 재산의 신성불가침성을 스스로 침해하는 것이다. 따라서 우리가 더 이상 '조세'를 부과하지 않을 테지만 당신은 우리 각자에게 우리가 우리의 '임차자'들에게 '임대료'를 부과할 권리, 혹은 '우리의' 재산에 의존해 살게 될 사람들 모두의 삶을 우리가 적당하다고 생각하는 방식대로 규제할 권리를 허용해야 한다. 이런 식으로 조세는 '사적 임대료'(private rents)로 완전히 대체될 것이다!"

이제 이 당돌한 루리타니아 왕의 도전에 대한 리버테리언 반란자의 대답은 무엇이어야 하는가? 만약 일관된 공리주의자라면, 이 속임수에 승복하고, 그렇게 오래 투쟁해왔던 체제보다 덜 독재적이지 않은 새로운 체제에서 살기로 체념해야 한다. 아마도 이 새로운 체제는 정말 **더** 독재적이다. 이제는 왕과 그 친척들이 스스로 절대적 사적재산권이라는 리버테리언의 바로 그 원리를 주장할 수 있을 것이기 때문이다. 절대성이란 왕과 친척들이 과거에는 감히 주장하지 못했던 것이다.

리버테리언이 이런 책략을 반박하려면 그들이 **정당한** 재산 대 **부당한** 재산 이론 위에 자신의 입장을 세워야 한다. 리버테리언은 공리주의자로 머물 수 없다. 이제 리버테리언은 왕에게 이렇게 말할 것이다. "미안하지만, 우리는 **정당한** 사적재산 청구권만을 오직 존중합니다. 그 청구권은 자신과 그가 그의 에너지로 변형시킨 재산 또는 그런 변형자들에 의해 자발적으로 주거나 물려준 재산을 소유하는 개인의 근본적인 자연권으로부터 나온답니다. 한마디로 우리는 그의 혹은 여타 사람의 '이게 자신의 소유**이다**'는 순전히 자의적인 언급에 의거해서 특정 재산에 대한 어떤 이의 권리를 존중하지는 않습니다. 어떤 재산이 그의 것이라는 어떤 사람의 자의적 주장으로부터 아무런 자연적 도덕적 권리도 도출될 수 없습니다. 따라서 우리는 당신과 당신 친척의 '사적' 재산을 철폐할 권리를 청구하고 당신이 불법적 권리주장을 함으로써 당신이 침해한 개인 소유자들에게 그 재산을 돌려줄 권리를 주장합니다."

이 논의로부터 도출되는 하나의 필연적 귀결은 자유의 이론을 위하여 결정적 중요성을 지닌다. 이것은 가장 심오한 의미에서 **모든** 재산은 '사적'이라는 것이다.[5] 모든 재산은 몇 명의 개인들 혹은 개인들의 집단에 속하거나 이들에 의해 통제되기 때문이다. 만약 B가 A로부터 시계를 훔쳤다면, 그 시계는 B의 사적 '재산'이었다. 즉, 그 시계는 그가 그것을 소지하고 사용하도록 허용되었던 한에 있어서는, 그의 통제와 실질적인 그의 소유권 아래 있다. 따라서 그 시계가 A의 손에 혹은 B의 손에 있었건 상관없이, 그것은 **사적 개인의** 손(private hands) 안에 있었다. 어떤 경우엔 합법적인 개인의 사적 손 안에, 다른 경우에는 범죄자의 사적 손 안에 있겠지만 두 경우 모두 사적인 것은 여전히 마찬가지이다.

우리가 아래에서 더 살펴볼 것이지만, 어떤 종류의 집단을 이루는 개인들에 대해서도 마찬가지이다. 그래서 이들이 정부를 만들었을 때, 왕과 그의 친척들이 침해한 사람들의 재산을 통제했고, 따라서 적어도 부분적으로 그 재산을 '소유했다.' 그들이 그 영토를 각자의 '사적' 재산으로 토지를 배분했을 때, 비록 형식적으로는 다른 방식일지라도 그들은 다시 그 나라를 소유하는 데 동참했다. 두 경우에 사적 재산의 **형태**는 다르지만 그 본질은 다르지 않다. 그래서 사회에서의 중대한 질문은 많은 사람이 믿는 것처럼 재산이 사적 소유 혹은 정부 소유여야 하는지가 아니라, 필연적으로 '사적'일 수밖에 없는 소유자들이 합법적 소유자인지 아니면 범죄자인가 하는 것이다. 궁극적으로는 '정부'라고 불리는 실체가 존재하지 않기 때문이다. 단지 '정부'로 불리는 집단을 형성하고 '정부적' 태도로 행동하는 사람들이 존재할 뿐이다.[6] 모든 재산은 따라서 언제나 '사적'이다. 유일하고도 결정적인 질문은 그것이 범죄자의 손 안에 있는지 혹은 적절하고 합당한 소유자의 손 안에 있는지 하는 것이다. 리버테리언들이 정부 재산의 형성에 반대하고 이를 매각할 것을 참으로 요구하는 유일한 이유는 정부의 통치자들이 그런 재산의 정의롭지 못하고 범죄적 소유자라는 깨달음 때문이다.

한마디로 자유방임 공리주의자는 '정부' 소유권을 그저 반대하고 사적 소유를 옹호한다. 정부 재산과 관련된 두통거리는 그것이 **정부의** 소유라는 데

5) 나는 이 통찰력을 앨런 밀크먼(Alan Milchman)에게 빚지고 있다.
6) 정부의 역할에 대한 추가적 논의는 아래 pp.195~239를 보라.

있기보다는 (우리의 시계도둑처럼 '사적' 범죄자를 생각해보라.) 루리타니아 왕의 경우에서처럼, 그 재산이 합법적이지 않고, 부정의하며, 범죄적이라는 데 있다. 그리고 '사적' 범죄자들도 또한 도덕적으로 비난받을 만하기 때문에 재산과 관련한 사회적 문제는 궁극적으로 공리주의의 관점에서 사적 소유인지 혹은 정부의 소유인지 차원에서 다루어서는 안 된다는 것을 이해한다. 그 문제는 정의와 부정의의 관점에서 다루어져야 한다. 즉, 정당한 재산소유자 대(對) 그런 재산에 대한 부당한 범죄적 침략자라는 관점에서 다루어져야 한다. 그 침략자가 '사적' 혹은 '공공'이라 불리는지는 중요하지 않다. 리버테리언은 이제 더 근심에 싸인다. 그는 이렇게 말할지 모른다. "당신이 원칙에서 옳고, 재산권리증서들은 정의에 의해 승인받아야 하고, 범죄자가 그 훔친 시계를 소유하도록 허용되어서는 안 되며, 왕과 그의 친척들도 '그들의' 나라를 차지하도록 허용되어서도 안 된다고 하더라도, 당신의 원칙이 실제로 어떻게 적용되는가? 이것이 모든 이의 재산권리증서에 대한 무질서한 조사를 필요로 하지 않는가? 게다가 어떤 기준으로 이 권리증서에 대한 정의를 확립할 수 있는가?"

그 대답은 위에서 설명했듯이 그 기준이 타당성이 있다는 것이다. 그 기준이란 바로 모든 개인이 그의 신체를 소유할 권리와 자신이 발견하고 변형시킨 따라서 '창조한' 재산과 그가 선물로 획득하거나 자신과 마찬가지로 변형시킨 사람들 또는 생산자들의 자발적 교환으로 획득한 재산을 소유할 권리를 가진다는 것이다. 기존의 재산권리증서들이 면밀히 조사되어야 하는 것은 옳지만, 그 문제의 해결은 그 질문이 가정하는 것보다는 훨씬 단순하다. 누구의 소유도 아닌 모든 자원들, 모든 재화들은 정당하게 그것들을 발견하고 유용한 재화로 변형시킨 최초의 사람에게 속한다는 원칙('홈스테드' 원칙). 이 기본 원칙을 항상 기억하면 되기 때문이다. 우리는 위에서 이것을 미사용 토지와 미사용 자연자원들의 경우에 살펴보았다. 최초로 그것들을 발견하고 그것들에 자신의 노동을 혼합한 사람, 처음으로 그것들을 소유하고 사용한 사람, 그것들을 '생산하고' 그것들의 정당한 재산 소유자가 된 사람에게 속한다. 이제 존스 씨가 시계를 가지고 있다고 해보자. 만약 우리가 시계에 대한 재산권리증서를 가진 존스 씨 혹은 그의 조상이 범죄자였음을 명백하게 보여줄 수 없다면, 우리는 이렇게 말해야 한다. 존스 씨가 그것을 소유하고 사용해왔기 때문에 그가 진정으로 타당하고 정당한 재산소유자이다.

혹은 그 경우를 다른 식으로 표현하면, 만약 우리가 어떤 특정 재산에 대한 존스의 권리증서가 범죄에 의해 획득된 것인지 알 수 없다면, 우리는 이 재산이 적어도 일시적으로 소유권이 없는(no－ownership) 상태에 있었다고 가정할 수 있다(우리는 최초의 권리증서에 대해 확신하지 못하고 있기 때문에). 따라서 소유권 권리증서는 순간적으로 그것의 '최초' (즉, 현재) 소유자와 사용자에게 복귀되었다고 가정할 수 있다. 한마디로, 우리가 어떤 권리증서에 대해 확신하지 못하지만 범죄로부터 획득된 것임을 분명하게 확인할 수 없다면, 그 권리증서는 당연히 그리고 합법적으로 그것의 현재 소지자에게로 되돌아간다.

그러나 이제 재산에 대한 권리증서가 명확하게 범죄적이었음이 확인된다고 가정해보자. 이것은 필연적으로 현재의 소유자가 그것을 포기해야 함을 의미하는가? 아니, 반드시 그렇지는 않다. 그것은 다음 두 고려사항들에 달려 있기 때문이다. (a) 그 희생자(처음으로 침해를 당한 재산 소유자) 혹은 그의 상속자들이 명확하게 확인되고 발견될 수 있는지 혹은 (b) 현재의 소유자가 스스로 그 재산을 훔친 범인인지 여부. 예를 들어, 존스가 손목시계를 소유하고 있고 우리가 존스의 권리증서가 원래 범죄적이었음을 다음의 이유로 명백하게 보여줄 수 있다고 해보자. (1) 그의 조상이 그것을 훔쳤다는 이유로, 혹은 (2) 그 혹은 그 조상이 도둑으로부터 구입했다는 이유로. (여기에서 그 사실을 알면서 혹은 알지 못한 채는 중요하지 않다) 이제 만약 우리가 그 희생자나 그의 상속자를 확정하고 찾을 수 있다면, 존스의 손목시계에 대한 권리증서는 완전히 무효이고, 즉각 진정하게 합당한 소유자에게로 복귀되어야 한다. 그래서 만약 존스가 스미스로부터 그 권리증서를 훔친 사람으로부터 상속하거나 구입했다면, 그리고 만약 스미스나 스미스의 재산 상속자가 발견될 수 있다면, 시계에 대한 그 권리증서는 스미스나 그의 후손들에게 범죄로 획득된 '권리증서'의 현재 소유자에게 보상 없이 즉각 복귀된다.[7] 그래서 만약 재산에 대한 현재의 권리

---

7) 혹은 스미스의 재산 수탁자들 중 한 사람에게 복귀될 수도 있다. 그래서 스미스는 그의 시계에 대한 청구권 혹은 권리를 다른 사람에게 팔았을 수 있고 만약 이 구매자 혹은 그의 상속자가 발견될 수 있다면, 정당한 재산권리증서는 그에게로 돌아간다.

증서가 원래 범죄적이라면, 그리고 희생자나 그의 상속자가 발견될 수 있다면, 그러면 그 권리증서는 즉각 후자에게 복귀되어야 한다.

그러나 조건 (a)가 충족되지 않는다고 해보자. 한마디로 우리가 존스의 권리증서가 범죄적임을 알고 있지만 우리가 그 희생자나 그의 현재 상속자를 찾을 수 없다고 해보자. 이제 누가 타당하고 도덕적인 재산 소유자인가? 이 질문에 대한 대답은 이제 존스 자신이 범죄자인가, 존스가 그 시계를 훔쳤던 사람인가에 달려 있다. 만약 존스가 그 도둑이었다면, 그가 그것을 보유하는 게 허용될 수 없다. 범죄자가 범죄의 보수를 보유하도록 허용될 수는 없기 때문이다. 그가 그 시계를 잃고, 아마도 이에 더해 다른 처벌도 받을 것이다.[8] 그 경우 누가 시계를 가지는가? 우리의 재산에 관한 리버테리언 이론을 적용하면, 그 시계는 이제 — 존스가 체포된 후 — 소유권이 없는 상태에 있고, 따라서 그 시계는 시계를 '홈스테드'한 첫 번째 사람의 합법적 재산이 되어야 한다. 홈스테드란 시계를 취하고 사용하고 그 결과 그 시계를 사용하지 않으면서 소유권이 없는 상태에서, 사용하고 소유된 상태로 환원되는 것을 말한다. 그렇게 한 첫 번째 사람이 시계의 합법적이고, 도덕적이고, 정당한 소유자이다.

그러나 존스가 범죄자가 아니라고 해보자. 그가 그 시계를 훔친 사람이 아니라 그 시계를 상속했거나 도둑으로부터 절도품인 줄 모르고 구매했다고 해보자. 그리고 물론 그 희생자나 그의 상속자가 발견될 수 없다고 해보자. 그 경우에, 그 희생자의 실종은 그 훔친 재산이 당연히 소유권이 없는 상태가 됨을 의미한다. 그러나 우리는 소유권이 없는 상태, 즉 그 권리증서를 가진 정당한 소유자가 없는 상태의 그 어떤 재화도 그 재화를 취득하고 사용하는, 이제 소유권이 없는 자원을 인간의 용도로 전용한 최초의 사람에게 정당한 재산으로 복귀된다는 것을 살펴보았다. 그러나 이 '최초의' 사람은 분명히 그것을 이제까지 계속 사용하던 존스다. 그러므로 우리는 다음과 같이 결론을 내린다. 우리는 그 재산이 원래 훔쳤던 것일지라도, 만약 그 희생자나 상속자가 발견될 수 없다면, 그리고 만약 현재의 보유자가 실제 범죄자가 아니었다면, 그 재

8) 우리는 여기에서 범죄자들이 훔친 물건의 단순한 인도 이상의 처벌을 받는 것으로 가정하고 있다. 그러나 얼마나 처벌을 받아야 하는지 혹은 어떤 이론에 근거해야 하는지, 즉 예를 들어 응보적 차원, 억지력의 차원, 혹은 개혁의 차원에 대한 것은 아래에서 다루어질 것이다.

산에 대한 권리증서가 현재의 보유자에게 속하는 것은 당연하고, 정당하고, 윤리적이다.

요약하면, 현재 승인되고 사용되는 그 어떤 재산에 대해서도 (a) 만약 현재 권리증서에 아무런 범죄적 기원이 없다는 게 확실하다면, 분명히 그 현재의 권리증서는 합당하고, 정당하고, 유효하다. (b) 만약 우리가 현재의 권리증서가 어떤 범죄적 기원이 있는지 알지 못하고, 어느 쪽인지 밝혀낼 수 없다면, 그 가설적으로 '소유되지 않은' 재산은 즉각 그리고 정당하게 현재의 보유자에게 복귀된다. (c) 만약 그 권리증서의 기원이 범죄적임을 알고 있지만 그 희생자나 그의 상속자를 찾을 수 없다는 것을 우리가 안다면, (c1) 만약 현재 권리증서 소지자가 그 재산에 대한 범죄적 침해자가 아니었다면, 그 재산은 그가 가설적으로 소유되지 않은 재산의 첫 번째 소유자인 그에게 정당하게 복귀된다. 그러나 (c2) 만약 그 현재 권리증서 소지자 자신이 그 범죄자이거나 그 재산을 훔친 사람들 가운데 한 사람이라면, 명백히 그는 그 재산을 박탈당하는 것이 당연하고 그것을 소유가 없는 상태에서 전용해서 자신의 용도로 사용한 최초의 사람에게 복귀된다. 그리고 마지막으로 (d) 만약 현재의 권리증서가 범죄의 결과라면, 그리고 그 희생자 혹은 그의 상속자가 발견될 수 있다면, 그 권리증서는 범죄자나 부당한 권리증서의 여타 소지자들에게 보상할 필요 없이 당연히 즉각 후자에게 돌아간다.

정당하지 못한 권리증서의 소지자 혹은 소지자들에게 (그들 자신이 범죄적 침해자가 아닌 경우에) 정당하게 자신의 것이 아니었던 재산에 **덧붙인** 재산에 대하여 권리를 주거나 그들이 그런 추가부분에 대하여 최소한 보상을 받을 권리를 주는 것에 반대할 수 있다. 이에 대한 대답으로서 그 기준은 그 추가부분이 문제의 원래 재산으로부터 **분리 가능한지** 여부여야 할 것이다. 예를 들어, 브라운이 블랙으로부터 차를 훔쳐서 그 차를 로빈슨에게 팔았다고 해보자. 우리의 관점에서는, 그 차는 로빈슨에게 보상하지 않고 즉각 진정한 소유자인 블랙에게 되돌려져야 한다. 도둑의 희생자가 되었다는 이유로 블랙에게 다른 사람에게 보상을 해야 할 의무를 지우지 않아야 한다. 물론 로빈슨은 그 차 도둑 브라운에게 불평할 정당한 이유가 있고, 브라운이 그를 속여서 체결한 (그 차가 정말 브라운의 재산인데 이를 파는 것처럼 가장한) 사기 계약을 근거로 상환 혹은 손해배상을 하라고 고소할 수 있어야 한다. 그러나 로빈슨이 그 차를 소유하는 과정에서 새로운 카오디오를 추가했다고 해보자. 그 카오디오는 그 차에서 분리될 수 있으므로 그가 그 오디오를 그의 정당한 소유물로서 블랙에게 차를 돌려주기 전에 뽑아낼 수 있어야 할 것이다. 다른 한편, 만약 그 추가물이 분리 가능하지 않고 그 재산의 불가분의 부분이라면, (예를 들어 수리한 엔진이라면) 로빈슨은 블랙으로부터 어떤 지불이나 재산을 요구할 수 없어야 한다. (비록 아마도 브라운을 고소함으로써 그렇게 할 수 있을지는 모르지만) 마찬가지로, 만약 브라운이 블랙으로부터 한 구획의 토지를 훔쳐서 로빈슨에게 팔았다면, 그 기준은 다시 한 번 로빈슨이 그 재산에 추가한 것의 분리가능성(separability)이 되어야 한다. 만약 예를 들어 로빈슨이 그 재산에 어떤 빌딩을 지었다면, 그는 토지를 원래 토지소유자인 블랙에게 넘겨주기 전에 그 빌딩을 옮기거나 철거할 수 있어야 할 것이다.

우리의 훔친 차 예시는 즉각 '양도성 증권'(negotiable instrument)이란 현재의 법적 개념의 부당성을 알 수 있게 한다. 현재의 법에서는, 도난당한 차는 원래 소유자 측에서 정당하지 못한 권리증서의 현재 소지자에게 보상할 의무가 없이 원래 소유자에게 정말로 되돌려진다. 그러나 국가는 특정 재화들을 '양도성 증권'(예를 들어 달러화)으로 지정해서 이 재화들에 대해서는 비(非)범죄적 수령자 혹은 구매자가 이제 소유하는 것으로 간주되고 그것을 그 희생자에게 되돌려주도록 강제당하지 않을 수 있게 하고 있다. 특별 입법은 또한 전당포주인을 비슷하게 특권 계층으로 만들었다. 그 결과 만약 브라운이 블랙으로부터 타자기를 훔쳐서 로빈슨에게 전당잡히면, 전당포주인은 그 타자기를 타자기의 정당한 소유자인 블랙에게 돌려주도록 강제당하지 않을 수 있다.

일부 독자에게는 우리의 원칙이 나중에 도난당했고 부당하게 보유되고 있다고 판명될 재화를 소지하게 된 선량한 수령자에게 가혹하다고 여겨질지 모른다. 그러나 우리는 다음 사실을 상기해야 한다. 토지 구매의 경우 그런 문제에 대한 권리증서 보험뿐만 아니라 권리증서 검색이 일반적 관례이다. 리버테리언 사회에서는, 권리증서 검색과 권리증서 보험이라는 영업은 아마도 정당한 사적 재산의 권리들의 보호에 더 광범위하게 적용될 수 있도록 크게 확장될 것이다.

우리는 올바르게 발전된 리버테리언 이론은 모든 현존 재산권리증서에 자의적이고 무차별적인 윤리적 축복을 내리는 공리주의에 **동조하지도 않지만** 동시에 현존 권리증서의 도덕성에 감당할 수 없는 불확실성과 혼란을 **불어넣지도 않는다**. 이에 반하여, 모든 인간의 그 자신에 대한 자연권, 그리고 그가 발견하고 사용되도록 변형시킨 소유되지 않은 자원들에 대한 자연권이라는 근본적인 공리로부터, 리버테리언 이론은 재산에 대한 모든 현존 권리증서의 절대적 도덕성과 정의를 연역해낸다. 다음의 두 가지 경우를 **제외**하고 말이다. (1) 현존 권리증서의 원천이 범죄적이고 희생자 혹은 그 상속자들이 식별되고 발견될 수 있는 경우. **혹은** (2) 현존 권리증서의 원천이 범죄적이고 희생자가 발견될 수 없지만 현존 권리증서 소지자가 문제의 범인인 경우. (1)의 경우에 그 재산은 희생자 혹은 그 상속자들에게 돌아가는 것이 보통의 정의이다. (2)의 경우에 그 재산은 소유되지 않은 상태를 처음 변경한 전용자(first appro-priator)의 재산이 된다.

그래서 **우리는 이제 재산권 이론을 갖게 된다**. 즉 모든 사람은 그 자신의 신체에 대한 통제와 소유권에 대한 절대적 권리를 가지고, 그가 발견하고 변형시킨 미(未)사용 토지 자원에 대한 통제와 소유권에 대한 절대적 권리를 가진다는 것이다. 그는 또한 그와 같은 유형재산을 선물로 주어버릴 (비록 그는 자신의 신체와 의지에 대한 통제권을 넘겨줄 수는 없지만) 권리도 가지며, 그것을 비슷하게 도출된 다른 사람의 재산과 교환할 권리도 가진다. 따라서 모든 합법적 재산권은 소유되지 않은 재산이 정당하게 첫 소지자에게 속한다는 '홈스테딩' 원칙뿐만 아니라 모든 사람은 자신의 인신이 그의 재산이라는 원칙으로부터도 또한 도출된다.

우리는 또한 그런 재산을 침해하는 자가 범죄자라는 **범죄이론**을 가지게 된다. 재산에 대한 어떤 범죄적 권리증서도 무효화되어야 하며 그 희생자나 상속자에게 반환되어야 한다. 만약 그런 희생자가 발견될 수 없고, 현재의 소지자 자신이 범죄자가 아니라면 그 재산은 정당하게 우리의 기본적인 '홈스테딩' 원칙에 의거해서 현재의 소지자에게 돌아간다.

이 재산이론이 어떻게 상이한 재산 범주들에 적용되는지 살펴보자. 물론 가장 단순한 경우는 **인신**에 대한 재산이다. 리버테리언 이론의 근본적인 공리는 각 개인은 자기소유자임이 틀림없고 아무도 그와 같은 자기소유권에 간섭할 권리가 없다는 것이다. 이로부터 즉각 다른 개인을 재산으로 삼는 것이 전혀 허용되지 않는다는 점이 도출된다.[9] 이런 종류의 재산을 다룬 현저한 사례가 **노예**제도이다. 예를 들어, 1865년 이전에 노예신분은 미국의 많은 사람들에게 '사적 재산'권리증서였다. 그와 같은 사적 권리증서가 있었다는 사실이 그것을 정당화하지는 못한다. 그와 반대로 그것은 노예주인들(그리고 그들의 권리증서를 강제했던 사람들)의 노예들에 대한 지속적인 침해, 계속된 범죄였다. 여기에서 그 희생자들은 즉각 그리고 명확하게 확정할 수 있고, 그 주인들은 매일 그의 노예들에게 침해를 저질렀기 때문이다. 우리는 또한 우리의 가상적인 루리타니아 왕의 경우에서처럼 공리주의가 노예들에 대한 노예주인의 '재산권'을 무효로 만들기 위한 아무런 굳건한 토대도 제공하지 않는다는 점을 지적하고자 한다.

노예제가 통상적 관습이었을 때, 노예제가 폐지된다면 노예 주인에게 노예의 상실에 대한 금전적 보상을 해야 하는지 여부와 얼마나 보상해야 하는지가 많이 논의되었다. 이런 논의는 명백하게 터무니없는 것이었다. 도둑을 잡아 훔친 시계를 회수했을 때 우리는 무엇을 하는가? 우리가 그 도둑에게 시계의 손실에 대해 보상을 하는가 아니면 그에게 **벌**을 주는가? 확실히, 인간의 바로 그 인신과 존재를 노예화하는 것은 시계를 훔치는 것보다 훨씬 더 악랄한 범죄이며 그에 비례해 다루어져야 할 것이다. 영국의 고전적 자유주의자 벤자민 피어슨(Benjamin Pearson)은 신랄하게 논평했다. "노예소유자들에게 보상을 하자는 제안이 있었지만 피어슨 자신은 노예야말로 보상을 받아야 할 사람이라고 생각했다."[10] 그리고 분명히 그와 같은 보상은 보통의 납세자들로부터 나와서는 안 되며 노예소유자 자신들로부터 오직 정당하게 나올 수 있을 뿐이다.

다음과 같은 점은 강조할 필요가 있다. 노예제가 즉각 철폐되었어야 하는지 여부와 관련된 질문은—물론 다른 이유에서는 흥미로울지 모르지만—노예제가 남부의 풍토에 맞는지, 남부의 경제성장에 좋은지, 혹은 한두 세대 후

9) 매우 어려운 주제인 자식(children)에 대한 문제는 pp.117~135에서 다룰 것이다.

10) 다음의 문헌에서 인용했다. William D. Grampp, *The Manchester School of Economics* (Stanford, Calif.: Stanford University Press, 1969), p.59. 아울러 아래 pp.247~48, 286ff를 보라.

사라졌을지와 같은 질문과는 아무런 관련이 없음은 물론이고, 사회분열이나 노예주들의 갑작스런 곤궁 혹은 남부 문화의 개화와도 같은 문제와 아무 관련이 없다. 리버테리언에게 있어, 정의를 믿는 사람에게 있어, 유일한 고려사항은 노예제가 흉물스런 불의이자 지속인 침해를 의미하므로 노예제가 가능한 한 빨리 철폐되어야 한다는 필연성뿐이다.[11]

11) 티버테리언이 '폐지주의자'가 될 일반적 필요성에 대한 더 자세한 논의는 아래 pp.311ff를 보라.

제10장 토지 절도의 문제

우리의 재산권리증서 이론을 특별히 중요하게 응용할 수 있는 곳이 **부동산**(landed property)의 경우이다. 특별히 중요한 한 가지 이유는 토지는 지구의 고정된 일정 부분이고 따라서 대지(ground land)는 실질적으로 거의 영구적으로 존속하기 때문이다. 따라서 토지 권리증서의 역사적 조사는 여타 더 소모성을 띠는 재화들에 비해 더 멀리 소급될 필요가 있을 것이다. 그러나 이것은 결코 결정적 문제는 아니다. 우리가 살펴보았듯이 희생자가 아득한 옛날 발생해 지금은 없는 경우라도 그 토지가 지금 소지하고 있는 비(非)범죄자들에게 적절하게 속해 있기 때문이다. 예를 들어 헨리 존스 1세가, 어떤 토지의 합당한 소유자인 제임스 스미스로부터 한 필지의 토지를 훔쳤다고 해보자. 현재 그 권리증서의 소지자 헨리 존스 10세의 현재 상태는 어떤가? 혹은 헨리 존스 10세로부터 그 토지를 구입한 현재 권리증서 소지자인 사람의 현재 상태는 어떤가? 만약 스미스와 그의 후손들이 먼 옛날 실종되었다면, 우리의 토지 권리증서 이론을 직접적으로 응용하면 그 토지에 대한 권리증서는 당연히 그리고 합당하게 현재의 존스(혹은 그로부터 토지를 구입한 사람)에게로 돌아간다.

둘째 문제, 다른 재산과 토지를 예리하게 차별화하는 이 문제는 자본재, 소비재, 혹은 화폐상품의 **존재** 자체가 이 재화들이 사용되고 변형됐다는, 즉 그것들을 생산하기 위해 자연자원에 인간 노동이 혼합됐다는 적어도 **으뜸가는** 증명이다. 자본재, 소비재, 그리고 화폐는 그 자체로 자연에 존재하지 않기 때문이다. 그것들은 주어진 자연의 조건들을 인간의 노동으로 변경함으로써 창출되어야 한다. 그러나 자연에 의해 주어져 **있는** 어떤 영역의 토지는 결코 사용되거나 변형되지 않았을 **수 있다**. 따라서 사용된 적 없는 토지에 대한 그 **어떤** 현존 재산권리증서도 무효로 간주되어야 할 것이다. 우리는 (토지와 같은) 소유된 적이 없는 자원에 대한 권리증서는 오로지 그 (토지) 자원을 사용할 수 있도록 변형시킬 수 있도록 하는 노동의 지출로부터만 나와야 한다는 것을 살펴보았기 때문이다. 따라서 만약 그 어떤 토지라도 그렇게 변형된 적이 **한 번**

도 없었다면, 아무도 그 소유권을 정당하게 주장할 수 없다.

예를 들어, 그린 씨가 토지 몇 마지기를 소유하고 있고, 그 토지의 북서쪽 부분은 그린 씨나 다른 누구에 의해서도 한 번도 자연 상태로부터 변형된 적이 없었다고 해보자. 리버테리언 이론은 — 그 이론이 전제하는 것처럼, 확인할 수 있는 희생자가 없는 한 (혹은 그린 자신이 그 토지를 훔치지 않은 한) — 토지의 나머지 부분에 대한 그의 청구권을 도덕적으로 승인할 것이다. 그러나 리버테리언 이론은 북서쪽 부분의 소유권에 대한 그의 청구권은 무효화해야 한다. 이제 그 북서쪽 부분을 처음으로 변형시키는 '정착자'(定着者)가 등장할 때까지는 실질적 문제는 존재하지 않는다. 브라운의 청구권은 유효하지 않을 뿐만 아니라, 그것은 또한 단지 의미 없는 수다이다. 브라운은 아직 다른 어떤 이에 대해서도 범죄적 침해자가 아니다. 그러나 그 토지를 변형시키는 **또 다른** 사람이 나타난다면, 그리고 그린이 그를 강제로 그 재산으로부터 몰아낸다면 (혹은 다른 사람을 고용해서 그렇게 하게 한다면), 그 순간 그린이 다른 이에 의해 정당하게 소유되고 있는 토지에 대한 범죄적 침입자가 된다. 만약 그린이 다른 정착자가 이 사용된 적 없는 토지에 들어와 그것을 사용할 수 있게 변형하는 것을 막기 위해 폭력을 사용한다면, 이때도 마찬가지로 그린은 범죄적 침입자이다.

그래서 우리의 크루소 '모델'로 돌아가서, 큰 섬에 착륙한 크루소가 어쩌면 바람에 대고 전체 섬이 그의 '소유'라고 나팔을 당당하게 불어댈지 모른다. 그러나 그는 오로지 그가 정착하고 사용할 수 있게 변형시킨 부분만을 **소유하는** 것은 자연적 사실이다. 혹은 위에서 지적했듯이, 어쩌면 크루소는 새로 발견된 대륙에 발을 디딘 외로운 콜럼버스일지도 모른다. 그러나 다른 사람이 그 장면에 등장하지 않는 한, 크루소의 주장은 자연적 사실에 아무런 근거를 갖추지 못한 단지 속빈 수다이고 판타지일 뿐이다. 그러나 새로운 인물 — 프라이데이 — 이 그 장면에 등장해 미(未)사용 토지를 변형시키기 시작한다면, 이 때 크루소의 유효하지 못한 주장을 집행하는 것은 신착자(新着者)에 대한 범죄적 침해이며 신착자의 재산권에 대한 침범이다.

우리가 토지 재산이 유효하기 위해 그것이 **지속적으로** 사용되어야 한다고 말하지 **않고** 있다는 점에 주목하라.[1] 단하나의 조건은 그 토지가 **한번은**

사용되어서 그 토지에 그의 노동을 혼합한 그래서 그의 개인적 에너지의 도장을 찍은 사람의 재산이 되어야 한다는 것이다.[2] 어떤 사람이 그의 시계를 책상 서랍에 넣어 둔다고 그의 시계 소유를 박탈할 이유가 없는 것과 마찬가지로, 그 토지를 그렇게 한 후 놀려두지 못하게 할 이유가 없다.[3]

유효하지 않은 토지 권리증서의 한 가지 형태는 사용된 적이 없는 토지에 대한 권리주장이다. 최초의 사용자의 이익에 반해 그와 같은 권리주장을 집행하는 것은 그래서 합당한 재산권에 대한 침해 행위가 된다. 실제로 처녀지 상태의 토지와 어떤 시점에 인간에 의해 사용되기 위해 변형된 토지를 구분하는 것은 그렇게 어렵지 않다. 인간의 손은 어떤 식으로든 흔적을 남길 것이다.

그러나 가끔씩 토지 권리증서의 유효성에 있어서 발생하는 문제는 '불법점유'(adverse possession)에 관한 것이다. 그린이라는 사람이 명백히 누군가에 의해 소유되지 않은 토지의 일정 부분을 만났다고 해보자. 아마도 아무런 울타리도 없었고 그 부지에는 아무도 없었다고 가정하자. 그린은 그 토지가 소

---

1) 이것은 19세기에 조슈아 K. 인갈스(Joshua K. Ingalls)가 제기한 부동산의 사용이론(use-theory of landed property)이다. 인갈스에 대해서는 다음을 보라. James J. Martin, *Men Against the State* (DeKalb, Ill.: Adrian Allen Associates, 1953), pp.142~52.

2) 레온 올로프스키(Leon Wolowski)와 에밀 레바쇠르(Emile Levasseur)가 우아하게 이렇게 표현했다. ["Property," *Lalor's Cyclopedia of Political Science, etc.* (Chicago: M.B. Cary, 1884), vol. 3, p.392]

자연은 … 인간에 의해 그의 필요를 위해 전용되었다; 자연은 그의 것이 되었다; 자연은 그의 재산이다. 이 재산은 정당하다; 그의 능력들의 자유로운 행사가 그렇듯이, 이것은 인간에게 신성한 권리이다. 그것은 그의 것인데 그 까닭은 그것이 완전히 그로부터 나왔으며 그의 존재의 발산 이외의 다른 것이 전혀 아니기 때문이다. 그가 있기 이전에는, 단순히 물질만이 존재했을 뿐이지만, 그가 있은 후에는 그리고 그에 의해서 이제 서로 교환할 수 있는 부가 있게 되었다. 생산자는 사물에 그의 인격성의 조각을 남겼고, 그 사물은 그렇게 해서 가치 있게 되었으며, 따라서 인간의 행동이 외부적 자연에 영향을 미쳐 인간의 능력들의 연장으로 간주될 것이다. 자유로운 존재로서 그는 자신에게 속한다. 이제 원인, 즉 생산적 힘은 그 자신이다. 효과, 말하자면 생산된 부는 여전히 그 자신이다. 누가 감히 그렇게 분명하게 그의 인격성의 봉인이 찍힌 그의 소유권 권리증서에 경합하려 들 것인가?

3) 다른 곳에서 보여주었듯이, 특히 토지가 미사용 상태로 남아 있을 뛰어난 경제적 이유가 있다. 생존 수준을 상회하는 생활수준은 노동의 공급이 토지의 공급보다 희소해지는 데 달려 있다. 그런 즐거운 상황이 도달하면 상당한 토지가 '한계-이하'의 토지로 변하며, 따라서 쓰이고 있지 않게 된다. 이에 대해서는 다음을 보라. Murray N. Rothbard, *Man, Economy, and State* (Princeton, N.J.: D. Van Nostrand, 1962), pp.504, 609. 남부 페르시아의 무수한 종족들에 의해 실천됐던 이주달력(migratory calendar)에 따라 반복해서 출현하는 토지 재산권리증서의 매우 흥미로운 사례로는 다음을 보라. Fredrik Barth, "The Land Use Pattern of Migratory Tribes of South Persia," Norsk Geografisk Tidsskrift, Bind 17 (1959~1960), pp.1~11.

유자가 없다고 가정한다. 그는 그 토지에 작업을 해서 그것을 일정 기간 사용한다. 이제 토지의 원래 소유자가 그 장면에서 등장하고 그린의 퇴거를 명령한다. 누가 옳은가? 불법 점유에 대한 보통법은 자의적으로 20년의 기간을 설정한다. 그 기간이 지나면 침입자가, 비록 그가 다른 사람의 재산에 침해했더라도, 그가 그 토지의 절대적인 소유권을 가진다. 그러나 우리의 리버테리언 이론은 사적 소유권을 통과하기 위해 그 토지가 사람에 의해 오직 한번만 변형되는 것으로 충분하다고 본다. 그러므로 만약 그린이 이전의 인간의 사용의 흔적을 어떤 식으로든 드러내는 토지를 만나면, 누군가에 의해 소유되고 있는 토지라고 **가정해야 한다. 그것이** 그의 책임이다. 추가적 문의를 하지 않은 채 그의 토지에 대해 행하는 그 어떤 무단침입도 신참자(newcomer)가 자신이 침략자가 될 위험이 있다는 가정 아래 행해져야 한다. 물론 종전에 소유되던 토지가 **버려진** 것일 수 있다. 그러나 신참자가 분별없이 명백히 인간에 의해 변형된 토지가 이제 더 이상 누구에 의해서도 소유되고 있지 않다고 가정해서는 안 된다. 우리가 실제로 권리증서 탐색 사업에서 살펴보았듯이, 그는 그 토지에 대한 새로운 권리증서가 분명한 것인가를 발견하는 절차를 밟아야 한다.[4] 다른 한편, 만약 그린이 명백히 누구에 의해서도 변형되지 않은 토지를 만난다면, 그는 그 토지에 단번에 그리고 처벌을 받지 않고 진출할 수 있다. 리버테리언 사회에서는 변형된 적이 없는 토지에 대해서는 아무도 유효한 권리증서를 가질 수 없기 때문이다.

대부분의 토지 영역들이 서비스를 창출하게 압박을 받고 있는 오늘날의 세계에서는 사용된 적이 없었다는 이유로 토지 권리증서가 무효화되는 일이 매우 광범위하게 일어나기는 어려울 것이다. 오늘날 더 중요한 것은 침해자들에 의해 부동산의 **지속적인** 점유가 있었다는 이유로 그 토지 권리증서들을 무효화시키는 일이다. 우리는 이미 존스의 조상들이 스미스 가족으로부터 땅 한 뙈기를 점유했고 오늘날 존스가 그 토지를 사용하고 소유한 경우를 논의했다. 그러나 수 세기 전, 스미스가 그 땅을 경작했고 따라서 그 토지를 정당하게 소유하고 있었다고 해보자. 그리고 존스가 와서 강제력을 사용해서 스미스의 토

4) 물론 모두가 원한다면 어떤 재산도 버릴 권리를 가져야 한다. 리버테리언 사회에서 아무도 버리길 원하는 재산을 소유하도록 강제될 수 없기 때문이다.

지에 대한 권리증서를 주장하면서 스미스 근방에 정착하고서는 그 땅을 계속 경작할 특권을 준다는 명목으로 스미스로부터 대가, 즉 '지대'를 뽑아가고 있었다고 해보자. 그리고 이제 수세기가 지난 후 스미스의 후손들이 (혹은 스미스와는 혈연관계가 없는 가족들이) 이제 그 땅을 경작하고 있는 반면, 존스의 후손들이 (혹은 존스의 후손들의 청구권을 구입한 사람들이) 현재의 경작자들로부터 공물을 계속 받아내고 있다고 해보자. 그와 같은 경우에 어디에 진정한 재산권이 있는가? 여기에서도 분명히 우리는 노예제의 경우와 마찬가지로 그 토지의 진정한 소유자인 경작자들 혹은 농부들에게 부당한 소유자가 **지속적으로** 침해하는 사례를 만난다. 여기에서 그 부당한 소유자의 토지와 그 과실에 대한 원래의 그리고 **지속된** 청구권은 강제와 폭력으로부터 나온 것이다. 최초의(original) 존스가 최초의 스미스에 대한 지속적 침해자였던 것과 마찬가지로, 현대의 농부들도 '존스에게서 도출된' 토지 권리증서의 현대의 보유자에 의해 침해당하고 있다. 우리가 '봉건제'(feudalism) 혹은 '토지 독점'(land monopoly)이라고 부르는 이 경우에, 봉건적 혹은 독점적 지주들은 그 재산에 대한 아무런 정당한 청구도 가지고 있지 않다. 현재의 '임차인들' 혹은 농부들은 그들 재산의 절대적 소유자가 되어야 한다. 그리고 노예제의 경우에서와 마찬가지로 토지 권리증서는 독점 지주들에 대한 보상 없이 농부들에게 이전되어야 한다.[5)]

우리가 정의하는 '봉건제'는 농부가 또한 폭력에 의해 영주의 토지에 붙들려 그 토지를 계속 경작하는 경우, 즉 대충 **농노제도(serfdom)**에 한정되지 않는다는 데 주목하기 바란다.[6)] 또한 여기에서 봉건제는 봉건적 토지보유를 지지하고 유지하기 위해 추가적 폭력이 사용되는 경우(국가가 폭력으로 지주가 그의 토지를 작게 분할해 팔거나 상속시키는 것을 금지하는 것)로 한정되는 것도 아니

5) 여기에서 사용된 '봉건제'란 용어는 중세 동안 특정한 토지 혹은 여타 관계들에 적용될 의도로 쓴 것은 아니다. 그것은 여기에서는 한 종류의 행동을 지칭하기 위해 사용되었다. 즉 정복에 의한 토지의 점유와 그 토지에 대한 소유권의 지속적인 단언과 강제, 그리고 그 토양을 계속 경작하는 농부들로부터 지대의 추출을 지칭하려는 것이다. '봉건제'를 이런 식으로 더 광범위하게 사용하는 데 대한 방어논리로는 다음을 보라. Robert A. Nisbet, *The Social Impact of the Revolution* (Washington, D.C.: American Enterprise Institute for Public Policy Research, 1974), pp.4~7.

6) 노예제와 마찬가지로 농노제도 영주에 의한 농노의 정당한 재산에 대해서뿐만 아니라 그의 농노라는 인신에 대한 지속적 침해였다. 봉건제의 다양한 정의에 해대서는 다음을 보라. Marc Bloch, *Feudal Society* (Chicago: University of Chicago Press, 1961), chap. 1.

다.[7] 우리의 의미에서는 '봉건제'로 불리기 위해 필요한 모든 것은 폭력적으로 부동산을 그 진정한 소유자들, 즉 그 토지의 변형자들로부터 압류하고 이런 종류의 관계를 수년 간 지속하는 것이다. 봉건적 지대는 그래서 생산자들이 약탈적 정복자들에게 지속적으로 매년 바치는 공물액과 정확하게 일치한다. 봉건적 지대는 따라서 일종의 영구적 공물(permanent tribute)이다. 또한 문제의 이 농부들이 원래의 희생자의 후손일 필요가 없음에 주목하라. 이런 봉건적 침해의 관계가 작동하는 한, 침해가 지속되고 있기 때문에 현재의 농부들은 당대의 희생자들이며 현재의 정당한 재산 소유자들이다. 한마디로 봉건적 토지의 경우, 혹은 토지 독점의 경우, 현존 재산권리증서를 무효화시킬 우리의 두 조건이 모두 충족된다. 원래의 토지 권리증서뿐만 아니라 현재의 토지 권리증서도 범죄적이고 **아울러** 현재의 희생자들도 매우 쉽게 확인될 수 있기 때문이다.

우리의 가상적인 루리타니아 왕과 그의 친척들의 경우는 봉건제가 토지 영역에서 시작될 수 있었던 수단이 되는 것을 보여주는 한 사례이다. 왕의 행동이 있은 후, 그와 그의 친척들은 루리타니아의 일정 영역을 차지하는 봉건 영주들이 되고, 각자는 봉건 '지대'의 형태로 주민들로부터 강제적 공물을 짜낸다.

우리는 물론 모든 토지 지대가 부당하고 지속적 공물의 한 형태라고 말하려는 것은 아니다. 오히려 반대로 리버테리언 사회에서는 토지를 변형시킨 어떤 사람이 그것을 다른 사람에게 임대하거나 팔지 못할 이유가 없다. 정말 그것이 정확하게 일어날 일이다. 그렇다면 어떻게 봉건적 지대와 정당한 지대, 봉건적 임차와 정당한 임차를 구별할 수 있는가? 다시 한 번, 우리는 재산권리증서의 타당성을 결정하는 우리의 규칙들을 적용한다. 우리는 그 토지 권리증서의 기원이 범죄적인지 여부를 조사한다. 그리고 현재의 경우에 현재 토지의 생산자들인 농부들에 대한 침해가 아직도 계속되고 있는지 여부를 조사한다. 만약 우리가 이 조건들이 충족된다는 것을 **안다면**, 그러면 침해자와 희생자

---

7) 그와 같은 조치로는 **상속제한**(entail) — 즉 토지소유주가 그의 토지를 판매하는 것을 강제로 금지하는 것 — 과 **장자상속제**(primogeniture) — 즉 토지소유주로 하여금 그의 장자에게 토지 전체를 상속하는 것 이외에는 강제 상속을 허용하지 않는 것—를 포함한다.

양측을 식별하는 것이 너무나 명백하기 때문에 아무런 문제가 없다. 그렇지만 만약 우리가 이 두 조건들이 충족되는지 여부를 **알아낼 수 없다면**, (우리의 규칙을 적용하여), 범죄자가 명확하게 확인되지 않으므로 그 토지 권리증서와 지대의 부과는 정당하며 봉건적이 아니라고 결론을 내린다. 실제로는, 봉건제 상황에서 범죄성은 오래되고 동시에 지속적이었기 때문에, **아울러** 그 희생자 농부들은 즉각 확인 가능하기 때문에, 봉건제는 권리증서들 가운데 무효 권리증서를 찾아내기가 가장 쉬운 형태 중 하나이다.

제11장 토지 독점, 과거와 현재

윤리적으로 유효하지 못한 두 가지 유형의 토지 권리증서가 있다.[1] 권리증서 소지자가 토양을 변형시킨 농부에게 지속적 침해를 가하는 '봉건제'가 그 첫 번째 유형이다. 다음으로는 처녀지에 대하여 자의적인 권리 주장을 함으로써 그 토지를 처음으로 변형한 자들을 그 토지에서 쫓아내는 토지 매점(land-engrossing)이 두 번째 유형이다. 우리는 이 두 가지 침해를 모두 묶어 '토지 독점'이라고 부를 수 있을 것이다. 어떤 한 사람 혹은 한 집단이 사회의 모든 토지를 소유한다는 의미에서가 아니라, 토지 소유권에 대한 자의적인 특권이 두 경우 모두 단언되었다는 점에서 말이다. 그리고 두 경우 모두가 실질적 변형자들, 그의 상속자들 그리고 그들의 파견인(assigns)들에 의한 소유의 경우를 제외하고는 토지 소유권 없음으로 간주하는 리버테리언 원칙과 충돌하고 있다.[2]

토지 독점은 현대 세계에서 대부분의 사람들, 특히 대개의 미국인들이 믿는 것보다 훨씬 더 광범하게 퍼져 있다. 저개발국들, 특히 아시아, 중동, 라틴아메리카에서는 봉건적 토지소유가 결정적인 사회적 그리고 경제적 문제이다. (경우에 따라서는 농부계층의 사람들에 대한 준(準)농노적 예속이 가해지기도 하고 그렇지 않기도 하다.) 정말 세계의 국가들 중에서 미국은 역사적 사건들이 좋은 방향으로 전개되는 바람에 실질적으로 봉건제로부터 자유로운 소수의 국가들 가운데 하나이다.[3] 크게 보아 봉건제 자체로부터 탈출한 미국인들이 전체 문

1) 물론 **정부의** 권리증서(government title)를 추가하는 것에 대해서는 아래를 보라.

2) 『인간·경제·국가』 10장에서 내가 지적했듯이 '독점'은 재산권에 대한 리버테리언 규칙을 넘어서는 재산에 대한 배타적 특권의 수령으로 적절하게 정의된다.

3) 이런 행복한 방향으로의 역사전개에서 멕시코의 토지들은 해당되지 않는다. 이 토지들은 정복자 양키들에 의해 그 소유자들로부터 압류하고 그들에게 재분배되었다. 미국 정복자들에 의해 탈취된 토지를 희생자들의 상속자들에게 반환하라는, 라이에스 토페즈 티헤리나(Reies Lopez Tijerina)가 이끄는 멕시칸-아메리칸의 최근 운동은 이를 보여주고 있다. 멕시칸-아메리칸들로부터의 토지 탈취에 대해서는 다음을 보라. Clark S. Knowlton, "Land-Grant Problems Among the State's Spanish-Americans," *New Mexico Business* (June 1967), pp.1~13. 그리고 Clyde Eastman, Garrey Carruthers, and James A. Liefer, "Contrasting Attitudes Toward Land in New Mexico," *New Mexico Business* (March 1971), pp.3~20. 티헤리나 운동에 대해서는 다음을 보라. Richard Gardner, *Grito!: Reies Tuerina and the New Mexico Land Grant*

제를 심각하게 받아들이기는 쉽지 않을 것이다. 이 점은 특히 미국의 자유방임 경제학자도 마찬가지다. 그들은 후진국들에 대한 추천목록에 자유시장의 미덕에 대한 설교들로 채우고 나서 거기서 그치는 경향이 있다. 그러나 이 설교들은 자연스럽게도 귀머거리들에게 하는 격이 되고 만다. 미국인 보수주의자들에게 '자유시장'의 의미 속에 봉건주의와 토지독점의 종식, 토지 권리증서의 농부들에게로의 **무**(無)**보상** 이전(移轉)이 들어 있지 않다. 그럼에도 불구하고 저개발국가에서는 농업은 항상 압도적으로 중요한 산업이므로 **진정한** 자유 시장, 정의와 재산권에 헌신하는 진정한 리버테리언 사회는 재산에 대한 정의롭지 못한 봉건제적 청구권을 종식시킬 때 비로소 확립될 수 있다. 그러나 재산권에 대한 아무런 윤리 이론에 기초하지 않는 공리주의 경제학자들은 오직 우연하게도 현재 상태는 무엇이라도 옹호하는 것에 의지할 수밖에 없다. 이 경우에 불행하게도 현재 상태는 정의의 봉건적 억압이고 토지 혹은 농업에서 진정한 자유시장에 대한 봉건적 억압이다. 토지 문제의 무시는 미국인들과 저개발국 시민들이 서로 다른 언어로 말하는 격이어서 어느 측도 상대측의 입장을 이해하기 시작할 수 없음을 뜻한다.

미국 보수주의자들은 특히 후진국들에게 선진국들로부터 후진국으로 들어가는 사적 외국인 투자의 미덕과 중요성에 훈계하고, 정부가 이런 투자를 괴롭히지 말고 여기에 대해 우호적인 분위기를 만들라고 충고한다. 이것은 정말로 맞는 말이지만, 후진국 국민들에게는 다시 한 번 마음에 와닿지 않을 때가 많다. 미국 보수주의자들이 계속해서 정당한 자유시장에 입각한 외국인 투자 — 독점적 양허(讓許)에 기초한 투자에 대응하는 것으로 — 와 후진국에 의한 엄청난 토지 양여(讓與)를 구별하지 못하고 있기 때문이다. 외국인 투자가 토지 독점과 소작농들에 대한 침해에 기초해서 이루어지고 있다면, 그런 침해의 정도까지 외국 자본가들은 봉건영주와 같은 면모를 띠고 있고, 우리도 그렇게 취급해야 한다.

저명한 좌익 멕시코 지식인 카를로스 푸엔테스(Carlos Fuentes)는 미국인들에게 주는 메시지 형식으로 이런 진실에 대해 가슴 뭉클하게 표현하고 있다.

War of 1967 (New York: Harper and Row, 1971).

> 당신들은 자본주의 구조 속에서 4세기에 걸쳐 단절되지 않은 채 발전을 거듭해왔다. 우리는 봉건제 구조 속에서 4세기를 살았다. … 당신들은 자본주의적 혁명에 스스로의 기원을 가졌다. … 당신들은 제로(zero)에서, 처녀 사회로부터 출발했다. 다시 말해 현대와 완전히 똑같은, 그 어떤 봉건제도의 엄청난 무게의 짐을 지지 않은 채 출발했다. 그와는 반대로, 우리는 중세의 몰락하는 봉건적 질서의 부속물 위에 기초해 있다. 우리는 봉건적 질서의 쓸모없는 구조를 물려받았고, 그 악덕들을 흡수했으며, 그것들을 현대 세계에서의 혁명이라는 외륜 위에 있는 제도들로 전환했다. … 우리는 노예제로부터 … **라티푼디오**[단일 지주하의 엄청난 넓이의 토지], 대중의 정치적, 경제적, 혹은 문화적 권리의 불허, 현대적 사상에 문을 닫아 건 세관의 체제로 변했다. … 당신들은 당신들이 산업혁명의 와중에 있었고 또 자유 민주주의(liberal democracy)를 실행하고 있었던 데 반해, 라틴 아메리칸 드라마가 비참과 정체의 4세기를 넘는 시간 동안 끈질기게 지속된 봉건제적 구조에서 출발했다는 것을 이해해야 한다.[4)]

우리는 현대에서의 토지 침해와 토지 독점의 사례들을 멀리서 찾을 필요가 없다. 그런 사례들은 정말 많다. 우리는 우리의 가상적인 루리타니아 왕과 별로 다르지 않는 하나의 사례를 인용할 수 있다. “샤(Shah)는 이란의 모든 경작 가능한 토지의 절반 이상을 소유하고 있다. 이 토지는 원래 그의 아버지가 탈취한 것이다. 그는 10,000개의 촌락들을 소유하고 있다. 지금까지 이 위대한 개혁가는 그의 촌락 가운데 두 개만 팔았다.”[5)] 외국인 투자가 토지 침해와 결합된 하나의 전형적 사례가 페루에 있는 북미의 광산업 회사인 세로 데 파스코이다. 이 회사는 반(半)세기 전에 그 토지를 수녀원으로부터 정당하게 구입했으며, 1959년에 인근 인디언 농부들의 토지를 잠식하고 탈취했다. 그들의 토지를 떠나기를 거부했던 랑카스(Rancas)족 인디언들은 그 회사의 돈을 받은 농부들에 의해 학살되었다. 예루스 야칸(Yerus Yacan)족 인디언들은 그 회사의 행위를 법정에서 소송을 통해 다투었으나 회사 직원들이 목장을 불태우고 농부의 오두막들을 파괴했다. 인디언들이 대규모 비폭력적 행동으로 그들의 토지를 되찾았을 때, 페루 정부는 세로 데 파스코사(社)와 지역 **라티푼디아** 소유자

4) Carlos Fuentes, “The Argument of Latin America: Words for the North Americans,” in *Whither Latin America?* (New York: Monthly Review Press, 1963), pp.10~12.

5) Michael Parrish, “Iran: The Portrait of a U.S. Ally,” *The Minority of One* (December 1962), p.12.

들의 요청에 따라 군대를 보내 비무장 인디언들을 내쫓고, 폭행하고, 심지어 살해했다.[6)]

그렇다면 오늘날의 세계에서 저개발국가에 대한 외국인 투자의 주요한 형태 중의 하나인 유전(油田) 투자에 대한 우리의 견해는 무엇인가? 그 대답은 각 구체적 경우에 확립된 재산 권리증서가 정의로운지에 달려 있음에도 대개의 분석들이 저지르는 주요한 오류는 이를 전면적으로 승인하거나 전면적으로 저주한다는 데 있다. 예를 들어, 외국의 회사이든 혹은 국내의 회사이든 상관없이, 석유회사가 그 회사가 발견하고 시추한 유전에 대해 권리를 주장한다면, 그 유전은 그 회사가 정당하게 '홈스테딩'한 사적 재산이다. 그리고 저개발국 정부가 그 회사에 과세를 하거나 규제를 하는 것은 정당하지 않다. 정부가 그 토지 자체의 소유권을 주장하기를 고집하고 단지 그 석유를 그 회사에 리스를 한다면, (우리가 아래에서 정부의 역할을 논의하면서 더 살펴보게 되듯이) 그 정부의 권리주장은 합당하지 않으며 유효하지 않다. 홈스테더의 역할을 한 그 회사는 그 유전의 임차자에 불과한 게 아니라 그 유전의 참된 소유자이다.

다른 한편, 석유회사가 저개발국 정부를 이용해서 유전을 시추하기 이전에 그 회사에게 무상으로 광대한 지역의 모든 석유에 대한 독점적 양허를 해주도록 하는 경우도 있다. 그렇게 해서 그 정부와 석유회사는, 그 지역에서 석유를 탐색하고 시추할 가능성이 있는 모든 경쟁 대상 석유생산자들을 밀어내기 위한 강제력의 사용에 합의한다. 그런 경우, 우리가 위에서 크루소가 자의적으로 프라이데이를 밀어내기 위해 강제력을 사용하는 경우에서 보았듯이, 첫 번째 석유회사가 그 토지와 석유의 독점자가 되기 위해 부당하게 정부를 이용하고 있다. 윤리적으로 석유를 발견하고 시추하려고 그 장면에 등장하는 그 어떤 새로운 회사도 석유지역을 '홈스테딩'한 정당한 소유자이다. 물론 **훨씬 더 강력한 이유로**, (예를 들어, 크레올 석유회사(Creole Oil Co)가 베네수엘라에서

---

6) 세바스찬 살라자르 본디(Sebastian Salazar Bondy)는 이렇게 말한다. ["Andes and Sierra Maestra," in *Whither Latin America?* p.116]
종종 리마 신문들은 이런 저런 공동체가 라티푼디스트와 광산업자의 재산을 '침략했다'는 스토리를 출판한다. 사정에 밝은 독자는 무슨 일이 벌어지고 있는지 알고 있다. 그것은 바로 재산을 빼앗긴 것에, 공식적 정의가 존재하지 않는다는 것에 넌더리가 난 인디언들이 언제나 그들에게 속했던 것을 되찾기로 결정했던 것이다.

그랬듯이) 소작농을 그들의 토지로부터 강제로 몰아내는 데 국가를 악용한 우리의 석유 영업권 보유자는 소작농들의 재산권에 대한 정부의 침해에 있어서 정부와 협력자가 된다.

우리는 이제 현재 저개발국에서의 '토지개혁'을 위한 프로그램들에 내재한 심각한 오류를 볼 수 있게 되었다. (이 프로그램들은 일반적으로 지주에게 완전한 보상을 해주면서 최악의 비옥도를 가진 토지를 지주로부터 소작농에게로 소규모 이전하는 것을 포함하고 있다. 이런 보상은 국가의 보조를 통해 이루어지며 소작농이 그 재정을 마련하는 경우가 많다.) 만약 지주의 권리증서가 정당하다면, 그와 같은 토지에 적용된 **그 어떤** 토지개혁도 부당하고 지주의 재산을 범죄적으로 몰수하는 것이다. 그러나 다른 한편, 만약 지주의 권리증서가 정의롭지 않다면, 그러면 그 토지개혁은 너무 하찮은 수준으로 행한 것이며, 문제의 핵심에 도달하는 데 실패한 것이다. 그렇다면 유일하게 적정한 해결책은 기존의 토지 권리증서를 당장 없애고 그 권리증서는 소작농에게로 이전하는 것이다. 당연히 그 토지에 대해 통제를 잘못 행사했던 침해자들에게는 아무런 보상도 하지 않아야 할 것이다. 따라서 저개발국 토지 문제는 오직 우리가 제시한 정의의 규칙을 적용함으로써만 해결될 수 있다. 그리고 우리의 규칙을 적용하려면 현재의 토지 권리증서에 대한 자세하고도 전면적인 경험적 조사를 해야 할 것이다.

최근 봉건제가 억압적이고 착취적인 게 아니라 사실상 자유의 방어벽이었다는 신조가 미국 보수주의자들 사이에서 기반을 얻어가고 있다. 보수주의자들이 지적하듯이 봉건제가 '동양의 전제정치'만큼 사악한 것이 아니었음은 사실이다. 그러나 이는 마치 투옥이 처형만큼 가혹한 처벌이 아니라고 말하는 것과 대략 비슷하다. 봉건제와 동양의 전제정치는 종류의 차이라기보다는 정도의 차이였다. 토지와 그 토지 위의 사람들에 대한 자의적 권력은 전자의 경우에는 지리적으로 분할되어 있었던 데 비해, 후자의 경우에는 토지가 국가 전체 토지 영역에 걸쳐, 관료 수행원들의 조력을 받으며 제왕 한 사람의 손에 집중되는 경향이 있었다. 권력과 탄압의 시스템들은 그 유형에 있어 비슷하다. 동양의 전제군주는 한 명의 봉건적 권력자이고 결과적으로 그 권력이 그의 손에 귀속되었다. 각 시스템은 다른 시스템의 변종이다. 어떤 의미에서도 두 시스템은 리버테리언이 아니다. 한 사회가 마치 이 둘이 유일한 대안들인 양 이 두 시스템 가운데 하나를 선택해야 한다고 가정할 아무런 이유도 없다.

이 전체 문제에 대한 역사적 사고는 슈몰러, 뷰히너, 에렌베르크, 좀바르트와 같은 19세기 후반의 국가주의 독일 역사학자들에 의해 매우 잘못된 길로 갇히고 말았다.[7] 이 역사가들은 한편에는 봉건제를 놓고, 다른 한편에는 절대왕정 혹은 강력한 국가를 놓고서 두 편을 명확하게 양분하고 선천적인 갈등관계로 상정했다. 그들은 자본주의 발전은 절대왕정과 강력한 국가가 지방의 봉건적이고 길드와 같은 유형의 제약들의 타파를 **요구한다고** 상정했다. 자본주의에 강력한 중앙집권 국가를 더한 것 대(對) 봉건제라는 이분법을 유지함에 있어서, 이 특별한 관점으로부터 국가를 이용했던 '부르주아지'와 자유시장에서 행동했던 부르주아지를 구별하지 않았던 마르크스주의자들이 그들에게 합류했다. 이제 일부 현대 보수주의자들은 이 오래된 이분법 자체는 취했지만 그것을 완전히 뒤집어 생각했다. 이들의 견해에 의하면, 봉건제와 강력한 중앙집권 국가는 여전히 결정적으로 극단적 체제이지만, 이제 봉건제가 중앙집권 국가의 훌륭한 대안으로 간주된다.

여기에서 오류는 이분법 자체에 있다. 실제로 강력한 국가와 봉건제는 정반대가 **아니다**. 절대군주가 슈퍼 봉건영주로서 지배하는 강력한 국가는 봉건제의 논리적 귀결이다. 강력한 국가는, 서구에서 발전했을 때, 무역에 대한 봉건적 제약을 부수려고 하지 않았다. 그와 반대로 강력한 국가는 중앙집권적 제한들과 무거운 과세를 봉건제적 구조의 꼭대기 위에 **덧붙였다**. 유럽에서 강력한 국가의 살아있는 전형에 대항하여 벌어졌던 프랑스혁명은 지역적 제약들을 가진 봉건제와 함께 중앙정부에 의해 부과된 제약들과 높은 세금을 타파하는 것을 목표로 했다.[8] 진정한 이분법은 한편에는 자유를 놓고 다른 한편에는 봉건영주들과 절대군주를 두고 이 두 편을 **대비**하는 것이었다. 게다가 자유시장과 자본주의는 봉건제와 중앙정부 권력 두 가지 **모두**가 상대적으로 가장 약했던 국가들, 즉, 이탈리아의 도시국가들, 그리고 17세기 네덜란드와 영

7) 역설적으로 좀바르트의 만년은 자본주의 발전 개념에 대한 공격으로 점철되어 있다. 다음을 보라. Werner Sombart, *A New Social Philosophy* (Princeton, N.J.: Princeton University Press, 1937); Werner Sombart, *Vom Menschen* (Berlin, 1938).

8) 프랑스혁명에서 사적 재산과 봉건제에 대해서는 다음을 보라. Gottfried Dietze, *In Defense of Property* (Chicago: Regnery, 1963), pp.140~41.

국에서 가장 먼저 그리고 가장 크게 번영했다.[9)]

북미가 봉건적 토지와 토지 독점의 폐해로부터 상대적으로 탈출한 것은 그런 시도가 없어서가 아니었다. 많은 영국 식민지들이 봉건적 지배를 확립하려는 강력한 시도들을 했다. 특히 뉴욕, 매릴랜드, 그리고 캐롤라이나에서처럼 식민지들이 독점회사(chartered companies) 혹은 특허소유권(proprietorships)을 가진 회사가 되었던 곳에서 그런 시도들이 있었다. 그런 시도는 실패했는데 그 까닭은 신세계가 광대한 처녀지 영역이었기 때문이었고, (그중 대다수가 그 규모 면에서 실로 엄청났다.) 그 결과 독점과 봉건적 토지 공여(feudal land grants)를 받은 무수한 사람들이 그 토지로부터 이윤을 얻는 유일한 방법은 정착자들로 하여금 신세계로 들어와 자신의 재산에 정착하도록 유도하는 것이었기 때문이었다. 신세계 미국에서는 구세계(the Old World)에서처럼, 인구가 상대적으로 밀집된 지역에 거주하는, 그래서 쉽게 착취될 수 있는 기존의 정착자들이 존재하지 않았다. 그 대신 지주들은 정착을 장려하지 않을 수 없었고 정착자들이 빨리 귀환하기를 바랐기 때문에 토지를 정착자들에게 항상 분할해서 팔았다. 자의적인 권리주장과 정부의 무상공여에 의해 토지 권리증서들이 정착에 앞서 독점화된 것은 물론 불행한 일이었다. 정착자들은 결과적으로 공짜였을 토지를 가격을 지불하도록 강제되었다. 그러나 그 토지가 정착자들에 의해 구매되고 나서는 불의(不義)가 사라졌고, 토지권리증서는 타당한 소유자인 정착자에게 귀속되었다. 이런 식으로 처녀지의 엄청난 공급이, 토지를 (정부로부터) 받은 이들의 빠른 이윤 획득 욕구와 합쳐져서 미국 전역에 봉건제와 토지독점의 해체, 그리고 북미에 진정한 리버테리언 토지 시스템의 구축이라는 행복한 결말을 가져왔다. 일부 식민지 시대 소유주들은 정착자들로부터 (봉건적 착취의 최종적 흔적인) **면역**(免役)**지대**(quitrents)를 계속 거두고자 시도했지만, 광범위한 지역에서 정착자들은 지불하기를 거절하거나 그 토지를 자신의 것으로 취급했다. 모든 경우에 식민지 시대 지주들은 심지어 영국 국왕에 의해 그들의 인가서(charters)가 몰수되기 이전에도 이미 **면역지대**를 거두길 포기했다.[10)] 영

9) 간과되고 있는 네덜란드 경우에 대해서는 다음을 보라. Jelle C. Riemersma, "Economic Enterprise and Political Powers After the Reformation," *Economic Development and Cultural Change* (July 1955), pp.297~308.

10) 이에 관한 미국의 경험에 대해서는 다음을 보라. Murray N. Rothbard, *Conceived in Liberty*

국식민지들에서 오로지 하나의 사소한 경우에만 (노예제와 대규모 남부 플랜테이션이라는 결정적 경우와는 별개로) 봉건 토지 임차가 지속됐다. 즉 뉴욕의 허드슨 계곡 카운티들이 그런 사소한 예외적 경우였는데, 거기에서는 정착자들에게 토지를 팔지 **않고** 토지를 임대한 대규모 토지양수인(grantee)들이 없어지지 않고 계속 존재했다. 그 결과 (심지어 '소작농'으로도 알려졌던) 농부들은 그들의 봉건적 지주들에 대항해 계속 저항했으며 심지어 공개적인 전투를 벌이기도 했다. 이 운동은 1840년대의 '반(反)지대' 운동에서 절정에 이르렀으며, 그 때 면역지대가 마침내 주(洲)의 입법에 의해 종식되었으며 남부 이외의 지역에 남아있던 봉건제의 마지막 흔적이 마침내 사라졌다.

물론 이런 농촌의 목가적 모습에 대한 중요한 예외가 남부 주들에서 번창한 노예제도이다. 오직 노예노동의 강제야말로 미국 남부에서 주요 작물들의 대규모 플랜테이션을 가능케 했다. 다른 사람들의 노동을 소유하고 강제할 능력이 없이는 대규모 플랜테이션—아마도 담배와 후일에는 면화 경작의 대부분—은 남부에 만연할 수 없었을 것이다.

우리는 위에서 노예 문제를 위한 오직 하나의 도덕적 해결책이 존재할 뿐임을 보여주었다. 그것은 노예 주인에게 아무런 보상을 하지 않고, 즉각적이고 무조건적으로 제도를 철폐하는 것이다. 정말 어떤 보상이 있어야 한다면, 평생 노예를 했던 데 대한 대가로 압제를 받은 노예들이 보상을 받아야 할 것이다. 그런 필요한 보상의 필수적 부분은 플랜테이션 토지들을 노예들에게 수여하는 것이다. 어떤 재산에 대해서도 유효한 권리증서를 가졌다고 하기 어려운 노예 주인에게 그 토지를 주는 게 아니라, 그들의 노동이 플랜테이션을 개발하기 위해 토지에 혼합된 노예들에게 우리의 '홈스테딩' 원칙에 따라 그 토지를 주어야 한다. 한마디로, 최소한 초보적 리버테리언 정의는 노예들의 즉각적 해방뿐만 아니라 노예들이 땀흘리고 일했던 플랜테이션 토지를 노예 소유주들에게 보상하지 않고 노예들에게 즉각 넘겨주기를 또한 요구했다. 말하자면, 승리한 북부가 차르 알렉산더(Czar Alexander)가 1861년에 농노들을 해방시켰을 때 저질렀던 것과 동일한 '실수'를 저질렀다. 비록 '실수'란 말은 불의하고 압제적인 사회 시스템의 본질을 유지시켰던 행동에는 어울리지 않는 너무 자비로

(New York: Arlington House, 1975), vol. 1.

운 용어이지만 말이다. 그러나 압제 받는 자들의 **신체들은** 해방됐지만, 그들이 일했고 또 현저하게 소유할 자격이 충분한 재산은 그들의 예전 압제자들의 수중에 남아 있었다. 경제적 파워가 그래서 그들의 수중에 그대로 있음으로 과거의 주인들은 이제 자유로운 임차인들과 농업 노동자들보다 더 실질적 주인임을 곧 발견하게 되었다. 농노들과 노예들은 자유를 맛보았지만 잔인하게도 그 과실들을 빼앗겼다.[11)]

11) 최근 린(Lynd), 맥퍼슨(McPherson), 로즈(Rose)와 같은 노예제 폐지를 찬성하는 역사가들의 새로운 운동은 과거의 플랜테이션을 노예들에게 넘기기 위하여 '40에이커와 한 마리의 노새(forty acres and a mule)'라는 노예폐지론자의 요구의 결정적 중요성을 인식했다. 다음을 보라. James M. McPherson, *The Struggle for Equality: Abolitionists and the Negro in the Civil War and Reconstruction* (Princeton, N.J.: Princeton University Press, 1964); 그리고 Willie Lee Rose, *Rehearsal for Reconstruction: The Port Royal Experiment* (Indianapolis, Ind.: Bobbs－Merrill, 1964). 아울러 다음을 보라. Claude F. Oubre, *Forty Acres and a Mule: The Freedmen's Bureau and Black Land Ownership* (Baton Rouge: Louisiana State University Press, 1978).

제12장 자기방어

만약 모든 사람이 정당하게 보유한 자신의 재산에 대해 절대적인 권리를 가지고 있다면, 그는 그 재산을 **지킬** 권리, 즉 폭력적인 침략에 대해 폭력으로 방어할 권리를 가진다는 결론이 도출된다. 르페브리(LeFevre)처럼 재산권에 관한 자신들의 믿음을 역시 주장하는 확고한 평화주의자들은 피할 수 없는 내적 모순에 사로잡혀 있다. 왜냐하면, 어떤 사람이 재산을 소유하지만 공격으로부터 그것을 방어할 권리가 부인된다면, 그에게 그 소유권의 아주 중요한 측면이 부인되고 있다는 것이 분명하기 때문이다. 어떤 사람이 어떤 재산에 대해 절대적인 권리를 갖지만 공격 혹은 침해로부터 그것을 방어할 권리가 없다고 하는 것은 그가 그 재산에 대한 완전한 권리를 갖는 것이 아니라고 하는 것과 마찬가지다.

게다가 만약 모든 사람이 공격으로부터 자신의 인신과 재산을 방어할 권리를 갖는다면, 그는 또한 그런 방어를 할 타인의 도움을 이용하거나 수락할 수 있는 권리도 가져야만 한다. 그는 잔디관리를 위해 정원사의 자발적인 서비스를 이용하거나 수락할 수 있는 것과 마찬가지로 방어자를 고용하거나 받아들일 수 있다.

자신의 인신과 재산에 대한 인간의 자기방어의 권리는 어디까지인가? 근본적 대답은 다음과 같아야 한다. 그가 타인의 재산권을 침해하기 시작하는 지점까지. 왜냐하면, 그런 경우 그의 '방어'는 본질적으로 타인의 정당한 재산, 즉 타인도 당연히 스스로 방어할 수 있는 재산에 대한 범죄적 침해를 형성할 것이기 때문이다.

그러므로 어떤 사람의 재산에 대한 실질적 혹은 직접적 위협이 되는 침해에 대한 방어적인 폭력만이 오로지 사용될 수 있다. 그러나 어떤 사람의 소득 혹은 재산 가치를 하락시키는 어떠한 비폭력적인 '피해'에 대해서는 방어적인 폭력이 사용될 수 없다는 것이 당연히 추론된다. 그래서 A, B, C, D … 등이 그 **이유가 무엇이든** 스미스의 공장 혹은 가게로부터 재화 구입을 보이콧하기로 결정했다고 가정하자. 그들은 모든 사람들이 스미스를 보이콧하도록 요구하는 피켓시위를 하고 전단을 살포하고 연설한다. 그 방법들은 모두 비침해적인(non-invasive) 것들이다. 스미스는 아마도 상당한 소득을 잃게 될 것이다. 그리고 그들이 사소한 이유 혹은 심지어 비도덕적인 이유로 보이콧해도 관계없다. 그러나 그런 보이콧을 준비하는 것이 전적으로 그들의 권리에 포함되어 있다는 사실은 여전히 변함이 없다. 그리고 만약 스미스가 그런 보이콧을 깨기 위해 폭력의 사용을 시도한다면 그는 그들 재산에 대한 범죄적 침해자가 될 것이다.

따라서 방어적 폭력은 인신 혹은 재산에 대한 침해적 행동을 저지하는 것으로 한정되어야 한다. 하지만 그런 침해는 실질적인 물리적 공격과 유사한 두 가지 행위를 포함한다. 하나는 **협박**(intimidation) 혹은 물리적 폭력이라는 직접적인 위협이다. 다른 하나는 그의 동의 없이 다른 사람의 재산을 탈취하는 것이고 그 결과 암묵적인 절도인 **사기**(fraud)이다.

그래서 어떤 사람이 거리에서 당신에게 접근하여 총을 급히 꺼내어 지갑을 달라고 요구한다고 가정하자. 그는 이 접촉과정에서 당신에게 물리적으로 폭행을 하지 않았을 것이다. 그러나 만약 당신이 그의 욕구에 불응한다면 당신에게 총격을 가**할 것이라**는 직접적이고 과도한 위협에 입각하여 그는 당신으로부터 돈을 뜯어냈다. 그는 자신의 요구에 대해 당신을 복종하게 만들기 위해 침해라는 위협을 사용했고, 이것은 침해 자체와 동등한 것이다.

그러나 그 공격적인 위협이 감지될 수 있고, 즉각적이고, 직접적이어야 한다는 점을 주장하는 것이 중요하다. 요컨대, 그것은 과도한 행동의 착수로 구현되어야 한다는 점이다. 어떠한 관계가 먼(remote) 혹은 간접적인 기준—어떠한 '위험' 혹은 '위협'—은 단지 그 주장된 '위협'에 대한 추정된 '피고인'에 의한 침해적 행동을 위한 변명일 뿐이다. 예를 들면, 1920년대 알코올 금지를 지지하는 주요한 논거들 중 하나는 알코올 흡수는 (비특정적인) 사람들이 다양한 범죄를 행할 가능성이 증가한다는 것이었다. 따라서 그 금지는 인신과 재산을 보호하는 방어적인 행동이라고 주장되었다. 물론 사실 그것은 인신과 재산에 대한 권리, 즉 알코올 음료를 구입하고 팔고 사용할 권리에 대한 난폭한 침해였다. 똑같은 방식으로 다음과 같은 것을 주장할 수 있다. (a) 비타민 흡수의 실패는 사람들을 더욱 짜증나게 하고 (b) 그러므로 그 실패는 범죄를 증가시킬 것 같고, 그러므로 (c) 모든 사람은 매일 비타민의 적정량을 취하도록 강요되어야만 한다. 일단 애매하고 미래적인—즉, 과도하지 않고 즉각적이지 않은—인신과 재산에 대한 '위협'을 받아들이면, 모든 종류의 폭압은 용서받을 수 있는 것으로 된다. 그러한 폭압에 대항할 수 있는 유일한 방법은 인식된 침해가 분명하고 즉각적이고 과도해야 한다는 기준을 유지하는 것이다. 왜냐하면, 희미하거나 혹은 분명치 않은 행동이 필연적인 경우에, 우리는 침해하는 협박이 직접적이고 즉각적이 되도록 요구하고 따라서 사람들이 그들이 하는 것은 무엇이든지 허용하도록 무진 애를 써야 한다. 요컨대, 공격이 실질적으로 시작되었다는 점에 대한 입증책임은 방어적 폭력을 이용한 사람에게 지워져야 한다.

사기가 암묵적인 절도가 되는 것은 자유계약의 권리로부터 유래되고, 이어서 그 권리는 사적재산권으로부터 유도된다. 그래서 스미스와 존스는 재산권리증서의 계약적 교환에 동의한다고 가정하자. 스미스는 존스의 차에 대한 대가로 1,000달러를 지불할 것이다. 만약 스미스가 그 차를 전유하고 존스에게 1,000달러를 넘기는 것을 거절한다면, 스미스는 사실상 1,000달러를 훔친 것이다. 스미스는 현재 전적으로 존스에게 속하는 1,000달러에 대한 공격자이다. 그래서 이런 종류의 계약을 지키지 못하는 것은 절도와 마찬가지고, 따라서 무장 폭행 없는 무단출입 혹은 단순한 강도가 '폭력적'이듯이 완전히 '폭력적'으로 다른 사람의 재산을 물리적으로 전유하는 것과 마찬가지다.

사기를 친 **저질품**도 똑같이 암묵적 절도이다. 만약 스미스가 1,000달러를 지급하고 구체적으로 지정한 차가 아니라 더 오래된 저품질의 차를 존스로부터 받는다면 이것 역시 암묵적 절도이다. 다시 한 번 그와 동의한, 다른 사람의 재산이 그에게 인도되지 않음으로써 그의 재산이 계약상으로 착복을 당했다.[1)]

그러나 우리는 **모든** 계약들이, 그것의 본질이 무엇이든, 강제할 수 있는 것이 되어야 한다고(즉, 그러한 강제를 위해서 폭력이 당연히 사용되어야 한다고)

---

1) 저질품에 관한 법의 리버테리언 원리의 발전에 대해서 다음을 보라. Wordsworth Donisthorpe, *Law In A Free State* (London: Macmillan, 1895), pp.132~58.

주장하는 함정에 빠져서는 안 된다. 상기 계약을 강제할 수 있는 유일한 이유는 그런 계약을 깨는 것이 재산에 대한 암묵적인 절도가 수반되어 있기 때문이다. 암묵적 절도가 포함되지 않은 계약들은 리버테어리언 사회에서 강제될 수 있어서는 안 된다.[2] 예를 들어, A와 B가 6개월 후 결혼한다는 계약에 합의했다고 하자. 혹은 6개월 지난 시점에 A는 B에게 일정 금액의 돈을 줄 것이라고 A가 약속한다고 하자. 만약 A가 그 합의를 깨뜨린다면 그는 아마도 도덕적으로 비난을 받을 수 있지만, 타인의 재산을 암묵적으로 훔치지 않았고, 따라서 그런 계약은 강제될 수 없다. A로 하여금 그런 계약을 이행하도록 강제하기 위하여 폭력을 사용하는 것은 스미스가 자신의 가게에 대해 보이콧하는 사람들에게 폭력을 사용한다면 범죄적 침해가 되는 것과 **똑같이** A의 권리에 대한 범죄적 침해가 될 것이다. 그러므로 단순한 **약속**은 당연히 강제할 수 있는 계약이 아니다. 왜냐하면 그 약속을 파기하는 것은 재산의 침해 혹은 암묵적 절도를 포함하고 있지 않기 때문이다.

채무 계약은 당연히 강제할 수 있는 것이다. 왜냐하면 약속이 수반되었기 때문이 아니라 그 채무가 지급되지 않는다면 채권자의 재산이 그의 동의 없이 착복을 당하기 — 즉, 절도를 당하기 — 때문이다. 그래서 만약 브라운이 내년에 1,100달러를 받는 조건으로 그린에게 올해 1,000달러를 빌려주는데 그린이 1,100달러를 지급하지 못한다면, 타당한 결론은 그린은 자신이 상환하기로 한, 스미스 재산인 1,100달러를 약탈한 것, 즉 절도한 것이라는 점이다. 채무를 취급하는 — 채권자가 채무자의 **재산**을 가진다는 — 이런 법적 방법은 모든 채무계약에 적용되어야 한다.

그래서 합법적인 폭력의 사용으로 사람들을 도덕적으로 만드는 것은 **법** — 당연히, 인신과 재산이 폭력적인 수단에 의해 방어되는 것을 다루는 규칙들과 수단들 — 의 소관이 아니다. 사람들을 정직하게 만들거나 혹은 약속을 지키도록 하는 것은 법의 적절한 임무가 아니다. 폭력적인 공격, 즉 그들의 동의 없이 그들의 재산에 대한 훼방 혹은 약탈로부터 신체와 재산을 방어하는 것이 합법적 폭력의 소관이다. 더 이상 말하는 것 — 예를 들면, 단순한 약속은 당연히 강제할 수 있는 것이라고 말하는 것 — 은 계약들 중 일부를 강제할 수 있

2) 이 주제에 대한 더 진전된 것을 위해서 19장 재산권과 계약이론 pp.162~182를 보라.

는 **이유**(즉, 정당한 재산권을 보호하기 위해)는 망각하면서 '계약들'만 부당하게 맹목적으로 숭배하는 것이다.

그래서 폭력적인 방어는 폭력적인 침해—실제적이든 암묵적이든 혹은 직접적이고 과도한 위협이든—에 한정되어야 한다. 그러나 이런 원리가 전제되면, 폭력적인 방어권은 어느 정도까지 나아가야 하는가? 우선 한 가지는, 거리를 횡단하는 사람의 화난 모습이 당신에게 침해의 전조가 되는 것처럼 보이기 때문에 그에게 총격을 가하는 것은 분명히 터무니없는 것이고 범죄적 침해일 것이다. 그 위험은 즉각적이고 과도한 것, 즉 '분명하고 현재적'이라고 우리가 말할 수 있는 것이 되어야 한다. 그 기준이란 당연히 언론의 자유에 대한 제한들(만약 우리가 언론의 자유를 인신과 재산에 대한 권리의 부분집합으로 간주한다면 결코 허용될 수 없는)에 적용되는 것이 아니라 추정상 곧 일을 벌일 것 같은 침입자에 대한 강제적 행동을 취할 권리에 적용되는 것이다.[3)]

둘째, 우리는 다음과 같은 질문을 할 수 있다. 가게 주인은 어떤 청년이 자신의 풍선껌 하나를 훔치는 것에 대한 처벌로 그 청년을 살해할 권리를 갖는다고 주장하는, 그런 리버테리언에 동조해야 하는가? 소위 과격주의자(maximalist)의 입장은 다음과 같다. 풍선껌을 훔침으로써, 그 부랑아는 스스로 법의 테두리를 넘어섰다. 그는 자신의 행동으로 자신이 재산권의 정확한 이론을 지지하거나 존중하지 않는다는 것을 표현했다. 따라서 그는 자신의 모든 권리를 잃고, 그 가게주인은 보복으로 그 청년을 죽이는 것은 당연하다.[4)]

나는 이런 입장이 기괴한 균형(감각)의 부족에 시달린다는 점을 제기한다. 자신의 풍선껌에 대한 가게주인의 권리에 집중함으로써, 그 입장은 다른 고도의 소중한 재산권을 전적으로 무시하고 있다. 그것은 그 청년을 포함한 모든 사람의 자기소유권이다. 어떤 기준에 입각해서 다른 사람의 재산에 대한 하찮은 침해가 그 사람 자신의 재산에 대한 총손실이라는 부담을 주어야 한다고

---

3) 이 필요조건은 이중효과(double effect)의 스콜라 철학적 교리를 요구한다. 다음을 참조하라. G.E.M. Anscombe, "The Two Kinds of Error in Action," *Journal of Philosophy 60* (1963): 393401; Philippa R. Foot, *Virtues and Vices* (Berkeley: University of California Press, 1978), pp.19~25.

4) 게다가, 과격주의자의 견해에 대해 사회주의자, 간섭주의자 그리고 공리주의자는 자신들의 견해에 의해 사형제로 빠지기 쉽다. 나는 이 점에 대해 데이비드 고든(David Gordon) 박사에게 신세를 졌다.

우리가 주장해야 하는가? 나는 범죄에 관한 또 다른 근본적인 규칙을 제안한다. 범죄자 혹은 침해자는 그가 다른 사람으로부터 빼앗은 **정도까지** 자신의 권리를 잃는다. 만약 어떤 사람이 다른 사람으로부터 그 사람의 자기소유권의 일부 혹은 물리적 재산의 부가물을 탈취한다면 그는 그 정도까지 자신 소유의 권리를 잃는다.[5] 이 원리로부터 처벌의 비례성 이론이 바로 도출된다. 이것은 오랜 격언에 가장 잘 요약되어 있다. '처벌은 범죄에 맞도록 하라.'[6]

우리는 죄를 범한 청년에 대한 가게주인의 총격, 즉 그 범죄자에게 상처를 입히거나 혹은 그 범죄자를 죽이는 것은 권리의 비례적인 손실을 넘어선 것이라고 결론을 내린다. 이 과도한 행위는 본질적으로 풍선껌 도둑의 자신소유의 인신에 대한 재산권의 침해이다. 사실 가게주인은 그 도둑보다 훨씬 더 중한 범죄자가 된다. 왜냐하면 그는 피해자를 죽이거나 부상을 입히기 때문이다. 왜냐하면 이것은 원래 들치기보다 타인의 권리에 대한 훨씬 더 심각한 침해이기 때문이다.

우리는 이어서 폭동을 선동하는 것이 비합법적인가라는 질문을 할 수 있다. 그린이 군중에게 다음과 같은 것을 촉구한다. "가라! 불 태워라! 약탈하라! 죽여라!" 그리고 그 폭도들은 바로 그 짓을 하지만 그린은 이런 범죄 활동에 전혀 참가하지 않는다. 모든 사람은 자신이 원하는 어떤 행동의 과정에 대한 채택 여부는 자유롭기 때문에 우리는 어떤 점에서 그린이 군중의 구성원들에게 범죄 활동을 하도록 **결심시켰다**고 말할 수 없다. 우리는 그의 촉구 때문에 그에게 **그들**의 범죄에 대한 모든 책임을 물을 수 없다. 따라서 '폭동을 선동하는 것'은 그로 인해 범죄에 연루됨이 없이 인간의 언론의 자유의 순수한 실행

---

5) Auberon Herbert and J.H. Levy, *Taxation and Anarchism* (London: Personal Rights Association, 1912), p.38에서 위대한 리버테리언인 헐버트(Auberon Herbert)는 이런 식으로 표현한다. 인간은 타인을 권리에 대해 침해할 때 (자신이 행한 침해의 정도까지) 자기 자신의 권리를 상실해 왔다고 내가 말하는 것이 적절한가? 침해, 그리고 결과로 초래되는 억제의 양을 구체적인 조건으로 바꾸는 것은 매우 어려울 것이다. 그러나 단지 법만이 오로지 이것을 하는 데 효과적인 것으로 보인다. 우리는 어떤 사람이 나를 며칠 동안 드러눕게 상처를 입힌다면 어떤 특정한 방법으로 그를 처벌한다. 다른 때, 그가 나의 목숨을 앗아간다면 …. 그것[법]의 근저에는 처벌 혹은 배상은 — 민사상과 형사상 둘 다 모두에서 — 침해의 양에 의해 측정되어야 한다는 견해(내가 생각하기에 진실인)가 일반적으로 있다. 다른 말로 하면 그 침해자는 — 서투른 방식을 거쳐서 — 자신이 타인에게 빼앗아왔던 자유만큼의 자유를 잃는다.

6) 이 처벌이론의 발전에 대해서 다음 13장 처벌과 비례성 pp.103~16를 참조하라.

이다. 다른 한편, 만약 그린이 다양한 범죄를 행하기로 다른 사람들과 어떤 계획 혹은 음모와 우연히도 관련되어 있고 그 다음에 그린이 그들에게 음모를 진행할 것을 말했다면 그는 타인들과 마찬가지로 당연히 범죄에 연루된 것은 분명하다. 만약 그가 범죄 폭력단을 이끄는 조종자라면, 더욱더 그렇다. 이것은 실제적으로는 분명히 구분할 수 있지만 외관상 구분하는 것은 어렵다.— 범죄폭력단의 우두머리와 폭동 중의 가두 연설가 간에는 차이가 존재한다. 전자는 당연히 '선동'으로 그저 기소되지 않는다.

방어에 대한 우리의 논의로부터 모든 사람은 자기방어를 위한 것이든 혹은 어떠한 다른 정당한 목적을 위해서이든 무장할 절대적 권리를 갖고 있다는 것이 훨씬 더 분명해진다. 범죄는 **무장**으로부터가 아니라 위협받는 침해 혹은 실질적 침해를 위해 무기를 **사용**함으로써 발생한다. 좌우간, 협박을 위해 사용될 수 있는 것이야말로 정확히 **공개**되고 숨겨지지 않은 무기일 때, 법이 **숨겨진** 무기를 특히 금지해왔다는 것은 기이하다.

아주 사소한 계약파기부터 살인까지 모든 범죄에는, 즉 권리의 모든 침해에는 항상 관련된 두 당사자(혹은 당사자들의 집합)인 피해자(원고)와 범죄피의자(피고)가 존재한다. 모든 소송절차의 목적은 어떤 소송이든지 범죄자가 **누구**인지 아닌지를 밝히는 것이다. 일반적으로, 이런 소송절차들은 누가 범죄자가 될 것인지를 밝히는 가장 널리 받아들여지는 수단을 향해 나아간다. 그러나 리버테리언은 이런 절차들에 최우선시 되는 한 가지 **단서**(caveat)를 갖고 있다. 즉, 비범죄자에 대해 강제가 사용될 수 없다는 것이다. 왜냐하면, 비범죄자에 대해 사용되는 어떠한 물리적 강제도 그 무고한 사람의 권리에 대한 침해이고, 따라서 그 자체가 범죄이고 허용될 수 없는 것이기 때문이다. 예를 들어, 피의자를 구타하고 고문하는—혹은 하다못해 도청하는—경찰 관행을 보자. 이런 관행을 반대하는 사람들은 보수주의자들에 의해 '범죄자를 애지중지한다고' 끊임없이 비난을 받는다. 그러나 중요한 점은 이들이 범죄자인지 아닌지를 우리는 **모르고**, 유죄선고를 받을 때까지 그들은 범죄자로 간주되어서는 안 되며, 결백한 사람이 가지는 모든 권리를 누릴 수 있어야 한다. 유명한 관용구의 말속에, '유죄가 입증될 때까지 그들은 무죄이다.' (유일한 예외는 공격자에 대해 현장에서 자기방어를 위해 애쓰는 피해자가 될 것이다. 왜냐하면 그는 그 범죄자가 자신의 가정을 침해하고 있다는 것을 **알기** 때문이다.) 그래서 '범죄자를 애지중지하는 것'은 실질적으로 경찰은 자신들이 범죄자로 의심하지만 결백으로 추정되는 사람의 자기소유권을 형사법상으로 침해하지 않아야 한다는 점을 확인하는 것이 된다. 그 경우, '범죄자를 애지중지하는 사람'(coddler)과 경찰을 제한하고자 하는 사람은 보수주의자보다 훨씬 더 재산권의 진정한 방어자임이 판명된다.

우리는 하나의 중요한 의미에서 이 토론에 단서를 달 수 있다. 그 피의자가 유죄로 입증**된다면**, **그리고** 그 피의자가 유죄로 입증되지 않으면 경찰이 스스로 범죄자로 취급된다면, 경찰은 그런 강제적 방법을 사용할 수 있다. 왜냐하면 그런 경우에 비범죄자에 대해 강제력을 사용하지 말아야 하는 규칙이 여전히 적용될 것이기 때문이다. 예를 들어, 경찰이 정보를 파악하기 위해(자백을 얻어내기 위해서가 **아니라**, 왜냐하면 분명히 강제적 자백은 타당성이 있는 것으로 인정되지 않기 때문에) 살인혐의자를 때리고 고문한다고 가정하자. 만약 그 혐의자가 유죄로 판정되면, 그 경찰은 무죄가 되어야 한다. 왜냐하면 그 경찰은 단지 살인자로부터 그가 대가로 치러야할 것을 끄집어냈기 때문이다. 그의 권리는 이미 그 정도 이상으로 몰수되었다. **그러나** 그 피의자가 유죄를 선고받지 않으면 그것은 경찰이 무고한 사람을 때리고 고문을 해왔고 그 대가로 경찰은 범죄적 폭행으로 투옥되어야 한다는 것을 의미한다. 요컨대, 모든 경우에, 경찰은 타인이 취급받는 것과 정확히 똑같이 취급되어야 한다. 리버테리언 사회에서는 모든 사람은 리버테리언 법 아래 동등한 자유, 즉 동등한 권리를 가진다. 특별한 면책특권, 즉 범죄를 행할 수 있는 특별한 면허가 존재할 수 없다. 그것은 리버테리언 사회에서는 경찰도 그 밖의 어떠한 다른 사람들처럼 기회를 잡아야 한다는 것을 의미한다. 만약 경찰이 어떤 누구에게 침해적 행동을 한다면 그 사람이 마땅히 그 침해를 받아야 할 가치가 있다는 점이 입증되어야 할 것이고, 그렇지 않으면 **경찰**은 범죄자가 되는 것이다.

당연한 결과로서 경찰이 조사 중인 범죄보다 더 나쁜, 혹은 그 이상의 침해를 행하는 것은 **결코** 허용될 수 없다. 따라서 경찰이 좀도둑 혐의가 있는 사람을 때리고 고문하는 것은 결코 허용될 수 없다. 왜냐하면, 구타는, **심지어** 그 사람이 진짜 절도범이라고 하더라도, 도둑질보다 더 인권을 침해하는 것이기 때문이다.

어느 누구도, 자기방어의 권리를 행하는 시도에서, 어떤 사람이 그 자신을 보호하도록 강제할 수 없다는 점이 분명하게 되어야 한다. 왜냐하면 그것은 방어자 스스로가 타인의 권리에 대한 범죄적인 침해자가 될 것이기 때문이다. 그래서 만약 A가 B를 공격하고 있다면 B는 자신을 보호하는데 C를 강제적으로 참여시키기 위해 폭력을 사용할 수 없다. 왜냐하면 그러면 B가 바로 그만큼 C에 대한 범죄적 공격자가 될 것이기 때문이다. 이것은 국방을 위한 **징집**(conscription)을 즉각적으로 배제한다. 왜냐하면 징집은 어떤 사람을 노예화하여 다른 사람을 위해서 싸우도록 강제하는 것이다. 그것은 또한 **강제 증인**(compulsory witness) 같은 우리의 법적 체계에 심도있게 구현되어 있는 부문과 같은 것을 배제한다. 어떤 사람도 어떤 주제에 대해 다른 사람이 말하도록 강제할 권리를 갖고 있지 않다. 우리에게 잘 알려진, 자신에 불리한 진술의 강요금지는 아주 좋은 것이지만, 그것은 **다른 어떤 사람**에게 죄를 씌우지 않을 혹은 실제로 전혀 아무것도 말하지 않을 권리를 보호하는 것까지 확장되어야 한다. 언론의 자유는 침묵할 당연한 자유 없이는 아무런 의미가 없다.

만약 비범죄자에게 폭력이 사용될 수 없다면, 현행의 **강제배심원 의무체제**도 또한 폐지되어야 한다. 징집이 노예화의 한 형태인 것처럼 강제배심원 의무체제도 역시 마찬가지다. 정확히, 배심원이 되는 것이 너무나도 중요한 서비스이기 때문에 그 서비스는 분개한 노예에 의해 충족되어서는 안 된다. 그리고 배심원의 노예화라는 토대에 입각한 어떤 사회도 어떻게 스스로 '리버테리언'이라고 부를 수 있을까? 현행 체제에서, 법정은 배심원들에게 너무나도 낮은 시장 가격을 일당으로 지급하여 그 결과 배심원 노동의 필연적인 부족이 강제에 의해 보충되어야만 하기 때문에 법정은 배심원을 노예화한다. 그 문제는 군대가 사병에게 시장임금보다 훨씬 낮게 지급하는 군인 징집이 그 임금에서 그들이 원하는 수의 남성을 얻을 수 없고 그 갭을 충당하기 위해서 징집으로 전환할 때와 아주 똑같은 문제이다. 법정은 배심원에게 시장임금을 지불하도록 하자. 그러면 충분한 공급이 곧 마련될 것이다.

만약 배심원 혹은 증인에 대한 강제가 존재할 수 없다면 리버테리언 법질서는 **증인소환력**(subpoena power)이라는 개념 전체를 제거해야 할 것이다. 물론 증인은 출석하도록 **요청**받을 수 있다. 그러나 이런 자유지원제는 피고들에게도 또한 적용되어야 한다. 왜냐하면 그들이 아직 유죄로 확정되지 않았기 때문이다. 리버테리언 사회에서, 원고는 피고가 범죄로 기소 중에 있고, 피고의 재판이 진행될 것이라는 점을 피고에게 통지해야 할 것이다. 피고는 출현하도록 그저 초대받은 것이다. 그가 출석하도록 하는 강제는 없을 것이다. 만약 피고가 스스로 방어하지 않기로 선택한다면, 그 재판은 **궐석으로**(in absentia) 진행될 것이다. 물론 그 궐석은 피고의 기회가 그만큼 감소될 것이라는 것을 의미한다. 강제는 최종 선고 **이후**에만 피고에 대해서 사용될 수 있다. 똑같은 방식으로, 경찰 강제의 경우처럼, 교도관이 피고가 무죄라고 판명되면 납치죄 선고에 직면할 각오를 하지 않는 한, 피고는 유죄선고 이전에 투옥될 수 없다.[7]

---

7) 미결수의 강제에 대한 이런 금지는 보석체계(bail system) — 그 보석체계에서는 판사가 자의적으로 보석의 양을 설정하고, 그리고 그 양에 관계없이, 더 가난한 피고는 분명히 그에 대해 차별을 받는다 — 라는 뻔뻔스러운 악을 제거할 것이다.

제13장 처벌과 비례성[1)]

리버테리언 정치이론의 **특징 중에서** 처벌이론보다 덜 만족스런 상태인 것은 **거의** 없다.[2)] 통상적으로 리버테리언은 어느 누구도 타인의 인신 또는 재산에 대해 공격할 수 없다는 공리를 기꺼이 주장하거나 혹은 개발해왔다. 그런 침해자에 대해 취해질 수 있는 어떤 제재들이 거의 전혀 다루어져 오지 않았다. 우리는 범죄자가 자신이 타인의 권리를 빼앗는 **정도까지** 자신의 권리를 잃는다는 견해, 즉 '비례성 이론'을 진척시켜 왔다. 우리는 이제 그런 비례적 처벌이론이 함축하는 것을 더욱더 정교화해야 한다.

우선 비례성 원리는 범죄자에 대한 강제적 처벌이라기보다는 **최고한도** 처벌이라는 점을 분명히 밝혀야만 한다. 리버테리언 사회에서, 우리가 말해왔던 것처럼, 법률적 분쟁과 조치에는 단지 두 당사자만 존재한다. 그들은 피해자 또는 원고와 소위 범죄자 또는 피고이다. 원고야말로 법원에서 범법자를 기소한다. 리버테리언 사회에서, '사회'라는 잘못 정의된 것에 반하는 범죄는 존재하지 않을 것이고, 따라서 범죄혐의자에 대해 기소를 결정하고 기소하는 '지방검사' 같은 그런 사람은 존재하지 않을 것이다. 비례성 규칙은 원고가 유죄로 결정된 부정행위자로부터 **얼마만큼** 처벌을 가**할 수** 있는지를 말할 뿐이지, 그 이상은 아니다. 그것은 처벌자 스스로 범죄적 공격자가 되기 이전에 가할 수 있는 처벌의 최고한도를 부과하는 것이다.

그래서 리버테리언 법 아래에서, 교수형은 살인죄에 엄격히 한정되어야 할 것이라는 점이 아주 분명해진다. 왜냐하면 범죄자는 자신이 먼저 피해자로부터 삶의 권리를 빼앗았더라면 그 자신도 삶의 권리를 오로지 잃기 때문이다. 따라서 자신의 풍선껌을 도둑맞은 상인이 유죄선고가 된 풍선껌 도둑을 처형하는 것이 허용되지 않아야 할 것이다. 만약 그 상인이 그렇게 했다면, **그**

---

1) 이 장은 실질적으로 다음에서 똑같은 형태로 출간되었다. Murray N. Rothbard, "Punishment and Proportionality," in *Assessing the Criminal: Restitution, Retribution, and the Legal Process*, R. Barnett and J. Hagel, eds. (Cambridge, Mass.: Ballinger Publishing, 1977), pp.259~70.

2) 그러나 모든 법체계는, 리버테리언이든 아니든, 어떤 처벌이론을 고안해야만 하고 현존하는 체계는 리버테리언 이론의 처벌처럼 적어도 불만족스런 상태라는 점을 주목해야 한다.

는 풍선껌 도둑의 상속인 혹은 양수인에 의해 법정에 호출되는, 정당성이 없는 살인자가 될 것이다.

그러나 리버테리언 법에서, 원고 혹은 그 상속인에게 이런 최고한도의 처벌을 가하도록 하는 **강제**는 없을 것이다. 예를 들어, 만약 원고 혹은 그 상속인이 어떤 이유로 교수형을 좋지 않게 생각한다면 자발적으로 그 피고가 받는 처벌의 전부 혹은 일부를 용서할 수 있다. 만약 그가 톨스토이언(Tolstoyan)이고 처벌에 대해서 완전히 반대한다면 그는 그 범죄자를 그냥 용서할 수 있고 그렇게 될 것이다. 혹은 그 피해자 또는 그 상속인은 범죄자가 자신의 처벌의 일부 또는 전부를 **돈으로 무마하는 것**을 허락할 수 있다. 그리고 이것은 구 서구법(Western law)에서 오랫동안 존중되어온 전통이다. 그래서 만약 비례성이 피해자가 그 범죄자를 10년 투옥형을 허용한다면, 피해자가 원한다면 그 범죄자는 그 형을 감소하거나 제거하기 위해 피해자에게 대가를 지급할 수도 있다. 비례성 이론은 단지 처벌의 상한선만 제공한다. 왜냐하면 그것은 피해자가 **정당하게** 부과할 수 있는 처벌의 정도를 말해 주기 때문이다.

살인 사건에서 어떤 문제가 발생할 수 있다. 왜냐하면 그 희생자의 상속인이 그 살인자를 추적하는 데 덜 열정적인 것으로 드러날 수 있거나 혹은 살인자가 처벌을 돈으로 무마하도록 하는 경향이 과도할 수 있기 때문이다. 이 문제는 자신의 유언장에 살인혐의자에 가하고 싶은 어떤 형벌을 진술하는 사람들에 의해 단지 **처리**될 수 있다. 그래서 모든 처벌을 반대하는 톨스토이언뿐만 아니라 엄격한 징벌을 좋다고 생각하는 사람도 자신의 바람을 정확히 실행할 수 있을 것이다. 실제로 고인은 예를 들어 유언장에서 그가 가입한 범죄보험회사를 살인혐의자의 기소자로 하는 유언장을 마련할 수 있다.

그래서 만약 비례성이 처벌의 상한을 정한다면, 우리는 비례성 그 자체를 어떻게 설정할 것인가? 첫 번째 요점은 처벌의 중요성이 어떤 사람의 부채를 '사회'(그것이 무엇을 의미하든)에 지불하는 것에 있는 것이 **아니라** 그 피해자에게 지불하는 데 있다. 분명히, 그 부채의 **최초** 역할은 상환(restitution)이다. 이것은 절도의 경우 분명히 작동한다. 만약 A가 B로부터 15,000달러를 훔쳤다면, A처벌의 첫째, 혹은 최초 역할은 그 15,000달러(거기에 다 손해, 사법과 경찰 비용, 그리고 포기된 이자를 더해서)를 B의 수중으로 복구하는 것이 되어야 한다. 대부분의 경우처럼, 그 도둑이 그 돈을 이미 다 써버렸다고 가정하자. 그 경우 적절한 리버테리언 처벌의 첫 단계는 도둑이 일하도록 강제하고 피해가 상환될 때까지 피해자에게 거기서 발생하는 소득을 배정하도록 하는 것이다. 그러면 그 이상적 상황은 그 범죄자를 솔직히 피해자의 **노예상태**로 두는 것이다. 즉, 그 범죄자는 자신이 나쁜 짓을 한 사람의 불만이 제거될 때까지 정당한 노예라는 바로 그 조건이 지속되는 것이다.[3)]

우리는 배상-처벌에 대한 중요성이 현행 처벌시행과는 정반대라는 점을 주목해야 한다. 오늘날 일어나고 있는 일은 다음과 같은 불합리이다. A가 B로부터 15,000달러를 훔쳤다. 정부는 A를 추적하여 재판에 회부하여 형을 선고한다. 그 과정에서 B는 수많은 납세자들 중 희생되는 한 사람으로서 모든 비용을 치른다. 그래서 A가 B에게 상환을 강요하거나 그 부채를 상환할 때까지 강제노동을 강요하는 대신에 정부가 B, 즉 피해자가 교도소에 있는 그 범죄자를 10년 혹은 20년 동안 부양하도록 세금을 납부하도록 강요한다. 여기에 도대체 정의가 어디에 있는가? 그 희생자는 돈을 잃을 뿐만 아니라 **그 이외에도** 그 범죄자의 체포, 선고, 그리고 따라서 부양해야 한다는 불안한 오싹함에 더 많은 돈을 지불한다. 그리고 그 범죄자는 여전히 노예화되어 있지만 희생자에게 보상하는 좋은 목적으로 노예화가 되어있는 것이 **아니다**.

피해자에 대한 상환이라는 최상의 발상은 법에 훌륭한 선례가 있다. 참으로 국가의 지위가 강화되고 국가가 재판기관을 독점화함으로써 고대 법 원리야말로 쇠퇴했다. 예를 들면, 중세 아일랜드에서 왕은 국가의 수장이 아니라 오히려 범죄보험업자(crime-insurer)였다. 만약 어떤 사람이 범죄를 저지르면, 우선 행해진 것은 왕이 피해자에게 '보험금'이라는 편익을 지불했던 것이다. 그리고 나서 왕은 계속해서 그 범죄자가 자신에게 그 대가를 지불하도록 강요했다(피해자에 대한 반환이라는 사고로부터 철저하게 유도된 피해자 보험회사에 대한 반환). 너무나도 빈곤하여 교도소라는 의심스러운 사치품을 운영할 수 없었던 식민지 미국의 많은 지역에서는 절도범은 법정에 의해 그 피해자에 대한 하인

3) 의미심장하게, 미국 헌법의 13차 수정에서 비자발적인 노예상태의 금지에 대한 유일한 예외는 범죄자의 '노예화'이다. "당사자에게 충분하게 유죄임이 입증된 범죄에 대한 처벌을 제외한 노예화와 비자발적인 노예상태, 그 어느 것도 미국 내 혹은 미국의 관할권 어떤 곳에서도 존재하지 않는다."

고용계약이 맺어졌고, 그의 부채가 상환될 때까지 그 피해자를 위해서 일을 하도록 강요되었다. 이것은 리버테리언 사회에서는 교도소가 사라질 것이라는 점을 반드시 의미하는 것은 아니다. 그러나 교도소는 분명히 과감하게 변할 것이다. 왜냐하면 교도소의 주요 목적은 범죄자가 피해자에게 상환을 하도록 강요하는 것이 될 것이기 때문이다.[4)]

사실, 중세에는 일반적으로 피해자에 대한 상환이 처벌의 지배적인 개념이었다. 다만 국가의 힘이 더 강력해짐에 따라 정부 당국은 상환과정에 점점 더 많이 침해해왔다. 즉, 정부 당국은 점진적으로 자신을 위해서 범죄자의 재산에 대해 더 많은 부분을 몰수해왔고, 불행한 피해자에게는 점점 더 적은 부분이 남겨져 왔다. 실제로, 그 중요성이 피해자에 대한 상환, 즉 피해자에 대한 범죄자에 의한 상환으로부터 '국가에 반대해서' 저질러진 것으로 추정된 범죄에 대한 처벌로 이동함에 따라 국가에 의해 실행된 처벌은 점점 더 엄해지게 되었다. 20세기 초 범죄학자 윌리엄 털록이 쓴 것처럼,

> 피해자의 권리가 봉건영주와 중세 교회권력 기관에 의해 점진적으로, 그리고 결국 아주 크게 침해당한 것은 주로 봉건영주와 중세 교회권력의 폭력적인 탐욕 때문이었다. 그들은 범죄자의 재산을 희생자 대신에 그들 자신에게로 몰수하고, 그러고 나서 지하감옥, 고문, 화형 혹은 교수형으로 범죄자를 처벌함으로써 가해자에 대한 이중적인 복수를 시행했다. 그러나 잘못을 저지른 사람의 원래 피해자는 실질적으로 무시되었다.

혹은 샤퍼(Shaffer) 교수가 다음과 같이 요약한 것처럼, '국가가 처벌제도를 독점함으로써 피해자의 권리는 서서히 형법과 분리되었다.'[5)]

그러나 상환은 처벌의 우선 고려대상이지만 완전하고 충분한 기준으로서 거의 기능을 할 수 없다. 우선, 만약에 어떤 사람이 다른 사람을 폭행하지만 재산에 대한 절도가 없다면, 범법자가 상환할 방법이 명백히 존재하지 않는다. 고대법의 형태에서는 종종 범죄자가 피해자에게 지불해야 하는 화폐적 보상

4) 법에서 배상과 (범죄자가 피해자를 매수하는) '화해금'(composition)의 원리에 관해서 다음을 참조하라. Stephen Schafer, *Restitution to Victims of Crime* (Chicago: Quadrangle Books, 1960).

5) William Tallack, *Reparation to the Injured and the Rights of the Victims of Crime to Compensation* (London, 1900), pp.11~12; Schafer, *Restitution to Victims of Crime*, pp.7~8.

에 대한 부칙(schedules)이 규정되어 있었다. 폭행에 대해서는 그만큼의 많은 돈, 불구에 대해서는 훨씬 더 많은 돈 등등. 그러나 그런 부칙은 분명히 전적으로 자의적이고, 범죄의 본질 그 자체와는 관계가 없다. 그러므로 기준은 범죄자가 제거한 것과 **같은 정도만큼만** 범죄자의 권리가 손실되어야 한다는 견해에 우리는 의지해야 한다.

그러나 우리는 그 정도의 본질을 어떻게 측정해야만 하는가? 15,000달러 절도로 되돌아가보자. 심지어 여기서 단순히 15,000달러의 반환은 그 범죄를 충당하기에 거의 불충분하다(심지어 손해배상금, 비용, 이자 등을 포함하더라도). 우선, 도둑맞은 돈이라는 단순한 손실은 분명히 어떤 의미에서 미래 그런 범죄에 대한 억제자로서 기능하지 못한다(비록 우리가 아래에서 억제 그 자체가 처벌을 측정하기 위한 결함이 있는 기준이라는 점을 볼 것이지만). 그래서 만약 우리가 **범죄자가 자신이 희생자로부터 빼앗은 정도까지** 권리를 잃는다고 주장해야만 한다면, 우리는 단지 그 범죄자가 15,000달러를 상환해야 한다고 주장해야 하는 것이 아니라 **또 다른** 15,000달러를 피해자에게 지급하도록 그 범죄자를 강제해야만 한다고 주장해야 하고, 그 결과로 그 범죄자는 자신이 피해자로부터 취한 (15,000달러 가치의 재산에 대한) 그런 권리를 잃게 된다. 그러면 절도의 경우, 우리는 그 범죄자가 절도 크기의 **2배**를 지불해야 한다고 주장할 수 있다. 일단 절도된 금액에 대한 배상과 또다시 그가 다른 사람으로부터 탈취한 것의 손실에 대한 대가를 지불해야 한다.[6)]

그러나 우리는 아직 범죄에 수반된 권리의 탈취 정도를 정교화하는 데 마무리를 지은 것은 아니다. 왜냐하면 A는 복구될 수 있고 동등한 처벌이 부과되는 15,000달러만을 그저 훔친 것이 아니다. 그는 또한 B에게 공포와 불안감, 즉 B의 탈취가 진행시킨 정도만큼의 불안감을 조성하였다. 그러나 A에게 부과된 처벌은 고정된 것이고 사전에 확정된 것으로서, 따라서 A를 원 피해자보다는 훨씬 더 나은 상태에 있게 한다. 따라서 비례적인 처벌이 부과되도록 하기 위해, 우리는 또한 그의 특별한 시련인 불안과 공포의 측면에 대해 어떤 방법으로 피해자에게 보상하기 위해 두 배보다 **더 많은** 것을 추가해야 할 것이

6) 리버테리언의 두 배 처벌의 원리는 월터 블락(Walter Block) 교수에 의해 '한 개의 이에는 두 개의 이'라는 원리라고 간결하게 묘사되어 왔다.

다.[7] 이 추가보상이 무엇이 되어야 한다고 정확하게 주장하는 것은 불가능하다. 그러나 그 점이 최선을 다해 **어떤** 합리적 처벌체계—리버테리언 사회에 적용되는 것을 포함하여—를 해결해야 할 문제로부터 자유롭게 해 주지 않는다.

심지어 배상이 적용되지 않는 신체 폭행의 문제에서, 우리는 또다시 비례성 처벌이라는 기준을 이용할 수 있다. 그 결과 만약 A가 어떤 방법으로 B를 두들겨 팼다면 B는 맞은 것보다 훨씬 더 많이 A를 두들겨 팰(혹은 사법종사자에게 그를 두들겨 패게 하는) 권리를 가진다.

여기에 범죄자가 그런 처벌을 면제받기 위한 매수를 허용하는 것이 실제로 들어갈 수 있지만 **오직** 원고와 자발적인 계약의 경우에만 가능하다. 예를 들어, A가 B를 심하게 두들겨 팼다고 하자. B는 이제 A를 그만큼 심하게 혹은 그보다 조금 더 심하게 두들겨 팰 권리를 갖거나 혹은 그를 두들겨 패도록 어떤 사람(리버테리언 사회에서 그는 경쟁하는 민간 법정들(privately competitive courts)에 의해 고용된 집행관이 될 수 있다)이나 조직을 고용할 권리를 갖는다. 그러나 물론 A는 매수를 시도하는 것, 즉 B가 자신의 공격자를 두들겨 패는 권리를 포기하도록 B에게 대가를 지불하는 시도를 하는 것은 자유롭다.

그러면, 피해자는 범죄의 정도에 의해 결정되는 비례적인 크기까지 처벌을 시행할 권리를 가진다. 그러나 피해자는 또한 가해자가 처벌을 면제받기 위해 매수하는 것을 마음대로 허용하거나 혹은 그 가해자를 부분적으로 혹은 전부를 마음대로 용서할 수 있다. 처벌의 비례성 수준은 피해자의 **권리**, 즉 허용 가능한 처벌의 상한을 설정한다. 그러나 피해자가 그 권리를 **시행**하는 정도 혹은 시행 여부를 결정하는 것은 자신에게 달려있다. 암스트롱(Armstrong) 교수가 그 점을 언급한 것처럼,

> 범죄의 가혹성과 처벌의 가혹성 간에 비례성이 존재해야 한다. 비례성은 처벌의 상한을 설정한다. 즉, 비례성은 당연히 해야 할 것을 제시한다. 정의는 적절한 권위자(우리의 견해로는, 피해자)에게 어떤 한계까지 가해자를 처벌할 수 있는 권리를 부여한다. 그러나 누구도 반드시 그리고 항상 정의의 한계까지 처벌하도록 강요되지는 않는다. 유사하게, 만약 내가 어떤 사람에게 돈을 빌려준다면 나는, 공

7) 나는 이 문제를 나에게 지적해 준 것에 대해 하버드 대학의 노직(Robert Nozick) 교수에게 신세를 졌다.

정하게 말하면, 그것을 반환받을 권리를 갖고 있다. 그러나 내가 그것을 반환받지 않기로 결정하더라도 내가 불공정한 어떤 것을 한 것이 아니다. 나는 내게 빚진 것보다 많은 것을 청구할 수 없지만 내 마음대로 더 적게 청구할 수 있고 혹은 심지어 전혀 청구하지 않을 수도 있다.[8)]

혹은 맥클로스키(McCloskey) 교수가 서술한 것처럼 '만약 우리가 자비에 움직여져서 정의가 요구하는 것보다 적을 것을 부과하더라도 우리는 불공정하게 행동한 것이 아니다. 그러나 만약 당연한 처벌수준을 초과한다면 중대한 불공정성이 존재한다.'[9)]

리버테리언 법체계에 직면할 때 많은 사람들은 이 문제에 관심이 있다. 어떤 사람이 '(법률에 의하지 않고, 역자주) 법을 자기마음대로 하는 것'을 허용해야 되는가? 피해자 혹은 그의 친구가 그 범죄자에게 개인적으로 정의를 구현하는 것이 허용되는가? 물론 대답은 예이다. 왜냐하면 처벌과 관련한 모든 권리는 피해자의 자기방어권으로부터 유도되기 때문이다. 그러나 리버테리언 순수 시장경제 사회에서 피해자는 일반적으로 그 임무를 경찰과 사법기관에 맡기는 것이 훨씬 더 편리하다는 것을 알 것이다.[10)] 예를 들어, 하트필드1이 맥코이1을 살해했다고 가정하자. 그 때 맥코이2가 스스로 하트필드1을 추적하고 교수형을 시행하기로 결정한다. 다음과 같은 점을 제외하고는 이것은 좋다. 앞 절에서 논의된 경찰강제의 경우처럼, 맥코이2는 하트필드2에 의해 개인법정에서 살인으로 기소되는 혐의자로 직면될 수 있다는 점을 제외하면 말이다. 요점은 그 법정이 하트필드1이 실제 살인자였다는 점을 인정한다면 우리의 도식에서 정의를 시행하기 위한 대중의 승인을 제외하고는 맥코이2에게는 아무런 일도

---

8) K.G. Armstrong, "The Retributivist Hits Back," *Mind* (1961), reprinted in Stanley E. Grupp, ed., *Theories of Punishment* (Bloomington: Indiana University Press, 1971), pp.35~36.

9) 우리는 여기에서 '우리'가 특별한 범죄의 피해자를 반드시 의미한다는 것을 추가할 것이다. H. J. McCloskey, "A Non-Utilitarian Approach to Punishment," *Inquiry* (1965), reprinted in Gertrude Ezorsky, ed., *Philosophical Perspectives on Punishment* (Albany: State University of New York Press, 1972), p.132.

10) 우리의 견해로는 리버테리언 체계는 경찰과 법정과 같은 독점적 국가 방어 기관과는 양립하지 않을 것이다. 그 체계는 대신에 사적으로 경쟁적일 것이다. 그러나 이 책은 윤리적 전문서이기 때문에 우리는 여기서 정확하게 그런 '아나코 자본주의적' 경찰과 법정 체계가 실질적으로 어떻게 작동하는가라는 실용적인 문제로 나아갈 수 없다. 이런 문제를 논의한 것으로는 다음을 참조하라. Murray N. Rothbard, *For a New Liberty*, rev. ed. (New York: Macmillan, 1978), pp.215~41.

발생하지 않는다. 그러나 만약 하트필드1에게 원 살인자(original murder)로 유죄를 선고할 충분한 증거가 없는 것으로 판명되거나 혹은 만약 정말로 어떤 다른 하트필드나 혹은 어떤 이방인이 그 범죄를 저질렀다면, 그 때 위에서 언급한 경찰 침해자의 경우처럼, 맥코이2는 어떤 류의 면책을 위한 변호를 할 수 없다. 그 때 그는 격분한 하트필드 상속인의 요청으로 법정에 의해서 처형될 수 있는 살인자가 된다. 따라서 리버테리언 사회에서처럼 경찰들은 자신들이 그의 죄를 절대적으로 확신하고 이런 믿음을 위해 **자신을** 위태롭게 하려고 하지 않은 한 어떠한 혐의자의 권리를 침해하는 것을 피하도록 대단히 주의할 것이다. 그래서 사람들은 자신들이 마찬가지로 확신하지 않는 한 '(법률에 의하지 않고, 역자주) 법을 자기마음대로 하는' 행위를 거의 하지 않을 것이다. 게다가, 만약 하트필드1이 단지 맥코이1을 두들겨 패서 그 다음에 맥코이가 그 대가로 그를 죽인다면 이 역시 맥코이를 살인자로서 처벌을 위해 회부할 것이다. 따라서 거의 보편적인 경향은 정의의 구현은 법정으로 유보될 것이다. 그리고 그 법정의 결정은 달성할 수 있는 가장 정직하고 최선인 것으로 사회에 의해서 받아들여지게 되는, 지금 논의하는 것과 유사한, 증거에 관한 규칙, 사법절차 등등에 기초한다.[11)]

---

11) 이상 모두는 위대한 리버테리언 멘켄(H.L. Mencken)에 의해 고안된 정부 관료에 대한 훌륭하고 재치넘치는 처벌 체계를 연상시킨다. A Mencken Crestomathy (New York: Alfred A. Knopf, 1949), pp.386~87에서 그는 다음을 제안했다. 공무원행위를 관찰하다가 그가 직무태만이라는 것을 발견한 어떠한 시민도 즉각적으로 현장에서 적절하고 편리하다고 생각하는 방법으로 그를 처벌할 수도 있고, 그리고 이 처벌이 그 공무원에 대한 물리적 손상을 수반하는 경우에 대배심(grand jury)과 검시관에 의한 잇단 조사는 그 공무원이 그가 겪은 것을 마땅히 받아야만 했는지라는 그 문제 자체로 엄격히 한정해야 할 것이다. 다른 말로 하면, 나는 다음과 같이 제안하다. 시민이 그 공무원을 주먹으로 치고, 쇠가죽으로 치고, 차고, 찌르고, 베고, 상처를 내고, 타박상을 입히고, 불구로 만들고, 을러 빼앗고, 곤봉으로 때리고, 장형에 처하거나, 가죽을 벗기거나, 심지어 린치를 가하는 것이 더 이상 본래적 범죄(malum in se)가 아니고, 그 처벌이 그 공무원이 마땅히 받아야만 하는 것을 초과하는 정도까지만 금지적 범죄(malum prohibitum)가 될 것이라는 것이다. 이 초과 양은, 그것이 있다면, 죄의 다른 문제가 현재 결정되는 것처럼 소배심(petit jury)에 의해 아주 편리하게 결정될 수 있다. 그 채찍맞은 판사, 혹은 의원, 혹은 다른 공무원들은 병원에서 퇴원하자마자 혹은 비명횡사한 경우에 그의 주요 상속인이 대배심에 가서 고소하고 만약 사실과 모순없는 주장이 드러나면 소배심이 선정되고 모든 증거는 소배심 앞에 놓여진다. 만약 소배심이 그 공무원이 그에게 가해진 처벌이 받을 만한 것으로 결정하면 가해한 시민은 명예롭게 무죄가 선언된다. 도리어 이 처벌이 과한 것으로 결정되면, 그 시민은 폭행, 신체상해, 살인의 죄 혹은 그것이 무엇이든 그 공무원이 처벌을 받아야 하는 것과 그가 받았던 것의 차이에 비례하는 정도로 할당되고, 그 초과에 대한 처벌은 통상의 방침을 따른다.

우리의 비례적 처벌이론 — 사람들은 자신들이 타인의 권리를 침해해왔던 정도까지 자신들의 권리를 잃음으로써 처벌될 수 있다는 것 — 은 노골적으로는 처벌의 **응보**(retributive)이론, 즉 '하나의 이에는 이 한 개'(혹은 두 개) 이론이다.[12] 응보는 철학자들 사이에 평판이 좋지 않다. 그 철학자들은 일반적으로 그 개념을 '원시적' 혹은 '야만적'이라고 재빠르게 일축하면서 다른 두 개의 주요 처벌이론, 즉 억제와 갱생에 대한 토론으로 돌진한다. 어떤 개념을 '야만적'이라고 단순히 일축하는 것은 전혀 충분할 수 없다. 결국, 이 경우에 '원시인들'이 더 현대적인 교리들보다 더 우수한 개념을 생각해내는 것이 가능하다.

하트(H.L.A. Hart) 교수는 비례성의 '미가공 형태'를 여기서 우리가 주장해온 것(즉, **복수법**(lex talionis))과 같이, 다음 개념으로 묘사하였다.

> 범죄자는 자신이 행했던 것을 스스로에게 행해야 하고, 처벌에 관한 생각이 흔히 그러듯이 어디에서나 원시적인 곳에서, 이 조잡한 아이디어 스스로 다음과 같이 거듭 언명한다. 살인자는 죽어야 하고, 폭행범은 태형을 당해야 한다.[13]

---

12) 응보는 흥미롭게도 '정신적 응보'라고 명명되어 왔다. 다음을 참조하라. Schafer, *Restitution to Victims of Crime*, pp.120~21. 또한 가링저(obert Gahringer)의 살인에 대한 교수형의 옹호에 대해 다음을 보라. Robert Gahringer, "Punishment as Language," *Ethics* (October 1960): 47~48.

절대적 공격은 절대적 반증(negation)을 필요로 한다. 어느 누구는 우리의 현재 상황에서 교수형은 절대적 반증의 유일하게 효과적인 상징이라고 당연히 주장할 수도 있다. 그 밖의 무엇이 살인이 가능한 행동이 되는 사람에게 이해할 수 있는 방법으로 **살인의 극악무도한 행위를 표현할 수 있을까?**(더 적은 처벌은 덜 중대한 범죄를 의미한다는 것은 틀림없다.) (굵은 서체는 가링저의 것)

권리에 대한 침해를 징벌하는 것으로서, 일반적인 처벌에 대해서 역시 다음을 참조하라. F.H. Bradley, *Ethical Studies*, 2nd ed. (Oxford: Oxford University Press,1927), reprinted in Ezorsky, ed., *Philosophical Perspectives on Punishment*, pp.109~10: 나는 왜 처벌을 할 만한 가치가 있다고 하는가? 그것은 내가 죄를 지었기 때문이다. 나는 '잘못했고' … '권리'를 부정했고, 권리가 아닌 것을 주장했고 … 죄의 파괴는 … 그 자체로 여전히 좋은 것이다. 이것은 단순한 부정이 좋은 것이기 때문이 아니라 잘못을 부정하는 것이 권리를 주장하는 것이기 때문이다 …. 처벌은 권리의 주장에 의한 잘못의 부정이다.

응보주의(retributivism)에 대한 풍성한 논거는 Herbert Morris, *On Guilt and Innocence* (Berkeley: University of California Press, 1976), pp.31~58에서 발견된다.

13) 피해자에 대한 배상뿐 아니라 범죄에 대한 비례적 처벌을 부과하는 법체계를 구축하는 시도에 대해서는 다음을 참조하라. Thomas Jefferson, "A Bill for Proportioning Crimes and Punishments" in *The Writings of Thomas Jefferson*, A. Lipscomb and A. Bergh, eds. (Washington, D.C.: Thomas Jefferson Memorial Assn., 1904), vol. 1, pp.218~39.

그러나 '원시적'이라는 것은 결코 타당한 비판이 아니고, 하트 교수 스스로 이 '조잡한' 형태가 더 '세련된' 비례성-응보주의자의 논지보다도 난점을 적게 보여준다는 점을 인정했다. 유일하게 사리에 맞는 그의 비판은 블랙스톤 판사로부터의 다음과 같은 인용이다. 그런데 그는 그 비판이 그 주제를 묵살했던 것으로 생각한 듯하다.

> 명백한 불합리성과 사악성 없는, 이런 처벌을 결코 인정하지 않는 매우 많은 범죄들이 존재한다. 절도는 절도라는 방법으로, 명예훼손(defamation)은 명예훼손이라는 방법으로, 위조는 위조라는 방법으로, 간통은 간통이라는 방법으로 처벌될 수 없다.

그러나 이것들은 결코 설득력 있는 비판이 아니다. 절도와 위조는 강도죄가 되고, 그 강도가 분명히 그 피해자에게 배상과 비례적 보상금을 지불하도록 될 수 있어야 할 것이다. 거기에 개념적인 문제는 없다. 리버테리언 견해에서, 간통은 전혀 범죄가 아니고, 아래에서 볼 것처럼, '명예훼손'도 범죄가 아니다.[14]

그러면 두 가지 주요한 현대이론으로 돌아가서 그 이론들이 배상이 분명히 하는 것처럼 정의의 개념을 진정하게 충족시키는 처벌의 기준을 마련할 수 있는지를 검토해보자.[15] **억제**는 정의와 자연법의 원리들을 적극적으로 일축하는 것의 일부로서, 공리주의자들에 의해 제시된 원리이다. 그리고 억제는 소위 이런 형이상학적 원리들을 과격한 실용주의로 대체하는 것이었다. 그 때 처벌의 실질적 목표는 범죄자 자신에 의해 혹은 사회의 다른 구성원들에 의해 그 이상의 범죄를 억제할 것으로 기대되었다. 그러나 이런 억제라는 기준은 거의 모든 사람들이 극도로 불공정한 것으로 간주하는, 처벌의 윤곽을 함축한다. 예를 들어, 만약 범죄에 대한 처벌이 전혀 없다면, 굉장히 많은 사람들이 과일 가판대로부터 과일을 훔치는 것과 같은 사소한 절도행위를 할 것이다. 다른 한편, 대부분의 사람들은 사소한 좀도둑질에 비해 살인행위에 대해 스스로에게 뿌리깊은 내적 반대를 훨씬 더 많이 제기하고, 중대한 범죄를 저지려는 경향

---

14) H.L.A. Hart, *Punishment and Responsibility* (New York: Oxford University Press, 1968), p.161.
15) 그래서 웹스터 사전은 '배상'을 '개인의 공과에 따른 보상 혹은 처벌의 분배, 혹은 수취'라고 정의한다.

이 훨씬 적을 것이다. 그러므로 만약 처벌의 목표가 범죄를 억제하는 것이라면, 살인을 방지하기 위해 처벌이 요구되는 것보다도 좀도둑질을 방지하기 위해 훨씬 더 높은 처벌이 요구될 것인데, 그것은 대부분의 사람들의 윤리적 기준에 반하는 체계이다. 그 결과, 그 기준으로서 억제를 전제하면, 좀도둑질 — 풍선껌 절도 — 에 대해서는 엄중한 교수형에 처해야 할 것이고, 반면 살인자들은 교도소에서 오직 몇 개월 보내는 처벌만 당할 수도 있을 것이다.[16)]

유사하게, 억제 원리에 대한 고전적 비판은, 만약 억제가 우리의 전적인 기준이라면 경찰 혹은 법정이 어떤 범죄에 대해 그들 자신들은 무죄라고 알고 있는 사람을 대중들에게 그 사람을 유죄라고 설득하면서 공공연히 처형하는 것이 완전히 적절하게 된다는 점이다. 무죄인 사람을 알고도 처형하는 것은 물론 그 사실이 비밀로 유지될 수 있다면 범죄자의 처형과 완전히 똑같은 억제효과를 미칠 것이다. 그럼에도 불구하고 물론 그런 정책 역시 거의 모든 사람이 가진 정의의 기준에 극도로 반하는 것이다.

거의 모든 사람은 그런 처벌기구가 억제 기준을 완전히 충족할지라도 그 처벌기구를 터무니없는 것으로 간주할 것이라는 사실은 사람들이 억제보다 더 중요한 어떤 것에 관심을 두고 있다는 것을 보여준다. 그것이 무엇으로 될 것이지는 이런 처벌의 억제 규모 혹은 무죄인 사람을 죽이는 것은 분명히 정의에 대한 우리의 보통 기준을 뒤엎는 것이라는, 다른 무엇보다도 중요한 이의에 의해 제시된다. '범죄에 적합한' 처벌 대신에 그 처벌이 이제 심각성에 반비례적으로 등급이 정해지거나 혹은 유죄자보다 무죄자에게 부과되고 있다. 요약하면, 억제 원리는 정의가 유죄자 집단 그리고 유죄자 혼자에 대한 어떤

16) 암스트롱 교수는 "The Retributivist Hits Back," pp.32~33에서 처벌의 억제 원리에 대한 비판에서 다음과 같이 질문한다.

왜 최소한에서 중단하는, 왜 신중을 기해서 그리고 멋진 방법으로 그 [범죄자]를 처벌하지 않는가? 그것이 다른 범죄를 더 잘 억제할 것 같지 않은가? 주차위반에 대해, 공적으로 물론, 그를 채찍으로 때려 죽게 하도록 하자. 그것은 분명히 내가 장관대리에게 예약된 그 장소에 주차하는 것을 억제하도록 할 것이다.

유사하게 호킨스(D.J.B. Hawkins)는 "Punishment and Moral Responsibility," *The Modern Law Review* (November 1944), reprinted in Grupp, ed., *Theories of Punishment*, p.14에서 다음과 같이 기술하고 있다.

억제의 동기만 오로지 고려한다면 우리는 범죄에 대한 상당한 유혹이 있고, 어떠한 중요한 도덕적인 죄를 수반하지 않은 채 사람들이 아주 쉽게 행하는 그런 침해를 아주 과중하게 처벌을 해야 할 것이다. 자동차운행관련 위반행위는 친숙한 예이다.

형태의 적절하고 비례적인 처벌을 내포한다는 직감을 총체적으로 거스른다는 것을 의미한다.

처벌에 대한 가장 최근의, 아마도 고도의 '인도주의적' 기준은 범죄자를 '갱생하는' 것이다. 구식의 정의가 배상 혹은 미래 범죄의 억제를 위하여 범죄자의 처벌에 집중했다고 그 주장은 시작한다. 새로운 기준은 범죄자를 개조하고 갱생하려고 자비롭게 시도하는 것이다. 그러나 숙고해 보면, '인도주의적' 갱생원리는 자의적이고 엄청난 불의(unjustice)를 초래할 뿐만 아니라 처벌의 시여자(dispenser)의 수중에 사람들의 운명을 결정짓는 거대하고 자의적인 힘을 또한 부여한다. 그래서 스미스는 대량살상자이고 반면에 존스는 가판대로부터 약간의 과일을 훔쳤다고 가정해보자. 그들의 범죄에 비례하여 판결되는 대신에 아마도 그들이 성공적인 '갱신'이 이루어졌다고 여기는 시점까지 감금하는 것을 전제하므로 그들의 판결은 이제 불확정적이다. 그러나 이것은 투옥자의 삶을 결정하는 힘을 재활치료사들의 수중으로 들어가게 한다. 그것은 동등한 범죄엔 동등한 처벌을 전제하는 법 앞의 평등—정의의 기본적인 기준—대신에 어떤 사람이 아주 빠르게 '갱신'된다면 그는 몇 주만 투옥될 수 있고, 반면 또 다른 사람은 감옥에 무한히 남겨질 수도 있다. 그래서 스미스와 존스의 경우, '전문가' 위원회에 따르면 대량살상자인 스미스는 빠르게 갱생되었다고 가정하자. 그는 아마도 성공적인 교정자(reformer)들의 칭찬을 받고 3주 만에 석방될 것이다. 반면 과일 좀도둑인 존스는 적어도 전문가위원회의 눈에는 구제불능이고 분명히 갱생되지 않은 상태가 지속되고 있다. 그 원리의 논리에 따라 그는 무한히, 즉 아마도 그의 남은 생애 동안 감금된 채로 머물러야 한다. 왜냐하면 범죄가 사소한 것이었음에도 불구하고, 그는 계속 자신의 '인도주의적인' 멘토의 영향 밖에 머물러 있기 때문이다.

따라서 암스트롱 교수는 교정 원리에 대해 다음과 같이 기술하고 있다.

> 형벌의 논리적 패턴은 각 범죄자들이 전문가들에 의해 교정된 것으로 확인될 정도로 충분히 바뀔 때까지 그들에게 교정적인 치료가 행해질 것이다. 이 이론에 입각하면, 모든 판결은 불확정적이 될 수밖에 없는데, 아마도 '심리학자의 만족도에 의해 결정될' 것이다. 왜냐하면 처벌의 제한된 한계의 원리를 위한 어떠한 토대도 더 이상 존재하지 않기 때문이다. "당신이 한 조각의 빵을 훔쳤다면? 그러면 우리

> 는 당신을 반드시 교화시킬 것이다. 비록 교화하는 데 당신의 남은 생애가 다 소요될지라도." 그 범죄자가 유죄가 되는 순간부터 그는 인간이라는 존재로서의 권리를 잃는다. … 이것은 내가 관심을 두는 인도주의 형태가 아니다.[17]

교정의 형태로서 처벌하는 '인도주의자' 이론의 포학행위와 심각한 불의를 루이스(C.S. Lewis)보다 더 재치 넘치게 표현한 경우는 없었다. '교정가들'이 자신들이 제안한 행동들을 '처벌'이라기보다 '치유' 혹은 '치료'라고 부르는 것에 주목하면서, 루이스는 다음과 같이 부언한다.

> 그러나 우리는 명칭에 의해 현혹되지 않도록 해야 한다. 나의 가족과 친구의 동의 없이 취해지는 것, 즉 내 자유를 잃는 것, 현대 심리요법이 인도하는 방법을 아는, 내 인격체에 대한 모든 폭행을 겪는 것, … 나를 체포한 사람들(captors)이 성공할 때까지 혹은 내가 명백히 성공적으로 그들을 속이기에 충분히 현명하게 될 때까지 이 과정은 결코 끝나지 않을 것이라는 점을 아는 것 — 이것이 처벌이라고 부를지 아닐지를 누가 신경을 쓰는가? 그것은 어떠한 처벌도 두려워하는 거의 모든 요소 — 수치심, 유배, 속박, 그리고 메뚜기에 의해 먹혀지는 세월 — 들을 포함하고 있다는 것이 명백하다. 오직 거대한 잘못된 공과(ill-desert)만이 그것을 정당화할 수 있다. 그러나 잘못된 공과는 인도주의 이론이 쓸모없다고 없애 버린 바로 그 개념이다.

루이스는 대중들에게 '교정들'과 '치유들'을 가하기 위하여 '인도주의자'들에 의해 부과될 것 같은 특히 가혹한 학대행위를 보여주는 것을 계속한다.

> 모든 가혹행위들 중, 피해자를 위해 시행되는 어떤 가혹행위가 가장 포악한 것이 될 수 있다. 도덕적으로 참견하기를 좋아하는 전능한 사람들하에서 사는 것보다 노상강도귀족들(robber barons)하에 사는 것이 아마도 더 나을 것이다. 노상강도귀족의 잔혹함은 때때로 잠들 수도 있고, 그의 탐욕은 어느 정도에서 만족될 수도 있다. 그러나 우리 자신의 이익을 위해 우리를 괴롭히는 사람들은 끝없이 우리를 괴롭힐 것이다. 왜냐하면 그들은 자기 자신들의 양심에 전폭적인 지지를 얻어서 그렇게 하기 때문이다. 그들은 천국에 갈 가능성이 많을 수 있지만 그러나 그와 동시에 지구를 지옥으로 만들 가능성이 훨씬 더 높다. 이러한 바로 그 친절성은 참을 수 없는 모욕감을 자극한다. 어떤 사람의 의지에 반하여 '치료'받는 것과 우

17) Armstrong, "The Retributivist Hits Back," p.33.

> 리가 질병으로 간주하지 않을 수 있는 상태를 치료받는 것은 아직 철들 나이에 도달하지 않은 사람들 혹은 결코 철들지 않을 사람들과 동등하게 취급하는 것이다. 즉, 유아, 천치, 그리고 가축으로 분류되는 것이다. 그러나 우리가 처벌을 받아야만 하기 때문에, 즉 우리가 '당연히 더 잘 알아야 하기' 때문에 처벌이 아무리 심하더라도 그 처벌을 받는 것은 하나님의 모습대로 만들어진 인간으로서 취급되는 것이다.

게다가, 루이스는 다음과 같이 지적했다. 지배자들은 '범죄'와 같이 그들이 싫어하는 어떤 행동들을 명명하기 위하여 그리고 치료라는 명목으로 전체주의적 지배를 하기 위해 '질병'이라는 개념을 사용할 수 있다.

> 만약 죄와 질병이 똑같은 것으로 간주된다면, 다음이 추론된다. 우리의 지배자들이 '질병'이라고 부르기로 결정한 어떤 마음의 상태도 범죄로 취급될 수 있다. 정부의 심기를 상하게 만드는 마음의 상태들은 항상 도덕적으로 비열한 행위를 수반하는 것이 아니고 따라서 항상 마땅히 자유를 몰수당해야 하는 것이 아니라고 변호하는 것은 허사이다. 왜냐하면 우리들의 지배자들은 상과 벌이라는 개념을 사용하지 않고 질병과 치유라는 개념들을 사용하기 때문이다. … 그것은 학대가 아닐 것이다. 비록 그 치료가 고통스럽더라도, 비록 그 치료가 평생이 걸리더라도, 비록 그 치료가 치명적이더라도 그것은 단지 유감스러운 사건일 뿐이다. 그 의도는 순전히 치유적인 것이었다. 심지어 보통의 의술에는 고통스런 수술과 치명적인 수술도 있었다. 그러나 그것들은 처벌이 아니라 '치료'이기 때문에 그것들은 단지 동료 전문가와 기술적인 근거에 의해서만 비판될 수 있고, 일개의 인간으로서 인간과 정의에 근거해서 결코 비판될 수 없다.[18]

따라서 우리는 처벌에 대해 유행하는 교정 접근법은 적어도 억제 원리만큼 괴팍스럽고, 억제 원리보다 훨씬 더 불확실하며 자의적이라는 것을 발견한다. 배상이 처벌에 대한 우리의 유일하게 정당하고 실행 가능한 이론으로 남게 되고, 동등한 범죄에 대한 동등한 취급은 그런 응보적 처벌의 기초이다. 야만적인 것이 정당한 것으로 판명되고 반면 '현대적'이고 '인도주의적'인 것은 정의의 괴팍한 패러디(parady)가 된 것으로 판명된다.

---

18) C.S. Lewis, "The Humanitarian Theory of Punishment," *Twentieth Century* (Autumn 1948~49), reprinted in Grupp, ed., *Theories of Punishment*, pp.304~7. 또한 Francis A. Allen, "Criminal Justice, Legal Values, and the Rehabilitative Ideal," in ibid., pp.317~30를 보라.

제14장 아이들과 권리

우리는 지금까지 인간 자신의 인신과 그리고 인간이 발견하고 자신의 노동에 의해 변형한 처녀지에 대한 인간 각자의 재산권을 설립해왔고, 그리고 우리는 이런 두 원리로부터 모든 형태의 재화들에 대한 재산권의 전체 구조를 추론할 수 있다는 것을 봐왔다. 이 재화들에는 각자가 교환으로 혹은 자발적인 기부 또는 증여의 결과로서 획득한 재화들이 포함된다.

그러나 **아이들의 재산권**이라는 어려운 경우가 남아 있다. 각 개인의 자기소유권은 성인들, 즉 자신들의 목적을 선택하고 추구하기 위해 자신들의 마음을 사용해야만 하는 천부적인 자기소유자들(self-owners)을 위하여 확립되어왔다. 다른 한편, 새로 태어난 아이는 본질적인 의미에서 현존하는 자기소유자가 아니라 오히려 **잠재적인** 자기소유자이다.[1] 그러나 이것은 어려운 문제를 제기한다. 성장하는 아이가 **언제** 혹은 어떤 방법으로 자유와 자기소유권에 대한 자신의 자연적인 권리를 획득하는가? 점진적으로 혹은 한꺼번에 모두? 어떤 나이에? 그리고 이런 이동 혹은 이전을 위해 우리는 어떤 기준들을 설립하는가?

첫째, 태아기의 아이로부터 시작하자. 태아에 대한 부모 혹은 오히려 어머니의 재산권은 무엇인가? 우선 우리는 보수적인 가톨릭의 입장은 일반적으로 너무나도 퉁명스럽게 묵살되어 왔다는 점을 주목해야 한다. 이 입장은 태아는 생명있는 사람이고 따라서 낙태는 살인 행위이고 따라서 어떤 살인의 경우와 마찬가지로 불법으로 되어야 한다는 점을 주장한다. 일반적인 응답은 단지 **출생**을 살해되지 않을 권리를 포함한 자연권을 보유하는 살아있는 인간 존재의 시각으로서 경계를 정한다는 것이다. 그 반대논리는 출생 이전의 아이는

1) 존 로크는 자신의 *Two Treatises on Government*, p.322에서 이런 식으로 표현했다. 비록 아이들이 평등한 상태로 태어날지라도 그 아이들은 (그들의 본성적 자유에 대한 권리의) 완전히 평등한 상태로 태어나지 않는다는 점을 나는 인정한다. 그들의 부모는 아이들이 세상에 올 때, 그리고 그 이후 얼마 동안, 아이들에 대한 어떤 종류의 규칙과 관할권을 갖고 있지만, 단지 일시적인 것이다. 이런 복종이라는 구속은 아이들이 유아기의 허약성에서 싸여지고 지탱되는 배내옷과 같다. 그들이 성장함에 따라 아이와 이성이 드디어 그들이 그 구속을 완전히 떼어내고 그 자신의 자유의지대로 그 사람을 떠날 때까지 그 속박을 느슨하게 한다.

살아있는 인간으로 간주될 수 없다는 것이다. 그러나 태아는 살아있고 목전에 있는 잠재적 인간이라는 가톨릭의 응답은 그때 새로 태어난 아이는 잠재적인 성인이기 때문에 공격을 받을 수 없다는 일반적인 견해와 아슬아슬하게 유사하다. 출생이 참으로 구획의 적절한 선이지만, 통상적인 공식화는 출생을 자의적인 구분선으로 만들고 그리고 자기소유권의 이론에서 충분한 합리적인 근거가 부족하다.

낙태 분석을 위한 적절한 토대는 자기소유권이라는 모든 사람의 절대적인 권리 안에 있다. 이것은 즉각적으로 모든 여성은 자신 소유의 신체에 대한 절대적인 권리를 갖고 있다는 것, 즉 여성은 자신의 신체와 그 내부에 있는 모든 것에 대한 절대적인 지배권을 갖는다는 것을 함축한다. 이것은 태아를 포함한다. 대부분의 태아는 엄마가 자신의 자궁에 있는 것을 동의했기 때문에 엄마의 자궁에 있다. 하지만 태아는 엄마의 무상공여라는 동의에 의해 그곳에 있다. 그러나 엄마가 태아가 자궁에 있는 것을 더 이상 **원하지** 않는 것으로 결정하면 그 때 태아는 엄마의 인신에 기생하는 '침입자'가 되고 엄마는 이 침입자를 자신의 영역으로부터 추방할 수 있는 절대적인 권리를 갖는다. 낙태는 살아있는 사람의 살인이 아니라 그 엄마의 신체로부터 원하지 않은 침입자를 추방하는 것으로 간주되어야 한다.[2] 그러므로 낙태를 억제하거나 금지하는 어떠한 법도 엄마의 권리들에 대한 침해이다.

다음과 같은 **반론**이 있다. 즉, 엄마가 원래부터 그 수태에 대해 동의했기 때문에, 따라서 엄마는 태아와 그 상태를 '계약해왔고', 낙태를 함으로써 그 '계약' '위반'을 할 수 없다는 것이다. 그러나 이 원리에는 많은 문제가 있다. 첫째, 아래에서 보겠지만, 단순한 약속은 강제할 수 있는 계약이 아니다. 계약은 만약 그 위반이 **암묵적 절도**를 수반한다면 유일하게 정당하게 강제될 수 있다. 분명히 그런 고려가 여기서는 적용될 수 없다. 둘째, 여기에는 명백히 '계약'이

---

2) 여기서 우리가 확립하려고 시도하는 것은 (다른 근거로 도덕적일 수도 있거나 없거나 하는) 낙태의 도덕성이 아니라 낙태의 적법성, 즉 낙태할 수 있는 엄마의 완전한 권리다. 이 책에서 우리가 관심을 두는 것은 어떤 것을 하고 혹은 하지 못하는 사람들의 권리이지, 사람들이 그런 권리를 행사해야 하는지 혹은 행사하지 말아야 하는가 하는 문제가 아니다. 따라서 우리는 모든 사람은 자발적인 판매자로부터 코카콜라를 구입하고 소비할 권리를 갖는다는 점을 주장하는 것이지, 어떤 사람이 그런 구입을 실제로 해야 하는지 혹은 하지 말아야 하는지를 주장하는 것은 아니다.

존재하지 않는다. 왜냐하면, 그 태아(수정된 난자?)는 도저히 자발적이고 지각 있는 계약주체로 간주될 수 없다. 셋째, 우리가 위에서 본 것처럼 리버테리언 이론의 요점은 **의지의 양도불가능성**과 따라서 자발적인 노예계약을 집행하는 것이 허용불가능하다는 것이다. 비록 그때 이것이 '계약'이 **되었더**라도 엄마의 의지는 양도가 불가능하기 때문에 그 계약은 강제될 수 없고, 그리고 그녀는 자신의 의지에 반하는 것인 아이를 임신하여 몸에 품고 다니도록 합법적으로 노예화될 수는 없다.

반낙태주의자들의 또 다른 논거는 태아는 살아있는 인간 존재이고, 따라서 인간 존재로서의 모든 권리를 가질 자격이 있다는 것이다. 아주 좋다. 토론을 위해, 태아가 인간 존재 — 혹은 보다 개략적으로 잠재적인 인간 존재 — 이고 그 결과 완전한 인권을 가질 자격이 있다는 점에 동의하자. 그러나 어떤 **인간이** 내키지 않는 인간 숙주(human host)의 신체 내에 강제적인 기생물이 될 권리를 갖는지에 대해 우리는 질문할 수 있다. 분명히 인간으로 태어난 어떤 인간도 그런 권리를 갖지 않는다. 그리고 그 결과 **더 한층 강력한 이유로** 태아도 또한 결코 그런 권리를 가질 수 없다.

반낙태주의자들은 일반적으로 선천적인 인간의 '생존권'뿐만 아니라 태아의 생존권이라는 견지에서 앞의 논거를 표현한다. 우리는 이 책에서 그 개념을 사용하지 않았는데, 왜냐하면 그 개념의 모호성 때문이다. 그리고 왜냐하면 그 개념의 주창자에 의해 제시된 어떤 정당한 권리도 '자기소유권에 대한 권리', 즉 어떤 사람의 공격으로부터 자유로울 권리라는 개념에 포함되어 있기 때문이다. 낙태 문제에 대한 논의에서, 심지어 자신의 신체를 소유할 권리와 더불어 '생존권'(right to life)이라는 개념을 모순되게 유지하려는 시도를 하는 톰슨 교수조차도 '생존권' 학설의 함정과 오류를 명료하게 설명하고 있다.

> 어떤 견해들에서는, 생존권을 갖는 것은 사람이 지속적인 삶을 위해 필요한 적어도 아주 최소한은 주어져야 할 권리를 갖는 것을 내포한다. 그러나 사실 사람이 지속적인 삶을 위해 필요한 아주 최소한이라는 것이 그에게 주어진 것에 결코 권리를 가지지 않는 어떤 것이라는 점을 가정하는가? 만약 내가 죽을 때까지 아프고 내 생명을 구하는 유일한 길은 열이 나는 나의 이마에 헨리 폰다의 차가운 손이 닿는 것이라도 그래도 역시 나는 헨리 폰다의 차가운 손이 열이 나는 나의 이

> 마에 대한 접촉이 주어지도록 할 권리를 갖지 못하는 것이다. 그가 그 일을 하기 위해 서부해안으로부터 비행기를 타고 오는 것은 몹시 멋질 것이다 … . 그러나 나는 그가 나를 위해서 이것을 해야 한다는 점에 대해 누구에게도 권리를 전혀 갖고 있지 않다.

요약하면, '생존권'이라는 용어를 그 삶을 유지하기 위해 그 밖의 어떤 사람의 행동에 대해 강제할 수 있는 청구권을 그 사람에게 부여하는 것으로 해석하는 것은 허용할 수 없는 것이다. 우리의 전문용어로는, 그런 청구권은 다른 사람의 자기소유권이라는 권리에 대한 허용할 수 없는 침해이다. 혹은 톰슨 교수가 설득력 있게 언급한 것처럼, "생존권을 갖는 것이 다른 사람의 신체를 사용할 권리를 보장하는 것이 아니거나 다른 사람의 신체를 지속적으로 사용할 권리가 허락되는 것이 보장되는 것이 아니다. 비록 어떤 사람이 삶 자체를 위해 바로 생존권이 필요할지라도.[3)]"

이제 아기가 태어났다고 가정해보자. 그러면 어떻게 되는가? 첫째, 우리는 부모 혹은 오히려 유일하게 **확실하고** 가시적인 부모인 엄마는 아기의 창조자로서 아기의 소유주가 된다고 말할 수 있다. 새로 태어난 아기는 어떤 의미에서도 실재하는 자기소유자가 될 수 없다. 따라서 엄마 혹은 어떤 다른 당사자 혹은 당사자들은 아기의 소유주가 될 수 있지만, 제3자가 아기에 대한 자신의 '소유권'을 요구할 수 있다고 주장하는 것은 제3자에게 자연적 혹은 '홈스테딩' 소유자인 엄마로부터 강압으로 그 아이를 장악할 수 있는 권리를 부여하는 것이다. 그래서 그 엄마는 아이에 대한 자연적이고 정당한 소유주이고, 그 아이를 강압에 의해 장악하려는 어떠한 시도도 엄마의 재산권에 대한 침해이다.

그러나 분명히 엄마 혹은 부모들은 절대적인 무조건 상속권(fee simple)으로 그 아이에 대한 소유권을 받을 수는 없다. 왜냐하면 무조건 상속권은 50살 된 성인이 그의 70살 된 부모의 절대적이고 의심되지 않는 관할권에 복종해야 하는 기이한 상황을 의미하기 때문이다. 그래서 부모로서의 재산권은 **시간상으로** 한계가 정해져야 한다. 그러나 그것은 또한 **유형적으로도** 한계가 정해져야 한다. 왜냐하면 자기소유권에 대한 권리를 믿는 리버테리언이 부모가 자신

3) Judith Jarvis Thomson, "A Defense of Abortion," *Philosophy and Public Affairs* (Fall 1971), pp.55~56.

의 아이들을 죽이거나 고문할 권리를 주장하는 것은 분명히 기괴한 것이기 때문이다.

그러므로 우리는 심지어 출생 때부터 부모로서의 소유권은 절대적인 것이 아니라 '신탁인'(trustee) 혹은 후견인(guardianship)과 같은 종류라고 주장해야 한다. 요약하면, 모든 아기는, 태어나자마자 더 이상 엄마의 신체 내에 내포되어있는 것이 아니므로, 분리된 실체가 되는 것과 잠재적 성인이 되는 것에 의거하여 자기소유권을 소유한다. 따라서 부모가 자식을 불구로 만들고, 고문을 하고, 죽이는 것 등으로 자식을 공격하는 것은 불법이 되어야 하고 아이의 권리에 대한 침해가 되어야 한다. 다른 한편, 바로 그 '권리'라는 개념은 어떤 사람도 정당하게 간섭할 수 없는, 어떤 사람의 행동의 영역을 한정하는 '소극적'(negative) 개념이다. 따라서 어느 누구도 어떤 사람이 적극적인 행동을 하도록 강제할 '권리'를 가질 수 없다. 왜냐하면 그런 경우에 그 강제는 강제되는 개인들의 인신 혹은 재산에 대한 권리를 침해하기 때문이다. 그래서 우리는 사람은 자신의 재산에 대한 **권리**(즉, 자신의 재산이 침해당하지 않을 권리)를 가진다고 말할 수 있다. 그러나 우리는 누구라도 '생존임금'(living wage)에 대한 '권리'를 가진다고 말할 수 **없다**. 왜냐하면 그것은 어떤 사람이 그런 생존임금을 마련하도록 그 사람이 강제될 것이라는 것을 의미할 것이고, 그리고 그것은 강제당하고 있는 그 사람의 재산을 침해하는 것이 될 것이기 때문이다. 당연한 논리로서, 이것은 자유사회에서 어느 누구에게도 결코 타인을 위해 어떤 것을 하도록 하는 법적 의무를 지울 수 없다는 것을 의미한다. 왜냐하면 그것은 그 누구의 권리를 침해하는 것이 되기 때문이다. 어떤 사람이 다른 사람에게 해야만 하는 유일한 법적 의무는 타인의 권리를 존중하는 것이다.

우리의 이론을 부모들과 아이들에게 적용하는 것은 다음을 의미한다. 부모는 아이들에 대해 공격할 수 있는 권리를 갖지 않지만, **그러나 또한** 부모들이 아이들을 먹이고, 입히고 혹은 교육해야 할 **법적 의무**를 갖지 않는다는 것이다. 왜냐하면 그런 의무들은 부모를 강제하고 부모의 권리들을 빼앗는 적극적인 행동들을 수반하기 때문이다. 따라서 부모는 자식을 살해하거나 고문할 수 없고, 법은 부모가 그런 행동을 하는 것을 당연히 불법화한다. 그러나 부모는 자식을 먹이지 **않을**, 즉 자식이 죽도록 놓아둘 수 있는 법적 권리를 가져야 한다.[4] 따라서 그 법은 당연히 부모가 자식을 먹이고 혹은 자식이 생명을 유지하도록 강제할 수 없다.[5] (다시 한 번 또, 부모가 자식의 생명을 유지하도록 하는 강제할 수 있는 법적 권리보다는 오히려 **도덕적인** 의무를 갖는지는 완전히 별개의 문제이다.) 이 규칙은 우리들이 다음과 같이 성가신 문제들을 해결할 수 있도록 한다. 부모는 불구의 아이를 (먹이지 않음으로써) 죽게 내버려둘 수 있는 권리를 가져야 하는가?[6] 그 대답은 물론 예이다. **어떤** 아이도, 불구이든 아니든, 죽도록 내버려두는, 더 큰(larger) 권리라는 **더 강력한 이유**에 따르면 말이다. (아래에서 보겠지만, 비록 리버테리언 사회에서 아기의 자유[매매] 시장의 존재가 그런 '방치'를 최소화하는 결과를 가져올지라도.)

우리의 이론은 또한 낙태수술을 한 후에 (물론 엄마의 동의하에) 태아를 죽도록 내버려둔 것에 대해 1975년에 살인이라는 유죄를 받은, 보스턴 시립의료원의 에들린(Dr, Kenneth Edelin) 박사의 문제를 검토할 수 있도록 한다. 만약 부모들이 아이를 죽게 내버려두는 법적 권리를 갖는다면, **더 강력한 이유로** 부모들은 자궁 바깥의 태아들에 대해서도 똑같은 권리를 갖는다. 유사하게, 아이들이 자궁 바깥의 장치('시험관')에서 태어나는 미래 세상에서, 또다시 부모들은 그 태아들의 '생명유지 장치를 떼는' 혹은 차라리 플러그를 지속적으로 제자리에 두는 데에 대한 대가를 지불하기를 거부할 수 있는 법적 권리를 가질 것이다.

부모들은 자식들의 생명을 유지하도록 해야 할 법적으로 강제할 수 있는 의무를 가져**야만 한다는** 학설의 함의들을 검토해보자. 이 의무에 대한 논쟁은 두 가지 구성요소를 포함하고 있다. 부모들은 자유롭게 선택한 합목적적인 행

4) 수동적인 안락사와 적극적인 안락사의 구별에 관해서 Philippa R. Foot, *Virtues* and Vices (Berkeley: University of California Press, 1978), pp.50와 그 다음을 보라.

5) 개인주의적인 무정부주의 이론가인 터커(Benjamin R. Tucker)의 견해를 참조하라. "평등한 자유 하에서 그것[아이]이 개체성과 독립성이 발전함에 따라 그 아이는 폭행이나 침해로부터 면제될 자격이 부여되고 그것이 전부이다. 만약 부모가 그것을 부양하는 것을 무시한다면 그는 그로 인해 다른 어떤 사람에게도 그것을 부양할 의무를 지우지 않는다." Benjamin R. Tucker, *Instead of a Book* (New York: B.R. Tucker, 1893), p.144.

6) 미국의 안락사 협회의 원래 프로그램은 기괴한 아이를 죽게 내버려두게 하는 부모의 권리를 포함하고 있다. 산파와 산부인과 전문의가 단지 기괴한 아이를 살아 있도록 적극적인 행동을 취하지 않음으로써 그 기괴한 아이를 출생 시 죽게 내버려두는 것이 일반적이고 점증하는 관례가 또한 되어왔다. John A. Robertson, "Involuntary Euthanasia of Defective Newborns: A Legal Analysis," *Stanford Law Review* (January 1975), pp.214~15를 보라.

동에 의해 아이를 창조했다는 것과 아이는 일시적으로 무력하고 자기소유자가 아니라는 것이다.[7] 만약 우리가 먼저 무력성(helplessness)의 견지에서 그 논쟁을 고려한다면, 첫째, 우리는 A의 요구들이 이런 요구들을 만족하기 위해 B에 대해 강제적인 의무를 당연히 부과한다는 것을 주장하는 것이 철학적인 오류라는 것을 일반적으로 주장할 수 있다. 한 가지 이유를 든다면, 그러면 B의 권리들이 침해된다는 것이다. 둘째, 만약 무력한 아이가 그 밖의 어떤 사람에게 법적 의무를 부과할 수 있다고 말해도 무방하다면, 왜 다른 사람에 대해서가 아니고 특히 **아이의 부모들**에 대해서 법적 의무를 부과하는가? 부모들은 그것과 무슨 관계가 있는가? 물론 그 대답은 부모들이 그 아이의 창조자들이라는 것이다. 그러나 이것은 우리를 두 번째 논쟁, 즉 창조로부터 촉발된 논쟁으로 데려간다.

그러면 창조논쟁을 고려하면, 이것은 엄마의 의무에서 강간 행위의 결과로서 생겼던 아이의 생명을 유지하도록 하는 어떠한 의무도 즉시 배제한다. 왜냐하면 이것은 자유롭게 수행된 행위가 아니었기 때문이다. 이것은 **또한** 아이의 창조에 전혀 참여하지 않은 의붓부모, 양부모, 혹은 후견인에 의한 어떠한 그런 의무도 역시 배제한다.

게다가 만약 창조가 그 아이를 부양하는 의무를 발생시킨다면, 그 아이가 성인이 될 때 **왜** 그 의무를 중단해야만 하는가? 에버스(Evers)가 진술한 것처럼,

> 부모들은 여전히 아이의 창조자들인데, 왜 그들은 아이를 영원히 부양할 의무가 없는가? 아이가 더 이상 무력하지 않다는 것은 진실이다. 그러나 (위에서 지적한 것처럼) 무력성은 본질적으로 그리고 저절로 의무를 구속하는 원인이 아니다. 만약 다른 것의 창조자가 된다는 조건이 의무의 근원이라면 그리고 이 조건이 지속된다면, 왜 의무가 지속되지 않는가?[8]

그리고 몇십 년 후에 어떤 과학자가 실험실에서 인간생명을 창조할 수 있게 될 때, 그 경우에는 어떻게 되는가? 그러면 그 과학자가 '창조자'이다. 그 또

---

7) 이것과 이어지는 단락의 논거는 다음에 크게 의존한다. Williamson M. Evers, "Political Theory and the Legal Rights of Children," (unpublished manuscript), pp.13~17. Also see Evers, "The Law of Omissions and Neglect of Children," *Journal* of *Libertarian*.

8) Evers, "Political Theory," p.17.

한 그 아이의 생명이 유지되도록 할 법적 의무를 져야 하는가? 그리고 그 아이가 거의 인간으로 볼 수 없을 정도로 불구이고 병들어 있다고 가정하자. 그는 여전히 그 아이를 부양해야 하는 구속력 있는 법적 의무를 갖는가? 그리고 만약 그렇다면, 그 아이의 생명 유지를 위해 그의 자원들, 즉 시간, 에너지, 돈, 자본설비 중 **얼마나** 많이 투자하도록 법적으로 요구되어야 하는가? 그의 의무는 어디서 멈추고, 그리고 어떤 기준으로?

이런 자원의 문제는 또한 친부모의 경우와 직접적으로 관련되어 있다. 에버스가 지적한 것처럼,

> 병을 앓고 있는 아이를 가진 가난한 부모들의 경우를 고려하자. 아이의 생명을 유지하기 위한 의학적 치료를 획득하기 위해 부모들 자신은 굶어야 할 정도로 병은 매우 심각하다. 부모들은 자식을 돕기 위해 자신이 소멸되는 점까지 자신의 삶의 질을 낮추게 할 … 의무를 가지는가?[9]

그리고 만약 그렇지 않다면, 부모들의 의무가 정당히 중단되는 **시점**은 어디인가라고 부언할 수 있다. 그리고 어떤 기준으로? 에버스는 계속한다.

> 부모들은 오직 자식의 생명을 유지하기 위해 필요한, 평균적인 최소한의 책임(난방, 주거, 영양 공급)을 다할 의무를 지고 있다고 누군가 주장하기를 원할 수도 있다. 그러나 만약 어느 누가 그 의무 입장을 취하려 한다면 그 의무를 인간 평균이라는 프로크루스티언 침대(Procrustean bed)에 구속하는 것은 — 인간성과 인간의 특성이 광범위하게 다양하다는 견지에서 — 비논리적인 것 같다.[10]

공통의 주장은 부모들의 자발적인 행동은 부모들이 자식을 양육할 의무가 있는 '계약'을 창출한다는 점을 지지한다. 그러나 (a) 이것은 또한 낙태를 금지한다는, 태아와 소위 '계약'을 수반할 것이고, 그리고 (b) 이것은 위에서 분석한 것처럼 계약이론과 관련하여 모든 난관에 부딪힌다.

마지막으로, 에버스가 지적한 것처럼, 우리가 그 아이의 부모를 죽게 만든, 불타는 난파선으로부터 아이를 자발적으로 구출한 어떤 사람의 경우를 검토해보자. 아주 실질적인 의미에서, 그 구조자는 그 아이를 소생시켰다. 그러

9) Ibid., p.16.
10) Ibid., pp.16~17.

면 그 구조자는 그 때부터 그 아이의 생명을 부양할 구속적인 법적 의무를 가지는가? 이것은 '구조자에게 억지로 떠맡기는 무시무시한 비자발적인 노예상태가' 되는 것이 아닌가?[11] 그리고 만약 그 구원자에게 된다면, 마찬가지로 친부모에 대해서는 왜 되지 않는가?

그러면 엄마는 아이의 출생시점에 단지 그 아이에 대해 공격하지 않는다는 법적 의무를 지닌 '신탁관리자－소유자'(trustee－owner)가 된다. 왜냐하면 그 아이는 자기소유권에 대한 잠재성을 보유하기 때문이다. 그것과 별도로, 그 아이가 집에서 사는 한, 그 아이는 반드시 부모의 관할권하에 있어야 한다. 왜냐하면 그 아이는 부모들에 의해 소유된 재산에서 살고 있기 때문이다. 분명히 부모들은 자신의 집에서 살고 있는 모든 사람들(자식이든 아니든)에 대해 자신들의 집과 재산의 사용을 위한 규칙들을 제정할 권리를 갖는다.

그러나 우리가 아이들에 대한 부모의 어떤 신탁관리권이 끝나는 것이 언제라고 할 수 있는가? 분명히 어떤 특정한 나이(21세, 18세 혹은 어떤 나이든)는 단지 전적으로 자의적인 것이 될 것이다. 이 골치 아픈 문제의 해결책에 대한 실마리는 그들 집에서 어버이로서의 재산권에 달려 있다. 왜냐하면 **아이가 사실상 자기소유권에 대한 완전한 권리들을 가진다는 것을 표현할 때** — 요컨대, 그가 집을 떠나거나 혹은 '도망칠' 때 — 그 아이는 자기소유권에 대한 **완전한** 권리를 가지기 때문이다. 그의 나이와 상관없이, 우리는 모든 아이에게 도망가거나 그리고 자발적으로 그를 입양할 새로운 양부모를 찾거나 혹은 자립해서 존재하려고 노력할 수 있는 절대적인 권리를 부여해야 한다. 부모들은 도망친 아이를 되돌아오라는 설득을 시도할 수도 있다. 그러나 부모들이 되돌아오라고 아이에게 강제하기 위해 폭력을 사용하는 것은 전적으로 허용될 수 없는 노예화이고 그 아이의 자기소유권이라는 권리에 대한 공격이다. 도망갈 절대적인 권리는 나이와 상관없이 자기소유권이라는 권리에 대한 그 아이의 궁극적인 표현이다.

이제 만약 부모가 (공격하지 않는 것과 도망갈 자유라는 틀 내에서) 자식을 소유한다면, 그 부모는 또한 그 소유권을 다른 사람에게 이전할 수도 있다. 그는 입양을 위해 자식을 줄 수도 있고, 혹은 자발적인 계약으로 자식에 대한 권리

11) Ibid., pp.15~16.

들을 판매할 수도 있다. 요컨대, 우리는 순수한 자유사회는 아이들을 매매하는 번성하는 자유시장을 가질 것이라는 사실에 직면해야 한다. 피상적으로는, 이것은 괴상하고 비인간적으로 들린다. 그러나 면밀한 심사숙고는 그런 시장의 우수한 인도주의를 드러낼 것이다. 왜냐하면 우리는 현재 아이들을 위한 시장이 있다는 것을 깨달아야 하기 때문이다. 그러나 정부가 어떤 가격으로 아이를 판매하는 것을 금지하기 때문에 부모들은 오로지 자식들을 무료로 허가받은 입양기관에 줄 수 있다는 점을 인식해야 하기 때문이다.[12] 이것은 우리가 현재, 정말로 아이 시장을 갖고 있지만 정부가 영(0)의 최고가격제를 시행하고 있고 그 시장을 소수의 특권화된 따라서 독점적인 기관으로 한정하고 있다는 것을 의미한다. 그 결과는 상품의 가격이 정부에 의해 자유시장 가격보다 훨씬 낮게 유지되는 전형적인 시장이 되어 왔다. 그 재화의 엄청난 '부족', 아기와 어린이들에 대한 수요는 보통 공급보다도 훨씬 크고, 따라서 우리는 동정을 살피면서 폭군적인 입양기관에 의해 아이들을 입양하는 즐거움이 거부되는 성인들의 비극을 매일 목격한다. 사실, 우리는 부모들에 의해 무시되고 학대받는, 엄청나게 과잉이면서 원치않는 아이들과 더불어, 성인과 부부들의 아이들에 대한 충족되지 않은 커다란 수요를 발견한다. 아이들에 대한 자유시장의 허용은 이런 불균형을 제거하고, 자식들을 싫어하거나 돌보지 않은 부모들**로부터** 그런 어린이들을 깊이 원하는 양부모들**에게로** 아이들과 어린이들을 배분하게 할 것이다. 관련된 **모든 사람들**, 즉 친부모, 어린이들, 그리고 그 어린이들을 구입하는 양부모들은 이런 종류의 사회에서는 더 나아질 것이다.[13]

12) 한 부모로부터 다른 부모에게 '독립적인 배치'(independent placements)를 하는 것이 이제 가능하다. 그러나 그 배치는 오로지 판사의 승인하에서만 이루어질 수 있고 그런 배치는 공식적으로는 억제된다. 그래서 골드만의 탄원서(*Petitions* of *Goldman*)에서, 매사추세츠 대법원은 유대인 커플이 가톨릭 부모에게서 태어난 쌍둥이를 입양하는 것을 허용하지 않았다. 비록 친부모가 입양을 완전히 동의했음에도 불구하고 말이다. 허용하지 않는 근거는 주 조례가 다른 종교 간(cross-religious) 입양을 금지했다는 것이었다. Lawrence List, "A Child and a Wall: A Study of 'Religious Protectionr Laws,'" *Bufialo Law Review* (1963~64): *29;* cited in Evers, "Political Theory," pp.17~18를 보라.

13) 몇 년 전 뉴욕시 당국은 자신들이 '불법 아기 전화[입양신고, 역자 추가]'(illegal baby ring)를 파괴했다고 자랑스럽게 발표했다. 아기들은 모험적인 상인들에 의해 그리스로부터 어떤 가격으로 수입되고 있는 중이었고, 그 다음에 뉴욕의 열망적인 부모에게 팔렸다. 어느 누구도 이 상상적인 야만적인 거래에서 관련된 모든 사람이 이득을 얻었다는 점을 인식하지 못한 것 같다. 가난에 시달리는 그리스 부모는 자신의 아이가 훨씬 더 풍족한 가정에서 자랄 것을 알고

그러면, 리버테리언 사회에서는 엄마가 자신 소유의 신체에 대한 절대적인 권리를 가질 것이고 따라서 낙태를 시행할 절대적인 권리도 가질 것이다. 그리고 자식들에 대한 신탁관리소유권을 가질 것이다. 그리고 그 소유권은 오직 자식에 대해 공격을 하는 것은 불법적이라는 점과 언제라도 집에서 도망가거나 집을 떠날 수 있는 자식들의 절대적인 권리에 의해서만 오직 제한된다. 부모들은 상호 합의된 가격으로 그 아이들을 구입하려는 사람들에게 아이들에 대한 신탁관리권을 팔 수 있을 것이다.

미국 소년법의 현재 상태는 여러 면에서 우리의 바람직한 리버테리언 모델과 거의 반대적인 것이라고 지적할 수 있다. 현재 상황에서 부모들의 권리들과 어린이들의 권리들, 둘 다 국가의 의해 체계적으로 침해되고 있다.[14)]

첫째, 부모의 권리들. 현행법에서는 어린이들은 다양한 이유로 외부 성인들(거의 항상 국가)에 의해 자신의 부모들로부터 몰수될 수 있다. 두 가지 이유, 즉 부모에 의한 물리적 학대와 자발적인 유기가 그럴듯하다. 왜냐하면 전자의 경우 부모는 그 어린이에게 공격을 했고, 후자의 경우에 부모는 양육권을 자발적으로 포기했기 때문이다. 그러나 두 가지 점이 언급되어야 한다. (a) 최근까지 부모들은 어린이들을 물리적으로 공격하는 것에 대해 법정 결정에 의해 정상적인 불법행위법의 면제를 부여받았다. 다행히도, 이것은 현재 개정 중에 있다.[15)] 그리고 (b) '매를 맞는 아이들 증후군'에 대한 여론의 관심에도 불구하고 '아이 학대' 소송의 단지 5%만이 부모에 의한 물리적 공격과 관련된다고 추정되어 왔다.[16)]

서 느끼는 만족뿐 아니라 돈도 획득했다. 새로운 부모는 아이를 갖는 가슴 속 욕구를 채웠다. 그리고 아이들은 훨씬 더 행복한 환경으로 이전되었다. 그리고 상인은 중개인으로서 이윤을 획득한다. 모두가 이익을 얻었다. 누가 잃었는가?

14) 리버테리언 모델과 관련하여 청소년법의 현재 상태에 관하여, 나는 Evers, "Political Theory," 곳곳에 신세를 졌다.

15) 1891년 *Hewlett v. Ragsdale* 사건 판결에서 미시시피 법정은 부모에게서 처음으로 [책임의무, 역자 추가] 면제를 부여했다. 그러나 최근에 법정은 아이들에게 상해에 대해 고소할 완전한 권리를 허용해왔다. Lawrence S. Allen, "Parent and Child－Tort Liability of Parent to Unemancipated Child," *Case Western Reserve Law Review* (November 1967), p.139; Dennis L. Bekerneyer, "A Child's Rights Against His Parent: Evolution of the Parental Immunity Doctrine," *University of Illinois Law Forum* (Winter 1967), pp.806~7; and Kenneth D. McCloskey, "Parental Liability to a Minor Child for Injuries Caused by Excessive Punishment," *Hustings Law Journal* (February 1960), pp.335~40을 보라.

16) 따라서, Patrick T. Murphy, *Our Kindly Parent－the State* (New York: Viking Press, 1974), pp.153~54에서 쿡 카운티의 보고서를 보라.

다른 한편, 부모들로부터 아이들을 몰수하는 것에 대한 두 가지 다른 근거들 — 둘 다 '소아방치'(child neglect)라는 광범위한 규정하에서 나옴 — 은 분명히 부모의 권리들을 침해한다. 이것들은 다음과 같다. 아이들에게 '적절한' 음식, 주거, 의료, 혹은 교육을 마련하는 데 실패하는 것, 아이들에게 '알맞은' 환경을 제공하는 데 실패하는 것들이다. 그것들의 범주 특히 후자의 범주는 국가가 대부분의 어떤 어린이들도 몰수할 수 있는 구실을 줄 정도로 애매하다는 점은 분명히 의심의 여지가 없다. 왜냐하면, 무엇이 '적절하고', 무엇이 '알맞은' 것인지를 규정하는 것은 전적으로 국가에 달려 있기 때문이다. 또 다른 추론, 즉 아이들의 '최적 개발'이 부모들에 의해 촉진되고 있지 않는 그 아이를 국가가 몰수하는 것을 허용하는 기준들 혹은 그로 인해 그 아이에 대한 '최선의 관심들'(이것들 모두도 역시 국가에 의해 규정됨)이 촉진된다는 기준들도 마찬가지로 애매하다. 최근의 몇몇 소송은 몰수하는 힘이 얼마나 광범위하게 시행되는지를 보여주는 예를 제공할 것이다. 1950년 **왓슨의 소건**에서, 국가는 엄마가 '감정적인 상태, 정신적 조건, 그리고 광신적 상태에 달한다고 추정되는 깊은 종교적 감정 등의 이유로 무능력하다는 사실 때문에 그 어머니가 세 아이를 방치해왔다고 평결했다. 전체주의적 함의들로 가득 찬 판결에서 법원은 부모들에게 아이들이 '그들이 살고 있는 그 사회의 전통과 관습들'을 존중하고 적응하도록 양육되어야 한다는, 함부로 주장된 의무를 강조했다.[17] 1954년 **헌터 대 파워(Hunter v. Power)의 소송**에서 법정은 부모들이 일반사회규범에 따르지 않는 종교에 너무 열정적으로 헌신하고, 자식에게 종교적인 문헌을 배포하기보다는 그 아이가 그 문헌을 당연히 적절하게 연구하고 다루도록 했다는 근거로 그 아이를 몰수함으로써 부모의 권리뿐만 아니라 종교적 자유도 다시 한 번 침범했다. 1년 후 **블랙 소건**에서 유타 법정은 부모들이 자식들에게 일부다처제가 비도덕적이라는 점을 가르치지 **못했다는** 이유 때문에 부모들로부터 8명의

17) 저명한 '아이 학대' 전문가인 캐츠(Sanford Katz)의 공식 견해를 비교해보라. "아이 방치는, 수동적인 견지에서 보통 사고되는, 부모의 행동을 내포한다. 그 행동은 그 사회의 선호되는 가치에 의해 규정되는 것으로서 아이의 필요물을 공급하는 데 실패를 초래하는 것이다." Sanford Katz, *When Parents Fail* (Boston: Beacon Press, 1971), p.22. 부모의 싸움에 관해서 그리고 Watson의 소건에 관해서 Michael F. Sullivan, "Child Neglect: The Environmental Aspects," *Ohio State Law Journal* (1968): 89~90, 152~53를 보라.

아이를 몰수했다.[18)]

종교뿐만 아니라 개인적인 도덕성도 정부에 의해 지적되었다. 1962년 엄마가 '아파트에서 너무 자주 남성 동료들과 즐긴다'는 근거로 법정에 의해 그들의 엄마들로부터 5명의 아이들이 몰수되었다. 다른 소송에서, 법정들은 부모들이 자식들을 '방치'해 왔다고 주장했고 그런 연유로 자식을 몰수했다. 왜냐하면 주장하는 바에 따르면 부모의 언쟁 혹은 아이들의 불안감은 자식들의 최선의 이해를 위험하게 했기 때문이다.

최근의 판결에서, 펜실베이니아 대법원의 우드사이드(Woodside) 판사는 '최선의 이해'라는 기준의 엄청난 강제적 잠재성에 대해 신랄하게 경고했다.

> 법정은 국가 혹은 그 대행기관들이 그들을 위해 더 나은 가정을 찾을 수 있을 것이라는 근거에 전적으로 입각하여 그들의 부모들로부터 자식의 양육권을 취해서는 안 된다. 만약 '더 나은 가정'이라는 평가가 유일한 평가라면, 공공복지 공무원들은 그 국가의 반을 차지하고 있는 덜 바람직스럽다고 간주되는 가정들의 부모들로부터 아이들을 취해서 더 바람직스럽다고 간주되는 다른 과반의 가정에 그 아이들을 갖다 놓을 수 있다. 이 원리를 더 확장하면, 우리는 최선의 가정을 갖고 있는 것으로 믿어지는 가구는 우리 아이들 중 어떤 아이도 선택할 수 있을 것이라는 것을 발견할 것이다.[19)]

아이들의 권리는 국가에 의해, 부모들의 권리들보다도 훨씬 더, 체계적으로 침해되어 왔다. 이 세기의 전환점부터 미국에 독특한 의무교육법(compulsory school attendance)은 아이들을 공립학교나 국가에 의해 공식적으로 인정된 사립학교에 강제로 들어가게 했다.[20)] 추정상 '인도주의적인' 아동노동법은 체계적

18) Sullivan, "Child Neglect," p.90을 보라.

19) Richard S. Levine, "Caveat Parens: A Demystification of the Child Protection System," *University of Pittsburgh Law Review* (Fall 1973), p.32에서 인용. 그 함의들에 포함된 심지어 더 기괴하고, 전체주의적인 것은 어린이의 '양육을 받을 권리'(right to be wanted)라는, 종종 제안되는 개념이다. 그 누군가에게 감정을 강요하기 위해 폭력을 사용하는 것의 불가능성을 무시하더라도, 그런 기준은 제3자, 실제로 국가에게 '양육하기'(wanting)가 존재할 때를 결정하고 그렇게 정의하기 힘든 기준을 충족하지 못하는 부모로부터 아이를 빼앗는 힘을 부여할 것이다. 그래서 어린이보호재단(Children's Defense Fund)의 롯햄(Hillary Rodham)은 이 기준에 이의를 제기했다. "'양육을 받을 권리'는 어떻게 규정되고 시행되어야 하는가? … 필연적으로 넓고 애매한 시행 지침은, 또다시 국가에게 아이의 삶의 질에 대해 광범위한 자유재량적 판단을 하도록 요구하는, 현행 법률들의 위험요소를 재창조할 수 있다." Hillary Rodham, "Children Under the Law," *Harvard Educational Review* (1973), p.496.

으로 아이들이 노동시장에 참가하려는 것을 강제로 막아왔다. 그로 인해 성인 경쟁자들에게 특권이 부여되었다. 일을 하여 생계를 유지하려는 것을 강제로 방해함으로써, 그리고 아이들이 흔히 싫어하거나 적절하지 않은 학교에 강제적으로 들어가게 함으로써, 아이들은 종종 '무단결석자'(truant)가 된다. 그런데 그 죄라는 것이 만약 성인에 의해 저질러진 것이라면 결코 '범죄'로 간주되지 않을 행동 혹은 비행동(non-action)에 대해 사실상 아이들이 투옥되고, 국가에 의해 '교화'학교라는 이름의 처벌기구로 그 아이들을 몰아넣는 데 이용되는 것이다.

현재 국가에 의해 투옥된 '소년 범죄자'들 중 1/4 내지 1/2은 성인이 저질렀다면 범죄로 간주될 행위들(즉, 신체와 재산에 대한 침범)을 저지르지 않았다는 사실이 정말로 추정되었다.[21] 이런 아이들의 '범죄들'은 국가의 총아들이 싫어하는 방법(무단결석, '교정할 수 없음', 도망)으로 자신들의 자유를 실행할 때 존재한다. 성별 간에, 특히 여자 아이들이야말로 진정한 범죄행위라기보다 '비도덕적' 행위 때문에 이런 식으로 투옥된다. 진정한 범죄라기보다는 비도덕성('고집불통', 섹스)으로 투옥되는 소녀들의 비율이 50%에서 80% 이상에 달하고 있다.[22]

1967년 **골트(Gault) 소건**에서 미국 대법정의 판결 이래로, 소년범죄자들은, 적어도 이론상으로, 성인들의 기본적인 절차권들(구체적인 혐의의 통지에 대한 권리, 상담할 권리, 증인을 반대 심문할 권리)이 부여되어 왔다. 그러나 이런 것들은 **단지** 청소년들이 실제로 **범죄자**로서 피소되었을 경우에만 부여되어 왔다. 레비도(Beatrice Levidow)가 쓴 것처럼, **골트**와 유사한 판결은,

> 청소년에게 부과되는 죄가 성인에 의해 저질러졌다면 형법의 위반이 되는 공판들을 제외하고는, 어떠한 심판관의 공판에 적용되지 않는다. 따라서 **켄트**(Kent), **골**

---

20) 미국에서 의무 교육에 관해서 William F. Rickenbacker, ed., *The Twelve-Year Sentence* (LaSalle, Ill.: Open Court, 1974)를 보라.

21) William H. Sheridan, "Juveniles Who Commit Noncriminal Acts: Why Treat in a Correctional System?" *Federal Probation* (March 1967), p.27. Also see Murphy, *Our Kindly Parent,* p.104를 보라.

22) Sheridan, "Juveniles Who Commit Noncriminal Acts," p.27와 더불어 다음을 보라. Paul Lerman, "Child Convicts," *Transaction* (July-August 1971), p.35; Meda Chesney-Lind, "Juvenile Delinquency: The Sexualization of Female Crime," *Psychology Today* (July 1974), p.45; Colonel F. Betz, "Minor's Rights to Consent to an Abortion," *Santa Clara Lawyer* (Spring 1971), pp.469~78; Ellen M. McNamara, "The Minor's Right to Abortion and the Requirement of Parental Consent," *Virginia Law Review* (February 1974), pp.305~32; and Sol Rubin, "Children as Victims of Institutionalization," *Child Welfare* (January 1972), p.9.

> 트, 그리고 **윈십**(Winship)의 보호수단들은, 중독되고, 방치되고, 감독이 필요하고, 무단결석하고, 도망가고, 혹은 흡연, 음주, 늦게까지 밖에 노는 것 등과 같은 오직 청소년에게만 유죄가 될 수 있는 행위를 한 청소년들의 정당한 절차적 권리를 보호하지 않는다.[23]

그 결과, 청소년은 성인 피고들에게 부여되는 다음과 같은 기본적인 절차 권리들이 상습적으로 박탈되고 있다. 그 권리란 보석을 받을 권리, 소송수속기록의 등본에 대한 권리, 항소할 권리, 배심재판을 받을 권리, 기소에 대한 입증책임, 그리고 전문증거(hearsay evidence, 傳聞)의 불허용성(inadmissability)에 대한 권리 등이다. "로스코 파운드(Roscoe Pound)가 기록한 것처럼, 형사법원(Star Chamber)의 힘은 청소년 법정의 힘에 비하면 하찮다." 종종, 반대의견을 제시하는 판사는 이런 체제에 대해 신랄한 비판을 퍼부어왔다. 그래서 머스마노(Michael Musmanno) 판사는 1954년 펜실베이니아 소송에서 다음과 같이 진술했다.

> 알라바마로부터 와이오밍에 이르기까지, 판결에서 너무나도 빈틈없이 지지되어 온, 불리한 진술의무의 면제, 전문증거의 금지, 당사자 한 쪽에 치우치면서 비밀스런 보고의 금지 등과 같은 확실한 헌법적 그리고 법적 보장들은 법정에 있는 그 사람이 나이어린 소년이나 소녀일 때 펜실베이니아에서 폐기될 것이다.[24]

게다가 국가의 청소년 법령은 다양한 형태의 '비도덕성', '습관적 무단결석', '습관적 불복종', '개선불능', '억제하지 못함', '도덕적 비행', '도덕적 비행이 될 위험에 처한', '비도덕적 행동' 그리고 심지어 '비도덕적 성격'을 지닌 사람과 교제하는 것 등에 대해 거의 무한한 재판과 투옥을 허용하는 애매한 언어로 가득 차 있다.[25]

---

23) Beatrice Levidow, "Overdue Process for Juveniles: For the Retroactive Restoration of Constitutional Rights," *Howard Law Journal* (1972), p.413.

24) J. Douglas Irmen, "Children's Liberation－Reforming Juvenile Justice," *University of finsas Law Review* (1972~73), pp.181~83에서 인용. 또한 다음을 보라. Mark J. Green, "The Law of the Young," in B. Wasserstein and M. Green, eds., *With Justice for Some* (Boston: Beacon Press, 1970), p.33; Sanford J. Fox, *Cases and Material on Modem Juvenile Justice* (St. Paul, Minn.: West, 1972), p.68.

25) the 1969 Texas case of *E.S.G. v. State*, in Fox, *Cases and Material on Modem Juvenile Justice*, pp.296~98에서 대법관 카데나(Cadena)의 이의를 보라. 또한 다음을 보라. Lawrence J. Wolk, "Juvenile Court Statutes－Are They Void for Vagueness?" *New York University Review of Law and Social Change* (Winter 1974), p.53; Irmen, "Children's Liberation," pp.181~83; and

게다가 똑같은 죄에 대해 성인이 겪게 되는 것보다 종종 더 긴 선고를 받는 청소년들을 전제로 할 때, 부정기형이라는 폭정을(처벌에 대해 앞장을 보라) 청소년들에게 휘둘러왔다. 실로 동시대 청소년 재판의 법 규칙은 청소년이 성년이 될 때까지 청소년 감옥에 남아 있도록 하는 판결을 내리도록 되었다. 게다가 최근 어떤 주에서는 이런 악폐는 청소년 피고를 두 가지 범주—'비행소년'으로 불리는 진짜 범죄자들과 '감독이 필요한 사람들'(PINS) 혹은 PINS로 불리는 다른 '비도덕적' 어린이들—로 분리함으로써 더욱 악화되어 왔다. 그 이후로 PINS '피고인들'은 실질적인 청소년 범죄자들보다 더 긴 형량을 받았다! 그래서, 최근 연구에서, 레먼(Paul Lerman)은 다음과 같이 서술한다.

> 보호기관 체류기간의 범위는 비행소년들에 대해서는 2개월에서 28개월이었고, PINS 소년들에 대해서는 4개월에서 48개월이었다. 중앙값은 비행소년들에 대해서는 9개월이었고 PINS에 대해서는 13개월이었다. 그리고 평균적인 체류기간은 비행소년들에 대해서는 10.7개월이었고 PINS에 대해서는 16.3개월이었다. …
>
> 체류기간의 길이에 대한 연구 결과는 유치장의 구금기간, 즉 어떤 기관의 배치 이전에 교정적 처리의 단계는 포함되어 있지 않다. 뉴욕시의 모든 다섯 개 자치구에 대한 최근의 구금형태에 관한 분석은 다음과 같은 양상을 보인다. (1) PINS 소년들과 소녀들은 비행청소년들보다 더 많이 구금될 가능성이 높다(54% 대 31%). (2) 일단 PINS 청소년들이 구금되면, 그들은 보통의 비행청소년들보다 30일 이상 더 구금될 가능성이 2배나 높다(50% 대 25%).[26)]

거기에다 또, 주로 **여성** 청소년들이야말로 '비도덕적인' 죄로 처벌을 받는다. 예를 들면, 하와이의 최근 연구는 단지 가출로 기소된 소녀들은 보통 공판전 구금형태로 2주를 보내고, 반면 실제 범죄로 기소된 소년들은 단지 며칠만 유치된다는 것을 밝혔다. 그리고 주립소년원에 투옥된 소녀들의 약 70%는 비도덕적인 죄로 투옥되었고, 반면 투옥된 소년들 중 단지 13%만이 비도덕적인

Lawrence R. Sidman, "The Massachusetts Stubborn Child Law: Law and Order in the Home," *Family Law Quarterly* (Spring 1972), pp.40~45.

26) Lerman, "Child Convicts," p.38. Also see Nora Klapmuts, "Children's Rights: The Legal Rights of Minors in Conflict with Law or Social Custom," *Crime and Delinquency Literature* (September 1972), p.471.

죄로 투옥되었다.[27)]

아이들은 사실상 권리를 갖지 않는 것으로 간주하는 현행의 사법적인 견해는 골트(Gault) 소송에서 연방대법원 포터스(Abe Fortas) 판사에 의해 예리하게 분석되었다.

> 죄와 처벌에 대한 아이디어는 포기되었다. 아이는 치료되어 재활되기로 되어 있었다. 체포부터 보호시설로 보내지는 것까지의 절차들은 처벌이라기보다는 '치료적인' 것으로 되었다.
>
> 개념적 그리고 합헌적 고뇌에 이르지 않고, 그 절차들이 당사자주의가 아니라 국가가 **파렌스 페이트리**(parens patriae 부모로서 국가)로서 진행되고 있다고 주장함으로써, 이런 결과들이 만들어졌다. 그 라틴 어구는 헌법체제로부터 청소년을 배제하는 것을 합리화하고자 하는 사람들에게 커다란 도움을 주는 것이 명백했다. 그러나 라틴어구의 의미는 애매하고, 그것의 역사적 자격은 관련성이 의심스럽다.
>
> 아이들보다 연장자들에게 유효한 절차적 권리들이 아이들에게는 부인하는 것, **부모로서 국가**인 국가의 권리는 성인과 달리 아이는 '자유에 대한 것이 아니라 보호에 대한' 권리를 갖는다는 주장에 의해 정교화되었다. … 만약 자신의 부모들이 어버이 기능들을 사실상 수행하는 데 태만하다면, 즉 만약 그 아이가 '비행적'이라면 국가는 간섭할 수도 있다. 그렇게 할 때, 국가는 그 아이로부터 어떤 권리도 빼앗는 것이 아니다. 왜냐하면, 그 아이는 어떤 것[권리, 역자주]도 갖지 않기 때문이다. 국가는 단지 그럴 자격이 있는 아이에게 '보호'를 제공할 뿐이다. 이런 토대에 입각하여, 청소년과 관련된 절차들은 '범죄'가 아니라 '사회질서적'인 것으로 묘사되었다. 따라서 국가가 어떤 사람으로부터 자유를 탈취하려고 할 때 그 국가를 제한하는 필요조건들을 필요로 하지 않았다.[28)]

어떤 행동을 '시민적' 혹은 '보호'라고 부르는 것이 '치료' 혹은 '갱생'의 피해자에게 감금상태를 조금 더 만족스럽게 만드는 것도 아니며 혹은 더 적은 감금상태로 만드는 것도 아니라는 점을 부언할 수도 있다. 범죄학자 하울렛(Frederick Howlett)은 청소년 법체계를 신랄하게 비판해왔고, 그것을 더 광범위한 리버테리언적 맥락에서 평가해왔다. 그는

27) Meda Chesney－Lind, "Juvenile Delinquency," p.46.
28) Fox, *Cases and Material on Modern Juvenile Justice*, p.14.

> 개인들의 확실한 기본권들—자신들이 선택한 사람들과 어울릴 권리와 자신들을 제외하고는 어느 누구에게도 해를 주지 않는 행동에 자발적으로 참여할 권리—의 부정(denial)에 대해 서술한다. 우리의 법정을 방해하는 술에 취한 사람은 술을 마실 권리를 반드시 갖는다. … 매춘부와 그녀의 고객은 그들의 개인적인 결정인 어떤 행동에 대해 그 법에 반드시 대답하지 않아도 된다. 마찬가지로 비행을 저지른 아이도 아이가 될 수 있는 근본적인 권리를 가지며, 만약 그 아이가 성인이었다면 범죄로 간주되지 않는 행위를 저지르지 않았다면, 왜 법정을 통한 의뢰(recourse)를 추구하는가 …? 정의체계 밖에서 어떤 사람을 치료하거나 '도움을 주는' 것을 서두르기 전에, 그 사회는 먼저 아무것도 하지 않는 것이라는 대안을 고려하지 않아야 하는가? 외부 당국에 의한 치료와 간섭을 거부하는, 한 인간으로서 아이의 권리를 인식하지 않아야 하는가?[29)]

1870년 일리노이 판결에서 아이들의 권리들에 대한 특히 설득력있는 사법적 옹호가 나왔다. 진보 시대(Progressive period)라는 세기의 전환점이 시작되는 때로, 청소년 법체계의 국가 압제라는 현대 주장보다 몇 년 전이었다. People ex rel. O'Connell v. Turner 사건에서 쏜톤(Thornton) 판사는 다음과 같이 선고했다.

> 국가에서 아이를 흡수한다는 원리 그리고 국가의 압제에 완전히 종속되는 것은 현대 문명화된 세계에서는 전적으로 허용될 수 없다. …

29) Frederick W. Howlett, "Is the YSB All it's Cracked Up to Be?" *Crime and Delinquency* (October 1973), pp.489~91. 플랫(Anthony Platt)은 *The Child Savers*라는 자신의 훌륭한 책에서 20세기 전환기 진보 시대에 소년원 체제(the juvenile court-reform school system)의 기원은 대규모로 그 국가의 어린이들의 '비도덕성'에 포악한 '개혁'을 강제하기 위해 특별히 고안되었다고 지적했다. 그래서 *The Child Savers*(Chicago: University of Chicago Press, 1970), pp.99~100에서 플랫은

> 그 '어린이 구원자'(Child Savers)는 이전에는 무시되어 왔거나 비공식적인 것으로 다루어져 온, 청소년 활동의 전 범위에 걸친 정부의 통제를 확대하는 데 가장 적극적이고 성공적이었다고 기술한다. … 어린이 구원자는 일반적 의미에서 사회적 진보가 효율적인 법 시행, 어린이의 여가와 레크리에이션의 엄격한 감독, 부정한 쾌락의 규제 등에 의존했다고 믿었던 금지주의자들이었다. 그들의 노력은 아이들을, 그들의 '의존성'(dependency)을 위협하는 (극장, 무도장, 살롱 등) 시설과 환경으로부터 구출하는 것으로 향하고 있었다. 아이 구원 운동은 또한 다양한 '변형' 시설에 이의를 제기하기 위해 아이 보호라는 문제를 제기했다. 그래서 사창가와 살롱을 파괴함으로써 어린이들은 섹스와 술로부터 단지 보호될 수 있다.

또한 ibid., pp.54, 67~68, 140을 보라. '어린이 구원하는' 부모로서 국가의 초기의 표현과 무단결석에 대한 청소년의 감금에 대해 J. Lawrence Schultz, "The Cycle of Juvenile Court History," *Crime and Delinquency* (October 1973), p.468; and Katz, When Parents Fail, p.188를 보라.

이런 법들은 그 아이의 '안전한 보호'를 위해 마련된다. 이 법들은 아이의 '구속'을 지시하고, 오직 보호위원회(a board of guardians)의 통제되지 않은 판단에 의한 '가출옥허가서'만이 투옥된 소년이 그 교도소 벽 밖의 하늘의 순수한 공기를 마시도록 하고 그리고 활기찬 세상과의 접촉에 의해 사나이다운 본능을 느낄 수 있도록 허용한다. 감금은 아이의 연령에 따라서 1년부터 15년이 될 수 있다. 사면은 교도소의 문을 열 수 없다. 왜냐하면 어떤 죄도 저지르지 않았기 때문이다. **출정영장**이라는 서한, 즉 자유의 보호를 위한 서한은 위안을 줄 수 없다. 왜냐하면 **부모적인 국가**로서 국가의 주권은 돌이킬 수 없는 감금을 결정해왔기 때문이다. 본질적 자유에 대한 그런 제한은 폭압이고 억압이다. 그래서 범죄를 저지르지 않고, 어떠한 죄에 대한 유죄판결 없이, 만약 그 국가의 아이들이 '사회의 선'을 위하여 감금된다면, 그 사회는 원래의 요소들로 환원되는 것이 더 나았을 것이고, 자유정부는 실패를 인정했다. …

미성년자의 무능력이 그들을 노예나 범죄자로 만들지 않는다. … 우리가 아이들이 범죄에 대해 책임이 있다고 주장할 수 있을까? 불법을 책임지게 하고, 불법에 의무부담이 붙는 책임을 부과하지만, 범죄에 대한 기소와 유죄판결 없이 그들의 자유를 뺏을 수 있을까? [버지니아 권리장전과 독립선언문에 입각한 일리노이 권리장전은 선언하기를] "모든 사람은 천부적으로 자유롭고 독립적이며 — 삶, 자유, 행복추구의 범위 내에서 — 어떤 고유하고 양도할 수 없는 확실한 권리들을 갖고 있다." 이 표현은 제한적인 것이 아니다. 그것은 광범위하고 포괄적이며, 숭고한 진실, 즉 '모든 인간', 모든 사람은 어느 곳에서나 자유에 대한 고유하고 양도할 수 없는 권리를 갖는다는 것을 선언한 것이다. 우리가 그 국가의 아이들에게 너는 이런 권리, 즉 모든 인간의 법과 규칙과는 무관하게 독립적인 권리를 즐길 수 없을 것이라고 말할 수 있을까. … 심지어 범죄자조차도 법의 정당한 절차 없이 유죄로 선고되고 투옥될 수 없다.[30]

---

30) 55 Ill. 280 (1870), reprinted in Robert H. Bremner, ed., *Children and Youth in America* (Cambridge, Mass.: Harvard University Press, 1970~74), vol. 2, pp.485~87. 당연히 '어린이를 구원하는' 개혁자는 오코넬(O'Connell) 판결의 결과에 짜증을 냈다. 그리고 저명한 일리노이의 사회와 어린이 개혁가인 위네스(Frederick Wines)는 그 판결을 "적극적으로 유해하다. 그것은 개인적 자유라는 주제에 관하여 병적인 민감성으로부터 기인한다"라고 논평했다. Platt, *The Child Savers*, p.106를 보라.

제15장 재산권으로서의 '인권'

좌파 자유주의자들(liberals)은 일반적으로 언론의 자유와 같은 그런 '인간'의 권리를 위해 '권리'라는 개념을 보존하기 바라지만, 반면 사적 재산에 대해서는 그 개념을 부인한다.[1] 그럼에도 불구하고, 그와는 반대로 '권리'라는 개념은 오직 재산권으로서만 의미가 통한다. 왜냐하면 또한 재산권이 아닌 인권(human rights)은 존재하지 않을 뿐 아니라, 인권은 재산권이 기준으로 사용되지 않을 때 완전무결함과 명료성을 잃게 되고 애매하고 취약하게 된다.

우선 재산권이 인권과 동일하게 되는 두 가지 의미가 있다. 하나는 재산은 **오직** 인간에서만 발생할 수 있고, 그 결과 재산에 대한 인간의 권리는 인간 존재에게 속하는 권리이다. 그리고 둘째는 사람의 자신의 신체에 대한 권리, 자신의 개인적 자유는 '인권'일 뿐만 아니라 자신의 인신에 대한 재산권이다. 그러나 토론을 위해 더 중요하게도, 재산권이라는 관점에서 놓여지지 않을 때 인권은 모호하고 모순적이 되고, 좌파 자유주의자들로 하여금 '공공정책' 또는 '공공재'를 위하여 그런 인권을 약화시키게 한다. 나는 다른 저술에서 다음과 같이 서술했다.

> 예를 들어, 언론의 자유라는 '인권'을 보자. 언론의 자유는 모든 사람이 자신이 좋아하는 것을 말할 수 있는 권리를 의미하는 것으로 여겨진다. 그러나 간과한 질문은 어디에서? 어떤 사람이 이런 권리를 어디에서 갖는가? 그는 분명히 자신이 침해하는 재산 위에서 이 권리를 갖지 않는다. 요컨대, 그는 오로지 자신 소유의 재산 위에서나 또는, 선물 혹은 임대차 계약으로, 그에게 그 부지의 출입을 허용하기로 합의한 어떤 사람의 재산 위에서만이 이런 권리를 갖는다. 그래서 사실 독립적인 '언론의 자유에 대한 권리'와 같은 그런 것은 없다. 오직 어떤 사람의 재산권만 존재한다. 자신의 소유로 자신이 원하는 대로 할 권리 혹은 다른 재산 소유자들과 자발적으로 협약할 권리.[2]

1) 특히 두드러지고 자기모순적인 예는 싱거(Peter Singer) 교수이다. 그는, 경제문제(economic affairs)와 재산의 영역(realm of property)에서는 공리주의로 전환하면서도, 개인적 자유를 위해서는 권리의 개념의 보존을 명시적으로 요구했다. Peter Singer, "The Right to Be Rich or Poor," *New York Review of Books* (6 March 1975).

요컨대, 어떤 사람도 '언론의 자유에 대한 권리'를 갖지 않는다. 그가 반드시 가지는 것은 홀을 빌려서 그 부지에 들어가는 사람들에게 연설할 권리이다. 그는 '출판의 자유에 대한 권리'를 갖지 않는다. 그가 가지는 것은 팸플릿을 쓰거나 출판할 권리와 그것을 기꺼이 구입하기를 원하는 사람에게 판매할(혹은 그것을 기꺼이 수용하기를 바라는 사람들에게 주어버리는) 권리이다. 그래서 이런 경우들 각각에서 그가 가지는 것은, 자유롭게 계약할 권리와 그런 소유권의 일부를 형성하는 것을 이전할 권리를 포함하는 재산권이다. 어떤 주어진 경우에도 사람이 가질 수 있는 재산권을 넘어서서 추가적인 '자유언론의 권리' 혹은 자유출판의 권리는 없다.

게다가 그 분석을 재산권 대신에 '자유언론의 권리'라는 관점에서 표현하는 것은 바로 그 권리라는 개념의 혼란과 약화를 초래한다. 가장 유명한 예는 다음과 같은 홈스(Holmes) 판사의 주장이다. 어느 누구도 만원의 극장에서 거짓으로 '불이야'라고 고함칠 권리를 가지고 있지 않으며, 따라서 언론의 자유에 대한 권리는 절대적일 수 없지만 '공공정책'을 고려하여 반드시 약화되고 완화되어야 한다.[3] 그럼에도 불구하고, 만약 우리가 **재산권**이라는 견지에서 그 문제를 분석한다면 우리는 권리의 절대성을 약화시킬 필요가 없다는 것을 알 것이다.[4]

논리적으로는, 외치는 사람은 고객이거나 극장 주인이다. 만약 그가 극장 주인이라면, 그는 그 공연을 조용히 즐기려는 고객의 재산권을 침해하고 있다. 왜냐하면 그는 우선 그 공연에 대해 고객들로부터 돈을 받았기 때문이다. 만

2) Murray N. Rothbard, *Power and Market*, 2nd ed. (Kansas City: Sheed Andrews and McMeel, 1977), pp.238~39.

3) 홈스의 격언에 관해 다음을 보라. Murray N. Rothbard, *For A New Liberty*, rev. ed. (New York: MacMillan, 1978), pp.43~44; and Rothbard, *Power and Market*, pp.239~40. 시민 리버테리언으로서 홈스의 부적절한 평판에 대한 통렬한 비평에 대해 H.L. Mencken, *A Mencken Chrestomathy* (New York: Alfred A. Knopf, 1947), pp.258~64.를 보라.

4) 게다가, '불이야'라고 고함치는 것이 극심한 공포를 야기한다는 견해는 결정론적이고 위에서 논의된 '폭동을 일으키는 선동' 오류의 또 다른 버전이다. 자신들에게 전파되는 정보를 평가하는 것은 극장에 있는 사람들에게 달려 있다. 만약 이것이 그렇지 않다면 극장에서 실제적인 불을 사람들에게 정확히 경고하는 것은, 그 행위도 역시 공포를 자극할 수 있기 때문에, 범죄가 왜 되지 않는가? '불이야'라고 거짓으로 고함치는 것에 수반된 혼란은 이 책의 아래에서 설명하는 방법으로 오직 재산권의 침해로서 기소할 수 있는 것이다. 나는 이 점에 대해 고든(David Gordon) 박사에게 신세를 졌다.

약 그가 다른 고객이라면, 그는 그 공연을 관람하고 있는 고객들의 재산권과 극장주인의 재산권 둘 다를 침해하고 있다. 왜냐하면 그는 거기에 머무르는 계약 조건들을 위반하고 있기 때문이다. 즉 왜냐하면 그런 조건들은 주인이 상연하고 있는 공연을 방해함으로써 주인의 재산을 침해하는 행동을 하지 않는다는 점이 분명히 포함되어 있기 때문이다. 어느 경우에나, 그는 재산권의 침해자로서 기소될 수 있다. 따라서 우리가 관련된 **재산권**에 집중할 때, 홈스 소송이 권리의 절대적인 본질을 약화시킬 필요가 없다는 것을 의미한다는 것을 우리는 이해한다.

실제로, '언론의 자유'를 '절대적으로 지지하기로' 유명한 블랙(Hugo Black) 판사는, '만원 극장에서 불이야라고 소리치는 것'에 대한 논쟁에서 홈스를 신랄하게 비판하면서 다음과 같은 점을 분명히 밝혔다. 블랙의 언론의 자유에 대한 지지는 사적재산권에 토대를 두고 있다는 점이다. 그래서 블랙은 다음과 같이 서술했다.

> 나는 어제 저녁에 당신과 함께 극장에 갔다. 만약 당신과 내가 일어나서 그 극장을 배회한다면, 우리는 어떤 말을 하든 안 하든, 우리는 체포되었을 것이라는 점을 나는 알고 있다. 수정 헌법 1조가 사람들에게 그들이 가기를 원하는 세상 어느 곳에도 갈 수 있는 권리 혹은 그가 하고자 하는 말이라면 무엇이라도 세상에서 말할 수 있는 권리를 주었다는 점을 누구도 결코 말한 적이 없다. 극장표를 구입하는 것은 거기에서 연설할 기회를 구입하는 것이 아니었다. 우리는 이 나라에서 헌법에 의해 또한 보호되는 재산 체계(systems of property)를 가지고 있다. 우리는 다음과 같은 의미를 가지는 재산 체계를 가지고 있다. 어떤 사람이 그가 하기를 원하는 어떤 것을 자기가 원하는 어디에서나 할 권리를 갖지 않는다. 예를 들면, 만약 어떤 사람이 내 집에 들어와서 자신은 대법원에 맞서 연설하기를 원하기 때문에 내 집에 들어갈 헌법적 권리를 자신이 가지고 있다고 내게 말하려 한다면, 나는 기분이 좀 나쁠 것이다. 나는 대법원에 맞서 연설할, 인간의 자유를 이해하지만, 그가 그것을 우리 집에서 하는 것을 원하지 않는다.
>
> 그것은 만원 극장에서 '불이야'라고 소리치는 것에 관한 아주 훌륭한 경구이다. 그러나 당신은 체포될 수 있는, '불이야'라고 소리치는 것을 하지 말아야 한다. 만약 어떤 사람이 어떤 극장을 무질서하게 만든다면, 그들은 그가 고함쳤던 그 어떤 것

때문이 아니라 그가 고함쳤기 때문에 그를 잡을 것이다. 그들은 그가 가졌던 어떤 견해 때문이 아니라 그들이 거기서 듣기를 원했던 어떤 견해도 그가 갖고 있지 않았다고 그들이 생각했기 때문에 그를 잡을 것이다. 그것은 그가 고함쳤던 어떤 것 때문이 아니라 그가 고함쳤기 때문에 내가 대응한 방식이다.[5]

몇 년 전에 프랑스 정치이론가 주비넬(Bertrand de Jouvenel)은 자신이 '의장의 문제'(chairman's problem) — 그 문제라는 것이 작가들이나 연설자들이 자신들은 그 자원의 사용에 대하여 자유 언론의 '권리'를 갖고 있다고 믿는 집회장 혹은 신문 혹은 마이크 앞에서 시간 혹은 공간을 배분하는 문제 — 라고 불렀던 것에서 자유 언론과 집회권의 약화를 유사하게 촉구했다.[6] 주비넬이 간과한 것은 그 '의장의 문제'에 대한 우리의 해결책, 즉 권리의 개념을 언론 혹은 집회의 자유라는 관점보다는 사적재산이라는 관점으로 재구성하는 것이었다.

우선 우리는 주비넬의 예들 — 집회에 참석하는 사람, 독자투고란에 투고하기 위해 글을 쓰는 사람, 그리고 라디오 토론 시간에 지원하는 사람 — 의 각각에서, 제공되는 희소한 시간 혹은 공간이 비용이 들지 않는다는 의미에서 **무료**(free)라는 점을 주목할 수 있다. 우리는 경제학에서 '배급문제'(rationing problem)라고 불리는 것의 한가운데 있다. 가치있는 희소한 자원들은 배분되어야만 한다. 그것이 연단에 있는 시간이든, 마이크 앞에 있는 시간이든 혹은 신문의 공간이든 말이다. 그러나 그 자원들의 사용이 **무료**(비용이 들지 않음)이기 때문에 이 시간 혹은 공간을 확보하기 위한 수요는 공급을 크게 초과하지 않을 수 없고, 따라서 그 자원의 지각된 '부족'이 발생하지 않을 수 없다. 낮은 가격으로 혹은 가격이 존재하지 않음으로써 야기되는, 모든 경우의 부족과 줄서기에 있어서, 불만스런 수요자들은 자신들이 가치가 있다고 믿는 자원의 사용을 확보하지 못함으로써 좌절감과 분노감을 지닌 상태로 있게 된다.

희소한 자원이 가격에 의해 배분되지 않는다면 그 자원의 소유자에 의해 어떤 다른 방법으로 배분되어야 한다. 주비넬 소송 모두는 만약 소유자가 가

---

5) Irving Dillard, ed., One Man's Stand for Freedom (New York: Alfred A. Knopf, 1963), pp.489~91.

6) Bertrand de Jouvenel, "The Chairman's Problem," *American Political Science Review* (June 1961), pp.305~32; 주비넬의 이런 비판의 요점은 이탈리아어로 Murray N. Rothbard, "Bertrand de Jouvenel e i diritti di proprieta," *Biblioteca della Liberta*, no. 2 (1966), pp.41~45에 나와 있다.

격체계로 배분되기를 원한다면 가격 체계에 의해 배분될 수 **있다는** 점을 주목해야 한다. 집회의 의장은 연단에 있는 희소한 공간에 대해 가격 입찰을 요구**할 수 있고**, 그 때 최고 입찰자들에게 그 공간들을 수여**할 수 있다**. 라디오 프로듀서는 자신의 프로그램의 토론자들에 대해 똑같이 할 수 있다. (사실상, 이것은 프로듀서들이 개별 스폰서들에게 시간을 판매할 때 하는 것이다.) 그러면 부족은 존재하지 않을 것이고, 지켜지지 않은 약속(독자란, 연단, 마이크에 대한 대중의 '동등한 접근')으로 인한 분개감도 없을 것이다.

그러나 가격 문제 이상으로 심각한 문제가 수반되어 있다. 왜냐하면 가격에 의하든 혹은 다른 기준에 의하든 자원은 모든 경우에 **그 소유자**에 의해 배분**되어야 하기** 때문이다. 라디오 방송국 혹은 프로그램의 소유자(혹은 그의 대리인)는 그가 결정하는 방식으로 라디오 방송시간을 임대하거나 기부한다. 신문사의 소유자 혹은 편집 대리인은 그가 결정하는 어떠한 방식으로라도 독자란의 공간을 배분한다. 집회의 '소유자' 그리고 그가 지명한 대리인인 의장은 자신이 결정하는 어떤 방식으로라도 연단에 있는 공간을 배분한다.

소유권이 궁극적인 배분자라는 사실은 주비널의 '의장의 문제'에 대한 재산에 의한 해결(property solution)을 위한 실마리를 제공한다. 왜냐하면 신문의 독자란에 글을 쓴 사람은 그 신문의 소유주가 **아니기** 때문이다. 따라서 그는 신문 지면에 대한 **권리가 없**고, 다만 신문 지면을 요청한다. 그리고 그 요청을 수락하거나 거부하는 것은 그 **소유자**의 절대적인 권리이다. 집회에서 연설을 요청하는 사람은 **연설할** 권리를 가지지 않고, 다만 요청을 하는데, 그 요청에 대해서 소유자 혹은 그의 대리인인 의장이 결정해야 한다. 그 해결책은 '언론 혹은 집회의 자유에 대한 권리'의 의미를 다시 개조하는 것이다. 공간과 시간에 대한 어떤 류의 동등한 권리라는 애매하고, 주너빌이 보여준 것처럼, 실행 블가능한 개념을 사용하는 대신에, 우리는 사적재산권에 초점을 맞추어야 한다. 단지 '언론 자유에 대한 권리'가 단순히 재산권의 일부분으로 취급될 때만, 그것은 유효하고, 실행 가능하고, 그리고 완전무결한 것이 된다.

이것은 주비널이 제기한 '잠자코 말을 듣게 할 권리'(right to buttonhole)에서 볼 수 있다. 주비널은 '언론의 권리는 각자 모두에 의해 실행될 수 있다고 하는 점에서의 그 의미'가 존재한다고 말한다. 그것은 잠자코 말을 듣게 할 권리이다. 즉, 만나는 사람들에게 말해서 설득시키려고 노력하고 그리고 나서 그들을 홀에 모으고 자신 소유의 집회를 형성하는 권리이다. 여기서 주비널은 적절한 해결책을 확실하게 획득하지 않은 채 그것에 접근한다. 왜냐하면 그가 실제로 말한 것은 '자유 언론에 대한 권리'는 사람들에게 얘기하고, 설득하고, 참석하기를 원하는 사람들에게 연설할 홀을 빌리는 권리로서의 의미로 사용될 때 오직 유효하고 실행 가능한 것이라는 점 때문이다. 그러나 **이런** 의미의 언론자유에 대한 권리는 실제로는 개인의 재산에 대한 일반적인 권리의 일부이다(물론, 만약 다른 사람이 원하지 않는다면 그 다른 사람이 말을 듣지 **않을** 권리를 기억해야 한다면, 즉 경청하지 **않을** 그의 권리). 왜냐하면 재산권은 어떤 사람의 재산에 대한 권리와 상호 동의하여 계약을 해결하고 다른 재산의 소유자와 교환을 할 권리를 **포함**한다. 홀을 빌리고 그가 모은 집회에서 연설을 하는 사람인 주비널의 '버튼홀더'(button holder, 사람을 붙들고 길게 이야기하는 사람, 역자주)는 모호한 언론자유의 권리가 아니라 그의 재산의 일반적 권리의 일부를 행사하고 있는 것이다. 주비널은 '프리머스'(Primus)와 '세컨더스'(Secundus)라는 두 인간의 경우를 논의할 때 이것을 거의 인식한다.

> 프리머스는 … 땀과 노고를 통해 그가 하는 집회에 사람들을 모았다. 외부인인 세컨더스가 와서 자유 언론이라는 권리에 근거하여 이 집회에서 연설할 권리를 주장한다. 프리머스는 그에게 발언권을 주지 않을 수 있는가? 그런데 그게 정말일까! 그는 세컨더스에게 다음과 같이 응대할 수 있다. "나는 이 집회를 만들어 왔다. 당신도 가서 똑같이 해라."

바로 그렇다. 요컨대, 프리머스는 그 집회를 소유한다. 그는 그 홀을 빌리고 그 집회를 요구해 왔으며, 그 집회의 조건들을 정해왔다. 그리고 이런 조건들을 좋아하지 않는 사람들은 자유롭게 참석하지 않거나 떠난다. 프리머스는 자신의 의지대로 말하는 것이 허용되는 그 집회에 대한 재산권을 갖고 있다. 세컨더스는 어떤 재산권도 가지지 않고, 따라서 그 집회에서 발언할 권리가 없다.

일반적으로 권리의 약화를 요구하는 것처럼 보이는 곳에서의 이런 문제들은 **소유권의 소재지**가 정확하게 규정되지 않은 곳에서의 문제들이다. 요컨다, 재산권들이 뒤죽박죽인 상태인 곳에서의 문제들이다. 예를 들면, '언론의 자유'의 많은 문제들은 정부소유의 도로에서 발생한다. 예를 들어 정부는 교통을 방해하고 전단지를 뿌려서 그 도로를 지저분하게 만들 것인, 정부가 주장하기를 정치적 집회를 허용**해야 하는가**? 그러나 외견상 '언론의 자유'가 덜 절대적이 되도록 요구하는 그런 문제들 모두는 실제로는 재산권을 규정하는 데 실패함으로써 생기는 문제들이다. 왜냐하면 그 도로들은 일반적으로 정부에 의해 **소유**되기 때문이다. 이런 경우들에서 정부가 '의장'이다. 그리하여 다른 재산 소유자처럼 정부는 그 희소한 자원들을 어떻게 배분할 것인가 하는 문제에 직면한다. 이를테면, 도로상에서 정치적 집회는 교통을 방해**한다**. 따라서 정부의 결정은 언론의 자유에 대한 권리를 수반하는 것이 아니라 도로의 소유자에 의한 도로 공간의 배분을 수반한다.

만약 거리들이 사적 개인들과 기업들에 의해 소유된다면—마치 리버테리언 사회에서는 거리들이 모두 사적 개인들과 기업들에 의해 소유되는 것처럼—그 모든 문제가 발생하지 않을 것이라는 점을 주목해야 한다. 왜냐하면 그 때 도로들은 모든 다른 사유재산처럼 집회의 목적을 위해 다른 사적 개인들 혹은 집단들에 의해 대여되거나 그들에게 기증될 수 있었기 때문이다. 완전한 리버테리언 사회에서는 어느 누구도 다른 사람의 집회장을 선점할 권리를 갖지 않는 것과 마찬가지로 다른 사람의 도로를 사용할 권리도 갖지 않는다. 양 쪽 모두의 경우에 유일한 **권리**는, **만약** 지주가 원한다면, 그 자원을 대여할 자신의 돈을 사용할 재산권이 될 것이다. 물론 거리들이 계속해서 정부 소유로 되어 있는 한, 문제와 갈등은 해결되지 않은 채로 남아있을 것이다. 왜냐하면 도로들에 대한 정부 소유권은 언론, 집회, 전단지의 살포 등을 **포함한** 어떤 사람의 다른 재산권들 모두가, 정부 소유의 도로들—정부가 어떤 방법으로도 방해하거나 재한하기로 결정할 수 있는—을 횡단하거나 사용할 상존하는 필요성에 의해 통제되고 제한될 수 있다는 점을 의미하기 때문이다. 만약 정부가 그 도로 집회를 허용한다면 통행을 제한할 것이다. 만약 정부가 통행의 흐름을 위해 그 집회를 금지한다면, 정부 도로들에 대한 접근의 자유를 금지하는 것이 될 것이다. 어느 경우에나, 정부가 선택한 방법이 무엇이든, 일부 납세자들의 '권리들'이 감축될 것이다.

권리와 소유권의 소재지가 잘 규정되지 않고 따라서 갈등들이 해결되지 않는 다른 곳은 **정부** 모임들(그리고 그들의 '의장')의 경우이다. 우리가 지적한 것처럼, 어떤 사람이나 집단이 홀을 대여하고 의장을 지명한 경우에는 소유권의 소재지가 분명하고 프리머스는 자신의 뜻대로 한다. 그러나 정부 모임들의 경우 어찌되는가? 누가 그것들을 **소유**하는가? 어느 누구도 실질적으로 알지 못하고, 따라서 누가 말하고 누가 말하지 않을 것인지, 무엇이 결정되어야 하고 무엇이 결정되지 말아야 할 것인가를 해결하는 만족스럽거나 비자의적인 방법은 없다. 사실 정부 모임은 자신이 결정한 규칙들하에 스스로 형성된다. 그러나 그 때 이런 규칙들은 다수의 시민들에 의해 받아들여지지 않는다면 어떻게 되는가? 관련된 재산권의 분명한 소재지가 없기 때문에 이 문제를 해결하는 만족스런 방법이 존재하지 않는다. 다른 식으로 표현하면, 신문이나 라디오 프로그램의 경우, 편지를 쓰는 사람 혹은 토론지망자는 신청인이고, 신문업자 혹은 프로듀서가 결정하는 **소유자**인 점이 분명하다. 그러나 정부적 모임의 경우에 우리는 소유자가 누구인지 모른다. 마을 모임에서 청취를 요구하는 사람은 부분 소유자임을 주장하지만 그럼에도 불구하고 그는 모든 다른 영역에서 재산 소유자들이 해왔던 것처럼 구입, 상속, 혹은 발견을 통해서 어떤 류의 재산권도 확립하지 못했다.

그 도로들로 되돌아가면, 모든 재산이 사적이고 분명하게 소유되어 있는 리버테리언 사회에서 재빨리 해결되는, 다른 골치아픈 문제들이 존재한다. 예를 들면, 현 사회에는 정부 소유의 도로들에 접근하려는 납세자들의 '권리' 간에 계속적인 갈등이 존재한다. 그 갈등이라는 것이 동네의 거주자들은 그들 생각으로 도로에서 모임을 가지는 사람들이 '달갑지 않은 사람'으로 생각되므로 그 사람들이 없는 것을 원하는 것이다. 예를 들면, 뉴욕시에서 맥도날드 음식점을 자신의 지역에서 영업하는 것을 저지하려는 다양한 이웃 거주자들에 의한 신경질적인 압력이 현재 존재하며, 많은 경우에 그들은 그 가게들이 그곳으로 오는 것을 막기 위해 지방 정부의 힘을 사용해 올 수 있었다. 물론 이것들은 맥도날드가 구입한 재산에 대한 권리의 분명한 침해들이다. 그러나 그 거주자들도 다음과 같은 점에서 일리가 **반드시** 있다. 그 **도로** 상에 쓰레기와 맥도날드에 매료되고 그 앞에 모여드는 '달갑지 않은 사람의' 부류들을 끌어당기는 것. 요컨대, 거주자들이 **실질적**으로 불평하고 있는 것은 맥도날드의 재산권이라기보다는 정부 도로들의 '나쁜' 사용을 염려하는 것이다. 간략히 말하면, 그들은 정부 도로 상에서 어떤 사람이 의지대로 걸을 수 있는 '인권'에 대해 불평하고 있다. 그러나 납세자들과 시민들처럼, 이런 '달갑지 않은 사람들도' 그 거리를 걸을 '권리'를 분명히 갖고 있고, 물론 맥도날드의 흡인력이 없어도 그들이 그렇게 하길 원한다면 그 장소에 모일 **수 있다**. 그러나 그 거리들이 모두 사적으로 소유되는 리버테리언 사회에서는 그 전체의 갈등이 어떤 사람의 재산권도 침해되지 않고서 해결될 수 있다. 왜냐하면 그 때 그 **거리들의 소유자들**은 누가 그 거리들에 접근할 것인가를 결정할 권리를 가질 것이고, 그들은 자신들이 원한다면 '달갑지 않은 사람들'을 출입금지 시킬 수 있을 것이기 때문이다.

물론 '달갑지 않은 사람들'을 출입금지 시키기로 결정하는 그 도로 소유자들은 그 대가 — 그 거리에 있는 상인들의 사업 손실뿐 아니라 감시감독이라는 실질적 비용과 그들의 주거지로 오는 방문객들의 흐름의 감소 — 를 치러야 할 것이다. 의심할 바 없이, 자유사회에서는 패턴의 통로가 있을 것이다. 즉, 어떤 도로들은 모든 사람에게 개방되어 있고 다른 도로들은 접근이 다양하게 제한되어 있다.

유사하게, 모든 거리들의 사적 소유권은 이주의 자유에 대한 '인권'의 문제를 해결할 것이다. 현행 이주 장벽들은 이주할 '인권'을 제한하는 것이라기보다는 이주할 권리를 대여하거나 팔 수 있는 재산 소유자의 권리를 제한하는 것이라는 사실에는 의문의 여지가 없다. 이주할 인권이라는 것은 존재할 수 없다. 어느 누가 **누구**의 재산에 대해 짓밟을 권리를 갖고 있는가? 요컨대, 만약 '프리머스'가 지금 다른 국가로부터 미국으로 이주하길 원한다면, 우리는 그가 이 토지 영역으로 이주할 절대적인 권리를 갖고 있다고 말할 수 없다. 자신들의 재산상에서 프리머스를 **원치** 않는 재산 소유자들은 어떻게 되는가? 다른 한편, 프리머스에 대해 재산을 대여하거나 팔려고 선뜻 달려오는 다른 재산 소유자들도 아마도 있을 것이고 그리고 분명히 있을 것이다. 그리고 지금 현행법은 그들이 그렇게 하는 것을 금지함으로써 그들의 재산권을 침해하고 있다.

리버테리언 사회는 절대적인 재산권의 기반 내에서 '이민문제' 전체를 해결할 것이다. 왜냐하면 사람들은 단지 소유자들이 그들에게 대여하거나 팔기를 바라는 그런 재산과 토지에 이주할 권리를 갖고 있기 때문이다. 자유사회에서, 우선 그들은 소유자들이 그들에게 거기에 가는 것을 동의하는 그런 거리만을 여행할 권리를 가질 것이며 그리고 나서 원하는 소유자들로부터 집을 대여하거나 매입할 수 있는 권리를 가질 것이다. 다시 한 번, 거리에서 매일 매일의 움직임의 경우처럼, 이주의 접근에 대한 다양하고 변화하는 패턴이 의심할 여지없이 발생할 것이다.

제16장 지식, 진실과 거짓

우리의 재산권이론은 지식, 즉 진실과 거짓의 문제들과 그 지식의 유포의 문제들을 위주로 한, 뒤얽힌 타래의 복잡한 문제들을 푸는 데 사용될 수 있다. 예를 들어, 스미스가 '존은 거짓말쟁이다' 혹은 '존은 유죄선고를 받은 절도범이다' 혹은 '존은 동성애자'라는 진술을 인쇄하여 유포할 권리(또다시, 우리는 그의 **권리**에 관해 관심을 두고 있고, 그가 그 권리를 **실행**하는 것의 도덕성 혹은 미학은 아니다)를 갖는가? 그런 진술의 진실 여부에 관해 논리적으로 세 가지 가능성이 있다. (a) 존에 대한 진술이 사실이다. (b) 그것은 거짓이고 그리고 스미스는 그것이 거짓이라는 것을 안다. (c) 가장 현실적으로, 그 진술의 진실 혹은 거짓이 분명하고 정확하게 알 수 있는 것이 아니라 애매한 지대에 있다(예를 들면, 위의 경우들에서, 어떤 사람이 거짓말쟁이인지 여부는 그 사람이 하는 거짓말의 패턴이 얼마나 많고 강도가 얼마나 센가 그리고 그가 결국 거짓말의 범주가 되는 것으로 판결받는 것에 달려 있다. 그리고 그 사람은 '거짓말쟁이'의 범주에 대해 그 판단을 내리도록 결정된다. 그런데 이 영역이 개인적인 판단이 적절히 다를 수 있고 다른 것이다).

스미스의 진술이 분명히 진실이라고 가정해보자. 그러면, 스미스는 그 진술을 인쇄하여 유포할 수 있는 완전한 권리를 가지는 것이 분명한 것처럼 보인다. 왜냐하면 그렇게 하는 것이 그의 재산권 내에 있기 때문이다. 물론 이번에는 그 진술을 논박하려고 시도하는 것이 존스의 재산권 내에 또한 분명히 있다. 현행 명예훼손법(libel laws)은 심지어 그 정보가 사실일지라도 '악의적인' 의도로 행해졌다면, 스미스의 행동을 불법적인 것으로 만든다. 그럼에도 불구하고, 합법성 혹은 비합법성은 행위자의 동기가 아니라 그 행동의 객관적 본질에 의존해야 한다. 만약 어떤 행동이 객관적으로 비침해적이면, 그 행위자의 자비적인 의도 혹은 악의적인 의도에 관계없이(비록 악의적인 의도가 그 행위의 **도덕성**과 당연히 관련될지라도) 합법적이 되어야 한다. 그리고 이것은 어떤 행동을 위한 개인의 주관적인 동기를 법적으로 결정하는 데 명백한 난점이 안된다.

그러나 스미스는 그런 진술을 인쇄할 권리를 갖지 않는다고 비난할 수도 있다. 왜냐하면 존스는 스미스가 침해할 권리를 갖지 않는 (자신의 '인'권인) '사생활에 대한 권리'(rights of privacy)를 갖고 있기 때문이다. 그러나 그런 사생활에 대한 권리가 정말로 존재하는가? 어떻게 존재할 수 있는가? 스미스가 보유하고 있는 지식을 그가 유포하는 것을 폭력에 의해 방지할 수 있는 권리가 어떻게 존재할 수 있는가? 분명히 그런 권리는 존재할 수 없다. 스미스는 자신의 신체를 소유하고 따라서 존스에 관한 지식을 포함하여 그의 머릿속에 갖고 있는 지식을 소유할 재산권을 갖고 있다. 그리고 그 결과 그는 그 지식을 인쇄하여 유포할 당연한 권리를 갖는다. 요컨대, 자유언론에 대한 '인권'의 경우에서처럼, **침해로부터 어떤 사람의 재산을 보호할 권리를 제외한 사생활에 대한 권리 같은 것은 없다**. '사생활에 대한' **유일한** 권리는 다른 사람에 의한 침해로부터 자신의 재산을 보호할 권리이다. 요약하면, 어느 누구도 다른 사람의 집을 강도질을 할 권리나 다른 사람의 전화를 도청할(wiretap) 권리를 갖고 있지 않다. 도청은 애매하고 분명하지 않은 "'사생활에 대한 권리'의 침해" 때문이 **아니라** 도청되고 있는 사람의 **재산권**에 대한 침해이기 때문에 당연히 범죄이다.

현 시점에서, 대중언론에 언급되는 것에 대항하는, 사생활에 대한 권리를 갖지 않는 것으로 간주되고 있는, '세인의 주목을 받는' 사람들과 그런 권리를 갖는 것으로 간주되는 '사적' 개인들을 법원은 구분한다. 그럼에도 불구하고 그런 구별은 분명히 오류이다. 리버테리언들에게는, 모든 사람은 자신의 인신, 그리고 자신이 발견하고 상속받고 혹은 구입한 재화들에 대해 똑같은 권리를 갖고 있다. 그리고 한 집단의 사람들과 다른 집단의 사람들 간에 재산권을 구분하는 것은 불법적이다. 만약 어떤 종류의 '사생활에 대한 권리'가 **있다면**, 단지 언론에서 널리 언급되고 있다는 것(즉, '권리'의 예전의 손실)이 그런 권리가 완전히 빼앗기고 있다고 보기는 어려울 것이다. 그렇다. 유일하게 적적한 행로는 **어느 누구**도 어떠한 가짜의 '사생활에 대한 권리' 혹은 공공연하게 언급되지 않을 권리를 갖지 않는다. 반면 **모든 사람**은 자신의 재산을 침해로부터 보호할 권리를 갖고 있다. 어느 누구도 다른 사람의 머릿속에 있는 지식에 대한 재산권을 가질 수 없다.

최근 몇 년 동안 워터게이트(Watergate)와 펜타곤페이퍼(Pentagon Paper)는 사생활, 즉 기자들의 '특권' 그리고 '대중의 알 권리'와 같은 질문들을 전면으로 가져왔다. 예를 들면, 기자는 법정에서 '자신의 정보원들을 보호'할 권리를 가져야만 하는가? 많은 사람들은 기자들이 그런 권리를 갖고 있다고 주장한다. 그런데 그 주장은 (a) 기자, 변호사, 의사, 성직자 그리고 정신분석가에서 발생한다고 주장되는 비밀에 대한 특별한 '특권' 그리고/또는(and/or) 그 주장은 (b) '대중의 알 권리' 따라서 언론에서 유포되는 것처럼 가능한 한 가장 광범위한 지식에 기초한다. 그럼에도 불구하고, 그런 주장 둘 다 가짜라는 것을 지금 분명히 해야 한다. 후자의 관점에서, 어떤 사람 혹은 어떤 집단의 사람들(따라서 '대중')도 어떤 것을 알 **권리**를 갖고 있지 않다. 그들은 다른 사람이 갖고 있고 그것의 유포를 거절하는 지식에 대한 권리를 갖고 있지 않다. 왜냐하면 만약 어떤 사람이 그의 머릿속에 있는 지식을 유포할 절대적인 권리를 갖고 있다면 그 지식을 유포하지 않을 당연한 권리를 또한 갖고 있기 때문이다. '알 권리'라는 것은 존재하지 않는다. 자신의 지식을 유포하거나 혹은 침묵을 지킬, 오직 정보소지자(knower)의 권리만 존재한다. 어떤 특별한 전문가도, 그가 기자이든 혹은 의사이든, 그 밖의 다른 사람에 의해 소유되지 않는, 비밀에 대해 어떤 특별한 권리를 주장할 수 없다. 어떤 사람의 자유와 재산에 대한 권리들은 보편적인 것이 되어야 한다.

정말로, 기자의 정보원 문제에 대한 해결책은 정보소지자 — 어떤 정보소지자라도 — 의 권리로서 그가 원하기만 하면 침묵을 지키고, 그 지식을 유포하지 않는 것이다. 따라서 기자나 의사뿐 아니라 **모든 사람**은 법정 혹은 그 밖의 어떤 곳에서도 자신의 정보원을 보호하거나 혹은 침묵을 지킬 권리를 가져야 한다. 그리고 이것은 정말로 증인에 대한 강제소환력(compulsory sub-poena power)을 반대하는, 우리의 예전의 혹평이라는 동전의 다른 면이다. 어느 누구도 (수정헌법 제5조처럼) 자신에게 불리한 증언하도록 강제되어서는 안 될 뿐 아니라 그 밖의 다른 사람에 대해서 불리한 **혹은 유리한** 증언을 하도록 강제되어서는 안 된다. 강제 증언 그 자체가 이 전체 문제에 있어서 주요한 악이다.

그러나 어떤 사람의 머릿속에 있는 지식을 사용하고 유포할 권리에 대한 예외가 있다. 즉 만약 그 지식이 다른 사람으로부터 절대적인 소유권이라기보다는 **조건부적** 소유권으로서 입수되었다면 말이다. 그래서 다음을 가정해보자. 브라운은 그린이 자신의 집에 오는 것을 허용하고, 브라운은 지금까지 비밀로 지킨 자신의 발명품을 그린에게 보여준다. 그러나 **단** 그린이 이 정보를 개인적으로 간직하도록 하는 조건으로 말이다. 이 경우 브라운은 그린에게 자신의 발명품에 관한 지식에 대한 절대적인 소유권이 아니라, 그 발명품에 관한 지식을 유포할 소유권적 힘은 브라운 자신이 보유한다는 **조건부** 소유권을 부여한 것이다. 만약 그린이 어쨌든 그 발명품을 폭로한다면 그는 그 발명품에 관한 지식을 유포할 브라운의 잔여(residual) 재산권을 침해하고 있고, 따라서 그 정도까지 절도범이다.

(보통법) 저작권(copyright)의 침해는 계약을 위반하는 것과 동등한 침해이고 재산의 절도이다. 브라운이 더 나은 쥐덫을 만들고 널리 팔면서 각 쥐덫에는 '브라운 것의 저작권'이라고 찍는다고 가정하자. 그 때 그가 한 것은 각 쥐덫의 전체 재산권을 판매하고 있는 것이 아니라 그 쥐덫 혹은 동일한 복사물을 다른 사람에게 팔 수 있는 권리를 **제외**하고, 그 쥐덫으로 어떤 것을 할 수 있는 권리를 판매하고 있는 것이다. 브라운이 만든 쥐덫을 **판매할** 권리는 브라운에게 영속적으로 보유된다. 따라서 쥐덫 구매자인 그린이 동일한 쥐덫을 먼저 가서 판매하는 것은 계약 위반이고, **그리고** 브라운의 재산권 침해이며, 따라서 절도로 기소될 수 있다. 따라서 우리의 재산권이론은 계약적 저작권의 불가침성을 포함한다.

보통의 반론은 다음과 같다. 좋다, **그린**이 브라운의 쥐덫을 만들어 파는 것은 범죄가 될 것이다. 그러나 다른 사람, 즉 브라운과 계약을 하지 않은 사람인 블랙이 우연히 그린의 쥐덫을 보고나서 복제품을 먼저 가서 생산하여 판매한다고 가정하자. 왜 **그**가 기소되어야 하는가? 그에 대한 대답은, 협상 가능한 수단에 대한 우리의 비판에서처럼, 어느 누구도 이미 증여되거나 판매된 어떤 것보다 **더 큰** 재산권리증서(property title)를 획득할 수 없다는 것이다. 그린은 브라운과의 계약과 부합되게, 자신의 쥐덫에 대한 총체적인 재산권을 소유하는 것이 아니라 쥐덫 혹은 복제품을 판매하는 것을 **제외한** 모든 권리만 오직 소유한다. 그러나 그 결과 그 쥐덫에 대한 블랙의 권리증서, 블랙의 머릿속에 있는 아이디어에 대한 소유권은 그린의 것보다 더 클 수 없고, 따라서 그도 역시 비록 자신이 스스로 실질적인 계약을 하지 않았더라도 브라운 재산의 침해자가 될 것이다.

물론 브라운 재산권에 대한 실질적 집행에는 몇 가지 난점들이 있을 수 있다. 즉, 절도 혹은 다른 범죄의 혐의가 있는 **모든** 경우에서처럼, **모든 피고는 유죄가 입증될 때까지 무죄이다**. 브라운은 다음과 같은 점을 입증하는 것이 필수적이다. 즉, 블랙이 (그린은 문제를 제기하지 않을 것이다) 브라운의 쥐덫에 접근하고, 블랙 자신이 홀로 독립적으로 이런 종류의 쥐덫을 발명하지 않은 점 말이다. 당연한 결과로서 일부 생산물들(예를 들면, 책, 그림)은 다른 것들(예를 들면, 쥐덫)보다 개인적 기질의 독특한 산물이라는 것을 입증하기가 더 수월하다.[1)]

그러면, 만약 스미스가 존스에 관한 지식을 유포할 절대적인 권리를 갖고 있고(우리는 여전히 그 지식이 정확하다는 것을 가정하고 있다), 그 지식에 관해 침묵할 당연한 권리를 갖고 있다면, 한층 더 강력한 이유로 분명히 그는 **또한** 그런 정보를 유포하지 않는 대신에 존스에게 가서 대가를 받을 권리를 갖고 있다. 요컨대, 스미스는 존스를 '공갈할'(blackmail) 권리를 갖는다. 모든 자발적인 교환에서처럼, 양 당사자는 그런 교환으로부터 이득을 얻는다. 스미스는 돈을 받고, 존스는 스미스의 서비스를 획득한다. 그 서비스는 존스 자신에 관한 정보를 타인들이 보유하는 것을 보고 싶어하지 않는 그 정보를 스미스가 유포하지 않는 서비스를 말한다. 공갈할 권리는 어떤 사람의 인신과 지식에 관한 일반적인 재산권과 그 지식을 유포하거나 하지 않을 권리로부터 추론될 수 있다. 어떻게 공갈할 수 있는 권리가 부인될 수 있는가?[2)]

게다가, 블락(Walter Block) 교수가 날카롭게 지적한 것처럼, 공리주의에 입각하여 공갈을 불법화한 — 예를 들면, 스미스가 존스에게 자신의 침묵을 판매하

1) 특허(patents)와 저작권 간의 결정적인 법적 그리고 철학적 차이에 관해 다음을 보라. Murray N. Rothbard, *Man, Economy, and State* (Princeton, N.J.: D. Van Nostrand, 1962), vol. 2, pp.652~60. Also see Murray N. Rothbard, *Power and Market* (Kansas City: Sheed Andrews and McMeel, 1977), pp.71~75. 동일 품목의 독립적인 발명품의 예에 대해 S. Colum Gilfillan, *The Sociology of Invention* (Chicago: Follett Press, 1935), p.75를 보라.

2) 내가 *Man, Economy, and State*, vol. 1, p.443, n.49에서 공갈할 권리에 대해 처음으로 간략하게 윤곽을 묘사했을 때, 내가 공갈의 도덕성을 옹호하고 있었다고 명백히 믿었던 비판자 등으로부터 폭풍 같은 독설을 받았다. 또다시 권리의 합법성과 그 권리 실행의 도덕성 혹은 윤리성 간의 결정적 구분을 하는 데 실패하였다.

려는 제안을 금지하는 것 — 결과는 스미스가 자신의 정보를 유포하도록 고무할 것이다. 왜냐하면 그는 자신의 침묵을 판매하는 것이 강제적으로 봉쇄되기 때문이다. 그 결과는 경멸적인 정보의 유포가 증가될 것이고, 그 결과로 존스는 공갈이 허용되면 그가 처할 상태보다 공갈의 불법화로 더 나빠질 것이다. 그래서 블락은 다음과 같이 적고 있다.

> 공갈은 정확히 무엇인가? 공갈은 거래의 제안이다. 그것은 어떤 다른 재화, 즉 보통 돈을 대가로 어떤 것, 즉 보통 침묵을 거래하기 위한 제안이다. 만약 공갈 거래의 제안이 수용되면, 공갈자는 침묵을 유지하고, 피공갈자(blackmailee)는 합의된 금액을 지불한다. 만약 공갈 제안이 거절되면, 공갈자는 언론의 자유에 대한 권리를 행사할 수 있고, 아마도 그 비밀을 고지하고 공포할 것이다. …
>
> 수다쟁이와 밀고자와 공갈자 간의 유일한 차이점은 공갈자는 어떤 대가를 위해서 발설을 삼갈 것이라는 점이다. 어떤 의미에서, 수다쟁이 혹은 밀고자는 공갈자보다 훨씬 더 나쁘다. 왜냐하면 공갈자는 최소한 당신에게 자신이 입을 다물 기회를 제공하기 때문이다. 밀고자와 수다쟁이는 바로 일어나 그만 비밀을 누설한다. 지켜지기를 원하는 비밀을 갖고 있는 사람은, 만약 수다쟁이보다 공갈자가 그 비밀을 보유하고 있다면, 훨씬 더 나을 것이다. 우리가 말했던 것처럼, 밀고자 혹은 수다쟁이를 전제한다면, 모든 것을 잃을 것이다. 공갈자를 전제한다면, 누구나 오직 이익만 획득할 수 있거나 최악의 경우라도 나빠지지 않을 것이다. 만약 침묵을 담보로 공갈자가 요구하는 대가가 그 비밀보다 가치가 적다면, 그 비밀보유자(secret-holder)[피공갈자를 말함, 역자주]는 대가를 지불할 것이고, 두 가지 악 중에서 덜 나쁜 것을 수용할 것이다. 그는 비밀의 가치와 공갈자가 요구한 대가 간 차이만큼 이득을 얻을 것이다. 공갈자가 그 비밀의 가치보다 더 많은 것을 요구하는 경우에야말로 오로지 그 정보가 공포된다. 그러나 이런 경우 비밀관리자(secret-keeper)[공갈자를 말함, 역자주]가 상습적인 수다쟁이보다 공갈자일 경우 더 나빠지지 않는다 …. 그 때 최소한 보통 단지 하찮게 경멸조로 무시하는 수다쟁이와 비교하여, 공갈자에 의해 겪는 비방을 설명하는 것은 정말로 어렵다.[3)]

공갈자 계약의 불법화를 전제할 때, 약간 덜 중요한 다른 문제들이 있다. 위의 경우에, 침묵이라는 제안을 가지고 스미스가 존스에게 가는 대신에, 존스

---

3) Walter Block, "The Blackmailer as Hero," *Libertarian Forum* (December 1972), p.3. Also see the version in Block, *Defending the Undefendable* (New York: Fleet Press, 1976), pp.53~54.

는 스미스의 지식과 그것을 인쇄하려는 그의 의도를 들었고 스미스에게 가서 스미스의 침묵을 구입하기로 제안한다고 가정해보자. **그** 계약은 불법인가? 만약 그렇다면, 왜? 그러나 만약 스미스의 제안이 불법인 반면 존스의 제안이 합법인 것으로 되어야 한다면, 스미스가 존스의 제안을 거절하고 그 다음에 침묵의 대가로 **더 많은** 돈을 요구하는 것이 불법으로 되어야 하는가? 그리고, 게다가 스미스가 정보를 가지고 있고 발표할 의도를 가지고 있음을 스미스가 존스로 하여금 교묘하게 알도록 하고 그다음에 존스가 실제적인 오퍼를 하도록 허용하는 것이 불법이어야 하는가? 그러나 존스가 사전에 알도록 이렇게 어리석게 허용하는 것이 어떻게 비합법적인 것으로 간주될 수 있을까? 그것은 오히려 존스에 대한 정중함이라는 단순한 행동으로 이해될 수 없을까? 숨은 위험은 더욱더 진흙탕이 되고, 그리고 공갈 계약을 금지하는 데에 대한 지지—특히 재산권을 믿는 리버테리언에 의한—는 훨씬 더 논리가 박약해질 것이다.

물론, 만약 스미스와 존스가 공갈 계약을 하고 그 다음에 스미스가 어쨌든 그 정보를 인쇄함으로써 그 계약을 위반하면 스미스는 존스의 재산(그의 돈)을 훔쳤고, 어떤 계약을 위반함으로써 재산권을 침해해온 다른 절도범의 경우에서처럼 기소될 수 있다. 그러나 이 점에 관해서는 공갈 계약에 관해 독특한 것은 아무것도 없다.

따라서 자유 사회의 법을 고려할 때, 리버테리언은 절대적인 재산권의 일반적인 틀과 어떤 주어진 시점에 그들을 둘러싸고 있는 세상의 조건에 관한 일반적인 틀 내에서 행동하고 있는 사람들을 고찰해야 한다. 그들이 하는 어떤 교환, 어떤 계약에서도, 그들은 자신들이 그 교환을 하는 것으로부터 더 나아질 것이라고 믿고 있다. 따라서 이런 계약들 모두는 그들을 적어도 장래에 더 낫게 만들 것이라는 점에서 '생산적'이다. 그리고 물론 이런 자발적 계약들 모두는 자유사회에서 합법적이고 정당한 것이다.[4]

따라서 우리는 스미스가 존스에 관한 지식을 유포하는 것, 그리고 침묵을 지키는 것 혹은 자신의 침묵을 판매하기 위해 존스와 계약하는 것 등의 적법

4) 공갈 계약의 금지(혹은 제한)를 위한 노직 교수의 주장에 대한 비판에 대해서 아래 pp.300~302를 보라.

성(권리)을 단언해왔다. 이제까지 우리는 스미스의 지식이 정확한 것이라고 가정했다. 그러나 그 지식이 거짓이고 스미스는 그것이 거짓이라는 것을 알고 있다고 가정하자('최악'의 경우). 스미스는 존스에 관한 거짓 정보를 유포할 권리를 갖고 있는가? 요컨대, '명예훼손'과 '비방'(slander)은 자유사회에서 불법적인 것으로 되어야 하는가?

그럼에도 불구하고 다시 한 번 그것들은 어떻게 될 수 있을까? 스미스는 자신의 머릿속에 있는 아이디어나 의견에 대한 재산권을 갖고 있다. 그는 또한 그가 원하는 어떠한 것도 인쇄해서 유포할 재산권을 갖고 있다. 비록 존스가 '도둑'이라는 진술이 거짓이라는 것을 알고 있더라도 스미스는 그 진술을 말할 권리와 그 진술을 인쇄하여 판매할 권리를 갖고 있다. (특히 거짓 진술에 대한) 명예훼손과 비방이 불법이라고 주장하는 반대 견해와 현행 토대는 다음과 같다. 모든 사람은 자기 자신 명성에 대한 '재산권'을 갖고 있고, 스미스의 허위는 그 명성에 손상을 입히며, 스미스의 비방은 존스 자신의 명성에 대한 재산권의 침해이고 불법이 되어야 한다. 그러나 다시 좀 더 면밀히 분석하면 이것은 틀린 견해이다. 왜냐하면 우리가 언급해왔던 것처럼 모든 사람은 자기 자신의 신체를 소유하고, 모든 사람은 자기 자신의 머리와 인신에 대한 재산권을 갖고 있다. 그러나 모든 사람은 자기 자신의 정신을 소유하고 있기 때문에 그는 다른 사람의 정신을 소유할 수 없다. 그럼에도 불구하고 존스의 '명성'은 물리적인 실체도 아니고 자기 자신의 인신의 내부나 위에 포함되어 있는 어떤 것도 아니다. 존스의 '명성'은 순전히 **다른 사람의** 마음속에 있는, 그에 대한 주관적인 태도와 믿음의 함수이다. 그러나 이것들은 타인의 마음속에 있는 믿음들이기 때문에 존스는 결코 합법적으로 그것들을 소유하거나 통제할 수 없다. 존스는 타인들의 믿음과 정신에 대한 재산권을 가질 수 없다.

실제, 어떤 사람의 '명성'에 대한 재산권을 믿는 것에 관한 함의를 고려해보자. 브라운은 쥐덫을 생산해왔고, 그 때 로빈슨이 더 좋은 쥐덫을 가지고 온다고 가정해보자. 소비자들이 그들의 태도와 매입을 변경하고 대신에 로빈슨의 쥐덫을 구입할 때, 쥐덫의 우수성에 대한 브라운의 '명성'은 이제 급격히 하락한다. 그 때 우리는 명성이론의 원리에 입각하여 로빈슨은 브라운의 명성을 침해했다고 말할 수 없을까 그리고 그 때 로빈슨이 브라운과 경쟁하는 것을 불법화할 수 없는가? 만약 할 수 없다면, 왜 그런가? 혹은 로빈슨이 광고하고 세상에 대고 자신의 쥐덫이 더 좋다고 말하는 것은 불법이 되어야 하는가?[5] 물론, 사실상 어떤 사람 혹은 그의 생산물에 관한 사람들의 주관적인 태도들과 사고들은 끊임없이 변동할 것이고, 따라서 브라운이 강제에 의해 자신의 명성을 안정시키는 것은 불가능하다. 분명히 그(강제에 의해 그의 명성을 안정시키자 하는, 역자 삽입) **시도**는 다른 사람들의 재산권에 대해 비도덕적이고 침해적이다. 그 때 어떤 사람의 경쟁을 불법화하거나 **혹은** 어떤 사람 혹은 그의 생산물에 관해 퍼뜨려진 거짓 명예훼손을 불법화하는 것은 침해적이고 범죄적이다.

물론 우리는 다른 사람에 관한 거짓 명예훼손을 퍼뜨리는 것의 총체적 비도덕성을 쉽게 인정할 수 있다. 그러나 그럼에도 불구하고 우리는 그렇게 하는 어떤 사람의 법적 권리를 옹호해야만 한다. 다시 실용적으로 이런 상황은 당연히 명예훼손되고 있는 사람의 편익을 향상시킨다. 왜냐하면 현 상황에서 거짓 명예훼손이 불법화될 때, 평균적인 사람은 사람들에 관해 유포된 모든 경멸적인 소문들이 진실이라고 믿는 경향이 있다. "그렇지 않다면 그들이 명예훼손에 대해 기소할 것이다." 이런 상황은 가난한 사람들을 차별한다. 왜냐하면 빈자들은 명예훼손자(libeler)들을 상대로 기소를 덜 하는 경향이 있을 것이기 때문이다. 따라서 빈자들 혹은 덜 부유한 사람들의 명성은 명예훼손이 합법적일 때보다 명예훼손이 불법이 된 지금 더 악화되기 쉽다. 왜냐하면 리버테리언 사회에서 모든 사람은 거짓 소문이 합법적이라는 것을 알고 있기 때문에, 대중들이 자신들이 현재 하는 것보다 훨씬 더 많은 증거를 주장하고 더 적은 경멸적인 소문을 믿고 있는 사람들로서, 보거나 듣는 대중들의 편에서는

---

5) 혹은, 또 다른 예를 취하기 위해 로빈슨이 투자 충고 편지를 출간했다고 가상하자. 그 편지에서 그는 특정 회사의 주식이 견실하지 못하고 아마도 가치가 쇠락할 것이라는 의견을 제시했다. 이 충고의 결과로서 그 주식의 가격은 하락한다. 로빈슨의 의견은 그 회사의 평판에 '해를 주어'왔고, 시장에서 투자자들이 신뢰를 낮춤으로써 야기된, 가격 하락을 통해서 주식보유자들에게 '손실을 겪게 해'왔다. 따라서 로빈슨의 충고는 불법적인 것으로 되어야 하는가? 혹은 또 다른 예에서 A가 책을 썼다. B는 그 책을 검토하고 그 책이 나쁜 것이라고 진술했고, 그 결과는 A의 평판에 대한 '손상'과 A의 소득뿐 아니라 그 책 판매의 감소이다. 따라서 전혀 형편없는 책이라는 견해는 불법적인 것이 되어야 하는가? 그러나 "평판 논거 속의 재산"(property in reputation argument)에 대한 논리적 함의들의 일부는 그런 것이다. 나는 주식시장의 예에 대해 에버스(Williamson M. Evers)에게 신세를 졌다.

훨씬 더 많은 회의적인 태도가 있을 것이다. 게다가, 현행 체제는 다른 방법으로 빈자들을 차별한다. 빈자들 자신의 언론이 제약되기 때문인데, 왜냐하면 빈자들은 값비싼 명예훼손 소송비용을 부담해야 한다는 두려움으로 부자들에 관한 진실이지만 경멸적인 지식을 덜 유포할 것 같기 때문이다. 따라서 명예훼손을 불법화하는 것은 제한된 수단을 갖고 있는 사람들에게 두 가지 방법으로 해를 준다. 그들을 명예훼손에 대해 더 쉬운 희생자로 만듦으로써 그리고 부자에 관한 정확한 지식을 그들 자신이 유포하는 것을 방해함으로써 말이다.

마지막으로, 만약 어떤 사람이라도 다른 사람에 관한 거짓 명예훼손을 고의로 퍼뜨릴 권리를 가지고 있다면, 한층 더 강력한 이유로, 그는 물론 진술이 진실인가 거짓인가를 분명하게 하거나 확실하게 하지 못하는 불분명한 지대에 있는 다른 사람들에 관한 그런 수많은 진술들을 유포할 권리도 물론 갖고 있다.

제17장 뇌 물

공갈의 경우에서처럼 **뇌물**(bribery)은 획일적으로 악평을 받아왔고, 뇌물은 불법화되어야 한다고 일반적으로 가정된다. 그러나 이것이 필연적으로 옳은가? 전형적인 뇌물 계약을 검토해보자. 블랙은 XYZ회사에 재료들을 팔기를 원한다고 가정하자. 계약을 따내기 위해 그는 그 회사의 매입 대리인인 그린에게 뇌물을 제공한다. 블랙이 했던 일을 어떤 리버테리언 법이 불법으로 간주해야 하는가를 파악하는 것은 어렵다. 사실, 그가 했던 모든 것은 그린에게 리베이트를 지급함으로써 XYZ회사에 부과하는 가격을 낮춘 것이다. 블랙의 관점에서는 비록 그 회사 경영진이 블랙으로부터 그 재료를 아직 구매하지 않았을지라도 그가 낮은 가격을 직접 부과하는 것이 그렇게 행복했을 것이다. 그러나 그 XYZ회사의 내부 계산과정은 거의 블랙의 책임이 아닌 것이 틀림없다. 그가 관련되는 한, 그는 단지 그 회사에 대한 자신의 가격을 낮추었고 그로 인해 그 계약을 따냈다.

대신에, 여기서 불법 행위는 전적으로 뇌물의 수취자인 그린의 행위이다. 왜냐하면 그린의 고용주와 고용계약은 그가 회사 이익을 위해 자신의 능력을 최대로 발휘하여 재료를 구입하는 것을 암묵적으로 요구한다. 대신에, 그는 적절한 대리인으로 활동하지 않음으로써 그 XYZ회사와의 계약을 위반했다. 왜냐하면 뇌물 때문에 그가 그렇지 않았다면 거래하지 않았을 어떤 회사로부터 구매했거나 혹은 그가 지불하지 않으면 안 되었던 가격보다 그의 리베이트 액만큼 더 높은 가격을 지불했기 때문이다. 어느 경우에나 그린은 계약을 위반했고 그의 고용주의 재산권을 침해했다.

따라서 뇌물의 경우, 증회자(briber)에 관해 불법적인 것은 아무것도 없다. 그러나 수회자(bribee), 즉 뇌물취득자에 관해 불법성은 많다. 법률상 뇌물을 제공할 재산권(property rights to pay a bribe)이 존재하는 것은 틀림없지만 뇌물을 취해야 할 재산권은 없는 것은 틀림없다. 오직 수회자만이 기소되어야 한다. 대조적으로, 좌파 자유주의자들은 뇌물제공자가 어떤 점에서 뇌물취득자를 부패하게 만들기 때문에 어떻게 해서든지 더 괘씸하다고 주장하는 경향이 있다. 그런 점에서 그들은 자기 자신의 행동에 대한 각 개인의 자유 의지와 책임을 부인한다.

이제 우리의 이론으로 대중음반을 틀어주는 라디오 프로그램에서 반복적으로 일어나는 **뇌물**(payola)의 문제를 분석하자. 전형적인 뇌물 스캔들에서, 음반회사는 디스크자키에게 A음반을 틀어주도록 뇌물을 제공한다. 아마도 그 디스크자키는 그 음반을 전혀 틀지 않거나 몇 번 틀었을 것이다. 따라서 음반 A는 그 디스크자키가 순수하게 자기 자신 그리고/또는 대중의 기호를 토대로 평가했더라면 더 자주 틀었을 음반 B, C, D의 희생으로 틀어지고 있다. 분명히, 도덕적인 의미에서 대중은 그 디스크자키의 순수함에서의 믿음을 배신당하고 있다. 그 믿음은 어리석은 것이었던 것으로 판명된다. 그러나 대중은 그 라디오 프로그램에 대한 재산권을 갖고 있지 않다. 그래서 그들은 그 문제에 대해 법적으로 고소하지 않는다. 그들은 비용을 지불하지 않고 그 프로그램을 수신했다. 다른 음반 회사들, 즉 B, C, D 음반 제조사들도 또한 자신들의 음반들이 자주 틀어지지 않았기 때문에 피해를 보았다. 그러나 그들도 역시 그 프로그램에 대한 재산권을 갖고 있지 않고, 그 디스크자키에게 어떤 음반을 틀 것인지를 말할 권리를 갖고 있지 않다.

그 디스크자키가 뇌물을 받음으로써 누구의 재산권이 침해되었는가? 침해되었다. 왜냐하면 뇌물을 받은 구매대리인의 경우처럼, 그 디스크자키는 자신의 관점에서 대중들을 가장 만족시킬 그런 음반들을 틀어야 하는 자신의 고용주 — 그가 방송국 소유자이든 그 프로그램의 스폰서이든 — 에 대한 계약적 의무를 위반했기 때문이다. 따라서 그 디스크자키는 방송국의 소유자 혹은 스폰서의 재산을 침해했다. 다시 한 번 더, 뇌물을 받은 디스크자키야말로 범죄적인 어떤 것을 행하고 마땅히 기소되어야 하고, 뇌물을 제공했던 음반 회사는 아니다.

게다가, 만약 그 음반 회사가 그 고용주 — 방송국 소유자이든 스폰서이든 — 에게 직접 뇌물을 제공했다면 누구의 재산권도 침해되지 않았고, 따라서 당연히 불법의 문제도 없었을 것이다. 물론, 만약 그 사실이 알려지면 대중들은 사기를 당했다는 것을 쉽게 느낄 것이고, 그 때 자신들의 단골 청취방송을 다른 방송이나 스폰서로 변경할 것 같다.

어떤 스폰서가 그 프로그램을 위해 대가를 지급하고, 다른 회사가 자신의 생산물을 선전하도록 그 프로그램의 프로듀서에게 대가를 지급하는 **추천의 말**(plugola)의 경우는 어떤가? 또다시, 침해되고 있는 재산권은 시간에 대한 대가를 지급하고 따라서 그 프로그램에 대한 단독적인 광고권을 갖는 자격을 획득한 그 스폰서의 재산권이다. 그의 재산에 대한 침해자는 뇌물을 제공한 독불(maverick)회사가 아니라 뇌물을 수락함으로써 그 스폰서와의 계약을 위반한 프로듀서이다.

제18장 불매운동

불매운동(boycott)은, 그 기업의 생산물을 구입하지 않기로 동의하거나 사회적으로 동의하는 방식으로, 다른 사람들이 어떤 특정한 사람 혹은 기업과 아무것도 하지 않도록 설득하는 시도이다. 도덕적으로, 불매운동은 불합리한, 비난받을 만한, 찬양의 혹은 중립적인 목표를 위해 사용될 수 있다. 예를 들어, 그것은 사람들이 비조합(non-union) 포도를 구입하지 않거나 혹은 조합(union) 포도를 구입하지 않도록 사람들을 설득하는 시도로 사용될 수 있다. 우리의 관점에서, 불매운동에 관해 중요한 것은 그것이 순수하게 자발적인, 기도된 설득의 행위이고 따라서 그것은 행동의 완벽하게 합법적이고 정당한 수단이라는 것이다. 또다시 명예훼손의 경우처럼, 불매운동은 기업의 고객을 당연 감소시키고 따라서 기업의 재산가치도 삭감된다. 그러나 그런 행위는 여전히 자유 언론과 재산권의 완전히 합법적인 행사이다. 우리가 어떤 불매행동이 좋은 것이 되기를 바라는지 아니면 나쁜 것이 되기를 바라는지는 그 구체적인 목표나 활동에 대한 우리들의 도덕적 가치와 우리들의 태도에 달려 있다. 그러나 불매운동 그 자체는 합법적이다. 만약 우리가 어떤 주어진 불매운동을 도덕적으로 비난받을 만한 것으로 느낀다면, 다른 방법으로 소비자를 설득하는 반불매운동(counter-boycott)을 조직화하거나 혹은 불매운동하는 사람(boycotter)을 배척하는 것은 그런 식으로 느끼는 사람들의 권리들 내부에 있다. 이 모든 것은 사적재산권의 틀 내에서 정보와 의견을 유포하는 과정의 일부이다.

게다가, '2차' 불매운동도 합법적인데, 현행 노동법하에서는 그것이 불법임에도 불구하고 말이다. 2차 불매운동에서, 노동조합은 소비자들이 비조합기업(1차 불매운동 대상기업)과 거래하는 기업들로부터 구입하지 않도록 설득을 시도한다. 또다시, 자유사회에서 반대하는 불매운동에 대항하는 것이 반대자들의 권리인 것처럼, 그런 설득을 시도하는 것은 그들의 권리임에 틀림없다. 똑같은 방식으로 예의범절동맹(League of Decency)의 불매운동에 굴복하는 사람들의 불매운동을 조직화하는 것이 반대세력의 권리가 되는 것과 마찬가지로,

포르노 영화에 대한 불매운동을 조직화하는 시도도 예의범절동맹의 권리이다.

여기서 특히 관심이 있는 것은 불매운동이 우리는 정당하다고 간주하지만 그들은 비도덕적인 것으로 간주하는 행동에 참여하는 사람들에 대항하는 행동을 취하기를 바라는 사람들에 의해 사용될 수 있는 장치라는 점이다. 그래서 비노조기업, 포르노, 명예훼손 혹은 무엇이든 유사한 것은 자유사회에서 합법적인 반면, 그런 활동들이 도덕적으로 싫다고 생각하는 사람들은 그런 활동을 하는 사람들에 대항하여 불매운동을 조직화하는 것은 역시 그들의 권리일 것이다. 리버테리언 사회에서 어떤 행동도 재산권(자기소유권이든 물질적인 사물이든)을 침해하지 않는 한 합법적이다. 그리고 이것은 그런 행동에 대항하는 불매운동 혹은 보이코터(boytter)에 대항하는 반불매운동을 포함한다. 요점은 강제가 어떤 비도덕적인 사람 혹은 활동으로 간주되는 것에 대항하여 취할 수 있는 유일한 행동이 아니라는 것이다. 불매운동과 같은 그런 자발적이고 설득적인 행동들도 역시 존재한다.

불매운동을 홍보하는 형태로서 **피케팅**(picketing)이 자유사회에서 합법적인 것인가 하는 것은 훨씬 더 복잡한 문제이다. 분명히, 빌딩의 출입을 방해하는 집단 피케팅은 범죄적이고 재산권을 침해한다. 마치 타인의 재산을 강제적으로 점령하는 연좌농성이 그런 것처럼 말이다. 또한 시위자들이 피켓라인을 횡단하는 사람들을 위협하는 형태의 피케팅은 침해적인 것이 될 것이다. [그 피케팅은, 역자 삽입] 폭력의 위협에 의한 공갈의 분명한 경우이다. 그러나 심지어 '평화적인 피케팅'도 복잡한 문제이다. 왜냐하면 또다시 정부 도로의 사용과 관련되어 있기 때문이다. 그리고 일반적으로 집회 혹은 거리 시위의 경우처럼, 정부는 자신의 대의를 알리기 위해 정부 도로를 사용하려는 납세자의 권리와 그리고 똑같이 그 도로를 잘 사용하려는 건물주와 통행인의 권리간 자의적인 결정을 할 수밖에 없다. 또다시 정부가 갈등을 제거하고 명확한 방법으로 권리를 확정할 정도로 그런 방법을 결정하는 것은 불가능하다. 다른 한편, 만약 피켓 시위되고 있는 건물 앞의 도로가 사적 소유자들에 의해 소유된다면, 이 소유자들은 피켓 시위자들이 소유자가 맞다고 보는 어떤 방법으로 도로를 사용할 수 있을까를 결정할 절대적인 권리를 가질 수 있을 것이다.[1)]

1) Murray N. Rothbard, *For a New Liberty*, rev. ed. (New York: Macmillan, 1978), pp.96~97를 보라.

유사하게 블랙리스트(blacklist) — 보이콧의 한 가지 형태 — 와 같은 고용주의 방책은 자유사회에서는 합법적일 것이다. 1931년의 노리스 라가디아 법(Norris-LaGuardia Act) 이전에 고용주들은 종업들의 노동조합을 결성하는 조직책(union organizer)을 해고하는 것이 합법이었고, 그런 사람들의 블랙리스트를 다른 고용주들에게 돌리는 것이 합법이었다. 노리스 라가디아 법 이전에 역시 합법적인 것은 또 다른 방책인 '반노동조합계약'(yellow-dog contract)이었다. 그런 계약에서는, 종업원과 고용주는 만약 종업원이 노동조합에 가입한다면 고용주가 당장 그를 해고할 수 있다고 합의한다.

제19장 재산권과 계약이론

재산권은 그 재산에 관해 계약을 할 수 있는 권리를 포함한다. 즉, 그 재산을 증여하거나 다른 사람의 재산과 소유권 권리증서를 교환할 수 있는 권리를 말한다. 불행하게도 계약할 권리에 몰두하는 많은 리버테리언들은 **계약 그 자체**가 절대적인 것으로 신봉하고, 따라서 **어떠한** 자발적 계약도 그것이 무엇이든지 자유사회에서 합법적으로 강제할 수 있는 것이 되어야 한다고 주장한다. 그들의 오류는 계약할 권리는 사적재산권으로부터 엄격히 유도될 수 있고 따라서 유일하게 **강제할 수 있는** 계약들(즉, 법적 강제라는 승인에 의해 지지되는 것들)은 한 당사자가 계약을 준수하지 않는 것이, 다른 당사자로부터 재산의 **절도**를 의미하게 되는 계약들이 되어야 한다는 점을 인식하는 데 실패한 것이다. 요컨대, 계약이행의 실패가 재산의 암묵적 절도가 될 때 그 계약은 오로지 강제되어야 한다. 그러나 이것은 오직 다음과 같을 때 옳을 수 있다. 만약 재산에 대한 권리증서가 이미 **이전**되어서 유효하게 강제가능한 계약이 오직 존재하고 따라서 계약을 준수하지 않는 것이 다른 사람의 재산이 동의없이 채무불이행 당사자에 의해 보유되는 것(암묵적 절도)을 의미한다고 우리가 주장한다면 말이다. 따라서 강제할 수 있는 계약에 대한 이런 타당한 리버테리언 이론은 계약의 '권리증서이전'(title−transfer) 이론으로 명명되어왔다.[1)]

이 점을 설명해보자. 스미스와 존스가 다음과 같은 계약을 한다고 가정하자. [그 계약이란, 역자 삽입] 지금부터 1년 후에 스미스에게 1,100달러를 지불하기로 동의한 존스의 차용증서를 대가로 스미스는 현재 존스에게 1,000달러를 주는 것이다. 이것은 전형적인 채무 계약이다. 일어난 일은 스미스는 존스가 지금으로부터 1년 후에 자신에게 1,100달러에 대한 권리증서를 이전하는 것을 현 시점에 동의하는 대가로 현재 1,000달러의 소유권에 대한 권리증서를 존스에게 이전한 것이다. 1년 후 약속한 날이 도래했을 때, 존스가 지급하기를 거부한다고 가

1) Williamson M. Evers, "Toward A Reformulation of the Law of Contracts," *Journal of Libertarian Studies 1* (Winter 1977), pp.3~13. 나는 이 책의 이 점을 앞의 우수한 논문에 신세를 지고 있는데, 특히 강제가능한 계약의 현존법 및 과거법 그리고 계약이론에 대해서 말이다.

정하자. 이제 이 상환은 리버테리언 법에서 왜 강제할 수 있는 것이 되어야 하는가? (아래에서 더 상세하게 다루어질) 현존 법은 대체로 존스는 자신이 지급하기로 '약속'을 했기 때문에 1,100달러를 지급해야 하고, 이 약속은 스미스의 마음속에 자신이 그 돈을 받을 것이라는 '기대'를 형성시킨다고 주장한다.

여기서 우리의 주장은 단순한 **약속**(promises)은 재산권리증서의 이전이 아니라는 것이다. 즉, 약속을 지키는 것이 **도덕적**인 일이라고 하는 것이 당연한 반면 리버테리언 체제에서 법의 기능(즉, 적법한 폭력)이 도덕성(이 경우 약속을 지키는 것)을 강제하는 것은 아니고, 될 수도 없다. 여기서 우리의 주장은 존스는 이미 권리증서를 이전하기로 동의했기 때문에 스미스에게 1,100달러를 지급해야 한다는 것이고, 그리고 지급거절은 존스가 절도범, 즉 존스가 스미스의 재산을 훔쳐왔다는 것을 의미한다는 것이다. 요컨대, 스미스의 1,000달러의 최초 이전은 절대적인 것이 아니라 **조건부**, 즉 1년 후에 존스가 1,100달러를 지급하는 조건부이고, 따라서 지급하지 않는 것은 스미스의 정당한 권리에 대한 암묵적 절도이다.

다른 한편, 현재 지배적인, 계약에 대한 '약속'이론 혹은 '기대'이론을 검토해보자. A는 B와 결혼하기로 약속했다고 가정하자. B는 결혼 계획을 세우고 결혼식을 준비하는 데 비용을 지불한다. 최후의 순간에, A는 마음을 바꾸고, 그로 인해 소위 이 '계약'을 위반한다. 리버테리언 사회에서 법을 집행할 기관의 역할은 무엇이어야 하는가? 논리적으로, 계약의 '약속'이론을 완전히 믿는 사람은 다음과 같이 추론할 것이 틀림없다. A는 자신이 B와 결혼할 것이라는 것을 자발적으로 B와 약속했고, 이것은 B의 마음에 결혼이라는 기대를 형성시켰다. **따라서** 이 계약은 강제할 수 있어야 한다. A는 B와 결혼하도록 **강제**되어야 한다.

우리가 아는 한, 누구도 약속이론을 이렇게 멀리 밀어 붙이지 아니했다. 강제 결혼은 리버테리언은 고사하고 어느 이론가도 논리를 이 지점까지 밀어 붙이지 않을 정도로, 명백하고 분명한 형태의 비자발적 노예이다. 분명히 자유와 강제적 노예는 총체적으로 양립불가능하고, 정말로 대립적인 적수이다. 그러나 만약 모든 약속이 집행가능한 계약이 틀림없다면, 강제하는 것이 왜 **안 되는가**?

그러나 우리의 법 체제에서 그런 결혼 약속을 강제하는 더 온건한 형태가 옹호는 고사하고 이용되어**왔다**. 구식의 '약속 파기' 소송은 그 약속의 위반자가 수약자에게 피해에 대해 보상하도록, 즉 초래된 기대 때문에 겪게 된 비용을 보상하도록 강제했다. 그러나 이것이 강제적 노예라고까지 하지는 않겠지만 그것은 똑같이 타당성이 없다. 왜냐하면 어떤 사람의 약속 혹은 기대 안에는 재산이 있을 수 없기 때문이다. 이것들은 권리증서의 이전을 포함하지 않고, 따라서 암묵적 절도를 의미하지 않는, 단지 마음의 주관적인 상태이다. 따라서 그 약속들은 집행되어서는 안 되고, 최근 몇 년 동안 '약속 파기' 소송은 최소한 법정에 의해 지지되는 것이 중단되었다. 중요한 점은 리버테리언에게는 피해를 위한 강제는 단연 약속된 서비스의 강제 시행만큼 끔찍한 것은 아니지만 그것은 똑같이 타당하지 않은 원리에서 기인한다는 것이다.

단순한 약속이나 기대는 강제되어서는 안 된다는 우리의 주장을 좀 더 심도있게 진행해보자. 근본적인 이유는 자유사회에서 소유권 권리증서의 유일하게 타당한 이전은 재산이, 사실상 그리고 인간본성상, 인간에 의해 **양도**할 수 있는 경우라는 것이라는 점이다. 어떤 사람에 의해 소유된 모든 유형 재산은 양도가능하다. 즉, 당연한 사실로 그것은 다른 당사자의 소유권과 통제로 주어지거나 이전될 수 있다. 나는 내 신발, 내 집, 내 차, 내 돈 등등을 다른 사람에게 주거나 팔 수 있다. 그러나 당연한 사실이지만 그리고 인간의 본성상, 양도할 수 없는 어떤 지극히 중요한 것들이 있다. 즉, 그것들은 심지어 자발적이라 할지라도 사실상 양도될 수 **없다**. 특히, 사람은 자신의 **의지**, 즉 더 특별하게는 자기 자신의 마음과 신체에 대한 통제를 양도할 수는 없다. 각자는 자기 자신의 마음과 신체에 대한 통제를 가진다. 그리고 당신이 원하는 것처럼 그는 그 선천적이고 양도할 수 없는 소유권에 '부착'되어 있다. 자신의 의지와 자기의 인신에 대한 통제를 양도할 수 없기 때문에 그 인신과 의지를 통제할 수 있는 자신의 **권리**도 또한 양도할 수 없다. 그것이 인간의 자연적 권리들은 양도 불가능한 것이라는 독립선언(Declaration of Independence)의 유명한 입장을 위한 토대이다. 즉, 자연적 권리들은, **심지어** 당사자가 그것들을 포기하는 것을 원하**더라도**, 포기될 수 없는 것이다.

혹은 에버스(Williamson Evers)가 지적한 것처럼, 인권에 대한 철학적 옹호는

> 인간 각자는 자기 자신 의지의 전유자라는 자연적인 사실에 토대를 두고 있다. 절대적인 자기소유권이라는 토대에 기반을 두고 있는 재산과 계약 자유의 권리들과 같은 권리들을 취해서 그 다음에 그것들 자신의 토대를 파괴하기 위해 그런 파생된 권리들을 이용하는 것은 철학적으로 타당하지 않다.[2)]

따라서 리버테리언 이론에서 자발적 노예 계약은 강제가능하지 않다. 스미스는 존스 회사와 다음과 같은 합의를 했다고 가정하자. 스미스는 여생 동안 어떤 조건 아래서도 존스 회사가 규정하기를 바라는 모든 명령을 수행할 것이다. 이제 리버테리언 이론에서 스미스가 그런 합의를 하는 것과 존스 회사에 근무하는 것 그리고 존스 회사의 명령에 무한히 복종하는 것을 방지할 어떤 것도 존재하지 않는다. 문제는 얼마 후에 스미스가 자신의 마음을 바꾸어 떠나기로 결정할 때 일어난다. 그는 이전의 자발적인 약속을 지켜야 하는가? 우리의 주장—그리고 현행법에서 다행히도 지지되고 있는 주장—은 스미스의 약속은 유효한 (즉 강제할 수 있는) 계약이 아니었다. 스미스 합의에는 권리증서의 이전은 없다. 왜냐하면 스미스의 자기 자신의 신체와 의지에 대한 통제는 **양도할 수 없는 것**이기 때문이다. 그 통제가 양도할 수 없는 것이기 때문에 그 합의는 유효한 계약이 아니었고, 따라서 강제할 수 있는 것이 아닌 것이 틀림없다. 스미스의 합의는 단순한 약속에 불과했다. 그 약속은 도덕적으로

---

2) Evers, "Law of Contracts," p.7. 루소(Rousseau)는 노예계약의 타당성에 대해 다음과 같이 신랄하게 반대했다. 인간이 자신의 자유를 단념하면, 그는 자신의 본질적인 인격, 권리들, 그리고 심지어 인간존재로서 자신의 의무를 단념한다. 그런 완전한 단념을 위해 가능한 보상은 존재하지 않는다. 그것은 인간의 본성과 양립할 수 없고, 인간으로부터 자신의 자유의지를 빼앗는 것은 자신의 행동으로부터 모든 도덕적 시인(moral sanction)을 빼앗는 것이다. 요컨대, 한편에서는 절대적 권위를 설립하고, 다른 편에서는 이의 없이 복종할 의무를 설립하는 약정(convention)은 헛되고 의미가 없다. 우리가 모든 것을 요구할 수 있는 곳에서는 우리가 아무것도 빚을 지지 않고 있다는 것이 분명하지 않은가? 상호적 의무가 존재하지 않는 곳, 의무의 상호교환이 없는 곳에서, 확실히 피지배자(the commanded)의 행동들이 어떠한 도덕적 가치를 갖는 것이 멈추는 것이 분명한 것이 틀림없는가? 왜냐하면 나의 노예가 갖는 모든 것이 내 재산이라면 그가 나에게 맞서는 어떠한 '권리'를 갖는다는 점이 어떻게 지지될 수 있을까? 그의 권리가 내 권리이므로, 그의 권리를 도대체 내게 불리하게 작동하는 것으로 말하는 것은 불합리하다.

혹은 요컨대, 만약 어떤 사람이 자신을 노예로 판다면, 절대적인 주인으로 존재하는 그 주인은 그가 그 노예를 '구입'했던 그 자금을 징발할 권리를 갖게 될 것이다. Jean-Jacques Rousseau, *The Social Contract*, bk. 1, chap. 4, in E. Barker, ed., *Social Contract* (New York: Oxford University Press, 1948), p.175.

는 지키도록 강요될 수 있다고 주장될 수 있지만 법적으로는 구속력이 있는 것이 아닌 것이 틀림없다.

사실, 약속을 강제하는 것은 위에서 검토된 강제적인 결혼과 똑같을 정도로 강제적인 노예상태이다. 그러나 적어도 스미스는 존스 회사가 요구했던 평생 동안의 서비스에 대한 기대로 측정되는 피해를 존스 회사에 보상하도록 하는 요구를 받아야만 하는가? 또다시, 그 대답은 부정이 틀림없다. 스미스는 암묵적 절도범이 아니다. 그는 존스 회사의 그 어떤 정당한 재산도 보유하지 않았다. 왜냐하면 그는 **항상** 자기 자신의 신체와 인신에 대한 권리증서를 보유하고 있기 때문이다.

존스 회사의 내동댕이쳐진 기대는 어찌됐나? 그 대답은 실망한 구혼자 혹은 신부의 경우와 동일한 것이 될 것이 틀림없다. 삶은 항상 불확실, 항상 위험스러운 것이다. 기업가(entrepreneur)는 미래 인간 행동과 세상사에 대한 예측가인데, 어떤 사람은 더 나은 기업가이고 어떤 사람은 더 열등한 '기업가'이다. 그 전도유망한 신부 혹은 신랑, 또는 존스 회사는 이 문제에서 위험의 타당한 소재지이다. 만약 그들의 기대가 어긋나면, 당연히 그때 그들은 이 경우에 열등한 예측가이었고, 그리고 그들은 미래에 스미스 혹은 결혼약속 파기자와 거래할 때 그 경험을 기억할 것이다.

만약 단지 재산권리증서를 이전하는 계약만을 제외한 단순한 약속 혹은 기대를 강제할 수 없다면, 우리는 이제 대중적인 계약이론들을 중요한 실생활의 경우에 응용하는 것을 볼 수 있다. 징병자(draftee)뿐만 아니라 지원병(enlistee)이 군대로부터 탈영할 때 그 탈영병들은 그들의 행동에 대해 완전한 면책을 받을 만한 가치가 있는가? 강제 노예인 징병제를 반대하는 리버테리언은 탈영한 징병자에 대한 완전한 면죄를 요청하는 데 어려움이 없다. 그러나 (강제 징병의 유일한 대안으로서 지원했을 사람들의 경우를 제쳐놓고) 군에 자발적으로 지원했던 지원병은 어찌됐나? 그 '약속'이론가는 엄밀히 탈영병의 처벌과 군대의 강제적인 귀환, 둘 모두를 주장해야 한다. 그와 반대로 권리증서이전 이론가는 모든 사람은 자신의 신체와 의지를 통제하는 양도 불가능한 권리를 가지고 있다고 주장한다. 왜냐하면 모든 사람은 당연적 사실로 그 양도 불가능한 권리를 가지고 있기 때문이다. 그리고 따라서 입대는 강제할 수 없는 단순한 약속이었는데, 왜냐하면 모든 사람은 언제라도 자신의 신체와 의지의 처분에 대한 자신의 마음을 변경할 권리를 갖고 있기 때문이라고 주장한다. 따라서 계약이론에 대한 외견상 사소하고 심원한 차이는 공공정책에 대한 극히 중요한 차이를 함축할 수도 있고, 반드시 하고 있다.

당대 미국에서, 군대라는 두드러진 예외 이외를 넘어서, 모든 사람은 자신이 이전에 했던 약속 혹은 '계약'이 무엇이든지 상관없이 자신의 일을 그만둘 수 있는 권리를 갖고 있다.[3] 그러나 불행하게도 법정은 종업원 협정의 구체적인 개인적 성과를 강제하는 것을 거부하면서도(요컨대, 근로자를 노예화하는 것을 거부하면서도) 근로자들이 다른 고용주를 위해 그 합의조건으로 유사한 직무에 종사하는 것을 **반드시 금지시킨다**. 만약 어떤 사람이 5년 동안 ARAMCO의 기술자로 근무하기로 서명했고 그리고 나서 그 직무를 그만둔다면, 법원에 의해 그는 5년 중 남은 기간 동안 유사한 고용주를 위해 근무하는 것이 금지된다. 이런 금지된 고용은 직접적인 강제 노예상태로부터 오직 한 단계만 벗어난 것이고, 그리고 그것은 리버테리언 사회에서는 전혀 허용할 수 없는 것이 되어야 한다는 점이 이제 분명한 것임이 틀림없다.

그러면 고용주들은 마음을 바꾼 사람(mind changer)에 대항하는 상환청구권(recourse)을 갖지 않는가? 물론 그들은 가지고 있다. 만약 원한다면 그들은 잘못된 근로자를 블랙리스트에 올리도록 자발적으로 합의할 수 있고 그 근로자를 고용하는 것을 거부할 수 있다. 자유 사회에서 그것은 완전히 그들의 권리들에 속한다. 그들 권리들에 속하지 **않는** 것은 그 근로자가 다른 고용주를 위해 자발적으로 일하는 것을 방해하도록 폭력을 사용하는 것이다. 상환청구권이 하나 더 허용될 수 있을 것이다. 스미스가 존스 회사에 평생에 걸친 자발적인 복종을 하기로 동의하고, 이 예상된 미래 서비스에 대한 대가로 백만 달러를 받는다고 가정하자. 그러면 분명히 존스회사는 백만 달러에 대한 권리증서를 절대적으로가 아니라 평생 서비스의 성과에 대한 **조건부**로 이전했던 것이다. 스미스는 자신의 마음을 바꿀 절대적 권리를 갖고 있다. 그러나 그는 더

3) 사적 용역 계약을 충족하는 구체적인 성과의 강제를 금지하는 현행 사법적 학설에 대한 토대를 구축하는 데 있어서 자기소유권과 의지의 자유의 중요성에 관해 다음을 보라. John Norton Pomeroy, Jr., and John C. Mann, A *Treatise on the Specific Performances of Contracts*, 3rd ed. (Albany, N.Y.: Banks, 1926), sec. 310, p.683.

이상 그 백만 달러를 간직할 권리를 갖지 않는다. 만약 그가 그렇게 한다면, 그는 존스 회사 재산에 대한 절도범이다. 따라서 그는 백만 달러에 이자를 포함하여 되돌려주도록 강요되어야 한다. 왜냐하면 물론 그 돈에 대한 권리증서는 **양도가능한** 것이었고 **양도가능한** 채로 남아 있기 때문이다.

외견상 더 어려운 경우를 보자. 유명한 영화배우가 특정한 날 특정 영화관에 나타나기로 동의한다고 가정하자. 이유가 무엇이든 그는 끝내 모습을 나타내지 않는다. 그는 그 날짜 혹은 미래 어느 날짜에 나타나도록 강요받아야 하는가? 분명히 아니다. 왜냐하면 그것은 강제적 노예상태이기 때문이다. 그가 출현할 것이라는 예상하에 그 극장주가 부담한 홍보와 다른 경비에 대해 그가 극장주에게 보상하도록 최소한 강요되어야 하는가? 또다시 아니다. 왜냐하면 그의 동의는 자신의 양도할 수 없는 의지 — 그가 언제라도 변경할 수 있는 권리를 가진 것 — 와 관련된 단순한 약속이었기 때문이다. 다르게 말하면, 그 영화배우는 극장주의 어떤 재산도 받지 않았기 때문에 그는 그 극장주(혹은 다른 어떤 사람)에게 절도를 행하지 않았고, 따라서 피해를 보상하도록 강요받을 수 없다. 극장주들이 그 배우가 그 합의를 지킬 것이라는 기대에 입각하여 상당한 계획과 투자를 했을 수 있다는 사실이 극장주에게는 불행한 일이 될 수 있지만, 그러나 그것은 극장주의 당연한 위험이다. 그 극장주는 자신들의 통찰력의 결여와 무능한 기업가정신에 대해 그 배우가 억지로 보상하도록 기대해서는 안 된다. 극장주는 그 배우에 대해 너무 과도한 신뢰를 준 것에 대해 벌을 받는다. 약속을 깨는 것보다 지키는 것이 더 **도덕적**인 것으로 간주될 수 있을 것이다. 그러나 그런 도덕률의 강제적인 시행은, 그것이 절도나 폭행의 금지를 넘어서는 것이기 때문에, **그 자체**가 그 영화배우의 재산권에 대한 침해이고, 따라서 리버테리언 사회에서는 허용될 수 없는 것이다.

물론, 또다시 만약 그 배우가 극장주로부터 **선금**을 받았다면, 그 계약에서의 자신 역할을 이행하지 않은 채 그 돈을 간직하는 것은 극장주에 대한 암묵적인 절도가 될 것이고, 따라서 그 배우는 그 돈을 상환하도록 강제되어야 한다.

공리주의자들은 이 학설의 결과에 충격을 받기 때문에, 원래 합의에서 수약자(promisee)가 낙약자(promissor)에게 **계약이행 보증증서**(performance bond)를 요구함으로써 전부는 아니더라도 많은 문제가 리버테리언 사회에서 쉽게 극복될 수 있다는 점이 지적되어야 한다. 요컨대, 만약 극장주는 배우가 나타나질 않을 위험을 피하기 원한다면, 그들은 그 배우가 출현하지 않을 경우의 계약이행 보증증서를 내붙이는 데 동의하지 않는 한 그 합의에 서명하는 것을 거부할 수 있을 것이다. 그 경우 그 배우는, 미래 출현에 합의하는 과정에서, 또한 그가 나타나지 않을 경우에 극장주에게 얼마의 금액을 이전하기로 동의할 것이다. 물론 돈은 양도할 수 있는 것이기 때문에 그리고 그런 계약은 우리의 권리증서이전 기준을 충족할 것이기 때문에, 이것은 완전히 유효하고 강제할 수 있는 계약이 될 것이다. 왜냐하면 그 배우가 말 하려고 하는 것은 다음과 같다. "만약 내가 이러이러한 날짜에 X극장에 나타나지 않으면, 나는 그로 인해 ○○만큼의 금액을 극장주에게 그 날짜부로 이전할 것이다." 그러면 계약이행 보증증서를 충족시키지 않는 것은 극장주의 재산에 대한 암묵적 절도가 될 것이다. 그때 만약 극장주인이 합의의 한 부분으로서 계약이행 보증증서를 요구하지 않는다면, 극장주는 그 결과를 감당해야 한다.

정말 중요한 논문에서 심슨(A.W.B. Simpson)은 계약이행 보증증서가 중세와 근대 초기에 인적 서비스뿐만 아니라 토지의 판매와 금전 채무를 포함하는 모든 계약을 위한 규칙이었다는 점을 지적했다.[4] 이런 계약이행 보증증서는 시장에서 자발적 처벌 혹은 **형벌적 구속**(penal bonds)으로서 발전했다. 그런 처벌 및 구속에서 계약자는 합의된 날짜에 채무를 변제하지 않거나 계약을 이행하지 않을 경우에 통상 자신이 진 부채의 2배를 지불하도록 의무를 스스로 졌다. 자발적으로 계약한 처벌은 자신이 계약을 이행하도록 하는 유인으로서 기능했다. 그래서 만약 A는 B가 합의된 화폐가격을 지불하는 대가로 한 필지의 토지를 판매하기로 동의했다면, **각자**는 합의된 화폐가격의 지불에 실패할 경우 통상 자신이 지기로 한 계약적 의무의 가치의 2배에 해당하는 어떤 특정 금액을 지불하도록 하는 의무를 스스로 지게 될 것이다. '보통 화폐채권'(common money bond)으로 불리는 금전 채무의 경우에, 천 달러 빚을 지고 있는 어떤 사람이 특정 날짜까지 1,000달러를 상환하지 않는다면 채권자에게 2,000달러를

4) A.W.B. Simpson, "The Penal Bond With Conditional Defeasance," *Law Quarterly Review* (July 1966), pp.392~422.

지불하기로 동의했다. (혹은 보다 엄격하게, 2,000달러를 지불할 의무는 채무자가 특정일까지 1,000달러를 지불하는 것에 입각한 **조건부**적인 것이다. 따라서 '조건부 형벌적 구속'이라는 용어가 더 정확하다[역자 삽입]). 인적 서비스를 수행하는 계약이라는 위의 예에서, 배우가 출현하지 않는 것이 극장주에게 10,000달러의 피해라는 희생을 치르게 한다고 가정하자. 그 경우에, 배우는 출현하지 않을 경우에 대해 극장주에게 20,000달러를 지급하는 것에 동의하는, 형벌적 계약이행 보증증서(penal performance bond)를 서명 혹은 '작성'할 것이다. 이런 종류의 계약에서 극장주는 보호되고 단순한 약속의 타당치 않은 강제는 없다. (물론 합의된 처벌이 그 추정된 가치의 2배가 **되어야** 하는 것은 아니다. 그것은 계약 당사자들에 의해 동의된 어떠한 금액도 될 수 있다. 두 배라는 금액은 중세와 초기 근대 유럽의 관습이 되었다.)

심슨은 자신의 논문에서 현대 계약법(contract law)의 발전에 대한 전통적인 역사적 설명을 수정한다. 즉, **계약이행 청구소송** 이론(theory of assumpsit) — 계약의 강제를 단순한 약속을 토대로 하는 것인데, 비록 신중을 기해야 하지만 — 은 보통법의 조잡한 재산권 개념에 대한 보충으로 계약 강제의 작동 가능한 체계를 마련하는 데 필수불가결한 것이라는 견해이다. 왜냐하면 심슨은 16세기와 17세기 영국에서 **계약이행 청구소송**의 발생은 상업계약의 세상에 대한 새로운 관심의 결과가 **아니라** 오히려 몇 세기 동안 상업적 욕구에 아주 충분하게 기능해왔던 형벌적 계약이행 구속의 급격한 쇠퇴에 대한 대체라는 점을 보여주기 때문이다. 실제로 심슨은 계약이행 보증증서가 단순한 계약들과 합의들뿐 아니라 복잡한 계약들과 합의들을 다루기 위한 주목할 만한 유연한 수단임이 입증되었다는 점을 지적한다. 그리고 계약이행 보증증서는 사기를 억제할 정도로 충분히 공식적이었지만, 그럼에도 상업적 거래의 편리성을 위해 시행될 정도로 충분히 쉬웠다. 게다가, 사용되는 몇 세기에는, 거의 어느 채권자들도 (계약문서에 있는) '피해'에 대해 법정에 소송하려고 애를 쓰지 않았다. 왜냐하면 그 '피해'는 계약 그 자체에 미리 정해져 있었기 때문이다. 심슨이 쓴 것처럼,

특히 다른 방도가 배심에 의한 피해의 평가가 될 때, 채권자의 관점에서 사전에

벌칙이 정해지는 계약에 분명한 매력들이 존재한다.[5)]

그러나 왜 그 형벌적인 구속이 쇠퇴하였는가? 왜냐하면 법정들이 이런 의무를 강제하는 것을 거부하기 시작했기 때문이다. 왜냐하면 잘못 이해한 '인도주의자'를 위한 것이든 혹은 특권에 대한 더욱 사악한 이유들이든, 그 이유가 무엇이든, 법정들은 자신들이 완전한 정도로 계약들을 강제해왔다는 사실에서, 그들은 법의 단단함(toughness)에 망설이기 시작했기 때문이다. 왜냐하면 그 증서는 "작업의 어떠한 불이행에 대해도 완전한 처벌은 박탈(forfeit)이었다"는 것을 의미했기 때문이다.[6)] 우선 엘리자베스 시대에 대법원(Courts of Chancery)은 '극도로 곤궁'(extreme hardship)한 경우에 채무자(의무자)(obligor)를 구제하도록 간섭하기 시작했다. 17세기 초까지 이런 구제는 불행이 채무자들에게 닥쳤고, 그 의무자가 짧은 기간에 구제된 금액을 지불했던 모든 경우까지 확대되었다. 그런 경우 그는 단지 원금(계약된 금액)에 법정이 '타당한 피해'라고 결정했던 것을 더하여 지급해야 했다. 그래서 합의한 벌금을 지급하라는 요구는 면제되었다. 그 간섭은 마침내 1660년대와 1670년대 초까지 몇 년 더 확대되었는데, 그 때 대법원이 어떤 계약에 대해서도 벌금 지불 전부를 단순히 불법화하고, 채무불이행 의무자 혹은 채무자에게 법원 자체 — 통상적으로 배심 — 에서 평가한 '타당한 피해'뿐 아니라 원금에 이자를 추가한 것을 지불하도록 오직 요구했다. 마침내 이 규정은 1670년대 보통법법정(common-law courts)에 의해 신속히 채택되었고, 그래서 18세기의 전환기에 성문법에 의해 공식화되고 정규화되었다. 본질적으로 담보가 붙은 처벌(bonded penalty)은 법정에 의해 더 이상 강제될 수 없었기 때문에, 형벌적 계약이행 보증증서라는 제도는 신속히 사라졌다.

계약이행 보증증서의 불행한 폐지는 우선 법정에서 채택했던, 그릇된 계약강제 이론의 결과였다. 그 계약강제의 이론은 강제의 목적이 채무자의 불이행에 대해 채권자 혹은 피의무자(obligee)에게 보상하는 것 — 즉, 채권자를 계약하지 않았더라면 누렸을 형편처럼 만드는 것이라는 이론이다.[7)] 이전 몇 세

5) Ibid., p.415.
6) Ibid., p.411.
7) 보상 개념의 확장된 비판에 대해 아래 pp.246~50, 287~305를 보라. 특히, 로버트 노직의 『무정부, 국가, 유토피아』에 대한 비판에 대해.

기 동안 법정은 '보상'이 형벌적 속박을 강제하는 것으로 구성되어야 한다고 느껴왔다. 그래서 법정이 자신의 심경을 변경하여 법정이 평가한 '피해'가 자발적으로 규정된 처벌의 '엄격성'을 경감하는, 충분한 보상이라고 결정하는 것이 꽤 쉬운 것이 되었다. 계약강제 이론은 '보상'과 관계가 없는 것으로 되어야만 했다. 그것의 목적은 항상 재산권을 집행하고 양도할 수 있는 재산에 대한 권리증서를 이전하는 계약을 파기하는 암묵적 절도에 대해 보호하는 것이 되어야 한다. 재산권리증서의 방어 — 그리고 오직 그러한 방어 — 는 강제기관의 업무이다. 심슨은 두 가지 아이디어 간의 긴장상태에 대해 직관력 있게 기술한다. 한편으로, 우리는 계약적 제도들의 실질적인 기능은 가능한 한 합의가 수행되도록 확신하는 것이라는 사상을 가진다(예를 들면, 형벌적 구속의 강제). 다른 한편, 우리는 법이 합의를 이행하지 못함으로써 겪는 손실에 대한 보상을 마련하도록 하는 것으로 충분하다는 사상을 갖는다.

후자의 견해는 이행에 필요한 열정에 심각한 제한을 부과한다. 게다가, (위의 배우의 예와 같은) 인적 서비스에 대한 계약에서, "계약을 이행하지 않는 당사자가 보상을 지급하도록 되어 있는 한 계약을 파기하는 권리에 긍정적인 가치가 부착되어 있다[계약을 파기함으로써 얻을 수 있는 가치가 영(0)보다 크다는 의미, 역자주]."8)

선물 계약들(gift-contracts)은 어찌됐나? 그것들은 법적으로 강제되어야만 하는가? 또다시, 그 대답은 단순한 약속이 이루어졌는지 혹은 권리증서의 실제적 이전이 그 합의에서 발생했는지에 달려 있다. 분명히, 만약 A가 B에게 "나는 이에 의하여 당신에게 10,000달러를 준다"라고 하고, 그 돈에 대한 권리증서가 이전되었다면 그리고 그 선물은 강제할 수 있는 것이다. 게다가, A가 나중에 자신의 권리로서 그 돈을 돌려달라고 요구할 수 없다. 다른 한편, 만약

8) 심슨은 나아가 다음과 같이 지적한다. 사적으로 자발적으로 합의한, '성과가 의무인 당사자의 공갈적인(in terrorem) 처벌'의 강제는 이제 사라진 반면, 정부와 법정은 스스로 이 기법을 사용하고, 그래서 그런 방법의 독점을 가로챘다. 예를 들면, 보석을 요구할 때, 어떤 사람을 보석으로 풀어줄 때, 어떤 사람을 법정 모욕죄로 처벌할 때 등이다. Simpson, "Penal Bond," p.420. 물론 그 차이는 이 국가 처벌들은 의무자에 의해 사전에 자발적으로 동의된 것이라기보다는 일방적이고 강제적이라는 것이다. 이 모든 것이 중세 법정이 완벽했다는 것을 함의하는 것은 아니다. 한 가지 예를 들면, 중세 법정은 '고리대금업의 죄악'을 저지르는 것으로서 이자를 부과하는 화폐 대부의 어떤 계약도 강제하는 것을 거부했다.

A가 "나는 당신에게 1년 후에 10,000달러를 줄 것을 약속한다"라고 말한다면, 이것은 로마법에서 **무상계약**(nudum pactum)이라 불리어지곤 했던 단순한 약속이며, 따라서 당연히 강제할 수 있는 것이 아니다.[9] 그 수령인은 그 기부자가 자신의 약속을 지킬 것이지는 운에 맡겨야만 한다. 그러나 이에 반하여 만약 A가 B에게 "나는 이에 의하여 1년 후의 시점에 당신에게 10,000달러를 이전하는데 동의한다"라고 말하면, 이것은 미래 특정일에 권리증서의 이전을 공언한 것이고, 강제될 수 있어야 한다.

이것은 특별한 경우에 재치있는 말장난인 것처럼 보일 수 있기는 하지만, 단순히 재치있는 말장난이 아니라는 점이 강조되어야 한다. 왜냐하면 중요한 의문이 항상 문제가 되기 때문이다. 즉, 양도할 수 있는 재산에 대한 권리증서는 이전되었는가? 혹은 단순한 약속이 부여되었는가? 전자의 경우 이전된 재산을 인도하지 않는 것은 절도이기 때문에, 합의는 강제할 수 있는 것이다. 후자의 경우, 단순한 약속이야말로 재산에 대한 권리증서를 이전하지 않았다. 약속이란 약속자(promissor)를 도덕적으로 구속할 수 있지만 법적으로는 구속할 수 없는 것이다. 홉스(Hobbes)는 단순히 재담을 한 것이 아니라 다음과 같이 정확히 서술했다.

> 말 그 자체만으로는, 만약 그 말이 다가올 시점에 대한 것이고 단순한 약속[무상계약]을 포함하고 있다면, 무상 선물에 대한 불충한 신호이고 따라서 의무적이지 않다. 왜냐하면 만약 **내일 나는 줄 것이다**처럼 말이 다가올 시점에 대한 것이라면, 그 말은 나는 아직 주지 않았으며 따라서 나의 권리는 이전되지 않았고 내가 어떤 다른 행동으로 그것을 이전할 때까지 남아있다라는 신호이기 때문이다. 그러나 그 말이, **나는 주어왔다 혹은 내일 인도되도록 반드시 준다**고 하는 것처럼, 현재 혹은 과거시점에 대한 것이라면, 이것은 나의 내일의 권리가 오늘 포기된 것이다.… 나는 이것이 내일 당신의 것이 되도록 원하는 것(I will that this be thine tomorrow)과 나는 내일 당신에게 그것을 줄 것이라는 것(I will give it thee tomorrow) 간에는 … 말의 의미에는 큰 차이가 있다. 왜냐하면 전자의 표현방식처럼, **나는**

9) 로마법 원리는 '허튼 약속' (무상계약)은 법적 행위의 지배를 받을 수 없다는 것이었다. *Ex nudo pacto non oritur actio.* 무상계약에 대해 다음을 보라. John W. Salmond, *Jurisprudence*, 2nd ed. (London: Stevens and Haynes, 1907), p.318; Pherozeshah N. Daruvala, *The Doctrine of Consideration* (Calcutta: Butterworth, 1914), p.98; and Frederick Pollock, *Principles of Contract*, 12th ed., P. Winfield, ed. (London: Stevens and Sons, 1946), pp.119~20.

원한다(I will)는 말은 현재 의지의 행동의 약속을 의미하지만, 그러나 후자의 경우 그것은 다가올 의지의 행동의 약속을 의미하기 때문이다. 따라서 현재에 대해 언급하는 전자의 말은 미래 권리를 이전하고, 미래에 대해 언급하는 후자의 말은 아무것도 이전하지 않는다.10)

이제 교환이 아니라 순수한 선물 합의에 대조적인 이론들을 적용해보자. 조부가 자신의 손자에게 대학학비를 지급할 것이라고 약속한다. 대학 재학 중 1년 혹은 2년 후, 조부가 사업파탄을 겪든 혹은 어떤 다른 이유에 의해서든, 그 약속을 철회하기로 결정한다. 그 약속을 믿고 손자는 대학 경력을 쌓고 다른 고용을 포기하면서 다양한 비용을 부담했다. 손자는 법적 행동을 통해서 조부의 약속을 강제할 수 있을까?

우리의 권리증서이전 이론에서, 손자는 조부의 재산에 대해 그 어떤 권리도 갖지 않는다. 왜냐하면 조부가 자신의 돈에 대한 권리증서를 시종 보유하였기 때문이다. 단순한 구두약속(naked promise)은 권리증서를 수여할 수 없고, 수약자(promisee)의 어떤 주관적인 기대도 권리증서를 수여할 수 없다. 손자에 의해 발생된 비용은 당연히 자기 자신의 기업가적 위험이다. 물론, 다른 한편, 만약 조부가 권리증서를 이전한다면, 그것은 손자의 재산이 될 것이고 손주는 자신의 재산을 위해 분명히 소송할 수 있을 것이다. 만약 조부가 "나는 이에 의하여 8,000달러를 당신(그 손자)에게 이전한다"라고 기술했다면 **혹은** "나는 이에 의하여 다음과 같은 날짜 각각에 당신에게 2,000달러를 이전한다: 1975년 9월 1일, 1976년 9월 1일 등"이라고 기술했다면, 그런 이전이 일어났을 것이다.

다른 한편, 계약의 기대 모델에 입각하면, 두 가지 가능한 변형이 존재한다. 즉, 손자는 단순한 약속 때문에 조부에 대해 구속력있는 법정 청구권을 가질 것이라는 것 **혹은** 손자는 약속이 이행될 것이라는 기대에 의해 발생된 경비에 대한 청구권을 가질 것이라는 것이다.11)

---

10) Thomas Hobbes, *Leviathan,* pt. 1, chap. 14 [italics Hobbes's].

11) 계약법의 현 상태는 이런 종류의 경우에 분명치 않다. 최근까지 수업료 약속은 기소할 수 있었던 것이 아닌 반면, 약속이 충족될 것이라는 기대에 입각하여 발생한 비용에 대해 조부로부터 재산회복이 강제되는 것이 이제 가능하다. Merton Ferson, *The Rational Basis of Contracts* (Brooklyn: Foundation Press, 1949), pp.26~27; and Grant Gilmore, *The Death of Contract* (Columbus: Ohio State University Press, 1974), pp.59와 그 다음을 보라.

그러나 조부의 원래 진술은 단순한 약속이 아니라 조건부 교환, 즉 조부는 손자가 매주 진척 상황을 보고**한다면** 손자의 대학 등록금 전액을 지급하기로 동의했다고 가정하자. 그런 경우 우리의 권리증서이전 이론에 따르면, 그 경우에 조부는 권리증서의 조건부적 이전을 했다. 즉, 손자가 정해진 서비스를 수행한다면 미래에 권리증서를 이전하는 것에 동의한 것이다. 만약 손자가 실제로 그런 서비스를 수행했고 그 서비스를 계속 수행한다면, 그 등록금은 손자 자신의 재산이고 손자는 조부로부터 법적으로 징수할 수 있는 자격이 부여되어야 한다.[12)]

우리가 제시한 이론하에서는, 사기는 법적으로 소송을 제기할 수 있는가? 그렇다. 왜냐하면 사기는 자발적으로 합의한 재산의 이전을 이행하지 않는 것이고 따라서 암묵적인 절도이기 때문이다. 예를 들어, 만약 A가 B에게 자신이 라디오가 포함된 것이라고 말한 꾸러미를 판매하지만, 그 꾸러미는 단지 금속 부스러기만 포함하고 있다고 한다면, A는 B의 돈을 취하고 그런 이전 — 라디오의 인도 — 을 위한 합의된 조건을 이행하지 않았다. 동일한 것이 어떤 제품 보증을 이행하지 않은 경우에도 적용한다. 예를 들면, 판매자가 어떤 꾸러미의 내용물이 X라는 생산물 5온스를 포함한다고 주장하지만 그 꾸러미는 그렇지 않다면, 그 판매자는 계약의 조건을 이행하지 않은 채 이제 돈을 수취했다. 그는 사실상 구매자의 돈을 훔쳤다. 일단 또다시, 제품의 보증은 법적으로 강제할 수 있을 것이다. 왜냐하면 그것들이 '약속'이기 때문이 **아니라** 그것들은 합의된 계약의 실체들 중 하나를 묘사하기 때문이다. 만약 그 실체가 판매자가 묘사한 것처럼 되어 있지 않으면, 사기 따라서 암묵적 절도가 일어났다.[13)]

리버테리언 법체계에서 파산법(bankruptcy laws)이 허용될 수 있을 것인가? 분명히 아니다. 왜냐하면, 파산법은 채무자가 자발적으로 계약한 부채의 면제

12) Evers, "Law of Contracts," pp.56.를 보라. 다른 한편, 위에서 지적한 것처럼, 손자는 자신의 마음을 변경한다면 그 서비스를 수행하도록 요구될 수 없다. 왜냐하면 그것은 강제 노예상태이기 때문이다. 그러나 그는 조부에게 반환해야 하는 것이 요구될 것이다.

13) 구법에서는, 거짓 보증에 입각한 동산 판매자에 대응한 사기행위는 실제로 순수한 불법 행위(우리 의미에서 절도)였다. James Barr Arnes, "The History of Assumpsit," *Harvard Law Review* 2, no. 1 (15 April 1888). p.8. 그와 대조되는 약속 견해에 대해 Roscoe Pound, *Jurisprudence* (St. Paul, Minn.: West, 1959), pp.111, 200; and Oliver Wendell Holmes, Jr., *The Common Law*, Howe ed., (Cambridge, Mass.: Belknap Press of Harvard University Press, 1963), p.216을 보라.

를 강제하고 그로 인해 채권자의 재산권을 침해하기 때문이다. 자신의 채무를 상환하기를 거절하는 채무자는 채권자의 재산을 훔쳐온 것이다. 만약 채무자가 상환할 수 있지만 자신의 재산을 숨긴다면, 그의 분명한 절도 행위는 사기로 인해 더욱 크게 된다. 그러나 비록 채무 불이행자가 상환할 수 없다고 할지라도 그는 채권자 재산의 합의된 이전을 하지 않음으로써 **여전히** 채권자의 재산을 훔쳐온 것이다. 그 때 법체계의 기능은, 예를 들어 채무에 피해와 지속되는 채무에 대한 이자를 추가한 것을 채무자의 미래소득의 강제적인 압류를 통하여 채무자에게 상환을 강제하는 것이 되어야 한다. 채권자의 재산권을 무시하고 그 채무를 면제하는 파산법은 사실상 채무자에게 도둑질하는 면허를 수여하는 것이다. 전근대 시대에는, 채무 불이행자는 일반적으로 절도범으로 취급되었고 그가 소득을 획득할 때 상환이 강제되었다. 의심할 바 없이 투옥이라는 처벌은 비례적 처벌 이상이었고 따라서 과도한 것이었다. 그러나 적어도 구 법적 방법(old legal way)은 책임성이 있어야 할 곳에 그 책임성을 부여했다. 즉, 채무자에게 자신의 계약적 의무를 이행하도록 그리고 채권자인 소유자(creditor－owner)에게 빚진 재산을 이전하도록 하는 것이다. 미국 파산법의 한 역사가는 비록 이런 법들[현재의 파산법들을 말함, 역자주]의 지지자이지만 그것들이 채권자의 재산권을 짓밟는다는 점을 인정했다.

> 만약 파산법이 개인의 법적 권리에 토대를 둔다면, 채무자가 살아 있거나 자신의 부동산이 계속 존재하는 한 채무자의 채무상환의 면제를 위한 정당한 이유(warrant)가 존재하지 않는다. … 심지어 역경이 파산 조건의 원인된다고 하더라도 채권자는 침해되어서는 안 되는 권리를 갖는다. 그의 청구권들은 자신의 재산의 부분이다.[14)]

파산법의 옹호에서, 공리주의 경제학자는 다음과 같이 응수할 수도 있다. 일단 이 법이 제정되면 채권자는 자신에게 무엇이 일어날 수도 있는지를 알고, 그 채권자는 더 높은 이자율로 그 추가적인 위험에 대해 보충하며, **따라서**

14) F. Regis Noel, "A History of the Bankruptcy Clause of the Constitution of the United States of America" (Washington: doctoral dissertation, Catholic University of America, 1920), pp.187, 191. 노엘(Noel)은 다음과 같은 주장을 계속한다. 즉, 채권자의 권리는 '공공정책', '공익' 그리고 '그 사회의 가장 중요한 권리', 이것들 중 무엇이 되던, 그것에 의해 기각되어야 한다는 것이다. Lawrence H. White, "Bankruptcy and Risk" (not published), p.13에서 인용

파산법하의 행동들은 채권자 재산의 약탈로 간주되어서는 안 된다는 것이다. 채권자가 미리 그 법을 알고 그에 따른 위험을 보상하기 위해 더 높은 이자율을 부과할 수 있을 것이라는 것은 진실이다. 그러나 '그 따라서'(the therefore)가 전혀 결과로서 일어나지 않는다. 예지 혹은 예고와 관계없이, 파산법은 **여전히** 채권자의 재산에 대한 침해이고 따라서 약탈이다. 선견지명이 있는 피해자들이 자신들에 대한 제도화된 절도의 피해를 최소화하기 위해 교묘하게 유도할 수 있는 시장에서는 다양한 종류의 상황들이 존재한다. 그 절도는 그런 칭찬할 만한 교묘한 조치들 때문에 더 이상 도덕적이거나 합법적이지 않다.

게다가 동일한 공리주의적 주장이 노상강도(mugging) 혹은 주거침입(burglary)과 같은 그런 범죄들에 대해 적용될 수 있다. 도시의 어떤 구역에 가게주인들에 대한 범죄를 개탄하는 대신에, 그 때 우리는 (공리주의 경제학자들처럼) 다음과 같이 주장할 수도 있다. 결국 가게주인들은 사전에 자신들이 무엇을 할 것인지를 안다고 하자. 그들이 가게 문을 열기 전에, 그들은 그 지역에서 더 높은 범죄율을 알고 있고 따라서 그에 맞게 자신들의 보험과 상관습을 조정할 수 있다. 따라서 우리는 가게주인들에 대한 강도행위는 개탄할 것이 아니고 심지어 불법이지 않다고 말해야 하는가?[15)]

요컨대, 범죄는 범죄이고, 재산의 침해는 재산의 침해이다. 예견되는 범죄의 효과를 경감시키기 위해 어떤 사전 조치들을 취하는 선견지명이 있는 그 재산소유자들은 왜 자신들이 정당하게 소유한 재산에 대한 법적 보호를 탈취당함으로써 처벌을 받아야 하는가? 그 법은 왜 선견(forethought)이라는 미덕을 처벌해야 하는가?

채무 불이행자의 문제는 다른 면에서 부딪칠 수도 있다. 채권자는, 채무자의 성실한 상환을 고려하여, 부채의 일부 혹은 전부를 탕감해주기로 자발적으로 결정할 수도 있다. 여기서 재산권을 보호하는 리버테리언 체계에서 각 채권자는 오직 **자기 자신**의 부채만을 탕감해줄 수 있다는, 즉, 채무자에 대한 자기 자신의 재산청구권을 단지 포기할 수 있다는 점을 강조하는 것은 중요하다. 그때, 다수의 채권자가 소수의 채권자에게 자기 자신의 청구액을 '탕감'하도록 강요하는 법적 상황은 있을 수 없다.

---

15) 나는 이 예에 대해 블락(Walter Block) 박사에게 신세를 졌다.

채무의 자발적인 탕감은 채무불이행이라는 사실 이후에 일어날 수도 있거나 **혹은** 그것은 **원래**(original) 채무계약**에** 통합될 수도 있다. 피할 수 없는 지불불능(insolvency)이라는 어떤 조건을 맞는다면, A는 B에게 그 채무의 일부 혹은 전부를 탕감해 준다는 점을 **규정한다**면, 그 경우에 지금부터 1년 후에 1,000달러를 받는 조건으로 A는 B에게 지금 1,000달러를 빌려줄 수 있다. 추측컨대, A는 불이행이라는 추가적인 위험을 보상하기 위해 더 높은 이자율을 부과할 것이다. 그러나 중요한 점은 탕감의 이런 합법적인 상황에서 채무의 면제는 원래의 합의에서나 혹은 채무불이행 이후에 개별적인 채권자에 의해 **자발적**으로 합의되었던 것이라는 것이다.

자발적 탕감은 채무자에 주는 채권자의 선물이라는 법적-철학적인 상태를 띤다. 아주 묘하게도, 권리증서이전 이론가들은 그런 선물을 채권자로부터 채무자에게 화폐에 대한 권리증서를 이전하는 완벽하게 합법적이고 유효한 합의라고 보는 반면, 현행 법적 원리는 탕감과 같은 그런 합의를 구속할 수 있는 계약으로 보는 데 대한 타당성을 의심해왔다. 왜냐하면 현행 이론에서는 구속할 수 있는 계약은 약인(consideration)과 교환되는 약속이어야 하고, 탕감의 경우에 채권자는 교환과정에서 대가를 받지 않기 때문이다. 그러나 권리증서이전 원리는 탕감에 문제가 있는 것으로 보지 않는다. "청구권을 면제하기 위한 채권자의 행동은 통상적인 이전 행위와 동일한 종류의 것이다. 어느 경우에나 그 행위는 그저 권리 소유자의 명백한 동의이다.[16]

다른 중요한 점은 다음과 같다. 우리의 권리증서이전 모델에서는, 인간은 자산에 대한 소유권의 전체 권리증서**뿐만 아니라** 그 재산의 일부도 또한 팔 수 있는 것이 틀림없다. 후자의 경우에 그는 권리증서의 그 부분을 수여하거나 판매한 자신 혹은 다른 이를 위하여 나머지 [권리증서]를 보관해야 한다. 따라서 우리가 위에서 본 것처럼, 보통법상 저작권은 저자 혹은 출판업자로서 자신의 재산에 대한 모든 권리를 파는 것이 정당화된다. 그 재산을 재판매하는 권리를 **제외**하면 말이다. 유사하게 유효하고 강제할 수 있는 것이 재산에 대한 제한적인 계약조항들(covenants)일 것이다. 예를 들어, 부동산 개발업자가

---

16) Ferson, *The Rational Basis of Contracts*, p.159. 자발적 탕감의 타당성을 의문시하는 현행 계약 이론의 불합리한 결과에 대해 Gilmore, *The Death of Contract*, p.33를 보라.

구매자에게 집과 토지에 대한 모든 권리를 판매한다. 어떤 높이 이상으로 혹은 어떤 디자인을 제외하고 집을 지을 권리를 **제외**하면 말이다. 유일한 조건은 모든 시점에 어떤 주어진 재산에 대한 **모든** 권리를 가지는 **약간**의 현존하는 소유자나 소유자들이 있어야만 한다는 것이다. 예를 들어, 제한된 계약조항의 경우에는 높은 빌딩을 건축하는 유보된 권리(residual rights)를 가지는 **약간**의 소유자들이 존재해야만 한다. 만약 개발자 자신이 아니라면 이 권리를 구입했거나 받았던 어떤 누구이다. 만약 그 유보된 권리가 포기되고 현존하는 누구도 그것을 소유하지 않으면 그 집의 소유자가 이 권리에 '홈스테드'(homesteaded) 해온 것으로 간주될 수 있고, 그 때 나아가 높은 빌딩을 건축할 수 있다. 요컨대, 계약조항들과 다른 제약들은 정말 영원히 '그 재산에 대해 유효할' 수 없고 그로 인해 그 재산의 **모든** 살아있는 소유자들의 바람을 무시할 수 없다.

이 조건은 강제할 수 있는 권리로서의 **한사상속**(entail)을 배제한다. 한사상속하에서는, 재산소유자는 **미래 어느** 소유자도 이 토지를 가족 외부에게 팔 수 **없다**(아주 전형적인 봉건주의)는 단서로 자신의 아들과 손자에게 유증할 수 있다. 그러나 이것은 살아있는 소유자들이 그 재산을 팔 **수 없다**는 것을 의미한다. 그들은 과거의 죽은 자의 손에 지배를 받는 것이다. 그러나 어떤 재산에 대한 **모든** 권리는 살아있는, 현존하는 사람의 수중에 있어야 한다. 자손들이 그 토지를 가족들 안에서 유지하도록 하는 것은 도덕적 필요조건으로 간주될 수도 있지만, 법적 의무로 정당히 간주될 수 없다. 재산권은 살아있는 사람에게 수여되어야 하고 살아있는 사람에 의해 오로지 향유될 수 있어야 한다.

약속된 기대(promised expectations)이론의 '약속' 부분 혹은 '기대' 부분 중 어느 부분을 강조하느냐에 따라, '약속된 기대' 모델이 심각한 내적 모순에 있는 경우가 최소한 한 가지가 존재한다. 이것은 '구매가 임대를 파기하는지'(purchase breaks hire) 여부를 묻는 법적 문제이다. 그래서 스미스가 일대의 토지를 소유하고 있다고 가정하자. 그는 그 토지를 5년 동안 존스에게 임대한다. 그러나 스미스는 지금 그 토지를 로빈슨에게 판다. 로빈슨은 임대 조건을 반드시 따라야 하는지 혹은 그가 존스를 즉각적으로 내쫓을 수 있는가? 약속이론에 입각하면 오로지 스미스만이 그 토지를 임대하기로 약속했다. 로빈슨은 그런 약속을 하지 않았고, 따라서 로빈슨은 그 임대를 반드시 준수해야 하는 것은 아니다. 기대이론에 입각하면, 임대계약은 존스에게 그 토지는 5년 동안 자신의 것으로 될 것이라는 기대를 초래했다. 따라서 전자의 근거에 입각하면 구매는 임대를 파기하지만, 반면에 기대모델에 입각하면 그것은 그렇게 될 수 없다. 그러나 권리증서이전 모델은 이런 문제를 피한다. 우리의 모델에 입각하면, 임대계약자(leaseholder)인 존스는 임대계약기간 동안 재산의 사용을 소유한다. 5년간 재산 사용은 존스에게 이전되어왔다. 따라서 로빈슨은 임대를 파기할 수 없다(물론, 그런 조건하에서 임대를 파기하는 것이 명백히 임대의 단서조항으로서 포함되지 않는 한).

유효하고 강제할 수 있는 계약의 약속이론에 맞서는 우리의 권리증서이전 이론의 참으로 중요한 정치적 함의가 한 가지 있다. 권리증서이전 이론은 국가를 정당화하는 것으로서의 '사회계약'(social contract)이론의 모든 변형을 즉각적으로 법정 밖으로 몰아내는 점이 분명한 것이 틀림없다. 그런 사회계약이 발생한 적이 있었는가라는 역사적 문제는 차치하고, 사회계약이 모든 사람의 권리를 홉스식으로 양도한 것(Hobbesian surrender)이든, 자기방어의 권리를 로크식으로 양도한 것(Lockean surrender)이든, 혹은 어떤 다른 방법이든, 그 사회계약은 미래 행동(미래 의지)의 단순한 약속이었고 양도가능한 재산에 대한 권리증서를 결코 양도한 것이 아니었음이 명백한 것은 틀림없다. 분명히 어떤 과거의 약속도 실제 약속한 사람(actual maker of the promise)은 고사하고 후세대들도 구속할 수 없다.[17)]

17) 루소가 언급한 것처럼, "비록 인간은 자신을 양도할 수 있다 하더라도 자신의 아이들을 양도할 수 없다. 그 아이들은 자유롭게 태어나고, 그들의 자유는 그들에게 속하고, 그를 제외한 어느 누구도 그것을 처분할 권리를 갖고 있지 않다. … 왜냐하면 타인의 자유를 양도하는 것은 자연적 질서에 모순되고, 아버지의 권리를 남용하는 것이다." Rousseau in Barker, ed., *Social Contract*, pp.174~75. 그리고 루소 이전 40년 동안 1720년대 초 리버테리언 영국 작가들인 트렌차드(John Trenchard)와 고든(Thomas Gordon)은 케이토 편지(Cato's Letters) — 미국 식민지의 태도를 형성하는데 광범위하게 영향을 미친 — 에서 다음과 같이 썼다.

모든 사람들은 자유롭게 태어난다. 자유는 모든 사람들이 신 그 자신으로부터 받는 선물이다. 그들은 비록 그들이 범죄에 의해 그 자유를 몰수당할 수 있는 것이 가능할지라도 동의에 의해 바로 그것을 양도할 수 없다. 어느 누구도 … 자기 자손의 — 그 자손은 그 자신 스스로가 자유롭게 태어났던 것처럼 자유롭게 태어날 것이고 그의 사악하고 우스운 거래에 결코 얽매일 수 없다 — 삶과 자유, 종교 혹은 획득한 재산을 주어버릴 수 없다. *Cato's Letters*, no. 59, in D. L. Jacobson, ed., *The English Libertarian Heritage* (Indianapolis, Ind.: Bobbs-

현행 계약법은, 19세기와 20세기의 법실증주의(legal positivism)와 실용주의(pragmatism)의 영향하에 지배적인 기대모델과 함께, 권리증서이전의 접근법과 약속-기대 접근법의 불완전한 혼합물이다. 따라서 리버테리언의 자연권적인 재산권 이론이 정당한 권리증서이전이라는 토대에 입각하여 계약법을 재구성해야 한다.[18]

Merrill, 1965), p.108.

18) 약속을 강제할 수 있기 위해서는 '약인'이 존재해야 한다는 현행 필요조건은 권리이전 원리를 계약법에 철학적으로 잘못 주입한 것이다. 다음을 보라. Edward Jenks, *The History of the Doctrine of Consideration in English Law* (London: C.J. Clay and Sons, 1892), Chap. 3. 강제할 수 있는 약속으로서의 계약들은 노르만 정복 이후의 학설인 계약이행 청구소송뿐 아니라 교회법과 관습법 상인에 의해 영국법(English law)에 들어갔다. 계약이행 청구소송은 여인숙 주인 혹은 보통 운수업자가 고객들을 받아들임에 있어서 그런 유사하게 함축된 약속을 집행하도록 했다. 계약이행 청구소송에 대하여는, Jenks, *The History of Doctrine of Consideration*, pp.124~25; and James Barr Ames, "History of Assumpsit," in *Selected Readings on the Law of Contracts* (New York: Macmillan, 1931), pp.37~40.

노르만 정복 이전의 영국법은 재산권 권리증서 이전의 기초 위에 있었다. 본질적으로 모든 채무는 특정 세트의 동산을 위한 위탁으로 간주되었다. 이 변종의 한 가지 문제는 사람들이 미래의 어느 날에 재화에 대한 권리증서를 할당하는 것을 지금 합의할 수 없다는 점이다. 그 결과 채무자들이 채무 불이행 시점에 지불할 돈이 없다면 채권자들은 채무자들의 미래 자산에 대하여 선취득권(lien)을 가질 수 없었다. 게다가 재산의 물리적 소유에 대한 독점적인 강조는, 재산에 대한 '권리증서'의 노르만 정복 이전의 영국 견해가 매우 불완전했다는 것을 의미했다. 따라서 판매 계약이 종결되고 난 후에 그 견해하의 판매자는 화폐가격에 소송을 제기할 권리를 가지지 않았다. (왜냐하면 그것은 판매자의 이전의 물적인 소유가 아니었고 따라서 그것을 위탁으로 해석할 수 없다. 비록 구매자는 재화의 인도에 대해 소송을 제기할 수 있었지만 말이다.) 부분적으로는 노르만 정복 이전의 계약에 있는 그런 원시적인 결점들 때문이야말로 약속 모델이 유지될 수 있게 되었다. 비록 형벌적 증서의 쇠퇴는 또한 위의 pp.139~40을 보라. Robert L. Henry, *Contracts in the Local Courts of Medieval England* (London: Longmans, Green, 1926), pp.238~41, 245. Also see Jenks, *History of the Doctrine of Consideration*, pp.115~18; Frederick Pollock, "Contracts," *Encyclopedia Britannica*, 14th ed. (1929), vol. 6, pp.339~40; Ames, "The History of Assumpsit," pp.55~57; Ferson, *The Rational Basis of Contracts*, p.121; and especially Evers, "Law of Contracts," pp.1~2.

노르만 정복 이전의 영국의 채무에 대한 견해들과 유사한 다른 문화에서의 채무에 대한 견해들에 대해서는 다음을 보라. Max Gluckman, *The Ideas in Barotse Jurisprudence* (New Haven, Conn.: Yale University Press, 1965), pp.177, 182~83, 198; John D. Mayne, *Treatise on Hindu Law and Usage*, 11th ed., N.C. Aiyar, ed. (Madras: Higginbothams, 1953), pp.395~447; Daruvala, *The Doctrine of Consideration*, p.270; and E. Allan Farnsworth, "The Past of Promise: An Historical Introduction to Contract," *Columbia Law Review* 69, no. 4 (April 1969), p.587.

다수의 공리주의자와 실용주의적 철학자와 대비하여, 칸트(Immanuel Kant)는 약속을 기초로 한 것이 아니라 이전을 기초로 계약 이론을 유도하려고 시도했다. Immanuel Kent, *The Philosophy of Law: An Exposition of The Fundamental Principles of Jurisprudence as the Science of Right* (Edinburgh: T. and T. Clark, 1887), p.101. 그러나 불행히도 칸트의 주장은

두 가지 주요한 결점을 가졌다. 첫째, 재산의 자발적 이전은 시민사회의 강요된 일반적 의지에 대한 복종이라는 틀 내에서 이루어져야 한다고 그는 가정했다. 그러나 자유로운 선택과 그런 시민적 복종은 본질적으로 모순적이다. 그리고 둘째, 계약 당사자들의 주관적인 심리상태가 일치할 때 계약들이 자발적이라고 칸트는 강조했다. 그러나 어떻게 법원이 합의에 참가하는 당사자들의 주관적인 심리상태를 결정할 수 있는가? 리버테리언 계약이론은 훨씬 좋은 것을 다음과 같이 주장한다. 즉, 두 당사자가 권리증서를 이전할 때 그리고 누구도 물리적 폭력의 위협에 놓여 있지 않다면 그 계약은 그것으로 자발적이고, 합의에 의하여 성립되며, 유효한 것으로 본다. 요컨대, 양 당사자에 의한 동의는 비강제적인 조건들 아래에서 관찰할 수 있는 행동에 의해 결정된다. *Hallock v. Commercial Insurance* Co., 26 N.J.L. 268 (1857); William Anson, *Principles of the English Law of Contract*, 2nd ed. (1882), p.13; and Samuel Williston, "Mutual Assent in the Formation of Contracts," *Selected Readings on the Law of Contracts* (New York: Macmillan, 1931), pp.119~27을 보라.

제20장 구명정 상황

극한 상황 혹은 '구명정'상황의 존재는 어떠한 절대적 재산권이론 혹은 실질적으로 어떠한 자기소유권의 절대적 권리의 이론이라도 오류를 입증한다고 종종 주장되고 있다. 어떠한 개별적 권리 이론도 그런 다행히 드문 상황에서 작동하지 않거나 불만족스럽게 작동하는 것 같기 때문에 그 결과 불가침 권리라는 개념은 전혀 존재할 수 없다고 주장된다. 전형적인 구명정 상황에서, 예를 들면 침몰되는 배로부터 분리되는 구명정에 8개의 좌석이 존재하고, 구조되기를 원하는 사람은 8명보다 많다고 하자. 그러면 누가 구조되어야 하고 누가 죽어야 하는지를, 누가 결정하는가? 그리고 그 때 자기 소유권 혹은 일부사람들이 표현하는 것처럼, '생존권'에는 무슨 일이 발생하는가? ('생존권'은 오류적인 어법이다. 왜냐하면 그것은 A의 '생존권'은 그 밖의 다른 사람의 생명과 재산, 즉 B의 '생존권'에 대한 침해와 그것의 논리적인 확장을 당연히 수반할 수 있다는 것을 함축할 수 있기 때문이다. A와 B, 둘 모두의 '자기 소유권'은 그런 혼란을 피할 수 있다.)

우선, 구명정 상황은 권리이론 혹은 그것이 무엇이든 어떠한 도덕이론 대한 유효한 테스트가 결코 아니다. 그런 극한 상황에서 도덕이론의 문제점들은 정상적인 상황을 위한 이론이 틀렸음을 입증하지 못한다. 도덕이론의 어떠한 영역에서도, 우리가 인간의 본성과 세상의 본질에 입각하여 인간을 위한 윤리를 고안하려고 노력하고 있다. 그리고 이것은 정상적 본질, 평상적인 삶이 되는 방식을 위한 것이라는 점, 그리고 드물거나 비정상적인 상황을 위한 것이 아니라는 점을 정확히 의미한다. 정확히 이런 이유 때문에, 법의 현명한 격언이야말로 "까다로운 사건은 나쁜 법을 만든다"라는 것이다. 우리는 인간들이 일반적으로 세상에서 살아가는 방법을 위한 윤리를 고안하려고 노력하고 있다. 결국, 우리는 드물고, 극단적이며, 그리고 일반적으로 부딪치지 **않는** 상황들에 초점을 맞춘 윤리를 고안하는 데 관심을 두지 않는다.[1)]

1) 구명정 상황의 희귀성과 관련된 실용적인 요점은, 경제과학에서 배운 것처럼, 재산권과 자유시장경제라는 체제는 '구명정 상황'이라는 최저한도(minimum) — 한 사람 이상이 생존을 위해 희소한 자원에 대해 다투고 있는 최저한의 경우 — 로 이끌어 간다. 자유시장, 재산권 경제는 모든 사람의 생활수준을 향상시키고, 모든 사람들의 선택의 범위와 영역을 언제나 확대한

우리의 주장을 설명하기 위해 재산권 혹은 일반 권리의 영역 외에 있으면서 통상의 윤리적 가치의 영역 내에 있는 예를 취해보자. 대부분의 사람들은 "부모가 익사로부터 자식을 구하는 것이 윤리적이다"라는 원리를 인정할 것이다. 그러나 그때 우리의 구명정 회의론자는 이런 이의를 제기하고 퍼부을 수 있다: "아하, 그러나 당신 자식 중 둘이 익사 중에 있고 당신은 단지 한 명만 구할 수 있다고 가정하자. 당신은 어느 아이를 선택할 것인가? 그리고 당신이 한 아이를 죽도록 **내버려두어야 한다는** 사실이 당신이 익사하고 있는 당신의 자식을 **구해야만 한다는** 바로 그 도덕적 원리를 부정하지 않는가?" 많은 윤리학자들이 한 명의 아이를 구하는 일의 도덕적 바람직함 혹은 원리를 던져버릴 것인지를 나는 염려하는데, 왜냐하면 그 원리를 그런 '구명정' 상황에 완전히 응용할 수 없기 때문이다. 그러나 그 구명정의 경우가 권리의 영역에서 왜 달라야만 하는가?

정말로, 구명정 상황에서 우리는 명백히 만인의 만인에 대한 싸움에 직면하고, 처음에는 우리의 자기소유권 혹은 재산권 이론을 적용할 방법이 없는 것처럼 보인다. 그러나 인용한 예에서, 그 이유는 재산권이 이제까지 잘못 정의되어 왔기 때문이다. 왜냐하면 여기에서 매우 중요한 질문은 다음과 같은 것이기 때문이다. **누가** 구명정을 **소유**하는가? 만약 그 보트의 소유자 혹은 그의 대리인(즉, 그 배의 선장)이 난파로 죽었다면 **그리고** 그가 난파 이전에 그런 위기에 좌석 배분을 위한 알려진 규칙들을 정하지 않았**다면**,[2] 그때 구명정은—비상상황을 위해 적어도 일시적으로—버려져서 따라서 **소유자가 없는 것**으로 간주될 수 있다. 이 시점에서 소유자가 없는 재산을 위한 우리의 규칙들이 역할을 하게 된다. 즉, 그 무소유의 자원들은 그것을 선점하는 사람의 재산이 된다는 것이다. 요컨대, 그 보트에 먼저 도달한 8명들이, 우리의 이론

다. 그로 인해 그 경제는 자유와 풍요를 조화롭게 하고, 그런 극한 상황을 인간적인 견지에서 가능한 한 무시할 수 있는 것으로 만들 것이다. 그러나 이런 종류의 공리주의적 주장은 권리와 정의라는 문제에 대한 완전한 답을 주지 않는다는 점을 우리는 인식해야 한다. 도덕철학에서 심하게 비정상적인 예들의 사용에 반대하는 냉소적인 항의에 대해서는 G.E.M. Anscombe, "Does Oxford Moral Philosophy Corrupt the Youth?" *The Listener* (14 February 1957), p.267를 보라.

2) 만약 그가 그런 사전 규칙들을 규정했더라면, 그의 재산—구명정—의 사용에 관한 결정을 위한 규칙들이 적용되어야 한다. 이 점에 대해 에버스에게 신세를 졌다.

에서, 그 보트의 정당한 '소유주들'이고 사용자들이다. 그 때 그 보트로부터 그들을 내던진 어떤 사람도 자신이 보트 밖으로 내던진 그 '홈스테더'(homesteader)의 재산권을 침해하는 공격행위를 한 것이다. 그 때 그가 해변으로 되돌아오면 그 침략자는 재산권 침해라는 자신의 행동에 대해 기소를 당하는 책임을 지게 될 것이다(아마도 그 위에 그 보트로부터 자신이 내쫓은 사람의 살인자로서 기소를 당하는 책임을 지게 될 것이다).

이 홈스테딩 원리는 구명정의 좌석에 대한 격렬한 쟁탈전을 용인하지 않는가? 아마도 쟁탈전(에 대해서는 용인할 것이다, 역자주). 그러나 물론 그 쟁탈전은 폭력적이지 않아야 한다는 점에 주목해야 한다. 왜냐하면 홈스테딩으로부터 자신을 지키기 위해 타인에 대해 사용되는 어떠한 물리적 폭력도 그에 대한 범죄적 폭력의 행위이고 공격은 홈스테드 권리(homestead right)의 확립을 위해 아마도 사용될 수 없기 때문이다(잠재 홈스테더가 그 밖의 다른 사람이 먼저 한 필지의 토지를 획득하려고 하는 것을 방지하기 위해 폭력을 사용할 수 없는 것처럼).

그런 홈스테딩 원리가 과도하게 거슬린다고 믿는 사람들에게는, 우리는 다음과 같이 응답할 수도 있다. (a) 우리는 **어떤** 해결책도 인도주의적이거나 편안한 것으로 될 수 **없는**, 견딜 수 없이 거칠고 다행히도 드문 상황에 **이미** 있다. 그리고 (b) **어떠한 다른** 배분 원리도 진실로 견딜 수 없는 것이 될 것이다. '여성과 어린이 우선'이라는 유서깊은 원리는 분명히 도덕적으로 용납할 수 없다(intolerable). 어떤 정의의 원리에 입각하여 남성들은 여성 혹은 어린이보다 열등한 삶의 권리 혹은 자기소유권을 갖는가? '우등한' 사람들(minds)이 열등한 사람들의 희생으로 구해져야 한다는 견해에서도 마찬가지이다. 누가 우수하고 열등한지를 **누가** 결정할 것인지 그리고 어떤 기준에 입각할 것인지에 대한 압도적인 반대는 제쳐두더라도, 이 견해는 '우수한' 자는 '열등한' 자의 희생으로 살아갈 권리를 갖고 있다는 것을 함축하고, 그리고 이것은 평등권이라는 어떤 개념도 위배하고 인류를 위한 어떤 윤리도 불가능한 것으로 만든다.[3)]

---

3) 1884년, 영국 법정은 '불가피성'(necessity)의 청원을 기각했다. 피고측은 그 불가피성을 이용하여 여러 명의 성인 동행자들에 의한 한 난파선 소년의 살해와 식인(cannibalism)을 정당화하려고 추구했다. 판사인 콜리지 경(Lord Coleridge)은 다음과 같은 질문을 했다.

누가 이런 종류의 불가피성에 대한 재판관이 되는가? 생명들의 상대적 가치는 무슨 척도에 구명정 경우의 훨씬 더 분명한 결과는 소유주나 그의 대리인이 여전히 살아있거나 사전에 배분을 위한 규칙이 정해져 있는 곳에서 발생한다. 왜냐하면 그런 경우 우리 이론은 구명정의 공간을 배분한 **권리**가 그 보트의 소유주에게 속한다는 점을 말해주기 때문이다. 그는 다양한 방법으로 그 배분을 실행하기로 결정할 수도 있다. 선착순이든, 여성과 어린이 우선이든, 혹은 그 무엇이든. 그러나 우리가 그가 마련한 기준들의 도덕성에 동의하지 않을 수도 있지만, 우리는 그가 원하는 어떤 방식으로도 배분할 그의 **권리**를 인정해야 한다. 또다시, 소유자의 그런 배분에 대한 어떠한 폭력적인 간섭, 예를 들면 사람들을 자신들의 배분된 공간으로부터 밖으로 내던지는 것은 아무리 못해도 재산권의 침해라는 행위이다. 그리고 그 침해자는 그 행위에 대해 즉석에서 격퇴될 수 있고, 후에 그 행위에 대해 기소를 면할 수 없을 것이다. 따라서 절대적인 재산권이라는 우리 이론은 비극적인 구명정 예로부터 빠져나오는 가장 만족스런 — 혹은 최소한으로 가장 적게 불만스러운 — 방법이다.

'구명정' 경우의 훨씬 더 극명한 버전은 — 그리고 그 구명정에 대한 어떤 사람의 우선적 소유권에 관한 의문이 없는 버전 — (맥(Eric Mack) 교수에 언급된 예를 인용하기 위해) 난파된 두 사람이 오직 한 사람만 지탱할 수 있는 널빤지에 대해 다투고 있을 때 발생한다. 침해와 재산권이라는 개념이 심지어 여기에서도 적용될 수 있을까? 그렇다. 왜냐하면 또다시 재산권에 대한 우리의 홈스테드 원리가 역할을 할 수 있기 때문이다. 즉, 그 널빤지에 첫 번째로 도착한 사람이 그 경우에 그 널빤지를 '소유하고' 그를 떨쳐버린 두 번째 사람은 적어도 전자의 재산에 대한 침해자이고 아마도 또한 살인행위에 대해 기소를

의해 측정되는가? 그것이 힘 혹은 지식 혹은 무엇인가? 자신이 살기 위해 타인의 생명을 고의로 취할 때 자신을 정당화시켜 주는 불가피성을 결정하기 위하여 그 원칙[불가피성이라는 원칙, 역자주]은 그것에 의해 이익을 얻는 그 사람에게 맡겨진다는 것은 명백하다.

The Queen v. Dudley and Stephens, 14 Q.B.D. 273 (1884), quoted in John A. Robertson, "Involuntary Euthanasia of Defective Newborns: A Legal Analysis," *Stanford Law Review* (January 1975), p.241. 다른 한편 이전의 1842년 *United States v. Holmes* 사건 펜실베니아 소송에서, 법정은 구명정에서 사람들의 살인을 정당화할 수 있다고 제안했는데, 만약 희생자들이 '추첨(lot)과 같은 공정한 절차에 의해' 선택된다면 말이다. 왜 맹목적인 우연이 특별히 '공정'한 것이 틀림없는가 하는 것은 적절히 설명되지 않았다. 26 F. Cas. 360 (No. 15,383) (C.C.E.D. Pa. 1842). ibid., pp.240~41, 243n를 보라. 이 두 가지 소송에 분명히 기초를 둔, 흥미있긴 하지만 결론이 나지 않는 토론에 대해 Lon L. Fuller, "The Case of the Speluncean Explorers," *Harvard Law Review* (February 1949), pp.616~45를 보라.

면할 수 없다. 또다시, 다른 사람이 널빤지에 도달하는 것을 막기 위해 그 사람들 중 어느 누구도 그 다른 사람에 대해 폭력을 사용할 수 없다. 왜냐하면 이것은 그 사람에 대한 물리적 침략이라는 행위가 될 것이기 때문이다.[4)]

우리의 이론이 다음과 같이 당연히 기각될 수도 있다. 재산권이론 혹은 심지어 자기소유권이론은 인간이 이 세상에서 생존하고 번영하고 있는 조건들로 유도될 수 있어야 하는 점과 따라서 인간이 자신을 구출하거나 **혹은** 구명정의 소유자의 재산권(혹은 위의 예에서 구명정의 '홈스테더'의 재산권)을 침해하는 선택에 직면하는, 이런 종류의 극한 상황에서, 그러면 재산권이라는 추상적인 원리를 위하여 그가 자신의 목숨을 포기하기를 기대하는 것은 어리석은 것이다. 이런 종류의 고려 때문에 그렇지 않았다면 재산권이론을 믿었을 많은 리버테리언들이 '맥락주의자'(contextualist)의 주장에 찬성하여 재산권 이론을 과도하게 약화시킨다. 그 주장이란 다음과 같다. 자신의 생명과 타인의 재산 혹은 심지어 타인의 생명을 침해하는 것 사이에서 선택해야 한다면, 그가 침해를 범하는 것이 도덕적이고 **그리고** 따라서 그런 상황에서 이런 재산권은 소멸한다는 것이다. 여기서 그 '맥락주의'적인 리버테리언들 쪽의 오류는 그런 비극적 상황에서 그 사람을 위한 행동의 **도덕적** 방침의 문제와 폭력에 의해서 구명정 혹은 널빤지 공간을 붙잡는 것이 타인의 재산권에 대한 침해를 형성하는지 혹은 그렇지 않는지라는 완전히 분리된 문제를 혼동하는 것이다. 왜냐하면, 자유와 재산의 이론, 즉 '정치적' 윤리를 구축하는 데 있어서, 우리는 모든 **개별적** 도덕 원리에 관심이 있는 것이 아니기 때문이다. 우리는 여기서 어떤 사람이 거짓말을 하는 것, 훌륭한 사람이 되는 것, 자신의 능력을 개발하는 것, 자신의 이웃들에게 친절한 사람이 되거나 혹은 비열한 사람이 되는 것이, 도덕적인지 비도덕적인지에 관심이 있는 것이 아니다. 이런 종류의 토론에서, 우리는 폭력의 적절한 역할, 권리의 영역, 혹은 범죄와 침해의 정의들과 같은 그런 '정치적 윤리적'(political ethical) 문제들에 전적으로 관심을 두고 있다. '스미스'—널빤지 혹은 구명정으로부터 소유주에 의해 배제된 동료—가 다른 사

4) 이 예에서 맥(Mack)에 의해 이용된 그런 종류의 '맥락주의'에 대한 비판에 대해서 바로 아래를 보라. Eric Mack, "Individualism, Rights, and the Open Society," in Tibor Machan, ed., *The Libertarian Alternative* (Chicago: Nelson-Hall, 1974), pp.29~31 참조하라.

람을 구명정으로부터 벗어나도록 폭력을 행하는 것이 도덕적인지 혹은 비도덕적인지, 혹은 그가 대신해서 영웅적으로 죽어**야만 하는**지는 우리의 관심사가 아니고, 정치적 윤리 이론의 타당한 관심사도 아니다.[5)]

중요한 점은 비극적 상황이 주어지면 스미스는 자신의 생명을 구하기 위해 구명정으로부터 다른 사람을 내던져**야만 한다고 비록** 맥락주의적 리버테리언이 말할 수 있을지라도 그는 **여전히** 재산권의 침해를 최소한 행하고 있고, 아마도 또한 내던진 사람의 살인자라는 것이다. 그 결과 비록 누가 그는 구명정의 좌석을 힘차게 잡음으로써 자신의 생명을 구하기 위해 노력해야 한다고 말을 할지라도, 우리의 견해로는 그는 여전히 재산권의 범죄적 침해자로서 그리고 아마도 또한 살인자로서 기소를 면할 수 없다. 그가 유죄를 선고받은 이후, 비정상적인 상황 때문에 스미스를 용서하는 것, 즉 그를 사면하는 것은 보트의 소유자 혹은 밖으로 내던져진 사람의 상속인의 **권리**가 될 것이다. 그러나 사면을 **하지 않고** 그들의 법적 권리를 완전히 행사하여 처벌하는 것도 또한 그들의 권리이다. 다시 한 번 더, 우리는 이 이론에서 그 사건의 권리에 관심이 있고, 어떤 사람이 그의 권리를 행사할 것인가를 자발적으로 선택하는 여부에 관심이 **없다**. 우리의 견해로는, 재산 소유자 혹은 죽은 자의 상속인은 그 침해자에 대해 타당한 처벌을 기소하고 시행할 권리를 가질 것이다. 맥락주의자들의 오류는 사건의 개별적, 개인적인 도덕성(스미스는 무엇을 해야 하는가?)에 대한 고려와 그 사건의 권리의 문제를 혼동한 것이다. 그래서 재산권은 심지어 비극적인 구명정 상황에서 조차도 언제까지나 절대적인 것이 된다.

게다가 만약 보트 소유자인 존스가 스미스에 의해 공격을 받고 후에 그를 기소할 권리를 갖고 있다면, 따라서 그는 또한 현장에서 스미스의 공격을 격퇴하기 위해 폭력을 사용할 권리를 갖고 있다. 스미스가 그 보트의 공간을 선취하기 위해 폭력의 사용을 시도한다면, 존스 혹은 그의 고용된 방어대리인은 확실히 스미스의 침해적인 행동을 격퇴하기 위해서 물리적인 폭력을 사용할

5) 게다가 맥(Eric Mack)의 예는 재산권과 도덕 원리 간의 필연적 충돌을 보여주지 못한다. 그의 예에서 충돌은 재산권과 신중 혹은 자리(self-interest)의 명령 간에 있다. 그러나 어떤 사람이 맥 교수가 실제로 한 도덕적 이기주의(moral egoism)를 채택한다면 후자[신중 혹은 자리의 명령을 말함, 역자주]는 도덕성에서 오직 지배적이지만 그것은 오직 하나의 가능한 도덕 이론일 뿐이다.

권리를 갖고 있다.[6)]

우리 이론의 극한 상황에 대한 응용을 요약하면 다음과 같다. 만약 어떤 사람이 자기 자신의 생명을 구하기 위해 다른 사람 혹은 재산을 공격한다면, 그는 그렇게 할 때 도덕적으로 행동하는 것이 될 수도 있고 아닐 수도 있다. 그것은 이 책에서 우리의 특별한 관심사가 전혀 아니다. 그의 행동이 도덕적인지 비도덕적인지 관계없이, 어떤 기준으로도, 그는 **여전히** 다른 사람의 재산에 대해 범죄적 침해자이고, 그 희생자는 그 침해를 폭력으로 격퇴하고 그 이후 그 침해자의 범죄에 대해 기소할 권리를 가진다.

6) 모리스(Herbert Morris) 교수는 권리에 대해 유사한 견해를 취한다. 모리스는, 단지 구명정 상황에서 권리라기보다 일반적인 권리의 개념을 언급하면서, 권리는 단지 얼핏 보기에(prima facie) 있음직한 것이라기보다는 절대적인 것이 되어야 한다는 아이디어를 옹호한다. 개인적인 관점에서 타인의 권리를 침해하는 것이 아마도 도덕적인 것으로 간주될 수 있는 그런 사건들에서, 강조할 점은 그런 권리들이 그럼에도 침해되고 있고, 따라서 그 침해는 처벌을 받아야 한다는 것이다. Herbert Morris, "Persons and Punishment," *The Monist* (October 1968), pp.475~501, esp. pp.497ff를 보라.

제21장 동물의 '권리'

최근에 권리의 개념을 인간으로부터 동물에까지 확대하는 것 그리고 동물이 인간과 같은 권리를 갖고 있기 때문에 따라서 동물을 죽이거나 먹는 것은 허용할 수 없는 것—즉, 인간은 그런 권리를 갖고 있지 않다—이라고 주장하는 것이 점증하는 유행이 되어왔다.

물론 그 권리의 영역에 **어느** 동물 혹은 생명체가 포함되고 어느 것이 배제되는가에 대한 어떤 기준에 도달하는 것을 포함하여, 이런 입장에는 많은 어려움이 있다. (예를 들면, 슈바이처(Schweitzer)처럼 그렇게 멀리까지 가서 누구도 바퀴를 짓밟는 권리를 가지고 있지 않다고 하는 이론가들은 많지 않다. 그리고 그 이론이 의식적인 생명체로부터 박테리아 혹은 식물과 같은 그런 **모든** 생명체까지 훨씬 더 확장된다면, 인류는 오히려 재빨리 멸종되었을 것이다.)

그러나 동물 권리 이론의 근본적인 결점은 더 근본적이고 광범위하다.[1] 왜냐하면, 인권을 주장하는 것은 단순한 감정적인 것이 당연히 아니기 때문이다. 개인들이 권리들을 소유하는 것은 개인들이 그 권리들을 소유해야 한다고 우리가 '느끼기' 때문이 **아니라** 인간의 본성과 우주에 대한 합리적인 탐구 때문이다. 요컨대 인간은 권리들이 **자연적** 권리들이기 때문에 권리들을 갖는다. 권리들은 인간의 본성을 토대로 하고 있다. [그 본성이란, 역자 삽입] 의식적 선택을 위한 개별 인간의 능력, 그리고 목표와 가치를 채택하기 위해, 세상에 관해 탐구하기 위해, 생존과 번영을 위한 자신의 목표를 추구하기 위해 자신의 정신과 에너지를 그가 사용할 필연성, 그리고 다른 사람과 소통하고 상호작용하고 그리고 분업(division of labor)에 참여할 자신의 능력과 욕구를 말한다. 요컨대, 인간은 이성적이면서 사회적인 동물이다. 어느 다른 동물이나 생명체도 추론하고 의식적 선택을 하고 번영을 위해 자신의 환경을 변형하고 혹은 사회에서 의식적으로 협력하고 분업을 협동하는 능력을 가지고 있지 않다.

---

1) 동물의 가정된 권리에 대한 공격에 대해 Peter Geach, *Providence* and *Evil* (Cambridge: Cambridge University Press, 1977), pp.79~80; and Peter Geach, *The Virtues* (Cambridge: Cambridge University Press, 1977), p.19를 보라.

따라서 우리가 강조해왔던 것처럼, 자연권은 절대적인 반면, **한 가지** 의미에서 그 권리가 상대적이다. 자연권은 **인류에 대해** 상대적이다. 인류를 위한 권리-윤리(rights-ethics)는 정확히 그것이다. 즉, 그 권리-윤리는 인종, 신념, 피부색 혹은 성별과 상관없이, 모든 인간 오로지 인종만을 위한 것이라는 취지에서 통찰력이 있는 것이었다. 자연법은 필연적으로 종에 묶여진(species-bound) 것이다.

게다가 종 윤리(species ethics)라는 개념은 세상의 본질의 일부라는 점은 본질적으로 다른 종들의 활동들을 관찰함으로써 볼 수 있다. 결국 **동물들**은 다른 동물들의 '권리들'을 존중하지 않는다는 점을 지적하는 것은 농담 이상의 것이다. 동물들이 다른 종을 먹음으로써 살아간다는 점은 이 세상 그리고 모든 자연적 종들의 조건이다. 종들 간 생존은 치열한 다툼의 문제이다. 늑대가 어린 양, 병아리 등을 게걸스럽게 먹거나 '공격함으로써' 생존하기 때문에 '악'이라고 말하는 것은 분명히 불합리한 것일 것이다. 늑대는 다른 종에 '대해 공격하는' 존재이기 때문에 악한 존재가 아니다. 늑대는 자기 자신의 생존을 위해 단지 자연법칙을 따르고 있다. 인간에 대해서도 유사하다. 늑대가 양에 '대해 공격한다'고 말하는 것은 인간이 소와 늑대에 '대해 공격한다'고 말하는 것과 마찬가지로 불합리하다. 게다가 만약 늑대가 인간을 공격하고 인간이 늑대를 죽인다면, 늑대는 '악마적인 공격자'였다고 말하거나 혹은 그 늑대는 자신의 '죄'에 대해 '처벌을 받고' 있는 중이라고 말하는 것은 불합리할 것이다. 그럼에도 불구하고 그런 것은 자연권 윤리(natural-rights ethic)를 동물로까지 확장하는 데 필요한 함의가 될 것이다. 권리, 범죄성, 공격의 어떠한 개념도 다른 인간 존재들에 대항하는 인간 혹은 인간 집단의 행동들에만 **오로지** 적용할 수 있다.

'화성인' 문제는 어찌됐나? 만약 우리가 다른 위성의 생명체들을 발견하고 접촉했던 적이 일찍이 있었다면, **다른 위성의 생명체들**은 인간 존재의 권리를 가진다고 말할 수 있을까? 그것은 그들의 본성에 의존한다. 만약 우리의 가설적인 '화성인'이 인간 존재 — 의식적이고, 이성적이고, 우리와 소통할 수 있고, 분업에 참여할 수 있는 — 와 같다면, 아마도 그들도 역시 '지구에 한정된' 인간들에게 현재 규정되고 있는 권리들을 소유할 것이다.[2] 그러나 다른 한편, 화

2) John Locke, *An Essay Concerning Human Understanding* (New York: Collier-Macmillan,

성인들이 또한 전설적인 뱀파이어의 특성들, 본질을 가지고 있고, 단 사람들의 피를 흡입함으로써만 오직 존재할 수 있다고 가정하자. 그 경우 그들의 지성과 관계없이 화성인들은 우리의 치명적인 적이 될 것이고 그리고 우리는 그들이 인류의 권리들을 가질 자격이 있다고 간주할 수 없다. 또다시 그들은 사악한 공격자들이기 때문이 아니라 우리들과 불가피하게 충돌하는, 그들 본성의 욕구들과 필요 때문에 치명적인 적이다.

사실, "우리는 동물들이 권리를 청원할 때는 언제나 그 권리를 인정할 것이다"라는 잘 알려진 재담에는 거칠지만 옳은 부분이 있다. 동물들은 명백히 그들의 '권리'를 청원할 능력이 없다는 사실은 그들 본성의 일부이고 왜 그들이 인간과 동등하지 않으며 인간의 권리를 가지지 않는지를 설명하는 이유의 일부이다.[3] 그리고 만약 아기들이 역시 탄원할 수 없다고 이의를 제기한다면, 물론 그 응답은 아기들은 미래 인간 성인들인 반면에 동물들은 분명히 아니라는 것이다.[4]

1965), p.291에서 인간과 필적하는 창조물에 대한 간략한 토론을 참조하라.

3) 언어의 사용과 인간 종족 간 밀접한 관련에 대해 Ludwig Wittgenstein, *Philosophical Investigations* (New York: Macmillan, 1958), vol. 2, pp.xi, 223.를 보라.

4) 그 때, '동물 권리'의 주창자의 근본적인 오류는 인종의 구체적인 본성, 따라서 인간 존재와 다른 종 간의 차이를 식별하는 데 — 혹은 심지어 식별하려고 시도하는 데 — 실패한 것이다. 그런 견지로 사고하지 못함으로써, 그들은 주관적인 감정의 종잡을 수 없는 상황에 의지한다. Tibor R. Machan, *Human Rights and Human Liberties* (Chicago: Nelson−Hall, 1975), pp.202~3, 241, 245와 그 다음, 256, 292를 보라. 동물권리론자에 의한 아이와 동물 간 혼동에 대한 비판에 대해 R.G. Frey, *Interests and Rights* (Oxford: Clarendon Press, 1980), pp.22와 그 다음을 보라. 프레이(Frey)의 책은 철학에서 유행하는 동물권리의 환영받는 최근 비판이다.

제 III 부

국가 대 자유

제22장 국가의 본질

우리는 이 책에서 지금까지 자유와 재산권 이론을 개발했고, 그 권리를 보호하기 위해 필요한 법체계(legal code)의 윤곽을 그렸다. 정부, 국가는 어찌됐나? 만약 존재한다면 적정한 역할은 무엇인가? 대부분의 정치이론가들을 포함해서 대부분의 일반인들은, 일단 사람들이 법체계의 제공과 같은 국가의 **어떤 특별한** 활동의 중요성 혹은 심지어 치명적인 필요성을 인정하면, 사람들은 **그 사실 때문에** 국가 자체의 필요성을 인정해왔다는 점을 믿는다. 국가는 다음과 같이 중요하고도 필수적인 많은 기능을 정말로 수행한다. 경찰관과 소방관의 공급, 도로를 건설하고 유지하는 것, 우편배달에까지 이른다. 그러나 이것이 **오직** 국가만이 그러한 역할을 수행할 수 있다는 점 혹은 정말로 국가가 그런 역할을 심지어 그런대로 잘 수행하기도 한다는 점을 결코 입증하는 것이 아니다.

예를 들어 어떤 특별한 지역에 많은 칸탈로프(멜론의 일종, 역자주) 가게가 경쟁하고 있다고 가정하자. 그 때 그 칸탈로프 판매상 중 하나인 스미스는 그 지역의 경쟁자들 모두를 몰아내기 위해 폭력을 사용한다. 그는 그것에 의해서 일정 영역에서 칸타로프의 판매에 대해 강제된 독점(coerced monopoly)을 형성하기 위해 폭력을 사용했다. 그것이 스미스가 독점을 확립하고 유지하기 위한 폭력 사용이 그 지역에서 칸타로프 공급에 **필수적**이었음을 의미하는가? 확실히 아니다. 왜냐하면 스미스가 폭력의 사용과 위협을 늘 경감한다면 잠재적인 경쟁자뿐만 아니라 현존하는 경쟁자들이 있을 것이기 때문이다. 게다가 경제학은 강압적인 독점가로서의 스미스가 그의 서비스를 나쁘게 그리고 비효율적으로 수행하게 되는 경향이 있을 것이라는 점을 입증한다. 폭력의 사용에 의해 경쟁으로부터 보호되는 스미스는 자신의 서비스를 많은 비용이 들면서도 비효율적인 방식으로 제공할 수 있다. 왜냐하면 소비자들은 어떤 가능한 범위의 대안적 선택이 박탈당하기 때문이다.[1] 게다가 한 집단이 스미스의 강

1) Murray N. Rothbard, *Power and Market*, 2nd ed. (Kansas City: Sheed Andrews and McMeel, 1977), pp.172~81과 Murray N. Rothbard, *For a New Liberty,* rev. ed. (New York: Macmillan,

압적인 독점을 폐지하라는 요구를 분명히 제기한다면, 소비자들이 엄청 고대하는 칸타로프를 그들에게서 뺏기를 바라면서 이들 '폐지론자'들을 비난하는 만용을 가진 항의자들은 거의 없을 것이다.

그럼에도 불구하고, 거대하고 모든 것을 망라하는 규모면에서 국가는 오직 우리의 가설적인 '스미스'이다. 역사를 통틀어 그들 스스로를 '정부' 또는 '국가'라고 부르는 인간 집단들은 경제와 사회에 대해 전망이 좋은 고지라는 강제적인 독점을 획득하기 위해 시도해왔고, 통상적으로 성공적이었다. 특히 국가는 경찰과 국방 서비스, 법의 규정, 사법적 정책 결정, 화폐주조와 발권력, '공공영역에 있는 토지', 도로와 간선도로, 강, 해수면, 우편배달 수단에 대해 강제적인 독점권을 제멋대로 사용해왔다. 토지와 수송의 통제는 오랫동안 사회의 전반적인 통제를 확보하는 뛰어난 방법이 되어왔다. 많은 국가들에서 간선도로는 정부가 그 속국의 전역에 편리하게 군대를 이동시키도록 하는 수단으로 시작됐다. 화폐공급에 대한 통제는 국가가 쉽고도 빠르게 수입을 확보할 수 있는 방법이고 그리고 국가는 새로운 화폐를 위조(즉, 창출)하는 힘에 관해 제멋대로 사용하는 독점권을 침해하는 것을 어떠한 사적 경쟁자들에게도 허용하지 않는다는 점을 확실히 하고 있다. 우편서비스의 독점은 오랫동안 국가가 아마도 다루기 힘들고 체제전복적인, 국가 통제에 대한 반대파를 감시하기 위한 편리한 방법이 되어왔다. 대부분의 역사적으로 획기적인 사건들(historical epochs)에서, 국가는 국립교회(Established Church)와 편안하면서 상호후원적인 동맹을 굳건히 맺고 있는 종교에 대해서도 역시 엄격한 통제를 유지해오고 있다. 국가는 성직자들에게 권력과 부를 인정하고, 교회는 그 대가로 복속된 대중들에게 황제에게 복종하는 것이 신성한 것으로 선언되는 의무라고 가르쳤다. 그러나 이제 종교는 사회에서 설득력을 많이 상실했음으로 국가는 종종 종교를 기꺼이 내버려두고, 더 세속적인 지성인들과 유사하지만 더 느슨한 동맹에 집중하려고 할 것이다. 어느 경우에나, 국가는 통치자들에게 복종하거나 심지어 그 통치자를 칭송하도록 신민들을 설득하는 광고 수단들의 통제에 의존한다.

그러나 무엇보다도 결정적인 독점은 폭력의 사용, 즉 경찰과 군대 그리고

1978), pp.194~201를 보라.

법정 — 범죄와 계약에 관한 다툼에서 최종적 의사결정력의 소재지 — 의 사용에 대한 국가의 통제이다. 경찰과 군대의 통제는 강압에 의해 수입을 뜯어내는 지극히 중요한 힘을 포함한, 국가의 모든 다른 권력들을 집행하고 보장할 때 특히 중요하다.

국가 기구의 본질에 내재하는 결정적으로 중요한 한 가지 힘이 있다. 사회에서 (도둑과 은행 강도와 같이, 일반적으로 인정되고 우발적인 범죄자들을 제외하고) 모든 다른 사람들과 집단은, 소비 대중들에게 재화와 용역의 판매에 **의하거나 또는** 자발적인 선물(예를 들면, 클럽이나 모임의 멤버십, 유증 또는 유산)에 의해, 자신들의 소득을 자발적으로 획득한다. **오직** 국가**만**이 강제에 의해, 즉 지독한 처벌이라는 위협을 함으로써 자신의 수입을 획득한다. 소득을 곧 얻을 수 있지 않다면 말이다. 그러한 강제는 '조세'(taxation)로 알려져 있다. 비록 그 조세가 덜 체계화된 시대에는 종종 '공물'(tribute)로 알려졌지만 말이다. 조세는 어떤 일반적으로 인정된 범죄자들이 필적하기를 기대할 수 없을 정도의 웅대하고 거대한 규모에서 절도임에도 불구하고 조세는 에누리 없이 절도이다. 조세는 국가의 거주민들 혹은 피지배자들의 재산을 강제적으로 몰수하는 것이다.

회의적인 독자가 절도를 **또한** 포함하지 않는 세금의 정의에 대한 틀을 짜기 위해 노력하는 것은 교훈적인 훈련이 될 것이다. 강도처럼, 국가는 총부리(gunpoint)에 필적하는 만큼 돈을 요구한다. 만약 납세자가 지불하기를 거절하면 그의 자산은 강제로 몰수된다. 그리고 만약 그가 그런 약탈에 저항한다면 그는 체포되거나 계속 저항한다면 사살될 것이다. 국가옹호주의자들(state apologists)은 세금이 '실질적으로' 자발적이라고 주장하는 것은 사실이다. 이 주장에 대해 한 가지 단순하면서도 교훈적인 반박은 정부가 만약 조세를 폐지하고 정부 자신을 자발적인 기부를 위한 단순한 요청에 국한한다면, 무슨 일이 일어날 것인가를 숙고하는 것이다. 국가의 현재의 거대한 수입에 필적하는 어떠한 것이 국고로 계속 부어질 것이라고 누가 **정말로** 믿는가? 심지어 처벌이 결코 행동을 저지하지 않을 것이라고 주장하는 그런 이론가들조차도 그런 주장에 난처한 기색을 보일 것 같다. 위대한 경제학자 슘페터가 "클럽 회비 또는 예를 들어 의사의 서비스에 대한 구매에 유추하여 세금을 해석하는 그 이론은 사회과학의 이 부분이 과학적 사고방식으로부터 얼마나 멀리 떨어진 것인가

를 오로지 증명하는 것"이라고 신랄하게 작성했을 때 옳았다.[2)]

경제학자들은 세금이 '참으로' 자발적이라고 최근에 주장했는데, 왜냐하면 세금은 모든 사람들이 그 밖의 모든 사람들이 만장일치로 바라는 계획을 위해 지불한다는 것을 확인하는 방법이기 때문이라는 것이다. 예를 들면, 어떤 지역 내에 있는 모든 사람이 정부가 댐을 건설하는 것을 바란다고 여겨진다고 하자. 그러나 만약 A와 B가 그 계획에 자발적으로 기부하더라도, 그들은 C와 D가 자신들의 유사한 책임성을 '회피'하지 않을 것이라고 확신할 수 없다. 따라서 개개인들 모두, 즉 A, B, C, D 등에서 각자는 댐을 건설하는 데 기여하기를 바라고 세금을 통해서 서로를 강제하기로 **동의한다**. 따라서 그 세금은 **참으로** 강제가 아니다. 그러나 이 학설에는 많은 심각한 결점이 존재한다.

첫째는 자발성과 강제 간 내적 모순이다. 만인에 대한 만인(all-against-all)의 강제는 이런 강제의 그 어떤 것도 '자발적'인 것으로 만들지 않는다. 둘째, 우리가 잠시 동안 심지어 각각 개인이 그 댐에 기부하고 싶어 할 것이라고 가정할지라도, 그리고 심지어 그 밖의 모든 사람이 기부한다고 할지라도 각 개인에게 부과되는 세금이 자신이 기꺼이 자발적으로 지불하려는 것보다 많지 않다는 점을 확인하는 방법은 결코 존재하지 않는다. 정부는 존에게 1,000달러를 부과할 수 있는데, 비록 그가 500달러 이상을 지불할 용의가 없을 수 있음에도 불구하고 말이다. 요점은 세금이 강제적이라는 **바로 그 이유 때문에**, 어떤 사람이 기부하는 양이 그가 '참으로' 지불하고자 하는 금액이라고 확신할 수 있는 방법이 (자유시장에서 자동적으로 행해지는 것처럼) 결코 존재하지 않는다는 것이다. 자유 사회에서 텔레비전 한 대를 200달러에 자발적으로 구입하고자 하는 소비자는 그 텔레비전 한 대가 그가 포기한 200달러보다 더 이상의 가치가 있다는 점을 그가 자유롭게 선택한 행동에 의해 **입증한다**. 요컨대, 그는 그 200달러가 자발적인 지불임을 입증한다. 또는 자유사회에서 클럽회원은 200달러의 연회비를 지불함으로써 그는 클럽회원권의 편익이 최소한 200달러의 가치가 있는 것으로 간주한다는 점을 보여준다. 그러나 세금의 경우에 있어서, 강제라는 위협에 대한 어떤 사람의 굴복은 그가 받는 어떤 추정된 편익

2) Joseph A. Schumpeter, *Capitalism, Socialism, and Democracy* (New York: Harper and Brothers, 1942), p.198.

그 무엇에 대해서도 결코 자발적인 선호가 없음을 입증한다.

셋째, 그 주장은 단연 너무 많이 입증한다. 왜냐하면 댐뿐만 아니라 '어떠한' 서비스의 공급도 세금으로 재원을 조달하는 힘을 사용함으로써 확장될 수 있기 때문이다. 예를 들어 어떤 나라에 가톨릭교회가 세금을 통해 만들어졌다고 가정하자. 그 가톨릭교회는 자발적인 기부에 의존하는 것보다 의심할 여지 없이 더 커지게 될 것이다. 그러나 따라서 다음과 같은 이유로 그러한 국립교회가 '정말로' 자발적인 것이라고 주장될 수 있는가? 그 이유는 어느 누구도 이러한 '의무'를 회피하지 않는다는 것을 확신하기 위해서 모든 사람이 그 밖의 다른 모든 사람들에게 그 교회에 기부하도록 강요하는 것을 원하는 것이다.

그리고 넷째, 그 주장은 단순히 신비주의적인 것이다. 모든 사람이 이 궤변적인 주장에 의지하여 자신의 세금을 '정말로' 자발적으로 납부하고 있는가를 누가 어떻게 알 수 있는가? 댐 그 자체에 반대하는 다른 사람들 — 말하자면 환경주의자들 — 은 어찌됐나? 그들의 납부는 '진정으로' 자발적인가? 개신교 또는 무신론자들에 의한 가톨릭교회로의 강요된 세금 납부도 역시 '자발적'인 것일까? 그리고 원론적으로 정부에 의한 모든 활동에 반대하는, 우리 사회에서 증가하고 있는 리버테리언 집단은 어찌 됐나? 그들의 세금 납부가 '진정으로 자발적'이라는 주장이 어떤 방법으로 성립할 수 있는가? 실제로, 한 국가에 최소 **한 명**의 리버테리언 혹은 무정부주의자의 존재 그 자체만으로도 세금이 '진정으로 자발적'이라는 주장을 무력화시키기 위해 충분하다.

민주주의 정부에서는 **투표** 행위가 정부와 정부의 모든 활동과 권력을 진정으로 '자발적'인 것으로 만든다고 또한 주장된다. 또다시, 이 인기 있는 주장에 많은 오류가 존재한다. 우선, 비록 대중의 다수가 정부의 어떤 특별한 행동이나 모두를 명확하게 승인하더라도 이것은 단지 그 나라의 모든 사람에 의해 행해지는 자발적 행동이라기보다는 다수의 폭정(majority tyranny)이 될 것이다. 살인은 살인이고 절도는 절도인데, 타인에 대해 한 사람에 의해 이루어지든 혹은 집단에 의해 이루어지든, 혹은 주어진 영토 내에서 심지어 사람들 중 다수에 의해 이루어지든, 상관없이 말이다. 다수가 절도 행위를 지지하거나 혹은 용납한다는 사실이 그 행동의 범죄적 본질 혹은 그것의 심각한 부정의를 감소시키지 않는다. 그렇지 않다면, 예를 들어 민주적으로 선출된 나치(Nazi)정부에 의해 살해된 어떤 유태인도 살해당한 것이 아니고, 단지 '자발적으로 자살한 것'이라고 우리는 말해야 할 것이다. 이것이 분명히 '민주주의가 자발적이라는'(democracy as voluntary) 교리의 기괴하지만 논리적인 함의이다. 둘째, 직접민주주의와 대비되는 것으로서의 공화국에서, 사람들은 구체적인 수단들에 대해 투표하는 것이 아니라 일괄거래(package deal)의 '대표자들'에게 투표한다. 그 때 그 대표자들은 정해진 기간 동안 자신들의 소망을 푼다. 물론 어떤 법적 의미에서도, 그들은 진정으로 '대표자들'이 아니다. 왜냐하면 자유사회에서 그 주인은 자신의 의지에 따라 개별적으로 대리인 또는 대표자들을 고용하고 해고할 수 있기 때문이다. 위대한 무정부주의 정치이론가이면서 헌법학자인 스푸너는 다음과 같이 썼다.

> 그들[선출된 정부 관료들]은 우리의 하인, 대리인, 변호인도 아니며 대표자도 아니다. … [왜냐하면] 그들의 행동에 대해 우리 자신이 책임을 지지 않기 때문이다. 만약 어떤 사람이 나의 하인이고 대리인이고 혹은 변호인이라면, 내가 그에게 위임한 권한의 범위 내에서 행해진 그의 모든 행위에 대해 나는 스스로 필연적으로 책임을 떠맡는다. 만약 내가 나의 대리인인 그에게 내 자신보다 타인의 인신 혹은 재산에 대한 절대적인 권한이나 어떤 권한이라도 부여해왔다면, 그가 내가 부여한 권한의 범위 내에서 행동하는 한, 나는 그로 인해 그가 다른 사람들에게 행할 수 있는 어떠한 손상에 대해서도 그들에게 필연적으로 스스로 책임진다. 그러나 의회법에 의해, 그의 인신 혹은 재산에 손상을 당한 어떤 개인도 개별 유권자에게 다가갈 수 없고, 그들의 소위 대리인들 혹은 대표자들의 이런 행동에 대해 유권자들에게 책임져야 한다고 주장할 수 없다. 이 사실은 사람들, 모든 사람의 외양만의 대리인들[대표자를 말함, 역자주]은 참으로 어느 누구의 대리인도 아님을 증명한다.[3)]

게다가 심지어 그 자체의 방식대로, 투표는 정부의 자발적인 지지는 말할 것도 없거니와 '다수결' 원칙[과반수 다수결 원칙을 말함, 역자주]도 거의 확립할 수 없다. 예를 들면, 미국에서 유권자 중 40%보다 적은 사람이 투표하고자 애쓴다. 이들 중 21%는 어떤 한 후보자에게, 19%는 다른 후보자에게 투표할 수

---

3) Lysander Spooner, *No Treason: The Constitution of No Authority*, James J. Martin ed., (Colorado Springs, Colo.: Ralph Myles, 1973), p.29.

있을 것이다. 21%는 모든 유권자의 자발적인 동의는 말할 것도 없이, 심지어 다수결원칙도 결코 확립할 수 없다. (**한 가지** 의미에서 그리고 민주주의나 투표행위와는 아주 별도로, '다수'는 항상 어떤 현존 정부도 지지한다. 이것은 아래에서 다루어질 것이다.) 마지막으로 유권자들이 투표했든 안했든 또는 좀 더 특별히 그들이 승리한 후보자에게 투표했는지 상관없이, 어째서 세금은 모조리 부과되는 것인가? 선거에서 패한 사람에게 투표하지 않거나 혹은 투표하는 것이 어떻게 선출된 정부의 활동에 대한 어떤 종류의 지지를 나타낸다고 할 수 있는가?

투표행위도 심지어 정부에 대한 투표자들 스스로에 의한 어떤 종류의 자발적인 동의를 확립하는 것이 아니다. 스푸너가 다음과 같이 신랄하게 지적했던 것처럼,

> 참으로 개인들의 경우, 그들의 실제적 투표행위는 동의의 증명으로서 간주되어지는 것이 아니다. … 도리어 그의 동의조차도 요청되지 않고, 사람은 그가 저항할 수 없는 정부에 의해 둘러싸여 있는 자신을 발견한다는 점이 고려될 수 있다. 즉, 그 정부는 무거운 처벌의 위협하에서 그가 돈을 납부하고, 서비스를 바치며, 그리고 그의 많은 자연적 권리를 행사하는 것을 그만두도록 강요한다. 그도 타인들이 투표를 이용해서 그에게 이러한 폭압을 행하는 것을 또한 안다. 만약 그가 스스로 투표권을 그저 사용한다면 타인들을 그 자신의 폭정에 복종케 함으로써 타인들의 폭정으로부터 스스로를 해방시킬 수 있는 기회를 가진다는 점을 그는 더 나아가서 본다. 요컨대, 그는, 자신의 동의없이, 만약 자신이 투표권을 사용한다면 자신이 주인이 될 수 있을 것이고 만약 자신이 그것을 사용하지 않는다면 노예가 되어야 하는, 그런 상황에 처해진 것을 스스로 발견한다. 그리고 그는 이들 두 가지 외에는 다른 어떤 대안도 가지고 있지 않다. 자기방어에 있어서, 그는 전자를 시도한다. 그의 경우는, 타인들을 죽이거나 또는 그 스스로 죽임을 당해야 하는 전투에 나서라고 강요받는 사람의 경우와 유사하다. 사람은 전투에서 자신의 생명을 구하기 위해서는 그의 적의 목숨을 빼앗으려고 꾀하기 때문에 전투가 그 자신이 선택한 것 중의 하나라는 점이 추론되는 것이 아니다. 총알의 단순한 대체품인 투표권 경쟁에서도 역시, 사람은 자기보존의 유일한 기회로서 투표권을 사용하기 때문에, 그 경쟁은 그가 자발적으로 참여하는 것이라는 점이 추론되지 않는다. 즉, 그는 타인의 모든 자연권에 대항하는 상금으로서 자기 자신의 모든 자연권을 단순한 수의 힘에 의해 잃거나 획득되도록 자발적으로 설정한다는 점이 추론되지

> 않는다. …
>
> 의심할 바 없이 세상에서 가장 강압적인 정부 아래에서 가장 비열한 사람들은, 만약 허용된다면, 그리고 만약 그들이 자신들의 조건을 개선할 수 있는 어떤 기회를 알 수 있다면 그 투표권으로 정부를 이용해 먹을 것이다. 그러나 따라서 그들을 탄압하는 정부 그 자체가 그들이 자발적으로 설립했거나 심지어 동의했던 것이었다는 점은 타당한 추론이 아닐 것이다.[4]

그러면 만약 세금이 강압적인 것이고 따라서 절도와 구별할 수 없는 것이라면, 세금으로 존속하는 국가가 역사상의 어떤 '사적' 마피아보다도 훨씬 더 무섭고 성공적인 거대한 범죄조직이라는 결론이 나온다. 게다가 이 책에서 개진한 범죄와 재산권이론에 따르는 것뿐만 아니라 심지어 인류의 보편적 이해 — 절도를 언제나 범죄로 간주하는 것 — 에 따르면, 국가는 범죄자로 간주되어야 한다. 위에서 살펴본 것처럼, 19세기 독일 사회학자 오펜하이머가, 사회에서 부(wealth)를 획득하는 두 가지, 그것도 유일한 두 가지 방법이 존재한다는 것을 지적했을 때 그 문제를 간결하게 설명했다. (a) 생산 그리고 타인과의 자발적인 교환에 의한 방법, 즉 자유시장의 방법 그리고 (b) 타인이 생산한 브의 폭력적 약탈. 후자는 폭력과 절도의 방법이다. 전자는 관련된 모든 참여자에게 편익을 준다. 후자는 약탈 집단 또는 계급에게 피약탈자의 희생으로 기생적인 이득을 준다. 오펜하이머는 부를 획득하는 전자의 방법을 '경제적 수단' 그리고 후자를 '정치적 수단'이라고 예리하게 명명했다. 그러고 나서 오펜하이머는 계속해서 국가를 '정치적 수단의 조직화'(the organization of the political means)로 뛰어나게 정의했다.[5]

국가의 본질이 범죄적 조직이라는 스푸너의 다음 구절만큼 강렬하고 재치 넘치게 표현된 곳은 어디에도 없다.

> 우리의 헌법이론은 모든 세금이 자발적으로 납부된다는 점이 진실이다. 그리고 우리 정부가 사람들 각자에 의해 자발적으로 적극적으로 참여하는 상호 보험회사라는 점이 진실이다. …
>
> 그러나 우리 정부에 대한 이 이론은 실제적인 사실과는 전적으로 다르다. 사실

4) Ibid., p.15.

5) Franz Oppenheimer, *The State* (New York: Free Life Editions, 1975), p.12.

은 정부는 노상강도처럼 사람에게 '당신의 돈, 아니면 당신의 생명'이라고 말한다는 것이다. 그리고 대부분은 아니지만 많은 세금은 그런 위협의 강압하에 납부된다.

정부는 정말 으슥한 곳에서 인간을 불러 세우지 않고, 길가에서 그에게 달려들고, 그의 머리에 권총을 대면서 그의 주머니를 샅샅이 뒤지지는 않는다. 그러나 그 강도는 그 때문에 그래도 강도다. 그리고 그 강도는 훨씬 더 악랄하고 괘씸하다.

그 노상강도는 자신의 행동에 대한 책임성, 위험, 그리고 범죄성을 전적으로 자신에게 지운다. 그는 여러분의 돈에 대해 어떤 정당한 청구권을 가지고 있는 체하지 않거나 여러분 자신의 편익을 위해 그것을 사용할 작정인 체하지 않는다. 그는 결코 강도가 아닌 체하지 않는다. 그는 그저 '보호자'가 되기 위한 것이라고 고백할 정도로 충분할 뻔뻔스러움을 지니지 않는다. 그가 그런 얼빠진 여행자들—그들 스스로를 완벽하게 보호할 수 있다고 느끼고 있거나 그의 이상한 보호제도를 고맙게 여기지 않는—을 그저 '보호'할 수 있도록 하기 위하여 사람들의 의지에 반하여 그 사람들의 돈을 취한다. 그는 너무나도 현명해서 이와 같은 그런 공언들을 하지 않는다. 게다가 그는 당신의 돈을 빼앗으면서도, 마치 당신이 그가 하기를 원하는 것처럼, 그는 당신을 방치한다. 그는 자신이 당신에게 제공하는 보호를 이유로 당신의 정당한 '군주'가 되는 것인 척하면서, 당신의 의지에 반하여 여러분을 길에서 쫓아다니는 것을 지속하지 않는다. 그는 당신에게 머리를 숙이고 자신에게 봉사하라는 명령을 함으로써, 이런 것을 당신에게 하라고 요구하고 당신에게 저런 것은 하지 못하도록 금지함으로써, 그렇게 하는 것이 자신의 이해와 기쁨을 위한 것으로 느끼는 만큼 자주 더 많은 돈을 당신으로부터 강탈함으로써, 그리고 만약 당신이 그의 권위를 문제삼거나 그의 요구에 저항한다면 당신을 조국에 대한 반란자, 배신자, 적으로 명명하고 자비 없이 당신을 총으로 쓰러뜨림으로써, 당신을 계속해서 '보호'하지는 않는다. 그는 너무 신사여서 이와 같은 그런 사칭, 모욕, 악랄한 짓에 대해 유죄가 될 수 없다. 요컨대, 그는, 당신을 강탈하는 것에 더하여, 당신을 그의 봉이나 노예로 만들고자 시도하지 않는다.[6]

국가는, 노상강도와 대비하여, 변함없이 합법성이라는 이데올로기로 그 자체를 둘러싸고 있는 이유, 즉 국가가 스푸너가 강조한 그 모든 위선들에 빠져야 하는 이유를 탐구하는 것은 교훈적이다. 그 이유는 노상강도가, 고위 신분을 가진 구성원은 고사하고, 사회의 가시적이고, 영속적이고, 정당한 혹은 합법적인 구성원이 아니라는 것이다. 그는 항상 그의 피해자들 또는 국가 그

6) Spooner, *No Treason*, p.19.

자체로부터 도망을 다니는 중이다. 그러나 국가는 노상강도떼와 대비하여, 범죄 조직으로 간주되지 않는다. 이와는 반대로 국가의 하수인들은 사회의 최고 신분의 지위를 일반적으로 유지해오고 있다. 그 지위야말로 국가가 그 희생자들을 먹어치우도록 승인하고, 그 반면에 적어도 그 희생자들 대부분이 이 약탈과정을 지원하거나 적어도 따르도록 하는 것이다. 실제로, 황제가 훌륭한 의복을 정말로 가져야 한다는 것을 대중에게 설명하는 것이 정확히 국가의 이데올로기적 하수인들과 협력자들의 기능이다. 요컨대 이념주의자들은 한 사람 또는 많은 사람 또는 집단에 의한 절도가 나쁘고 범죄인 반면 **국가가** 그러한 행위에 종사할 때 그것은 절도가 **아니라** '세금'이라고 부르는 합법적이고 심지어 신성시된 행위라는 점을 설명해야만 한다. 이념주의자들은 한 사람 또는 많은 사람 또는 집단에 의한 살인은 나쁜 것이고 처벌받아야만 하지만, 그러나 국가가 살인할 때 그것은 살인이 아니라 '전쟁' 또는 '내부 전복의 진압'으로 알려진 고귀한 행동이라는 점을 설명해야만 한다. 그들은 사적 개인들 또는 집단들에 의해 행해진 납치나 노예가 나쁜 것이고 불법적인 것이 되어야만 하는 반면, 국가에 의해 그런 행위가 범해질 때 그것은 공공의 안녕과 심지어 도덕성의 필요조건에 필요한 행위로서 납치 또는 노예가 아니라 '징집'이라는 것을 설명해야 한다. 국가주의를 신봉하는 이념주의자(statist ideologists)들의 기능은 황제의 잘못된 의복을 짜고 대중에게 거대한 다음과 같은 이중 잣대를 납득시키는 것이다. 즉, 국가가 심각하게 중대한 범죄를 저지를 때, 그것은 실제로 그런 범죄를 행하는 것이 **아니라** 필요하고 정당하고 필수적이며 그리고 옛날에는 신성한 명령에 의해 공정한, 무언가를 하고 있는 것이라는 것이다. 국가를 [옹호하는] 이념주의자들의 예로부터의 성공은 아마도 인류 역사상 가장 거대한 날조이다.

이념은, 고대 오리엔탈제국 이래로 이념의 체계적인 사용에 의해 입증된 것처럼, 항상 국가의 지속적인 존재에 필수적인 것이 되어왔다. 물론 그 이념의 구체적인 **내용**은 변화하는 환경과 문화에 부응하면서 시간에 걸쳐서 변화해왔다. 오리엔탈 전제정치에서 황제는 그 자신이 신성하다는 것이 종종 교회에 의해 주장되었다. 우리의 더 세속적 시대에는 그 주장은 '공공선'(public good)과 '공공복지'(general welfare)로 더 빠진다. 그러나 그 **목적**은 항상 똑같다. 즉 그 목적은 국가가 하는 것이, 사람들이 생각할 수 있는 것처럼, 대규모의 범죄가 아니라 지지되어야만 하고 복종해야만 하는 필요하면서도 극히 중요한 어떤 것이라는 점을 대중들에게 납득시키는 것이다. 이념이 국가에게 그렇게 필수적인 이유는 국가는 항상 본질적으로 다수 대중의 지지에 의존하기 때문이다. 이러한 지지는 국가가 '민주주의'이든, 독재이든, 또는 절대왕정이든 행해진다. 왜냐하면 그 지지는 그 체제에 동조하는 (반복하지만, **모든** 개인들이 **아니라**) 다수의 다음과 같은 자발성에 있기 때문이다. 즉, 세금을 납부하는 것, 많은 불평 없이 국가의 전쟁에 싸우려 나가는 것, 국가의 규칙과 법령에 복종하는 것 등이다. 이러한 지지가 효과적이 되기 위해서 적극적인 열광이 필요한 것은 아니다. 그것이 수동적인 체념이 되는 것이 도리어 좋을 수 있다. 그러나 지지는 있어야만 한다. 왜냐하면, 대중의 대부분이 국가의 불법성에 대해 정말로 확신한다면 그리고 또한 국가가 대규모 노상강도 패거리 그 이상도 그 이하도 아니라고 확신한다면, 국가는 곧 붕괴하여 겨우 다른 마피아조직과 같은 지위 혹은 존재의 폭을 가지게 될 것이다. 그러므로 국가가 이념주의자들을 고용해야 하는 필요성이 있고, 그리고 따라서 국가는 국가 규칙에 대한 옹호를 만들어내는 법정 지식인들(the Court Intellectuals)과의 예로부터의 동맹을 맺을 필요성이 있다.

모든 국가가 다수의견에 의존한다고 보았던 최초의 현대 정치이론가는 16세기 리버테리언인 프랑스 작가, 라 보에티(Etienne de la Boetie)였다. 그는 자신의 '자발적 노예화에 관한 담론'(*Discourse on Voluntary Servitude*)에서 전제군주 국가는 항상 인구의 소수이고 따라서 그것의 지속적인 독재적 지배는 착취되는 다수의 시각에서 국가의 합법성, 즉 이후 '동의의 공학'(the engineering of consent)이라고 불리게 되는 것에 의존해야만 한다는 점을 보았다. 200년 후 흄(David Hume)은, 비록 결코 리버테리언은 아닐지라도, 유사한 분석을 발표한다.[7] 현대 무기를 가지고 소수의 힘이 영속적으로 적대적인 다수를 위협한다

7) 그래서 흄이 다음과 같이 서술했다.

많은 사람들이 소수에 의해 통치되는 용이함과 사람들이 자기 자신의 감정과 열정을 자신의 지배자들의 감정과 열정에게 맡기는, 암묵적 복종보다 … 더 놀라워 보이는 것은 없다. 우리가 이 불가사의가 실행되는 것이 의미하는 바를 조사할 때, 물리력이 항상 지배받는 자의 편에 있기 때문에 지배자들은 여론을 제외하고는 그들을 지지해주는 것은 아무것도 없다는 것

는 반론은 이러한 무기들이 다수에 의해 보유될 수 있고, 그리고 소수의 무장된 힘은 대중들의 편으로 반란을 일으키거나 망명할 수 있다는 사실을 무시한다. 그러므로 설득력 있는 이념에 대한 영속적 필요는 항상 국가가 국가의 여론을 형성하는 지식인들을 국가의 규정에 참가하도록 이끈다. 이전 시대에는, 지식인들은 항상 성직자들이었고, 우리가 지적한 바처럼, 교회와 국가, 즉 왕관과 제단 사이의 예로부터의 동맹이 유래했다. 요즘은 그중에서도 '과학적'이면서 '가치중립적'인 경제학자들과 '국가안전 관리자'들은 국가권력을 위해 유사한 이념적 기능을 수행한다.

현대세계에서 특히 중요한 것은, 국립교회가 종종 더 이상 실현가능하지 않기 때문에, 국가가 교육을 떠맡고 그로 인해 피지배자들의 정신을 형성하는 것이다. 모든 방식의 재정 보조금을 통해 대학에 영향을 주고 그리고 국립대학을 통해서 직접 영향을 주는 것과 더불어, 국가는 공립학교의 보편적 제도를 통해서, 사립학교의 인증요건을 통하여, 그리고 의무교육법을 통해서 국가는 더 낮은 수준에서 교육을 통제한다. 이것에 다음을 추가한다. 즉, 대부분의 국가들에서처럼 완전한 국가소유권을 통해서 또는 미국의 경우에서처럼 전파의 국유화에 의해서, 그리고 주파수와 채널을 사용하는 방송국의 권리를 인가하는 연방위원회의 힘에 의해서, 라디오와 텔레비전에 대한 사실상의 완전통제가 이루어진다.[8)]

따라서 국가는 바로 그 본질에 의해, 대부분의 사람들이 고수하는 일반적으로 받아들여지는 도덕법을 위반**하지 않을 수 없다**. 대부분의 사람들은 강도와 절도의 불의와 범죄성에 대해 동의한다. 관습, 규칙 그리고 모든 사회의 법률은 이런 행위들을 비난한다. 따라서 국가는 외견상 아주 오래된 권력임에도 불구하고 항상 약점이 있는 위치에 있다. 특히 행해질 필요가 있는 것은 대중들에게 국가의 진정한 본질에 대해 계몽하는 것이고, 그 결과 대중들은 국

을 우리는 발견한다. 따라서 여론 위에서야말로 정부가 기초하고 있다. 이 격언은 가장 독재적이고 호전적인 정부들에까지 확장된다.

David Hume, Essays: *Literary, Moral and Political* (London: Ward, Locke, and Taylor, n.d.), p.23; 또한 보라. Etienne de la Boetie, *The Politics of Obedience: The Discourse of Voluntary Servitude* (New York: Free Life Editions, 1975) 그리고 Ludwig von Mises, *Human Action* (New Haven, Conn.: Yale University Press, 1949), pp.188ff.

8) Rothbard, *For a New Liberty*, pp.109~16.을 보라.

가가 일반적으로 받아들여지는 강도와 살인에 대한 금지명령을 상습적으로 위반한다는 것, 즉 국가는 통상 받아들여지는 도덕법과 형법의 필연적인 위반자라는 것을 알 수 있다.

우리는 왜 국가가 지식인들을 필요로 하는지를 분명히 보았다. 하지만 지식인들이 왜 국가를 필요로 하는가? 단순하게 언급하면, 이것은 다음과 같은 이유 때문이다. 즉, 지식인들은 자신들의 서비스가 흔히 대부분의 소비자에 의해 매우 강렬히 요구되는 것이 아닌, 국가의 권력 내에서 자신들의 능력을 위한 좀 더 확실한 '시장'을 발견할 수 있기 때문이다. 국가는 흔히 자발적인 교환에서 획득할 수 없는 권력, 지위, 그리고 부를 지식인들에게 제공할 수 있다. 수세기 동안 많은 지식인들(물론 전부는 아니지만)은 권력의 목표, 즉 '철인왕'(philosopher-king)이라는 플라톤적 이상향의 실현을 추구해왔다. 예를 들어, 오리엔탈 전제정치에서 국가와 지식인의 동맹에 대한 뷔트포겔(Karl Wittfogel)의 신랄한 비판에 반대하는 항거에서, 유명한 마르크스주의 학자인 니드햄(Needham) 교수의 가슴으로부터 나오는 외침을 고찰해보자. "뷔트포겔 교수가 그렇게 통렬히 공격하고 있는 그 문명화는 시인들과 학자들을 관료들로 만들 수 있는 문명화였다." 니드햄은 덧붙이기를 "잇따른 (중국) 황제는 예나 지금이나 충분히 인도적이고 사욕이 없는 학자들의 거대한 무리들에 의해 봉사를 받았다는 것이다.[9] 아마도, 니드햄 교수에게는, 이것은 고대 동양의 압제적인 전제정치를 정당화하기에 충분하다.

그러나 우리는 고대 동양까지 혹은 심지어 베를린 대학의 그 교수가 선언한 목표, 즉 19세기에 그들 스스로 '호헨졸렌가의 지적 경호원'을 형성하기 위한 목표까지 멀리 거슬러 올라갈 필요는 없다. 동시대의 미국에서, 대통령을

9) Joseph Needham, "Review of Karl A. Witffogel, *Oriental Despotism*," *Science and Society* (1958), pp.61,65. 20세기 진보시기 동안 '집산주의자'(collectivist) 지식인에 의한 권력에 대한 노골적인 탐구에 대해서 James Gilbert, *Designing the Industrial State* (Chicago: Quadrangle Books, 1972)를 보라. 지식인과 국가 간 동맹에 관해 더 많은 것은 다음 것들을 보라. Bertrand de Jouvenel, "The Treatment of Capitalism by Continental Intellectuals," 그리고 John Lukacs, "Intellectual Class or Intellectual Profession?" in George B. deHuszar, ed., *The Intellectuals* (Glencoe, Ill.: Free Press, 1960), pp.385~99과 521~22. Bertrand de Jouvenel, *On Power* (New York: Viking Press, 1949), Murray N. Rothbard, "The Anatomy of the State," in *Egalitarianism as a Revolt Against Nature and Other Essays* (Washington, D.C.: Libertarian Review Press, 1974), pp.37~42, 그리고 Rothbard, *For a New Liberty*, pp.59~70.

'노조의 단독 왕관 같은 상징'이라고 비난하는 저명한 정치과학자인 노이스타트(Richard Neustadt)가 있었다. 우리에게는 다음과 같은 글을 쓴 국가안전 관리자(national security manager) 훕스(Townsend Hoopes)가 있다. "우리의 시스템하에서 사람들은 외교정책 문제의 본질과 그 문제를 효율적으로 다루기 위해 요구되는 국가프로그램과 희생을 규정하기 위해 오직 대통령에게만 의지한다." 그리고 이에 응하여, 우리에게는 대통령 선거일 전날 자신의 역할을 다음과 같이 정의한 닉슨(Richard Nixon)이 있다. "그[대통령]는 국가의 가치를 분명히 표현하고, 국가의 목표를 규정하고, 그리고 국가의 의지를 결집시켜야만 한다." 자신의 역할에 대한 닉슨의 개념은 1930년대 독일에서 학자 후벨(Ernst Huber)이 '독일제국 헌법'(Constitutional Law of the Greater German Reich)을 표현한 것과 잊혀지지 않을 만큼 유사하다. 후벨이 국가의 수장은 "달성되어야 하는 위대한 목표를 설정하고, 공동 목표의 달성에 모든 국가 권력의 활용을 위한 계획을 작성한다 … 그는 국민 생활에 국가의 진정한 목적과 가치를 부여한다"라고 썼다.[10)]

따라서 국가는 정규화된(regularized) 대규모 세금-절도(taxation-theft) 시스템에 의해 존속하는 범죄조직이다. 그리고 국가는 자신의 권력과 부정한 재산의 일부를 상으로 줌으로써 일단의 여론형성 지식인들과의 동맹을 확보하고 그를 통해 (또다시, 모든 사람이 **아닌**) 다수의 지지를 획책함으로써 세금-절도를 잘해낼 수 있는 강제적인 범죄조직이다. 그러나 고려되어야 할 필요성이 있는 국가의 또 다른 지극히 중요한 측면이 있다. 이제 시야에 들어오는, 국가를 지지하는 한 가지 결정적인 주장이 있다. 즉, 국가기구가 관할권을 요구하는 영토적 영역을 정말로 그리고 정당하게 **소유**한다는 암묵적 주장이 있다. 요컨대 국가는—역사적 조건들과 그리고 다른 국가들로부터 강제로 빼앗는

---

10) Richard Neustadt, "Presidency at Mid-Century," *Law and Contemporary Problems* (Autumn 1956), pp.609~45; Townsend Hoopes, "The Persistence of Illusion: The Soviet Economic Drive and American National Interest," *Yale Review* (March 1960), p.336, cited in Robert J. Bresler, *The Ideology of the Executive State: Legacy of Liberal Internationalism* (Menlo Park, Calif.: Institute for Humane Studies, n.d.), pp.4~5. Nixon and Huber cited in ibid., pp.5, 16~17; and in Thomas Reeves and Karl Hess, *The End of the Draft* (New York: Vintage Books, 1970), pp.64~65. 국가안전 관리자들에 대해서는 또한 다음을 보라. Marcus Raskin, "The Megadeath Intellectuals," *New York Review of Books* (14 November 1963), pp.6~7.

정도에 따라서, 더 크거나 더 작게 되는—주어진 영토 영역에 대해 최종적인 의사결정력의 독점, 무력의 독점을 가로챈다. **만약** 그 국가가 자신의 영토를 정당하게 **소유한다**고 말할 수 있다면, 국가가 그 지역 내에 살고 있다고 추정되는 누구에게도 규칙을 지키도록 하는 것이 당연하다. 그 영역 내에는 사적 재산이 존재하지 않기 때문에, 즉 국가가 정말로 지표면 전체를 소유하기 때문에 국가는 합법적으로 사적 재산을 강탈하거나 통제할 수 있다. 국가가 자신의 피지배자들이 영토를 떠나는 것을 허용**하는 한**, 그러면 국가는 마치 자신의 재산 위에 살고 있는 사람들을 위한 규칙들을 세우는 다른 소유자들이 하는 것처럼 행동할 것이라 말할 수 있다. (이것은 한 국가로부터 타국으로 이주하고자 하는 개인들의 권리에 일반적으로 부여하는 엄청난 강조뿐만 아니라 노골적인 슬로건, 즉 '미국, 그것을 사랑하거나 또는 그것을 떠나라'를 위한 유일한 정당화인 것처럼 보인다.) 요컨대, 이 이론은 중세의 왕뿐만 아니라 국가도 또한 그의 통치 지역의 모든 토지를 적어도 이론적으로 **소유했던** 봉건시대의 영주로 만든다. 새롭고 미소유의 자원—처녀지나 혹은 처녀 호수—은 국가에 의해 소유되는 것[국가의 '공공영역'(public domain)]으로 언제나 주장된다는 사실은 이 암묵적인 이론의 표현이다.

그러나 위에서 개관한 우리의 홈스테딩이론은 국가 기구에 의한 그러한 어떤 구실도 뒤엎기에 충분하다. 도대체 무슨 권리에 의해서 국가라는 범죄자들이 그 토지 영역의 소유권에 대한 권리를 주장하는가? 그들이 그 지역에 대한 궁극적인 의사결정에 관한 통제권을 장악하는 것은 꽤 나쁘다. 어떤 기준이 그들에게 전 영토에 대한 정당한 소유권을 과연 부여할 수 있는가?

따라서 국가는 다음 특징들 중 어느 한 쪽 또는 둘 모두(사실상 거의 항상 둘 모두)를 소유하는 조직으로서 정의될 수 있다. (a) 국가는 물리적 강제(세금)에 의해 그 수입을 획득한다. 그리고 (b) 국가는 주어진 영토 영역에 대해 물리력과 최종적인 의사결정력에 대한 강제적인 독점권을 획득한다. 이러한 국가의 본질적인 활동 둘 모두는 필연적으로 국민들의 (자기소유권을 포함하는) 사적재산권의 정당한 권리에 대한 범죄적 침해와 약탈을 구성한다. 왜냐하면, 그 둘째가 주어진 영토 영역 내에서 국방과 의사결정 기관들의 자유경쟁의 금지, 즉 국방과 사법 서비스의 자발적 구매와 판매를 금지하는 반면, 그 첫째는 거대규모의 절도를 구성하고 정착시키기 때문이다.[11] 따라서 리버테리언 이론가인 녹에 의한 국가에 대한 생생한 비판의 정당성은 다음과 같다. 즉, 주어진 영토 영역 내에서 "국가는 범죄의 독점권을 요구하고 행사한다." "국가는 사적인 살인을 금지하지만, 국가 그 자체는 대규모의 살인을 조직화한다. 국가는 사적인 절도를 처벌하지만, 국가 그 자체는 시민의 재산이든 외국인의 재산이든, 국가가 원하는 어떠한 것에도 부도덕한 폭행을 가한다."[12]

국가가 자신의 수입을 얻기 위해서, 자신의 권력을 끌어올리도록 선전가들을 고용하기 위해서, 경찰보호, 화재진압, 수송, 그리고 우편서비스와 같은 그러한 필수적인 서비스의 강제적인 독점권을 가로채고 집행하기 위해서 단지 강제를 사용하는 것이 아니라는 점이 강조되어야 한다. 왜냐하면 국가는 그 이외에도 다른 것을 많이 하는데, 그것들 중 어느 것도 어떤 의미에서도 소비 대중에게 봉사한다고 말할 수 없기 때문이다. 국가는, 노크가 설명하듯이, 그 국가의 불운한 피지배자들을 통제하고, 규제하고, 강제할 수 있는 '범죄의 독점권'(monopoly of crime)을 획득하기 위하여 무력의 독점권을 사용한다. 종종 국가는 밀어제치고 나아가서 피지배자들의 도덕성과 바로 그 일상생활을 통제한다. 국가는, 진정한 서비스를 독점화하고 대중들에게 비효율적으로 제공하기 위해서뿐만 아니라, 또한 착취되고 괴롭힘 당한 피지배자들의 희생으로 자기 자신의 권력을 강화하기 위해서도 강제로 획득한 수입을 사용한다. 즉, 국가는 소득과 부를 대중으로부터 국가 자신과 그 동맹자들에게 재분배하고 그 지역의 거주민들을 통제하고, 명령하고, 강제하기 위해 강제로 획득한 수입을 사용한다. 진정으로 자유로운 사회, 즉 인신과 재산에 대한 개인적 권리가 옹호되는 사회에서는, 그때 국가는 필연적으로 소멸할 것이다. 국가의 무수한

---

11) 물론 이 문맥에서 '주어진 영토 영역'은 '각 재산 소유자의 정당한 재산의 범위를 초월하는' 것을 암묵적으로 의미한다. 분명히, 자유사회에서, 스미스는 자기 자신의 정당한 재산에 대해 최종적인 의사결정력을 갖고, 존은 그것에 대해 최종적인 의사결정력 갖고, 그리고 기타 등등도 마찬가지다. 국가 혹은 정부는 개인들이 정당하게 획득한 재산에 대한 것보다 훨씬 더 큰 영역에 대한 국방과 최종적인 의사결정권의 강제적인 독점권을 요구하고 행사한다. 그로 인해 스미스, 존스, 기타 등등은 '그 정부'에 의해 그 '정부'와 아무것도 하지 않는 것이 금지되고, 그들 스스로를 지키기 위한 방어계약을 (정부가 아닌) 경쟁기관과 맺는 것이 금지된다. 나는 이 문제를 언급하는 것에 대해 모겐베설(Sidney Morgenbesser) 교수에게 신세를 졌다.

12) Albert Jay Nock, Albert Jay Nock, *On Doing the Right Thing, and Other Essays* (New York: Harper and Brothers, 1928), p.143.

침해적이고도 공격적인 활동, 인신과 재산의 권리에 대한 국가의 거대한 약탈은 이제 사라질 것이다. 동시에, 국가가 간신히 서투르게 수행하는 그런 진정한 서비스는 자유경쟁과 개별 소비자들에 의해 자발적으로 선택되는 지불에 개방될 것이다.

'도덕성'에 대한 보수적 정의를 시행하도록(즉, 부도덕한 것으로 간주된 포르노를 불법화함으로써) 정부에게 요구하는 전형적인 보수주의의 **기괴한 것**은 따라서 완전히 드러난다. 강제되는 도덕성에 맞서는 다른 건전한 주장들(즉, 자유롭게 선택되지 않은 어떤 행위도 '도덕적'인 것으로 간주될 수 없다는 것)은 고사하고, 공중도덕의 수호자 기능을 사회에서 가장 광범위한 범죄 집단(따라서 가장 비도덕적인 범죄 집단)인 국가에게 위임하는 것은 확실히 기괴한 것이다.

제23장 국가의 내적 모순

정부의 필요성에 대한 논의와 관련한 주요문제는 그런 모든 논의가 수백 년에 걸친 국가의 존재와 (대중들이 익숙해진) 국가 규칙의 맥락 내에서 필연적으로 일어난다는 사실이다. 인기 있는 표어인 '죽음과 세금'에서 한 쌍의 확실한 것들의 비꼬는 식의 연계(coupling)는 대중이 스스로 국가의 존재를 악이긴 하지만 다른 대안이 없는 본질적으로 피할 수 없는 물리력으로서 따른다는 점을 입증한다. 국가 규칙의 접합제로서 습관의 힘은 일찍이 라 보에티(de la Boetie)의 16세기 저작물에서 나타났다. 그러나 논리적으로 그리고 습관의 비늘들을 벗어던지기 위해서, 우리는 현존하는 국가를 미지의 양(quantity)으로 단지 비교해야 하는 것이 아니라, '자연 상태'(state of nature)라는 논리적 허구 내의 사회적 영점(zero point)에서 시작해야 하고, 그리고 국가설립을 지지하는 관련된 주장들과 자유사회를 위한 주장들을 비교해야 한다.

예를 들면, 상당한 수의 사람들이 갑자기 지구에 도착했고, 이제 그들이 지구에서 살기 위해 어떤 종류의 사회제도를 검토해야 한다고 가정하자. 한 사람 또는 한 집단의 사람은 다음과 같은 주장(즉, 국가를 지지하는 전형적인 주장)을 한다. "만약 우리들 각자가 모든 면에서 여전히 자유로운 것이 허용되고 그리고 특히 우리들 각자가 무기와 자기방어의 권리를 보유하는 것이 허용된다면, 우리 모두가 서로에 대항하여 싸울 것이고, 사회는 파괴될 것이다. 따라서 우리의 무기 모두와 우리의 최종적인 의사결정권과 우리의 권리를 규정하고 시행하는 권력 모두를 저쪽에 있는 존스 가족에게 넘겨주자. 존스 가족은 으리의 약탈적인 본능으로부터 우리를 보호하고, 사회 평화를 유지하고 정의를 시행할 것이다." (아마도 존스 가족 스스로를 제외하고) 어느 누가 이렇게 명백하게 불합리한 체제를 고려하면서 잠깐 시간을 보내는 것을 상상할 수 있는가? '특히 우리의 무기를 박탈당할 때 누가 존스 가족으로부터 우리를 보호할 수 있는가?'라는 외침은 그런 체제를 폐쇄하기에 충분할 것이다. 그럼에도 장기간 지속이라는 사실로부터 합법성의 획득을 전제하면, '존스 가족'의 오랜 지배를 전제하면, 이것은 정확히 우리가 현재 맹목적으로 집착하고 있는 주장의 유형이다. 자연 상태라는 논리적 모델을 채택하는 것은 국가를 분명하게 보기 위해 그리고 황제는 정말로 아무런 의복을 입지 않는 것을 보기 위해 습관의 족쇄를 벗어 던지는데 우리에게 도움을 준다.

실제로 만약 우리가 '제한된 정부'(limited government)라는 이론에 냉정하고 논리적인 시선을 보내면, 우리는 그 이론이 장황하게 늘어놓는 비현실적이고 모순적인 '유토피아'에 대해 제한된 정부가 정말로 망상이라는 것을 알 수 있다. 우선, '존스의 가족' 또는 어떤 국가 통치자들에 의해 일단 획득되는 폭력의 강제적인 독점은 여전히 인신과 재산의 보호에 '한정된' 채로 있을 것이라고 가정할 이유는 없다. 확실히 역사적으로 어떤 정부도 이런 식으로 '제한된' 채로 오랫동안 있었던 적이 없었다. 그리고 정부가 결코 그렇지 않을 것이라고 가정하는 아주 훌륭한 이유들이 있다. 첫째, 강제 — 강요된 재정수입과 폭력의 강제적인 독점 — 라는 암적원칙이 사회의 바로 그 심장부에 확립되고 합법화된다면, 이 선례가 확장되고 미화될 것이라고 가정할 충분한 이유가 있다. 특히, 그런 확장을 적극적으로 하는 것은 국가 지배자들의 경제적 **이익** 때문이다. 국가의 강제력이 자유방임이론가들이 소중이 여기는 한계를 넘어 확장되면 될수록, 국가 기구를 작동시키는 지배 계급에게 생기는 권력과 부정한 재산은 더욱더 커진다. 따라서 자신의 권력과 부를 극대화하기를 간절히 바라는 지배 계급은 국가권력을 확장할 것이다. 그리고 국가와 그것과 동맹관계에 있는 지식인들이 획득한 합법성을 전제로, 정부의 강제에 대한 독점권과 최종적인 의사결정권에 대해 저항하는 어떠한 제도적인 자유시장 채널(free-market channels)이 없는 상태에서, 지배계급은 단지 힘없는 반대에 부딪힐 것이다. 자유시장에서 한 개인이나 집단의 부의 극대화는 모든 사람의 혜택(benefit)을 향상시킨다는 것은 행복한 진상이다. 그러나 정치적 영역, 국가의 영역에서는 소득과 부의 극대화는 사회의 나머지 사람들의 **희생을 대가로 하여** 국가와 그 지배자들에게 기생적으로 오로지 생길 수 있다.

제한된 정부의 옹호자는 정부가 편들기나 직권을 남용하는 것을 삼가면서 소동을 초월하여 사회 내에서 싸우는 파벌 사이에서 공명정대하게 중재하는 '심판관'이 되는 이상을 종종 지지한다. 그러나 정부가 왜 그렇게 **해야 하는**

가? 국가의 권력이 억제되지 않는 상태에서, 국가와 국가의 지배자들은 그들의 권력과 부를 극대화하기 위해 행동할 것이고, 따라서 소위 '한계'라는 것을 넘어서 가차 없이 확장하고자 행동할 것이다. 결정적인 점은 제한된 정부라는 유토피아와 자유방임에서 국가를 제한해 **둘 수 있는** 어떠한 제도적인 메커니즘도 없다는 것이다. 확실히 역사에서, 국가들의 피로 더러워진 기록은 **어떠한** 권력도 일단 한번 승인되거나 또는 획득되면 사용되어**질 것이고** 그 결과 남용**될 것임**을 입증했음이 틀림없다. 리버테리언인 액튼 경이 매우 현명하게 지적했듯이, 권력은 부패한다.

게다가 궁극적인 의사결정자와 물리력의 행사자를 권리의 보호에 '제한'하고자 하는 제도적 메커니즘의 부재와는 별도로, 중립적 또는 공명정대한 국가라는 바로 그 이상에 내재된 심각한 내적 모순이 있다. 왜냐하면 '중립적' 조세, 즉 조세부과가 없었다면 존재하게 될 시장과 비교하여 그 시장에 중립적이게 될 조세체계와 같은 그런 것은 존재할 수 없기 때문이다. 19세기 초 캘훈(John C. Calhoun, 미국의 부통령, 재임기간 1825~32년, 역자주)이 신랄하게 비판했듯이, 조세부과 바로 그 **존재**는 그러한 중립성의 어떤 가능성도 부정한다. 왜냐하면 어떤 수준의 조세징수가 행해지면 발생하게 될 최소한은 다음과 같은 적대적인 두 사회계급의 창출이 될 것이기 때문이다. 즉, 하나는 조세로 이득을 얻고 조세에 의지해서 살아가는 '지배'(ruling) 계급이고, 다른 하나는 조세를 납부하는 '피지배'(ruled) 계급이다. 요컨대 순조세**납부자**(net tax-payer)와 순조세**소비자**(net tax-consumers) 계급이 충돌한다. 아주 적게 잡아 정부 관료들은 필연적으로 순조세소비자들이 될 것이고, 정부의 필연적인 지출에 의해 보조금을 받는 그런 사람들과 집단들이 다른 그런 사람이 될 것이다. 캘훈이 지적한 것처럼,

> 정부의 대리인들과 고용인들은 그 지역에서 조세 수입금의 배타적 수령자가 된다. 세금의 형태로 그 사회로부터 취해진 양이 얼마이든 그것은, 만약 잃어버리지 않는다면, 경비와 지출의 형태로 그들에게로 간다. 그 두 가지, 즉 지출과 조세는 정부의 재정 활동을 구성한다. 그것들은 상호관계가 있는 것이다. 그 어느 누가 세금이라는 명목으로 공동체로부터 취한 것은 지출이란 명목하에 수령자가 되는 그 사회의 그 한 부분으로 이전된다. 그러나 수령자들이 그 사회의 단지 한 부분

> 을 구성하기 때문에, 재정 과정의 두 부분을 전체적으로 보면 그 활동은 조세납부자와 조세 수입금의 수령자 간에 당연히 불공평한 것이 된다. 그것이 다르게 될 수도 없다. 즉, 세금의 형태로 각 개인들로부터 징수된 것은 지출의 형태로 그에게 되돌아가지 않는 한, 그것은 그 과정을 무가치하고 불합리한 것으로 만들 것이다. …
>
> 그렇다면, 정부의 불공평한 재정 활동의 필연적인 결과는 그 사회를 두 개의 큰 계급으로 나누는 것이다. 한 계급은 실제로 조세를 납부하고 물론 정부를 지원하는 부담을 전적으로 떠맡고 있는 사람들로 구성된다. 다른 한 계급은 지출을 통한 수입금의 수령자이고 사실상 정부에 의해 지원받는 사람들로 구성된다. 혹은 줄여서 말하면, 그 사회는 조세납부자와 조세소비자로 나누는 것이다.
>
> 그러나 이것의 효과는 그들을 정부의 재정 활동 그리고 그 활동과 함께 관련된 정책의 전 과정과 관련하여 적대적인 관계로 두는 것이다. 왜냐하면 조세와 지출이 더 커질수록, 한 부류의 이득과 다른 부류의 손실은 더 커지고 그리고 역으로 한 부류의 이득과 다른 부류의 손실이 더 커질수록 조세와 지출이 더 커지기 때문이다. … 그러면 모든 증가의 효과는 한 부류를 부유하고 강하게 하고 다른 부류들을 가난하게 하고 약화시키는 것이다.[1]

캘훈은 헌법이 정부를 제한할 수 없을 것이라고 계속해서 지적한다. 왜냐하면, 동일한 정부에 의해 선택되고 궁극적인 의사결정 권력이 부여된 독점적인 대법원이 주어지면, 정치적 '내부자들'(ins)은 시민들 위로 정부 권력을 확장하는 데 도움이 될, 헌법의 표현에 대한 '넓거나' 느슨한 해석을 항상 선호할 것이다. 그리고 시간이 흐름에 따라 '내부자들'은 국가권력을 제한하는 '엄격한' 해석에 헛되이 찬성을 주장하는 소수의 '외부자들'(outs)을 이기는 냉혹한 경향이 있을 것이다.[2]

그러나 제한된 자유방임 정부라는 개념에는 다른 치명적인 결함과 비일관성이 존재한다. 우선, 국가는 **법**의 생성과 발전에 필수적이라는 것이 제한된 정부와 다른 정치 철학가들에 의해서 일반적으로 받아들여진다. 그러나 역사적으로 이것은 틀린다. 왜냐하면 대부분의 법, 그러나 특히 법의 가장 리버테리언적인 부분은 국가로부터 출현했던 것이 아니라 비국가 제도들(non-state

1) John C. Calhoun, *A Disquisition on Government* (New York: Liberal Arts Press, 1953), pp.16~18.
2) bid., pp.25~27.

institutions)로부터 출현했다. 즉 부족의 관습, 보통법 판사와 법원, 상사 법정의 상사법, 또는 해운회사들 스스로에 의해 설립된 재판소의 해사법(admiralty law) 등이다. 부족의 원로뿐만 아니라 경쟁하는 보통법 판사들의 경우에, 그 판사들은 법을 만드는 것에 참여하지 않았지만 현존하면서 일반적으로 받아들여지는 원리들에서 그 법을 발견하고 그 다음에 그 법을 구체적인 경우나 새로운 기술적인 혹은 제도적인 조건에 적용했다.[3] 민간 로마법(private Roman law)에서도 똑같이 사실이었다. 게다가 고대 아일랜드(Ireland), 즉 크롬웰에 의해 정복당할 때까지 천 년 동안 존재한 사회에서는 "국가가 관리하는 정의(state-administered justice)에 대한 흔적이 없었다." 즉, 전문적인 법학자들의 경쟁적인 학파들은 관습법이라는 공동의 본체를 해석하고 응용했고, 법의 집행은 경쟁적이고 자발적으로 유지되었던 **투아**(tuatha) 혹은 보험기관들에 의해 행해졌다. 게다가 이런 관습적인 규칙들은 무계획적 혹은 임의적이 아니라, 인간의 이성에 의해 발견될 수 있는, **자연법**에 의식적으로 뿌리를 두고 있었다.[4]

그러나 법의 개발을 위해 국가가 필요해진다는 견해의 역사적 부정확성에 추가하여, 바넷(Randy Barnett)은 국가는 바로 그 본질에 의해서 국가 자신의 법률 규칙에 복종할 수 없다는 점을 훌륭하게 지적했다. 그러나 만약 국가가 자신의 법률적 규칙에 복종할 수 없다면, 국가는 법의 제정자로서 필연적으로 결함이 있고 자기 모순적이다. 풀러(Lon L. Fuller)의 독창적인 저작물인 '*The Morality of Law*'에 대한 해설과 비판에서, 바넷은 풀러 교수가 법실증주의의 현행 사고에 있는 지속적인 오류를 알고 있다고 지적한다. "법은, 정부로부터 비

---

3) Bruno Leoni, *Freedom and the Law* (Los Angeles: Nash Publishing, 1972), F.A. Hayek, *Law, Legislation, and Liberty*, vol. 1, *Rules and Order* (Chicago: University of Chicago Press, 1973), pp.72~93, Murray N. Rothbard, *For A New Liberty*, rev. ed. (New York: Macmillan, 1978), pp.234~43를 보라.

4) 고대 아일랜드에 대하여 Joseph R. Peden, "Stateless Societies: Ancient Ireland," *The Libertarian Forum* (April 1971): 3. Cf.를 보라. 그리고 더 집중적으로 Peden, "Property Rights in Celtic Irish Law," *Journal of Libertarian Studies* 1 (Spring 1977): 81~95를 보라. 또한 Daniel A. Binchy, *Anglo-Saxon and Irish Kingship* (London: Oxford University Press, 1970); Myles Dillon, *The Celtic Realms* (London: George Weidenfeld and Nicholson, 1967), 그리고 같은 저자의 *Early Irish Society* (Dublin, 1954).를 보라. 자연법에 기초를 둔 것으로서 아일랜드 법은 Charles Donahue, "Early Celtic Laws" (unpublished paper, delivered at the Columbia University Seminar on the History of Legal and Political Thought, Autumn, 1964), pp.13ff.에서 논의된다. 또한 Rothbard, *For A New Liberty*, pp.239~43를 보라.

롯되고 그 자체가 시민에 부과되는, 권위의 일방적인 반영으로 … 간주되어야 한다는 가정."[5] 풀러는, 법은 '수직적', 즉 국가로부터 시민들로 위로부터의 명령일 뿐만 아니라 법은 또한 '수평적', 즉 사람들 스스로들 사이에서 발생하고 서로서로에게 적용되는 것이라고, 지적한다. 풀러는 그런 '호혜적'이고 비국가법의 널리 퍼져 있는 예들로서 국제법, 부족법, 사적 규칙, 기타 등등을 지적한다. 풀러는 실증주의자의 오류는 정당한 법의 결정적인 원리, 즉 입법자는 시민들을 위해서 제정한 그 자신의 규칙들에 스스로 복종해야 하는 것을 인식하는 것을 실패한 때문이라는 것을 알고 있다. 혹은 풀러의 표현으로는 "제정된 법 그 자체는 정부당국이 피지배자를 다룰 때 그 자신이 만든 규칙을 지키는 것을 실행(commitment)할 것을 전제하는 것이다"는 점이다.[6]

그러나 바넷은 풀러가 자기 자신의 원리를 풍부히 멀리 응용하는 데 실패함으로써 결정적으로 잘못한 것이라고 정확히 지적한다. 즉 자신의 원리를 법의 **내용** 그 자체에 응용하기보다는 '법이 통과되는 절차적 규칙들'에 한정함으로써 오류를 범했다는 것이다. 자신의 원리를 논리적 결론으로 이끄는 데 실패했기 때문에 풀러는 법의 제정자로서 국가의 고유한 내적 모순을 파악하지 못한 것이다. 바넷이 그것을 언급한 것처럼,

> 풀러는 자신이 만든 원리를 충분히 멀리 밀고 나가지 않았기 때문에 그는 자신의 시도에서 실패한다. 만약 그가 그렇게 했다면, 그는 국가 법체계(state legal system)가 자신이 만든 규칙들과 공식적으로 조화로워야 한다는 원리에 따르지 않는다는 것을 파악했을 것이다. 실증주의자들은 국가가 본질적으로 그 자신이 만든 규칙들을 어기고 있기 때문에 그들이 국가제정법(state-made law)이 **독특한 것**(sui generis)이라는 어떤 의미에서 정확한 결론을 내린다.[7]

그러나 바넷은, 만약 풀러의 원리가 "입법자는 자기 자신이 만든 법들의 **내용**에 복종해야만 한다"는 점을 주장하는 쪽으로 나아갔다면 풀러는 "국가는 그 본질에 의하여 이런 실행을 위반**해야만 한다**"는 점을 파악했을 것이라고,

5) Randy E. Barnett, "Fuller, Law, and Anarchism," *The Libertarian Forum* (February 1976), p.6에서 인용된 Lon L. Fuller, *The Morality of Law* (New Haven, Conn.: Yale University Press), p.204.

6) Fuller, *Morality of law*, p.32.

7) Barnett, "Fuller, Law, and Anarchism," p.66.

덧붙인다.

왜냐하면 바넷은 국가의 두 가지 독특하고 본질적인 특징들은 조세를 부과하고 — 강제에 의해 재정수입을 획득하고 따라서 강도이며 — 자신의 피지배자들이 어떤 다른 방어대리인(defense agency, 방어의 강제적 독점)을 고용하는 것을 금지하는 것이라고 정확히 지적하기 때문이다.[8] 그러나 그렇게 함으로써 국가는 자신의 피지배자를 위하여 제정한 자신이 만든 법들을 위반한다. 바넷이 설명한 것처럼,

> 예를 들면, 국가는 시민들이 무력에 의해 그리고 의지에 반해 다른 사람에게 소유된 그것을 다른 사람으로부터 취하지 말라고 말한다. 그럼에도 불구하고 자신의 권력을 이용하여 '합법적으로' 조세를 부과하는 국가는 바로 그것을 한다. … 더 본질적으로, 국가는, 어떤 사람이 자기방어(self-defense)를 위해서만, 즉 폭력의 사용을 시작했던 다른 사람에 대한 방어로서만 그 다른 사람에 대해 폭력을 사용할 수도 있다고, 말한다. 어떤 사람의 자기방어권을 넘어가는 것은 타인에 대한 권리의 침해, 즉 어떤 사람의 법적 의무위반이 될 것이다. 그럼에도 불구하고 공인된 독점인 국가는 나쁜 짓을 하지 않았을 수도 있는 사람들에게 강압적으로 자신의 재판권을 부과한다. 그렇게 함으로써, 국가는 시민들의 권리들, 즉 국가의 규칙들이 시민들은 하지 말아야 한다고 말하는 어떤 것들을 침해한다.
>
> 요컨대, 국가는 자신의 피지배자들이 훔칠 수 없는 곳에서 훔칠 수 있고, 국가는 피지배자들이 동등한 권리를 행사하는 것을 금지하면서도 자신의 피지배자들에게 공격을 할 수도 있다(폭력의 사용을 시작할 수 있다). 이것이야말로 실증주의자들이 그 법(국가제정법을 의미)이 일방적이고 수직적 과정이라고 말할 때 그들이 본 것이다. 이것이야말로 진정한 호혜성에 대한 어떠한 주장도 잘못 나타낸 것이다.[9]

바넷은 일관되게 해석된 풀러의 원리는 옳고 정당한 법체계에서 입법자는 "절차면에서나 내용면에서나 다 같이 **모든** 규칙을 따라야 한다"는 것을 의미한다고 결론짓는다. 그러므로 "법체계가 이것을 하지 않고 할 수 없는 정도까지, 그것은 법체계가 아니고 법체계가 될 수 없고, 그 체계의 법령들(acts)은

8) 두 가지 특성은 국가의 역사적 범주에서 가장 중요하다. 첫째 특성은 없고 둘째 특성이 유지되는, 다양한 유토피아적 체제는 둘째 특성에 응용될 때 현재의 혹평하에서도 여전히 나타날 것이다.

9) Barnett, "Fuller, Law, and Anarchism," p.7.

법의 테두리 밖에 있다. 그러므로 국가의 자격**으로서** 국가(the state qua state)는 불법적 체계이다."[10]

자유방임정부 이론의 또 다른 내적 모순은 또다시 과세를 다룬다. 만약 정부가 인신과 재산의 '보호'(protection)에 한정되고, 과세는 오직 그 서비스를 마련하는데 '한정'된다고 한다면, 정부는 **얼마만큼**의 보호를 마련할지 그리고 얼마만큼 세금을 부과할지를 **어떻게** 결정하는가? 왜냐하면, 제한된 정부 이론과 반대로, '보호'가 사회의 다른 재화나 서비스보다 더 집합적이고, 한 덩어리로 된 사물이 아니기 때문이다. 예를 들어, 우리는 한 가지 경쟁적인 이론, 즉 정부는 모든 시민들에게 의류를 무료로 공급하는 것으로 '제한'되어야 한다는 이론을 제안할 수 있다고 가정하자. 그러나 이것은, 그 이론의 다른 결함 이외에도, 어떤 종류의 실행 가능한 제한은 결코 아닐 것이다. 얼마**만큼**의 의류와 어떤 비용으로? 예를 들면, 모든 사람은 발렌시아 원단을 공급받아야만 하는가? 그리고 **누가** 각 개인이 받는 옷의 양과 질을 결정하는가? 정말로 '보호'는 상상으로는 국가 전체에 한 명의 경찰관만 있는 상황부터 모든 시민에게 각각 한 명의 호위병과 탱크를 공급하는 상황—그 사회를 급히 파산하게 하는 제안—까지를 의미할 수 있다. 그러나 누가 보호의 양을 결정해야 하는가? 왜냐하면 무장된 경호원이 마련되지 않는 것보다 마련된다면 모든 사람들이 절도와 폭행으로부터 **더 잘** 보호될 것이라는 점을 부인할 수 없기 때문이다. 자유시장에서, 각자에게 공급되어야 하는 어떤 재화와 서비스의 양과 질에 대한 결정은 각 개인에 의한 자발적인 구입에 의해 이루어진다. 그러나 그 결정이 **정부에 의해** 이루어질 때 어떤 기준이 적용될 수 있는가? 그 대답은 전혀 없다는 것이고 그런 정부 결정은 오로지 순전히 자의적일 수 있다.

둘째, 어떤 사람은 자유방임이론가의 저작물에서 과세의 설득력 있는 이론을 헛되이 찾는다. 얼마나 많은 과세가 부과되어야 하는지뿐만 아니라 **누가** 납부를 강요당하는지도 또한 검색한다. 예를 들어, 일반적으로 채택되는 '납부능력' 이론은, 리버테리언 코도로프(Frank Chodorov)가 지적했던 것처럼, 노상강도가 가지고 달아날 수 있는 만큼 희생자로부터 약탈하는 노상강도의 철학이다. 그리고 [그것은] 전혀 설득력 있는 사회철학이 아니고 물론 자유시장의 지

10) Ibid.

불제도와 전적으로 모순된다. 왜냐하면 모든 사람이 자신의 소득에 비례하여 모든 재화와 서비스에 대해 지불하도록 강요받는다면 가격설정체계가 전혀 없는 것이고 시장체계도 작동하지 않는다(예를 들면, 록펠러가 빵 한 조각에 백만 달러를 지급하도록 강요받을 수 있다).[11]

다음으로 어느 자유방임주의 작가도 결코 국가의 규모에 대한 이론을 마련한 적이 없다. 만약 국가가 주어진 영토지역에 폭력에 대한 강제적인 독점을 가진다면 그 영역은 **얼마나** 클 것인가? 이 이론가들은 세상은 다양한 국가들 **간에** '국제적 무정부상태'(international anarchy), 즉 하나의 정부 혹은 결정의 강제적인 독점이 없는 상태에 항상 살고 있다는 사실에 대해 전적으로 주목하지 못했다. 그럼에도 불구하고 상이한 국가들의 **민간 시민들** 간의 국제관계는 아주 순조롭게 작용해왔다. 그들 위에 유일한 정부가 없는데도 불구하고 말이다. 그래서 노스다코타주와 매니토바의 시민 간 계약상 혹은 불법행위 분쟁은, 전형적으로 원고가 자기 국가의 법정에 소송하거나 비용을 판정하고 다른 국가의 법정은 그 결정을 인정하면서, 일반적으로 아주 순조롭게 처리되었다. 전쟁과 갈등은 보통 다양한 국가들의 민간 시민들 간이라기보다는 **정부** 간에 발생한다.

그러나 더 심오하게, 자유방임주의자들은 한 국가의 어떤 지역이 그 국가로부터 **분리하는**(secede) 권리를 인정할 것인가? 서루리타니아(West Ruritania)가 루리타니아로부터 분리하는 것이 합법적인가? 만약 그렇지 않다면 왜 그런가? 그리고 만약 그렇다면 그 분리에 대한 논리적 중단점은 어떻게 존재할 수 있을까? 어떤 조그만 지역은 분리할 수 없는가? 그리고 그 다음에 도시가, 다음에 그 도시의 독립구가, 다음에 어떤 구역이, 그리고 그 다음 드디어 특정 개인은?[12] 일단 어떠한 탈퇴의 권리도 인정하자. 그리고 개별적인 분리의 권리—그 권리는 논리적으로 무정부주의를 수반하는데—까지는 논리적 중단점이

---

11) Frank Chodorov, *Out of Step* (New York: Devin-Adair, 1962), p.237를 보라. 조세를 지불하는 능력과 조세의 '정당성'에 대한 규범들을 마련하기 위한 다른 시도들에 대한 비판에 대해 Murray N. Rothbard, *Power and Market*, 2nd ed. (Kansas City: Sheed Andrews and McMeel, 1977), pp.135~67를 보라.

12) 미제스는 이 점을 인식했다. 그리고 단지 '기술적 고려사항들'에 때문에 개인까지는 가지 않지만 이론적으로는 각 개인의 분리할 수 있는 권리를 찬성했다. Ludwig von Mises, *Liberalism*, 2nd ed. (Kansas City: Sheed Andrews and McMeel, 1978), pp.109~10.

없다. 왜냐하면 그러면 개인들이 그들 자신의 방어 기관을 분리하고 애용할 수 있고 국가는 무너지기 때문이다.

마지막으로 자유방임 그 자체의 제의된 기준에는 결정적인 불일치가 있다, 즉 그 기준이란 정부를 인신과 재산의 보호에 한정하는 것이다. 정부가 조세를 부과하는 것이 합법적이라면 소비자들에게 유용할 수 있는 다른 재화와 서비스를 제공하기 위해 피지배자들에게 왜 조세를 부과하지 않는가? 예를 들면, 정부는 철강공장을 건설하지 않고 신발, 댐, 우편서비스 등을 제공하지 않는가? 왜냐하면 이 재화와 서비스 각각은 소비자들에게 유용하기 때문이다. 만약 자유방임주의자가 정부는 철강공장 혹은 제화공장을 건설해서는 안 되고 그것들을 소비자들에게 (무료 혹은 판매를 위해) 제공해서도 안 된다고 이의를 제기한다면, 왜냐하면 세금 강제가 이런 공장들을 건설하는 데 쓰였기 때문에, 그러면 물론 정부 경찰 혹은 사법 서비스에도 동일한 이의가 이루어질 수 있다. 자유방임주의 관점에서 정부가 경찰보호를 제공할 때와 마찬가지로 주택이나 철강을 제공할 때도 비도덕적으로 행동하지 않아야 한다. 그러면 보호에 한정된 정부는 어떤 다른 상황에도**커녕 심지어** 자유방임 그 자체 **내에서도** 지탱될 수 없다, 자유방임이라는 이상은 정부의 가격 통제 혹은 포르노의 불법화 같은 그런 '2차적'인 강압적 활동(즉, 조세부과라는 원초적 강제를 **초월한** 강제)을 금지하기 위해서 여전히 이용될 수 있다는 것은 진실이다. 그러나 그 '한계'는 이제 정말로 취약하게 되고, 오직 정부만이 재화와 서비스를 공급할 수 있고 언젠가는 그것들 모두를 공급하는 사실상 완전한 집산주의까지 확장될 수 있다.

제24장 국가에 대한 관계들의 도덕적 지위

만약 국가가 그러면 제도화된 범죄와 제도화된 침해의 거대한 엔진, 부에 대한 '정치적 수단의 조직화'(organization of political means)라면 이것은 국가가 범죄 조직이라는 것과 그 결과 국가의 도덕적 지위는 우리가 이 책에서 토론해왔던 어떤 정당한 자산 소유자들과는 근본적으로 다르다는 것을 의미한다. 그리고 이것은 국가와 맺은 계약들, 국가에 대한 약속과 국가에 의한 약속의 도덕적 지위가 근본적으로 다르다는 것을 또한 의미한다. 예를 들어, 그것은 누구도 국가에 복종할 도덕적 필요성이 없다는 것을 의미한다(국가가 정당한 사적재산권에 대한 침해를 간단히 확인해 주는 경우를 제외하고는). 왜냐하면 징세라는 범죄로부터 획득되는 소득과 재산 모두를 손에 넣는 범죄조직으로서 **국가는 어떤 정당한 재산도 소유할 수 없기 때문이다**. 이것은 다음과 같은 것을 의미한다. 즉 국가에게 세금을 바치지 않는 것 또는 국가의 재산(침해자들의 손에 있는 것)을 탈취하는 것 또는 국가가 내린 명령들에 복종하는 것을 거절하는 것 또는 국가와 맺은 계약들을 깨는 것(범죄인들과 맺은 계약들을 깨는 것이 부당할 수 없기 때문에) 등은 부당하거나 비도덕적이 될 수 없다는 것이다. 도덕적으로는, 진정한 정치철학적 관점에서는 예를 들어 국가로부터 '훔치는 것'은 범죄자의 손에서 재산을 이전하는 것이고, 어떤 의미에서 그것은 홈스테딩 재산인데, 미사용 토지를 홈스테딩하는 대신에 그 사람은 사회의 범죄영역으로부터 재산 — 하나의 긍정적 재화 — 을 이전하고 있는 것을 제외하고는 달이다.

여기에 국가가 명백히 특정인의 재산을 뺏은 경우에는 부분적인 예외가 있을 수 있다. 예를 들어, 국가가 브라운 소유의 보석을 몰수한다고 가정하자. 만약 그린이 그 다음에 국가로부터 보석을 훔친다면 리버테리언 이론의 관점에서는 그는 죄가 되는 불법을 저지르고 있는 것이 아니다. 그러나 보석은 여전히 그린의 것이 아니고 브라운은 무력을 이용하여 그린으로부터 보석을 회수하는 것이 정당화된다. 물론 대부분의 경우에 세금이라는 형태로 일어나는 국가의 징발은 공유의 자금으로 혼합되고 특정 재산의 특정 소유자들을 가려내는 것은 불가능하다. 예를 들어, **누가** TVA댐 또는 우체국 빌딩을 정당하게 소유한 것인가? 대부분의 경우에, 그러면 그린의 절도 또는 국가로부터의 '홈스테딩'은 범죄가 아닐 뿐 아니라 정당하고 그린에게 정당한 홈스테딩 재산 권리증서(homesteading property title)를 주게 될 것이다.

그러면 국가에게 거짓말을 하는 것도 또한 **더욱더** 도덕적으로 정당하게 된다. 만약 자신의 집에 귀중한 것이 있느냐고 도둑이 질문을 했을 때 누구도 도둑에게 정직하게 대답할 도덕적 필요가 없듯이 누구도 정부가 제기한 유사한 질문들, 예를 들어 소득세신고서를 작성할 때 정직하게 대답할 도덕적 필요성이 없다.

이 모든 것이 물론 우리가 시민 불복종 또는 세금 안내기 또는 국가에게 거짓말하거나 국가로부터 훔칠 것을 조언하거나 요구하는 것을 의미하는 것은 아닌데, 왜냐하면 국가 기구가 소유한 **강압**(force majeure)을 고려할 때 이것들은 만전을 기한다는 점에서 현명하지 못하다고 하는 것은 당연하다. 그러나 우리가 말하고자 하는 것은 이런 행동들은 정당하고 도덕적으로 합법적이라는 것이다. 그러면 국가와의 관계들은 관계되는 특정한 개인들 — 국가를 현재 지배적인 힘을 가진 적으로서 취급해야 하는 — 을 위해 순전히 만전을 기하고 실용적인 고려사항들이 된다.

많은 리버테리언이 국가의 행동들 또는 국가의 간섭들의 일반적인 부도덕성과 범죄성을 시인하는 때마저도 국가와의 특정한 관계들에 대해 혼란에 빠진다. 따라서 정부 채무의 불이행 또는 더 크게는 지급거절에 대해서는 의문이 있다. 많은 리버테리언은 정부는 그 채무를 도덕적으로 반드시 갚아야 하고 그 결과 채무 불이행 또는 지급거절은 회피되어야 한다고 주장한다. 여기에서 문제는 이런 리버테리언들은 **사적** 개인들 또는 **사적** 기관들은 그들의 계약을 지키고 채무를 갚아야 한다는 완전히 지당한 명제로부터 유추하고 있다는 점이다. 그러나 정부는 자신의 돈을 가지고 있지 않고 자신의 채무를 갚는다는 것은 [정부, 역자 삽입]채권소유자들에게 지불하기 위하여 세금납부자들이 더 강제된다는 것을 의미한다. 그런 강제는 리버테리언 관점에서는 결코 합법적이 될 수 없다. 왜냐하면 증가된 세금은 사적재산에 대한 강제와 침해가 증가된 것을 의미할 뿐 아니라 우리가 정부 채권의 구입이 세금이라는 몰수를 통해 미래 약탈물(future loot)에 그저 투자하는 것이라는 점을 고려할 때 겉보기에는 순진한 채권소유자는 매우 다른 관점에서 보이기 시작하기 때문이다. 그러면 미래 약탈에 열심인 투자자, 채권소유자는 일반적으로 가정되는 것과는 완전히 다른 도덕적 관점에서 보이기 시작한다.[1)]

새로운 조명이 비추어져야 할 다른 질문은 국가와의 계약을 깨는 것과 관련한 문제이다. 우리는 위에서 우리의 주장을 다음과 같이 설명했다. 집행가능한 계약들은 정당하게 권리증서를 이전하는 것이고 약속이 아니기 때문에, 그 결과 오래 지속된 기간의 병적 편입(enlistment) 동안 자발적인 계약에 서명했을지라도 자유사회에서는 군대를 그만두는 것은 정당하다. 그러나 우리가 어떤 계약이론을 채택하는가와 상관없이 그런 사정은 자유시장에서 **사적**군대(private armies)에만 오직 적용한다. 국가군대(State armies)는 범죄적 공격자들—수익을 획득하는 수단뿐 아니라 행동에 있어서도—이기 때문에 병적 편입 조건들과 상관없이 언제라도 국가군대를 떠나는 것은 도덕적으로 합법적일 것이다. 그렇게 하는 것은 도덕적으로 개인의 권리인데, 다시 한 번 그런 행동이 만전을 기하기 위함인가 하는 여부는 전적으로 다른 문제임에도 불구하고 말이다.

이 관점에서 정부 관료들에게 뇌물을 주는 문제를 검토해보자. 자유사회 또는 자유시장에서 어떤 이(예를 들어, 고용주)를 사기를 치고 그 결과 실형을 받아야 할 가치가 있는 사람은 **수회자**인 반면에 **증회자**는 정당하게 행동하고 있다는 것을 위에서 보았다. 정부 관리들에게 뇌물을 주는 경우는? 여기에서 '침해적' 뇌물과 '방어적' 뇌물이 구분되어야 하는데, 침해적 뇌물은 정당하지 못하고 침해적인 것으로 고려되어야 하고, 방어적 뇌물은 타당하고 정당한 것으로 간주되어야 한다. 대표적인 '침해적 뇌물'을 검토하자. 어떤 마피아 두목이 경쟁관계에 있는 다른 도박카지노 운영자들을 어떤 지역에서 배제하기 위하여 경찰공무원에게 뇌물을 준다고 하자. 여기에서 마피아의 한 일원은 경쟁

---

1) 정부 채무의 지급거절에 대해서는 Frank Chodorv, "Don't Buy Government Bonds," in *Out of Step* (New York: Devin-Adair, 1962), pp.170~77. 그리고 Murray N. Rothbard, *Man, Economy, and State* (Princeton, N.J.: D. Van Nostrand, 1962), vol. 2, pp.881~83.

관계에 있는 도박경영자들을 강제하기 위하여 정부와 협력하는 행위를 한 것이다. 이 경우에 마피아의 그 일원은 정부가 마파아의 경쟁자들에게 가한 침해에 대한 발기인(initator)이고 방조자이다. 다른 한편, '방어적 뇌물'은 전적으로 다른 도덕적 지위를 가진다. 그런 경우에 예를 들어 도박카지노가 어떤 지역에 불법화된 것을 본 로빈슨은 그가 카지노를 운영할 수 있도록 허가해 줄 것을 기대하고 경찰에게 뇌물을 준다. 그런데 그것은 불행한 상황에 대한 완전히 타당한 반응이다.

사실 방어적 뇌물은 세계 어디에서든 중요한 사회적 기능을 수행한다. 왜냐하면 많은 나라에서 뇌물이라는 윤활유가 없으면 기업경영은 전혀 운영될 수 없기 때문이다. 이렇게 해서 큰 타격을 주고 파괴적인 규제들과 가혹한 세금들이 회피될 수 있다. 그 때에는 '부패한 정부'가 반드시 나쁜 것은 아니다. 법률을 엄격하게 집행하는 정부 관료들로 된, '뇌물이 통하지 않는 정부'와 **비교하여** '부패'는 사회에서 자발적인 거래들과 행동들을 적어도 부분적으로 번성하는 것을 허용한다. 물론 두 경우 모두에서 규제들 또는 금지들, 또는 집행관료들 자신들은 정당화되지 않는데, 왜냐하면 그것들도 가혹한 세금들도 전혀 존재하지 말아야 하기 때문이다.[2)]

2) 뇌물 또는 '블래트'(blat)가 널리 퍼진 것이기 때문에 소련 경제가 어쨌든 겨우 작동한다는 것을 보여주는 상당한 증거가 있다. 마가렛 밀러(Margaret Miller)는 그것을 '계획 내에서의 사기업의 그림자 제도'(the shadow system of private enterprise within planning)라고 부른다. Margaret Miller, "Markets in Russia," in M. Miller, T. Piotrowicz, L. Sirc, and H. Smith, *Communist Economy Under Change* (London: Institute for Economic Affairs, 1963), pp.23~30.
멘캔(H. L. Mencken)은 '부패'와 '개혁'을 비교한 매력 있고 교훈적인 이야기를 들려준다. "그[멘캔의 아버지]는 민주주의에서 정치부패는 부득이 했다고 믿었다. 그의 경험에 따르면 정치부패는 용도가 있었다고 주장하기까지 했다. 그가 좋아하는 일화들 중의 하나는 파카 가(Paca Street)에 있는 그의 영업장 외부에 걸어두곤 했던 거대한 회전 사인(swinging sign)에 관한 것이었다. 그 빌딩이 1885년에 지어졌을 때 그는 그저 그 사인을 내걸었고, 그 지역의 시의회의원을 부르러 보냈으면, 그에게 20달러를 주었다. 이것이 모든 허가와 특권 요금들, 지역권세, 다른 그런 비용과 부과금에 대한 영구적이고 완전한 해결이었다. 시의회의원은 그 돈을 착복했고 그 대가로 그 문제에 어떤 법률적 관심이라도 가졌던 또는 개인적 이익을 위하여 간섭하기로 시도했던 경찰들 또는 빌딩검열관들 또는 다른 공무원들을 막아주기로 되어 있었다. 그의 관점에 따른 명예로운 인간이 되기로 한 그는 거래를 유지했고 그 표지는 십 년 동안 미풍에 펄럭였고 삐걱삐걱 소리 내었다. 그러나 그 이후 1895년에 볼티모어는 개혁 물결을 맞았고, 시의회의원은 선거로 직위에서 물러났으며, 시 청사의 이상주의자들은 그 표지를 유지하기 위한 허가증은 **1년에** 62.75달러가 필요하다고 말을 전했다. 그 표지는 다음 날 내려졌다. 나의 아버지에게 있어서 이것은 주로 개혁이 세금 납부자들에게 벌금을 가하기 위한 지각력 있는 협잡꾼들의 음모일 뿐이었다는 증거였다.

어떤 영역에서는, 현존하는 법과 판결 이유에서 사적 개인들과 정부 관료들 간의 근본적인 구분이 인정되고 있다. 따라서 사적 개인의 '사생활보호 권리' 또는 침묵할 권리는 정부 관료들—그들의 기록들과 실행들이 공공정보와 공공평가에 개방되어야 하기 때문—에 적용하지도 그리고 적용하여서도 안 된다. 정부 관료들에게 사생활보호 권리를 부인해야 하는 두 가지 민주적인 주장이 있다. 그런데 그 주장들은 비록 리버테리언에게는 순수하게 소중한 것이 아닌 반면에 공무원들에게는 소중한 것이다. 즉 (1) 민주주의에서는 대중이 정부의 작동에 대한 완전한 지식을 가지고 있다면 대중적인 쟁점들에 대해 오로지 결정할 수 있고 정부관료들에 대해 선거를 할 수 있다는 것이다. 그리고 (2) 세금납부자들은 정부를 위하여 돈을 지불하기 때문에 그들은 정부가 무엇을 하는가를 알아야 할 권리를 가져야 한다는 것이다. 리버테리언 주장이 다음과 같이 덧붙여진다. 정부는 시민들의 권리들과 인간들에 대한 공격적 조직이기 때문에 정부의 작동을 완전하게 공개하는 것이 국민이 국가로부터 빼앗을 수 있는 적어도 한 가지 권리이고, 그들이 국가권력에 저항하거나 국가권력을 조금씩 줄이기 위하여 사용할 수 있는 적어도 한 가지 권리이다.

현재 법이 사적 시민들과 공공관료들 사이를 구분하는 다른 영역은 명예훼손 법률이다. 명예훼손 법률들이 정당하지 못하다고 우리는 위에서 주장했다. 그러나 심지어 명예훼손을 금지하는 법률이 있더라도 사적 시민을 명예훼손하는 것과 정부관료 또는 기관을 명예훼손하는 것을 구분하는 것은 중요하다. 19세기까지 정부에 대한 거의 어떤 비판도 억압할 수 있는 곤봉으로 사용되었던 '선동적인 명예훼손'(seditious libel)이라는 악명 높은 보통법은 다행히도 제거되었다. 근래에는 명예훼손 법률들은 정부 그 **자체**에 대해 적용할 때뿐 아니라 정치인들이나 정부 관료들에 적용할 때도 이제 다행히도 약화되었다.

많은 무정부주의 리버테리언은 정치 행동에 투표를 하거나 참여하는 것은 비도덕적이라고 주장한다. 그 주장은 이런 방법으로 국가 행위에 참여함으로써 리버테리언이 국가 기구 자체에 대한 그의 도덕적 인가를 주는 것이라는 것이다. 그러나 도덕적 결정은 자유로운 결정이어야 하고 국가는 부자유한 환경, 강제라는 일반적인 기반 내에 있는 사회에 개인들을 놓아 두어왔다. 불행

H.L. Mencken, *Happy Days: 1880~1892* (New York: Alfred Knopf, 1947), pp.251~52.

하게도 국가는 존재하고 사람들은 그들의 조건을 개선하기 위하여 이 기반으로부터 필히 시작해야 한다. 스푸너가 지적한 것처럼 국가의 강제가 존재하는 환경에서 투표행위는 자발적인 동의를 의미하는 것이 아니다.[3] 정말로, 만약 국가가 통치자들을 정기적으로 선택할 것을 우리에게 허용한다면 비록 그 선택이 제한된 것일지 모르지만 국가 권력을 줄이거나가 제거하기 위하여 그 제한된 선택을 이용하는 것이 비도덕적이라고 간주될 수는 확실히 없다.[4]

국가는 이제 그저 사회의 일부가 아니다. 사실 이 책의 이 부분에 담긴 공격의 예봉은 국가가 자신의 활동의 대부분에서 무능하고 비효율적인 경향이 있는 정당한 사회조직 — 대부분의 공리주의적 자유시장 경제학자들이 생각하고 싶은 것처럼 — 이 **아니라는** 것을 입증하는 것이다. 이에 반하여, 국가는 그 국민의 인간들과 재산들에 조직화되고 질서화된 범죄, 조직화된 침해를 행하는 본질적으로 부당한 조직이다. 사회에 필요하기보다는 차라리, 국가는 사적 시민들의 생산적 활동들로부터 기생충적으로 의존하여 생활하는 심각한 반사회적 조직(antisocial institution)이다. 도덕적으로, 국가는 부당하고, 정상적인 리버테리언 법률 체제(앞의 제II부에서 윤곽이 드러났던 것과 같은)의 외부에 있는 것으로 간주되어야 한다. 리버테리언 법률 체제란 사적 시민들의 권리들과 정당한 재산들의 한계를 정하고 보증하는 것이다. 따라서 정의와 도덕의 관점에서 국가는 재산을 소유할 수 없고, 복종을 요구할 수 없고, 국가와 맺는 계약을 집행할 수 없으며, 실로 전혀 존재할 수 없다.

국가를 옹호하는 가장 일반적인 주장은 '인간은 사회적 동물'이고, 인간은 사회 내에서 살아야 하며, 개인주의자들과 리버테리언들은 그들 동료 인간들에 의해 영향을 받지 않고 그들과 관계가 없는 '원자적인 개인들'(atomistic individuals)의 존재를 믿는다는 것이다. 그러나 어떤 리버테리언들도 개인들이 고립된 원자들이라고 결코 주장하지 않는다. 이에 반하여, 모든 리버테리언은 사회 내에서 사는 것과 사회적 분업에 참가하는 것의 필요성과 거대한 이득을 인식해왔다. 고전적 아리스토텔레스 추종자들(Aristotelian)과 토미스(Thomist) 철학자들을 포함해서 국가의 옹호자들이 저지르는 거대한 **불합리한 추론**은 **사**

3) 스푸너와 관계있는 문구는 앞의 pp.200~02를 보라.
4) 자유를 위한 타당한 전략에 대한 더 많은 것은 아래의 pp.309~30을 보라.

회의 필요성으로부터 **국가**의 필요성으로 껑충 뛴다는 것이다.[5] 이에 반하여, 우리가 지적했던 것처럼, 국가는 자발적 상호 교환, 개인의 창의성, 분업 등에 큰 타격을 가하는 **반**사회적 도구이다. '사회'라는 말은 평화로운 교환과 시장에서 개인들의 자발적 상호관계에 붙여주는 편리한 표지이다. 여기에서 우리는 앨버트 제이 녹이 '사회권력'(social power) — 경제와 문명에서 자발적 상호관계의 수확물들 — 과 '국가권력'(state power) — 그런 수확물들의 강제적인 간섭과 약탈 — 을 예리하게 구분한 것을 지적할 수 있다. 그 점에서 녹은 인간의 역사는 기본적으로 국가권력과 사회권력 간의 경쟁, 한편으로는 평화적이고 자발적인 생산과 창조성의 유익한 수확물들과 자발적이고 생산적인 사회적 과정에 국가권력이 큰 타격을 가하고 기생충적인 파괴를 하는 것 간의 경쟁임을 보여주었다.[6] 국가를 필요로 한다고 일반적으로 생각되는 모든 서비스 — 화폐주조에서 경찰에 의한 치안과 개인과 재산의 권리를 보호하기 위한 법의 발달까지 — 는 사적 인간들에 의해 훨씬 더 효율적이고 확실히 더 도덕적으로 공급될 수 있고 공급되어왔다. 국가는 어떤 의미에서도 인간의 본성상 필요치 않다. 완전히 그 반대이다.

---

5) Murray N. Rothbard, *Power and Market*, 2nd ed. (Kansas City: Sheed Andrews and McMell, 1977), p.237.

6) Albert Jay Nock, *Our Enemy, The State* (New York: Free Life Editions, 1973), pp.3ff.

제25장 국가들 간의 관계에 대하여

각 국가는 특정 영토 영역에서 인수한 폭력의 독점을 가진다. 그 영역은 상이한 역사적 조건들에 따라 그 크기가 다양하다. **외교정책** 또는 **외교관계**는 A라는 특정 국가와 B, C, D라는 다른 국가들과 그곳에 살고 있는 주민들 간의 관계로 정의될 수 있다. 이상적인 도덕을 지키는 세계에서는 국가는 존재하지 않을 것이고 따라서 물론 외교정책이 존재할 수 없다. 그러나 국가들이 존재하는 상황에서 외교정책을 위한 기준들로서 리버테리어니즘이 지도할 수 있는 어떤 도덕적 원리들이 있는가? 대답은 대체로는 국가들의 '국내 정책'에 대한 리버테리언 도덕 기준들과 동일한 것인데, 즉 국가들에 의해 개별 인간들에 가해지는 강제의 정도를 가능한 한 많이 줄이는 것이다.

국가 간 행동들을 검토하기 이전에, 잠시만 순수한 리버테리언으로 된 국가 없는 세계(libertarian stateless world)로 돌아가자. 그 세계란 개인들과 그들이 고용한 사적 치안기관들(private protection agencies)이 폭력의 사용을 인신과 재산에 대한 침해를 방어하는 일에 엄격히 제한하는 세계이다. 이 세계에서 존스가 그 또는 그의 재산이 스미스에 의해 침해되고 있음을 발견한다고 가정하자. 우리가 보았던 것처럼 존스가 방어적 폭력의 사용에 의해 이 침해를 격퇴하는 것은 정당하다. 그러나 이제 우리는 질문해야 한다. 스미스에 대한 정당한 방어 과정에서 무죄한 제3자들에 대해 공격적 폭행을 가하는 것이 존스의 권리에 속하는가? 분명히 그 대답은 '아니오'임에 틀림없다. 왜냐하면 무죄한 사람들의 인신 또는 재산에 대해 폭력을 가하는 것을 금지하는 규칙은 절대적이기 때문이다. 공격의 주관적 **동기들**과 상관없이 그 규칙은 유효하다. 다른 사람의 재산 또는 인신을 침해하는 것은 틀린 것이고 유죄인데, 비록 그 사람이 로빈 후드이거나 굶고 있거나 제3자의 공격에 대항해서 자신을 방어하는 경우일지라도 말이다. 우리는 이런 많은 경우의 동기들과 극단적인 상황을 이해할 수 있고 동정심을 가질 수 있다. 우리(또는 차라리 희생자 또는 그 상속자)는 범죄자가 처벌을 위해 재판에 나온다면 나중에 죄를 경감할 수 있을 것이다.

그러나 이 침해가 여전히 범죄 행위이고 피해자가 필요하다면 폭력을 사용해서라도 격퇴해야 하는 모든 권리를 가지고 있는 것이라는 판단을 피할 수 없을 것이다. 요컨대, C가 A를 협박하거나 공격하기 때문에 A가 B를 공격한다. 이 전 과정에서 C의 '더 높은' 유죄를 이해할 수 있지만 A의 이 공격을 범죄행위로 여전히 분류하고 B가 폭력에 의거하여 그 범죄 행위를 격퇴할 모든 권리를 가진다.

더 구체적으로는, 만약 존스가 그의 재산을 스미스가 훔치고 있음을 안다면 존스는 스미스를 격퇴하고 잡을 권리를 가지고 있다. 그러나 존스는 빌딩에 폭탄을 투척하고 무죄한 사람을 죽이는 방법으로 그를 격퇴할 권리는 **가지고 있지 않거나** 기관총을 무죄한 대중에게 난사함으로써 그를 잡을 권리는 **가지고 있지 않다.** 만약 그가 이것을 한다면 스미스가 범죄 공격자인 만큼(또는 그 이상으로) 그도 범죄 공격자이다.

만약 스미스와 존스가 각각 그의 편을 데리고 있다면, 즉 만약 스미스와 그 부하들과 존스와 그 보디가드들 간에 '전쟁'이 발발한다면 동일한 기준이 유효하다. 만약 스미스와 일단의 그의 부하들이 존스에게 공격을 가한다면 그리고 존스와 그의 보디가드들이 스미스 갱단을 그들의 소굴에 가둔다면 우리는 존스의 이런 시도에 갈채를 보낼 수 있다. 그리고 우리와 사회에서 침해를 격퇴하는 데 관심 있는 다른 사람들은 존스의 대의(cause)에 재무적으로 또는 인간적으로 기여할 수 있다. 그러나 존스와 그의 부하들은 그들의 '정당한 전쟁' 과정에서 스미스와 마찬가지로 누구에 대해서도 침해를 할 권리를 **가지고 있지 않다.** 존스와 그의 부하들은 그들의 추격을 위한 자금을 조달하기 위하여 다른 사람들의 재산을 훔치는 권리 또는 폭력을 사용하여 다른 사람들을 그들의 무장대로 징용하는 권리 또는 스미스 부대를 잡기 위한 투쟁 과정에서 다른 사람들을 죽이는 권리는 가지고 있지 않다. 만약 존스와 그의 부하들이 이런 것들 중의 어떤 것이라도 한다면 그들은 스미스만큼 **완전하게** 범죄자들이 된다. 그리고 그들도 역시 범죄에 대해 어떤 제재가 할당되든지 복종해야 한다. 사실, 만약 스미스의 죄가 절도였다면 그리고 존스가 그를 잡기 위하여 징용을 하거나 추격에서 무죄한 사람을 죽인다면 존스는 스미스보다 죄가 더 많은데, 왜냐하면 다른 사람을 노예로 삼거나 살인을 하는 것과 같은 그런 범죄는 절도보다 확실히 더 나쁘기 때문이다.

스미스가 끼친 손해에 대항해서 존스의 '정당한 전쟁' 과정에서 어떤 무죄한 사람을 죽인다고 가정하자. 그리고 이 살인을 변호하면서 그는 단지 "나에게 자유를 달라 또는 나에게 죽음을 달라"라는 슬로건에 따라 그저 행동했다고 변론한다고 가정하자. 이 '변호'의 불합리성은 일단 명백한 것이 틀림없는데, 왜냐하면 존스가 스미스에 대항하는 변론에서 쟁점은 개인적으로 죽음을 무릅 쓸 의지가 있었는가 하는 것이 아니기 때문이다. 쟁점은 존스가 그의 정당한 목적을 추구하는 과정에서 다른 무죄한 사람을 살인할 의지가 있었는가 하는 것이다. 왜냐하면 존스는 참으로 완전히 옹호할 수 없는 슬로건, 즉 "나에게 자유를 달라 또는 **그들에게** 죽음을 주라" — 확실히 훨씬 덜 고상한 전투 슬로건인데 — 라는 슬로건에 의하여 행동했기 때문이다.

그러면 전쟁, 심지어 정당한 방어적 전쟁도 폭력의 행사가 개별 범죄자들 자신들에게 엄격히 제한될 때만 오직 정당하다. 역사에서 얼마나 많은 전쟁과 갈등이 이 조건을 충족했는가를 우리 스스로 판단할 수 있을 것이다.

특히 보수주의자들에 의해 대량학살용 끔찍한 현대 무기들(핵무기들, 로켓들, 세균전 등등)의 개발은 이전 시대의 더 간단한 무기들과는 **본질**의 차이보다는 오직 **정도**의 차이일 뿐이라고 종종 주장되어 왔다. 물론 이것에 대한 한 가지 대답은 그 정도가 인간 생명의 수일 때 그 차이는 매우 큰 것이다. 그러나 각별한 리버테리언 대답은 만약 의지가 있다면 실제 범죄자들을 향해 활과 화살 그리고 심지어 총도 정밀 포격을 할 수 있지만 현대 핵무기들은 그렇게 할 수 없다는 것이다. 여기에 본질에 있어서 주요한 차이가 있다. 물론 활과 화살은 공격 목적으로 사용될 수 있다. 그러나 그것은 또한 오직 공격자들에게만 사용하기 위해 정밀 포격할 수 있다. 핵무기들, 심지어 '전통적인' 공중 무기들은 그렇게 될 수 없다. 이 무기들은 **사실상** 무차별 대량 파괴의 엔진들이다. (유일한 예외는 **모두**가 범죄자들인 대중이 넓은 지역에 거주하는 극히 드문 경우일 것이다.) 그러므로 핵무기 또는 유사한 무기들의 사용, 또는 그것으로 인한 협박은 정당성이 있을 수 없는 인류에 대한 범죄라는 결론을 내려야 한다.[1)]

---

1) 전투원들과 비전투원들을 구분하는 일의 도덕적 정당성에 대한 명확한 서술로는 G.E.M. Anscombe, Mr. *Truman's Degree* (Oxford: Privately printed, 1956)을 보라. 이 팸플릿은 옥스

이것이 전쟁과 평화의 문제들을 판단하는 데 있어서 중요한 것은 무기들이 아니라 무기들을 이용하는 의지라는 오래된 상투적인 문구가 더 이상 유효하지 않는 이유이다. 왜냐하면 현대 무기들이 선택적으로 사용될 **수 없다는** 것, 리버테리언 방법으로 사용될 수 없다는 것이 현대 무기들의 틀림없는 특징이기 때문이다. 그러므로 현대 무기들의 바로 그 존재가 비난받아야 하고 핵무기 철폐가 그 자체로서 추구되어야 할 미덕이다. 실로, 자유의 모든 국면 중에서 그런 철폐는 현대 세계에서 추구될 수 있는 최고의 정치적 목적이 된다. 왜냐하면 살인이 절도죄보다는 다른 사람에게 더 악질적인 범죄인 것과 똑같이 대량살인 — 실로 살인이 너무 광범위해서 인간의 문명과 인간의 생존 그 자체를 위협한다 — 은 어떤 인간이 어쩌면 저지를 수 있는 최악의 범죄이기 때문이다. 그리고 그 범죄는 이제 너무나도 가능하다. 또는 리버테리언들이 가격통제들 또는 소득세에 대한 화냄을 적절히 부풀리고, 그럼에도 불구하고 대량 살인이라는 궁극의 범죄에 어깨를 으쓱하거나 심지어 적극적으로 주장할 것인가?

만약 핵전쟁이 심지어 개인들이 범죄적 폭력에 대항해서 그들 스스로를 보호하는 경우라도 완전히 부당하다면 국가들 간의 핵전쟁 또는 심지어 '재래식' 전쟁은 얼마나 더 그럴 것인가!

이제 국가를 우리의 토론에 불러오자. 각 국가는 어떤 영토 영역에 대한 폭력의 독점을 스스로에게 돌려놓고 있기 때문에 국가의 약탈과 강요가 저항을 받지 않는 한에 있어서는 그 영역 내부에서는 '평화'가 있다고 말해지는데, 왜냐하면 국가에 의해 아래로 향해 그 국민에게 적대하여 행사되는 유일한 폭력은 지속되고 일방적이기 때문이다. 그 지역 내에서의 공개된 갈등은 사람들에게 가해지는 국가 권력의 사용에 국민이 항거하는 '혁명들'의 경우에만 오직 터져 나온다. 국가가 저항을 받지 않는 조용한 경우와 공개적인 혁명의 경우, 두 경우 모두를 '수직적 폭력'(vertical violence)으로 명명할 수 있을 것이다. 즉 국가에 의해 대중에 가해지는 폭력 또는 그 반대이다.

현존하는 세계에서 각 토지 구역은 국가조직에 의해 지배된다. 상당수 국가가 지구상에 흩어져 있고 각 국가는 자신의 영토 위에 폭력을 독점하고 있

포드 대학이 트루만 대통령에게 명예박사학위를 수여하는 것에 대한 항의로 발간되었다.

다. 전 세계에 걸쳐서 폭력을 독점하고 있는 초국가(super-State)는 존재하지 않는다. 그리고 그래서 여러 국가들 간에는 '무정부' 상태가 존재한다.[2] 그리고 그래서 오직 간헐적으로 발생하는 혁명들을 제외하면 세계에서 공개된 폭력과 쌍방 갈등은 두 국가 또는 더 많은 국가 **간에** 발생하는 데, 그것을 소위 '국제 전쟁' 또는 '수평적 폭력'(horizontal violence)이라고 한다.

이제 한 편에서 국가 간 전쟁과 다른 한 편에서 국가에 대한 혁명들 또는 사적 개인들 간의 갈등 간에 중요하고 결정적인 차이들이 있다. 혁명에서는 갈등은 동일한 지역적 영역 **내부에서** 발생한다. 국가의 앞잡이들과 혁명가들, 둘 모두 동일한 영토에 거주한다. 다른 한편 국가 간 전쟁은 두 그룹 간에 발생하는데, 각각은 자신의 지리적 영역에 대한 독점을 가지고 있다. 즉 국가 간 전쟁은 다른 영토의 거주자들 간에 발생한다. 이 차이로부터 여러 가지 중요한 결과가 만들어진다.

(1) 국가 간 전쟁에서는 대량 파괴의 현대 무기들이 사용될 범위가 훨씬 더 크다. 왜냐하면 만약 영토 내부에서의 갈등에서 무기 제조의 단계적 확대가 너무 크게 되면 각 편은 다른 편으로 향하는 무기들을 가지고 스스로 폭발할 것이다. 예를 들어 혁명가 그룹이나 혁명을 진압하고자 하는 국가나 모두 상대방을 향해 핵무기들을 사용할 수 없다. 그러나 다른 한편 전쟁을 치는 당사자들이 다른 영토 영역에 거주한다면 현대 무기의 범위는 거대하게 되고 전체 병기창이 대량 파멸을 위해 움직이기 시작할 수 있다.

두 번째 추론의 결과는 (2) 혁명가들은 그들의 목표들을 정확히 조준하고 그 목표들을 그들의 적인 국가에 국한하고 그 결과 무고한 사람들을 공격하는 것을 피하는 것이 **가능하지만** 국가 간 전쟁에서는 목표를 정확히 타격하는 것이 훨씬 덜 가능하다. 이 점은 심지어 구식 무기들에 대해서 옳고, 물론 조금도 정밀 타격할 수 없는 현대 무기들에 대해서도 옳다.

게다가, (3) 각 국가는 영토 내의 모든 사람과 자원을 동원할 수 있기 때문에 상대 국가는 적대 국가의 모든 시민을 적어도 일시적으로 적으로 간주하

2) '제한된 정부'를 주장하는 보수주의자들은 주어진 영토에서의 폭력의 독점을 제거하고 그 결과 대군주(overlord) 없이 사적 개인들을 놓아두고자 하는 어떤 제안도 어리석은 것으로 비난하는 것은 이상하고 비일관적이지만 **그럼에도 불구하고** 국민 국가들 간의 분쟁을 해결하기 위해 대군주 없이 그들을 놓아둘 것을 동시에 주장한다.

게 되고 전쟁을 그들에게까지 확대함으로써 시민들을 그에 맞게 취급하게 된다. 따라서 영역 간 전쟁의 모든 결과는 국가 간 전쟁이 한 편이 다른 편의 무고한 시민들 — 사적 개인들 — 을 공격하는 것을 포함할 것이라는 점은 거의 필연적이다. 이 필연성은 대량 파괴의 현대 무기들에게는 절대적인 것이다.

만약 국가 간 전쟁의 한 가지 분명한 특성이 영토권 간(inter-territoriality) 문제라면 다른 독특한 특성은 각 국가가 그 국민에 대한 징세로 생존한다는 사실로부터 연유한다. 그러므로 다른 국가를 상대로 하는 어떤 전쟁도 자신의 국민에 대한 세금-침해(taxation-aggression)의 증가와 확대를 수반한다. 사적 개인들 간의 갈등은 관련 당사자들에 의해 자발적으로 수행되고 자금이 조달될 수 있고 통상적으로 그렇다. 혁명들은 대중의 자발적 기여에 의해 자금이 조달될 수 있고 수행될 수 있고 종종 그렇다. 그러나 국가 간 전쟁들(state wars)은 세금납부자에 대한 침해를 통해 오로지 수행될 수 있다.

그러므로 모든 국가 간 전쟁은 국가 자신의 세금납부자들에 대한 침해의 증가를 수반한다. 그리고 거의 모든(현대 전쟁에서는, **모든**) 국가 간 전쟁은 적국에 의해 통치되는 무고한 시민들에 대한 최대한의 침해(살인)를 수반한다. 다른 한편 혁명들은 종종 자발적으로 비용이 마련되고 그들의 폭력을 국가 통치자들에게 정밀 포격을 **할 수** 있을 것이다. 그리고 사적 갈등들은 그들의 폭력을 실제 범죄인들에 국한할 수 있다. 그러므로 우리는 몇몇 혁명들과 몇몇 사적 갈등들은 정당**할 수** 있지만 국가 간 전쟁들은 **언제나** 비난받아야 하는 것이라는 결론을 내려야 한다.

어떤 리버테리언들은 다음과 같이 반대할지도 모른다. "우리 역시 전쟁을 위해 세금을 이용하는 것과 국방 서비스의 국가 독점을 개탄하지만 이런 조건들이 존재한다는 것을 인식해야 하는 것이다. 그리고 그런 조건들이 존재하더라도 우리는 방어라는 정당한 전쟁에서는 국가를 지지해야 한다." 위에서 우리가 한 토론의 관점에서는 그 대답은 다음과 같다. "예, 국가들이 존재한다. 그리고 국가들이 존재하는 한 국가를 대하는 리버테리언의 태도는 실제에 있어서는 국가에게 다음과 같이 말하는 것이어야 한다. 좋아, 네가 존재한다. 그러나 네가 존재하는 한 **적어도** 네가 독점하는 영역에 너의 활동들을 국한해야 한다." 요컨대, 리버테리언은 '해외'와 '국내'에서, 모든 사적 개인들에 대한 국가 침해의 영역을 가능한 한 많이 줄이는 것에 관심이 있다. 국제 문제들에 있어서 이렇게 하는 유일한 방법은 각국의 국민이 그들 자신의 나라가 독점한 영역에 국가의 활동들을 제한하고 다른 국가 독점주의자들—특히 다른 국가들에 의해 통치되는 **사람들**—을 공격하지 않도록 압력을 넣는 것이다. 요컨대, 리버테리언의 목적은 어떤 존재하는 국가도 개인과 재산에 대한 침해의 정도를 최대한 작게 하도록 제한하는 것이다. 그리고 이것은 전쟁의 완전한 회피를 의미한다. 각국의 국민은 '그들' 각각의 국가들이 서로 공격하지 않도록 압력을 가해야 한다. 그리고 만약 갈등이 불거지면 평화를 협상하거나 물리적으로 가능한 한 빨리 휴전을 선언하도록 각자의 국가에 압력을 가해야 한다.

국가가 한 시민의 재산을 보호하기 위해 실제로 노력하고 있는 대단히 확실한 경우—그렇게 드문 경우를 더 가정하자. A국가의 시민 A가 B국가를 여행하거나 투자한다. 그리고 나서 B국이 시민 A를 공격하거나 시민 A의 재산을 몰수한다. 확실히 우리의 리버테리언 비판자는 주장할 것이다. 이 점이 A국가가 시민 A의 재산을 보호하기 위해 B국가를 협박하거나 전쟁을 해야 하는 명백한 경우라고 말이다. 그 주장대로라면 국가가 스스로 그 시민들을 방어하는 독점을 떠맡고 있기 때문에 국가는 그러면 어떤 시민을 위해서라도 전쟁을 해야 할 의무를 가지고 있고 리버테리언들은 그런 전쟁을 정당한 것으로 지지해야 한다.

그러나 요점은 다시 한 번 각 국가는 **오직** 그것의 영토 영역 위에서만 폭력의 독점과 그 결과 방어의 독점을 가진다는 것이다. 국가는 다른 지리적 영역에 대한 그런 독점을 가지고 있지 않다—사실 국가는 다른 지리적 영역에 대해 전혀 권력이 없다. 그러므로 만약 A국가의 국민이 B국가로 여행을 하거나 투자를 해야 한다면 리버테리언은 그것으로 B국가의 국가 독점주의자를 상대할 기회들을 가져야 한다고 주장해야 한다. 그리고 여행자 또는 투자자의 재산을 보호하기 위하여 A국가가 A국가의 국민에게 세금을 징수하는 것**과** B국가의 무고한 다수를 죽이는 것은 비도덕적이고 범죄라고 리버테리언은 주장해야 한다.[3)]

---

3) 어떤 국가의 영토 내부에서의 '자국의' 방어에 차라리 적용해야 할 다른 고려사항이 있다. 국가가 (비국가) 범죄자들에 의한 공격에 대한 그 영역의 주민들을 방어하는 일이 덜 성공할수

핵무기에 대한 방어는 **없다는** 점(현재 유일한 '방어'는 '상호 확실한 파괴'의 위협이다)과 그 결과 이런 무기들이 존재하는 한 국가는 어떤 종류의 국제 방어 기능을 충족**할 수 없다는** 점은 또한 지적되어야 한다.

그러면 리버테리언의 목적은 어떤 갈등의 구체적인 원인들과 상관없이 다른 국가들을 상대로 전쟁을 발발하지 않도록 국가들에게 압력을 가하는 것임에 틀림없고, 만약 전쟁이 일어난 것이라면 평화를 간원하고 휴전과 평화협정을 물리적으로 가능한 빨리 협상하도록 압력을 넣는 것임에 틀림없다. 첨언하면, 이 목적은 18세기와 19세기 구식의 국제법에 정식으로 기술되었는데, 즉 어떤 국가도 다른 국가의 영토를 침해하지 않아야 한다는 이상 — 지금은 국가들의 '평화로운 공존'이라 부르는 것 — 을 말한다.

그러나 리버테리언의 반대에도 불구하고 전쟁은 시작되었고 전쟁을 수행하는 국가들이 평화를 협상하지 않고 있다고 가정하자. 그 때 리버테리언의 입장은 무엇인가? 확실히 무고한 시민들에 대한 공격의 범위를 가능한 많이 줄이는 것이다. 구식의 국제법은 이 목적을 위하여 두 가지 탁월한 수단을 가졌다. 그것은 '전쟁의 규칙들'(laws of war)과 '중립의 규칙들'(laws of neutrality) 또는 '중립국들의 권리들'(neutrals' rights)이다. 중립의 규칙들은 발발된 어떤 전쟁도 전쟁을 치는 국가들 자신들에게만 엄격히 제한되고 다른 국민으로 된 국가들과 특히 인민을 침해하지 않게 하기 위하여 고안되었다. 따라서 '바다의 자유'(freedom of the seas)와 같은 그렇게 오래되고 지금은 잊혀진 미국 원리들의 중요성 또는 적국과 교역하는 중립국을 저지하고자 하는 전쟁 수행 국가들의 권리에 심각한 제한을 가하는 것이다. 요컨대, 리버테리언의 입장은 전쟁을 수행하는 국가들이 중립국 시민들의 권리들을 완전히 준수하도록 유도하는 것이다.

'전쟁의 규칙들'은 전쟁 수행 국가들이 상대 전쟁 국가들의 시민들의 권리들에 대한 침해를 가능한 한 많이 제한하기 위하여 고안되었다. 영국 법학자 비일(F. J. P. Veale)이 쓴 것처럼,

---

록 이 주민들은 국가 운영의 비효율성을 더 많이 알게 되고 그들은 방어를 비국가적으로 하는 방법으로 더 많이 향하게 될 것이다. 그러므로 국가의 방어 실패는 대중에게 교육적 가치를 가질 수 있다.

> 이 규약의 근본적 원리는 문명화된 인간들 간의 적대감은 실제로 전쟁에 참여하는 무장 세력에 국한되어야 한다는 것이었다. … 전투요원들의 유일한 용건은 서로 싸우는 것이고 그리고 결과적으로 비전투요원들은 군사작전의 범위에서 제외되어야 한다는 점을 규정함으로써 전투요원들과 비전투요원들 간을 구분했다.[4]

동기와 상관없이 모든 전쟁을 비난하면서 리버테리언은 어떤 특정 전쟁에서 국가들 사이에서 유죄의 정도가 다르다고 하는 것은 당연하다는 것을 안다. 그러나 그의 최우선적인 관심사는 전쟁에 참가하는 어떤 국가도 비난하는 것이다. 따라서 그의 정책은 모든 국가에게 전쟁을 시작하지 않거나 전쟁에 참여하지 말 것이고, 이미 시작한 전쟁은 중단하며, 어느 일방 또는 어떤 일방의 시민들을 다치게 하는, 지속되고 있는 전쟁의 범위를 줄이도록 압력을 넣는 것이다.

국가들 간의 평화로운 공존과 불간섭이라는 리버테리언 정책으로부터의 한 가지 추론은 해외 원조, 한 국가에서 다른 국가로의 원조의 엄격한 자제이다. 왜냐하면 A국가가 B국가에게 주는 어떤 원조도 (1) A국가 국민에 대한 세금 침해를 증가하게 하고, (2) B국가가 자신의 국민에게 가하는 억압을 악화시킨다.

어떻게 리버테리언 이론이 **제국주의**의 문제에 응용되는가를 보기로 한다. 제국주의란 A국가가 B국가의 국민을 공격하는 것과 이런 외국 지배를 차후에 유지하는 것으로 정의될 수 있을 것이다. 이 지배는 B국가에 대해 직접적인 것일 수 있고 종속적인 피보호 국가인 B를 통한 간접적인 것일 수 있다. A의 제국주의적 지배에 대항하여 B국가 국민에 의한 혁명(직접적으로 또는 피보호 국가B에 대항하여)은 확실히 정당한데, 혁명의 불꽃이 오직 지배자들에게 향하는 것이어야 한다고 다시 규정한다면 말이다. 미개발국들을 지배하는 서양제국주의는 후임 토착 정부보다 재산권에 대해 더 주의 깊기 때문에 지지되어야 한다는 점을 보수주의자 그리고 심지어 일부 리버테리언들이 종종 주장한다. 그러나 첫째로 B국가 국민에 대한 현존하는 제국주의적 지배라는 억압은 너무나 현실적이고 괘씸한 반면에 현상 유지를 따를 것이라고 판단하는 것은 아

4) F.J.P. Veale, *Advance to Barbarism* (Appleton, Wisc.: C.C. Nelson, 1953), p.58.

주 불확실하다. 그리고 둘째로 이 분석은 서양 세금납부자, 정복을 위한 전쟁 비용과 그리고 난 다음에 제국주의적 관료를 유지하기 위해 지불해야 하는 비용을 약탈당하고 부담하는 사람이 겪는 제국주의로 인한 상처를 무시한 것이다. 오직 이 두 번째 이유만으로도 리버테리언은 제국주의를 비난해야 한다.[5)]

모든 국가 간 전쟁에 대한 반대는 리버테리언이 영토 경계선의 변경을 결코 지지할 수 없다는 것, 그는 세계를 부당한 영토체제의 동결로 인도하고 있는 것을 의미하는가? 확실히 아니다. 예를 들어, '월다비아'라는 가상국가가 '루리타니아'를 공격했고 루리타니아의 서쪽 부분을 병합했다고 가정하자. 서쪽 루리타니아인들은 이제 그들의 루리타니아인 형제와 재통일되기를 갈망한다(아마도 루리타니아 언어를 사용하는 일이 방해받지 않기를 원하기 때문이다). 어떻게 이것이 성취되는가? 물론 두 권력 간의 평화적 협상의 길이 있다. 그러니 월다비아 제국주의자들이 완강하다고 가정하자. 또는 리버테리언 월다비아인들이 정의의 이름으로 정복을 포기하도록 그들의 국가에 압력을 넣을 수 있다. 그러나 이것 역시 작동하지 않는다고 가정하자. 그러면 무엇을? 우리는 루리타니언 국가가 월다비아에 대항해서 전쟁을 개시하는 것이 부당하다는 것을 여전히 주장해야 한다. 지리적 변화를 향한 정당한 길은 (1) 억압받는 서쪽 루리타니아 국민들에 의한 혁명적 궐기이고, (2) 사적 루리타니아인 그룹들(또는 그 문제에 관해서는 다른 나라들에 있는 루리타니아 대의(cause)를 위한 친구들에 의해)이 서쪽 반란군에게 원조 — 그 형태는 장비 또는 지원 인력 — 를 하는 것이다.

마지막으로 우리는 국가 간 전쟁의 피할 수 없는 부수물인 국내 독재, 전

5) 서양 제국주의에 관해 두 가지 실증적인 점을 그 위에 더 지적할 수 있을 것이다. 첫째, 존중된 재산권은 주로 유럽인들의 재산권이었다. **토착**민은 그들의 최선의 토지가 제국주의자들이 그들로부터 훔친 것임을 종종 발견했다. 그리고 토착민의 노동은 이 절도에 의해 획득되어 운영되고 있는 탄광 또는 토지재산에 강제로 투입되었음을 토착민은 종종 발견했다.

둘째, 다른 미신은 다음과 같다. 20세기 초의 '포함 외교'(gunboat diplomacy)는 결국 후진국들에 있는 서양 투자자들의 재산권을 보호하는 것이었다는 것이다. 그러나 어떤 국가의 독점화된 영토 영역을 넘어서는 데 대한 위에서의 혹평을 별문제로 하고, 포함 행동들의 대부분은 사적 투자가 **아니라** 토종 정부 국채의 서양 보유자들을 보호하는 것이었다는 점은 일반적으로 무시된 것이다. 서양권력들은 외국 채권소유자들에게 지불하기 위하여 토종 정부들이 그들 국민에게 세금침해를 증대할 것을 강요했다. 이것은 사적재산권을 위한 행동이 아니다. 완전히 그 반대다.

쟁이 끝난 후 오랫동안 일반적으로 좀처럼 사라지지 않는 독재에 대해서 언급해야 한다. 랜돌프 베네(Randolph Bourne)는 '전쟁은 국가를 건강하게 만든다'(war is the health of the State)라는 점을 여실히 보여주었다.[6] 전쟁 때야말로 국가가 진정으로 권력, 수, 프라이드, 경제와 사회에 대한 절대적인 지배 등에 있어서 스스로 부풀어 오른다. 국가로 하여금 전쟁의 나쁜 의미를 빼줄 수 있게 하는 근본적인 미신은 전쟁이 국가로 **하여금** 그 국민을 보호하는 **것이라는** 허위 기사이다. 사실들은 정확히 그 반대이다. 왜냐하면 만약 전쟁이 국가의 건강이라면 전쟁은 또한 최대로 위험한 것이기 때문이다. 국가는 전쟁에서의 패배 또는 혁명에 의해 오직 '사멸될'(die) 수 있다. 그러므로 전쟁에서 **국가**는 국민을 위해서 싸운다는 구실로 다른 국가에 대항해서 **자신**을 위해 싸워 줄 국민을 미친듯이 동원한다. 사회는 군대화되고 국가주의화된다(statized). 사회는 단정된 적들을 죽이기를 원하는 군중이 되고, 전쟁에 들어가는 공식적인 수고에 대한 모든 반대를 뿌리 뽑고 억압하며, 가상의 공공이익을 위해 행복하게 진실을 속인다. 사회는 '행진중인 군대' — 앨버트 제이 녹이 한때 표현한 것처럼 — 의 가치와 사기(morale)를 지닌 무장 캠프가 된다.[7]

---

6) Randolph Bourne, *War and the Intellectuals*, C. Resek, ed. (New York: Harper and Row, 1964), p.69.

7) 이 견해의 이전 버전은 Murray N. Rothbard, "War, Peace, and the State," In *Egalitarianism as a Revolt Against Nature, and Other Essays* (Washington, D.C.: Libertarian Review Press, 1974), pp.70~80에서 발견할 수 있다.

제 IV 부

자유를 위한 현대의 대안적 이론들

우리는 자유와 재산권을 위한 이론을 제안했고 자유의 대척점에 있는 국가의 본질적 역할에 대해서 토론했다. 우리는 이 부분에서 현대세계에서 발표된 자유를 위한 몇몇 탁월한 대안 이론들, 아주 대략적으로는 자유시장적 전통 또는 고전적 자유주의 전통에 속하는 연구자들에 의해 개진된 이론들에 대해 토론하고 비판을 하고자 한다. 그 대안 이론들의 다른 장점들이 무엇이든지, 그 이론들은 자유와 개인의 권리들을 위한 체계적인 이론을 위한 기초를 제공함에 있어서는 결점이 있고 부적절한 것으로 보일 것이다.

제26장 공리주의 자유시장 경제학

A. 서론: 공리주의 사회철학

경제학은 19세기에 독립적이고 남의 시선을 의식하는 과학 또는 원리로 부상했다. 그리고 그 결과 경제학의 이러한 발전은 불행하게도 철학에 있어서 공리주의가 우위를 점하는 일과 동시에 일어났다. 그 결과로 경제학자들 — 그들이 19세기의 자유방임적 신념 또는 20세기 국가주의를 신념으로 가졌든지 상관없이 — 의 사회철학은 거의 변함없이 공리주의 사회철학에 기초를 두고 있다. 심지어 오늘날에도 공공정책을 결정함에 있어서 정치경제는 '사회적 비용'(social costs)과 '사회적 혜택'(social benefits)을 비교 평가하는 토론으로 가득하다.

우리는 여기에서 윤리이론으로서 공리주의를 비판하는 일을 할 수 없다.[1] 우리는 여기에서 리버테리언 이데올로기 또는 자유방임 이데올로기를 위한 옹호 가능한 토대를 제공하기 위하여 공리주의 윤리학을 이용하는 몇 가지 시도를 분석하는 일에 관심을 가진다. 그래서 공리주의가 리버테리언 정치 철학 또는 준(quasi)리버테리언 정치철학을 위한 토대로 사용될 때에 한해서만 공리주의에 대한 비판을 간략하게 할 것이다.[2]

요컨대, 공리주의 사회철학은 '최대 다수의 최대 행복'(greatest good for the greatest number)을 초래하는 정책이 '좋은' 정책이라고 주장한다. 거기에서 다수를 구성함에 있어서 각 개인은 하나로 계산된다. 그리고 거기에서 '행복'이란 사회에서 개인들의 순전히 주관적 요구들의 완전한 만족이라고 주장된다. 경제학자들처럼 (더 많은 점에 대해서는 아래를 보라) 공리주의자들은 그들 자신을

1) 자연법적 윤리학의 대안이라는 관점에서 공리주의를 비판한 입문으로는 John Wild, *Plato's Modern Enemies and the Theory of Natural Law* (Chicago: University of Chicago Press, 1953); Henry B. Veatch, *For An Ontology of Morals: A Critique of Contemporary Ethical Theory* (Evanston, Ill.: Northwestern University Press, 1971)를 보라. 리버테리언의 정치철학으로서의 공리주의의 부적절성에 대해서는 Herbert Spencer, *Social Statics* (New York: Robert Schalkenbach Foundation, 1970), pp.3~16을 보라.

2) 이 책에서 공리주의 접근법에 대한 이전의 비판에 대해서는 pp.12~16을 참조.

'과학적' 그리고 '가치중립적'(value-free)이라고 생각하기를 좋아한다. 그리고 공리주의자들의 학설은 공리주의자들에게 사실상 가치중립적인 입장을 채택하도록 필경 허용한다. 왜냐하면 공리주의자들은 아마도 그들 자신의 가치를 강요하지 않고 인구의 다수를 차지하는 사람의 욕구와 필요의 최대 가능한 만족을 오로지 추천하기 때문이라는 것이다.

그러나 공리주의는 전혀 과학적이지 않고 결코 가치중립적이지 않다. 첫째, 왜 '최대 다수'인가? 왜 더 적은 수보다는 더 많은 수의 의지를 따르는 것이 윤리적으로 더 좋은가? '최대 다수'에서 무엇이 그렇게 좋은가?[3] 사회의 막대한 다수가 빨강머리를 미워하고 욕한다고 가정하자. 그리고 그들이 빨강머리를 죽이기를 열렬히 원한다고 가정하자. 어느 시점에 소수의 빨강머리만이 존재한다고 추가로 가정하자. 그러면 우리는 막대한 다수가 빨강머리를 살해하는 것이 '좋은' 것이라고 말해야만 하는가? 그리고 그렇지 않다면 왜 그렇지 않은가? 그러면 하다못해 공리주의는 자유와 자유방임을 위한 정당한 논거를 만드는 일에 너무 부족하다. 그 점을 펠릭스 애들러(Felix Adler)는 다음과 같이 비꼬고 있다.

> 공리주의자들은 최대 다수의 최대 행복이 사회의 목적이 되어야 한다고 선언한다. 비록 공리주의자들이 왜 최대 다수의 행복이 우연히도 소수에 속한 사람들에게 목적으로서 강제되어야 하는지를 이해시키는 데 실패한 것이지만 말이다.[4]

둘째, 한 사람을 하나로 치부하는 것에 대한 정당성은 무엇인가? 왜 하나의 비중을 달리하는 다른 제도는 안 되는가? 이것 역시 공리주의에서 논의되지 않은 항목이고 그 결과 비과학적 항목인 것처럼 보인다.

셋째, 왜 오직 '좋은 것'만이 각 개인의 주관적인 감정적 욕구를 만족시키는가? 왜 이런 욕구에 대한 초주관적인(supra-subjective) 비판은 있을 수 없는가? 사실, 사회기술자(social technician)[사회주의자, 사회공학자등과 유사한 말로, 사

3) 그리고 심지어 공리주의자의 용어로도, 더 적은 수의 의지를 따름으로써 더 많은 행복을 가질 수 있다면 어떻게 되는가? 이 문제를 토론한 것으로는 Peter Geach, *The Virtues* (Cambridge: Cambridge University Press, 1977), pp.91ff.

4) Felix Adler, "The Relation of Ethics to Social Science," in H. J. Rogers, ed., *Congress of Arts and Science* (Boston: Houghton Mifflin, 1906), vol. 7, p.673.

회를 설계할 수 있다는 생각을 가진 사람을 지칭한다, 역자주]가 어떻든 만족시켜야 할 도덕적 의무가 있는, 이런 주관적인 욕구가 절대적으로 주어진 것으로 공리주의는 암묵적으로 가정한다. 그러나 개인들의 욕구는 절대적이고 변하지 않는 것이 **아니라**는 것이 인간의 공통된 경험이다. 그런 욕구는 비밀리에 설득으로부터 봉인되어 있는 것이 아니다. 그 설득이 합리적인 것이든 그렇지 않은 것이든 간에 말이다. 경험과 다른 개인들은 사람들이 자신들의 가치를 바꾸도록 설득과 논박을 할 수 있고 그렇게 한다. 그러나 만약 모든 개인들의 욕구들과 가치들이 순전히 주어진 것이고 그 결과 다른 사람들의 상호 주관적 설득(inter－subjective persuasion of others)에 의해 변경될 수 없다면 어떻게 그것이 그렇게 될 수 있는가? 그러나 만약 그런 욕구들이 주어진 것이 아니고 도덕적 주장으로 된 설득으로 변경 가능한 **것이라면** 주장되어질 수 있고 다른 사람들에게 영향을 미칠 수 있는 상호 주관적 도덕 원리들이 존재**하는** 것처럼 보인다.

이상하게도, 공리주의는 도덕, 즉 좋은 것은 각 개인에게 순전히 주관적인 것이라고 가정하지만 공리주의는 다른 한 편으로는 이런 주관적 욕구를 사회의 다양한 개인들 간에 더하고, 빼고, 무게를 잴 수 있다고 가정한다. 공리주의는 '순사회적 효용'(net social utility) 또는 '사회적 비용'을 계산할 수 있도록 개인들의 주관적 효용들과 비용들을 더하고, 빼고, 측정이 가능하다고, 그 결과 공리주의자로 하여금 주어진 사회 정책에 찬성하거나 반대하는 충고를 할 수 있도록 허용한다고 가정한다.[5] 현대 복지경제학은 '사회적 비용'과 '사회적 효용'을 (심지어 근거 없이 정확하게 수량적으로) 측정할 수 있게 하기 위하여 특별히 정통한 것이다. 그러나 경제학은 다음과 같은 점을 정확히 우리에게 알려준다. **도덕원리들**이 주관적인 것이 아니라 효용들과 비용들이 사실상 주관적인 **것이라는** 점이다. 개인의 효용들은 순전히 주관적이고 서수적이고 그 결과 '사회적' 효용 또는 '사회적' 비용을 측정하기 위하여 그것들을 더하거나 무

5) 게다가, 결백한 사람이 고통을 받는 것을 보고 싶다고 하는 어떤 이의 욕구와 같은 그런 선호들은 객관적인 기준에서 부도덕한 것처럼 보인다. 하지만 가장 무해한 선호들 또는 가장 이타적 선호들만큼이나 충분히 그런 욕구들도 수량적인 계산에 포함되어야 한다고 공리주의자는 주장해야만 한다. 이 점에 대해서 나는 데이비드 고든(David Gordon) 박사에게 신세를 진 것이다.

계를 재는 것은 전적으로 추론을 그르친 것이다.

B. 만장일치 원리와 보상 원리

공리주의 경제학자들은 철학 분야의 그들 동업자들보다 더 심하게 공공 정책에 대한 견해를 '과학적'이고 '가치중립적으로' 만들고 싶어 한다. 그러나 윤리가 순전히 임의적이고 주관적이라는 것을 믿는다면 그러면 어떻게 경제학자들이 정책에 대한 그들의 입장을 가질 수 있겠는가? 이 장에서는 공리주의자이면서 자유시장 경제학자들이 윤리적 입장을 취하는 것을 억제하도록 노력하지만 자유시장을 선호한다고 전제하는 방법들을 탐구할 것이다.[6]

공리주의의 중요한 변형 중의 하나는 '파레토 최적'(Pareto optimality)이라는 기준에 기초하고 있는 만장일치 원리(Unanimity Principle)이다. 여기에서 파레토 최적이란 어떤 정책으로 누구도 '나빠지지' 않지만 한 명 또는 그 이상의 사람이 (효용의 만족이라는 관점에서) '나아진다면' 그 정책은 '좋은 것'이라는 것이다. 파레토 최적의 엄격한 버전은 만장일치를 의미한다. 여기에서 만장일치란 모든 사람이 동의한 상태로서 그 결과 모든 사람은 특정 정부 정책으로 인하여 더 나아지거나 적어도 더 나빠지지 않을 것으로 믿는 것이다. 최근에는 제임스 뷰캐넌(James Buchanan) 교수가 자발적이고도 계약적 동의로 이루어지는 자유시장을 위한 토대로서 만장일치 원리를 강조해왔다. 정책적 판단을 내리기를 원하는 '가치중립적인' 경제학자들에게는 단순 다수결 원리, 즉 과반수 원리에 비해 만장일치 원리는 훨씬 큰 매력이 있다. 만약 사회의 **모든 사람이** 어떤 정책을 선호한다면 경제학자는 안전하게 그 정책을 주장할 수 있을 것이 확실하다. 그러나 만장일치 원리는 리버테리언들에게는 처음에는 피상적으로는 매력적일 수 있지만 본질에 있어서는 치명적이고도 회복 불가능한 결점이 있다. 그 결점이란 자유계약의 미덕 또는 현존 상태로부터의 만장일치에 의해 승인된 변화는 바로 그 현존 상태 **자체의** 미덕 또는 정의에 전적으로 의존한

6) 경제학, 가치 판단, 정부 정책 간의 관계를 확장한 분석에 대해서는 다음을 보라. Murray N. Rothbard, "Praxeology, Value Judgments, and Public Policy," in E. Dolan, ed. *The Foundations of Modern Austrian Economics* (Kansas City: Sheed and Ward, 1976), pp.89~111.

다는 점이다. 그런데 파레토 최적도 그것의 변형인 만장일치 원리도 현존하는 현재 상태로부터의 **변화**에만 또는 영점(zero point)에만 오로지 집중함으로써 현존하는 현재 상태의 미덕 또는 정의에 대해서는 아무 것도 말해 줄 수 없다.[7] 그뿐 아니라 변화를 만장일치로 승인해야 한다는 필요는 현존하는 현재 상태에 필연적으로 **동결된다**. 만약 현재 상태가 부당하거나 자유를 억압한다면 만장일치 원리는 정의와 자유를 위한 방벽이 되기보다는 큰 장애물이 된다. 만장일치 원리를 자유를 위한 가치중립적인 선언인 것처럼 주장하는 경제학자는 그 대신에 현재 상태로 동결하기 위하여 거대하고 전적으로 지지받지 못하는 가치 판단을 하고 있는 것이다.

파레토 최적의 변형으로 일반적으로 받아들여진 '보상 원리'(Compensation Principle)는 엄격한 만장일치 원리가 가진 모든 결점을 내포할 뿐 아니라 그 자체가 가진 결점도 다수가 있다. 만약 어떤 정책으로부터 (효용) 승자들이 패자들을 보상하고도 여전히 순이득이 있다면 그 정책은 '좋은 것'이라고 보상원리는 주장한다. 그 결과 정책의 초기에 효용에서 패자들이 **있지만** 보상을 하고 나면 그런 패자들은 없게 된다. 그러나 보상 원리는 다음과 같이 가정하고 있다. 즉 사람들 간의 효용들을 가감하는 것이 개념적으로 가능하고 그 결과 이득과 손실을 측정할 수 있다는 것이다. 보상 원리는 각 개인의 이득과 손실을 정확하게 측정할 수 있다고 또한 가정한다. 그러나 경제학은, '효용' 그리고 효용의 이득과 손실은 순전히 주관적인 개념이고 심적 개념이라는 것과 효용의 이득과 손실을 외부 관찰자들이 측정하거나 심지어 추정하는 것이 가능하지 않다는 점을, 우리에게 가르친다. 그 결과 효용의 이득과 손실은 상호간에 더하거나, 측정하거나, 무게를 잴 수 없고 정확한 보상을 발견할 수 있는 것은 훨씬 더 적다. 경제학자들에 의해 이용되는 통상적인 가정은 효용의 심적인 손실을 어떤 자산의 화폐가격으로 측정하는 것이다. 만약 철도가 매연으로 농부의 토지에 피해를 준다면 보상주의자들(compensationists)은 농부의 손실은 토지의 시장가격으로 측정할 수 있다고 가정한다. 그러나 이 가정은 그 농부가

7) 아래에서 더 보겠지만 만장일치 원리 역시 경제학자가 그 자신의 가치판단을 하는 것을 막지 않고 그 결과 그의 '가치중립'(value freedom)을 손상하는 것을 억제할 수 없다. 왜냐하면 경제학자가 그저 **모든 사람의** 가치판단과 동일한 가치판단을 하는 경우라도 그렇지만 그는 가치판단을 하고 있기 때문이다.

자신의 토지에 부여하는 심적인 애착, 그 애착은 당연히 시장가격보다 훨씬 큰 것이라는 사실을 무시한다. 게다가, 그 농부의 자신의 토지에 대한 심적 애착은 얼마인가를 발견하는 것이 불가능하다는 것을 그 가정은 무시한다. 농부에게 **물어보는** 것이 소용이 없는데, 왜냐하면 예를 들어 토지에 대한 그의 애착은 시장가격보다 훨씬 높다고 **말할 수** 있지만 거짓말할 것이 당연하기 때문이다. 정부 또는 외부의 다른 관찰자는 어느 쪽도 발견할 방법이 없다.[8] 게다가, 사회 내에 단 **한 명의** 투쟁적인 무정부의자가 존재한다면 그 존재만으로도 정부 행위를 지지하는 그 어떤 것에 대해서도 보상원리 주장을 무너뜨리기에 충분하다. 왜냐하면 그 무정부주의자의 정부에 대한 심적인 불만이 그런 결과로 정부의 존재 또는 정부의 행위로부터 느끼는 심적인 불편함(psychic disutility)을 어떤 방법으로도 보상될 **수 없기** 때문이다. 그리고 확실히 그런 무정부주의자가 적어도 한 명은 존재한다.

보상 원리의 약점들과 보상 원리가 현재 상태에 부당하게 강한 애착을 갖는다는 점을 보여주는 건실하지만 틀에 박힌 예가 있다. 그것은 19세기 초 노예제 폐지를 놓고 영국 국회에서 벌인 토론이다. 보상 원리의 초기 지지자들은 노예의 주인들이 노예 해방으로 노예에 투자한 손실을 보상받아야 한다고 그곳에서 주장하고 있었다. 리버테리언 모임인 멘체스터 학파(Manchester School)의 일원이었든 벤자민 피어슨(Benjamin Pearson)은 그 지점에서 "보상받아야 할 사람은 노예들이었다고 자신은 생각했다고"[9] 선언했다. 정확하게도! 공공 정책을 주장하는 경우에 어떤 윤리적 체계, 어떤 정의 개념을 가져야 할 필요성을 보여주는 근사한 예가 여기에 있다. 노예제가 불법이고 정의롭지 못하다고 주장하는 우리들과 같은 도덕가들은 주인들에게 보상해야 한다는 아이디어에

8) 개인들이 자유시장 교환을 할 때는 그들의 효용 순위들의 일부를 **드러낸다**. 그러나 물론 정부의 행동들은 비시장적(non-market) 현상들이다. 이 질문에 대한 추가적인 분석에 대해서는 Walter Block, "Coase and Demsetz on Private Property Rights," *Journal of Libertarian Studies* 1 (Spring 1977), pp.111~15를 보라. 사회적 효용의 반대 개념으로서 현시된 선호(demonstrated preferences)에 대해 더 알고 싶다면 Murray N. Rothbard, "Praxeology, Value Judgements, and Public Policy"와 *Toward A Reconstruction of Utility and Welfare Economics* (New York: Center for Libertarian Studies, 1977)을 보라.

9) William D. Grampp, *The Manchester School of Economics* (Stanford, Calif.: Stanford University Press, 1969), p.59 위의 pp.73~75를 보라. Murray N. Rothbard, "Value Implications of Economic Theory," *The American Economist* (Spring 1974), pp.38~39.

언제나 반대하고 오히려 주인들이 억압기간 동안에 대해 노예들을 보상할 필요성이 있다고 생각한다. 그러나 만장일치 원리와 보상 원리에 의존하는 '가치중립적인 경제학자'는 이와 반대로 부당한 **현재 상태**에 대해 입증되지 않고 임의적인 가치 인증(value imprimatur)을 암묵적으로 주고 있는 것이다.

만장일치의 원리에 대한 한 비판자와의 매력적인 서신 교환에서, 뷰캐넌 교수는 다음과 같이 시인했다.

> 나는 현재 상태를 지지하고 있다. … 내가 현재 상태를 좋아하기 때문이 아니니라, 나는 [현재 상태를] 좋아하지 않는다. … 그러나 내가 현재 상태를 옹호하는 것은 본질적으로 계약에 의해 나타나는 변화들을 제외하고 변화들을 토론하는 것을 싫어하는 것, 사실은 무능에 기인한다. 물론 나는 나 자신의 견해를 주장할 수 있다. … 그러나 내게 있어서 내 견해를 주장하는 것은 단순히 불필요한 노력이다.

따라서 비참하게도 윤리에 대한 그의 생각이 순전히 객관적이고 임의적인 '견해들' 중의 하나라는 점을 인정하면서도 뷰캐넌은 **그 자신의 기초 위에서** 오로지 동등하게 주관적이고 임의적인 견해가 될 수 있는 것 — 즉 현재 상태의 옹호 — 을 여전히 선전포고하기를 원한다. 뷰캐넌은 다음과 같이 인정한다. 즉

> 그가 선택한 과정은 나[뷰캐넌 자신을 말함]에게 규범적인 판단들 또는 규범적인 가설들을 향한 제한된 스텝을 밟도록 허락하는 것, 즉 변화가 모든 이에게 잠재적으로 동의할 만한 것으로 여길 수 있음을 의미하는 것이다. 파레토 효율적 변화는 물론 보상을 포함해야 한다[원본에서 which를 빼고 번역, 역자주]. 내 체제에 있어서 기준은 동의이다.

그러나 이 '제한된 스텝'을 정당화하는 것은 무엇인가? 어쩌면 부당한 현재 상태로부터 변화하는 것에 대한 동의가 그렇게 중요한가? 그런 제한된 스텝이라는 것이 또한 뷰캐넌을 위한 임의적인 '견해'가 아닌가? 그리고 만약 그런 불만족한 한계까지만 진행할 의지라면, 왜 현재 상태를 의심해 보는 데까지 여전히 더 나아가지 않는가?

뷰캐넌은 다음과 같이 주장을 계속한다.

> 우리의 임무는 진정으로 … 만장일치의 동의 또는 준(quasi)만장일치의 동의를 강요할 수 있는 체제를 발견하고, 지정하고, 발명하고, 그 체제를 제안하도록 노력

> 하는 것이다. [도대체 '준만장일치'가 무엇인가?] 사람들은 그렇게 많은 것에 의견을 달리하기 때문에 그 체제는 매우 제한된 세트일 수 있다. 그리고 이것은 변화가 거의 가능하지 않다는 점을 당신에게 시사할 수 있다. 따라서 현재 상태는 간접적으로 옹호된다. 현재 상태는 그 자신의 존재를 제외한다면 전혀 정당함이 없고 그리고 현재 상태만 존재할 뿐이다. 내가 언제나 강조하는 점은 우리는 다른 어떤 곳이 아니라 여기에서 출발한다는 것이다.[10]

여기에 액튼 경의 고상한 언명을 그리워한다. "자유주의[고전적 자유주의를 말함, 역자주]는 있는 것과 상관없이 있어야 하는 것을 갈구한다(Liberalism wishes for what ought to be, irrespective of what is)."[11] 비록 리버테리언 또는 자유시장 자유주의자와 거리가 멀지만, 뷰캐넌의 비판자는 다음과 같이 적절하게 최후의 말을 준비한다. "나는 확실히 계약적인 해법들을 찾는 것을 전적으로 반대하지는 않는다. 그러나 현재 상태의 권력 구조가 구체화되고 논의되는 것이 허락되지 않는 진공 속에서 계약적인 해법들이 계획될 수 없다고 나는 생각한다."[12]

C. 루트비히 폰 미제스와 '가치중립적' 자유방임[13]

이제 인간행동학과 가치 판단들과 공공 정책의 주장과 관련한 전체 문제에 대하여 루트비히 폰 미제스의 입장으로 눈을 돌리자. 미제스의 경우는 특히 흥미로운데, 왜냐하면 그는 20세기 경제학자들 가운데 아주 똑같은 시간에 가장 비타협적이고 정열적인 자유방임의 찬성자였고, 가장 엄밀하고 비타협적인 가치중립적 경제학의 주장자였으며, 어떤 종류의 객관적인 윤리도 부정한, 반대자였기 때문이다. 그러면 그는 이런 두 가지 입장을 일치시키기 위하여 어떻게 노력했던가?[14]

---

10) James M. Buchanan, in Buchanan and Warren J. Samuels, "On Some Fundamental Issues in Political Economy: An Exchange of Correspondence," *Journal of Economic Issues* (March 1975), pp.27f.

11) Gertrude Himmelfarb, *Lord Acton* (Chicago: University of Chicago Press, 1962), p.204.

12) Samuels, in Buchanan and Samuels, "Some Fundamental Issues," p.37.

13) 이 절은 나의 "Praxeology, Value Judgementsm and Public Policy"에서 가져왔다.

14) 이 의문을 제기한 데 대하여, William E. Rappard "On Reading Von Mises," in M. Sennholz,

미제스는 이 문제에 대하여 분리되고 매우 다른 두 가지 해법을 제시했다. 첫째 것은 만장일치 원리의 변형이다. 본질적으로 이 변형은 경제학자 **그 자신은** 어떤 주어진 정부 정책이 '좋은 것' 또는 '나쁜 것'이라고 말할 수 없다고 단언한다. 그러나 만약 어떤 정책이 인간행동학에 의해 설명된 것처럼 나쁜 결과를 초래할 것이라고 그 정책의 지지자들 모두가 동의한다면 가치중립적인 경제학자는 그 정책이 '나쁜' 것이라고 부르는 것이 정당화된다. 그 결과 미제스는 다음과 같이 서술한다.

> 경제학자는 p라는 결과를 초래하기 위하여 추천된 a라는 수단이 p라는 결과를 초래할 수 있는가를 조사한다. 그리고 그 경제학자는 a가 p보다는 g, 즉 심지어 a라는 수단의 지지자들도 불필요한 효과를 초래한다는 것을 발견한다. 만약 그 경제학자가 조사 결과로서 a가 나쁜 수단이라고 진술한다면 그는 가치의 판단을 선언하고 있지 않다. 그는 p라는 목표를 달성하고자 하는 사람들의 관점에서 a라는 수단은 부적절하다고 단지 말한 것이다.[15]

그리고 다시,

> 경제학은 오직 한 상품의 가격을 정부가 간섭하는 것이 … 부당하고, 나쁘고, 실행할 수 없는 것이라고 … 말하지 않는다. 경제학은 **정부의 관점과 정부의 간섭을 지지하는 사람들의 관점에서** 그 간섭은 조건들을 더 나쁘게, 더 좋게 하지 않는다고 말해준다.[16]

이제 이것이 경제학자가 가치판단을 하지 않고 '좋은 것'과 '나쁜 것'을 선언할 수 있도록 해주는 독창적인 시도임이 분명하다. 왜냐하면 경제학자는 그의 독자들이나 청중들에게 어떤 정책의 전체적인 결과를 일단 발표하면 **그들** 전부가 그 정책이 '나쁘다'고 간주할 것이라고 그들에게 지적해주는 역할을 하는 인간행동학자, 기술자로서만 오로지 되기로 되어 있기 때문이다. 그러나 그 시도는 정교한 것임에도 불구하고 완전히 실패한 것이다. 왜냐하면 어떻게 미제스가 특정 정책의 옹호자들이 **무엇이** 바람직한 것인가를 아는가? 어떻게 미제스는 그들의 가치척도가 지금 무엇인가를 아는가? 또는 어떻게 미제스는 어

---

ed., *On Freedom and Free Enterprise* (Princeton, N. J.: D. Van Nostrand, 1956), pp.17~33.

15) Ludwig von Mises, *Human Action* (New Haven, Conn.: Yale University Press 1949), p.879.

16) Ibid., p.758. 이탤릭체는 원본에 있는 것이다.

떤 정책의 결과가 나타날 때 그들의 가치척도가 무엇일 것인가를 아는가? 인간행동학적 경제학의 위대한 공헌 중의 하나는 경제학자가 어떤 사람의 가치선호가 그 사람의 구체적인 행동에 의해 **시현되는**(demonstrated) 경우를 제외하고 다른 사람의 가치척도가 무엇인가를 **알지** 못한다는 것을 인식한다는 점이다. 미제스 자신은 다음과 같이 강조했다.

> 가치의 척도들 또는 욕구의 척도들은 오로지 행동으로 구체화 될 때만이 스스로 나타난다는 점을 잊지 말아야 한다. 그런 가치척도들은 개인들의 실제 행동과 분리하여 존재하는 독립적인 것이 아니다. 그런 가치척도들에 관련된 우리의 지식이 유도되는 유일한 원천은 한 인간의 행동을 관찰하는 것이다. 모든 행동은 가치의 척도 또는 욕구의 척도와 언제나 완전히 일치하는데, 왜냐하면 이 척도들은 한 인간의 행동을 해석하는 도구에 불과하기 때문이다.[17]

그러면 미제스 자신의 분석이 주어진 상태에서, 다양한 정책을 주장하는 동기들이 진정으로 무엇인가를 또는 사람들이 그런 정책들의 결과를 어떻게 알아볼 것인가를 경제학자는 어떻게 **아는가**?

따라서 경제학자**로서** 미제스는 (그의 예를 사용한다면) 가격통제가 소비자들에게 재화의 보이지 않는 부족(shortage)을 초래할 것이라는 점을 보여줄 수 있다. 그러나 미제스는 가격통제의 일부 옹호자들이 부족을 **원하지** 않는다는 것을 어떻게 아는가? 예를 들어, 그 옹호자들이 완전한 집단주의를 향한 한 단계로서 통제를 사용하기를 갈망하는 사회주의자들일 수 있다. 일부는 부족을 선호하는 평등주의자들일 수 있는데, 왜냐하면 부자는 그들의 돈을 이용하여 빈자보다 재화를 더 많이 살 수 없을 것이기 때문이다. 일부는 재화들의 부족을 보기를 갈망하는 허무주의자들일 수 있다. 다른 이들은 우리 사회의 '지나친 풍요' 또는 에너지의 엄청난 '낭비'에 대해 영원히 불평불만을 하는 동시대 지식인들로 된 다양한 군단 중의 하나일 수 있다. 그들 모두가 재화들의 부족을 기뻐할 수 있다. 여전히 다른 이들은 부족이 일어날 것이라는 것을 배운 연후에도 가격통제를 선호할 수 있는데, 왜냐하면 그들이나 그들의 정치적 동지들이 가격통제를 하는 관료사회에서 고액임금의 일자리들이나 권력을 누릴

---

17) Ibid., p.95.

수 있을 것이기 때문이다. 그런 모든 종류의 가능성이 존재하고 그중의 어떤 것도 **가치중립적인 경제학자로서** 미제스의 주장과 양립하지 **않는다**. 미제스의 주장이란 경제학을 배우고 난 후에는 가격통제 또는 어떤 다른 종류의 정부 간섭을 지지하는 모든 사람들은 그 정책이 나쁜 것이라는 것을 시인해야만 한다는 것이다. 사실, 일단 가격통제 또는 다른 간섭주의적 정책을 선호하는 심지어 **단 한 명의** 옹호자가 그 정책의 경제적 결과를 인지할 수 있고 **이유와 상관없이** 그 정책을 **여전히** 선호한다는 점을 미제스가 받아들인다면, 미제스 자신이 인간행동을 연구하는 과학자로서 허용할 수 없는 바로 그 가치판단을 경제정책에 대한 평가에 삽입하지 않고서는, 인간행동학자와 경제학자로서 미제스는 그런 정책들의 어떤 것에 대해서도 '나쁘다' 또는 '좋다' 또는 심지어 '적절하다' 또는 '부적절하다'라고 더 이상 부를 수 없다.[18] 왜냐하면 그러면 그는 어떤 정책의 모든 옹호자들에게 더 이상 기술적 보고자가 아니라 그 자신이 가치 갈등의 어느 한 쪽에 참여하는 옹호자가 되기 때문이다.

더욱이, '부적절한' 정책들의 옹호자들이 인간행동학적 결과의 연쇄를 듣고 인지하고 난 이후라도 그들의 마음을 바꾸기를 거부하는 다른 근본적인 이유가 있다. 왜냐하면 인간행동학은 모든 종류의 정부의 정책이 **대부분의** 사람이 적어도 싫어할지도 모르는 결과를 초래할 것을 과연 보여줄 수 있지만 그런 결과들의 대부분은 **시간**이 걸리고 어떤 것은 많은 시간이 걸릴 것이기 (그리고 이것은 중요한 수정이다) 때문이다. 그러나 어떤 경제학자도 미제스보다 인간사에 있어서 **시간선호**(time-preference) — 모든 사람이 동일한 만족을 얻기 위하여 **나중**보다는 **지금**을 선호한다는 인간행동학적 법칙이다 — 의 보편성을 더 많이 묘사하지 않았다. 그리고 분명히 가치중립적인 과학자로서 미제스는 어떤 사람의 시간선호율(rate of time preference)을 비판하는 것, A의 시간선호**율**은 '너무 높았고' B의 시간선호율은 '너무 낮았다'고 말하는 것을 결코 전제할 수 없었다. 그러나 그 경우에 인간행동학자를 반박하는 사회 내의 높은 시간선호를 지닌 사람은 어떻게 되는가. "아마도 이렇게 높은 세금과 보조금 정책은 자본의 감소를 초래할 것이고 아마도 가격통제는 부족을 초래할 것이다.

---

18) 미제스 자신은 정부 또는 정당은 대중 선동적 목적, 즉 감추어진 이유들 또는 미발표 이유들로 정책들을 주장할 수 있다는 한 가지 포인트를 시인한다. Ibid., p.104n.

그러나 나는 그런 일에 신경을 쓰지 않는다. 높은 시간선호를 가진 나는 미래의 결과를 위하여 인내하는 경우의 전망보다는 단기의 보조금 또는 현재재(current good)를 더 저렴한 가격으로 구매해서 단기에 즐기는 것을 더 높게 매긴다." 그리고 가치중립적인 과학자이자 어떤 개념의 객관적 윤리도 부정하는 반대자로서, 미제스는 그들이 틀린 것이라고 부를 **수 없다.** 미제스가 높은 시간선호를 가진 사람의 가치들을 무시함이 없이 단기보다는 장기가 우위에 있다는 것을 주장할 방법은 없다. 그리고 이것은 그 자신의 주관적 윤리를 포기하지 않고 설득력 있게 행해질 수 없다.

이와 관련하여, 자유시장을 옹호하는 미제스의 기본적인 주장들 중의 하나는 시장에는 "시장사회의 모든 멤버들 간에는 올바르게 이해된 이익의 조화"가 있다는 것이다. 미제스의 토론으로부터 그가 시장행위 또는 정부간섭의 인간행동학적 결과를 학습하고 난 후의 '이익들'을 단순히 의미하는 것이 아니라는 것은 명백하다. 그도 또한 그리고 그는 특히, 사람들의 '장기' 이익들을 의미하는데, 왜냐하면 "'올바르게 이해된' 이익들이란 우리는 '장기의' 이익이라고 말하는 편이 나을 것이다"라고 미제스가 서술하고 있기 때문이다.[19] 그러나 그들의 단기 이익을 따르기를 선호하는 높은 시간 선호를 가진 사람들은 어떤가? 어떻게 장기가 단기보다 '더 낫다고' 지칭될 수 있는가. 왜 '올바르게 이해한 것'이 반드시 장기여야 하는가?[20] 그 결과 정부 간섭을 주장하는 **모든** 사람은 그 정책의 결과를 이해하기만 하면 그들의 입장을 포기할 것이라고 가정함으로써, 가치중립적이면서 자유방임을 주장하는 미제스의 시도는 완전히 실패한다고 우리는 이해한다.

그러나 미제스가 그의 정열적인 자유방임의 주장과 과학자로서 절대적인 가치중립을 일치시키려는 시도로서 또 하나의 그리고 매우 다른 방법이 있다. 이것은 인간행동학과 훨씬 더 양립 가능한 주장을 취하는 것이다. 즉 경제학자의 **역할을 하는** 경제학자는 원인과 결과의 연쇄만을 오로지 따라갈 수 있고 가치판단에 개입하거나 공공 정책을 주장하지 않을 수 있다는 것을 인정하는

19) Ibid., pp.670 그리고 670n.

20) 어떤 사람의 장기 이익에 반하는 욕구를 추구하는 것이 비합리적이라는 견해에 대한 도전에 대해서는, Derek Parfit, "Personal Identity," *Philosophical Review* 80 (January 1971), p.26.

것이다. 이 길을 따라간 미제스는 경제학자로는 자유방임을 주장할 수 없음을 시인하지만 한 시민으로서 미제스는 자유방임 정책을 주장할 수 있다고 이제 부언한다. 한 **시민으로서** 미제스는 그러면 가치 체계를 제안하지만 그 가치 체계는 기묘하게도 불충분한 것이다. 왜냐하면 그는 여기에서 딜레마에 빠지기 때문이다. 인간행동학자로서 미제스는 (경제 과학자로서) 가치판단을 선언하거나 정책을 주장할 수 없다는 것을 알고 있다. 그런데도 스스로 간단히 임의적인 가치판단을 주장하고 삽입하게 할 수는 없다. 그리고 그 결과 공리주의자로서 (왜냐하면 다른 경제학자들과 함께 미제스는 인식론에 있어서 칸트주의자(Kantian)[후학의 연구에 의하면 미제스는 칸트 시대의 용어나 개념을 빌려서 사용했지만 칸트주의자로 볼 수는 없다고 한다, 역자주]이지만 윤리에 있어서 사실상 공리주의자이기 때문에) 미제스가 한 것은 **오로지 하나의** 좁은 가치판단을 하는 것이다. 그가 대중의 다수가 가진 목표들을 충족시키기를 갈구했다는 점에서 말이다 (다행히도, 이런 공식화에서 미제스는 **모든 사람의** 목표를 안다고 전제하지 않는다).

미제스는 두 번째 변종에서 다음과 같이 설명한다.

> 자유주의[즉, 자유방임적 자유주의]는 정치이념이다. … 정치이념으로서 자유주의는 (경제 과학과 대조적으로) 가치와 행동이 추구하는 궁극적 목적들에 대해서 중립적이지 않다. 모든 인간 또는 적어도 다수는 어떤 목적을 성취하려는 의도가 있다고 자유주의는 가정한다. 자유주의는 그들에게 그들의 계획들을 실현하기에 적절한 수단에 대한 정보를 제공한다. 자유주의 이념의 영웅들은 그들의 가치를 평가하는 원리에 구속된 사람에게만 오로지 그들의 가르침이 유효하다는 사실을 완전히 알고 있다. 인간행동학과 그 결과 경제학도 또한 행복과 불편함의 제거라는 용어들을 순전히 공식적인 의미로 사용하지만 자유주의는 그 용어들에 구체적인 의미를 붙인다. 자유주의는 사람들이 죽음보다는 삶, 아픈 것보다는 건강함 … 가난보다는 풍요를 선호한다고 전제한다. 자유주의는 사람들에게 이러한 가치평가에 따라 어떻게 행동하는가를 가르친다.[21]

이 두 번째 변종에서, 미제스는 가치중립적인 인간행동학자가 자유방임을 주장하는 것과 같은 자기모순을 성공적으로 탈출했다. 이 변종에서 경제학자는 그런 주장을 할 수 없다는 것을 주어진 것으로 한다면, 미제스는 가치판단

---

21) Mises, *Human Action*, pp.153~154.

을 하고자 하는 의지를 가진 '시민'으로서 자신의 위치를 세운다. 그러나 그는 **임의적인** 가치판단을 단순히 주장하기를 원하지 않는다. 아마도 그는 가치판단을 하는 지식인은 그런 가치판단을 정당화하기 위하여 **어떤** 종류의 윤리제도를 제시해야만 한다고 느낄 것이다. 그러나 공리주의자로서 미제스의 체계는 기묘하게도 창백한 것이다. 심지어 가치판단을 하는 자유방임 자유주의자로서, 미제스는 인간들 공동의 평화와 번영과 풍요를 선호하는 다수에 가담하는 **유일한** 가치판단을 하는 것을 오직 기꺼이 한다. 이렇게 해서, 객관적 윤리의 반대자로서 그리고 심지어 한 사람의 시민으로서, 어떤 가치판단을 함으로써 불편한 것이 틀림없음에도 불구하고, 미제스는 그러한 가치판단을 가능한 한 가장 적은 수위로 한다. 공리주의자로의 위치에 어긋나지 않는, 그의 가치판단은 다수 대중의 주관적으로 요구되는 목표들을 충족해야 하는 것이 바람직한 것이다.

여기에서 이 입장에 대한 몇 가지 비판을 할 수 있다. 첫째, 인간행동학은 자유방임이 조화와 번영과 풍요를 초래할 것이지만 정부 간섭은 갈등과 곤궁을 초래할 것임을 참으로 입증할 수 있다.[22] 그리고 대부분의 사람은 조화와 번영과 풍요를 높게 평가하는 것이 아마도 진실이지만 이것들이 그들의 **유일한** 목표나 가치라고 하는 것은 진실이 **아니다**. 순위가 매겨진 가치 척도들과 하락하는 한계효용을 지닌 위대한 분석가는 그런 경쟁하는 가치들과 목표들을 더 잘 알아야만 한다. 예를 들어, 질투 또는 잘못 채택된 정의 이론을 통해서, 많은 사람은 자유시장에서 얻을 수 있는 소득의 평등보다 훨씬 더 평등한 소득을 선호할 수 있다. 앞에서 언급한 지식인들에게는 실례이지만, 많은 사람은 소위 '넘쳐나는' 풍요를 삭감하기 위하여 더 적은 풍요를 원할 수 있다. 우리가 위에서 언급한 것처럼 다른 이들은 높은 시간선호 때문에 장기의 부정적인 효과는 알지만 깨끗이 잊어버리고 단기에 부자 또는 사업가의 자본을 약탈하는 것을 선호할 수도 있다. 아마도 이런 사람들 중에는 완전한 빈곤과 파괴에 이르는 점까지 국가주의적 수단들을 밀어붙이기를 원하는 사람은 거의 없을 것이다. 비록 이것이 우연히 일어난다고 하는 것이 당연하지만 말이다. 그

22) Murray N. Rothbard, *Power and Market,* 2nd ed. (Kansas City: Sheed Andrews and McMeel, 1997), pp.262~66.

러나 위에서 말한 다수가 담합하여 이런 다른 가치들을 위하여 부와 번영의 **일부를** 포기하는 선택을 하는 것이 당연할 수 있다. 높은 기회비용 때문에 그들이 소량의 부와 효율적인 생산을 희생하는 것이 가치 있다고 결정할 수 있다. 여기에서 높은 기회비용이란 부러움의 경감을 즐길 수 없는 것, 또는 권력에 대한 욕망 또는 권력에 대한 복종을 즐길 수 없는 것, 또는 예를 들어 (단명하는) 경제위기로부터 그들이 즐길지도 모를 '국가 통합'의 스릴을 즐길 수 없는 것 등을 말한다.

미제스는 정말로 모든 인간행동학적 결과를 **고려했고** 몇 가지 상반되는 목표들을 달성하기 위하여 적은 양 — 또는 그 문제에 관해서 심지어 엄청난 양 — 의 국가주의를 여전히 선호하는 다수 대중에게 무엇이라고 응수할 수 있는가? 공리주의자로서 그는 다수 대중이 선택한 목표들의 윤리적 본질에 대해서 이의를 제기할 **수 없는데**, 왜냐하면 공리주의자로서 그는 대중 스스로 선택한 목표들을 달성하고자 하는 그 대중을 찬성하는 **유일한** 가치판단에 그 자신을 제한해야만 한다. 미제스가 그 자신의 틀 안에서 할 수 있는 유일한 대응은 정부 간섭은 누적적 결과를 초래한다는 것, 궁극적으로 경제는 자유시장으로 향하거나 완전한 사회주의로 나아가야만 한다는 것을 지적하는 것이다. 그런데 사회주의는 적어도 산업사회에서는 혼란과 엄청난 곤궁을 가져올 것을 인간행동학은 보여준다. 그러나 이것 역시 완전히 만족스러운 대답이 아니다. 국가주의적 간섭의 많은 또는 대부분의 프로그램 — 특히 가격통제들 — 은 사실상 누적적이지만 다른 프로그램은 그렇지 않다. 게다가, 누적적 영향은 그렇게 오랜 시간이 걸린 결과로 대중의 시간선호는 그들이 그 결과를 완전히 알고 있더라도 그 효과를 무시하도록 하는 방향으로 이끄는 것도 당연하다. 그리하여 무엇을?

미제스는 인민의 다수가 그들 자신 소유의 부의 일부를 대가로 지불해야 하는 점을 심지어 알고 있으면서도 평등주의적 수단을 선호한다는 주장에 대답하기 위하여 그 수단의 효과가 누적된다는 주장(cumulative argument)을 사용하는 것을 시도했다. 미제스의 논평이란 '예비자금'(reserve fund)이 유럽에서는 고갈되는 시점에 왔다는 점이었고, 그리고 그 결과 어떤 추가적인 평등주의적인 수단들도 증세를 통해 대중의 주머니에서 직접 염출되어야 한다는 점이었다. 미제스는 일단 이것이 분명해졌으면 대중은 간섭주의적 정책들을 더 이상 지지하지 않을 것이라고 가정했다.23) 그러나 첫째, 이것은 **이전의** 평등주의적 수단들에 강하게 반대하는 주장이 아니고 그 정책들을 철폐하는 것을 선호하는 것도 아니다. 그러나 둘째, 대중이 **당연히** 설득될 수 있지만 확실히 필연적인 확실성이 관계되어 있지는 않다. 그리고 대중은 그들의 소득과 부가 감소될 것이라는 것을 알고 있음에도 불구하고 그들 자신의 다른 목적들을 위하여 평등주의적 수단들과 다른 국가주의적 수단들을 과거에는 확실히 지지해야만 하고, 아마도 미래에는 고의로 지지하는 것을 지속할 것이다.

따라서 딘 래파드(Dean Rappard)는 미제스의 주장에 대한 사려 깊은 비판에서 다음과 같이 지적했다.

> 예를 들어, 영국 유권자가 높은 소득에 대한 몰수적 세금이 그의 물질적 복지를 높일 것이라는 희망으로 근본적으로 세금을 선호하는가? 또는 몰수적 세금이 그가 원하지 않고 화나게 하는 사회적 불평등을 감소시킬 것이라는 확실성을 가지고 그 세금을 선호하는가? 일반적으로, 우리의 현대 민주주의에서 평등을 향한 충동은 자신의 물질적 몫을 개선하고자 하는 욕구보다도 종종 더 강하지 않는가?

그리고 딘 래파드 자신의 나라인 스위스에서 도시에 거주하는 산업과 상업에 종사하는 대중은 반복해서 그리고 종종 일반 선거에서 사려 깊게 노력하여 산업화와 그들 자신의 소득 증대를 방해할 수 있는, 농부라는 소수를 보조하는 정책들을 찬성했다고 지적했다.

래파드는 도시 거주 대중이 "그들이 그것으로 그들의 실질소득을 증가시킬 수 있었을 것이라는 잘못된 믿음"에서 그렇게 하지 않았다고 논평했다. 그 대신에,

> 완전히 의도적이고도 공개적으로, 정당들은 스위스의 완전한 산업화를 막거나 적어도 어느 정도 지체시키기 위하여 정당 구성원들의 즉각적인 물질적 복지를 희생했었다. 비록 더 가난해지지만 농업의 비중이 더 많은 스위스, 그런 것이 오늘날 스위스 인민의 지배적인 의지이다.24)

23) 따라서, Mises, *Human Action*, pp.851ff를 보라.
24) Rappard, "On Reading von Mises," pp.32~33.

여기에서 논점은 일단 인민의 다수가 국가주의적 정책들의 인간행동학적 결과를 고려하고 부와 번영을 제외한 다른 목표들을 위하여 그 정책들을 선택한다면 인간행동학자로서뿐 아니라 심지어 공리주의 자유주의자로서 미제스는 그런 정책들을 비판할 수 없다는 점이다.

게다가, 누적적 영향이 분명히 거의 없거나 완전히 없고 심지어 생산과 번영을 감소시킴에 있어서 거의 영향이 없을 수 있는 다른 종류의 국가주의적 간섭이 있다. 예를 들어, 어떤 사회의 절대 다수가 빨강머리를 증오하고 욕한다고 다시 한 번 가정하자. 그리고 이 가정은 인간 역사의 관점에서 매우 무리한 것은 아니다. 사회에는 빨강머리가 아주 조금 있다고 더 가정하자. 이제 이 절대 다수의 대중은 모든 빨강머리들을 엄청 살해하고 싶다고 결정한다. 여기에서 그들은 빨강머리를 죽이는 것이 절대 다수 인민의 가치척도의 높은 곳에 있고 빨강머리가 얼마 되지 않아서 그 결과 시장에서의 생산에 손실이 거의 없을 것이다. 인간행동학자로서 또는 공리주의 자유주의자로서 미제스가 이 제안된 정책에 어떻게 반박할 수 있는가? 그가 그렇게 할 수 없다는 것을 나는 말씀드린다.

미제스는 그의 입장을 세우기 위하여 하나의 추가적인 시도를 한다. 그러나 그것은 오히려 덜 성공적이다. 평등 또는 다른 도덕적 관심 사항들을 위하여 국가 간섭을 찬양하는 주장들을 비판하면서 미제스는 그 주장들을 '감정적인 담화'로 처리한다. "인간행동학과 경제학은 어떤 도덕적 가르침에 대해서 … 중립적임을" 다시 한 번 확인하고 난 후에 그리고 "인간의 엄청난 다수가 물질적 재화의 더 적은 공급보다는 더 많은 공급을 선호한다는 사실은 역사적 지식이고 그 사실은 경제이론에서 어떤 자리를 차지하지 않는다"고 주장하고 난 후에, 그는 "경제학의 가르침에 찬성하지 않는 사람은 임의적인, 소위 윤리적 기준들에 호소할 것이 아니라 추론적인 증명을 통해 그것들을 반박해야 한다"고 주장하는 것으로 결론을 내린다.[25)]

그러나 이것이 말이 안 될 것 같다고 나는 말씀 드린다. 왜냐하면 미제스

---

25) Ludwig von Mises, "Epistemological Relativism in the Sciences of Human Action," in H. Schoek and J. W. Wiggins, eds., *Relativism and the Study of Man* (Princeton, N. J.: D. van Nostrand, 1961), p.133.

는 만약 누군가 궁극적인 윤리적 판단 또는 가치 판단을 하지 않는다면 누구도 **어떤** 정책에 대해서 그것이 무엇이든 결정을 내릴 수 없다는 점을 인정해야 하기 때문이다. 그러나 이것이 그렇기 때문에 그리고 미제스에 따르면 모든 궁극적 가치 판단 또는 윤리적 기준이 임의적이기 때문에, 어떻게 그러면 그가 **이런 특정한** 윤리적 판단을 '임의적'이라고 비난할 수 있는가? 게다가, 미제스가 이런 판단들을 '감정적인' 것으로 결말을 내리는 것은 조금도 옳지 않은데, 왜냐하면 공리주의자로서 그에게 있어서 이성은 궁극적인 도덕적 원리들을 확립할 수 없기 때문이다. 따라서 그 도덕적 원리들은 주관적인 감정에 의해서만 오로지 확립될 수 있다. 미제스가 그의 비판자들에게 '추론적인 증명'을 하도록 요구하는 것은 요점을 놓친 것이다. 왜냐하면 그는 추론적인 증명이 궁극적인 윤리적 가치를 확립하는 데 도대체 사용되어질 수 있다는 것을 스스로 부인한 것이기 때문이다. 게다가, 궁극적인 윤리적 원리들이 자신으로 하여금 자유시장을 지지하도록 이끄는 사람은 미제스에 의해 동시에 '임의적이고' 그리고 '감정적이라고' 또한 처리되어야 한다. 비록 그 사람이 그의 궁극적인 윤리적 결정을 함에 있어서 인간행동학의 법칙을 고려했음에도 불구하고 말이다. 그리고 위에서 우리는 인민의 다수는 그들 자신의 물질적 복지보다는 더 높은, 적어도 상당히 높은, 다른 목표들을 아주 자주 가진다는 것을 보았다.

따라서, 인간행동학적 경제이론이 자료를 제공하고 경제 정책을 짜는 데 필요한 지식을 제공하는 데 매우 유용하지만 그 경제이론 자체로서 경제학자가 어떤 가치 선언을 하거나 그것이 무엇이든 어떤 공공 정책을 주장하도록 하는 데 충분할 수 없다. 더 구체적으로는, 루드비히 폰 미제스가 뭐라고 말했건지 인간행동학적 경제학도 미제스의 공리주의 자유주의도 자유방임과 자유시장 경제를 위한 주장을 하는 데 충분하지 않다. 그런 주장을 하기 위해서는, 객관적인 윤리를 확립하기 위하여 경제학과 공리주의를 넘어서야 하는 것이다. 여기에서 객관적 윤리란 자유가 우선하는 가치인 것을 확인해 주고, 권력에 대한 욕망과 부러움의 만족과 같은 그런 목표들뿐 아니라 평등주의에서부터 '빨강머리의 살해'에 이르기까지의 모든 형태의 국가주의를 도덕적으로 비난하는 것이다. 자유를 위한 완전한 지지를 위해서는 인민의 다수가 우연히도 소중히 할지도 모르는 모든 목표에 대해 방법론적 노예가 될 수는 없다.

제27장 이사야 벌린의 부정적 자유

자유를 다룬 오늘날의 논법들 중에 가장 잘 알려지고 최고로 영향력 있는 것 중의 하나는 이사야 벌린 경(Sir Isaiah Berlin)의 자유이다. *Two Concepts of Liberty*라는 책에서 벌린은 '긍정적 자유'(positive liberty)의 반대로서 '부정적 자유'(negative liberty)라는 개념을 지지했다. 여기에서 부정적 자유란 어떤 사람의 행동 영역에 간섭하지 않는 것이고 긍정적 자유란 자유를 지칭하는 것이 결코 아니고 그 자신이나 그의 환경에 대한 개인의 효과적인 권력 또는 지배를 지칭한다. 피상적으로는, 벌린의 부정적 자유라는 개념은 이 책의 주제와 유사한 것처럼 보인다. 즉 자유는 개인의 인격과 재산에 대한 물리적 강압에 의한 간섭 또는 침해가 없는 것이다. 그러나 불행하게도 벌린이 제시한 개념의 모호성은 혼란과 체계적이고도 유효한 리버테리언 신조의 부인을 초래한다.

벌린 자신이 나중의 에세이와 그의 원 저작의 추후 수정판에서 그가 가진 오류들과 혼란들 중의 하나를 인식했다. *Two Concepts of Liberty*라는 책에서 그는 "어떤 인간이 나의 행동을 간섭하지 않는 한도에서 나는 자유롭다고 정상적으로 말할 수 있다. 이 의미에서 정치적 자유는 그저 영역인데, 그 영역 내부에서 어떤 사람이 그가 원하는 바를 할 수 있는 것이[1]라고 썼다. 또는 벌린이 나중에 자유를 다음과 같이 표현했다. "*Two Concepts of Liberty*라는 책의 초판에서 나는 자유를 어떤 사람의 욕구를 만족시키는 데 방해가 되는 것이 없는 것이라고 말했다."[2] 그러나 벌린은 나중에 깨달았다. 즉 이러한 공식화의 중대한 한 가지 문제는, 예를 들어, 외부 조건들의 조절에 의해 그의 소망들과 욕구들이 감소되는 것과 비례해서 그 인간이 '자유롭다'고 주장될 수 있다는 점이다. 벌린이 문제를 정정한 에세이에서 다음과 같이 서술한다.

> 만약 자유의 정도가 욕구들의 만족의 함수라면 내가 욕구들을 만족시키는 것만큼이나 욕구들을 제거함으로써 효과적으로 자유를 증대할 수 있다. 내가 (나를 포함

1) Isaiah Berlin, *Two Concepts of Liberty* (Oxford: Oxford University Press, 1958), p.7.
2) Isaiah Berlin, "Introduction," *Four Essays on Liberty* (Oxford: Oxford University Press, 1969), p.xxxviii.

해서) 어떤 인간들을 자유롭게 해 줄 수 있는데, 내가 만족시키지 않기로 결정한 원래의 욕구들을 그들이 포기하도록 조절함으로써 말이다.[3]

나중의 1969년판에서 벌린은 공격적 문구를 지우고 위의 첫 번째 서술을 다음과 같이 수정했다. 즉 "이 의미에서 정치적 자유는 그저 영역인데, 그 영역 내부에서 어떤 사람이 다른 사람에 의해 방해받지 않고 행동할 수 있는 것이다."[4] 그러나 벌린의 1969년 접근법은 여전히 중대한 문제가 있다. 왜냐하면 벌린은 그가 의미하는 자유란 '가능한 선택들과 행동들에 대한 장애물이 없는 것'이라고 이제 설명하기 때문인데, 장애물이란, 말하자면, '정정 가능한 인간적 관례들'(alterable human practices)[5]에 의해 그곳에 놓여진 것이다. 그러나 페어런트 교수가 말했듯이 이것은 '자유'를 '기회'와 혼동하는 것에 접근한 것인데, 결국 벌린 자신의 부정적 자유라는 개념을 무효화하고 그것 대신에 '긍정적 자유'라는 부적절한 개념으로 대체하는 데 접근한 것이다. 따라서 페어런트가 지적하듯이, 다음과 같이 가정하자. X가 Y를 고용하는 것을 거부하는데 왜냐하면 Y는 빨강머리이고 X는 빨강머리를 좋아하지 않기 때문이다. X는 Y의 기회 범위를 확실히 줄이고 있다. 그러나 X가 Y의 '자유'를 침해하고 있다고 말할 수는 없다.[6] 실로, 페어런트는 벌린의 1969년에 나오는 자유는 기회와 혼동한 것을 반복한 것이라고 계속해서 지적한다. 그래서 벌린은 다음과 같이 적는다. "내가 말하는 자유란 행동을 위한 기회이다"(xlii). 그리고 벌린은 '기회

---

3) Ibid., p. xxxviii. 또한 William A. Parent, "Some Recent Work on the Concept of Liberty," *American Philosophical Quarterly* (July 1974), pp.149~53을 보라. 페어런트(Parent) 교수는 벌린에 대한 비판을 다음과 같이 덧붙였다. 벌린은 인간들이 '진정으로' 원하고 욕구하지 않는 방법으로 행동하는 경우들을 무시하고, 그 결과 만약 인간이 그가 '좋아하지 않는' 어떤 것을 하는 것을 강압적으로 금지되지 않는다면 인간의 자유가 축소되지 않는다는 점을 시인해야 한다는 것이다. 그러나 벌린은 이 점에 대해서 구제를 받을 수 있는데, 만약 우리가 '소원' 또는 '욕구'를 그가 감정적으로 또는 쾌락적으로 하는 것(doing)과 성취하는 것(achieving)을 '좋아하거나' 즐기는 어떤 것이라는 점에서보다는, 차라리 어떤 사람이 자유롭게 선택한 목표라는 공식적 의미로 해석한다면 말이다. 전게서, pp.150~52.

4) Berlin, *Four Essays on Liberty*, p.122.

5) Ibid., pp.xxxix−xl.

6) 게다가, 만약 Y가 빨강머리이기 때문에 Y를 고용하는 것을 거부하는 것이 방해를 받는다면 X는 정정가능한 인간적 관례에 의해 그의 행동에 가해진 장애물을 가진 것이다. 그러므로 벌린이 수정한 자유의 정의에 대해서, 장해물들의 **제거**가 자유를 증가시킬 수 없는데, 왜냐하면 그 개념은 다른 사람들을 희생하여 어떤 사람의 자유를 오로지 증가시킬 수 있기 때문이다. 이 점에 대해서는 데이비드 고든 박사에게 신세를 졌다.

의 극대화'(xlviii)를 자유의 증가와 동일시한다. 페어런트가 지적한 것처럼, "'자유'와 '기회'라는 어휘들은 다른 의미를 가진다." 예를 들어, 어떤 사람이 여러 가지 이유(예를 들어, 그는 너무 바쁘다)로 연주회에 갈 수 있는 티켓을 살 수 있는 **기회**가 없을 수 있다. 그럼에도 그는 어떤 중요한 의미에서도 '자유롭게' 여전히 그런 티켓을 살 수 있었다.7)

따라서 벌린의 근본적인 결점은 부정적 자유를 개인의 인격과 재산, 넓게 정의한다면 **정당한 재산권**에 대한 물리적 간섭이 없는 상태로 정의하는 일에 실패한 것이었다. 이 정의에 명중하는 데 실패한 벌린은 혼란에 빠졌다. 그리고 그는 그가 확립하고자 했던 바로 그 부정적 자유를 실제로 포기하고 어쩔 수 없이 '긍정적 자유' 캠프로 떨어지는 것으로 끝이 났다. 그것만이 아니다. 자유방임을 주장하고 있다고 그의 비판자들에게 괴롭힘을 당한 벌린은 자유방임이 어쨌든 부정적 자유에 대해 유해한 것이라고 열광적이면서 자기 모순적인 공격을 퍼붓는 데로 이동했다. 예를 들어, "무제한적인 자유방임의 해악은 … 자유로운 표현 또는 자유로운 결사의 자유를 포함해서 … '부정적' 자유의 가차 없는 폐지를 초래하고"라고 벌린은 적고 있다. 자유방임은 정확하게는 인격과 재산의 완전한 자유, 사적재산권의 부분집합으로서 자유로운 표현과 자유로운 결사의 완전한 자유를 물론 포함하는 것을 의미하기 때문에 여기에서 벌린은 모순에 빠진다. 유사하게 잘못된 기사에서, 벌린은

> 구속되지 않은 경제적 개인주의의가 지배하는 동안의 개인적 자유의 운명"에 대해서 썼는데, "즉 주로 마을에서 상처를 받은 다수의 상태에 관한 것인데, 그 다수의 아이들은 광산들 또는 공장들에서 망가졌고 그 반면에 그 아이들의 부모들은 가난과 질병과 무지 속에서 살았는데, 가난한 자의 기쁨과 법적 권리들이 약화되는 … 상황은 불쾌한 놀림감이 되었다.8)

놀랄 것도 없이, 벌린은 밀(Mill)과 토크빌(de Tocqueville)과 같이 그렇게 혼랍스럽고 비일관된 고전적 자유주의자를 위하여 그렇게 순수하고 일관된 자유방임 리버테리언인 코브덴(Cobden)과 스펜스(Spencer)를 공격하는 것을 계속한다.

---

7) Parent, "Some Recent Work," pp.152~153.
8) Berlin, *Four Essays on Liberty*, pp.xlv~xlvi.

벌린의 맹렬한 비난에는 여러 가지 심각하고 기본적인 문제들이 있다. 하나는 산업혁명에서 새로운 산업이 아이들을 포함해서 노동자들이 겪었던 산업혁명 이전의 빈곤과 굶주림을 악화시켰다기보다는 경감시켰음을 입증했던 애쉬톤(Ashton), 하이에크, 허트(Hutt), 하트웰(Hartwell) 등과 같이 산업혁명을 다룬 현대 역사가들을 완전히 무시한 것이다.[9] 그러나 개념적인 수준에서 심각한 문제들도 또한 있다. 첫째, 자유방임 또는 경제적 개인주의가 개인적인 **자유**를 침해할 수 있었음을 주장하는 것은 부조리하고 자기모순적이라는 것이다. 둘째, 벌린은 긍정적 권력 또는 긍정적 부(wealth)라는 개념들을 위해 '부정적' 자유라는 바로 그 개념을 정말로 명시적으로 폐기하고 있다는 점이다.

벌린이 부정적 자유를 직접적으로 공격할 때 이 접근법의 정점 (또는 깊이)에 도달하는데,

> [부정적 자유가, 역자주] 인간적이고, 약한 자에 대항해서 강하고, 짐승과 같고, 빈틈없는 인간을 무장하게 하는 데 … 익숙해졌다. … 늑대들을 위한 자유는 양에게는 종종 죽음을 의미했다. 경제적 개인주의와 무제한의 자본주의 경쟁이 초래한 피로 얼룩진 스토리는 … 오늘날 강조할 필요가 없다.[10]

여기에서 벌린의 결정적 오류는 자유와 자유시장 경제를 그것의 반대, 즉 강압적인 공격과 끝까지 동일시하는 것이다. 벌린이 '무장', '짐승과 같은', '늑대들과 양', '핏자국' 등과 같은 그런 용어들을 반복적으로 사용한 것을 주목하자. 그것들 모두는 **국가**에 의해 일반적으로 채택되어져 왔던 강압적인 공격**에만** 적용할 수 있는 것이다. 또한 그는 이제 그런 공격을 그것과 정반대의 것, 즉 시장경제에서 자유로운 교환의 평화적이고 자발적인 과정과 동일시한다. 이와 반대로, 무제한의 경제적 개인주의는 가장 틀림없이 '약자'와 '양'에게 혜택이 돌아가는 평화롭고 조화로운 교환을 초래한다. 약자와 양이야말로 국가주의자가 통치하는 정글에서는 생존할 수 **없고** 자유롭게 경쟁하는 경제로부터 나오는 혜택에서 가장 큰 몫을 가져간다. 경제과학, 그리고 특히 리카도의 비교우

---

9) F.A. Hayek, ed. *Capitalism and the Historians* (Chicago: University of Chicago Press, 1954): and R.M. Hartwell, *The Industrial Revolution and Economic Growth* (London: Methuen, 1971)를 보라.

10) Berlin, *Four Essays on Liberty*, pp.xlv.

위의 법칙을 심지어 조금이라도 아는 사람은 이 결정적 점에 대해 벌린 경에게 사태를 숨김없이 전해야 할 것이다.[11]

11) 이 점에 대해서는 또한 Murray N. Rothbard, "Back to the Jungle?" in *Power and Market,* 2nd ed. (Kansas City: Sheed Andrews and McMeel, 1977), pp.226~28을 보라.

제28장 F.A. 하이에크와 강제라는 개념[1)]

F.A. 하이에크는 *The Constitution of Liberty*라는 기념비적인 작품에서 개인의 자유를 위하여 체계적인 정치철학을 확립하고자 시도했다.[2)] 그는 자유를 강제가 없는 것으로 정의하고, 따라서 이사야 벌린이 한 것보다 더 설득력 있게 '부정적 자유'를 주장함으로써 아주 잘 시작한 것이다. 불행하게도, 하이에크 체제의 근본적이고 심한 결점은 그가 '강제'를 정의하고자 나아갈 때 나타난다. 왜냐하면 이 책에서 강제는 물리적 폭력의 침략적 사용 또는 그 원인으로 어떤 사람의 인신 또는 (정당한)재산에 대한 위협으로 정의되는데, 하이에크는 그 대신에 이 책에서보다 강제를 훨씬 더 불분명하고 불완전하게 정의하기 때문이다. 예를 들어, 하이에크는 강제를 "다른 사람에 의해 어떤 사람의 환경 또는 상황의 통제이고, 그 결과 더 큰 악을 피하기 위해 그 사람은 자신의 통일성 있는 계획을 따라서 행동하기보다는 다른 사람의 목적들에 봉사하도록 행동하도록 강요받는 것"으로 정의한다. 그리고 다시 "한 사람의 행동이 그 자신의 목적이 아니라 다른 사람의 목적을 위하여 다른 사람의 의지에 봉사하도록 만들어질 때 강제는 일어난다"[3)]라고 정의한다.

하이에크에 있어서 '강제'는 물론 물리적 폭력의 공격적 사용을 포함하지만 그 용어는 불행히도 평화적이고 비공격적인 행동들도 **또한** 마찬가지로 포함한다. 그래서 하이에크는 "힘 또는 폭력에 의한 위협은 가장 중요한 형태의 강제이다. 그러나 그것들은 강제와 같은 뜻은 아닌데, 왜냐하면 물리적 힘에 의한 위협은 강제가 행사될 수 있는 유일한 길이 아니기 때문이다"라고 적고 있다.[4)]

그러면 하이에크가 강제가 행사될 수 있는 것으로 믿는 다른 비폭력적 '방법들'은 무엇인가? 하나는 '만약 남편과 아내, 그들의 모든 분위기가 지배하지 않는다면 어떤 사람의 삶을 견딜 수 없게 만들 수 있는' '까다로운 남편' 또는 '성가시게 잔소리하는 아내'와 같이 상호작용하는 그런 순전히 자발적인 방

1) 이 부분은 Ordo (Stuttgart)의 1980년판에 처음 발표되었다.
2) F.A. Hayek, *The Constitution of Liberty* (Chicago: University of Chicago Press, 1960).
3) Ibid., pp.20~21, 133.
4) Ibid., p.135.

법들이다. 여기에서 하이에크는 찌푸린 얼굴 또는 성가시게 잔소리하는 것을 법적으로 금지하도록 주장하는 것은 어리석다고 시인한다. 그러나 그런 금지가 '심지어 더 큰 강제'를 내포한다는 잘못된 기초 위에 하이에크는 금지를 주장한다. 그러나 '강제'는 진정으로 덧셈을 할 수 있는 양적인 것이 아니다. 다른 사람들 간에 강제의 정도를 비교해야 하는 특별한 때에 어떻게 우리는 강제의 '정도'를 양적으로 비교할 수 있는가? 성가시게 잔소리하는 아내와 그런 잔소리를 금지하고 제한하기 위하여 물리적 폭력이라는 수단을 사용하는 것 간에 근본적인 질적인 차이, **본질에** 있어서의 차이는 없는가? 근본적인 문제는 하이에크가 '강제'라는 말을 두 말이 합쳐서 하나가 된 혼성어로 사용하는데, 그것은 물리적 폭력뿐 아니라 성가신 잔소리와 같은 자발적이고, 비폭력적이고, 비침해적인 행동들을 또한 포함하는 것이라는 점이 분명해 보인다. 요지는 물론 아내 또는 남편이 공격하는 상대를 떠날 자유가 있고 두 사람이 같이 있는 것은 그에게도 또는 그녀에게도 자발적인 선택이라는 것이다. 성가시게 잔소리하는 것은 도덕적으로 또는 미적으로 불행한 일일지 모르지만 물리적 폭력의 사용과 같은 의미와 어떤 유사한 의미에서도 '강제적인' 것이 아니다.

두 종류의 행동을 함께 묶음으로써 오직 혼동만 초래될 수 있다.

그러나 혼동뿐 아니라 자가 모순까지도 있는데, 왜냐하면 하이에크는 '강제'라는 개념에 공격적인 물리적 폭력, 즉 강압적인 행동 또는 강압적인 교환뿐 아니라 교환에 대한 어떤 형태의 평화적이고 자발적인 **거절도** 또한 포함하고 있다. 확실히, 교환의 자유는 교환을 하지 **않을,** 그와 동등한 자유를 **반드시 의미**한다. 그렇지만 하이에크는 교환을 평화롭게 거절하는 행위 중에 어떤 형태들은 '강제적인' 것으로 부르고, 그 결과 그것들과 강압적인 교환을 함께 묶고 있다. 특히 하이에크는 다음과 같이 서술한다.

> 고용의 조건이 진정한 강제를 위한 기회를 만들어 내는 경우들이 명백히 있다. 실업이 높은 시기에 해고 협박은 원래 계약된 행동들을 제외한 행동들을 강제하는데 사용될 수 있다. 그리고 광산 마을에서 그것들과 같은 그런 조건들이 있는 경우에 관리자는 그가 싫어하는 사람에 대해 전적으로 임의적이고 변덕스러운 횡포를 부릴 수도 있다.[5]

5) Ibid., pp.136~37.

그렇지만 '해고'는 그저 자본을 소유한 고용주가 한 명 또는 그 이상의 사람과 더 이상의 거래를 않겠다는 거절이다. 고용주는 많은 이유로 그런 거래들을 하는 것을 거절할 수 있고 그리고 하이에크로 하여금 '임의적'이라는 용어를 사용할 수 있게 하는 것은 오직 주관적인 기준들뿐이다. 왜 한 가지 이유가 다른 이유보다 더 '임의적'인가? 만약 하이에크가 금전적 이윤을 극대화하는 것을 제외한 다른 이유들을 '임의적'이라고 함축한다고 의미한다면 사람들은, 심지어 상업에서도, 화폐적 이윤(monetary profit)보다는 '심적' 이윤을 극대화하기 위하여 행동한다는 오스트리아학파의 통찰력과 그런 심적 이윤은 모든 종류의 가치를 포함할 수 있고 그 가치 중의 어떤 것도 다른 것보다 더 임의적이거나 덜 임의적이지 않다는 오스트리아학파의 통찰력을 하이에크는 무시한 것이다. 게다가, 하이에크는 여기에서 피고용인들이 직장을 계속 다닐 수 있는 어떤 종류의 '권리', 그 '권리'는 고용주들 소유의 돈에 대한 재산권과 명백히 모순되는 그런 권리를 가지고 있다는 것을 함축하는 것처럼 보인다. 하이에크는 해고는 통상적으로는 '강제적'이 아니라는 것을 시인한다. 그러면 왜 '실업이 심각한' (확실히, 어떤 경우에도 고용주가 만든 실업이 아닌) 조건들에서는 또는 광산 마을이라는 조건들에서는? 다시, 광부들은 자발적으로 광산 마을로 이주했고 그들이 원한다면 언제라도 떠나는 것이 자유롭다.

하이에크는 거래를 거절하는 '독점자'(자원의 유일한 소유자)를 다룰 때 유사한 과오를 범한다. 그는 "만약 … 내가 유명한 장인이 해주는 분장을 매우 받고 싶다면 그리고 만약 그가 매우 높은 비용이 아니면 분장을 해주는 것을 [또는 전적으로] 거절한다면 내가 강제된 것이라고 말하는 것은 명백히 어리석을 것이다"는 것을 인정한다. 그렇지만 그는 독점자가 오아시스에서 물을 소유한 경우에 강제 개념을 응용**한다**. 그는 다음과 같이 가정하자고 말한다. 사람들이 "물이 적당한 값으로 언제나 이용 가능하다는 가정 위에 그곳에 정착했고," 그리고 다른 우물은 말라버렸으며, 사람들은 이제 생존하기 위해 "다른 선택은 없고 우물의 소유자가 그들에게 요구하는 것은 무엇이라도 해야 한다. 이 점은 명백히 강제인 경우인데,"[6] 왜냐하면 문제의 재화 또는 서비스는 "[그들의] 생존에 결정적이기" 때문이다. 그렇지만, 우물의 소유자는 시비를 걸 목

6) Hayek, *The Constitution of Liberty*, p.136.

적으로 그와 경쟁하는 우물들에 독약을 풀지 않았기 때문에 그 소유자는 결코 '강제적'이지 않다. 사실, 그는 생명 유지에 필요한 서비스를 하고 있고, 물의 판매를 거부하는 권리를 가져야 하거나 고객들이 지불하고자 하는 가격을 그가 부과할 수 있는 권리를 가져야만 한다. 삶에서 맞닥뜨리는 많은 상황처럼 그 상황은 고객들에게는 불행한 것일 수 있다. 그러나 특히 부족하고 생명 유지에 필요한 서비스의 공급자는 판매를 거부하거나 구매자들이 지불하고자 하는 수준에서 가격을 정하는 것이 전혀 '강제적'이 아니다. 자유인으로서 그리고 정당한 재산의 소유자로서 두 가지 행동은 우물 소유자의 권리들 내에 있다. 오아시스의 소유자는 자신의 행동들과 자신이 소유한 재산이라는 실체에 대해서만 오직 책임을 진다. 그는 사막이라는 실체에 대해 책임을 지지 않거나 다른 우물들이 말라버렸다는 사실에 대해서 책임이 없다.[7)]

다른 상황을 생각해 보자. 마을에는 오직 의사 한 명이 있고 전염병이 번지고 있다고 가정하자. 오직 **그 의사**만이 몇 명의 동료 시민을 구할 수 있다. 그의 행동은 그들의 생존에 정말로 결정적이다. (a) 만약 의사가 어떤 것을 하

---

7) 게다가, 하이에크의 강제라는 개념과 '법의 지배'(rule of law)라는 개념을 명석하게 비판한 글에서 로널드 하모이(Ronald Hamowy) 교수는 다음과 같이 지적한다. "우리는 넘을 수 없는 문제 — '적당한' 가격이 무엇인가 — 로 보이는 것에 직면한다. 하이에크에 있어서 '적당한'이란 '경쟁적'이라는 의미이다. 그러나 경쟁이 없는 경우에 경쟁가격이 얼마인가를 결정하는 것이 어떻게 가능한가? 경제학은 시장이 없는 경우에 어떤 시장 가격도 그 수량적 크기를 예측할 수 없다. 그러면 '적절한' 가격이 얼마인가를 우리가 가정할 수 있는가, 또는 더 요령있게, 얼마의 가격에 계약의 본질이 바뀌고 '강제'의 경우가 되는가? 그것이 갤런당 1센트, 갤런당 1달러, 갤런당 10달러인가? 만약 우물의 소유자가 거류자들 간의 우정 이상의 그 어떤 것도 원하지 않는다면 어떻게 되는가? 그런 '가격'이 강제적인가? 어떤 때는 동의가 단순한 계약이고 어떤 때는 그렇지 않은가를, 어떤 원리에 의해 결정할 수 있는가?"

더욱이, 하모이는 다음과 같이 지적한다. "우리는 그럼에도 더 큰 어려움에 직면해야 한다. 만약 소유자가 어떤 가격에서도 물을 파는 것을 거절한다면 그가 강제적으로 행동하고 있는가? 그가 자신의 우물과 그 물을 신성한 것으로 간주한다고 가정하자. 거류자들에게 물을 제공하는 것은 그의 깊은 신앙심에 위배된다. 여기에 하이에크가 말하는 강제라는 정의에 해당하지 않은 상황이 있는데, 왜냐하면 우물의 소유자는 거류자들에게 어떤 행동도 강제하지 않기 때문이다. 그렇지만 하이에크 자신의 틀 내에서는 이것은 훨씬 나쁜 상황이라고 보여지는 데, 왜냐하면 거류자들에게 남겨진 유일한 '선택'은 이제 갈증으로 죽어가는 것이기 때문이다."

Ronald Hamowy, "Freedom and the Rule of Law in F. A. Hayek," *Il Politico* (1971~72), pp.355~56; Hamowy, "Hayek's Concept of Freedom: A Critique," *New Individualist Review* (April 1961), pp.28~31을 또한 보라.

이 주제에 관한 최근의 저작으로는, Hamowy, "Law and the Liberal Society: F. A. Constituion of Liberty," *Journal of Libertarian Studies* 2 (Winter 1978), pp.287~97; and John N. Gray, "F. A. Hayek on Liberty and Tradition," *Journal of Libertarian Studies* 4(Fall 1980).

는 것을 거절하거나 마을을 떠나면 또는 (b) 그가 치료 서비스에 대해 매우 높은 가격을 부과한다면, 그가 시민들을 '강제하고' 있는가? 확실히 아니다. 첫째, 어떤 사람이 고객에게 그의 서비스의 가치, 즉 고객이 지불하고자 하는 것을 부과하는 것이 틀린 것은 아무것도 없다. 그는 그 위에 어떤 것을 하는 것을 거절할 수 있는 온갖 권리를 가진다. 그는 아마도 도덕적으로 또는 미학적으로 비판받을 수 있지만 그 자신의 육체를 스스로 소유한 자로서 그는 치료를 거절하거나 높은 가격에 치료를 할 온갖 권리를 가진다. 게다가, 그가 '강제되어' 있다고 말하는 것은 그의 고객들 또는 대리인들이 의사로 하여금 그들을 치료하도록 **강제하는** 것이 적절하고 강제적이 **아니라는** 것을 의미한다. 요컨대, 그가 '강제되어' 있다고 말하는 것은 노예상태를 정당화하는 것이다. 그러나 확실히 노예상태, 강제노동은 그 용어의 어떤 분별 있는 의미에 있어서도 '강제적인' 것으로 간주되어야 한다.

이 모든 것이 '강제'라는 동일한 항목에 강제된 행위 또는 강제된 거래와 함께 어떤 사람이 교환을 평화롭게 **거절하는** 것을 포함함으로써 생겨난 심각히 자기모순적인 성격을 두드러지게 한다.

나는 다른 곳에서 다음과 같이 썼다.

> '사적 강제'의 잘 알려진 유형은 모호하지만 불길하게 과장된 '경제력'(economic power)이다. 그런 '힘'(power)을 휘두르는 것을 재미있게 설명한 것은 해고된 노동자의 경우이다. …
>
> 이런 상황을 주의하여 자세히 보자. 고용주가 정확히 무엇을 했는가? 그는 노동자가 계속하기를 선호했던 어떤 거래를 계속하기를 거절했다. 엄밀하게 말하면, 고용주A는 B의 노동 서비스를 구매하는 대가로 일정량의 돈을 파는 것[즉 임금을 주는 것]을 거부한 것이다. B는 어떤 거래를 하기를 원하지만 A는 원하지 않는다. 경제의 전 영역에 걸쳐서 모든 교환에 동일한 원리를 적용할 수 있다. …
>
> 그러면 '경제력'은 자유가 있는 상태에서 그저 교환을 거절할 수 있는 권리이다. 모든 사람은 이런 힘을 가지고 있다. 모든 사람은 선호하는 거래를 할 수 있는 동등한 권리를 가진다.
>
> 이제, 폭력이 악(evil)임을 시인하지만 정부의 폭력은 '경제력에 의한 사적 강제'를 없애기 위하여 때때로 필요하다고 덧붙여 말하는 '중도의' 국가주의자는 참을 수 없는 모순에 빠진다는 것이 분명하다. A는 B와 거래하는 것을 거절한다. 만약

> B가 총을 쳐들고 A에게 거래할 것을 명령한다면 우리는 무엇이라고 말하는가 또는 정부는 무엇을 하는가? 이것은 결정적인 질문이다. 이 문제에 대해 우리가 할 수 있는 것은 오직 두 가지 입장이다. 하나는 B가 폭력을 휘두르고 있다면 한 번에 중단되어야 한다는 것이다. 다른 하나는 B는 A가 행사한 경제력이라는 '교묘한 강제'를 그저 '제거하기' 때문에 이런 단계를 취하는 것이 완전히 정당화되는 것이다. 치안기관이 A의 보호를 위하여 달려가야만 하거나 치안기관이 B를 아마도 돕기 위하여(또는 그를 위하여 B의 일을 대신 하는 것) 그렇게 하는 것을 의도적으로 거절하는 것이다. 둘의 중간 길은 없다.
>
> B가 폭력을 행사하고 있다. 그것에 대해서 의심의 여지는 없다. 두 가지 원리(리버테리언과 '경제력'이라는 주장)라는 관점에서 B의 폭력은 침략적이고 그 결과 정의롭지 못하거나(unjust) 또는 B의 폭력이 방어적이고 그 결과 정의롭다. 만약 우리가 '경제력' 주장을 채택한다면 우리는 후자 입장을 선택해야 한다. 만약 '경제력' 주장을 거부한다면 우리는 전자 입장을 채택해야 한다. 만약 우리가 '경제력' 개념을 선택한다면 우리는 거래에 대한 어떤 거절과 싸우기 위하여 폭력을 휘둘러야 한다. 만약 우리가 경제력 개념을 기각한다면 거래에 대한 어떤 폭력적인 행사를 막기 위하여 폭력을 사용한다. 두 가지 중에 하나를 선택하는 것을 벗어나는 길은 없다. 중도의 국가주의자가 '많은 형태'의 정당화되지 않는 강제가 있다고 논리적으로는 말할 수는 없다. 그는 둘 중의 어느 하나를 선택해야 하고 그에 따라 그의 입장을 가져야 한다. 그는 오직 한 가지 형태의 불법적인 강제, 즉 명백한 물리적 폭력이 있다고 말해야 한다. 또는 그는 오직 한 가지 형태의 불법적인 강제, 즉 거래를 거절하는 것이 있다고 말해야만 한다.[8)]

그리고 노동하기를 거부하는 것을 금지하는 것도 물론 일반적인 노예제 사회이다. 하이에크가 **비**강제적인(noncoercive) 것으로 빨리도 결말을 내린 다른 예를 검토하기로 한다. "만약 내가 행동과 복장 기준들을 따르는 경우에만 호스테스가 나를 그녀의 파티에 초대한다면 … 이것은 분명 강제가 아니다."[9)] 그런데 하모이 교수가 보여준 것처럼 이 경우는 하이에크 자신의 기준들로는 '강제'로 치부되는 것은 당연하다. 왜냐하면,

> 나는 매우 사회적으로 성숙한 사람이고 이 파티에 참석하지 않는 것은 나의 사회

8) Murray N. Rothbard, *Power and Market*, 2nd ed. (Kansas City: Sheed Andrews and McMeel, 1977), pp.228~30.

9) Hayek, *The Constitution of Liberty*, pp.136~37.

> 적 위치를 크게 위협할 수도 있다고 하자. 더욱이, 저녁에 입을 양복은 세탁소에 있고 일주일 후에 찾을 수 있을 것이다. … 그렇지만 그 파티는 내일이다. 이런 상황에서 나를 초대한 호스트가 그의 집에 접근할 수 있는 대가로 입을 만한 공식 복장을 요구하는 그의 행동은 내가 가장 귀중하게 평가하는 것들 중의 하나인 나의 사회적 명성의 보존에 명백히 위협을 가하기 때문에 사실상 강제 행동**이라고** 말할 수 있는가?

게다가, 만약 파티 초대에 대한 대가로서 "파티에 사용되는 모든 은식기와 도자기를 내가 세척하기를" 호스트가 요구해야 한다면 하이에크는 그 자신의 기준들에서도 그런 자발적인 계약을 '강제적'이라고 불러야 하는 것이 심지어 더 명백하다고 하모이 교수는 지적한다.[10)]

하모이의 통렬한 비판을 반박하면서 하이에크는 나중에 부언하기를 "강제를 성립시키기 위해서는 강제자(coercer)의 행동이 그 행동이 없을 때보다 피강제자(coerced)가 간주하기를 그의 위치를 더 나쁘게 만들었다고 하는 것이 또한 필요하다"는 것이다.[11)] 그러나 하이에크에 대한 응답에서 하모이는 이 반박은 파티에 조건부로 초대하는 것을 '강제적'이라고 부르는 명백한 오류를 받아들이는 것을 하이에크가 비논리적으로 거절하는 것을 구제하지 않는다고 지적한다. 왜냐하면,

> 방금 서술한 경우는 이 조건을 아주 잘 만족시키는 것처럼 보인다. 어떤 의미에서 파티의 호스트 예정자는 초대에 의해 내가 선택할 수 있는 대안들의 범위를 넓힌 것이 맞지만 **전체** 상황(이 상황은 공식 복장을 손에 넣지 못한 나의 무능과 그에 따른 좌절을 포함해야 한다)은 초대 이전에 있었던 상황과 비교하여 내 관점에서는 더 나빠진 것, 호스트 예정자가 그 특정 시간에 파티를 하기로 결정하기 이전에 존재했을 상황보다 확실히 더 나빠진 것이다.[12)]

따라서 하이에크와 우리들은 다음 두 가지 중의 하나를 해야 할 의무가 있다. 하나는 '강제'의 개념을 물리적 폭력의 사용 또는 협박에 의해 다른 사람

---

10) Hamowy, "Freedom and the Rule of Law," pp.353~54.

11) F. A. Hayek, "Freedom and Coercion: Some Comments on a Critique by Mr. Ronald Hamowy," *Studies in Philosophy, Politics, and Economics* (Chicago: University of Chicago Press, 1967), p.349.

12) Hamowy, "Freedom and the Rule of Law," pp.354n.

의 인격 또는 재산을 침해하는 것에만 엄격히 제한하는 것이다. 다른 하나는 '강제'라는 용어를 전적으로 폐기하고 '자유'를 '강제가 없는 것'이 아니라 '공격적인 물리적 폭력 또는 그것으로 인한 협박이 없는 것'으로 그저 정의하는 것이다. 하이에크는 "강제는 모든 지배적이고 피할 수 없는 현상을 만들어내는 것으로 정의될 수 있다"[13]고 확실히 시인한다. 불행하게도, 강제를 엄격히 폭력에 국한하는 일을 실패한 하이에크의 중도(middle-of-the-road)는 그의 정치철학 전체 체계에 널리 퍼져서 흠집을 낸다. 그는 '부드러운' 형태의 강제와 '더 심각한' 형태의 강제 간에 그저 수량적으로 구분하는 것을 시도함으로써 그 체계를 구제할 수 없다.

하이에크 체제의 다른 근본적인 오류는 물리적 폭력의 영역을 넘어서서 강제를 정의하고자 했을 뿐 아니라 '공격적' 강제 또는 폭력과 '방어적' 강제 또는 폭력을 구분하는 일에도 또한 실패하고 있다는 것이다. 다른 사람에 대한 공격적 폭력 — 폭행 또는 절도 — 과 그런 공격에 대항하여 자신과 자신의 재산을 보호하기 위한 폭력의 사용 간에는 본질적인 차이가 엄청나다. 공격적 폭력은 범죄이고 정의롭지 못하다. 방어적 폭력은 완전히 정의롭고 정당하다. 공격적 폭력은 인간과 재산의 권리를 침해한다. 방어적 폭력은 그런 침해로부터 방어한다. 그럼에도 하이에크는 이 결정적 질적인 구분을 하는 데 다시 실패한 것이다. 그에게는 오직 '강제'의 상대적인 정도 또는 양(quantities)만이 존재한다. 따라서 하이에크는 서술하기를, "강제는, 그러나, 완전히 회피될 수는 없는데, 왜냐하면 강제를 막는 유일한 방법은 강제라는 협박에 의한 것이기 때문이다."[14] 이 점으로부터, 그는 "자유 사회는 국가에게 강제의 독점을 수여함으로써 그리고 국가의 이 권력을 사적인 인간들의 강제를 막기 위하여 필요해지는 경우들에 한정하도록 의도함으로써 이 문제를 해결할 수 있다"[15]고 부

13) Hayek, *The Constitution of Liberty,* p.139.

14) Ibid., p.21. 여기에서 하이에크의 한 가지 오류는 만약 부당한 강제가 틀린 것이라면 그 강제는 최소화되어야 한다고 주장한 것이다. 그 대신, 비도덕적이고 죄를 짓는 것인, 정의롭지 못한 강제는 전적으로 금지되어야 한다. 즉, 요점은 가능한 어떤 수단에 의한 일정한 양(정의롭지 못한 강제)의 최소화가 아닌데, 여기에는 정의롭지 못한 강제라는 새로운 행동들이 포함된다. 요점은 모든 행동에 대해 엄격한 측면 제한(side−constraint)을 가하는 것이다. 이 구분에 대해서는 Robert Nozick, "Moral Complications and Moral Structures," *Natural Law Forum* (1968), pp.1ff를 보라.

15) Hayek, *The Constitution of Liberty,* p.21.

언함으로써 계속해서 과오를 가중시키고 있다. 그렇지만, 여기에서 우리가 '강제'(비록 우리가 이것을 '물리적 폭력'이라고 정의하더라도)라고 부를 수 있는 차별화되지 않은 덩어리의 다양한 정도를 비교하는 것은 아니다. 왜냐하면 우리는 방어담당기관들의 서비스를 구매하는 것을 통해 **공격적** 폭력을 방지함으로써 그것을 완전히 피할 **수** 있기 때문인데, 이 때 그 기관들은 오직 **방어적** 폭력만을 사용할 수 있도록 권한이 주어지는 것이다. 만약 우리가 그런 강제를 오로지 **공격적** 폭력으로만 정의한다면(또는 대신에, 만약 우리가 '강제'라는 용어를 전적으로 포기하고 공격적 폭력과 방어적 폭력의 구분을 유지한다면) '강제'가 한창일 때 무력하지는 않을 것이다.

위의 단락에서 하이에크의 결정적인 두 번째 문장은 여러 번 그의 과오를 더욱이 크게 만든다. 첫째, 어떤 그리고 모든 역사적 사례에서 '자유사회'는 국가에게 강제에 대한 어떤 독점도 '수여하지' 않았다. 어떤 형태의 자발적인 '사회계약'도 결코 존재한 적이 없었다. 모든 역사적 사례에서 국가는 공격적 폭력의 사용과 정복에 의해 사회에서 폭력의 그런 독점을 움켜잡았다. 그리고 더욱이 국가가 가진 것은 '강제'의 독점이 아니라 **공격적**(방어적 폭력도 또한) 폭력의 독점이고 두 특정 형태의 공격적 폭력을 제도적으로 채택함으로써 그 독점은 확립되고 유지되는데, 그 두 가지란 정부 수입의 획득을 위하여 징세(taxation)하는 것이고 국가가 취득한 영토 내에서 방어적 폭력을 사용하고자 하는 경쟁 기관들을 강제에 의해 금지하는 것이다. 그러므로 자유는 사회에서(있을지 모르는 침략자들에 대항하여 방어적 폭력을 유지해야 하지만) 공격적 폭력을 배제할 필요가 있기 때문에 국가는 자유의 수호자로서 정당화되지 않고 결코 정당화될 수도 없다. 왜냐하면 국가는 바로 그 존재양식에 의해 국가가 지킬 것이라고 기대되는 개인들의 바로 그 자유와 재산에 대한 공격적 폭력의 이중적이고도 널리 미치는 사용에 의지해서 살아가기 때문이다. 국가는 질적으로(qualitatively) 정당화되지 않고 정당하다고 인정할 수 없다.

따라서 국가의 징세권의 사용과 공격적 폭력의 다른 수단들뿐 아니라 국가의 존재에 대한 하이에크의 정당화는 공격적 폭력과 방어적 폭력의 차이를 옹호할 수 없게 말살한 것과 모든 폭력적 행동을 '강제'의 정도라는 단일 항목으로 묶어버린 것에 의존한다. 그러나 이것이 전부가 아니다. 왜냐하면 국가와 국가의 행동을 옹호하는 것을 해결하는 과정에서 하이에크는 물리적 폭력을 넘어서서 강제라는 개념을 확장한 것뿐 아니라 어떤 형태의 공격적인 물리적 폭력을 **제외하기** 위하여 강제라는 개념을 과도하게 **또한** 좁힌 것이다. 국가의 강제를 '제한'하기 위하여(즉 그런 한계들 **내에서** 국가의 행동을 정당화하기 위하여), 만약 폭력에 의해 유지되는 명령들이 개인적이고 임의적인 것이 아니라 일반적이고, 보편적인 법칙들, 사전에 모두에게 알려질 수 있는('법의 지배') 형태라면, 강제는 최소화되거나 심지어 존재하지 **말아야** 한다고 하이에크는 주장한다. 그래서 하이에크는 서술하기를,

> 정부가 여전히 사용해야 하는 강제는 … 최소한으로 축소되고 알려진 일반적인 법칙들을 통해 강제를 제한함으로써 가능한 한 무해하게 만들어져야 하고, 그 결과 대부분의 경우에 만약 강제될 것임을 아는 위치에 그 자신이 놓이지 않는 한 그 개인은 결코 강제될 필요가 없을 것이다. 심지어 강제가 피할 수 없는 경우에도 강제는 제한되고 예상 가능한 임무들에 국한됨으로써 강제의 가장 해로운 효과는 박탈되거나 적어도 다른 사람의 임의적인 의지로부터 독립된다. 강제가 비인격적(impersonal)이고 일반적이고 추상적인 규칙들—규칙들이 정해질 때 그것들이 특정 개인들에 미치는 영향이 예상될 수 없는—에 의존한다면 심지어 정부의 강제적인 행위들은 개인이 그 위에 그 자신의 계획을 세울 수 있는 여건이 된다.[16)]

소위 '비강제적'이라고 하지만 폭력적 행동을 위한 하이에크의 회피가능성(avoidability)이라는 기준은 다음과 같이 노골적으로 서술된다.

> 만약 내가 스스로 특정 위치에 놓이면 강제될 것이라는 것을 사전에 안다고 가정하자. 그리고 내가 스스로를 그런 위치에 놓이게 되는 것을 피할 수 있다면 나는 결코 강제될 필요가 없다. 적어도 강제를 사용하는 규칙들이 나에게 개인적으로 겨냥한 것이 아니고 유사한 환경에 있는 모든 사람에게 동등하게 적용되도록 그렇게 틀이 만들어진 한에 있어서는 그 규칙들은 나의 계획들에 영향을 주는 어떤 자연적인 장애물과 다른 바가 없다.[17)]

그러나 하모이 교수는 신랄하게 지적한다.

> 이 일로 당연히 다음과 같이 추정된다. 만약 X씨가 내가 Y씨로부터 어떤 물건을

---

16) Ibid., p.21.
17) Ibid., p.142.

> 산다면 나를 죽일 것이라고 경고한다면 그리고 만약 Y씨로부터 이용가능한 물품들은 다른 곳(아마도 X씨로부터)에서도 또한 이용가능하다면 X씨 쪽에서의 그런 행동은 비강제적인 것이다!

왜냐하면 Y씨로부터 물품을 구매하는 것은 '회피할 수 있는' 것이다. 하모이는 계속한다.

> 회피가능성이라는 기준에 따르면, 행동을 피할 수 있음은 협박이 전혀 일어나지 않는 상황과 이론적으로 동일한 상황을 설정하기에 충분하다. 만약 피협박자(threatened)가 협박자(threatener)의 행동을 피할 수 있다면 그 피협박자는 협박이 있기 전보다는 덜 자유로운 것이 아니다. 이 주장의 논리적 구조에 따르면 '협박성 강제'(threatening coercion)는 강제 행위가 아니다. 따라서 만약 내가 어떤 지역에 들어갈 때 건달에 의해 공격받을 것이라는 점을 사전에 안다면 그리고 만약 그 지역을 피할 수 있다면 그러면 나는 건달에 의해 결코 강제될 필요가 없다. … 따라서, 누구든지 건달이 창궐하는 지역을 … 전염병이 창궐하는 습지와 같은 것으로 간주할 수 있는데, 둘 모두 피할 수 있는 장애물로서 나를 개인적으로 겨냥하지 않는…

그리고 따라서 하이에크에게는 '강제적이지' 않다.[18)]

따라서 비강제를 위한 하이에크의 회피가능성 기준은 '강제'라는 개념의 명택히 부조리한 약화와, 온화하고 비강제적인 항목 아래에 공격적이고 명백히 강제적인 행동들을 포함하는 것을 초래한다. 그럼에도 하이에크는 그가 제안한 정부에 대한 약한 제한인 회피가능성을 심지어 기꺼이 포기하고자 한다. 왜냐하면 예를 들어 세금과 징집은 '피할 수 있는' 것이 아니고 그렇게 전제되

---

18) Hamowy, "Freedom and the Rule of Law," pp.356~57, 356n. 사실, *The Constitution of Liberty*, p.142에서 하이에크는 다음과 같이 명시적으로 서술한다. "만약 강제에 의한 이 협박(this threat of coercion)이 강제의 잠재 대상물에 의해 피해질 수 있는 알려진 환경만을 오직 언급할 때는 그것은 실질적이고 피할 수 없는 강제와 매우 다른 효과를 만들어낸다. 자유 사회가 사용해야 하는 강제에 의한 협박들의 대다수는 이런 피할 수 있는 종류이다."

왓킨스(Watkins) 교수가 지적한 것처럼, '비강제'를 위한 하이에크의 피할 수 있음이라는 기준에 대해서는, 어떤 사람은 해외여행을 금지한다는 '모두에게 동등하게 적용가능한 일반적이고 추상적인 규칙'에 직면할 수 있다. 그리고 그는 해외에서 아픈 아버지가 있고 아버지가 죽기 전에 방문하기를 원한다고 가정하자. 하이에크의 주장에 따르면 여기에는 강제 또는 자유의 손실이 없다. 이 주체는 어떤 이의 의지에도 종속되지 않는다. 만약 그가 해외로 나가는 것을 시도한다면 그는 체포되고 처벌을 받을 것이라는 사실에 틀림없이 직면하게 될 것이다. J.W.N. Watkin, "Philosophy," in A. Seldon, ed., *Agenda for a Free Society: Essays on Hayek's The Constitution of Liberty* (Lodon: Institute fo Economic Affairs, 1961), pp.39~40.

는 것이 아님을 그는 시인하기 때문이다. 그러나 이것들(세금과 징집을 말함)도 역시 '비강제적인'데, 왜냐하면

> 그것들은 적어도 예측할 수 있고 개인이 그렇지 않았다면 그의 에너지를 어떻게 사용할 것인가와 상관없이 집행되기 때문이다. 이것이 그것들에게서 강제의 사악한 본질의 대부분을 빼앗는다. 만약 세금으로 일정 액수를 납부해야 한다는 알려진 불가피성은 모든 내 계획의 기초가 되고, 만약 일정 기간의 군복무가 내 경력의 예상할 수 있는 일부가 되면 나는 내 자신이 만든 삶의 일반적인 계획을 추구할 수 있고 사람들이 사회에서 독립적이라고 배워온 정도로 내가 다른 개인의 의지와 독립적이다.[19]

개인의 자유를 위한 기준 또는 옹호로서 일반적이고, 보편적이고('동등하게 적용하는'), 예측 가능한 규칙들에 의존하는 어리석음은 더 완전하게 폭로된 적이 거의 없었다.[20] 왜냐하면 예를 들어 만약 **모든** 사람이 3년 중에 1년은 노예가 되어야 한다는 일반적인 정부 규칙이 있다면 그런 보편적인 노예제는 전혀 '강제적'이 아님을 이것은 의미하기 때문이다. 그러면 어떤 의미에서 하이에크의 일반적인 규칙들이 임의적인 마음에 의해 만들어지는 **있을 법한 규칙의 경우**보다 우수하거나 더 리버테리언적인가? 예를 들어 두 가능한 사회를 생각해보자. 첫째는 모든 사람에게 동등하게 적용할 수 있는, 하이에크가 말하는 일반적인 규칙들로 이루어진 광범위한 네트워크에 의해 통치되는 사회가 있다. 그 사회는 예를 들어 다음과 같은 규칙들로 이루어진다고 가정하자. 모든 사람은 3년에 1년씩 노예가 된다. 정부를 비판하는 사람은 사형에 처한다. 누구도 술을 마실 수 없다. 모든 사람은 하루에 세 번씩 어떤 특정 시간에 메카를 향해 절을 해야 한다. 모든 사람은 녹색의 특정 유니폼을 입어야 한다. 기타 등등. 그런 사회는 하이에크가 말하는 비강제적인 규칙의 지배라는 모든 조건을 만족시키지만 완전히 독재적이고 전체주의적인 것은 명백하다. 그와 대조되는, 두 번째 사회를 생각해보자. 그 사회는 교환, 기타 등등을 함에 있어서 그가 적절하다고 생각하는 대로 그가 가진 인신과 재산을 사용함에 있어

19) Hayek, *The Constitution of Liberty,* p.143.

20) 더욱더 많은 종류의 특정 환경이 규칙에 추가되면서 보편적인 규칙의 변경이라는 문제에 대하여, G.E.M. Anscombe, "Modern Moral Philosophy," *Philosophy* 33 (1958), p.2.

서 전적으로 자유롭다. 다만 한 가지 예외가 있다. 1년에 1번 군주(1년 중 나머지 기간에는 문자 그대로 아무것도 하지 않는다)는 그가 선택한 한 개인을 상대로 1번 임의적으로 침해 행위를 한다. **어떤** 사회가 더 자유롭고 더 리버테리언적이라고 생각되는가?[21]

따라서, 하이에크의 *Constitution of Liberty*는 어떤 의미에서도 개인적 자유의 체제를 위한 기준들 또는 기초를 제공할 수 없다. '강제'라는 정의들에 깊이 흠이 간 점에 더하여, 하모니가 지적한 것처럼, 개인적 권리들에 대한 하이에크 이론의 근본적 결함은 개인적인 권리들이 도덕이론 또는 '어떤 독립적인 비정부적 사회계약'(nongovernmental social arrangement)에서 유래하는 것이 아니고 그 대신에 정부 그 자체에서 나온다는 것이다. 하이에크 있어서 법을 만드는 정부(government of law) — 그리고 정부에 의한 법의 지배 — 는 권리들을 비준하거나 방어하는 것이 아니라 권리들을 **창출한다.**[22] 그의 책의 진행에서 하이에크가 개별 시민들의 권리들과 자유들을 분명히 침해하는 긴 목록의 정부 행위들을 승인하게 된 것은 이상한 일이 아니다.[23]

---

21) 하이에크가 주장한 법의 지배에서 그 자신의 기준들에서 벗어났다고 자신이 인정한 것에 대한 철저한 비판뿐 아니라 법의 지배를 위한 일반성, 동등한 적용성, 예측 가능성에 대한 철저한 비판에 대해서는, Hamowy, "Freedom and the Rule of Law," pp.359~76을 보라. 이 논문은 법들을 매일 변화하게 만드는 입법부의 존재가 주어진 상태에서 어떤 법도 어떤 순간에 더 예측가능하거나 '확실할' 수는 없다는, 브루노 레오니(Bruno Leoni)의 근본적인 비판을 포함하고 있다. [그 비판이란, 역자 삽입] **시간이 지나면** 확실한 것은 없다.[라는 것이다, 역자 삽입] Bruno, Leoni, *Freedom and the Law* (Princeton, N.J.: D. Van Nostrand, 1961), p.76을 보라.

22) Hamowy, "Freedom and the Rule of Law," p.358.

23) 하이에크는 더 최근의 학술서에서 강제의 문제 또는 자유의 문제를 다루지 않는다. 그러나 하이에크는 고독한 행동들과 '다른 사람에게 향하지' 않는 행동을 제외하기 위하여 일반적이고 특정한 규칙들이라는 개념을 수정함으로써 하모이와 다른 사람들의 비판을 내친 걸음에 충족시키려고 노력한다. 그러면 종교적인 규칙들의 문제는 회피될 수 있을지 모르지만 위에서 토론한 문제들의 대부분은 상호간 행동들과 관련이 **있고** 그 결과 하이에크의 법의 지배는 개인의 자유를 위한 만족스러운 방벽이 되는 것을 막는 일이 지속된다. F.A. Hayek, *Law, Legislation, and Liberty,* vol. 1 (Chicago: University of Chicago Press, 1973), pp.101~2, 170n. 일반적으로, 새로 나온 하이에크의 책은 하이에크가 이전에 입법(legislation)에 의존하는 것으로부터 좋은 퇴각이고 판사가 발견하는 보통법의 과정들로 향하는 방향전환이다. 그러나 그 책의 분석은 법의 목적을 '기대의 실현'에 두는 것으로 현저하게 강조함으로써 크게 손상된 것이다. 그런데 그 법의 목적이란 재산권의 정의(justice of property rights)가 아니라 사회적 목적에 여전히 집중하는 것이다. 여기와 관련이 있는 것은 앞에서 토론한 계약의 권리증서이전 이론(the title-transfer theory of contracts) 대 계약의 기대 이론(the expectations theory of contracts)이다. 이 책의 pp.162~82를 보라.

제29장 로버트 노직과 국가의 흠 없는 개념화[1]

로버트 노직의 *Anarchy, State, and Utopia*[2]는 국가 또는 적어도 보호(protection) 기능에만 그 기능을 국한하는 최소(minimal)국가를 정당화하기 위한 로크적인 계약주의적(Lockean contractarian) 시도의 '보이지 않는 손'(invisible hand) 변종이다. 국가가 자유시장 무정부주자의 본질을 가진 데서 출발해서, 노직은 국가가 누구의 권리도 침해하지 않는 보이지 않는 손 과정(invisible hand process)에 의해 출현하는 것으로 묘사하고 있는데, 1단계로 주로 치안 기관(protective agency), 그 다음에 '극소(ultraminimal)국가'로, 그 다음으로 최종으로는 최소국가가 되는 것이다.

노직이 제시한 여러 단계에 대한 자세한 비판을 착수하기 전에, 노직의 개념화 자체에 들어 있는 여러 가지 중대한 오류를 검토하는데, **그 오류의 각각**은 그 자체로 국가를 정당화하기 위한 그의 시도를 반박하기에 충분하다.[3] 첫째, 그의 방식을 숨기려는 노직의 시도[4]에도 불구하고 노직의 독창적인 논리적 구조물은 정말로 역사적 현실에서 도대체 발생했는가 하는 것을 아는 것은 매우 타당하다. 즉 어떤 국가, 또는 대부분 국가 또는 모든 국가는 노직이 주장하는 방법으로 **사실상** 전개되었는가 하는 것이다. 제도의 모든 것이 아주 잘 역사적 실재에 기초하고 있는가를 토론할 때, 노직이 실제 국가들의 역사를 단 한 문장 또는 단 하나의 참조를 하는 데 실패했던 것은 그 자체로서 중대한 결점이다. 사실, 어떤 국가도 노직이 주장하는 방법으로 설립되거나 발전

1) 이 절은 Murray N. Rothbard, "Robert Nozick and the Immaculate Conception of the State," *Journal of Libertarian Studies* 1 (Winter 1977), pp.45~57에서 왔다.

2) Robert Nozick, Anarchy, State, and Utopia (New York: Basic Books, 1974).

3) 노직의 다른 비판들에 대해서는 Randy E. Barnett, "Whither Anarchy? Has Robert Nozick Justified the State?" *Journal of Libertarian Studies* 1 (Winter 1977), pp.15~21; Roy A. Childs, Jr., "The Invisible Hand Strikes Back", *Journal of Libertarian Studies* 1 (1977 Winter), pp.23~33; John T. Sanders, "The Free Market Model Versus Government: A Reply to Nozick," *Journal of Libertarian Studies* 1 (Winter 1977), pp.35~44; Jeffrey Paul, "Nozick Anarchism and Procedural Rights," *Journal of Libertarian Studies* 1, no. 4 (Fall 1977), pp.337~40; James Dale Davidson, "Note on Anarchy, State, and Utopia," *Journal of Libertarian Studies* 1 no. 4 (Fall 1977), pp.341~48을 보라.

4) Robert Nozick, *Anarchy, State, and Utopia,* pp.6~9.

되었다는 조금의 증거도 없다. 이와 반대로, 역사적 증거는 전혀 거꾸로 나아간다. 왜냐하면 사실들이 이용가능한 모든 국가는 폭력과 정복과 약탈이라는 과정에 의해 기원했기 때문이다. 요컨대, 노직 자신이 인정해야 했던 방법, 즉 개인의 권리들을 침해하는 방법으로 모든 국가가 기원했다. 왕들과 국가의 기원에 대해서, 토머스 페인(Thomas Paine)은 *Common Sense*라는 책에서 다음과 같이 썼다.

> 우리는 고대의 어두운 덮개를 걷어낼 수 있고 그들[왕들과 국가를 말함]의 처음 발생을 추적할 수 있는데, 우리는 그들의 첫째가 어떤 활동적인 갱의 주요 폭력배보다 더 나을 것이 아무것도 없음을 발견해야 한다. 그의 야만적 방법들과 통찰력에서의 탁월함은 약탈자들 가운데 으뜸이라는 타이틀을 그 폭력배에게 주었다. 그리고 권력을 증가시키고 약탈을 확대함으로써 조용하고 무방비한 사람으로 하여금 보험료를 자주 내는 방법으로 그들의 안전을 구입하도록 위압했다.[5)]

페인의 설명에 포함된 '계약'은 리버테리언에게는 자발적인 동의라고 인식될 수 있는 어떤 것이라기보다는 강제된 '치안 라켓'(protection racket)의 본질을 가졌던 것임을 주목하라.

현존하는 국가들 — 만약 그 국가들이 최소이거나 최소가 된다면 — 에 대한 노직의 정당화는 소위 그것들을 흠잡을 데 없이 개념화한 것에 의존하기 때문에, 그런 국가는 존재하지 않기 때문에, 그 국가들 중의 어떤 것도 정당화될 수 없는데, **비록** 그 국가들이 나중에 최소가 되는 것이 틀림없더라도 말이다. 더 나아가, **고작해야** 노직의 모델은 정말로 그의 보이지 않는 손이라는 방법에 의해 발달했던 한 국가를 **오직** 정당화할 수 있다고 우리는 말할 수 있다. 그러므로 모든 현존하는 국가들을 폐지하도록 요구하는 무정부주의자들에게 합류하도록 하고 **그 다음에는** 앉아서 그의 소위 보이지 않는 손이 작동하기를 기다리는 것이 노직에게 지워진 의무이다. 그러면 노직이 **고작** 정당화할 수 있는 유일한 최소국가는 미래의 아나코 자본주의(anarcho-capitalist) 사회로부터 발전되어 나올 국가이다.

둘째, **비록** 현존하는 국가가 오점 없게 이해된다고 하더라도 이것이 국가

---

5) *The Complete Writings of Thomas Paine*, P. Foner, ed. (New York: Citadel Press, 1945), vol. 1, p.13.

의 현재 존재함을 **아직** 정당화하지 않는다. 기본적인 오류는 국가를 사회계약으로 설명하는 모든 이론(all social-contract theories of the State), 즉 약속에 기초하는 어떤 계약도 구속력이 있고 집행가능하다는 이론에 있는 고유한 것이다. 그러면 만약 자연대로의 상태에서의—물론 그 자체로는 과감한 가정인데—**모든 사람이** 그의 모든 권리 또는 일부 권리를 국가에 양도한다면 사회 계약 이론가들은 이 약속이 영구히 구속력이 있는가를 검토한다.

그러나 윌리엄슨 에버스에 의해 '권리증서이전 이론'으로 명명된, 정확한 계약 이론이란 유일하게 유효한 (그리고 그 결과 구속력 있는) 계약은 사실 철학적으로 **양도가능한**(alienable) 것을 양도하는 계약, 그리고 재산에 대한 구체적 증서**만**이 그렇게 양도가능해서, 그 결과 그 증서의 소유권이 다른 이에게 양도가능할 수 있는 계약이라는 것이다. 이와 반대로, 인간의 **다른** 특징들—특히 그 자신의 의지와 육체에 대한 자기 소유권(self-ownership) 그리고 그 자기 소유권으로 발생하는 인신과 재산에 대한 권리들—은 '양도불가능'(inalienable)하고 그 결과 구속력 있는 계약으로 양도될 수 없다. 그러면 만약 누구도 집행가능한 계약으로 그 자신의 의지 또는 그의 육체 또는 그의 권리들을 양도할 수 없다면 그의 후손의 인신들 또는 권리들을 **더욱더** 양도할 수 없다. 이것이 [미국] 건립의 국부들이 권리들을 '양도 불가능한 것'이라고 했을 때의 개념을 의미하거나 조지 메이슨(George Mason)이 버지니아 권리선언에서 그것을 표현했는데,

> 모든 인간은 본래 동등하게 자유롭고 독립적이다. 모든 인간은 사회를 이룰 때 어떤 계약에 의해서도 그들의 후손에게서 뺏거나 박탈할 수 없는 어떤 타고난 자연적 권리를 가진다.[6)]

---

6) Robert A. Rutland, *George Mason* (Williamsburg, Va.: Colonial Williamsburg, 1961), p.111에서 재쇄함. 인간 의지의 양도가능성의 무효에 대하여는 위의 19장, 각주 18번을 보라. 17세기 영국의 위대한 수평파 지도자 리차드 오버톤(Richard Overton)은 썼다. "사실상 모든 개인에게 날 때부터 개인적인 재산, 어떤 것에 의해서도 침해되지 않고 강탈되지 않는 재산이 주어진다. 모든 사람에게 그는 그 자신이기 때문에 그 결과 그는 스스로 정당성을 가지고, 그렇지 않으면 그는 자신이 될 수 없다. … 나의 것과 너의 것은 될 수 없다, 이것[다음 문장을 말함, 역자주]을 제외하고는. 누구도 나의 권리들과 자유들을 지배하는 권력을 가지지 않고 나는 누구의 것에 대해서도 지배하는 권력을 가지지 않는다. 내가 개인일 뿐이지만 나는 자신과 내 스스로의 정당성을 즐긴다."
Sylvester Petro, "Feudalism, Propery, and Praxeology," in S. Blumenfeld, ed. *Property in a Humane Economy* (LaSalle, Ill.: Open Court, 1974), p.162에서 인용.

따라서, 우리는 알았다. (1) 어떤 현존하는 국가도 결점 없이 고안되지 않았다는 것—완전히 그 반대이다. (2) 그 결과 **어떻게든지** 해서 정당화될 수 있는 유일한 최소국가는 자유시장 무정부주의 세상이 건립되고 난 **이후** 출현할 것이다. (3) 그 결과 노직은 자신의 기초 위에서 무정부주의자가 되어야 하고 그리고 그 다음에 노직이 주장하는 보이지 않는 손이 그 이후에 작동하기를 기다려야 한다. 그리고 마지막으로 (4) **비록** 어떤 국가가 결점없이 설립되었다 하더라도 사회계약이론의 오류들은 어떤 현재의 국가, 심지어 최소국가 마저도 정당화될 수 없음을 의미한다.

이제 노직이 주장하는 단계들, 여러 단계가 그 이전 단계로부터 발전되어 나오는 데 있어서 그 방법들의 도덕성뿐 아니라 특히 소위 필연성을 검토하기로 하자. 노직은 각 무정부주의적 치안기관(anarchist protective agency)은 도덕적으로 그리고 비공격적으로 행동한다는 것, 즉 "로크의 자연법칙(Locke's law of nature)이라는 한계 내에서 선한 신념을 가지고 행동하기를 시도한다는 것을 가정하는 것으로 시작한다.[7]

첫째, 각 치안기관의 고객들은 반보복(Counter-retaliation)에 대항하여 그들 자신을 보호할 것을 거부하는 방법으로 고객들 각자는 공격에 대한 사적 보복의 권리를 포기할 것을 각 치안기관은 요구한다고 노직은 가정한다.[8] 아마도, 아마도 아닐 것이다. 이것은 시장에서 활동하는 여러 치안기관들에 달려 있고 확실히 자명한 것이 아니다. 그 기관들은 그 방법으로 그들 고객들을 제한하지 않는 다른 기관들에 의한 경쟁으로 쫓겨나는 일이, 비록 틀림없는 것은 아니지만, 확실히 일어날 수 있는 것이다.

그 다음에 노직은 다른 치안기관들의 고객들 간의 분쟁을 토론하는 것으로 나아간다. 그는 그 분쟁들이 어떻게 진행될 것인가에 대해 세 가지 시나리오를 제시한다. 그러나 그 세 시나리오 중 둘(그리고 세 번째의 일부)은 치안기관들 간의 물리적 다툼을 포함한다. 첫째, 이 시나리오들은 치안기관들 **각자가** 성실하고 비공격적 태도를 가져야 한다는 노직 자신의 가정과 모순되는데, 왜냐하면 어떤 다툼에서도 치안기관들 중의 적어도 하나가 명백히 공격할 것이

7) Nozick, *Anarchy, State, and Utopia*, p.17.
8) Ibid., p.15.

기 때문이다. 게다가, 경제적으로는, 치안기관들이 물리적으로 서로 다툴 것을 예상하는 것은 어리석을 것이다. 그런 싸움은 고객들을 멀어지게 하고 신참에게는 매우 값비싼 것이다. 시장에서 치안기관들이 어떤 분쟁이라도 해결하기 위하여 그들이 호소할 사적 항소 법원들 또는 중재자들에 대하여 사전에 의견을 같이하는 데 실패할 것이라고 생각하는 것은 어리석다. 정말로, 사적 기관 또는 사적 법원이 그들의 고객들에게 제공하는 치안 서비스 또는 사법 서비스의 주요 부분은 사적 기관 또는 사적 법원이 분쟁들을 어떤 항소 법원 또는 어떤 중재자 또는 중재자들의 집단에 위임하기로 동의를 했다는 **것일** 것이다.

이제 노직의 결정적인 시나리오3으로 가보자. 그곳에서 그는 쓰기를,

> 두 기관은 … 그들이 판단을 달리하는 그런 경우들을 평화롭게 해결할 것을 동의한다. 그 두 기관은 그들 각각의 판단이 다를 때 그들이 호소할 수 있는 어떤 세 번째 판사 또는 세 번째 법원을 설정하고 결정에 따를 것을 합의한다(또는 두 기관은 어떤 환경에서 어떤 기관이 관할권을 가질 것인가를 결정하는 규칙들을 확립할 수 있다).[9]

지금까지는 그런대로 좋다. 그러나 그 다음에 큰 비약이 온다. “따라서 항소 법원들과 동의된 규칙들로 된 체제가 생겨난다. … 다른 기관들이 움직이지만 하나의 통합된 연방 사법제도가 있고 그 기관들은 모두 그 제도의 구성요소이다.” 이 ‘따라서’가 전적으로 추론을 그르치고 그 나머지는 **불합리한 추론**임을 나는 말씀드리고 싶다.[10] 모든 치안기관이 분쟁들을 특정 항소 법원들 또는 중재자들에게 맡길 것을 서로 동의할 것이라는 사실이 ’하나의 통합된 연방 사법제도‘를 의미하지는 **않는다**.

이와 반대로, 선택되는 중재자들이나 또는 항소 판사들이 백 명, 심지어 천 명이 있을지 모르고 그리고 필시 그렇게 된다. 그리고 그들을 하나의 ‘사법제도’의 일부라고 생각할 필요는 없다. 예를 들어, 분쟁을 해결하기 위하여 하나의 통일된 대법원을 기대하거나 설립할 필요는 없다. 왜냐하면 모든 분쟁은 두 당사자, 오직 두 당사자만이 있기 때문에 판사이든 중재자이든, 오직 하나의 제3자가 필요하다. 예를 들어, 현재 시점에 미국에는 23,000명이 넘는 전문

9) Ibid., p.16.
10) 노직에 대한 유사한 비판에 대하여, Hillel Steiner in Mind 86 (1977), pp.120~29의 리뷰를 보라.

중재자가 있고 만약 현재의 정부 [독점, 역자 삽입] 법원 체제가 폐지된다면 아마 수천 이상의 전문 중재자가 더 생길 것이다. 이들 중재자들 각자는 항소 기능 또는 중재 기능을 제공할 수 있다.

보이지 않는 손에 의해 각 통치지역에서 그 지역의 '거의 모든 사람'이 포함되는 하나의 **지배적** 치안기관이 무정부로부터 필연적으로 출현한다고 노직은 주장한다. 그러나 그 결론을 옹호하는 주요 요지는 전적으로 무효임을 우리는 보았다. 이 진술을 위한 노직의 다른 주장들도 동일하게 무효이다. 예를 들어, "비교해서 평가되는 다른 재화들과 달리, 최대한으로 경쟁하는 치안 서비스는 존재할 수 없다"[11]고 노직은 적고 있다. 왜 존재할 **수 없지**, 정말 강한 주장인데?

첫째, "서비스의 본질이 다른 기관들로 하여금 …" 고객들을 위하여 오로지 경쟁하기보다는 "서로 폭력적인 갈등을 불러오기" 때문이다. 그러나 갈등이 발생할 것이라는 가정은 부정확하다는 것을 우리는 보았다. 첫째, 노직 자신의 기초 위에서 각 기관이 비공격적으로 행동할 것이라는 것. 그리고 둘째, 그의 시나리오3에서 각자는 분쟁들의 평화로운 해결을 위하여 다른 사람들과 합의할 것이다. 이 논점에 대한 노직의 두 번째 주장은 "왜냐하면 최고보다 못한 산출물의 가치는 최고의 산출물을 구매한 사람의 수와 비례하여 감소하는 것이 아니기 때문에, 고객들은 더 적은 재화에 대해 안정적으로 분쟁을 해결하지 못할 것이고 경쟁하는 회사들은 쇠약해지는 악순환에 빠질 것이다"라는 것이다. 그러나 **왜?** 노직은 여기에서 전혀 지지되지 않는, 치안시장의 경제학(economics of a protection market)에 관해 언급하고 있다. 노직이 느끼기에 각 지형적 영역에서 준자연독점(near－natural monopoly)에 필연적으로 이르게 될 치안 비즈니스에서 그런 '규모의 경제'(economy of scale)가 **왜** 그곳에 있는가? 이것은 단연코 자명하지 않다.

이와 반대로, 모든 사실들 — 그리고 여기에서 당대 역사의 실증적 사실들과 과거 역사의 실증적 사실들은 다시 직접적으로 연관되는데 — 은 정확히 다른 길을 낸다. 위에서 언급했듯이 미국에는 수많은 전문 중재자들이 있다. 또한 수많은 변호사들과 판사들이 있고 야간 경비원, 수비대, 기타 등등을 공급

11) Nozick, *Anarchy, State, and Utopia,* p.17.

하는 많은 사적 치안기관이 있다. 이 분야들의 어디에도 지역적 자연 독점의 어떤 표시도 전혀 없다. 왜 그러면 무정부주의하에서의 치안기관은?

그리고 만약 역사에서 무정부주의적 법원과 치안 체제들과 유사한 것을 자세히 보면 우리는 노직의 주장이 틀렸음을 입증하는 많은 증거를 다시 본다. 수백 년 동안, 샘페인(Champagne) 박람회는 유럽에서 주요 국제무역시장이었다. 상인들, 귀족들, 교회, 기타 등등에 의한 수많은 법원들이 고객들을 위해 경쟁했다. 하나의 지배적인 기관이 결코 출현하지 않았을 뿐 아니라 그들은 심지어 항소 법원들의 필요성도 느끼지 않았다. 수천 년 동안, 크롬웰이 정복할 때까지 고대 아일랜드(Ireland)에는 수많은 판사와 판사를 양성하는 학교들로 된 체제와 다양한 치안기관이 있었는데, 어느 누구도 지배적이 되지 않고 지역적 영역 내에서 경쟁했다. 로마가 붕괴하고 난 뒤에 공존하는 여럿의 야만족은 각 지역 **내에서** 그들의 분쟁을 평화롭게 해결했는데, 그 방법이란 각 부족은 그 부족의 법에 지배되고 이 법원들과 법들 간에는 합의된 평화로운 판결을 가지고서 말이다. 게다가, 현대의 기술과 저비용의 교통과 통신의 시대에 지역적 경계선을 넘어서 경쟁하는 것은 더욱더 쉽다. 예를 들어, '메트로폴리탄', '에퀴트블', '푸르덴셜'이라는 명칭을 한 치안기관이 넓은 지역에 걸쳐서 지점사무실을 쉽게 유지할 수 있을 것이다.

사실, **보험**이 치안보다는 자연독점이 될 수 있는 훨씬 더 나은 경우인데, 왜냐하면 보험 가입자가 많아질수록 프리미엄을 줄이는 경향이 있기 때문이다. 그렇지만 보험회사들 간에 엄청난 경쟁이 있는 것은 분명하고 경쟁이 주 규제(state regulation)에 의해 제한되지 않는다면 경쟁은 더 치열할 것이다.

지배적인 기관이 각 지리적 영역에서 출현할 것이라는 노직의 주장은 그러면 자유시장이 무엇을 할 것인가를 결정함에 있어서 부적절한 **선험적**(a priori) 시도의 예가 된다. 그리고 그의 주장은 구체적인, 역사적이고 제도적인 지식에 정면으로 대드는 시도이다. 확실히, **생각되는 바로는** 지배적인 치안기관이 어떤 특정 지역에서 출현할 **수** 있지만 매우 있음직한 것은 아니다. 그리고 로이 차일즈(Roy Childs)가 노직을 비판한 곳에서 지적한 것처럼 비록 지배적인 기관이 출현하더라도 그것은 '통일된 연방 체제'일 것 같지는 않다. 모든 치안 서비스를 함께 묶고 그것을 통합된 독점이라고 부르는 것이 시장에서 모든 식품 재배자들과 생산자들을 한데 묶고 그들이 식품 생산에 있어서 집합적인 '체제' 또는 '독점'을 가진 것이라 말하는 것보다 더 적절한 것이 아니라고 차일즈는 또한 정확히 지적한 것이다.[12]

게다가, 법과 국가는 개념적으로 그리고 역사적으로 분리된 것이고 법은 어떤 형태의 국가 없이 무정부주의적 시장 사회(anarchistic market society)에서 발전할 것이다. 특히, 모든 경쟁하는 판사들이 관습법 또는 보통법의 기초 원리들을 응용하고 확장할 것을 일단 합의했던 것처럼 기초 법률 코드(basic Law Code)(누구도 어떤 이의 인신과 재산을 침해하지 말아야 한다는 것을 요구하는 것)가 모든 사법 기관들에 의해 합의되어야 하지만, 무정부주의적 법률 제도들(anarchist legal institutions)의 구체적인 **형태** — 분쟁들을 해결하기 위한 판사들, 중재자들, 절차적인 방법들, 기타 등등 — 는 시장의 보이지 않는 손 과정에 의해 사실상 자라날 것이다.[13] 그러나 후자는 다시 통합된 법률 체제 또는 지배적인 치안기관이 없다는 것을 의미한다. 기초 리버테리언 코드를 어긴 어떤 기관도 공공연한 범법자들과 공격자들이다. 그리고 노직은 정당성이 모자라는 그런 범법자들은 무정부주의적 사회에서는 아마도 아주 잘 되지 않을 것이라고 스스로 시인한다.[14]

지배적인 치안기관이 존재하게 되었다고 — 그것이 있을 법할 수는 없지만 — 이제 가정하자. 그러면 어떤 이의 권리들을 침해함이 없이 어떻게 우리가 노직의 극소국가로 나아가는가? 노직은 믿을 수 없는 과정으로 독립 기관들이 지배적인 치안기관의 고객들에게 성급하게 그리고 믿을 수 없게 보복하는 것을 보고 있는 지배적인 치안기관의 어려움을 서술한다.[15] 지배적인 기관이 이런 성급한 행동들에 대응하여 그 기관의 고객을 방어할 권리를 가지지 말아야 하는가? 노직은 지배적인 기관이 그 기관의 고객들에 행해지는 위험한 행동을 방지할 권리를 **가진다고** 주장한다. 그리고 이러한 방지는 **그것으로** '극소국가'를 확립한다고 노직은 주장한다. 그런데 그 극소국가에서는 한 기관이

12) Roy Childs, "Invisible Hand," p.25.

13) Cf., Bruno, Leoni, *Freedom and the Law* (Los Angeles: Nash Publishing, 1972), and F.A. Hayek, *Law, Legislation, and Liberty*, vol. 1 (Chicago: University of Chicago Press, 1973).

14) Nozick, *Anarchy, State, and Utopia*, p.17.

15) Ibid., pp.55~56.

모든 다른 기관들로 하여금 개인들의 권리들을 집행하는 것을 강제적으로 금지하는 곳이다.

여기에는 시작부터 두 가지 문제가 있다. 먼저, 시나리오3을 특징지웠던 분쟁들의 평화로운 해결에는 어떤 일이 일어나는가? 왜 지배적인 기관과 독립적인 기관들이, 바람직하게 사전에, 그들의 분쟁을 중재하고 판결할 것을 동의할 수 없는가? 그렇지만 말이야 여기에 우리는 노직의 이상한 '따라서' 조항을 마주하게 된다. 그 조항이란 그런 자발적인 동의를 하나의 '통합된 연방 사법제도'로 통합하는 것이다. 요컨대, 만약 모든 때에 지배적인 기관과 독립 기관들이 사전에 그들의 분쟁들을 잘 해결한다면 노직은 이제 **이것을** '하나의 기관'으로 **부르는데**, 그러면 정의상 그는 극소국가의 강제적인 독점을 향해 전진함이 **없이** 갈등들의 평화로운 해결을 미리 배제한다.

그러나 주장을 계속하기 위하여 우리는 노직에게 '하나의 기관'이라는 논점을 교묘하게 회피한 정의를 승낙하는 것으로 가정하자. 지배적인 기관이 경쟁자들을 금지하는 것이 여전히 정당화되는가? 확실히 아닌데, 비록 그 기관이 싸움을 사전에 배제하기를 원한다 하더라도 말이다. 왜냐하면 독립 기관들이 그들 자신의 고객들을 위하여 정의를 집행하고 지배적인 기관의 고객들과는 아무 관련이 없는 많은 경우는 어떻게 하는가? 무슨 있을 법한 권리로 지배적인 기관이 **자신의** 고객들에 영향을 주지 않고 독립 기관들이 자신의 고객들 간의 평화로운 중재와 판결을 금지하기 위하여 개입을 할 것인가? 대답은 어떤 권리도 없다는 것이고, 그 결과 경쟁자들을 금지하는 데 있어서 지배적인 기관은 경쟁자들의 권리들을 공격하고 경쟁자들의 실재 고객들 또는 잠재 고객들의 권리들을 침해하는 것이다. 게다가, 로이 차일즈가 강조한 것처럼, 그들의 독점을 집행하는 이 결정은 보이지 않는 손의 행동은 아니다. 그 결정은 **의식적이고**, 매우 가시적 결정이고 그리고 그에 맞게 다루어져야 한다.[16)]

지배적 기관은 독립 기관들이 연루된 '위험한' 행동들을 금지하는 권리를 가진다고 노직은 주장한다. 그러나 그러면 독립 기관들은 무엇을 하는가? **독립 기관들은** 지배적 기관의 위험한 행동들을 막을 수 있는 권리를 가지고 있지 않는가? 그리고 시나리오3을 폐지하고 그 방법을 따라 권리들에 대한 공격

16) Childs, "Invisible Hand," p.32.

에 또한 필연적으로 개입하는 경우에 모든 사람이 모든 사람과 적대적 관계를 하는 전쟁이 다시 잇따라 일어나지 않아야 하는가? 그러면 처음부터 노직에 의해 가정된 자연적인 국가의 도덕적 행동들은 어디에 있는가? 게다가, 차일즈가 지적한 것처럼, 강제적인 독점 치안기관을 가질 때 관련되는 위험은 어찌 되나? 차일즈는 서술한다.

> 그[강제적인 독점 치안기관을 말함] 권력을 견제하는 것은 무엇인가? 심지어 더 많은 권력을 가정하는 사건에서는 무슨 일이 일어나는가? 왜냐하면 그것이 독점을 가지고 있기 때문에 그것의 기능들에 대한 어떤 분쟁들도 혼자 단독으로 해결되고 판결된다. 노직이 우리에게 명시적으로 말한 것처럼, 조심스러운 기소 과정은 비용이 들기 때문에 경쟁이 없는 경우에 그 기관이 덜 조심스러울 것이라고 가정하는 것은 충분한 이유가 있고 다시 오직 강제적인 독점 치안기관만이 그 자신의 과정들의 정당성을 판단할 수 있다.[17)]

기관들 간의 경쟁은, 그 경쟁이 실재적인 것이든 잠재적인 것이든, 강제적인 독점에 비한다면 고품질의 치안을 가장 적은 비용으로 보장할 뿐 아니라 그 기관들은 어떤 한 기관이 '무법자'가 되기로 하는, 즉 그 기관의 고객들 또는 비고객들의 인명들과 재산들을 침해하기로 하는 유혹에 빠지는 것을 방지해주는 것으로 시장의 진정한 견제와 균형을 또한 제공한다. 만약 여러 기관 중에서 한 기관이 무법자가 되면 그들의 고객들의 권리를 위하여 그 한 기관에 대항해서 싸우는 다른 기관들이 주위에 있다. 그러나 국가 — 극소이든 최소이든 상관없이 — 에 대항해서 어떤 사람이건 보호할 누가 거기에 있는가? 만약 우리가 역사기록으로 다시 한 번 돌아가는 것이 허용된다면 역사를 통하여 국가에 의한 범죄와 살인의 음울한 연대기는 **국가의** 행위들이 위험하지 않을 것이라는 점에 대해서는 거의 전혀 신뢰를 주지 않는다. 국가 폭정의 위험은 경쟁하는 치안기관들의 하나 또는 두 개의 믿을 수 없는 과정에 대해 염려하는 위험보다 훨씬 크다는 것을 나는 말씀 드린다.

그러나 이것이 전부가 아니다. 왜냐하면 일단 명백히 실제적인 공격 행동에 대항하는 치안을 넘어서서 진행하는 것이 허용된다면, 일단 어떤 이의 '위

---

17) Ibid., pp.27~28.

험한' 행동들 때문에 그에 대항해서 무력을 사용할 수 있다면, 이제 기회는 얼마든지 있고 다른 사람들의 권리들을 침해하는 데는 실제로 한계가 없다. 일단 다른 사람의 '위험한' 행위들에 대한 어떤 이의 '두려움'이 강제적인 행동으로 이끄는 것을 허용하면 그러면 **어떤** 폭정도 정당화되고 노직의 '최소' 국가는 빠르게 '최대'(maximal)국가가 된다. 사실 노직의 최소 국가에서 최대의, 전체적인 국가로 가는 데 있어서 노직이 멈추게 할 수 있는 지점이 없다고 나는 주장한다. 소위 예방적인 제한 또는 저지를 위해 멈출 수 있는 지점이 없다. 확실히 '리조트 저지 센터'(resort detention centers)라는 형태의 '보상'을 하자는 노직의 차라리 기괴한 제안은 전체주의라는 망령을 막는 일에는 단연 충분하지 않다.[18)]

몇 가지 예를 들어본다. 아마도 미국에서 오늘날 가장 큰 범죄 부류는 10대 흑인 남성들이다. 이 부류가 범죄를 저지를 위험은 어떤 나이, 성, 인종 등보다 훨씬 크다. 그러면 왜 모든 10대 흑인 남성들을 범죄를 저지를 위험이 감소할 수 있는 충분한 나이가 될 때까지 그들 모두를 가두어두지 않는가? 그리고 이제 나는 우리가 그 10대 흑인들에게 건강에 좋은 음식, 옷, 놀이터 등을 주고 그들에게 '리조트' 저지 캠프에서 유용한 거래를 하도록 가르치는 것으로 그들을 '보상할' 수 있다고 가정하자. 만약 아니라면, 왜 아닌가? 예를 들어보자. 금지(Prohibition)를 찬성하는 가장 중요한 주장은 정신이 정상일 때보다 술을 먹었을 때 훨씬 더 많은 범죄, 고속도로 위에서 더 많은 부주의한 행위를 저지른다는 것은 의심할 수 없는 사실이라는 것이었다. 그래서 왜 주류를 금지하지 않는가 그리고 자유롭고, 세금으로 운영되는 건강한 그레이프 주스의 공급으로 법의 불행한 희생자들을 아마도 '보상함으로써' 그것으로 위험과 공포를 줄이지 않는가? 또는 초등학교에서 소위 미래 범죄자들을 '가려내고' 그 다음에 적절한 세뇌를 위하여 그들을 가두어 넣자는 아놀드 헛쉬네커 박사(Dr. Arnold Hutschneker)의 악명 높은 계획은? 만약 아니라면, 왜 아닌가?

각각의 경우에, 오직 **하나의** 왜 아닌가가 있다고 나는 진술하고, 이것은 양도할 수 없는 개인적인 권리들을 아마도 믿는 리버테리언에게는 흥미로운 사실이 아님에 틀림없다. 즉 누구도 다른 이에게 스스로 권리를 **명백히** 침해하

18) Nozick, *Anarchy, State, and Utopia*, pp.142ff.

는 행위에 직접적으로 가담하지 말 것을 강제할 **권리**는 없다고 나는 진술한다. 이 기준을 느슨하게 하는 어떤 것, 멀리 있는 '위험'에 대비하여 강제를 행사하는 것을 포함하는 것은 다른 사람들의 권리에 대한 허용할 수 없는 침해를 인가하는 것이다. 게다가, 이 기준을 느슨하게 하는 어떤 것도 무제한의 독재로 가는 허가증이다. **이런** 원리들에 기초한 어떤 국가도 흠이 없다기보다는 (즉 어떤 이의 권리를 침해하지 않고) 약탈이라는 야만적 행위에 의해 고안되었다.

따라서, 비록 위험이 계량화될 수 있더라도, 비록 노직이 언제 행동들이 '너무' 위험한가를 구분하는 점을 우리에게 제공할 수 있더라도, 지배적인 기관으로부터 극소국가로 가는 그의 통과의례는 여전히 공격적이고 침해적이며 부당하다. 그러나, 게다가 차일즈가 지적한 것처럼 두려움은 말할 것도 없이 그런 '위험'의 확률을 측정하는 길은 없다(두 가지 모두는 순전히 주관적이다).[19] 측정될 수 있는 유일한 위험은 다음과 같은 희귀한 상황에서 발견된다. 복권 또는 룰렛 바퀴(roulette wheel)와 같은 것이다. 그 경우에 각 사건들은 무작위이고 엄격히 동질적이고 엄청나게 많이 반복되는 것이다. 실제 인간행동의 거의 대부분의 경우에 이런 조건들은 적용되지 않고 그래서 위험을 측정할 수 있는가를 결정하는 구분점은 없다.

이것은 우리를 윌리엄슨 에버스의 '위험에 대한 적절한 가정(proper assumption of risk)이라는 매우 유용한 개념으로 이끈다. 우리는 불가피하고 측정할 수 없는 다양한 종류의 불확실성과 위험의 세계에 살고 있다. 개인이 완전한 권리들을 소유하는 자유 사회에서, 위험에 대한 적절한 가정은 각 개인이 소유한 인신과 정당하게 소유된 재산에 대한 지배권을 가지는 각 개인에 의해 만들어진다. 그러면 누구도 다른 사람으로 하여금 그의 위험을 줄일 것을 강요할 권리를 가질 수 없다. 그런 강제 가정은 법 체제에 의해 적절히 중단되고 벌칙이 가해질 수 있는 공격이고 침해이다. 물론, 자유 사회에서 다른 사람의 권리와 재산을 침해하지 않으면서 위험들을 줄이는 조치를 취할 수 있다. 예를 들어, 보험 들기, 투기매매 헤징, 이행 신탁(performance bonding), 기타 등등이 있다. 그러나 이 모든 것은 자발적이고 어떤 것도 세금 또는 강제적인 독점을 포함하지 않는다. 그리고 로이 차일즈가 서술한 것처럼 위험을 줄이기

19) Childs, "Invisible Hand," pp.28~29.

위한 시장의 공급에 강제적으로 간섭하는 어떤 것도 위험을 줄이기 위한 사회의 공급을 최적으로**부터** 벗어나게 하고 따라서 사회의 위험은 **증가한다**.[20]

노직이 재산권에 대한 공격을 승인하는 한 가지 예는 사적 토지소유자(private landowner)를 감금하는 그 소유자의 적인 토지소유자들(enemy landholders)에 의해 둘러싸인 토지소유자에 대한 사건[21]이다. 어떤 합리적인 토지소유자도 먼저 그를 둘러싼 소유자들부터 토지 접근 권리들을 구입했어야 했다는 리버테리언의 응답에 대하여, 노직은 그런 일단의 적들에 의해 둘러싸임으로써 **여전히** 어디에도 갈 수 없는 데 따라 생겨나는 문제를 내놓는다. 그러나 요점은 이것이 그저 토지소유권의 문제가 아니라는 것이다. 자유 사회뿐 아니라 심지어 지금도 한 인간이 전체 세계로부터 미움을 받아 누구도 그와 거래를 원하지 않거나 그들의 재산에 그를 허용하지 않는다고 가정하자. 우선, 그러면 유일한 응답은 이것이 위험에 대한 그 자신의 적절한 가정이라는 것이라는 것이다. 물리적 강제에 의해 그 자발적인 보이콧을 깨고자 하는 어떤 시도도 보이콧 참가자들의 권리에 대한 부당한 공격이다. 이 사람은 가능한 빨리 몇몇 친구를 발견하거나 적어도 적들을 매수하는 것이 더 나을 것이다.

그러면 어떻게 노직은 '극소'국가에서 '최소'국가로 나아가는가? 극소국가는 독립 기관들의 서비스를 구매하는, 금지되고 잠재적인 구매자들에게 치안 서비스를 공급하는 방법으로 그들을 '보상하는' 일에 도덕적으로 구속되고 따라서 '야경원' 국가 또는 최소국가가 된다고 노직은 주장한다.[22] 첫째, 이 결정 역시 의식적이고 가시적인 것이고 단연 보이지 않는 손의 과정이 아니다. 그러나 더욱 중요한 것은 노직의 보상 원리는 만약 그것이 가능하더라도 그의 위험 이론보다 심지어 더 나쁜 철학적 모양을 하고 있다. 왜냐하면, 먼저 처벌 이론에서 보상은 범죄의 희생자를 재보상하려고 시도하는 그저 하나의 방법

20) Ibid., p.29.

21) Nozick, *Anarchy, State, and Utopia*, pp.55n.

22) 게다가, 노직의 진행에는, 국가 기원의 모든 단계는 도덕적이어야 하는 것으로 되어 있는데, 왜냐하면 그 단계는 아마 누구의 도덕적 권리들을 침해함이 없이 진행되어야 하기 때문이다. 그 경우에, 극소국가는 도덕적일 것이라고 기대된다. 그러나 만약 그렇다면 극소국가에서 **도덕적으로 어쩔 수 없이** 최소국가로 향해 앞으로 나아간다고 노직은 어떻게 주장할 수 있는가? 왜냐하면 만약 극소국가가 그렇게 하지 않는다면 그것은 분명 부도덕한 것인데, 그것은 노직의 원래의 전제와 모순되는 것이다. 이 점에 대해서는 R.L. Holmes, "Nozick on Aanrchism," *Political Theory* 5 (1977), pp.247ff.

이다. 보상은 어떤 의미에서도 범죄 자체에 대한 도덕적 승인으로 고려되어서는 안 된다.

"만약 사람들이 경계선을 침범했던 인간을 보상한다면", 사람들이 침해적인 행위를 하는 것이 허용된다고 하는 것이 재산권을 의미하느냐고 노직은 묻는다.[23] 노직과 대비하여 모든 경우에 대답은 부정임이 틀림없다. 노직을 비판한 랜디 발넷(Randy Barnett)은 쓰기를, "노직의 보상원리와 반대로, 권리에 대한 모든 침해는 금지되어야 한다. 그것이 권리가 의미하는 것이다." 그리고 구매가격을 자발적으로 지불하는 것은 교환을 허용하지만 보상은 침해를 허용할 수 있거나 정당화될 수 있는 것으로 만들어주지 않는다."[24] 권리는 침해되지 말아야 한다, 끝[더 말할 필요가 없음], 보상은 사후에 보상 또는 처벌하는 그저 한 가지 방법이다. 내가 사건 이후에 그를 '보상할' 준비가 되어 있다는 단순한 이유로 거만하게 다른 사람의 집을 침범하고 가구를 망가뜨리는 것이 허용되어서는 안 된다.[25]

둘째, 어떤 경우라도 보상하기로 되어 있는 것이 무엇인가를 알 방법이 없다. 노직의 이론은 사람들의 효용척도가 일정하고, 측정 가능하고, 외부 관찰자에게 알려질 수 있는 것이라는 점에 의존하는데, 세 가지 중 그 어떤 것도 진실이 아니다.[26] 오스트리안의 주관적 가치이론은 사람들의 효용척도는 언제나 변화에 지배받고, 사람들의 효용척도는 측정될 수 없으며, 외부 관찰자에게 알려질 수 없음을 우리에게 가르쳐준다. 만약 내가 15센트에 신문 한 부를 구매한다면 나의 가치척도에 관해 우리가 말할 수 있는 모든 것은 구매의 순간에 그 신문은 내게는 15센트 이상의 가치가 있고 그것이 전부라는 것이다. 그 평가는 내일 변할 수 있고 내 효용척도의 다른 부분은 다른 사람들에게 전혀 인식될 수 있지 않다. (한 가지 사소한 점. '무차별곡선'(indifference curve) 개념을 노직이 자부심 있게 사용하는 것은 그의 주장을 위하여 심지어 필요하지도 않다. 그리고 그것은 여전히 그 이상의 오류들을 추가하는데, 왜냐하면 무차별은 정의상 행동에서,

---

23) Nozick, *Anarchy, State, and Utopia,* p.57.

24) Barnett, "Whither Anarchy?," p.20.

25) 게다가, 노직은 침해에 '적응적으로' 반응한 행동에 대해서만 보상을 함으로써 피해자에 가해진 부담을 더욱 크게 한다. Nozick, *Anarchy, State, and Utopia,* p.58.

26) Ibid., p.58에서 노직은 효용의 측정가능성을 명시적으로 가정한다.

실제 거래에서 **결코** 구현되지 **않고** 그 결과 무차별은 인식할 수 없고 객관적으로 무의미하기 때문이다. 게다가, 무차별곡선은 두 개의 상품 축(commodity axes)을 가정하지만 노직의 소위 곡선에서 **무엇이** 축들인가?)[27] 그러나 만약 어떤 특정 변화가 있기 전 만큼 무엇으로 어떤 사람을 부유하게 만들 것인가를 알 길이 없다면 최소국가와 같은 외부 관찰자가 얼마나 많은 보상이 필요한가를 발견할 수 있는 길은 없다.

시카고학파(Chicago School)는 한 사람의 효용 손실은 그 손실을 화폐가격으로 측정한다고 그저 가정함으로써 이 문제를 해결하려고 시도한다. 그래서 만약 어떤 사람이 내 그림을 망가뜨리고 제3의 평가자가 그 그림을 200달러에 팔 수 있다고 결정한다면 그 금액이 내게 주는 적절한 보상이다. 그러나, 첫째, 누구도 시장가격이 얼마가 될 것인가를 진정 모르는데, 왜냐하면 내일의 시장은 어제의 시장과 다른 것은 당연하기 때문이다. 둘째, 더 중요하게도, 그 그림에 대한 나의 심적 애착은 내게 있어서 화폐가격보다 훨씬 더 가치가 나갈 수도 있다. 그리고 누구도 심적 애착이 얼마나 가치가 있는가를 결정할 길이 **없다**. [가치를] 묻는 것은 유효하지 않는데, 왜냐하면 '보상'을 높이기 위해서 내가 추잡하게 거짓말하는 것을 막을 수 있는 것은 아무것도 없기 때문이다.[28]

더욱이, 지배 기관이 **자신의** 고객들로 하여금 지배 기관과 경쟁하는 기관으로 구매를 옮길 수 있는 **그들의** 기회들을 봉쇄하는 것을 고객들에게 보상하는 것과 관련하여 노직은 아무 말도 하지 않는다. 그럼에도 고객들의 기회들은 강제에 의해 봉쇄된다. 그리고 게다가 고객들은 지배 기관의 가능한 독재적인 충동에 대한 경쟁적인 견제로부터 그들 자신이 혜택을 보고 있다고 느끼리라고 하는 것은 당연하다. 그러나 **어떻게** 그런 보상의 정도가 결정되어야 하는가? 게다가, 만약 지배 기관의 불우한 고객들에 대한 보상이 노직에 의해

27) 이 후자의 점에 대해서는 오번 대학교(Auburn University) 경제학과의 로저 갤리슨(Roger Garrison)에게 신세를 진 것이다.

28) 노직은 보상과 함께 어떤 행동들이 금지될 수 있는가 하는 결론에 도달하기 위해 '거래비용'(transaction costs) 개념과 다른 비용 개념을 또한 채용한다. 그러나 이것은 동일한 이유로 유효하지 않은데, 즉 왜냐하면 거래비용과 다른 비용은 각 개인에게 모두 주관적이고 객관적이 아니고 그리고 따라서 어떤 외부 관찰자에게도 알려질 수 없다.

잊혀진다면 무정부주의적 상태에 있는 헌신적인 무정부주의자들에 대해서는 어떤가? 흠 없는 것과 거리가 먼 방법에 의한 국가의 출현을 바라보는 무정부주의자들의 마음의 상처는 어떤가? **그들은** 국가가 출현하는 것을 바라보는 두려움에 대해 보상을 받아야 하는가? 그리고 그들에게 **얼마나** 지불되는가? 사실, 국가의 출현으로 그에게 미친 심적 상처에 대해 보상을 받을 **수 없는 유일하면서** 열렬한 무정부주의자의 존재는 최소국가의 기원을 설명하는 노직의 소위 비침해적 모형을 홀로 침몰시키기에 충분하다. 그 절대적 무정부주의자에게는 어떤 액수의 보상도 그의 슬픔을 누그러뜨릴 정도로 충분하지 않다.

이것은 노직 체계의 다른 결점으로 우리를 데려간다. 즉 지배 기관에 의한 보상이 현금이 아니라 다른 기관들의 고객들에게 때때로 모호한 서비스의 확장으로 지급하는 것이라는 이상한 사실 말이다. 그럼에도 보상원리의 찬성자들은 그들의 관점에서는 **현금**—그 수령자들에게 그들이 원하는 것은 무엇이라도 살 수 있는 자유를 맡기는 것—이 다른 어떤 종류의 보상보다 훨씬 낫다고 주장했다. 그러나, 보상의 형태로서 치안의 확장을 가정하는, 노직은 현금 지급이라는 대안을 결코 고려하지 않는다. 사실, 무정부주의자에게는 이런 형태의 '보상'—국가 자체의 설립—은 정말로 음산하고 아이러닉한 것이다. 차일즈가 설득력 있게 지적한 것처럼, 노직은

> 지배적 치안기관을 제외하고 다수의 경쟁하는 기관들 중의 어느 하나로 우리가 향하는 것을 금지하기를 원한다. 그렇게 금지된 것에 대해 그[노직을 말함, 역자주]가 **보상으로** 우리에게 주고자 하는 것은 무엇인가? 그는 단점에 대해 관대하다. 그는 우리에게 적어도 **국가**(the State)를 줄 것이다. 내가 이 명백히 관대한 제안을 공개적으로 거절하는 최초의 사람이라고 하자. 그러나 … 요점은 우리가 국가를 거절**할 수** 없다는 것이다. 그것이 우리에게 떠맡겨진 것이라는 점이다. 우리가 그것을 좋아하든지 말든지, 우리가 보상으로서 국가를 받아들일 의지의 유무와 상관없이 말이다.[29]

게다가, 그가 가정한 것처럼, 심지어 노직의 방식으로도 최소국가가 모든 사람에게 동일하게 보상할 것인가에 대해서 그 어떤 보증도 없다. 확실히 모든 사람의 가치척도가 동일할 가능성은 없다. 그러나 그러면 **어떻게** 차이들이

29) Childs, "Invisible Hand," p.27.

발견되고 차이가 있는 보상이 지급되는가?

심지어 우리가 노직의 보상받는 사람들 — 경쟁하는 기관들의 이전 잠재 고객들 또는 현재의 잠재 고객들 — 에 국한하더라도 그들은 **누구**인가? 어떻게 그들이 발견될 수 있는가? 왜냐하면 노직 방식으로는 오로지 그런 실제의 또는 잠재적으로 경쟁하는 고객들이 보상을 필요로 한다. 적절한 보상을 해야 할 때, 다음 두 사람들을 어떻게 구분할 것인가? 하나는 그들이 요구하는 독립적 기관들을 탈취당한, 그 결과 보상받을 가치가 있는 사람들이고, 다른 하나는 독립기관들을 아무튼 후원하지 않는, 즉 그 결과 보상이 필요하지 않는 사람들이다. 그런 구분을 하지 않음으로써 노직의 최소국가는 노직의 생각대로 적절한 보상에 정말이지 참가하지 않는다.

차일즈는 노직 자신이 처방한 형태의 보상에 대한 다른 탁월한 지적을 한다. 즉 그런 보상의 지급이 비용들과 그리고 그 결과 지배 기관에 의해 부과되는 가격들을 필연적으로 높일 것이라는 사실이 초래하는 최소국가의 비참한 결과 말이다. 차일즈는 다음과 같이 서술한다.

> 만약 최소국가가 모든 사람, 심지어 비용을 지불할 수 없는 사람들까지도 보호해야 한다면 그리고 그 국가가 그들의 위험한 행동을 금지하는 데 대한 대가로 그 다른 사람을 보상해야 한다면 이것은 그 국가가 극소국가의 경우에 부과하는 것보다 **더 많은** 금액을 원래의 고객들에 부과할 것임을 의미하는 것이 틀림없다. 그러나 바로 그 사실에 의하여, 이것은 비지배적인 기관들을 **선택했을** 사람들의 수를, 그들의 수요곡선 때문에, 지배기관이 극소국가로 바뀌고 다시 최소국가로 바뀐 경우를 넘어서서, … 증가하게 한다. 그러면 최소국가는 대가를 받지 않고 **그들을** 보호해야 하는가 또는 최소국가가 그들이 다른 기관들로 향하는 것을 막기 위하여 보상해야 하는가? 만약 그렇다면 그러면 다시 한 번 그 국가는 남아있는 고객들에게 가격을 올려야 하거나 서비스를 줄여야 할 것이다. 어느 경우이든, 그 고객들의 수요곡선의 본질과 모양이 주어진 상황에서 이것은 **다시** 지배 기관보다 비지배 기관들을 선택했을 사람들을 만들어낸다. 그러면 이들이 보상되어야 하는가? 만약 그렇다면 그 과정은 최소국가를 선전하는 소수의 부자 열광자만이 크게 감소된 서비스에 대가를 기꺼이 지불하고자 하는 점까지 진행될 것이다. 만약 이런 일이 일어난다면 곧 바로 최소국가는 역사의 보이지 않는 쓰레기통(invisible dustbin of history) — 내 생각에는, 최소국가가 충분히 주목할 만한 것 — 으로 던져

질 것이라고 믿을 이유가 있다.[30)]

보상에 대해 곁길로 새지만 중요한 포인트 한 가지가 있다. 미사용 토지의 홈스테딩 재산권에 대한 로크의 불운한 '단서'(proviso)를 채택하면서 노직은 누구도 미사용 토지를 전유할 수 없다고 선언하는데, 만약 토지에 접근하기를 원하는 나머지 인구가 '더 나빠진다면' 말이다.[31)] 그러나 다시, 그들이 더 나빠지는가 아닌가를 우리가 어떻게 아는가? 사실, 로크의 단서는 토지에 대한 **모든** 사적 소유권의 금지로 이를 수 있는데, 왜냐하면 이용가능한 토지의 감소는 토지를 전유할 수 있는 모든 사람을 더 나빠지게 만든다고 항상 말할 수 있기 때문이다. 사실, 언제 그들이 더 나빠지는가 또는 아닌가를 측정하거나 알 수 있는 방법이 없다. 그리고 비록 그들이 더 나빠지더라도 이것 역시 그들의 위험에 대한 적절한 가정이라고 나는 진술한다. 모든 사람은 이전에 소유되지 않은 토지 또는 다른 자원을 그의 재산으로서 전유할 권리를 가져야 한다. 만약 신참자들이 더 나빠지면 그럼 이제 이 자유롭고 불확실한 세상에서 그것이 그들의 위험에 대한 적절한 가정이다. 미국에는 광활한 미개척지가 더 이상 없고 그 사실을 한탄해야 할 점은 없다. 사실, 우리는 이런 자원들에 대해 시장가격을 지불함으로써 우리가 원하는 만큼의 많은 양의 '접근'을 일반적으로 달성할 수 있다. 그러나 비록 소유자들이 팔거나 세를 놓는 것을 거절하더라도 그것은 자유 사회에서 그들의 권한임에 틀림없다. 심지어 로크도 이따끔 고개를 끄덕여 찬성할 수 있을 것이다.[32)]

우리는 이제 다른 결정적인 논점에 도달한 것이다. 그 논점이란 노직이 보상을 기초로 위험한 행동들을 금지할 수 있다는 그의 전제는 누구도 (위험한 행동을 포함하는) '비생산적인' 행동들 또는 거래들에 참여할 권리를 가지고 있지 않다는 그의 주장과 따라서 그것들[비생산적인 행동들 또는 거래들]은 정당하게 금지될 수 있다는 그의 주장에 의존한다는 것이다.[33)] 왜냐하면 만약 다른 사람들의 위험한 행동들이 정당하면 금지와 보상은 유효하지 않을 것이고 그

30) Ibid., p.31.

31) Nozick, *Anarchy, State, and Utopia*, p.178ff.

32) 노직도 어떤 사람의 유일한 샘(waterhole)의 사용에 대해 비용을 부과하자는 하이에크의 주장을 또한 반복한다. 전게서, p.180. 또한 이 책의 pp.267~70을 보라.

33) Barnett, "Whither Anarchy?" p.19를 보라.

러면 그들이 문제의 위험한 행위를 하지 않기로 동의하는 선에서 우리는 그들과 "협상 또는 계약하는 것이 그 대신에 필요하다고 노직이 시인하기 때문이다. 왜 우리는 그들에게 행위하는 것을 금지하기 위한 인센티브를 제공하거나 그들을 고용하거나 뇌물을 주지 않아야 하는가?"[34] 요컨대, 만약 부당한 '비생산적' 행동들이라는 노직의 오류가 있는 이론이 없더라도, 그가 그런 행동들에 참여할 수 있는 사람들의 권리들을 승인해야 한다면, 위험의 금지와 보상 원리는 실패로 끝날 것이고 노직의 극소국가나 최소국가는 둘 모두 정당화될 수 없다.

그리고 여기에서 우리는 노직의 소위 '급사'(drop dead) 원리에 도달하게 된다. 왜냐하면 '생산적' 교환이라는 그의 기준은 다른 쪽이 전혀 존재하지 않는다면 한 당사자가 개선되는 것이기 때문이다. 그에 반하여 '비생산적인' 거래는 만약 다른 당사자가 급사한다면 한 당사자가 개선되는 것이다.[35] 따라서 "만약 내가 당신에게 나를 해치지 않는 데 대해 보상한다면 내가 소유하지 않았을 어떤 것도 당신으로부터 얻지는 않는다. 만약 당신이 전혀 존재하지 않았거나 당신이 나와 아무런 관계도 없이 존재했다면 말이다."[36] 만약 어떤 이가 금지의 부과로 포기할 것을 강요당했던 혜택에 의해 보상받는다면 비생산적 '행동'은 금지될 수 있다고 노직의 '보상 원리'는 언명한다.

그러면 노직이 그의 '비생산적'이라는 기준과 보상 기준을 공갈(blackmail)이라는 문제에 어떻게 응용하는가를 보기로 한다.[37] 노직은 '비생산적' 계약들은 불법이 되어야하고 공갈자(blackmailer)의 바로 그 존재 때문에 피공갈자(blacjmailee)가 더 나빠지기 때문에 공갈계약(blackmail contract)이 비생산적이라고 주장함으로써 공갈의 금지를 복원하고자 시도한다.[38] 요컨대, 만약 스미스

34) Nozick, *Anarchy, State, and Utopia*, pp.83~84.
35) 노직의 '비생산적인 교환' 개념을 국가 기원에 대한 그 자신의 과정에 응용하기로 하자. 만약 지배적인 치안기관이 존재하지 않는다면 다른, 비지배적인 기관들의 고객들은 더 나아질 것인데, 왜냐하면 그 고객들이 이런 독립적 기관들을 상대하는 것을 선호하기 때문이다. 그러나 그러면 노직 자신의 주장, 그 자신의 '급사' 원리에서는, 이 고객들은 지배적인 치안기관과의 비생산적 교환의 희생자들이 되고 그 결과 지배 기관의 행동들을 금지할 권리가 주어진다. 이 번득이는 점에 대해서는 데이비드 고든 박사에게 신세를 진 것이다.
36) Nozick, *Anarchy, State, and Utopia*, p.84.
37) 공갈의 허용가능성에 대한 우리의 이론에 대해서는 위의 pp.150~53을 보라.
38) Nozick, *Anarchy, State, and Utopia*, pp.84~86.

라는 공갈자가 급사한다면 (피공갈자)존스는 더 나아질 것이다. 또는 다른 말로 하면, 존스는 스미스가 그를 더 좋게 하는 데 지불할 것이 아니라 그를 **더 나쁘게** 만들지 **않는 데** 지불하고 있는 것이다. 그러나 확실히 후자[그를 나빠지게 하지 않는 것, 역자주]도 **또한** 생산적인 계약인데, 왜냐하면 존스는 만약 그 거래가 이루어지지 않는다면 그가 **되었을 상태보다** 그 거래를 하는 것이 여전히 더 좋을 것이기 때문이다.

그러나 이 이론은 정말로 노직을 엄청난 진흙탕으로 밀어 넣는데, 그중 일부(결코 모든 것이 아닌)는 그가 인지하고 있는 것이다. 예를 들어, 공갈을 금지하는 이유는 노직으로 하여금 또한 다음과 같은 계약을 금지하도록 강요한다는 것을 시인한다. 즉 브라운은 이웃인 그린에게 와서 다음 주장을 한다. 나(브라운)는 내 토지 위에 이러이러한 핑크빛 건물을 지을 예정이다(브라운은 그린이 그 빌딩을 몹시 싫어할 것이라는 것을 안다). 그러나 만약 당신이 나에게 X액수의 돈을 주면 나는 이 빌딩을 짓지 **않을 것**이다. 노직은 이것 역시 그의 체제에서 불법이라는 것을 시인하는데, 왜냐하면 그린은 더 나빠지기 않기 위해 브라운에게 돈을 지불하고 그 결과 그 계약이 '비생산적'이기 때문이다. 요점은 만약 브라운이 급사한다면 그린은 더 좋아질 것이라는 것이다.

그러나 어떤 리버테리언도 그런 금지를 어떤 그럴듯한 재산권이론과 일치시키는 것은 어려운데, 하물며 이 책에 개진된 이론과 일치시키는 것은 더더욱 아니다. 게다가, 위에서 예를 든 공갈과 유사하게, 브라운의 예상되는 핑크빛 빌딩에 대해서 알고 있는 그린이 브라운에게 와서 계획을 진행시키지 않는 것에 돈을 지불하기로 제안하는 것이 그의 체제에서는 합법적**일 것이라고** 노직은 시인한다. 그러나 그린이 그 제안을 했다는 바로 그 이유로 그런 거래가 '생산적일' **것인가**?[39] 이 상황에서 **누가** 제안을 하는가가 무슨 차이를 만드는가? 만약 브라운이 급사한다면 그린은 **여전히** 더 좋아지지 않을 것인가? 그리고 다시, 유추를 따라, 브라운이 그린의 제안을 거절하고 **그 다음에** 더 많은

39) 노직은 이 결정적 의문에 대답하지 않는다. 그는 이것이 '생산적인 교환이 될 것이라고' 그저 주장한다. 전게서, pp.84, 240n. 16. 얄궂게도, 노직은 로널드 하모이 교수의 주장들에 의해 명백히 강제로 이렇게 물러났다. 만약 그린이 그 제안을 한다면 그 교환의 '생산성'을 시인하면서 말이다. 이것은 얄궂은데, 왜냐하면 위에서 보았듯이 하이에크 교수가 만든, 어느 정도 유사한 강제의 정의에 대해 하모이도 곤혹스러운 비판을 또한 했기 때문이다.

돈을 요구하는 것을 노직이 불법으로 **만드는가**? 왜? 또는, 다시, 브라운이 교묘하게 그린으로 하여금 계획된 핑크 빌딩을 알게 하고 **그 다음에** 자연히 되어가는 대로 두는 것, 예를 들어, 신문에 빌딩에 대한 광고를 하고 그린에게 광고기사를 보내는 것을 노직은 불법이라고 하는가? 이것이 공손한 행위로 받아들여질 수 없는가? 그리고 왜 어떤 것을 그저 **광고하는 것이** 불법이어야 되는가?

확실히, 노직의 사례는 우리가 그 함의들을 고려하면 훨씬 더 논리가 박약하다. 게다가, 노직은 그의 '급사' 원리의 다중적인 함의들을 전혀 검토하지 않았다. 만약 A가 즉사해서 B가 더 나아지면 A가 B를 불법적으로 '강제하는' 것이라고 노직이 말하고 있다고 가정하면(그가 말하고 있는 것처럼 보이지만) 그러면 다음 경우를 검토해보자. 브라운과 그린이 그들이 좋아하는 동일한 미술작품을 구입하기 위하여 경매에서 경쟁하고 있다. 그들은 마지막 남은 두 명의 고객이다. 만약 브라운이 급사한다면 그린은 더 좋아지지 않을 것인가? 그러므로 브라운이 어떤 방법으로든 불법적으로 그린을 강제하지 말아야 하고 그 결과 브라운의 경매 참여는 금지되지 말아야 하는가? 또는, **상대편에 서서**, 그린이 동일한 방법으로 브라운을 강제하지 않고 **그린의** 경매 참여가 불법화되지 말아야 하는가? 만약 아니라면 왜 아닌가? 또는 브라운과 그린이 한 소녀의 손을 잡기 위해 경쟁한다고 가정하자. 만약 다른 한쪽이 급사한다면 한쪽은 더 좋아지지 않는가? 그리고 그 결과 어느 한쪽 또는 둘 모두의 구애가 금지되지 않아야 하는가? 파생된 문제들은 실제로 끝이 없다.

게다가, 노직이 공갈거래가 '생산적이지' 않다고 부언할 때 그는 스스로 더 깊은 곤경에 빠지는데, 왜냐하면 그 거래를 금지하는 것이 한쪽(피공갈자)을 더 나빠지지 않게 만들기 때문이다. 그러나 그것은 물론 참이 아니다. 블락(Block) 교수가 지적했듯이, 공갈계약을 금지하는 것은 공갈자가 피공갈자 쪽에 관해 환영받지 못하지만 아직은 비밀인 정보를 유포하지 **않을** 추가적인 인센티브를 가지지 않는다는 것을 의미한다. 그러나 희생자가 공갈거래를 금지하는 것으로부터 '더 나빠지지 않을 것'이라는 점을 두 차례나 주장하고 난 후에 노직은 즉각적이지만 일관성이 없게 "사람들은 공갈자의 침묵을 가치 있게 여기고 그런 침묵에 대해 대가를 지불한다"고 시인한다. 그 경우에, 만약 공갈자가 그의 침묵에 대해 요금을 징수하는 것이 금지된다면 그는 그것[침묵]을 지속할 필요는 없고 따라서 공갈에 돈을 지불하는 사람(blackmail-payer)[피공갈자를 말함, 역자주]은 그 금지 때문에 사실상 더 나빠질 것이다!

노직은 그의 주장을 입증함이 없이 "공갈자가 침묵하는 것은 생산적인 행위가 아니다"라는 주장을 덧붙인다. 왜 아닌가? 명백히 "만약 공갈자가 전혀 존재하지 않는다면 그의 희생자들은 잘 살 것이기" 때문이다. '급사' 원리로 다시 돌아가자. 그러나 그러면 그의 연구 분야로 다시 한 번 돌아가서 "우리가 여기에서 검토하는 견해에 대해, 그런 침묵의 판매자는 침묵에 의해 그가 잃게 되는 것에 대해서만 오직 정당하게 일정액을 부과할 수 있고 … 그 정보를 폭로함으로써 다른 사람들이 그에게 하고자 하는 지불을 포함해서"라는 점—공갈이 생산적이지 않다는 그 자신의 주장과는 논리가 일치하지 않는—을 노직은 덧붙인다. 공갈자는 정보를 폭로함으로써 그가 받을 수 있는 액수의 돈을 부과할 수 있는 반면에 "공갈자는 공갈자의 침묵을 구매하는 사람으로부터 최선의 가격을 받을 수 없다"고 노직은 부언한다.[40]

따라서, 공갈을 금지하는 것과 공갈자가 정보를 판매하여 받을 수 있는 가격만을 오직 허용하는 것, 둘 사이를 비논리적으로 모호하게 말하는 노직은 자신을 '정당한 가격'(just price)이라는 지지할 수 없는 개념으로 몰아넣었다. 왜 포기한 금액을 부과하는 것이 오직 적법한가? 왜 피공갈자가 지불하고자 하는 것이면 얼마든지 부과하지 **않는가**? 첫째, 두 가지 거래[포기한 금액을 부과하는 것과 피공갈자가 지불하고자 하는 것, 역자주]는 자발적이고 그 거래는 양당사자의 재산권의 범위 내에 있다. 둘째, 개념적으로 또는 실제적으로, 공갈자가 시장에서 그의 비밀을 대가로 얼마의 가격을 획득할 수 있는가를 **누구도** 모른다. 실제 거래가 일어나기 이전에 누구도 시장가격을 예상할 수는 없다. 셋째, 공갈자가 그 거래부터 돈을 획득할 수 있을 뿐 아니라 또한 어쩌면 심적 만족도 얻는다. 그는 피공갈자를 싫어할 수도 있다. 또는 그가 비밀을 파는 것을 즐거워할 수 있고 그 결과 그는 제3자에게 [정보를] 판매함으로써 단순한 화폐 수익보다 더 많은 것을 '얻을' 수 있다. 여기에서 사실, "비밀을 판매하는 것을 **즐기는** 공갈자는 다르게 가격을 부과할 수 있다는" 것을 시인함으로써 노직은 주장을 놓친다.[41] 그러나 그 경우에 외부의 법 집행기관이 공갈자가 비밀을

40) Nozick, *Anarchy, State, and Utopia*, pp.85~86.

폭로함에 있어서 느끼는 기쁨이 **어느 정도**인가를 늘 발견할 수 있을 것인가 그리고 그 결과 공갈자는 법적으로 '희생자'에게 어떤 가격을 부과할 수 있을까? 더 넓게는, 공갈자의 가치척도와 그 결과 그의 교환에 들어갈 수 있는 그의 주관적 기쁨 또는 어떤 다른 심적 요소들의 존재 또는 정도를 발견하는 것은 개념적으로 결코 불가능하다는 것이다.

그리고 네 번째, 우리는 노직의 가장 나쁜 경우, 즉 그의 비밀에 대해 어떤 금전적 가격을 발견할 수 없는 공갈자를 가정하자. 그러나 만약 공갈이 전적으로 금지되거나 노직의 '정당한 가격' 버전에서 금지되면 불리한 공갈자는 비밀을 대가없이 그저 유포할 것이다 — 정보를 **폭로할** 것이다(블락의 '가십(gossip) 또는 밀고자(blabbermouth)'). 그렇게 하여, 공갈자는 자신의 몸을 이용하여 자신의 권리, 이 경우에는 자신의 언론의 자유를 그저 행사할 것이다. 이 권리를 제한하는 데 대한 '정당한 가격'이라는 것이 있을 수 없다. 왜냐하면 그 권리가 객관적으로 측정 가능한 가치를 가진 것이 아니기 때문이다.[42] 그 권리의 가치는 공갈자에게 달려 있고 그의 권리가 정당하게 제한될 수 없다. 그리고 게다가 이 경우에는 공갈을 금지한 결과로서 '보호된' 희생자는 확실히 더 나빠질 것이다.[43]

그러면 현대의, 중세 이후의 경제이론을 가지고, 우리는 어떤 거래를 위한 **유일한** '정당한 가격'은 두 당사자에 의해 자발적으로 합의한 가격이라고 결론을 내려야 한다. 게다가, 그리고 더 광의로, **모든** 자발적 교환은 '생산적'이라는 명칭을 붙이고 두 당사자가 거래를 함으로써 더 좋아진다는 명칭을 부

41) Ibid., p.86n.

42) Barnett, "Whither Anarchy?" pp.4~5를 보라.

43) *Anarchy, State, and Utopia*, p.86에서 노직은 공갈자를 '치안 공갈자'(protection racketeer)로 비유하는 것을 계속함으로써 그의 오류를 배가한다. 다음과 같이 지적하면서 말이다. 치안은 생산적이지만 어떤 이에게 '공갈단이 당신을 해치는 것을 단지 삼가는 것'을 파는 것은 생산적이지 않다는 것이다. 그러나 치안 공갈자에 의해 협박된 '해악'은 표현의 자유의 행사가 아니라 공격적인 침해이고 공격적 침해를 하겠다는 협박은 그 자체로서 공격이다. 여기에서 차이는 오류가 있는, '생산적' 대 '비생산적'이 아니고, '자발적'과 '강제적' 또는 '침해적' 간의 차이 — 리버테리언 철학의 바로 그 요체 — 이다.

블락 교수가 지적한 것처럼, 공격에서는 협박을 받고 있는 것이 공격적 침해인데, 즉 공격자가 할 수 있는 권리가 없는 어떤 것이다. 그러나 공갈에서는 '협박받고' 있는 것은 공갈자가 대개 확실히 할 수 있는 권리를 **가진** 어떤 것이다! 표현의 자유를 행사하는 것, 비밀을 수군거리는 것. Walter Block, "The Blackmailer as Hero," *Libertarian Forum* (December 1972), p.3.

치는 현대 경제이론에 우리가 또한 합류해야 한다. 사용자 또는 소비자에 의해 자발적으로 구매된 어떤 재화 또는 서비스도 사용자 또는 소비자에게 혜택을 주고 그 결과 사용자 또는 소비자의 관점에서 '생산적'이다. 따라서, 공갈을 금지하는 것 또는 정당한 공갈 가격의 일종을 정하는 것(어떤 이의 부작위(inaction)를 판매하는 어떤 다른 계약들뿐 아니라)을 정당화하고자 하는 노직의 시도는 완전히 실패로 끝이 난다. 그러나 이것은 또한 **어떤** '비생산적인' 행위들 — 위험을 포함해서 — 의 금지를 정당화하고자 하는 그의 시도도 똑같이 실패한 것을 의미한다. 그리고 따라서 **이 이유만으로도** 극소국가(그의 최소국가뿐 아니라)를 정당화하고자 하는 노직의 시도는 실패한 것이다.

이 이론을 독립 기관들의 위험하고 무서움을 자아내게 하는 '비생산적인' 행동들 — 이 행동들이 극소국가에게 강제적인 독점을 부여하는 것을 소위 정당화한다 — 에 응용할 때, 노직은 자신이 주장한 각 개인의 '절차적 권리들'(procedural rights)에 집중하는데, 그가 서술하기를 "그 권리들이란 그의 유죄를 결정함에 있어서 알려진 절차들의 가장 적은 위험에 의해 결정되도록 하는 권리, 즉 무죄한 당사자가 유죄가 될 확률이 가장 낮은 권리를 말한다."[44] 여기에서 노직은 무죄 또는 유죄를 결정하기 위하여 소위 '절차적 권리들' 또는 어떤 절차들에 대한 권리들을 통상의 **본질적인** 자연적 권리들 — 즉 폭력에 의해 손상되지 않은, 한 사람의 인신과 정당하게 획득된 재산의 사용 — 에 추가한다.

그러나 진정한 '권리'와 가짜 '권리'를 구분하는 결정적인 것은 진정한 권리는 불간섭(noninterference)을 제외하고 누구에 의한 적극적 행동을 필요로 하지 않는다. 따라서 인신과 재산에 대한 권리는 시간 또는 장소 또는 사회에서의 다른 사람의 수 또는 부에 의존하지 않는다. 선진 산업 사회에서의 누구라도 가질 수 있는 권리와 같은 그런 권리를 크루소는 프라이데이에 대해서 가진다. 다른 한편, 생존 임금을 옹호하는 권리는 가짜 권리인데, 왜냐하면 그것을 충족시키는 것은 그런 주장을 만족시킬 수 있는 충분히 높은 부 또는 소득을 가진 사람이 충분히 존재해야 할 뿐 아니라 다른 사람 쪽에 적극적 행동을 요구한다. 따라서 그런 '권리'는 시간 또는 장소 또는 사회 내의 다른 사람들의

44) Nozick, *Anarchy, State, and Utopia*, p.96.

수 또는 조건과 독립적일 수 없다.

그러나 확실히 덜 위험한 과정에 대한 '권리'는 그런 주장을 충족시키기 위해 충분한 수의 특화된 기술을 가진 사람으로부터 적극적인 행동을 요구한다. 따라서 그것은 진정한 권리가 아니다. 게다가, 그런 권리는 자기 소유권이라는 기초적인 권리부터 연역되어질 수 없다. 이와 반대로, 모든 사람은 침해에 대해 인신과 재산을 지킬 절대적인 권리를 가진다. 다른 한편, 범죄자는 그가 부당하게 획득한 이득을 방어할 권리를 가지고 있지 않다. 그러나 어떤 집단의 사람들에 의해 자신의 권리들을 보호하기 위하여 어떤 **절차** — 예를 들어 자신이 스스로 방어할 것인가 또는 법원 또는 중재기관들을 이용할 것인가 — 가 채택될 것인가는 그것과 관계가 있는 개인들의 지식과 기술에 의존한다.

아마도, 자유시장이 대부분의 사람으로 하여금 그들 자신을 방어하기 위하여 사회에서 사람들로부터 가장 많은 동의를 모을 수 있는 절차들을 가진 그런 사적 기관들과 치안기관들을 선택하는 방향으로 이끌 것이다. 요컨대, 사람들은 특정 경우들에 있어서 **누가** 무죄이고 누가 유죄인가를 결정하는 것에 접근하는 가장 실제적인 방법으로서 그들의 결정에 기꺼이 따르고자 할 것이다[문맥상 who를 빼고 번역, 역자주]. 그러나 이것들은 자기방어에 도달하는 가장 효율적인 수단에 대해 시장에서 공리주의자가 발견하고자 하는 문제들이고 '절차적인 권리들'과 같은 그런 결점있는 개념들을 의미하지는 않는다.[45]

최종적으로는, 재치가 번득이는 대걸작에서, 로이 차일즈는 노직의 국가로 가는 단계에서 각 단계는 '보이지 않는 손'에 의한 것이 아니라 보이는 결정에 의해 성취된다는 것을 보이고 난 다음에 **노직의 방식으로는** 보이지 않는 손은 최소국가에서 무정부주의로 곧장 후퇴한다는 것을 입증함으로써 노직을 뒤집어엎은 것이다. 차일즈는 서술한다.

> 최소국가의 존재를 가정하자. 최소국가의 절차들을 모방한 대리인이 행동을 개시하고, 그 기관이 국가에게 재판들, 과정들, 기타 등등에 참가하도록 허락한다. 이

45) 노직의 '절차적 권리들'이라는 개념에 대한 우수하고 세부적인 비판으로는 Barnett, "Whither Anarchy?" pp.16~19를 보라. 제프리 폴(Jeffrey Paul) 교수도 어떤 '절차적 권리들'이라는 개념도 그런 절차들에 도달하기 위한 어떤 다른 절차의 '권리'를 의미하고, 이것이 다음에는 **그런** 절차들에 대한 결정을 하는 방법들에 대한 다른 조합의 '권리들'을 의미하며, 무한 회귀로 진행된다는 것을 의미한다는 것을 또한 보였다. Paul, "Nozick, Anarchism, and Procedural Rights."

상황에서 이 기관이 국가보다 조금이라도 더 '위험하다'고 주장될 수는 없다. 만약 그 기관이 여전히 너무 위험하다면 국가도 역시 너무 위험하다고 말하고 그것의 행동들을 금지하는 데 있어서 우리는 또한 정당화된다. 만약 그런 금지에 의해 불이익을 당한 사람들을 보상하기만 하면 말이다. 만약 우리 이 과정을 따라가면 결과는 무정부이다.

만약 [그것이, 역자주] 아니라면 '지배 기관'에서 전환한 최소국가는 명백히 돌봐야 할 경쟁 기관에 대항해서 스스로 경쟁하는 것을 발견한다. 그러나 기다려라. 경쟁하고, 스파이질을 하며, 억압된 두 번째 기관은 서비스에 대해 더 낮은 가격을 부과할 수 있는 것을 알게 되는데, 왜냐하면 최소국가가 위험한 절차들을 이용하는 기관들을 후원했었던 사람들을 보상해야 하기 때문이다.

그런 보상을 제공하는 것이 오로지 도덕적으로만 구속하기 때문에 심각한 경제적 곤궁하에서는 그렇게 하는 것을 그만두기 쉽다. 이것은 두 과정을 작동하게 한다. 국가보다는 다른 기관들을 선택했기 때문에 이전에는 보상을 받았던 사람들은 마베릭(maverick) 기관[지배기관을 말함, 역자주]에 서명하기 위하여 돌진하고, 그 결과 그들의 옛날 선호를 다시 드러낸다. 또한 다른 결정적 단계가 채택된다. 보상을 그만둔, 한때 훌륭한 최소국가가 초라한 극소국가로 복귀한다.

그러나 그 과정은 멈추어질 수 없다. 마베릭 기관은 극소국가로부터 고객들을 자기 편으로 끌어들이기 위해서는 좋은 성과를 확보해야 하고 확보한다. 그 기관은 더 다양한 종류의 서비스, 가격이 다른 장난감들을 제공한다. 그리고 그것은 일반적으로 더 매력적인 대안, 언제나 국가가 그 기관을 감시하고 그 과정들과 절차들을 점검하는 대안이 된다. 다른 고상한 기업가들이 선례를 따른다. 곧, 한때 초라한 극소국가는 그저 지배기관이 되고, 다른 기관들은 안전하고 비위험적 절차들과 함께 주목할 만한 성과를 이룩했다는 것을 알고, 그 국가는 그 다른 기관들을 감시하는 것을 중지하고 그 대신에 덜 비싼 합의를 선호한다. 아아! 극소국가의 간부들은 경쟁이 없어서 뚱뚱해지고 매우 만족한다. 보호 기능을 누가 맡고, 어떻게, 어떤 목적에 얼마의 자원을 배분하는가 … 에 대한 그들의 계산은 진정하게 경쟁적인 시장가격시스템에서 그들 자신을 옛날에 제거함으로써 불리하게 영향을 받는다. 새롭고 역동적이고 개선된 기관들과 비교하여 지배기관은 비효율적으로 성장한다.

곧 — 이건 또 어찌된 일인가 — 순전히 지배적인 치안기관은 시장법률네트워크(market legal network)에서 많은 기관들 중의 그저 한 기관이 된다. 누구의 권리도 침해하지 않는, 일련의 도덕적으로 허용가능한 단계들에 의해서, 불길한 최소국가

> 는 많은 기관들 중에서 그저 하나의 기관으로 축소된다. 요컨대 보이지 않는 손이 되받아친다.[46)]

몇 가지 간략하지만 중요한 최종 포인트들이 있다. 모든 다른 제한된 정부, 자유방임 이론가들에 공통되는 조세에 대한 이론이 노직에게는 없다. 즉 조세가 얼마나 될 것인가, 누가 그 조세를 부담할 것인가, 조세가 어떤 종류가 되어야 하는지 등등에 대해서 말이다. 정말로, 노직의 최소국가로 향해가는 단계들의 연속에서 조세는 거의 언급되지 않는다. 노직의 최소국가는 국가가 되기 전에 가졌던 고객들에게만 조세를 오로지 부과할 수 있고 경쟁하는 기관들의 잠재적인 고객들에게는 조세를 부과할 수 없다. 그러나 명백히, 현존하는 국가는 **모두** — 그들이 누구를 지원했었는가에 전혀 관심이 없다 — **에게** 과세한다. 그리고 정말로 어떻게 국가가 이 다른 가상적인 그룹들을 발견하고 구분하는 것을 시도할 수 있는가를 보는 것은 어렵다.

노직은 제한된 정부를 지지하는 동료들과 같이 '치안' — 적어도 그의 최소국가에 의해서 제공될 때 — 을 하나의 집합적인 덩어리로 또한 취급한다. 그러나 **얼마나 많은** 치안이 공급될 것인가 그리고 자원들의 비용을 얼마로 하고 치안이 공급될 것인가? 그리고 무슨 기준들로 결정할 것인가? 왜냐하면 결국 우리는 거의 전 국민생산물을 국민 각각에게 탱크 한 대와 무장병 한 사람을 공급하는 일에 바치는 것으로 **이해할** 수 있기 때문이다. 또는 우리는 전 국가에 오직 한 명의 경찰관과 한 명의 판사를 상상할 수 있기 때문이다. 치안의 정도와 어떤 기준에 대해서 누가 결정할 것인가? 왜냐하면 그와 대조적으로 사적 시장에서는 모든 재화와 서비스는 그 시장에서의 소비자들의 상대적인 수요와 비용에 기초하여 생산된다. 그러나 최소국가 또는 어떤 다른 국가에서도 치안을 위한 그런 기준은 없다.

더욱이, 차일즈가 지적한 것처럼, 노직이 정당화하고자 시도한 최소국가는 사적이고, 지배적인 기업에 의해 **소유되는** 국가이다. 노직에는 현대적 형태의 투표, 민주주의, 견제와 균형, 기타 등등에 대한 설명 또는 정당화는 여전히 없다.[47)]

---

46) Childs, "Invisible Hand," pp.32~33.
47) Ibid., p.27.

최종적으로, 노직의 책에는 권리들과 정부에 대한 토론의 전체에 걸쳐서 중대한 결점이 스며들어 있다. 즉 칸트적 직관주의자(Kantian intuitionist)인 노직은 권리 이론을 가지고 있지 않다. 권리들은 단지 감정적으로 직관화되고 자연법—인간의 본성 또는 우주의 본질—에 기초를 가지고 있지 않다. 본질적으로 노직은 권리들의 존재를 위한 진정한 주장을 가지고 있지 않다.

결론적으로, (1) 현존하는 국가는 결점 없이 창설되지는 않았다. 그리고 그 결과 노직은 그 자신의 기초 위에서 무정부주의를 주장하고 그 다음에 국가가 발달하기를 기다려야 한다. (2) 비록 어떤 국가가 그렇게 창설**되었더라도** 개인적인 권리들은 양도할 수 없고 그 결과 어느 현존 국가도 정당화될 수 없다. (3) 노직의 보이지 않는 손 과정의 모든 단계는 무효이다. 그 과정은 정말이지 너무 의식적이고 가시적이다. 그리고 위험과 보상 원리들은 틀리고 무제한적 전제주의로 가는 허가증이다. (4) 심지어 노직 자신의 기초 위에서도 지배적 치안기관이 자신의 고객들을 해치지 않는 독립기관들에 의한 절차들을 금지할 근거가 없다. 그리고 그 결과 지배 치안기관이 극소국가에 도달할 수는 없다. (5) 노직의 '비생산적' 교환 이론은 무효이고 그 결과 위험한 행동들의 금지와 따라서 극소국가는 오직 그 이유만으로 무너진다. (6) 노직과 반대로, '절차적 권리들'이라는 것은 없다. 그리고 그 결과 그의 위험과 비생산적 교환의 이론에서부터 극소국가의 강제적인 독점으로 가는 길은 없다. (7) 심지어 노직 자신의 기초 위에서도 최소국가가 세금을 부과할 근거는 없다. (8) 노직의 이론에는 어떤 국가의 투표 또는 민주적 과정들을 정당화할 수 있는 길은 없다. (9) 자신의 기초 위에서 노직의 최소국가는 최대국가를 똑같이 잘 정당화한다. (10) 노직의 방식으로는 유일한 '보이지 않는 손' 과정은 사회를 그의 최소국가에서 무정부주의로 후퇴하게 한다.

따라서, 금세기에 무정부주의를 반박하고 국가를 정당화하기 위한 가장 중요한 시도는 완전히 그리고 그 부분의 하나하나에서 실패한 것이다.

제 V 부

자유를 위한 전략 이론을 향하여

제30장 자유를 위한 전략 이론을 향하여

자유의 이론을 체계화한 역작은 너무 많지만 자유를 위한 **전략 이론**을 설명한 것은 실질적으로 존재하지 않는다. 실로, 자유를 위할 뿐 아니라, 어떤 종류의 바람직한 사회적 목표를 달성하기 위한 전략은 일반적으로 기를 쓰고 붙잡기, 되는 대로 실험하는 문제, 시행착오의 문제 등으로 주장되어 왔다. 그렇지만, 만약 철학이 자유를 위한 전략을 위해서 어떤 이론적 가이드라인을 세울 수 있다면 가이드라인을 찾는 것은 철학의 책임임이 분명하다. 그러나 우리가 미지의 바다에서 출발한다는 점에 독자는 경각심을 가져야 한다.

전략을 다루는 — 사건들의 혼합된 현재의 (**어떤** 현재라도) 상태로부터 일관된 자유라는 목적으로 움직이기 위하여 어떻게 해야 하는가 하는 문제를 다루는 — 철학의 책임은 자연법에 기초한 리버테리어니즘을 위해서는 특히 중요하다. 왜냐하면 리버테리언 역사가인 액튼 경이 깨달았듯이 자연법과 자연권 이론은 현존하는 어떤 브랜드의 국가주의도 판단할 — 그리고 원하는 바를 발견할 — 굳은 척도를 제공하기 때문이다. 법실증주의 또는 다양한 브랜드의 역사주의와는 대조적으로, 자연법은 국가의 명령들을 판단할 수 있는 도덕적으로 그리고 정치적으로 '더 높은 수준의 법'(higher law)을 제공한다. 우리가 위에서 본 것처럼,[1] 자연법은 정확하게 해석된다면 이상적 원리의 지배를 암묵적으로 찾고 있는 것으로, 보수적이기보다는 '급진적'이다. 액튼이 썼듯이, "(고전적) 자유주의는 존재하는 것(what is)과 상관없이 있어야 하는 것(what ought to be)을 바란다." 따라서 힘멜파머(Himmelfarb)는 "과거는 권위가 허락되지 않았는데 그 과거가 도덕과 우연히 일치했을 때를 제외하고 말이다"라고 액튼에 대해서 썼다. 더욱이, 액튼은 사실상 현상 유지에 집착하는 보수주의라고 할 수 있는 휘기짐(Whiggism)과 급진적 리버테리어니즘인 자유주의(Liberalism)[고전적 자유주의를 말함, 역자주]를 구분하기에 이르렀다.

휘그 당원(Whig)은 타협에 지배된다. 자유주의자는 아이디어의 지배를 시작한다.

---

1) 이 책의 20~23쪽을 보라.

> 자유주의자로부터 휘그당원을 어떻게 구분하는가-하나[휘그당원을 말함, 역자주]는 타협을 위하여 실제적이고, 점진적이고, 준비가 되어 있다. 다른 하나[자유주의자를 말함, 역자주]는 철학적으로 원리를 생각해낸다. 하나는 철학을 추구하는 정책이다(One is a policy aiming at a philosophy). 다른 하나는 정책을 추구하는 철학이다(The other is a philosophy seeking a policy).[2)]

그러면 리버테리어니즘은 정책을 추구하는 철학이다. 그러나 리버테리언 철학이 전략에 대해서, '정책'에 대해서 무엇을 말할 수 있는가? 첫째, 확실히-액튼의 어록들에서 다시-리버테리어니즘은 자유가 '최고의 정치적 목적', 리버테리언 철학의 지배적인 목표라고 말해야 한다. 최고의 **정치적** 목적이 물론 일반적으로 인간을 위한 '최고의 목적'을 의미하지는 않는다. 실로, 모든 개인은 다양한 개인적 목적을 가지고 그의 개인적 가치척도 위에서 이 목표들의 중요성의 위계가 다르다. **정치**철학은 구체적으로 **정치**, 즉 인간의 삶에 있어서 **폭력**(그리고 따라서 범죄와 재산과 같은 그런 개념의 논리적 분석)의 적절한 역할을 다루는 도덕과학의 그 진부분 집합이다. 실로, 리버테리언 세계는 모든 개인이 마침내 그 자신의 목적들 — 교묘한 제퍼슨(Jeffersonian) 문구로는 '행복을 추구하는 것' — 을 찾고 추구할 자유가 있는 그런 세계이다.

리버테리언, (아담 스미스의 문구로는) '자유의 자연적 체제'(natural system of liberty)를 신봉하는 사람은 정의상 거의 자유라는 목적을 그의 최고의 정치적 목적이라고 주장한다고 사료된다. 그러나 이것이 언제나 맞는 것은 아니다. 많은 리버테리언에게 있어서, 스스로를 표현하고자 하는 욕구 또는 자유가 탁월하다는 진리를 입증하고자 하는 욕구를 실제 세계에서 종종 자유의 승리라는 목표보다 우선한다. 그렇지만 분명히, 아래에서 더 보겠지만, 자유의 승리는 결코 일어나지 않을 것인데, 만약 실제 세계에서 승리의 목적이 더 많은 미학적 고려 사항들과 수동적 고려 사항들보다 우선하지 않는다면 말이다.

만약 자유가 최고의 정치적 목적이 되어야 한다면 그 목적을 위한 토대는 무엇인가? 우선 무엇보다도 자유는 인간의 본성에 기초를 둔 **도덕 원리**인 것이 이 책에서 분명해졌음이 틀림없다. 특히 자유는 **정의**의 원리(principle of

2) Gertrude Himmelfarb, *Lord Acton* (Chicago: University of Chicago Press, 1962), pp.204, 205, 209.

justice), 인간사에 있어서 공격적 폭력의 폐지를 다루는 원리이다. 따라서 적절히 기초가 놓여지고 추구된다면, 정의에 대한 최우선적인 헌신이라는 정신에서 리버테리언의 목표는 추구되어야 한다. 그러나 길고 험하다고 당연히 여겨지는 길 위에서 그런 헌신을 가지기 위해서는, 리버테리언은 정의를 위한 열정을 가져야 하는데, 그 열정이란 자연적 정의(natural justice)가 요구하는 것에 대한 그의 합리적 직관으로부터 유도되고 이끌어지는 감정이다.[3] 만약 자유가 얻어진다면, 단순한 효용이라는 약한 갈대가 아닌, 정의가 동기를 유발하는 힘임에 틀림없다.[4]

만약 자유가 최고의 정치적 목적이라면 이것은 자유가 **가장 효능이 있는 수단들**, 즉 가장 **빠르고** 철저하게 목표에 도달할 수 있는 수단들에 의해 추구되어야 한다는 것을 의미한다. 이것은 리버테리언이 '폐지론자'가 되어야 한다는 것을 의미하는데, 즉 그는 자유라는 목표를 가능한 한 빠르게 달성할 수 있도록 염원해야 한다는 것을 의미한다. 만약 그가 폐지주의에 난처한 기색을 보인다면 그는 더 이상 자유를 최고의 정치적 목적으로 주장하고 있는 것이 아니다. 따라서 리버테리언은 할 수만 있다면 자유에 대한 모든 침해를 즉각적으로 폐지하는 폐지론자가 되어야 한다. 2차 대전 이후에 가격과 임금을 통제하는 것을 즉각적이고도 완전히 폐지할 것을 주장했던 고전적 자유주의자 레오나드 리드(Leonard Reed)를 쫓아서 이것[자유에 대한 침해를 폐지하는 것, 역자 주]을 '버튼 누르기'(button−pushing) 기준이라고 부를 것이다. 그래서 리드는 "만약 이 강단 위에 버튼이 있다면 그 버튼을 누르는 것이 즉각적으로 임금과 가격에 대한 모든 통제를 해제할 것인데, 나는 버튼 위에 손가락을 얹고 누를 것이다!"라고 선언했다. 따라서 리버테리언은 자유에 대한 모든 침해의 즉각적인 폐지 — 어떤 공리주의자도 늘 하고 싶어하는 어떤 것은 아닌데 — 를 위

3) 한 계몽적인 에세이에서, 자연법 철학자 존 와일드(John Wild)는 다음과 같이 지적한다. **의무(obligation)**라는 우리의 주관적 감정, 주관적인 감정적 욕구를 더 높은 구속력 있는 국면으로 들어올리는 의무라는 감정은 우리의 인간 본성이 요구하는 것에 대한 우리의 이성적 이해로부터 연유한다. John Wild, "Naural Law and Modern Ethical Theory," *Ethics* (October 1952), pp.5~10.

4) 정의를 위한 열정에 기초하고 있는 리버테리어니즘에 대해서는 Murray N. Rothbard, "Why Be Libertarian?" in idem, *Egalitarianism as a Revolt Against Nature, and Other Essays* (Washington, D.C.: Libertarian Review Press, 1974), pp.147~48.

하여 버튼 — 만약 그런 것이 있다면 — 을 누르는 사람이 되어야 한다.[5)]

반리버테리언(anti–libertarians)과 반급진주의자(anti–radicals)는 그런 폐지주의가 '비현실적'이라는 의견을 일반적으로 그리고 과연 그들답게 말한다. 그런 주장을 함으로써 그들은 바라던 목표와 그 목표를 향해 가는 가능한 길에 대한 전략적 판단을 구제할 도리가 없이 혼동한다. 궁극적 목적 그 자체와 그 목적에 도달하기 위한 방법에 대한 전략적 판단을 명확하게 구분하는 것은 긴요하다. 요컨대, 전략의 문제들 또는 '현실주의'(realism)가 무대로 들어가기 **전에** 목표가 공식화되어야 한다. 그런 마술적인 버튼은 존재하지 않고 그리고 존재할 것 같지도 않다는 사실은 폐지주의 자체의 바람직함과 아무 상관이 없다. 예를 들어, 우리는 자유를 위하여 자유를 목표로 하는 것과 폐지주의의 바람직함에 동의해도 좋다. 그러나 이것이 폐지가 **사실상** 가까운 미래 또는 먼 미래에 가능할 것이라는 것을 우리가 믿는다는 것을 의미하지는 않는다.

만약 다수의 사람이 리버테리언의 목표들 — 자유에 대한 침해를 즉각적으로 폐지하는 것을 포함하여 — 에 대해 합의한다면 그것들은 성취**될 수** 있다는 의미에서 '현실적'이다. 그리고 **만약** 그 목표들이 성취된다면 그 결과로 나타나는 리버테리언 체제는 실행가능하다는 의미에서 리버테리언 목표들은 '현실적'이다. 즉각적인 자유라는 목표는 비현실적 또는 '유토피아적인 것'이 아닌데, 왜냐하면 — '빈곤의 퇴치'와 같은 그런 목적과 대조적으로 — 그 목표의 성취는 전적으로 인간의 의지에 달려 있기 때문이다. 예를 들어, 만약 **모든** 사람이 갑자기 그리고 즉각적으로 자유의 우선적인 실행가능성에 동의한다면 완전한 자유는 즉각적으로 성취**될 것이다**.[6)] 자유를 향한 길이 **어떻게** 성취될 수

5) Leonard E. Read, *I'd Push the Button* (New York: Joseph D. McGuire, 1946), p.3.

6) 다른 곳에서 나는 다음과 같이 썼다. "다른 전통적인 급진적 목표들 — '빈곤의 퇴치'와 같은 그런 것 — 은 이것[자유]과 대조적으로 진정으로 유토피아적인 것이다. 왜냐하면 인간은 단지 그의 의지를 발휘하는 것만으로 빈곤을 퇴치할 수 없기 때문이다. 빈곤은 어떤 경제적 요인들의 작동을 통해서 오직 퇴치될 수 있다. … 그 요인들은 장시간에 걸쳐서 자연을 변환함으로써 오직 작동할 수 있다. … 그러나 **불의**는 한 집단의 사람이 다른 집단의 사람에게 타격을 받는 행위들이고, 그것들은 정확히 인간들의 행동들이고 따라서 불의와 그것을 없애는 것은 인간의 즉각적인 의지에 달려 **있다**. … 물론 그런 결정은 즉각적으로 일어나지 않는다는 사실은 요점이 아니다. 요점은 바로 그 실패[불의를 없애는 것을 실패하는 것, 역자주]가 불의를 저지른 범죄자에 의해 결정되었고 부과되었던 불의라는 것이다. … 정의라는 분야에서는 인간의 의지가 전부이다. 인간들은 산을 움직일 **수** 있는데, 만약 오직 인간들이 그렇게 결정한다면 말이다. 빈곤의 즉각적인 폐지에 대한 갈망 또는 모든 사람을 피아노 연주자로 즉

있는가를 전략적으로 평가하는 것은 물론 전적으로 분리된 의문이다.[7)]

따라서 리버테리언이면서 노예제 폐지주의자 윌리엄 개리슨(William Lloyd Garrison)이 1830년대에 노예들의 즉각적인 해방이라는 목적의 기준을 제기했을 때 '비현실적'이 되어 있지 않았다. 그의 목적은 타당한 도덕적 그리고 리버테리언적 목적이었다. 그리고 그의 목적은 그 달성의 '현실주의' 또는 개연성과 관련이 없었다. 정말로 개리슨의 전략적 현실주의는 그가 노예제의 종말이 즉각적으로 또는 일격에 올 것이라고 **기대하지** 않았다는 사실에 의해 표현되었다. 개리슨이 조심스럽게 식별했던 것처럼, "우리가 할 수 있는 한 열렬하게 즉각적인 폐지를 주장하면, 아아! 종국에는 점진적인 폐지가 있을 것이다. 우리는 노예제가 한 방에 전복될 것이라고 결코 말한 적이 없었다. 우리가 언제나 주장한 것처럼, 노예제가 한 방에 폐지되어야 한다고 결코 말한 적이 없다."[8)] 만약 그렇지 않으면, 개리슨이 예리하게 경고했듯이, "이론상 점진주의(gradualism in theory)는 실제에서는 영원이다."

사실 이론상 점진주의는 자유 그 자체라는 주된 목적을 전적으로 약화한다. 그러므로 점진주의의 도입은 목적 그 자체에 대해 전략이 전혀 아니고 목적 그 자체에 대한 반대이다. 그리고 따라서 그 도입은 자유를 향한 전략의 일부로서 허용될 수 없는 것이다. 그 이유는 일단 즉각적인 폐지주의가 포기되면 그 목적은 다른 반리버테리언 고려사항들에 비해 두 번째 또는 세 번째로 물러나게 된다는 것인데, 왜냐하면 그 고려사항들이 이제 자유보다 더 높은 위치에 놓일 것이기 때문이다. 그래서 노예제 폐지주의자가 "나는 노예제를

각적으로 변환하고자 하는 욕망이 유토피아적인 것처럼, 즉각적인 정의를 위한 열정 — 요컨대 급진적인 열정 — 은 그러므로 유토피아적인 것이 **아니다**. 왜냐하면 즉각적인 정의는 달성될 수 있는데 만약 충분한 수의 사람이 그렇게 원한다면 말이다.

Rothbard, *Egalitarianism as a Revolt Against Nature,* pp.148~49.

7) '비현실주의'에 대한 비난과 그 비난이 좋은 것과 현재 있음직한 일 사이를 혼동한 것임을 탁월하게 철학적으로 비판하는 결론에서, 클레런스 필브룩(Clarence Philbrook)은 단언하는데, "어떤 정책을 진지하게 옹호하는 유일한 타입은 경제학자 또는 어떤 사람에게도 열려 있다. 그는 그 정책이 좋다고 주장해야 한다. 진정한 '현실주의'는 인간들이 지성에 의해 언제나 의미했던 것과 동일한 것이다. 즉 그것은 궁극이라는 관점에서 즉각을 결정하는 것이다.

Clarence Philbrook, "Realism in Policy Espousal," *American Economic Review* (December 1953), p.859.

8) William H. Jane H. Pease, eds. *The Antislavery Argument* (Indianapolis, Ind.: Bonns-Merrill, 1965), p.xxxv에서 인용.

끝낼 것을 주장하지만 오직 5년이라는 시간 후에만"이라고 말했다고 가정하자. 그러나 이것은 4년 또는 3년이라는 시간 내에서의 폐지 또는 **더욱더** 즉각적으로 폐지하는 것은 **나쁜 것이고** 그 결과 노예제가 더 긴 동안에 계속되는 것이 **더 낫다는** 것을 의미한다. 그러나 이것은 정의의 중요성이 포기되었음과 목적 그 자체는 폐지주의자(또는 리버테리언)의 정치적 가치척도 위에서 더 이상 최고가 아니라는 것임을 의미한다. 사실, 그것은 리버테리언이 범죄와 부정의를 **연장할** 것을 주장했다는 것을 의미한다.

따라서, 자유를 위한 전략은 목적 그 자체를 약화하거나 부인하는 어떤 수단 — 이론상 점진주의는 확실히 목적 그 자체를 약화하거나 부인한다 — 도 포함하지 말아야 한다. 그러면 우리는 "목적이 수단을 정당화한다"고 말하고 있는가? 이것이 근본적이거나 급진적인 사회 변화를 주장하는 어떤 그룹에 대해서 부과해지는 동일한 그렇지만 전적으로 틀린 비난이다. 왜냐하면 **목적**을 제외하고 **다른 무엇으로** 어떤 수단을 어쩌면 정당화할 수 있는가? '수단'이라는 바로 그 개념은 이 행동이 단지 어떤 목적에 도달하기 위한 수단이라는 것을 의미한다. 만약 어떤 사람이 배고프고 배고픔을 완화하기 위하여 샌드위치를 먹는다면 샌드위치를 먹는 행위는 그저 목적에 대한 수단일 뿐이다. 그것의 유일한 정당화는 소비자에 의한 목적으로서의 수단의 사용에서 생겨난다. 샌드위치를 먹을 다른 이유가 있는가 또는 더욱이 장차에는 그 샌드위치 또는 그 구성요소를 구매할 것인가? 불길한 학설이 되기는커녕, 목적이 수단을 정당화한다는 것은 '수단'과 '목적'의 바로 그 관계에 암묵적으로 있는, 단순한 철학적 진리이다.

그러면 '목적이 수단을 정당화한다'는 것을 비판자하는 자들이 '나쁜 수단'이 '나쁜 목적'을 초래할 수 있고 초래할 것이라고 말할 때 그들이 진정으로 의미한 것은 무엇인가? 그들이 **진정으로** 말하고 있는 것은 문제의 수단이 비판자들이 보기에 비판을 받는 그룹의 목적보다 더 중요하거나 더 가치가 있다고 판단되는 **다른** 목적을 방해할 것이라는 것이다. 그래서 만약 살인이 프롤레타리아의 선봉 부대에 의해 독재를 초래한다면 살인은 정당화된다고 공산주의자들이 주장한다고 가정하자. 그런 살인의 비판자들(또는 살인의 그런 옹호를 비판자하는 자들)이 진정으로 주장하는 것은 '목적이 수단을 정당화하지 않는다'는 것이 **아니라** 차라리 살인은 (줄잡아 말하더라도) **더** 가치 있는 목적, 즉 '살인을 저지르지 않는다'는 목적 또는 개인들에 대해 공격을 하지 않는다는 목적을 방해한다는 것이다.

따라서 리버테리언의 목적, 자유의 승리는 그 목적을 달성하기 위한 가장 빠르면서 가능한 수단을 정당화한다. 그러나 그런 수단은 목적 그 자체와 모순되고 그 결과 목적 자체를 꺾는 것과 같은 것이 될 **수는 없다**. 우리는 이론상 점진주의는 그런 모순적인 수단이라는 것을 이미 알았다. 다른 모순적인 수단은 침해하지 않기(nonaggression)라는 리버테리언의 목적에 도달하기 위하여 개인 또는 정당한 재산에 대해 침해를 하는 것(즉, 살인 또는 절도)이다. 그러나 이것 역시 추구하기에는 스스로 무너지고 허용가능하지 않는 수단이다. 왜냐하면 그런 침해를 하는 것은 침해하지 않기라는 목적 그 자체를 직접적으로 어기기 때문이다.

그러면 만약 리버테리언이 침해의 조직화된 엔진인 국가의 즉각적인 폐지를 요구해야 한다면 그리고 이론상 점진주의가 주된 목적과 모순된다면, (그리고 그 결과 허용할 수 없는) 국가가 정말 매우 강해서 지속적으로 존재하게 되는 그런 세상에서 리버테리언은 **어떤 그 이상의** 전략적 자세를 취해야 하는가? 리버테리언은 즉각적인 폐지를 주장하는 일에 그 자신을 반드시 **국한해야** 하는가? 과도기적인 수요들, 실제로 자유를 향하는 단계들은 그 결과 부적절한가? 확실히 아닌데, 왜냐하면 현실적으로 그러면 최종적 목적은 달성할 희망이 없기 때문이다. 그 결과 정책(policy)을 그 목적의 **방향**으로 언제나 더 멀리 미는 것은 그의 목표를 가능한 한 빨리 달성하고자 원하는 리버테리언에게 달려 있다. 확실히 그런 과정은 어려운데, 왜냐하면 자유라는 궁극적 목적을 놓치거나 또는 심지어 꺾어버리는 위험이 항상 존재하기 때문이다. 그러나 과거와 현재와 예상할 수 있는 미래의 세상의 상태가 주어진 상태에서, 만약 자유의 승리가 더욱 달성되기 위해서는 그런 코스는 결정적이다. 그러면 (a) 과도기적 과정의 원하는 목적으로서 자유를 궁극적 목적으로 **항상** 움켜쥐고, (b) 그 목적에 명시적으로 또는 묵시적으로 모순되는 단계들을 취하지 않거나 수단을 사용하지 않으면서, 과도기적 수요들의 뼈대가 만들어져야 한다.

예를 들어, 여러 종류의 리버테리언에 의해 발표된 과도기적 수요를 검토하자. 즉 정부의 예산이 1년에 10%씩 10년 동안 줄여지고 그 이후에 정부는 사라질 것으로 되어 있다. 그런 제안은 학습용 가치 또는 전략적 가치를 가질지도 모른다. **만약** 이것들이 **최소한의** 수요라는 점과 1년에 25%씩 4년 동안 예산을 깎는 속도를 올리거나 가장 바람직한 것은 100%까지 즉각적으로 예산을 깎아버리는 것은 정말로 잘못된 것이 아무것도 없다는 점 — 오히려 좋게 할 것이라는 것 — 을 제안자들이 항상 명징하게 한다면 말이다. 위험은 10%보다 **더 빠른** 어떤 속도도 틀리거나 바람직하지 못하다는 것을 직접적으로 또는 간접적으로 의미하는 데서 발생한다.

많은 리버테리언이 발표한, 과도기에서 완전한 자유로 가기 위한 종합적이고 계획된 프로그램, 예를 들어 첫 해에 법률 A가 폐지되고 법률 B가 수정되고 세금 C가 20% 감소되고, 둘째 해에는 법률 D가 폐지되고 세금 C가 10% 더 감소되는 등등의 프로그램에 내재된 아이디어에는 앞에서 보았던 것과 유사한 종류이지만 훨씬 더 큰 위험이 있다. 종합적인 계획은 단순한 예산 깎기보다 훨씬 더 잘못 인도하는데, 왜냐하면 예를 들어 이 계획된 프로그램의 둘째 해**까지** 법률 D는 폐지되지 **말아야** 한다는 것을 그 계획은 강하게 의미하기 때문이다. 따라서, 철학적 점진주의, 이론상 점진주의의 함정으로 대규모로 빠질 것이다. 잠재적인 리버테리언 계획가들은 자유를 향한 더 빠른 속도를 **반대하는** 입장으로 실제로 빠지게 될 것이거나 그런 **척할** 것이다.

정말로 자유를 향한 종합적으로 계획된 프로그램의 아이디어에는 다른 심각한 결점이 있다. 왜냐하면 프로그램의 매우 주의롭게 연구된 속도, 프로그램의 바로 그 모든 것을 끌어안는 특성은 다음과 같은 것을 의미하기 때문이다. 즉 국가는 인류의 적이 진정으로 아니고, 자유를 향한 계획되고 신중한 속도를 실행함에 있어서 국가를 **사용하는** 것이 가능하고 바람직하다는 것이다. 다른 한편 국가가 인류의 영원한 적**이라는** 직관은 매우 다른 전략적 전망으로 이끈다. 즉 리버테리언들은 국가 권력의 **조금의** 감소 또는 어떤 전선에서의 국가 활동의 **조금의** 감소라도 요구하고 선뜻 받아들이는 것이다. 어느 때라도 그런 감소는 범죄와 침해의 감소이다. 그리고 그런 감소는 국가권력이 사회권력을 지배하고 징발하는 기생충적인 악의의 감소이다.

예를 들어, 리버테리언들은 소득세의 과감한 감소 또는 폐지를 자꾸 요구하는 것은 당연하다. 그러나 그들은 판매세 또는 다른 형태의 세금으로 대체할 것을 동시에 주장하면서 결코 그렇게 하지 말아야 한다. 세금의 감소 또는 더 좋게는 세금의 폐지는 언제나 국가권력의 비모순적인(noncontradictory) 감소이고 자유를 향해 가는 한 단계이다. 그러나 새로운 세금 또는 다른 곳에서의 증가된 세금으로 교체하자는 것은 정확히 그 반대인데, 왜냐하면 그것은 어떤 다른 전선에서 국가의 새롭고 추가적인 과세를 의미하기 때문이다. 새로운 세금을 부과하는 것은 리버테리언 목적 그 자체와 모순되는 수단이다.

유사하게, 영구적인 연방적자가 존재하는 이 시대에 우리 모두는 문제에 직면하고 있다. 비록 세금 삭감이 적자의 증가를 의미하는 것이 당연함에도 불구하고 우리가 세금 삭감에 동의해야 하는가? 보수주의자들은 더 높은 목적으로 균형 재정을 유지하는 것이라는 특수한 관점에서 세금삭감 — 그 세금삭감은 동일한 액수 또는 그보다 더 많은 액수의 정부지출의 삭감이 엄하게 동반되지 않은 것이다 — 을 변함없이 반대하거나 반대투표를 한다. 그러나 세금은 침해라는 사악한 행위이기 때문에 세금 삭감을 선뜻 환영하는 데 실패하는 것은 리버테리언 목적을 꺾고 부정하는 것이다. 정부지출을 반대하는 때는 예산이 검토되고 있거나 투표되고 있을 때이고, 리버테리언이 지출에서 과감한 삭감을 똑같이 잘 요구해야 할 때이다. 정부 활동은 가능하다면 언제라도 그리고 어디에서도 축소되어야 한다. 어떤 특정 세금 — 또는 지출 — 에 대한 삭감은 어떤 반대도 허용가능하지 않는데, 왜냐하면 그것이 리버테리언 원리들과 리버테리언 목적을 부정하기 때문이다.

이것이 리버테리언이 우선순위를 결코 정할 수 없는 것, 그가 가장 중요하다고 여기는 정치적 쟁점들에 정열을 집중할 수 없는 것을 의미하는가? 분명히 아닌데, 왜냐하면 모든 사람의 시간과 에너지는 반드시 제한되어 있기 때문에 누구도 종합적인 리버테리언 신조의 모든 특별한 특징에 동일한 시간을 헌신할 수 없다. 정치적 쟁점들을 다루는 강연자 또는 저자는 중요성에 있어서 우선순위를 반드시 정해야 하는데, 그 우선순위라는 것이 그 날의 구체적인 쟁점들과 환경에 적어도 부분적으로 달려 있는 것이다. 따라서, 오늘날의 세계에서 리버테리언은 등대의 탈국유화(denationalization)를 확실히 주장하지만 그가 징병 또는 소득세의 폐지보다 등대문제에 더 큰 우선순위를 둘 것인가는 매우 의심스럽다. 리버테리언은 정치적 중요성의 우선순위를 정하기 위하여 그의 전략적 지혜와 그 날의 쟁점들에 대한 지식을 이용해야 한다. 다른 한편, 물론 만약 어떤 이가 작고, 짙은 안개가 끼는 섬 — 교통을 해운에 의지하는 — 에 살고 있다면 등대문제는 리버테리언의 정치 아젠다에서는 높은 우선순위에 놓일 것이라는 것은 매우 타당할 수 있다. 그리고 게다가, 만약 어떤 이유로 심지어 오늘날의 미국에서도 등대의 탈국유화를 하는 기회가 생긴다면 그 일이 리버테리언에 의해 경멸되어서는 확실히 안 된다.

그래서 완전한 자유의 승리가 최고의 정치적 목적이라는 것, 이 목적을 위한 적절한 기초는 정의를 위한 도덕적 열정이라는 것, 그 목적은 가장 빠르고 가능한 가장 유효한 수단에 의해 추구되어야 한다는 것, 그 목적은 언제나 주의가 기울어져야 하고 가능한 빨리 추구되어야 한다는 것, 채택된 수단은 그 목적을 결코 부정하지 말아야 한다는 것 — 점진주의를 주장하거나, 자유에 대한 어떤 침해를 감행하거나 또는 주장하거나, 계획된 프로그램을 주장하거나, 국가권력을 줄일 수 있는 어떤 기회를 잡는 데 실패하거나 또는 어떤 분야에서 국가권력을 도대체 증가시키는 것이거나 하는 것 등에 의해 — 을 확인하는 것으로 전략 문제에 대한 이 부분의 결론을 내린다.

적어도 장기에는 세계는 아이디어들에 의해 지배된다. 그리고 리버테리어니즘이 엄청난 다수의 사람들에게 퍼져나가고 채택된다면 그것이 오직 승리할 것 같다는 것은 분명한 것처럼 보인다. 그래서 '교육' — 모든 종류의 교육, 가장 추상적이고 체계적인 이론으로부터 내려가 잠재적인 전향자들의 흥미를 가질 수 있는 주의를 끄는 도구들(attention-catching device)까지 — 은 자유의 승리를 위해 필요조건이 된다. 교육은 참으로 고전적 자유주의의 독자적인 전략이론이다.

그러나 아이디어들은 진공 속에서 스스로 떠오르지 않는다는 점은 강조되어야 한다. 아이디어들은 **사람들에** 의해 채용되고 주장될 때에 한해서만 오직 영향을 미친다. 그러면, 자유라는 아이디어가 승리하기 위해서는 헌신적인 리버테리언들의 활동그룹이 있어야 하는데, 리버테리언이란 자유에 대해 식견이 있고 메시지를 다른 사람에게 전파할 의지를 가진 사람이다. 요컨대, 활동적이고 자의식이 강한 리버테리언 **운동**이 있어야 한다. 이것은 자명한 것처럼 보일 수 있다. 그러나 많은 리버테리언 중에서 일부는 그들 스스로 의식적이고 진행되고 있는 운동의 일부로 여기거나 운동 행위에 개입하는 것에 기묘한 저항이 있어 왔다. 그렇지만 생각해보자. 어떤 분야 또는 과거의 아이디어들의 조합도, 그것이 불교이든지 현대 물리학이든지 간에, 불교수행자들 또는 물리학자들이라는 헌신적인 '간부단'의 존재 없이는 그 자체가 나아갈 수 있었고 승인을 얻을 수 있었는가?

물리학자들을 언급한 것은 성공적인 운동의 다른 필요를 지적하고자 하는 것이다. 즉 문제의 운동이나 학문 분야에 있어서 그들의 전임경력을 쌓는 사람들, 즉 전문가들의 존재이다. 현대 물리학이 새로운 과학으로 출현했던 때인 17세기와 18세기에 '물리학의 친구들'(Friends of Physics)이라 부를 수 있는 물리학에 흥미를 가지고 새로운 학문을 격려하고 지지했던 분위기를 만들었던 아마추어들을 주로 포함했던 과학 사회들(scientific societies)이 정말로 있었다. 그러나 만약 물리학에 전임경력을 쌓았던, 그 결과 그들의 모든 에너지를 그 학문에 헌신해서 발전하도록 할 수 있었던 사람들인 **전문가** 물리학자들이 없었다면 분명히 물리학은 매우 멀리 나아가지 않았을 것이다. 만약 물리학이라는 **직업**이 발달하지 않았다면 물리학은 여전히 아마추어의 단순한 오락물이 되었을 것이 분명하다. 하지만 최근 몇 년 동안에 리버테리언 아이디어들과 리버테리언 운동의 엄청난 성장에도 불구하고 현실세계에서 자유의 이론과 자유의 조건의 발달을 위한 중심적인 핵심으로서, 자유의 발달을 위하여 전문직업의 거대한 필요를 인식한 리버테리언은 거의 없다.

모든 새로운 아이디어와 모든 새로운 분야는 반드시 한 명 또는 약간의 사람으로 시작한다. 그리고 그것들은 전향자들과 지지자들이라는 더 큰 핵심을 향해 외곽으로 유포된다. 인간들의 관심과 능력이 매우 다양한 상황에서, [새로운 아이디어의 확산이, 역자주] 심지어 최고조에 달할 때도 리버테리언으로 된 전문가 핵심 또는 간부단은 오직 소수가 되지 않을 수 없다. 그러면 리버테리언들의 '선도적' 그룹을 요구하는 것이 불교수행자들 또는 물리학자들의 선도자를 말하는 것 이상으로 사악하거나 '비민주적이'라고 할 것은 더 이상 없다. 바라건대, 이 선도자가 리버테리언 이념을 지지하는 다수 또는 크고 영향력 있는 소수(비록 중심적으로 헌신하지 않더라도)를 만들 수 있도록 조력할 것이다. 미국 독립 혁명가들 사이에서 그리고 19세기 영국에 있어서 리버테리언으로 된 다수가 존재한 것은 위업이 불가능한 것이 아님을 입증한다.

그동안에 그 목적을 향한 길 위에서, 우리는 리버테리어니즘의 채택을 사다리 또는 피라미드로 생각할 수 있을 것인데, 다양한 개인들과 그룹들이 사다리의 다른 단계들에 있고, 그들은 완전한 전체주의 또는 국가주의로부터 순수한 자유까지 상향하면서 줄지어 있다. 만약 리버테리언이 '사람들의 양심을' 순수한 자유라는 최고 단계까지 완전히 '끌어올릴' 수 없더라도 사다리의 몇 계단을 올라가도록 그들을 도와주는, 가치가 덜하지만 여전히 중요한 목적을 성취할 수 있다.

이 목적을 위해서 리버테리언은 어떤 단순하고 **임시적인** 활동의 발달을 위하여 주위에 몰려 있는 비리버테리언(non-libertarian)과 담합하는 것이 의미가 있다고 하는 것은 당연하다. 그래서 사회의 어떤 주어진 조건에서 중요성의 우선순위들에 의존하고 있는 리버테리언은 소득세를 폐지하기 위하여 몇몇 보수주의자들과, 징병 또는 포르노의 금지 또는 '파괴적' 연설의 금지를 폐지하기 위하여 시민 리버테리언들과 그런 '통합된 전선'으로 된 활동들에 참여할 수 있을 것이다. 임시적인 쟁점들에 대하여 그런 통합된 전선에 참여함으로써 리버테리언은 이중적인 목적을 달성할 수 있다. (a) 많은 비리버테리언들이 그런 행동들에 협력하기 위하여 동원되기 때문에 특수한 리버테리언 목적을 향한 작업에서 그 자신의 지렛대 또는 영향을 크게 배가할 수 있다. 그리고 (b) 그의 담합 동료들의 '양심을 일으켜 세우는 것'이고, 리버테리어니즘은 하나의 연결된 체제이고 그들의 특정 목적의 **완전한** 추구는 전체 리버테리언 체제의 채택을 요구하는 것임을 담합 동료들에게 보여주는 것이다. 따라서 만약 시민적 자유들이 보호되거나 회복될 때 재산권 또는 자유시장은 오직 최대화될 수 있고 진정으로 보호되어진다고 리버테리언은 보수주의자에게 지적할 수 있다. 그리고 그는 시민 리버테리언에게 그 반대를 보여줄 수 있다. 바라건대, 이 논증이 이런 임시적 동맹군의 얼마를 리버테리언 사다리로 획기적으로 끌어올릴 것이다.

급진적 사회 변화, 즉 사회적 현실을 이상적인 체제로 전환하는 것에 바쳐지는 어떤 운동의 진전에서, 마르크스주의자들이 발견했던 것처럼, 적절한 전략적 전선으로부터 '일탈행위'는 두 가지 대조적인 종류가 꼭 발생하게 되어 있다. 마르크스주의자들이 '우파 기회주의'(right opportunism)와 '좌파 분파주의'(left sectarianism)라고 부른 것이다. 이런 종종 피상적으로 매력적인 일탈은 너무 근본적이어서 한 쪽 또는 두 쪽 모두가 운동의 발전에 여러 번 그 운동을 오염시키는 일을 발생시키는 것을 우리는 이론적 규칙이라고 부른다. 그러나 운동에서 **어느** 추세가 승리할 것인가는 우리의 이론에 의해 결정될 수 없다. 결과는 운동에 참가하고 있는 사람들의 주관적인 전략적 이해에 달려 있을 것이다. 그러면 그 결과는 자유의지와 설득의 문제이다.

즉각적인 이득을 추구함에 있어서 우파 기회주의는 궁극적인 사회적 목적을 기꺼이 포기하려 하고 때때로 궁극적 목적 그 자체와 실제적으로 모순되는 사소하고 단기적인 이득에 스스로 기꺼이 몰두하려고 한다. 리버테리언 운동에서 기회주의자는 국가 설립에 반대하여 투쟁하기보다는 국가설립에 기꺼이 참여하고자 한다. 기회주의자는 단기 이득들을 위하여 궁극적 목적을 기꺼이 부인하고자 한다. 예를 들어, "모든 사람은 우리가 세제를 가져야만 한다는 것을 알지만 경제 상태는 2%의 세금 인하가 필요하다는 점"을 변론하고자 한다. 다른 한편, 좌파 분파주의자는 자유로 가는 길에서 과도기적 수요들, 심지어 궁극적 목적을 유지하고 그것과 모순되지 않는 수요들을 추구함에 있어서 전략적 지혜의 모든 사용에서 '부도덕'과 '원리의 배신'을 의심하기 시작한다. 분파주의자는 모든 곳, 심지어 순전히 전략적 또는 전술적 또는 조직적 관심이 있는 곳에서도 '도덕 원리' 또는 '리버테리언 원리'를 밝힌다. 참으로, 분파주의자는 이상적인 사회적 목적의 단순한 반복을 넘어서고 더 특수한 정치적 쟁점들을 가장 긴절한 우선순위로 선택하고 분석하는 어떤 시도라도 원리의 포기로서 공격할 것 같다. 마르크스주의 운동에서, 모든 정치적 쟁점들을 대함에 있어서 "사회주의 그리고 오직 사회주의만이 문제를 해결할 것"이라는 견해를 오로지 반복하는 사회주의노동당(Socialist Labor Party)은 작동하는 초분파주의(ultra-sectarianism)의 고전적 사례이다. 따라서 분파주의 리버테리언은 우선적인 쟁점들을 선택해야 할 필요성에서 등대의 탈국유화라는 목표를 '무시하지만' 소득세의 폐지 또는 징병제의 폐지를 강조하는 텔레비전 연설가 또는 정치 후보를 헐뜯을지도 모른다.

우파 기회주의와 좌파 분파주의, 둘 모두가 궁극적인 사회적 목적의 달성이라는 임무에 동일하게 파괴적이라는 것이 분명하다. 우파 기회주의자는 단기 이득들을 얻기 위하여 목적을 포기하고 그것으로 그런 이득들을 헛되게 만든다. '순수함'이라는 껍질에 그 자신을 감싼 좌파 분파주의자는 목적에 관하여 어떤 필요한 전략적 단계들을 비난하는 것으로서 그 자신의 궁극적 목적을 꺾는다.

때때로 이상하게도 동일한 개인이 하나의 일탈행위에서 다른 일탈행위로의 교대를 경험할 것인데, 각각의 경우에 정확하고, 다림줄(plumb-line) 행로를 비난한다. 현실세계에서 진전이 없지만 순수성의 무익한 반복의 몇 년을 보내고 난 후에 실망한 좌파 분파주의자는 심지어 궁극적 목적을 희생하는 대가를 치르더라도 **어떤** 단기적 진전을 열망하면서 우파 기회주의자의 무모한 수풀로 뛰어오를 수 있다. 또는 우파 기회주의자는 그 자신이나 그의 동료들의 지적 통합성과 궁극적 목적을 타협하는 점에 대한 싫증이 증가하면서 좌파 분파주의로 뛰어오를 수 있고 그들 목적을 향한 전략적 우선순위에 대한 **어떤** 결정도 비방할 수 있다. 이렇게 해서, 두 반대되는 일탈행위는 서로를 희생하며 살아가고 서로를 강화한다. 그리고 두 반대되는 일탈행위는 모두 리버테리언 목적을 효과적으로 달성하고자 하는 주요 임무에 유해하다.

마르크스주의자들은 급진적 사회 변화를 위한 어떤 프로그램의 승리를 위하여 두 세트의 조건이 필요하다는 것을 정확히 인식해왔다. 그 두 세트란 그들이 '객관적' 조건들과 '주관적' 조건들이라고 부른 것이다. 주관적인 조건들—이 조건들은 우리가 위에서 논의했던 것이다—은 특정 사회적 이상의 승리에 바쳐지는 자의식 강한 운동의 존재이다. 객관적인 조건들이란 현존 체제에 있는 '위기 상황'이라는 객관적 사실인데, 위기란 일반적으로 인식하기를 충분히 두드러지고 **그리고** 체제 자체의 결점으로 인식되는 것이다. 왜냐하면 현존하는 체제가 웬만큼 잘 작동하는 것처럼 보이는 한, 사람들은 그렇게 조직되어 있기 때문에 현존 체제의 결점들을 탐구하는 데 **관심이** 없다. 그리고 비록 소수가 관심이 있더라도 인지된 위기가 붕괴할 때**까지는** 그들도 전체 문제를 추상적인 것으로 간주하여 그들의 일상적인 삶과 무관하다고 간주하는 경향이 있을 것이고 그 결과 행동을 명령하는 것에 주의를 기울이지 않는 경향이 있을 것이다. 그런 붕괴야말로 새로운 사회적 대안들을 갑작스럽게 찾을 것을 자극한다. 그리고 대안 운동의 간부단('객관적인 조건들')이 그 대안을 제공하기 위하여 이용가능해야 하고, 위기를 체제 자체의 내재적 결함과 연결시키며, 대안 체제가 어떻게 현재의 위기를 해결하고 미래에 유사한 붕괴를 방지하는가를 지적하는 것은 바로 그때이다. 바라건대, 대안 간부단은 현존하는 위기를 예상하고 경고하는 증명 기록을 남겨야 할 것이다.

실로, 만약 현대 세계에서의 혁명들을 검토하면 우리는 다음과 같은 점을 발견할 것이다. 그 혁명들의 하나하나는 (a) 대안체제의 외관상 선지자적인 관념론자들로 된 현존 간부단에 의해 활용되었고, (b) 체제 자체의 붕괴에 의해 촉진되었다. 미국[독립]혁명 동안에 헌신적인 리버테리언들으로 이루어진 넓은 간부단과 대중은 식민지들을 '건전하게 무시하는'(salutary neglect) 체제를 끝내고 대영제국의 고리를 다시 부과하기 위한 대영국의 침해 시도에 저항하기 위하여 준비되었다. 프랑스혁명에서는 **리버테리언 철학자들**이 정부의 재정 위기에 의해 촉발된, 전체주의자(absolutist)가 나라에 부과한 부담의 극적인 증가에 맞설 이념을 준비했다. 1917년 러시아에서는, 전쟁의 패배가 짜르 체제의 내부로부터의 붕괴를 초래했고 급진적 이념론자들이 그 붕괴를 대비했다. 1차 세계대전 후의 이탈리아와 독일에서는 전후 경제 위기와 전시의 패배는 파시스트와 국가사회주의자 대안들의 승리를 위한 조건들을 만들었다. 1949년 중국에서는 길고 큰 타격을 주는 전쟁과 천정부지의 인플레이션과 가격통제들에 의해 촉발된 경제위기가 결합하여 공산주의자 반란이 승리하도록 했다.

마르크스주의자들과 리버테리언들은, 그들의 방법들이 매우 다르고 대조적이지만, 현존하는 체제(전자의 경우에 '자본주의', 후자는 국가주의와 국가 간섭주의)의 내부 모순들이 그 체제의 장기 붕괴를 필연적으로 초래할 것임을 믿는다. 지난 몇 세기에 걸쳐서 '서양 가치들'(Western values)의 지속적 붕괴에 집착하는 오직 장기적으로 실망하는 참석자들만을 볼 수 있는 보수주의와 달리, 마르크스주의와 리버테리어니즘은 그 결과 둘 모두 적어도 장기에서는 매우 낙관적 신조이다. 물론 어떤 생물체들을 위한 문제는 그들이 장기가 도래하기 위해서 얼마나 오랫동안 기다려야 하는가 하는 것이다. 적어도 서양에서 마르크스주의자들은 장기에 대한 그들의 희망을 무기한 연기하는 것에 직면해야만 했다. 리버테리언들은 19세기의 준리버테리언 체제로부터 훨씬 더 국가주의와 집단주의 체제 — 많은 점에서 17세기와 18세기의 고전적 자유주의 혁명 이전에 존재했던 전제적(despotic) 세계로 되돌아가는 — 로 이동했던 20세기를 직면해야만 했다.

그러나 리버테리언들이 자유의 승리가 가까웠을 것이라는 신념이 실로 장기뿐 아니라 단기에서도 낙관적이 되는 훌륭하고 충분한 이유들이 있다.

그러나 첫째, 왜 리버테리언들은 **심지어 장기에서도** 낙관적이야 하는가? 결국 기록된 역사의 연간 기록들은 차례 차례의 문명에서 다양한 형태의 전제주의와 정체와 전체주의의 세기들로 된 연대기이다. 17세기 이후의 자유를 향한 위대한 돌격은 오직 냄비 안에서의 거대한 섬광이고 그것이 우울하고 영원한 전제주의로 거슬러 침몰하여 대체되는 것이 가능하지 않을 수 있는가? 그러나 그런 피상적으로 있을 법한 실망은 핵심적인 요지, 즉 18세기 후기와 19세기의 산업혁명 — 혁명 그 자체는 고전적 자유주의자의 정치혁명들의 결과인데 — 에 의해 초래된 새롭고 뒤집을 수 없는 조건들을 간과한다. 왜냐하면 전산업(preindustrial) 시대의 농업 국가들은 생존수준에서 실로 무한정으로 고정될 수 있기 때문이다. 소작농들이 겨우 살아갈 수준의 최소한에서 수 세기 동안 땀 흘려 일하는 것을 지속하는 반면에 전제적인 왕들과 귀족들과 국가들은 소작농들에게 생존수준 이상으로 세금을 매기고 잉여에 의존하여 고상하게 생활을 할 수 있다. 그런 체제는 크게 비도덕적이고 약탈적이지만 무한정 지속될 수 있다는 의미에서 '작동을 하는 것'이다(만약 국가가 **너무** 욕심이 많고 황금알을 낳는 거위를 실제로 죽이지 않는다면).

그러나 다행히 자유라는 대의를 위하여 경제과학이 현대 산업경제가 그런 가혹한 조건들 아래에서는 무한정 존속할 수 없다는 것을 보였다. 현대 산업경제는 자유시장 교환과 분업이라는 광범한 네트워크를 필요로 하는데, 그 네트워크는 자유가 있을 때만 오직 번영할 수 있다. 인간의 다수 대중이 산업경제와 관련이 되어 있고 그런 산업을 필요로 하는 현대 생활수준이 **주어진 상태에서** 그러면 자유시장 경제의 승리와 국가주의의 종말은 장기에서는 피할 수 없게 된다.

19세기 후반 그리고 특히 20세기에는 전산업시대의 국가주의로 복귀하는 여러 형태를 보았다. 19세기 전반 유럽의 솔직히 반산업적(anti-industrial)이고 반동적인 보수주의와 대조적으로, 이런 형태들은(그중에서도 특히 사회주의와 다양한 브랜드의 '국가자본주의'(state capitalism)) 산업경제의 생존을 위해 장기적으로 필요한 바로 그 정치적 요구 조건들(자유와 자유시장)을 폐기했지만 산업경제를 보존하고 심지어 확장하고자 노력했다.9) 국가계획, 조작, 통제들, 높고 큰 타격을 주는 세금, 지폐로 인한 인플레이션 등은 모두 국가주의 경제체제(statist economic system)의 붕괴를 초래할 것이라는 점은 피할 수 없다.

만약 그렇게 되면 세계는 산업주의(industrialism)와 그에 수반하는 생활수준에 역행할 수 없게 관련이 된다. 그리고 만약 산업주의가 자유를 요구하면 리버테리언은 실로 장기 낙관주의자가 되는 것은 틀림없는데, 왜냐하면 리버테리언의 승리는 궁극적으로 일어날 것이 틀림없기 때문이다. 그러나 왜 오늘날 단기 낙관주의인가? 왜냐하면 20세기 전반에 서양세계에 가해졌던 다양한 형태의 국가주의는 이제 즉각적인 붕괴 과정에 있다는 것이 다행히도 마침 진실이 되기 때문이다. 장기가 이제 바로 가까이에 있다. 반세기 동안 국가주의 간섭은 그 약탈을 가할 수 있었고 명확하고 **뚜렷한** 위기와 혼란을 초래할 수 없었는데, 왜냐하면 19세기의 준자유방임적 산업화는 그런 약탈에 대항할 수 있는 광범위한 완충물을 만들어냈기 때문이다. 정부는 체제에 세금 또는 인플레이션을 부과할 수 있었고 나쁜 효과를 명백히 받을 수는 없었다. 그러나 이제 국가주의는 그렇게 멀리 약진했고 권력을 그렇게 오랫동안 잡은 결과로 완충물 또는 비계가 소진되었다. 경제학자 루드비히 폰 미제스가 지적했던 것처럼, 자유방임에 의해 창출된 '예비기금'(reserve fund)은 이제 '소진'되었다. 정부가 하는 일은 무엇이든지 즉각적인 부정적 피드백을 이제 초래하는데, 그 부정적 피드백은 이전에는 국가주의에 무관심한 사람과 심지어 국가주의의 가장 열렬한 옹호자들 중의 많은 사람에게도 명백해진 것이다.

동유럽 공산주의 국가들에서 공산주의자들 자신도 사회주의 중앙계획은 특히 산업경제에는 전혀 작동하지 않는다는 것을 점점 인지해왔다. 따라서 최근 몇 년 동안에 동유럽 도처, 특히 유고슬라비아에서는 중앙계획으로부터 급

9) 이 문제에 대한 더 확장된 역사적 분석에 대해서는 Murray N. Rothbard, *Left and Right: The Prospects of Liberty* (San Francisco: Cato Institute, 1979)를 보라.

속히 후퇴하고 자유시장을 향하고 있다. 서방 세계에서도 역시, 가장 심각한 방법으로 정부가 돈이 모자라는 것이 파악됨에 따라 위기의 시기에는 국가자본주의가 도처에 있다. 새로운 화폐의 발행 증가(직접적으로 또는 정부가 통제하는 금융 제도를 통해서)는 절망적인 천정부지의 인플레이션을 초래할 것이지만 증가되는 세금이 산업과 인센티브들을 수리의 가망이 없게 절름발이가 되게 만들 것임도 파악되고 있다. 그래서 심지어 국가를 찬양하는 한때 가장 열렬한 챔피언들 가운데서도 '정부로부터 낮아진 기대의 필연성'에 관해 우리는 점점 더 많이 듣는다. 서독에서 사회민주당은 사회주의의 필요성을 오랫동안 포기했다. 세금이 훼방 놓는 경제와 악화되는 인플레이션 때문에 고통을 받고 있는 영국에서 심지어 노동당은 급성 국가주의의 계획된 혼란으로부터 철수하기 시작했지만 헌신적인 국가주의자들의 손에 있었던 몇 년 동안에 토리당(Tory party)은 자유시장 지향적인 도당에게 이제 세력이 넘어갔다.

미국에서는 조건들이 특히 희망적이다. 여기에서는 지난 몇 년 동안에 두 가지가 동시에 발생했다. 즉 (a) 경제 정책, 외교 정책, 사회 정책, 도덕 정책 등에서 전면적으로 국가주의의 체계적 붕괴와 (b) 여론 주도층이나 보통시민들이나 다 같이, 전체 인구에 걸쳐서 리버테리언 운동의 크고 증대하는 고조와 리버테리언 아이디어들의 확산. 리버테리언 승리를 위한 두 세트의 필요조건을 차례로 검토하자.

놀랍게도 미국에서 국가주의의 체계적 붕괴는 1973~1974년이라는 사실상 정확한 날짜가 주어질 수 있다. 붕괴는 경제영역에서 특히 눈에 띄었다. 1973년 가을부터 1975년까지 미국은 인플레이션을 동반한 침체를 경험했다. 그것은 전후 세계 최악의 경기침체가 악화된 가격 인플레이션과 동시에 일어났다. 인플레이션과 침체라는 붐-버스트 사이클(boom-bust cycle)을 제거하기 위하여 경제를 '미세 조정'할 것으로 기대되었던 케인지언 정책들(Keynesian policies)을 시행하고 40년이 지난 후에 미국은 두 가지[인플레이션과 침체]를 동시에 경험하도록 관리했다. 그 두 가지는 정통(orthodox)경제이론으로는 설명될 수 없는 사건이다. 주류경제학[작금의 신고전학파의 경제학을 말함, 역자주]은 무질서로 빠져들었고 경제학자들이나 문외한이나 다 같이 이론적 패러다임의 영역과 정치적 정책의 영역 모두에서 '오스트리안', 자유시장 대안을 참조할 준비가 증대하고 있다. 1974년에 하이에크가 오랫동안 잊혀진 오스트리아학파의 경기변동이론(Austrian business cycle theory)으로 노벨경제학상을 수상한 것은 수십 년의 무시 후에 표면으로 떠오른 새로운 사조들의 오직 하나의 표시이다. 그리고 경제가 침체로부터 회복되었음에도 불구하고 경제위기는 끝나지 않고 있는데, 왜냐하면 실업은 높은 채로였지만 인플레이션만은 여전히 더욱더 가속화되었기 때문이다. 화폐인플레이션(monetary inflation)을 포기하고 정부지출을 줄이는, 오직 자유시장 프로그램만이 위기를 해결할 것이다.

1975년 뉴욕시 정부의 부분 재정위기와 1978년 캘리포니아에서의 프로포지션13(Proposition13)의 승리는 지방과 주(state)의 예비 기금이 소진되었다는 사실과 정부는 드디어 그 운용과 지출에 있어서 극적인 삭감을 시작해야 한다는 사실을 전국에 걸쳐서 두드러지게 했다. 왜냐하면 더 높은 세금은 기업과 중산층 시민들을 어떤 영역에서도 몰아낼 것이고 그 결과 디폴트를 피하는 유일한 방법은 지출을 급격하게 줄이는 것이기 때문이다(만약 디폴트가 도래하면 결과는 동일하고 더 격렬할 것인데, 왜냐하면 미래에 주 정부와 지방 정부에 의한 채권시장으로의 접근은 불가능할 것이기 때문이다).

소득, 저축, 투자 등에 부과된 수십 년 동안의 높고 큰 타격을 주는 세금과 인플레이션으로 인한 경제계산의 왜곡, 그 둘의 결합은 자본의 희소성을 증대시켰고 미국에게 절대로 필요한 자본 장비의 재고를 소비하는 급박한 위험이 초래되었음이 또한 점차 분명해지고 있다. 따라서 세금을 낮추는 것이 경제적으로 필요하다는 것이 급격히 인식되고 있다. 정부지출을 줄이는 것은 낭비적인 연방정부 적자에 의한 자본시장으로부터의 사적 대출과 투자를 '구축하는 것'(crowding out)을 피하기 위하여 역시 명백히 필요하다.

대중과 여론 주도층이 이런 심각하고 지속적인 경제위기에 대한 적절한 리버테리언 해결책을 움켜잡기를 기대하는 특히 희망적인 이유가 있다. 그것은 모든 사람이 국가가 지난 40년 동안 경제를 통제하고 조작해왔다는 것을 안다는 사실이다. 정부 신용 정책들과 간섭적 정책들이 1930년대의 대공황을 초래했을 때 1920년대는 자유방임의 시대였다는 미신이 지배적이었다. 그래서 '자본주의가 실패했다'라고 그리고 경제적 번영과 진보는 국가주의와 국가통제를 향해 큰 도약이 필요했다고 주장하는 것은 그럴듯해 보였다. 그러나 수

십 년의 국가주의 이후에 작금의 위기가 온 것이고 위기의 본질이 그런 결과로 대중은 큰 정부가 잘못한 것이라는 점을 이제 정확히 인식할 수 있다.

게다가, 국가주의의 모든 다양한 형태는 이제 시도되었고 실패했다. 20세기의 전환점에서 서방세계에서는 기업인들, 정치가들, 지식인들 등은 혼합경제(mixed economy), 국가가 지배하는 체제, 이전 세기의 상대적으로 자유방임을 대체하는 '새로운' 체제로 나아가기 시작했다. 사회주의, 법인형국가(corporate state), 복지－전쟁 국가(Welfare－Warfare State) 등과 같은, 그런 새롭고 겉보기에는 자극적인 만병통치약은 모두 시도되었고 명백히 실패했다. 사회주의 또는 국가계획에 대한 요구는 이제 오래되고 지치고 실패한 체제에 대한 요구이다. 그곳에 자유를 제외하고 시도할 무엇이 남아 있나?

사회적 전선에는 최근 몇 년 사이에 유사한 위기가 일어났다. 한 때 미국적 전통의 신성불가침의 부분이었던 공립학교체제는 이제 다양한 이념을 가진 사람들로부터 심각하고 가속적인 비판에 놓인 것이다. (a) 공립학교들은 학생들을 적절하게 교육하지 않고, (b) 공립학교들이 비용이 많이 들고 낭비적이며 많은 세금을 필요로 한다는 것이며, (c) 공립학교 체제의 획일성이 주요한 교육적 쟁점들 ― 통합 대 분리, 진보적 방법 대 전통적 방법, 종교 또는 교육종교분리주의, 성교육, 학습에 있어서 이념적 내용 등과 같은 그런 문제들 ― 에 대해 깊고 해결 불가능한 사회갈등을 만든다는 것이 이제 분명해지고 있다. 이런 영역의 어디에서나 공립학교가 **어떤** 결정을 하더라도 부모들과 어린이들의 다수 또는 실제적인 소수는 불치의 상처를 입는다. 게다가, 의무교육법률들은 불행하거나 관심이 없는 어린이들을 압박하여 그들 또는 그들 부모들이 세우지 않은 감옥으로 쳐 넣는 것임이 점차로 인식되고 있다.

도덕 정책들의 영역에서는, 정부 정책으로서의 광범위한 금지주의(Prohibitionism) ― 단지 주류(alcohol)의 영역만이 아니고 포르노물, 매춘, '동의하는 성인들' 간의 성풍습, 마약, 낙태 등과 같은 사건들에서도 또한 ― 는 각 개인이 **자신의** 도덕적 선택을 할 수 있는 권리에 대한 비도덕적이고 정당화되지 않은 침해이고 또한 실질적으로 집행될 수 없다. 그 집행을 위한 시도들은 오직 곤경과 사실상 경찰국가(police state)를 초래한다. 이런 개인적인 도덕 영역에서 금지주의는 주류의 경우처럼 완전히 부당하고 무효라고 인식될 때가 다가오고 있다.

워터게이트의 결과로서 정부의 상습적인 행동들과 행위들에는 개인적 자유와 프라이버시에 대한 위험, 정부에 반대할 자유에 대한 위험이 있음에 대한 인식이 또한 증가하고 있다. 여기에서도 역시 정부가 프라이버시를 침해하고 반대자를 억압하고자 하는 정부의 오래된 욕구를 충족하는 것을 억제하고자 하는 대중으로부터의 압력을 기대할 수 있다.

아마도 국가의 신비가 붕괴한다는 것을 보여주는 가장 유리한 표시 중에서 최선의 사인은 1973~1974년에 일어난 워터게이트 폭로였다. 왜냐하면 워터게이트는 정부 자체에 대한 **모든 사람**—그들의 명시적인 이념과 상관없이—의 태도에 있어서 급진적 변화를 부추겼기 때문이다. 워터게이트는 실로 대중에게 정부에 의한 개인의 자유에 대한 침해를 깨닫게 했다. 더 중요하게도, 대통령의 탄핵을 초래한 결과로 워터게이트는 미국 대중에 의해 주권이 있는 것으로 간주되었던 공직을 영원히 **탈신성시하게**(desantified) 만들었다. 그러나 가장 중요하게도, 정부 **자체**가 상당한 정도로 탈신성시되었다. 누구도 더 이상 정치인이나 정부 공직자를 믿지 않는다. 모든 정부는 적대감과 불신으로 맞서야 하는 것으로 간주된다. 그 결과 18세기 미국 대중과 미국 독립 혁명가들을 특징지었던 정부에 대한 바로 그 건강한 불신으로 돌아간 것이다. 워트게이트의 결과로 오늘날 누구도 감히 '우리가 정부다'라는 것과 그 결과 선출된 공직자들이 할 수 있는 것은 무엇이라도 정당하고 적절한 것이라고 읊조리지 않는다. 자유의 성공을 위해서 가장 결정적 조건은 대중의 관점에서 정부의 탈신성화, 탈정당화(delegitimation)이다. 그리고 워터게이트가 그런 일을 그럭저럭 해냈다.

따라서 적어도 미국에서는 지난 수 년 간 자유의 승리를 위한 객관적 조건들은 이제 나타나기 시작했다. 게다가, 이 체계적 위기의 본질은 정부가 죄인으로 이제 인식된다는, 그런 것이다. 자유를 향한 급격한 회전을 통하지 않고서는 그 위기는 구제될 수 없다. 그러므로 지금 기본적으로 요구되는 것은 '주관적인 조건들'의 성숙이다. 즉 그것들을 리버테리언 아이디어들의 개발과 공공포럼에서 그 아이디어들을 발전하게 만들 헌신적인 리버테리언 운동의 현저한 발달이다. 확실히 1971년 이후 그리고 특히 1973년 이후, 정확히 이 연도들에 이 객관적 조건들이 이 세기에 가장 장족의 진보를 했던 것은 우연의 일치가 아니다. 왜냐하면 국가주의의 붕괴가 더 많은 사람으로 하여금 부분적(partial) 리버테리언 또는 완전한 리버테리언이 되도록 의심할 여지없이 자극했기 때문이고, 따라서 객관적 조건들은 주관적 조건들을 만들어내는 데 조력한 것이다. 게다가, 적어도 미국에서는 자유와 리버테리언 아이디어들의 빛나는 전통, 독립운동 시대를 넘어 과거로 돌아가는 전통이 완전히 잃어버려졌던 것이 결코 아니다. 그러므로 오늘날의 리버테리언들은 빛나는 전통을 세울 견고한 역사적 기초를 가지고 있다.

이 지난 몇 년 간에 있어서 리버테리언 아이디어들과 리버테리언 운동의 급속한 성장은 많은 분야의 학문, 그중 특히 젊은 학자들과 저널리즘, 언론매체, 경영, 정치 등의 분야에 스며들었다. 객관적 조건들이 지속되기 때문에 많은 새롭고 예상하지 못한 영역에서의 리버테리어니즘의 이런 폭발은 언론매체에 의해 단순히 조작된 사조가 아니고 객관적 현실이라는 인식된 조건들에 대해 불가피하게 커지고 있는 반응인 것이 분명해 보인다. 자유의지가 있기 때문에, 미국에서의 증대하고 있는 리버테리언 무드가 짧은 시간 내에 견고해질 것이고 전체 리버테리언 프로그램의 성공을 향해 멈추지 않고 전방으로 밀어붙일 것인가는, 누구도 확실하게 예측할 수 없다. 그러나 현재의 역사적 조건들에 대한 이론과 분석, 둘 모두는 단기에서마저도 자유에 대한 현재 전망이 대단히 고무적이라는 결론으로 이끄는 것은 확실하다.

역자 발문

하버드대학의 마이클 샌델 교수가 쓴 『정의란 무엇인가』라는 책이 국내에서 얼마 전 판매 부수가 2백만 이상을 돌파했다는 소식을 접하고 역자가 깜짝 놀랐던 적이 있었다. 이해하기 쉽지 않은 철학서를 그렇게 많은 사람이 구매했다니 역자로서는 처음에는 도저히 이해가 가지 않았다.

더 놀랐던 점은 그 책이 '좌파' 정치철학서라는 것이다. 역자는 우리 사회가 그 책이 처음 출판되었을 때나 지금이나 좌경화가 너무 빨리 진행되고 좌경의 수위도 낮지 않아서 미래를 크게 염려해야 하는 단계에 있다고 생각해왔다. 그런데 그 많은 사람이 좌파 정치철학서를 읽었다고 생각하니 한국 사회의 미래가 걱정되지 않을 수 없었다.

샌델은 자신을 '공동체 자유주의자'(liberal)라고 밝히고 있다. 그 책에서는 리버럴을 자유주의자라고 번역하고 있지만 서양에서 리버럴은 좌파라고 번역하는 것이 정확하다. 1970년대 무렵부터 좌파가 자신을 리버럴로 부르기 시작했고 우파는 좌파가 오염시킨 그 용어를 버리고 리버테리언, 리버테리어니즘이라는 용어를 사용해왔다. 그리고 공동체라는 말은 경제제도로 환원하면 사회주의라는 것이다. 다시 말하면, 그는 사회주의를 지향하지만 현재의 자유를 적절히 누리기를 원하는, 다소 모순적인 철학자인 셈이다.

그런 충격을 받았을 때 즉각 역자에게 떠올랐던 것은 머레이 라스바드가 쓴 *The Ethics of Liberty*(『자유의 윤리』)였다. 라스바드의 책은 샌델의 책과는 비교할 수 없는 것인데, "왜 국내에서는 번역이 안 되지" 하는 생각이 들었다. 그 책의 초판은 1982년 처음 출판되었다. 역자가 그 책을 읽게 된 때는, 정확하지 않지만, 1990년대 말 무렵이었다. 그리고 법의 문제, 정치철학의 문제, 정의의 문제, 권리의 문제, 자유와 평등의 문제, 윤리과학의 문제 등과 같은 복잡하고 까다로운 문제 또는 의문이 발생할 때마다 라스바드가 책에서 제시한 원리들을 응용하여 그 문제들 또는 의문들을, 어렵지 않게 그러면서도 우파 정치철학을 응용하여, 해결하거나 대안을 제시했다. 비록 늦었지만 역자들이 이제라도 라스바드의 책을 번역하게 된 것은 독자들도 라스바드의 대작을 통해 우리와 같은 해결책 또는 대안을 찾을 수 있기를 바라기 때문이다.

역자가 보기에, 이 역서는 우파 정치철학서인 노직의 『무정부, 국가, 그리고 유토피아』와도 비교할 수 없을 정도로 탁월한 것이다. 그 점은, 여기에서 길게 말할 것 없이, 『자유의 윤리』에서 라스바드가 노직을 비판한 부분을 보면 금방 이해하게 될 것이다. 그는 책에서 좌파 정치철학자인 존 롤스의 『정의론』은 아예 언급을 하지 않는다. 좌파이기 때문일 것이다.

좌파, 우파의 구분을 떠나서, 『자유의 윤리』는 다른 정치철학서와 명백히 다른 것이 한 가지가 있다. 다른 철학서들이 저자의 임의적인 사고를 서술한 것이라면 라스바드의 책은 명백히 법학 또는 윤리과학의 범주에 속한다. 아마도 지금까지 법학 또는 윤리과학의 범주에 속한다고 할 수 있는 정의론은 라스바드의 책이 유일하고 앞으로 상당기간 그럴 것이다. 이 점은 홉페가 쓴 서론 부분에 자세하게 나와 있다.

국가는, 옛날이나 지금이나, 너무 많은 일을 하고 있다. 최근에는 국가가 부모로서 시민들의 아이들까지 돌보는 일을 자청하고 나섰다. 국회가 만든 법들은 거의 언제나 시민들을 다수와 소수로 갈라 갈등하고 대립하게 만들고 있다. 왜냐하면 국회가 제정한 법들은 정치적으로 다수가 정치적으로 소수를 약탈하기 때문이다. 국가 독점 법원은 그런 일들은 견제하는 것이 아니라 승인해주고 있다. 그 결과 국가는 지속적으로 커져왔고 그 결과 시민들의 권리는 짓밟히거나 무시되어왔다. 어디에도 정의는 없는 것처럼 보인다. 샌델의 책을 그렇게 많은 사람들이 구입한 것은 그들도 역자와 같은 생각을 한 것일까? 샌델의 책을 구입한 독자들이 한편으로는 이해되지 않는 것도 아닌 점이 바로 여기에 있다.

이 책에서 사용하는 용어들이나 개념들 중에서 본문에서 역자주를 달기보다는 해설을 붙이는 것이 낫다고 여겨지는 것들을 여기에서 짧은 해설을 붙이고자 한다. 인간행동학은 인간은 누구나 목적을 가지고 그 목적을 달성하기 위하여 수단을 선택한다는 공리를 전제로 인간의 행위를 다루는 학문을 말한다. 인간행동학을 처음으로 창립한 사람은 루드비히 폰 미제스이다. 그리고 경제학은 지금까지 인간행동학의 가장 발달된 일부분이다. 그런 의미에서 인간행동학적 기초가 없는 신고전학파 종합 또는 주류경제학과는 다른 것이다. 앞에서 잠깐 언급했지만 서양에서 리버럴은 평등을 지향하는 사람들로서 좌우의 스펙트럼에서는 좌파이다. 특히 미국에서는 그런 리버럴과 분리하기 위하여 자유를 최고의 가치로 삼는 주의를 리버테리어니즘이라고 하고 그런 신념을 믿는 사람을 리버테리언이라고 부른다. 이 책에서 두 단어를 음역한 것은 번역할 말이 마땅치 않았기 때문이다. 이 역서의 많은 부분에서 '아나코 자본주의'라는 용어가 나온다. 아나코 자본주의는 무정부주의가 아니다. 아나코 자본주의는 정부의 기능을 민간이 담당하는 자본주의 체제를 말한다. 이 때 물론 강제력을 독점하는, 현재와 같은 정부는 존재하지 않는다. 그러나 정부의 기능을 수행하는 민간단체는 수없이 존재한다. 혹자는 그런 일이 가능하냐고 물을 것이다. 과거의 역사에서 아나코 자본주의를 오랫동안 실천했던 국가들을 상당히 볼 수 있다.

이 책의 출판을 기꺼이 허락해 준 '피앤씨미디어'의 박노일 사장님과 편집을 도와주신 심성보 이사님에게 심심한 감사를 드린다. 그리고 바쁜 가운데 번역에 참여해준 김이석 박사와 이승모 박사에게도 고마움을 표한다.

역자들을 대표하여
전용덕 쓰다

참고문헌

Adler, Felix. "The Relation of Ethics to Social Science." In *Congress of Arts and Science*, edited by H. J. Rogers. Boston: Houghton Mifflin, 1906.

Allen, Francis A. "Criminal Justice, Legal values and the Rehabilitative Ideal." In *Theories of Punishment*, edited by Stanley E. Grupp. Bloomington: Indiana University Press, 1971.

Allen, Lawrence S. "Parent and Child—Tort Liability of Parent to Unemancipated Child." *Case Western Law Review* 19, no. 1(November 1967): 139~46.

Ames, James Barr. "The History of Assumpsit." *Harvard Law Review* 2, no. 1(April 1888): 1~19.

Anscombe, G. E. M. "Does Oxford Moral Philosophy Corrupt the Youth?" *The Listener*, 14 February 1957.

_______. "Modern Moral Philosophy." *Philosophy* 33(1958): 1~19.

_______. *Mr. Truman's Degree*. Oxford: privately printed, 1956.

_______. "The Two Kinds of Error in Action." *Journal of Philosophy* 60(1963): 393~401.

Anson, William. *Principles of the English Law of Contract*, 2nd ed. 1882.

Armstrong, K. G. "The Retributivist Hits Back." In *Theories of Punishment*, edited by Stanley E. Grupp. Bloomington: Indiana University Press, 1971.

Bailyn, Bernard. *The Ideological Origin of the American Revolution*. Cambridge, Mass.: The Belknap Press of Harvard University Press, 1967.

Barnett, Randy E. "Fuller, Law and Anarchism." *The Libertarian Forum*, February 1976.

_______. "Whither Anarchy? Has Nozick Justified the State?" *Journal of Libertarian Studies* 1(Winter 1977): 15~22.

Barth, Fredrik. "The Land Use Pattern of Migratory Tribes of South Persia." *Norsk Geografisk Tidsskrift*, Bind 17(1959~60).

Barth, Karl. *Church Dogmatics* 3, no. 4. Edinburgh: T. and T. Clark, 1961.

Becker, Carl L. *The Heavenly City of the Eighteenth Century Philosophers*. New Haven, Conn.: Yale University Press, 1957.

Bekemeyer, Dennis L. "A Child's Rights Against His Parent: Evolution of the Parental

Immunity Doctrine." *University of Illinois Law Forum*(Winter 1967): 805~16.

Berlin, Isaiah. *Two Concepts of Liberty*. Oxford: Oxford University Press, 1958.

_______. *Four Essays on Liberty*. Oxford: Oxford University Press, 1969.

Berns, Walter. "The Behavioral Sciences and the Study of Political Things: The Case of Christian Bay's *The Structure of Freedom*." *American Political Science Review* 55, no. 3(September 1961): 550~59.

Betz, Colonel F. "Minor's Right to Consent to an Abortion." *Santa Clara Lawyer* 11, no. 2(Spring 1971): 469~78.

Binchy, David. *Anglo-Saxon and Irish Kingship*. London: Oxford University Press, 1970.

Blackstone, W. T. *Commentaries on the Laws of England*, book 1.

Bloch, Marc. *Feudal Society*. Chicago: University of Chicago Press, 1961.

Block, Walter. "The Blackmailer as Hero." *The Libertarian Forum*, December 1972.

_______. "Coase and Demsetz on Private Property Rights." *Journal of Libertarian Studies* 1, no. 2(Spring 1977): 111~16.

Bondy, Sebastian Salazar. "Andes and Sierra Maestra." In *Whither Latin America?* New York: Monthly Review Press, 1963.

Bourne, Randolph. *War and the Intellectuals*, edited by C. Resek. New York: Harper and Row, 1964.

Bradley, F. H. *Ethical Studies*, 2nd ed. Oxford: Oxford University Press, 1927.

Bremner, Robert H. ed. *Children and Youth in America*. Cambridge, Mass.: Harvard University Press, 1970~74.

Bresler, Robert J. *The Ideology of the Executive State: Legacy of Liberal Internationalism*. Menlo Park, Calif.: Institute for Human Studies, n.d.

Buchanan, James, and Warren J. Samuels. "On Some Fundamental Issues in Political Economy: An Exchange of Correspondence." *Journal of Economic Issues* 9, no. 1(March 1975): 15~38.

Calhoun, John C. *A Disquisition on Government*. New York: Liberal Arts Press, 1953.

Carmichael, Leonard. "Absolutes, Relativism and the Scientific Psychology of Human Nature." In *Relativism and the Study of Man*, edited by H. Schoeck and J. W. Wiggins. Princeton, N.J.: D. Van Nostrand, 1961.

Channing, William Ellery. *Works*. Boston: American Unitarian Association, 1895.

Chesney-Lind, Meda. "Juvenile Delinquency: The Sexualization of Female Crime." *Psychology Today* 8, no. 2(July 1974): 43~46.

Childs, Roy A. "The Invisible Hand Strikes Back." *Journal of Libertarian Studies* 1, no. 1(Winter 1977): 23~34.

Chodorov, Frank. “Don't Buy Government Bonds.” *Out of Step*. New York: Devin-Adair, 1962.

Copleston, Frederick, C.S.J. *A History of Philosophy*. Westminster, Md.: Newman Press, 1959.

_______. *Aquinas*. London: Penguin Books, 1955.

Chroust, A. H. “Hugo Grotius and the Scholastic Natural Law Tradition.” *The New Scholasticism* 17(1943): 101~22.

Cropsey, Joseph. “A Reply to Rothman.” *American Political Science Review* 56, no. 2(June 1962): 353~59.

d'Entreves, A. P. *Natural Law*. London: Hutchinson University Library, 1951.

de Jouvenel, Bertrand. “The Chairman's Problem.” *American Political Science Review* 55, no. 2(June 1961): 368~72.

_______. *On Power*. New York: Viking Press, 1949.

_______. “The Treatment of Capitalism by Continental Intellectuals.” In *The Intellectuals*, edited by George B. deHuszar, 385~97. Glencoe, Ill.: The Free Press, 1949.

de la Boetie, Etienne. *The Politics of Disobedience: The Discourse of Voluntary Servitude*. New York: Free Life Editions, 1975.

Dalberg-Acton, John Edward Emerich. *Essays on Freedom and Power*. Glencoe, Ill.: The Free Press, 1948.

Daruvala, Pherozeshah N. *The Doctrine of Consideration*. Calcutta: Butterworth, 1914.

Davidson, James Dale. “Note on Anarchy, State, and Utopia.” *Journal of Libertarian Studies* 1, no. 4(Fall 1977): 341~48.

Davitt, Thomas E., S.J. “St. Thomas Aquinas and the Natural Law.” In *Origins of the Natural Law Tradition*, edited by Arthur L. Harding, 26~47. Dallas: Southern Methodist University Press, 1954.

Dietze, Gottfried. In *Defense of Property*. Chicago: Regnery, 1963.

Dillard, Irving, ed. *One Man's Stand For Freedom*. New York: Knopf, 1963.

Dillon, Miles. *The Celtic Realms*. London: George Weidenfeld and Nicholson, 1967.

_______. *Early Irish Society*. Dublin, 1954.

Donahue, Charles. “Early Celtic Laws.” (Unpublished paper delivered at the Columbia University Seminar on the History of Legal and Political Thought, Autumn, 1964).

Donisthorpe, Wordsworth. *Law in a Free State*. London: Macmillan, 1895.

Eastman, Clyde, Garrey Carruthers, and James A. Liefer. “Contrasting Attitudes Toward

Land in New Mexico." *New Mexico Business* (March 1971). Also reprinted in *Community Grazing: Practice and Potential in New Mexico*, edited by Clyde Eastman and James R. Gray. Albuquerque: University of New Mexico, 1987.

Evers, Williamson M. "Hobbes and Liberalism." *The Libertarian Forum*(May 1975).

_______. "The Law of Omissions and Neglect of Children." *The Journal of Libertarian Studies* 2, no. 1(Winter 1978): 1~10.

_______. "Political Theory and the Legal Rights of Children." (Unpublished manu-script)

_______. "Social Contract: A Critique." *The Journal of Libertarian Studies* 1, no. 3(Summer 1977): 3~14.

_______. "Toward a Reformulation of the Law of Contracts." *Journal of Libertarian Studies* 1(Winter 1977).

Farnsworth, E. Allan. "The Past of Promise: An Historical Introduction to Contract." *Columbia Law Review* 69, no. 4(April 1969): 576~607.

Ferson, Merton. *The Rational Basis of Contracts*. Brooklyn: Foundation Press, 1949.

Foner, Phillip, ed. *The Complete Writings of Thomas Paine*. New York: Citadel Press, 1945.

Foot, Philippa R. *Virtues and Vices*. Berkeley: University of California Press, 1978.

Fox, Sanford J. *Cases and Material on Modern Juvenile Justice*. St. Paul, Minn.: West, 1972.

Frey, R. G. *Interest and Rights*. Oxford: Clarendon Press, 1980.

Fuentes, Carlos. "The Argument of Latin America: Words for the North Americans." In *Whither Latin America?* New York: Monthly Review Press, 1963.

Fuller, Lon L. "The case of the Speluncean Explorers." *Harvard Law Review* (February 1949): 616~45.

_______. *The Morality of Law*. New Haven: Yale University Press, 1964.

Gahringer, Robert E. "Punishment as Language." *Ethics* 71 (October 1960): 46~48.

Gardner, Richard. *Grito!: Reies Tijerina and the New Mexico Land Grant War of 1967*. New York: Harper and Row, 1971.

Geach, Peter. "Good and Evil." In *Theories of Ethics*, edited by Philippa R. Foot, 74~82. London: Oxford University Press, 1967.

_______. *The Virtues*. Cambridge: Cambridge University Press, 1977.

_______. *Providence and Evil*. Cambridge: Cambridge University Press, 1977.

Gierke, Otto. *Natural Law and the Theory of Society*, 1500 to 1800. Boston: Beacon Press, 1957.

Gilbert, James. *Designing the Industrial State*. Chicago: Quandrangle Books, 1972.

Gilfillan, S. Colum. *The Sociology of Invention*. Chicago: Follett Press, 1935.

Gilmore, Grant. *The Death of Contract*. Columbus: Ohio State University Press, 1974.

Gilson, Etienne. *The Christian Philosophy of St. Thomas Aquinas*. New York: Random House, 1956.

Gluckman, Max. *The Ideas in Barotse Jurisprudence*. New Haven, Conn.: Yale University Press, 1965.

Grampp, William D. *The Manchester School of Economics*. Stanford, Calif.: Stanford University Press, 1969.

Grant, George P. "Plato and Popper." *The Canadian Journal of Economics and Political Science* 20, no. 2(May 1954): 185~94.

Gray, John N. "F. A. Hayek on Liberty and Tradition." *Journal of Libertarian Studies* 4, no. 2(Fall 1980): 119~38.

Green, Mark J. "The Law of the Young." In *With Justice for Some*, edited by B. Wasserstein and M. Green. Boston: Beacon Press, 1970.

Grisez, Germain. "The First Principle of Practical Reason." In *Aquinas: A Collection of Critical Essays*, edited by Anthony Kenny. New York: Anchor Books, 1969.

Hamowy, Ronald. "Freedom and the Rule of Law in F. A. Hayek." *Il Politico* 36(1971~72): 349~77.

_______. "Hayek's Concept of Freedom: A Critique." *New Individualist Review* 1, no. 1(April 1961): 28~31.

_______. "Law and the Liberal Society: F. A. Hayek's Constitution of Liberty." *Journal of Libertarian Studies* 2, no. 4(Winter 1978): 287~98.

Hare, R. M. *The Language of Morals*. Oxford: Clarendon Press, 1952.

Harre, R., and E. H. Madden. *Causal Powers: A Theory of Natural Necessity*. Totowa, N.J.: Rowman and Littlefield, 1975.

Hart, H. L. A. *Punishment and Responsibility*. New York: Oxford University Press, 1968.

Hartwell, R. M. *The Industrial Revolution and Economic Growth*. London: Methuen, 1971.

Hawkins, D. J. B. "Punishment and Moral Responsibility." *The Modern Law Review* (November 1944). Reprinted in *Theories of Punishment*, edited by Stanley E. Grupp. Bloomington: Indiana University Press, 1971.

Hayek, F. A. *Law, Legislation and Liberty*. Vol. 1. *Rules and Order*. Chicago: University of Chicago Press, 1973.

_______. "Freedom and Coercion: Some Comment on a Critique by Mr. Ronald Hamowy." In *Studies in Philosophy, Politics and Economics*, edited by F. A.

Hayek. Chicago: University of Chicago Press, 1967.

_______. *The Constitution of Liberty*. Chicago: University of Chicago Press, 1960.

_______. ed., *Capitalism and the Historians*. Chicago: University of Chicago Press, 1958.

_______. *The Road to Serfdom*. Chicago: University of Chicago Press, 1944.

Hazlitt, Henry. "The Economics of Freedom." *National Review* 13, no. 12(September 1962): 231~32.

Henry, Robert L. *Contract in Local Courts of Medieval England*. London: Longmans, Green, 1926.

Herbert, Auberon, and J. H. Levy. *Taxation and Anarchism*. London: The Personal Rights Society, 1912.

Hess, Karl. *The End of the Draft*. New York: Viking Books, 1970.

Hesselberg, A. Kenneth. "Hume, Natural Law and Justice." *Duquesne Review* (Spring 1961).

Himmelfarb, Gertrude. *Lord Acton: A Study in Conscience and Politics*. Chicago: University of Chicago Press, 1962.

Holmes, Oliver Wendell, Jr. *The Common Law*, edited by Mark de Wolfe Howe. Cambridge, Mass.: Belknap Press of Harvard University, 1963.

Holmes, R. L. "Nozick on Anarchism." *Political Theory* 5, no. 2(1977): 247~56.

Holton, James. "Is Political Philosophy Dead?" *Western Political Quarterly* 13, no. 3(September 1961): 75~77.

Hoopes, Townsend. "The Persistence of Illusion: The Soviet Economic Drive and American National Interest." *Yale Review* 49, no. 3(March 1960): 321~37.

Howlett, Frederick W. "Is the YSB All It's Cracked Up to Be?" *Crime and Delinquency* 19, no. 4(October 1973): 485~92.

Hume, David. *A Treatise of Human Nature*. Quoted in A. Kenneth. "Hume, Natural Law and Justice." *Duquesne Review* (Spring 1961).

_______. *Essays, Literary, Moral and Political*. London: Ward, Locke, and Taylor, n. d..

Huntington, Samuel P. "Conservatism as an Ideology." *American Political Science Review* 51, no. 2(June 1957): 454~73.

Hurlbut, Elisha P. *Essays on Human Rights and Their Political Guarantees*. (1845). Cited in Wright, *American Interpretations of Natural Law*.

Irmen, J. Douglas. "Children's Liberation—Reforming Juvenile Justice." *University of Kansas Law Review* (1972~73).

Jacobson, D. L., ed. *The English Libertarian Heritage*. Indianapolis, Ind.: Bobbs-Merrill, 1965.

Jefferson, Thomas. "A Bill for Proportioning Crimes and Punishments." In *The Writings of Thomas Jefferson*, edited by A. Lipscomb and A. Bergh. Washington, D.C.: Thomas Jefferson Memorial Association, 1904.

Jenks, Edward. *The History of the Doctrine of Consideration in English Law.* London: C. J. Clay and Sons, 1892.

Joseph, H. W. B. *An Introduction to Logic.* 2nd rev. ed. Oxford: Clarendon Press, 1916.

Kant, Immanuel. *Groundwork of the Metaphysics of Morals*, translated by H. J. Paton. New York: Harper and Row, 1964.

_______. *The Philosophy of Law: An Exposition of the Fundamental Principles of Jurisprudence as the Science of Right.* Edinburgh: T. and T. Clark, 1887.

Katz, Sanford. *When Parents Fail.* Boston: Beacon Press, 1971.

Kelsen, Hans. *General Theory of Law and State.* New York: Russell and Russell, 1961.

Kenealey, William J., S. J. "The Majesty of the Law." *Loyola Law Review* (1949~50): 106~9, 112~13. Reprinted in *The Natural Law Reader*, edited by Brendan F. Brown. New York: Oceana Publications, 1960.

Klapmuts, Nora. "Children's Rights: The Legal Rights of Minors in Conflict with Law or Social Custom." *Crime and Delinquency Literature* (September 1972).

Knowlton, Clark S. "Land-Grant Problems Among the State's Spanish- Americans," *New Mexico Business* (June 1967).

Leoni, Bruno. *Freedom and the Law.* Princeton, N.J.: Van Nostrand Press, 1961, and Los Angeles: Nash Publishing, 1972.

Lehrman, Paul. "Child Convicts," *Transaction* 8, no. 10(July-August 1971): 35~44.

Levidow, Beatrice. "Overdue Process for Juveniles: For the Retroactive Restoration of Constitutional Rights." *Howard Law Journal* 17, no. 2(1972): 402.

Lewis, C. S. "The Humanitarian Theory of Punishment." *Twentieth Century* (Autumn 1948~49). In *Theories of Punishment*, edited by Stanley E. Grupp. Bloomington: Indiana University Press, 1971.

Levine, Richard S. "Caveat Parens: A Demystification of the Child Protection System." *University of Pittsburgh Law Review* 35(Fall 1973): 1~52.

Lieber, Francis. *Manual of Political Ethics.* 1838. Cited in Wright, *American Interpretations of Natural Law.*

List, Lawrence. "A Child and a Wall: A study of 'Religious Protection' Laws." *Buffalo Law Review* 13(1963~64). Cited in Evers, "Political Theory and the Legal Rights of Children."

Locke, John. *An Essay Concerning the True Origin, Extent, and End of Civil Government in Two Treatises of Government*, edited by P. Laslett. Cambridge: Cambridge University Press, 1960.

Lougee, Robert W. "German Romanticism and Political Thought." *Review of Politics* 21(October 1959): 631~45.

Lottin, Odon. *Psychologie et morale aux xiie at xiiie siecles.* 6 vols. (Louvain, 1942~1960).

Lukacs, John. "Intellectual Class or Intellectual Profession?" In *The Intellectuals*, edited by George B. deHuszar. Glencoe, Ill.: The Free Press, 1949.

Lucas, J. R. *The Freedom of the Will.* Oxford: Clarendon Press, 1970.

McAvoy, Thomas T., C.S.C. "Orestes A. Brownson and Archbishop John Hughes in 1860 Bt." *Review of Politics* 24, no. 1(January 1962): 19~47.

McCloskey, H. J. "A Non-Utilitarian Approach to Punishment." *Inquiry* (1965). Reprinted in *Philosophical Perspectives on Punishment*, edited by Gertrude Ezorsky. Albany: State University of New York Press, 1972.

McCloskey, Kenneth D. "Parental Liability to a Minor Child for Injuries Caused by Excessive Punishment." *Hastings Law Journal* 11(February 1960): 335.

MacIntyre, A. C. "Hume on 'Is' and 'Ought'." In *The Is-Ought Question*, edited by W. D. Hudson. London: Macmillan, 1969.

McNamara, Ellen M. "The Minor's Right to Abortion and the Requirement of Parental Consent." *Virginia Law Review* 60, no. 2(February 1974): 305~32.

McPherson, James M. *The Struggle for Equality: Abolitionists and the Negro in the Civil War and Reconstruction.* Princeton, N.J.: Princeton University Press, 1964.

Mack, Eric. "Individualism, Rights, and the Open Society." In *The Libertarian Alternative*, edited by Tibor R. Machan. Chicago: Nelson Hall, 1974, 29~31.

Maine, Henry. *Ancient Law.* New York: E. P. Dutton, 1917.

Martin, James J. *Men Against the State.* DeKalb, Ill.: Adrian Allen Associates, 1953.

Mayne, John D. *Treatise on Hindu Law and Usage*, 11th ed. Edited by N. C. Aiyar. Madras: Higginbothams, 1953.

Mencken, H. L. *A Mencken Chrestomathy.* New York: Alfred A. Knopf, 1949.

_______. *Happy Days* : 1880~1892. New York: Alfred Knopf, 1947.

Miller, Margaret. "Markets in Russia." In M. Miller, T. Piotrowicz, L. Sirc, and H. Smith, *Communist Economy Under Change.* London: Institute for Economic Affairs, 1963.

Mises, Ludwig von. *Liberalism.* 2nd. ed. Kansas City: Sheed Andrews and McMeel,

1978.

_______. "Epistemological Relativism in the Sciences of Human Action." In *Relativism and the Study of Man*, edited by H. Schoeck and J. W. Wiggins. Princeton, N.J.: D. Van Nostrand, 1961.

_______. *Socialism*. New Haven: Yale University Press, 1951.

_______. *Human Action*. New Haven, Yale University Press, 1949.

Moore, G. E. *Ethics*. Oxford, 1963~1912.

Mora, Jose Ferrater. "Suarez and Modern Philosophy." *Journal of the History of Ideas 14*, no. 4(October 1953): 528~47.

Morris, Herbert. *On Guilt and Innocence*. Berkeley: University of California Press, 1976.

_______. "Persons and Punishment." *The Monist* 52, no. 4(October 1968): 475~501.

Murphy, Patrick T. *Our Kindly Parent—The State*. New York: Viking Press, 1974.

Needham, Joseph. "Review of Karl A. Wittfogel, Oriental Despotism." *Science and Society* 23 no. 1(Winter 1959): 58~65.

Neustadt, Richard. "Presidency at Mid—Century." *Law and Contemporary Problems* 21 no. 4(Autumn 1956): 609~45.

Nisbet, Robert. *The Social Impact of the Revolution*. Washington, D.C.: American Enterprise Institute for Public Policy Research, 1974.

Nock, Albert Jay. *On Doing the Right Thing, and Other Essays*. New York: Harper and Brothers, 1928.

Noel, F. Regis. "A History of the Bankruptcy Clause of the Constitution of the United States of America." Doctoral dissertation. Washington, D.C.: Catholic University of America, 1920.

Nozick, Robert. *Anarchy, State, and Utopia*. New York: Basic Books, 1974.

_______. "Moral Complications and Moral Structures." *Natural Law Forum* 13(1968): 1.

Oppenheimer, Franz. *The State*. New York: Free Life Editions, 1975.

Oubre, Claude F. *Forty Acres and a Mule: The Freedmen's Bureau and Black Land Ownership*. Baton Rouge: Louisiana State University Press, 1978.

Paul, Jeffrey, "Nozick, Anarchism and Procedural Rights." *Journal of Libertarian Studies* 1 no. 4(Fall 1977): 337~40.

Parent, William A. "Some Recent Work on the Concept of Liberty." *American Philosophical Quarterly* 11, no. 3(July 1974): 149~67.

Parfit, Derek. "Personal Identity." *Philosophical Review* 80 no. 1(January 1971): 3~27.

Parrish, Michael. "Iran: The Portrait of a U. S. Ally." *The Minority of One*

(December 1962).

Parthemos, George S. "Contemporary Juristic Theory, Civil Rights, and American Politics." *Annuals of the American Academy of Political and Social Science* 34 no. 4(November 1962): 95~107.

Patterson, Edwin W. *Jurisprudence: Men and Ideas of the Law.* Brooklyn. The Foundation Press, 1953.

Peden, Joseph R. "Property Rights in Celtic Irish Law." *Journal of Libertarian Studies* 1, no. 2(Spring 1977): 81~86.

_______. "Stateless Societies: Ancient Ireland." *The Libertarian Forum* (April 1971).

Pease, William H., and Jane H., eds. *The Antislavery Argument.* Indianapolis: Bobbs-Merrill, 1965.

Petro, Sylvester. "Feudalism, Property, and Praxeology." In *Property in a Human Society,* edited by S. Blumenfeld. LaSalle, Ill.: Open Court, 1974.

Philbrook, Clarence. "Realism in Policy Espousal." *American Economic Review* 5, no. 1(December 1953): 846~59.

Phillips, R. P. *Modern Thomistic Philosophy.* Westminster, Md.: The Newman Bookshop, 1934~35.

Plantinga, Alvin. *The Nature of Necessity.* Oxfold: Clarendon Press, 1974.

Platt, Anthony. *The Child Savers.* Chicago: University of Chicago Press, 1961.

Pollock, Frederick. *Principles of Contract.* 12th ed. Edited by P. Winfield. London: Stevens and Sons, 1946.

Pomeroy, John Norton, Jr., and John C. Mann. A *Treatise on the Specific Performances of Contracts.* 3rd ed. Albany, N.Y.: Banks, 1926.

Pound, Roscoe. *Jurisprudence.* St. Paul, Minn.: West, 1959.

Rappard, William E. "On Reading von Mises." In *On Freedom and Free Enterprise,* edited by Mary Sennholz. Princeton, N.J.: D. Van Nostrand, 1956.

Raskin, Marcus. "The Megadeath Intellectuals." *New York Review of Books* (14 November 1963): 6~7.

Rawls, John. *A Theory of Justice.* Cambridge, Mass.: Harvard University Press, 1971.

Read, Leonard. *I'd Push the Button.* New York: Joseph D. Maguire, 1946.

Riemersma, Jelle C. "Economic Enterprise and Political Powers After the Reformation." *Economic Development and Cultural Change* 3(1954~55): 297~308.

Rickenbacker, William F. *The Twelve-Year Sentence.* LaSalle, Ill.: Open Court, 1974.

Robertson, John A. "Involuntary Euthanasia of Defective Newborns: A Legal Analysis." *Stanford Law Review* 27, no. 2(January 1975): 213~70.

Rodham, Hillary. "Children Under the Law." *Harvard Educational Review* 43, no. 4(1973): 487~514.

Rose, Willie Lee. *Rehearsal for Reconstruction: The Port Royal Experiment.* Indianapolis, Ind.: Bobbs－Merrill, 1964.

Rothbard, Murray N. *Individualism and the Philosophy of Social Sciences.* San Francisco: Cato Institute, 1979.

_______. *Left and Right: Prospects for Liberty.* San Francisco: Cato Institute, 1979.

_______. *For a New Liberty.* rev. ed. New York: Macmillan, 1978.

_______. *Power and Market.* 2nd ed. Kansas City: Sheed Andrews and McMeel, 1977.

_______. "Punishment and Proportionality." In *Assessing the Criminal: Restitution, Retribution, and the Legal Process*, edited by Randy Barnett and John Hagel Ⅲ. Cambridge, Mass.: Ballinger Publishing, 1977.

_______. "Robert Nozick and the Immaculate Conception of the State." *Journal of Libertarian Studies* 1, no. 1(Winter 1977): 45~58.

_______. *Toward a Reconstruction of Utility and Welfare Economics.* New York: Center for Libertarian Studies, 1977.

_______. "Praxeology, Value Judgements, and Public Policy." In *The Foundations of Modern Austrian Economics*, edited by Edwin Dolan. Kansas City: Sheed and Ward, 1976.

_______. *Conceived in Liberty.* New York: Arlington House, 1975.

_______. "The Anatomy of the State." In Rothbard, *Egalitarianism as a Revolt Against Nature, and Other Essays.* Washington, D.C.: Libertarian Review Press, 1974.

_______. "Why be Libertarian?" In Rothbard, *Egalitarianism as a Revolt Against Nature, and Other Essays.*

_______. "Value Implications of Economic Theory." *The American Economist*, 17, no. 1(Spring 1973): 35~39.

_______. "Bertrand de Jouvenel e i diritti di proprieta." *Biblioteca della Liberta* 2(1966).

_______. *Man, Economy, and State.* Princeton, N.J.: D. Van Nostrand, 1962.

_______. "Huntington on Conservatism." *American Political Science Review* 51(September 1957): 784~87.

Rousseau, Jean－Jacques. *The Social Contract*, edited by E. Barker. New York: Oxford University Press, 1948.

Rubin, Sol. "Children as Victims of Institutionalization." *Child Welfare* 61, no. 1(January 1972): 6~18.

Rutland, Robert A. *George Mason.* Williamsburg, Va.: colonial Williamsburg, 1961.

Sadowsky, James A., S.J. "Private Property and Collective Ownership." *The Libertarian Alternative*, edited by Tibor Machan. Chicago: Nelson-Hall, 1974.

Salmond, John W. *Jurisprudence*. 2d ed. London: Stevens and Haynes, 1907.

Sanders, John T. "The Free Market Model Versus Government: A Reply to Nozick." *Journal of Libertarian Studies* 1, no. 1(Winter 1977): 35, 44.

Schafer, Stephen. *Restitution to Victims of Crime*. Chicago: Quadrangle Books, 1960.

Schmitt, Carl. *Der Leviathan in der Staatslehre Thomas Hobbes*. Hamburg, 1938.

Schultz, J. Lawrence. "The Cycle of Juvenile Court History." *Crime and Delinquency*. (October 1973).

Schumpeter, Joseph A. *Capitalism, Socialism, and Democracy*. New York: Harper and Brothers, 1942.

Sheridan, William H. "Juveniles Who Commit Non-Criminal Acts: Why Treat in a Correctional System?" *Federal Probation* 31, no. 1(March 1967): 26~30.

Sidman, Lawrence R. "The Massachusetts Stubborn Child Law: Law and Order in the Home." *Family Law Quarterly* 6, no. 1(Spring 1972): 35~58.

_______. "The Penal Bond With Conditional Defeasance." *The Law Quarterly Review* (July 1966).

Singer, Peter. "The Right to Be Rich or Poor." *New York Review of Books* 22, no. 3(6 March 1975): 19~24.

Singer, Marcus. *Generalization in Ethics*. New York: Knopf, 1961.

Sombart, Werner. *A New Social Philosophy*. Princeton, N.J.: Princeton University Press, 1937.

_______. *Vom Menschen*. Berlin, 1938.

Spencer, Herbert. *Social Statics* (New York: Robert Schalkenbach Foundation, 1970).

_______. *An Autobiography*. New York: D. Appleton, 1904.

Spooner, Lysander. *No Treason: The Constitution of No Authority*, edited by James J. Martin. Colorado Springs, Colo.: Ralph Myles, 1973.

Strauss, Leo. *Natural Right and History*. Chicago: University of Chicago Press, 1953.

_______. "Relativism." In *Relativism and the Study of Man*, edited by H. Schoeck and J. W. Wiggins. Princeton, N.J.: D. Van Nostrand, 1961.

Suarez, Franciscus. *De Legibus ac Deo* (1619). Quoted in d'Entreves *Natural Law*.

Sullivan, Michael F. "Child Neglect: The Environmental Aspects." *Ohio State Law Journal* 29(1968): 85.

Tallack, William. *Reparation to the Injured and the Rights of Victims of Crime to Compensation*. London: 1900.

Thomson, Judith Jarvis. "A Defense of Abortion." *Philosophy and Public Affairs* 1, no. 1(Fall 1971): 47~66.

Thorson, Thomas Landon. "Political Values and Analytic Philosophy." *Journal of Politics* 23, no. 4(November 1961): 711~24.

Toohey, John J. *Notes on Epistemology*. Washington, D.C.: Georgetown University, 1952.

Tucker, Benjamin R. *Instead of a Book*. New York: B. R. Tucker, 1893.

Veale, F. J. P. *Advance to Barbarism*. Appleton, Wis.: C. C. Nelson, 1953.

Veatch, Henry. *For an Ontology of Morals: A Critique of Contemporary Ethical Theory*. Evanston, Ill.: Northwestern University Press, 1971.

_______. *Rational Man: A Modern Introduction to Aristotelian Ethics*. Bloomington: University of Indiana Press, 1962.

Watkins, J. W. N. "Philosophy." In *Agenda for a Free Society: Essays on Hayek's The Constitution of Liberty*, edited by Arthur Seldon. London: Institute for Economic Affairs, 1961.

White, Lawrence H. "Bankruptcy and Risk." Unpublished paper.

Wild, John. *Plato's Modern Enemies and the Theory of Natural Law*. Chicago: University of Chicago Press, 1953.

_______. "Natural Law and Modern Ethical Theory." *Ethics* 63(October 1952): 1~13.

Williston, Samuel. "Mutual Assent in the Formation of Contracts." In Williston, *Selected Readings on the Law of Contracts*. New York: Macmillan, 1931.

Wittgenstein, Ludwig. *Philosophical Investigations*. New York: Macmillan, 1958.

Wolk, Lawrence J. "Juvenile Court Statutes—Are They Void for Vagueness?" *New York University Review of Law and Social Change* (Winter 1974).

Wolowski, Leon, and Emile Levasseur. "Property." *Lalor's Cyclopedia of Political Science*. Vol. 3. Chicago: M. B. Carey, 1884.

Woolsey, Theodore. Political Science. 1877. Cited in Wright, *American Interpretations of Natural Law*.

Wright, Benjamin F. Jr., ed. *American Interpretations of Natural Law*. Cambridge: Harvard University Press, 1931.

Zajdlic, W. "The Limitations of Social Sciences." *Kyklos* 9(1956): 65~74.

찾아보기

[공역자 약력]

전 용 덕

고려대학교 경제학과
미국 오하이오 주립대학교(경제학 박사)
자유경제출판문화상(제3회, 제6회, 제10회, 제24회) 수상
학술서 『자유와 시장』 편집위원장 역임
현 대구대학교 무역학과 교수
한국 하이에크 소사이어티 회원

주요 저서와 논문

『교육도 경제행위다』, 『경기변동이론과 응용』, 『경제학과 역사학-오스트리아학파의 방법론과 인식론』, 『복지국가의 미래-덴마크와 스웨덴의 고민』, 『국제 금융위기와 신자유주의』, 『권리, 시장, 정부』, 『헌법재판소 판례 연구』(공저), A Note on Cartels, Conglomerates and Economic Calculation(공저), Gresham's Law in the Late Chosun Korea(공저), Land Reform, Income Redistribution, and Agricultural Production in Korea(공저)

역 서

『인간, 경제, 국가』(머레이 라스바드 저, 공역), 『정부는 우리 화폐에 무슨 일을 해왔는가』, 『오스트리아학파의 경기변동이론』 등

김 이 석

New York University 경제학 박사
현 한국하이에크소사이어티 『자유와 시장』 편집위원장
시장경제제도연구소 소장
아시아투데이 논설실장

주요 저서

『번영은 자유주의로부터』

역 서

『인간·경제·국가』(공역), 『노예의 길』(역서), 『화폐와 신용의 이론』(역서)

이 승 모

경제평론가
아시아대학교 교수 역임
경제학박사(영남대)

주요 저서

『경제학입문』(공저, 피앤씨미디어), 『독점은 사악한가』(유원북스), 『현실경제의 이해』(유원북스)

역 서

『재산권 경제학』(문영사)

자유의 윤리

초판인쇄 2016년 8월 1일
초판발행 2016년 8월 10일

지은이 Murray N. Rothbard
옮긴이 전용덕 · 김이석 · 이승모
펴낸이 박노일

총괄기획 김중용
편 집 심성보 · 김인숙

펴낸곳 pnc publishing and culture 피앤씨미디어
경기도 고양시 일산동구 강송로 153 310-1501
등록 제396-2012-000203호

전 화 070)7550-3758 팩 스 02)718-8554
홈페이지 www.pncmedia.co.kr 이메일 pnc@pncmedia.co.kr
ISBN 979-11-5730-353-3 93190

정 가 20,000원